Kohlhammer

Internationaler Exegetischer Kommentar zum Alten Testament (IEKAT)

Herausgegeben von:

David M. Carr, Christl M. Maier, Walter Dietrich, Irmtraud Fischer, Shimon Gesundheit, Bernard M. Levinson, Ilse Müllner, Ed Noort, William A. Tooman, Helmut Utzschneider und Beate Ego (apokryphe/deuterokanonische Schriften)

Umschlagabbildungen:

Oben: Teil einer viergliedrigen Bildleiste auf dem Schwarzen Obelisken Salmanassars III. (859–824 v. u. Z.), welche die Huldigung des israelitischen Königs Jehu (845–817 v. u. Z.; 2Kön 9f.) vor dem assyrischen Großkönig darstellt. Der Vasall hat sich vor dem Oberherrn zu Boden geworfen. Hinter diesem stehen königliche Bedienstete, hinter Jehu assyrische Offiziere sowie, auf den weiteren Teilbildern, dreizehn israelitische Lastträger, die schweren und kostbaren Tribut darbringen.
© Z. Radovan/BibleLandPictures.com

Unten links: Eines von zehn Reliefbildern an den Bronzetüren, die das Ostportal (die sog. Paradiespforte) des Baptisteriums San Giovanni in Florenz bilden, geschaffen 1424–1452 von Lorenzo Ghiberti (um 1378–1455): Ausschnitt aus der Darstellung ‚Adam und Eva‘; im Mittelpunkt steht die Erschaffung Evas: „Und Gott der HERR baute aus der Rippe, die er vom Menschen genommen hatte, eine Frau und brachte sie zu ihm." (Gen 2,22) Fotografiert von George Reader.

Unten rechts: Detail der von Benno Elkan (1877–1960) geschaffenen Menora vor der Knesset in Jerusalem: Esra liest dem versammelten Volk das Gesetz Moses vor (Neh 8). Die Menora aus Bronze entstand 1956 in London und wurde im selben Jahr von den Briten als Geschenk an den Staat Israel übergeben. Dargestellt sind in insgesamt 29 Reliefs Themen aus der Hebräischen Bibel und aus der Geschichte des jüdischen Volkes.

Helmut Utzschneider
Wolfgang Oswald

Exodus 16–40

Verlag W. Kohlhammer

Redaktion: Alexander Müller

Dieses Werk einschließlich aller seiner Teile ist urheberrechtlich geschützt. Jede Verwendung außerhalb der engen Grenzen des Urheberrechts ist ohne Zustimmung des Verlags unzulässig und strafbar. Das gilt insbesondere für Vervielfältigungen, Übersetzungen, Mikroverfilmungen und für die Einspeicherung und Verarbeitung in elektronischen Systemen.

1. Auflage 2023

Alle Rechte vorbehalten
© W. Kohlhammer GmbH, Stuttgart
Gesamtherstellung: W. Kohlhammer GmbH, Stuttgart

Print:
ISBN 978-3-17-042576-7

E-Book-Formate:
pdf: ISBN 978-3-17-042577-4
epub: ISBN 978-3-17-042578-1

Für den Inhalt abgedruckter oder verlinkter Websites ist ausschließlich der jeweilige Betreiber verantwortlich. Die W. Kohlhammer GmbH hat keinen Einfluss auf die verknüpften Seiten und übernimmt hierfür keinerlei Haftung.

Inhalt

Vorwort der Herausgeberinnen und Herausgeber 11

Vorwort der Verfasser 13

Einleitung zur siebten Erzählphase: Wanderungserzählung (Ex 15,22 –
18,27) 15

A. Einleitung zur synchronen Auslegung 15
Gliederung und Kontexte 15
Literarische Eigenarten der Wanderungserzählungen 16
Plot und Themen der Wanderungserzählung 17
B. Einleitung zur diachronen Auslegung 20
Hinführung 20
Überblick über die Literargeschichte der Wüstenepisoden 21

Siebte Erzählphase: Ex 15,22 – 18,27: Israels Weg zum Gottesberg
(Wanderungserzählung) 25

Episode 1: Ex 15,22–26: Wasser und Gebote in Mara 25
Synchrone Analyse 26
Diachrone Analyse 30
Episode 2: Ex 15,27: Reichlich Wasser in Elim 31
Synchrone Analyse 31
Diachrone Analyse 32
Synthese zu den Episoden 1 und 2 32
Episode 3: Ex 16,1–36: Manna und Sabbat in der Wüste Sin 33
Synchrone Analyse 36
Diachrone Analyse 45
Synthese 47
Episode 4: Ex 17,1–16: Die Gottes-Probe 47
Synchrone Analyse 51
Diachrone Analyse 59
Synthese 61
Episode 5: Ex 18,1–27: Jitros Bekenntnis und Rat 62
Synchrone Analyse 64
Diachrone Analyse 71
Synthese 73
Schlussbemerkung zur Wanderungserzählung (Erzählphase 7) 73

Einleitung zu den Auslegungen der achten bis elften Erzählphase:
Sinaiperikope
(Ex 19–40) 76

A. Die Sinaiperikope (Ex 19–40) – synchron 76
1. Die Sinaiperikope im Buch Exodus – Gliederung und Kontext 76
2. Patchwork-Literatur: Thematische Kohärenz und Inkohärenz in der
Sinaiperikope 78

3. Themen und thematische Motive der Sinaiperikope	81
B. Die Sinaiperikope (Ex 19–40) – diachron	86
1. Achte Erzählphase (Ex 19,1 – 24,11)	87
2. Zehnte Erzählphase (Ex 32–34)	90
3. Neunte und elfte Erzählphase (Ex 24,12 – 31,18 und Ex 35–40)	91

Achte Erzählphase: Ex 19,1 – 24,11: Theophanie, Worte und Gesetze, Bund ... 97

Episode 1: Ex 19,1–8a: Gott bietet dem Volk den Bund an	97
Synchrone Analyse	98
Diachrone Analyse	102
Synthese	103
Episode 2: Ex 19,8b–19: Gott erscheint dem Volk als Wolkendunkel	104
Synchrone Analyse	105
Diachrone Analyse	108
Synthese	109
Episode 3: Ex 19,20 – 20,21a: Jhwhs Dekalog-Rede als Theophanie	110
Synchrone Analyse	114
Diachrone Analyse	133
Synthese	136
Episode 4: Ex 20,21b – 23,33: Jhwhs Bundesbuchrede an Mose	137
Einleitung in die synchrone Auslegung	137
Einleitung in die diachrone Auslegung	140
Hauptteil A: Ex 20,21b–26: Öffentliche Ordnung I	144
Synchrone Analyse	144
Diachrone Analyse	145
Hauptteil B: Ex 21,1 – 22,19: Gerichtsrecht	146
Ex 21,1–11: Einleitung und Sklavenrecht	146
Synchrone Analyse	147
Diachrone Analyse	148
Ex 21,12–17: Rechtsgrundsätze	149
Synchrone Analyse	149
Diachrone Analyse	150
Ex 21,18–32: Körperverletzungen	150
Synchrone Analyse	152
Diachrone Analyse	155
Ex 21,33 – 22,5: Viehschäden, Viehdiebstahl, Flurschäden	155
Synchrone Analyse	156
Ex 22,6–16: Verwahrung, Verleih und Verführung	157
Synchrone Analyse	158
Diachrone Analyse	159
Ex 22,17–19: Rechtsgrundsätze	159
Synchrone Analyse	160
Diachrone Analyse	161
Hauptteil C: Ex 22,20 – 23,9: Öffentliche Ordnung II	161
Synchrone Analyse	163
Diachrone Analyse	166

Inhalt 7

Hauptteil D: Ex 23,10–19: Öffentliche Ordnung III 166
    Synchrone Analyse 168
    Diachrone Analyse 170
Schluss: Ex 23,20–33: Ausblick auf den Weg ins verheißene Land und das
Leben in ihm 171
    Synchrone Analyse 173
    Diachrone Analyse 176
    Synthese zur Bundesbuchrede als Ganzer 177
Episode 5: Ex 24,1–11: Mose verkündet die Gesetze und das Volk nimmt sie
an 177
    Synchrone Analyse 179
    Diachrone Analyse 183
    Synthese 185

Neunte Erzählphase: Ex 24,12 – 31,18:
Die göttlichen Gesetzestafeln und der Plan des Sinaiheiligtums 187

Episode 1: Ex 24,12–18: Die „Herrlichkeit JHWHs" erscheint zur zweiten
Bergtheophanie 187
    Synchrone Analyse 188
    Diachrone Analyse 190
    Synthese 191
Episode 2: Ex 25,1 – 31,17: Sieben Gottesreden zu Ausstattung und Bau der
„Wohnung" / des „Zeltes der Begegnung" sowie zum Dienst darin 192
Erste Rede: Ex 25,1 – 30,10: Ausstattung und Bau der „Wohnung" bzw. des
„Zeltes der Begegnung" 193
Vorbereitung: Ex 25,1–9: Die Abgabe der Israeliten, Auftrag und Plan fürs
Heiligtum 193
    Synchrone Analyse 194
    Diachrone Analyse 199
    Synthese 200
Ex 25,10–22: Im Allerheiligsten: Die Lade mit dem Gesetz und dem Sühnmal 201
    Synchrone Analyse 203
    Diachrone Analyse 206
    Synthese 206
Ex 25,23–40: Im Heiligen: Der Schaubrottisch und der Leuchter 207
    Synchrone Analyse 208
    Diachrone Analyse 212
Ex 26,1–37: Die Wohnung 212
    Synchrone Analyse 216
    Diachrone Analyse 222
Ex 27,1–21: Der Hof: Altar und Einfriedung 222
    Synchrone Analyse 225
    Diachrone Analyse 229
Ex 28,1–43: Die heiligen Kleider: Der Priester als Repräsentant des Volkes
vor Jhwh 229
    Synchrone Analyse 233
    Diachrone Analyse 240
    Synthese 240

Ex 29,1–46: Die Einsetzung der aaronidischen Priesterschaft 241
    Synchrone Analyse 245
    Diachrone Analyse 252
    Synthese 253
Ex 30,1–10: Der goldene Räucheraltar 253
    Synchrone Analyse 254
    Diachrone Analyse 255
Zweite Rede: Ex 30,11–16: Volkszählung und Abgabe für Jhwh 255
    Synchrone Analyse 256
    Diachrone Analyse 257
    Synthese 257
Dritte Rede: Ex 30,17–21: Das bronzene Becken für die Waschungen der
Priester 258
    Synchrone Analyse 258
    Diachrone Analyse 259
Vierte Rede: Ex 30,22–33: Herstellung und Gebrauch des heiligen Salböls . 259
    Synchrone Analyse 260
Fünfte Rede: Ex 30,34–38: Herstellung und Gebrauch des heiligen
Räucherwerks 262
    Synchrone Analyse 262
    Diachrone Analyse 263
    Synthese 264
Sechste Rede: Ex 31,1–11: Berufung der Handwerker 264
    Synchrone Analyse 265
    Diachrone Analyse 267
Siebte Rede: Ex 31,12–17: Die Heiligkeit der Sabbatruhe 267
    Synchrone Analyse 268
    Diachrone Analyse 270
    Synthese 270
Episode 3: Ex 31,18: Gott übergibt Mose die Tafeln 270
    Synchrone Analyse 271
    Diachrone Analyse 271

**Zehnte Erzählphase: Ex 32,1 – 34,35: Das „Goldene Kalb" und die
erneuerte Gottesgemeinschaft** 272

Episode 1: Ex 32,1–6: Die Israeliten und Aaron machen einen Gott: das
Goldene Kalb 272
    Synchrone Analyse 273
    Diachrone Analyse 278
    Synthese 279
Episode 2: Ex 32,7–14: Auf dem Gottesberg: Jhwhs Zorn über Israels Sünde
und seine Reue 280
    Synchrone Analyse 280
    Diachrone Analyse 283
    Synthese 284
Episode 3: Ex 32,15–29: Vom Berg ins Lager der Israeliten: Moses Zorn und
Reaktionen 285
    Synchrone Analyse 286

Diachrone Analyse 291
Synthese 293
Episode 4: Ex 32,30 – 33,6: Dialoge um Sünde und Heimsuchung 295
Synchrone Analyse 296
Diachrone Analyse 299
Synthese 301
Episode 5: Ex 33,7 – 34,4aα: Moses Dialoge mit Jhwh um die Gottes-
Gegenwart 301
Synchrone Analyse 303
Diachrone Analyse 312
Synthese 313
Episode 6: Ex 34,4aβ–28: Auf dem Gottesberg an einem neuen Tag: Neuer
Name, neuer Bund, neue Tafeln 313
Szene 1: Ex 34,4aβ–9: Neuer Name: „... der Schuld, Frevel und Sünde
wegnimmt ...“ 314
Synchrone Analyse 315
Diachrone Analyse 323
Synthese 323
Szene 2: Ex 34,10–28: Verkündung der Bundesworte und erneuter
Bundesschluss 324
Synchrone Analyse 325
Diachrone Analyse 327
Synthese 331
Episode 7: Ex 34,29–35: Mose als Mittler mit göttlicher Autorität 331
Synchrone Analyse 332
Diachrone Analyse 335
Synthese 335

**Elfte Erzählphase: Ex 35,1 – 40,38: Stiftung, Herstellung und Errichtung
des Heiligtums** **336**

Vorbemerkungen 336
Episode 1: Ex 35,1 – 36,7: Die Gemeinde der Israeliten stiftet das Heiligtum 337
Synchrone Analyse 339
Diachrone Analyse 344
Synthese 344
Episode 2: Ex 36,8 – 39,43: Die Kunstverständigen führen die Arbeiten aus
und übergeben sie an Mose 345
Vorbemerkung zur synchronen Analyse 345
Vorbemerkung zur diachronen Analyse 345
Ex 36,8–38 (26,1–37; 37,1–6LXX): Die Wohnung 346
Synchrone Analyse 347
Ex 37,1 – 38,20: Die sakralen Gegenstände in der Wohnung 350
Ex 37,1–9 (25,10–22; 38,1–9LXX): Die Lade und das Sühnmal 350
Synchrone Analyse 351
Ex 37,10–16 (25,23–30; 38,9–12LXX): Der Tisch 351
Synchrone Analyse 352
Ex 37,17–24 (25,31–40; 38,13–17LXX): Der Leuchter 352
Synchrone Analyse 353

Ex 37,25–28 (Ex 30,1–10): Der Räucheraltar 353
    Synchrone Analyse 353
Ex 37,29 (30,25.35; 38,25LXX): Salböl und Räucherwerk 354
    Synchrone Analyse 354
Ex 38,1–7 (27,1–8; 38,22–24LXX): Der Brandopferaltar 354
    Synchrone Analyse 354
Ex 38,8 (30,17–21; 38,26LXX): Das Becken 355
    Synchrone Analyse 355
Ex 38,9–20 (27,9–19; 37,7–18LXX): Die Einfriedung (der Hof) 356
    Synchrone Analyse 357
Ex 38,21 – 39,1a (39,1–8LXX): Der Rechenschaftsbericht zur Verwendung der
Edelmetalle 357
    Synchrone Analyse 358
Ex 39,1b–31 (28,6–42; 36,8–40LXX): Die Priesterkleider 360
    Synchrone Analyse 362
Ex 39,32–43 (Ex 39,11.13–23LXX): Vollendung der Arbeiten und Übergabe des
Werks an Mose 363
    Synchrone Analyse 364
    Diachrone Analyse 367
    Synthese 368
Episode 3: Ex 40: Mose errichtet das Zelt der Begegnung, und Jhwh nimmt
in ihm Wohnung 368
    Synchrone Analyse 370
    Diachrone Analyse 373
    Synthese 374

Anhang **375**

Literatur 375
Abkürzungen 388
Register 391
    Hebräische Wörter 391
    Schlagwörter 392
    Bibelstellen 396
    Sonstige Quellen 400

Vorwort der Herausgeberinnen und Herausgeber

Der Internationale Exegetische Kommentar zum Alten Testament (IEKAT) möchte einem breiten internationalen Publikum – Fachleuten, Theologen und interessierten Laien – eine multiperspektivische Interpretation der Bücher des Alten Testaments bieten. Damit will IEKAT einer Tendenz in der gegenwärtigen exegetischen Forschung entgegenwirken: dass verschiedene Diskursgemeinschaften ihre je eigenen Zugänge zur Bibel pflegen, sich aber gegenseitig nur noch partiell wahrnehmen.

IEKAT möchte eine Kommentarreihe von internationalem Rang, in ökumenischer Weite und auf der Höhe der Zeit sein.

Der *internationale* Charakter kommt schon darin zum Ausdruck, dass alle Kommentarbände kurz nacheinander in englischer und deutscher Sprache erscheinen. Zudem wirken im Kreis der Herausgeber und Autorinnen Fachleute unterschiedlicher exegetischer Prägung aus Nordamerika, Europa und Israel zusammen. (Manche Bände werden übrigens nicht von einzelnen Autoren, sondern von Teams erarbeitet, die in sich bereits multiple methodische Zugänge zu dem betreffenden biblischen Buch verkörpern.)

Die *ökumenische* Dimension zeigt sich erstens darin, dass unter den Herausgeberinnen und Autoren Personen christlicher wie jüdischer Herkunft sind, und dies wiederum in vielfältiger religiöser und konfessioneller Ausrichtung. Zweitens werden bewusst nicht nur die Bücher der Hebräischen Bibel, sondern die des griechischen Kanons (also unter Einschluss der sog. „deuterokanonischen" oder „apokryphen" Schriften) ausgelegt.

Auf der *Höhe der Zeit* will die Reihe insbesondere darin sein, dass sie zwei große exegetische Strömungen zusammenführt, die oft als schwer oder gar nicht vereinbar gelten. Sie werden gern als „synchron" und „diachron" bezeichnet. Forschungsgeschichtlich waren diachrone Arbeitsweisen eher in Europa, synchrone eher in Nordamerika und Israel beheimatet. In neuerer Zeit trifft diese Einteilung immer weniger zu, weil intensive synchrone wie diachrone Forschungen hier wie dort und in verschiedensten Zusammenhängen und Kombinationen betrieben werden. Diese Entwicklung weiterführend werden in IEKAT beide Ansätze engstens miteinander verbunden und aufeinander bezogen.

Da die genannte Begrifflichkeit nicht überall gleich verwendet wird, scheint es angebracht, ihren Gebrauch in IEKAT zu klären. Wir verstehen als „synchron" solche exegetischen Schritte, die sich mit dem Text *auf einer bestimmten Stufe* seiner Entstehung befassen, insbesondere auf seiner Endstufe. Dazu gehören nicht-historische, narratologische, leserorientierte oder andere literarische Zugänge ebenso wie die durchaus historisch interessierte Untersuchung bestimmter Textstufen. Im Unterschied dazu wird als „diachron" die Bemühung um Einsicht in das Werden eines Textes *über die Zeiten* bezeichnet. Dazu gehört das Studium unterschiedlicher Textzeugen, sofern sie über Vorstufen des Textes Auskunft geben, vor allem aber das Achten auf Hinweise im Text auf seine schrittweise Ausformung wie auch die Frage, ob und wie er im Gespräch steht mit älteren biblischen wie außerbiblischen Texten, Motiven, Traditionen, Themen usw. Die diachrone Fragestellung gilt somit dem, was man die geschichtliche „Tiefendimension" eines Textes nennen könnte: Wie war sein Weg durch die Zeiten bis hin zu seiner jetzigen Form, inwiefern ist er Teil einer breiteren Traditions-, Motiv- oder Kompositionsgeschichte? Synchrone Analyse konzentriert sich auf eine bestimmte Station (oder Stationen) dieses Weges, besonders auf die letzte(n), kanonisch gewordene(n) Textgestalt(en). Nach unserer Überzeugung sind beide Fragehinsichten unentbehrlich für eine Textinterpretation „auf der Höhe der Zeit".

Natürlich verlangt jedes biblische Buch nach gesonderter Betrachtung und hat jede Autorin, jeder Autor und jedes Autorenteam eigene Vorstellungen davon, wie die beiden Herangehensweisen im konkreten Fall zu verbinden sind. Darüber wird in den Einführungen zu den einzelnen Bänden Auskunft gegeben. Überdies wird von Buch zu Buch, von Text zu Text zu entscheiden sein, wie weitere, im Konzept von IEKAT vorgesehene hermeneutische Perspektiven zur Anwendung kommen: namentlich die genderkritische, die sozialgeschichtliche, die befreiungstheologische und die wirkungsgeschichtliche.

Das Ergebnis, so hoffen und erwarten wir, wird eine Kommentarreihe sein, in der sich verschiedene exegetische Diskurse und Methoden zu einer innovativen und intensiven Interpretation der Schriften des Alten Testaments verbinden.

Die Herausgeberinnen und Herausgeber
Im Herbst 2012

Vorwort der Verfasser

Der vorliegende zweite Band des Kommentars zum Buch Exodus in der Reihe „Internationaler Exegetischer Kommentar zum Alten Testament" umfasst Ex 15,22 – 40,38, was im Titel aus ästhetischen Gründen auf Ex 16–40 „aufgerundet" ist. Die beiden Verfasser schließen damit eine gemeinsame Arbeit dankbar ab, die sie vor mehr als fünfzehn Jahren begonnen haben.

Die Arbeitsteilung des ersten Bandes wurde im Wesentlichen beibehalten. Helmut Utzschneider hat die „synchrone" Auslegung des vorliegenden „Jetzttextes" einschließlich der Übersetzungen und der „Anmerkung zu Text und Übersetzung" übernommen. Wolfgang Oswald hat die „diachronen" Analysen ausgearbeitet. Ihnen liegt das kompositionsgeschichtliche Gesamtkonzept zugrunde, das bereits im ersten Band (S. 35–54) im Zusammenhang dargestellt ist. Neu und eigenständig innerhalb dieses Konzeptes ist die Literargeschichte der priesterlichen Heiligtumstexte (Ex 25–31; 35–40). Ganz auf Wolfgang Oswald gehen die Auslegungen der Rechtstexte des „Bundesbuches" (Ex 20,21b – 23,19) sowie der „Bundesworte" (Ex 34,10–28) zurück. Unbeschadet dieser Arbeitsteilung zeichnen wir beide für das ganze Buch gleichermaßen verantwortlich. Dies drückt sich auch in den „Synthesen" aus, in denen wir – nach intensiven Diskussionen über die Auslegungen – jeweils gemeinsam versucht haben, ein Fazit zum Verhältnis der beiden Auslegungsperspektiven zu ziehen. Anders als im ersten Band sind auslegungsgeschichtliche Passagen nicht in die Synthesen, sondern meist in die synchronen Analysen integriert.

Vor allem für die Schlussphase der Arbeit haben wir vielfältig zu danken: für wohlwollend-kritische Lektüre des Manuskriptes dem Bandherausgeber Shimon Gesundheit (Jerusalem) und Vera Utzschneider, für akribisches Korrekturlesen Frau Andrea Toecker und Frau Mareike Köberle (beide Neuendettelsau). Die Letztere konnte dank eines namhaften Zuschusses der „Freundinnen und Freunde der Augustana-Hochschule" als studentische Hilfskraft angestellt werden. Herr Kollege Heinz-Dieter Neef (Tübingen) hat die Übersetzungen durchgesehen, und Herr Alexander Müller von der IEKAT-Arbeitsstelle in Bern hat sich der Mühe der Schlusskorrektur unterzogen. Othmar Keel, Fribourg, danken wir für die unkomplizierte Überlassung der Bildrechte. Ein besonderer Dank gilt Florian Specker vom Verlag W. Kohlhammer, der uns mit sprachlichem und sachlichem Einfühlungsvermögen bei der Kürzung des „Ur-Manuskripts" unterstützt hat.

Neuendettelsau / Tübingen im Januar 2023
Wolfgang Oswald und Helmut Utzschneider

Einleitung zur siebten Erzählphase: Wanderungserzählung (Ex 15,22 – 18,27)

A. Einleitung zur synchronen Auslegung

Gliederung und Kontexte

Der Weg der Israeliten vom Schilfmeer durch die Wüste zum Gottesberg wird in fünf Episoden erzählt, die jeweils mit einem Schauplatz verbunden sind:

Episode 1: 15,22–26: Wasser und Gebote in Mara
Episode 2: 15,27: Reichlich Wasser in der Oase Elim
Episode 3: 16,1–36: Manna und Sabbat in der Wüste Sin
Episode 4: 17,1–16: Gottes-Probe in Refidim
Episode 5: 18,1–27: Jitros Bekenntnis und Rat am Gottesberg

Die Schauplätze werden in den Episoden – mit Ausnahme der Episode 5 – markant eingeführt durch die sogenannten Itinerarnotizen. Diese stehen wie literarische Ortstafeln am Beginn der jeweiligen Episode und nennen noch einmal die Wegstation, von der die Israeliten aufgebrochen sind. Meist wird dies mit dem Verbum נסע formuliert (Ex 15,22; 16,1; 17,1), dessen wörtliche Bedeutung man mit „die Zeltpflöcke herausziehen, um weiterzuziehen"[1] umschreiben kann. Dann wird der Schauplatz der bevorstehenden Episode eingeführt, an dem das Volk ankommt (בוא, 15,23.27; 16,1) bzw. sich lagert (חנה, 15,27; 17,1). Mit der Ankunft in der „Wüste Sin" kommen sie bereits in die Nähe des Gottesberges (16,1), des Schauplatzes der Sinaiperikope (19,1f.). Eher andeutend ist auch in 17,6 vom Gottesberg die Rede, ausdrücklich dann in Ex 18,5.

> Itinerarnotizen

Exkurs: Zur Gattungsgeschichte der Itinerarnotizen

Die Itinerarnotizen der biblischen Wanderungserzählung sind integraler Bestandteil eben dieser Erzählung, d. h. auch, dass sie nicht auf eine Quelle außerhalb der Erzählung zurückgehen. Sie haben vielmehr eine eigenständige Gattungsgeschichte, die sich aus Texten der Umwelt des Alten Testaments rekonstruieren lässt. „Sitze im Leben" dieser Itinerare sind unterschiedliche militärische, wirtschaftliche oder zivile administrative Kontexte, sie können als Berichte abgefasst sein, Informationen vermitteln oder fürs Archiv aufgezeichnet sein.[2] Solche Itinerare oder nach dem Modell von Itineraren gestaltete Elemente konnten in erzählende Texte integriert werden, d. h. die Reise- oder Wegbeschreibungen wurden in jeweils neue, literarische Kontexte aufgenommen und dabei kreativ „wiederverwendet"[3]. Die Itinerarnotizen und ihre Folge haben in den Wüstentexten ihre eigene, narrativ-theologische Funktion (s. u.).

---

1 GesL 823f.
2 Vgl. Roskop, Itineraries, 81.
3 Roskop, Itineraries, 135.

Itinerar und Erzählung	Auch für das Verhältnis der Erzählphase zu den Kontexten sind die Itinerarnotizen aufschlussreich. Sie setzen bereits in den Erzählungen von Auszug (Ex 12,37) und Meerwunder (13,20) ein und begleiten in sehr unterschiedlich dichter Folge die Wanderung der Israeliten durch die Wüste über diese Erzählphase hinaus bis in die „Ebenen von Moab, jenseits des Jordan bei Jericho" (Num 22,1),[4] also bis an die Grenze des verheißenen Landes. Im Buch Josua werden sie dann noch einmal aufgenommen (Jos 3,1) und enden in Jos 4,19 bzw. Jos 5,10 mit der Station Gilgal. Dort feiern die Israeliten das erste Päsach im Land. Mit der Kette der Itinerarnotizen schlägt die Erzählung also einen großen Bogen vom „Päsach in Ägypten" bis zur Feier des Päsach im verheißenen Land. Die Dauer der Wegzeiten und der Aufenthalte beziffern die Itinerarnotizen bisweilen, indem sie die Zeitangaben auf den Auszug (Ex 12) und das Meerwunder (Ex 14) beziehen. An ihrer ersten Station, in der Wüste Schur, kommen die Israeliten nach einem Marsch „von drei Tagen" (15,22) an, vom Tag des Meerwunders an gerechnet also „übermorgen". An der nächsten Station, der Wüste Sin, kommt die Gemeinde der Israeliten „am 15. Tag des zweiten Monats nach dem Auszug" (16,1) an, d. h. genau einen Monat nach dem Auszug und dem „ägyptischen Päsach" (vgl. Ex 12,1.6). In der Wüste Sinai kommen sie dann „im dritten Monat nach dem Auszug" an (19,1). Die Datierung nach der „Freiheitsära"[5] setzt sich fort in Ex 40,(1.)17 und schließlich in Num 10,11.
Itinerar und Sinai	Das narrative Verhältnis der Wanderungserzählungen zu den Sinaitexten bestimmen die Itinerarnotizen dadurch, dass sie von Ex 19,1 bis Num 10,11 *nicht* erscheinen. So kann sich der Erzählfluss gleichsam verlangsamen und verbreitern und den Rede- und Gebotstexten der Sinaiperikope Raum geben.
	Nach dem Aufenthalt am Sinai greift die Erzählung auf die vorsinaitische Wanderung zurück. Teils werden einzelne der Erzählungen in modifizierter Gestalt wiedererzählt, teils werden einzelne Motive wieder aufgenommen.[6]

Literarische Eigenarten der Wanderungserzählungen

Doppelstrukturen	Die Episoden der Wanderungserzählung bilden Doppelstrukturen auf zweierlei Weise. Die kurzen Episoden 1 und 2 sind durch das Motiv des Wassers einander zugeordnet. In „Mara", dem Schauplatz von Episode 1, herrscht Wassernot, die erst durch ein Wunder behoben wird. Die nächste Station, Elim, wird als Oase mit zwölf Brunnen und siebzig Palmen, also als ein veritabler „locus amoenus", geschildert.
Diptychen	Die ungleich umfangreicheren Episoden 3 (Ex 16), 4 (Ex 17) und 5 (Ex 18) erzählen jeweils zwei thematisch zu unterscheidende Teilepisoden, sie bilden also jeweils ein narratives Diptychon. Dabei sind beide Teile durch übereinstimmende Merkmale miteinander verbunden und aufeinander bezogen, wie die mehr oder

---

4   Ex 12,37; 13,20 (14,2); 15,22.27; 16,1; 17,1; 19,1f.; Num 10,11f.; 11,35; 12,16; 20,1.22; 21,4.10.11.12.13.16.18–20; 22,1; Jos 3,1; 4,19 (5,10f.).

5   JACOB, Exodus, 1029.

6   Vgl. SCHART, Mose, 52f. Das Motiv „Wasserwunder" findet sich in Ex 15,22–25 und Num 21,16–18, das Manna- und Wachtelmotiv in Ex 16 und Num 11,4–34, das Motiv „Wasser aus dem Felsen" in Ex 17,1–7 und Num 20,1–13.

Plot und Themen der Wanderungserzählung   17

weniger identischen dramatis personae. Zusätzlich dazu sind die Episoden in Ex 16 und 17 gerahmt von „Auftaktszenen"[7], die auf jeweils eine der beiden Teilepisoden verweisen, und von Schlussbemerkungen, in denen von Reliquien oder Denkmalen die Rede ist, die die erzählten Ereignisse in Erinnerung halten sollen.

Plot und Themen der Wanderungserzählung

Der Plot: Die Idee des Weges

Der übergreifende Plot der Wanderungserzählungen erwächst aus der Reihe der Stationen: die „Idee des Weges". Bis zum Schilfmeer waren die Israeliten auf dem Weg in die Freiheit, aber in Reichweite der ägyptischen Macht. Erst mit der Wüstenwanderung beginnt ihr Weg in der Freiheit.[8] Die Idee des Weges selbst knüpft an die „liminalen" Motive der Grenzerfahrungen und Grenzüberschreitungen an, denen wir bereits in der Exoduserzählung Ex 1–15 begegnet sind.[9] Mit dem Exodus hat Israel die Existenz in der Knechtschaft hinter sich gelassen, die Vorstellung des Raums der Freiheit hat sozial, rechtlich oder theologisch aber noch nicht Gestalt gewonnen. Dies geschieht erst im Gefolge der Erscheinungen Gottes am Sinai mit der Verkündung der rechtlichen, sozialen und kultischen Ordnungen. Doch auch dies ist nur eine notwendige Zwischenstation zum eigentlichen Ziel und im Blick auf dieses hin: das verheißene Land. In diesem weiten Geschehensbogen markiert der Weg durch die Wüste mit seinen Entbehrungen und Gefahren eine Phase des Übergangs, in dem sich das Verhältnis zwischen Gott, Volk und den Mittlerpersonen Mose und Aaron dynamisch und voller Spannungen zu entfalten beginnt.

> Weg in der Freiheit

Dies findet dann auch Ausdruck in den theologischen Themen, die für die Wanderungserzählungen charakteristisch sind: dem *Murren* des Volkes über die Entbehrungen in der Wüste, das sich dann auch gegen Gott, Mose und Aaron richtet, sowie den *Versuchungen*, durch die sich Gott und Volk wechselseitig erproben.

In den Namen einzelner Orte spiegeln sich diese Motive wider. „Mara" (מרה, 15,23) bezieht sich auf das untrinkbare, „bittere" Wasser, das das „Murren" der Israeliten hervorruft, und das durch ein von Mose auf göttliches Geheiß bewirktes Wunder „süß", also genießbar gemacht wird. „Massa" (מַסָּה) ist auch als ein Nomen lesbar, das von dem Verbum נסה abgeleitet ist und „Prüfung", „Erprobung" oder „Versuchung" bedeutet. „Meriba" (מְרִיבָה) steht für das Motiv des „Murrens" der Israeliten, das in der siebten Erzählphase in zwei Verben zum Ausdruck kommt,

> Ortsnamen

---

7   Auftaktszenen, die auf bevorstehende größere Erzählzusammenhänge verweisen bzw. diese vorbereiten, sind ein Stilmittel, das sich auch in der Sinaiperikope findet (vgl. zu Ex 24,12–18 und 32,7–14).

8   Insofern ist u. E. mit der Wegnotiz Ex 15,22 und der Station Mara eine deutliche, ja entscheidende Zäsur im Erzählbogen des Exodusbuches gesetzt, die es sinnvoll erscheinen lässt, hier den Beginn einer neuen Erzählphase zu sehen. Zu Abgrenzungsfragen der Wüstentexte im Exodusbuch vgl. ALBERTZ, Wilderness Material, 151f.

9   Vgl. UTZSCHNEIDER/OSWALD, Exodus 1–15, 22f.; 295–297. DOZEMAN, Exodus, 347, vergleicht die Abfolge von Exodus, Wüstenzug und Landnahme mit drei Phasen des „rite de passage" Arnold van Genneps: „act of separation", „marginal state, described as ‚liminal'", „reintegration into a new social structure".

18 A. Einleitung zur synchronen Auslegung

dem Verbum לוּן Ni./Hi. „murren" (15,24; 16,2.7.8; 17,3)[10] und dem Verbum רִיב „hadern/streiten".

Das „Murren"

Narrative Anlässe des „Murrens" sind Entbehrungen und Gefahren: Wassermangel und Durst (15,22–25; 17,1–7), Nahrungsmangel und Hunger (Ex 16), Begegnungen mit Wüstenbewohnern, die fremd und feindlich (17,8–14) sein können. Sobald die Israeliten die Knechtschaft verlassen haben und sich mit Durst und Hunger oder Angriffen durch fremde Völker konfrontiert sehen, geht ihr Blick nach Ägypten zurück. In verklärender Rückschau scheint ihnen das Leben dort komfortabel. Da steigt Furcht und Unmut in ihnen auf und sie wenden sich „murrend" an Mose und Aaron, erstmals am Schilfmeer.[11] In dieser Notsituation „schreien" (צעק) sie zu Jhwh und verleihen ihrer Furcht in einer als Frage formulierten Klage Ausdruck: „Gab es denn keine Gräber in Ägypten? Du hast uns mitgenommen, damit wir in der Wüste sterben." (14,11).

In den Wanderungserzählungen nimmt die Stelle des Klagerufs (צעק) der Israeliten, der in der Exoduserzählung von Jhwh positiv beantwortet wird (3,8), das „Murren" (לוּן) des Volkes ein. Zunächst „murren" die Israeliten noch verhalten. In 15,24 findet sich lediglich eine klagende Frage „Was sollen wir trinken?". Den Klageruf (צעק) richtet Mose fürbittend[12] an Gott, der umgehend dafür sorgt, dass das Volk zu trinken hat. In Ex 16 richtet die Gemeinde ihr Murren an Mose und Aaron und kleidet ihr Anliegen – ähnlich wie in Ex 14 – in einen Ausruf, der zugleich den Auszug aus Ägypten in Frage stellt: „Wären wir doch durch die Hand Jhwhs im Land Ägypten gestorben! Da saßen wir am Fleischtopf und hatten Brot zu essen, bis wir satt waren ..." (V. 3). Doch auch hier erfolgt zunächst ohne Weiteres die Zusage Jhwhs, Abhilfe zu schaffen (V. 4). Anders als in Ex 14 denken Mose und Aaron dann aber laut über das „Murren" nach: „Wir aber, wer sind wir, dass ihr gegen uns murrt?" (V. 7) Und Mose fügt hinzu: „.... gegen Jhwh richtet sich euer Murren" (V. 8). In Ex 17,2–4 richtet das Volk die Forderung an Mose „Gib uns Wasser, damit wir zu trinken haben!" Der aber fasst die Aufforderung als feindseliges Hadern und streitige Anklage (רִיב) auf, die er als eine „Versuchung Jhwhs" (V. 2) deutet. Im Kontext kann das nur bedeuten, dass Mose dem Volk vorhält, dass es die Fürsorge Gottes auf die Probe stellen will und nicht still auf sie vertraut (vgl. Ex 14,14).[13] Die Komponente der Feindseligkeit kommt in den V. 3–4 verstärkt zum Tragen. Das Volk stellt nicht nur den Auszug in Frage, sondern Mose sieht sich von ihm handfest bedroht. Auch in dieser Situation schreit Mose zu Jhwh; es ist nun wohl ein Hilfeschrei in eigener Sache, nicht mehr – wie in Ex 15,25 – eine Fürbitte für das Volk. Dennoch geht Jhwh auf die Aufforderung des Volkes ein.

---

10 Das Verbum ist fast ausschließlich in Texten der „Ringkomposition" belegt, vgl. auch Num 14,2.27.29.36; 16,11; 17,6.20; Jos 9,18.
11 Vgl. dazu Utzschneider/Oswald, Exodus 1–15, 312f.
12 Vgl. Aurelius, Fürbitter, 55.
13 Vgl. Kupfer, Weg, 79, der den Akzent darauf legt, dass sich das Volk an Mose und nicht unmittelbar an Jhwh wendet.

Plot und Themen der Wanderungserzählung

Auch im näheren und weiteren Kontext „murrt" bzw. „streitet" das Volk, wenn auch in unterschiedlicher Weise und Intensität. Als einen Gipfelpunkt des Streitens gegen Mose und Jhwh kann man die Forderung nach „einem Gott, der vor uns hergeht" in der Erzählung vom „Goldenen Kalb" verstehen (Ex 32,1–6). In den „Murrtexten" nach dem Aufenthalt am Sinai schafft Gott zwar jeweils Abhilfe, zugleich aber straft er das murrende Volk (Num 11,33; 14,36; 17,6–15), und schließlich auch Mose und Aaron (Num 20,12).

Zunächst ist das „Murren" eine Volksklage, die die Fürsorge Jhwhs hervorruft (Ex 14,10–14; 15,22–25). Diese bleibt auch unerschütterlich, als Mose und Aaron das „Murren" als Auflehnung gegen Gott zu verstehen beginnen (Ex 16) und schließlich als Rebellion gegen ihre Führung erfahren (Ex 17). Erst in den Erzählungen jenseits des Sinaiaufenthalts wird das Murren durchgehend als Rebellion gegen Gott, Mose und/oder Aaron aufgefasst.

Klage und Rebellion

Die Versuchung/Prüfung

Eine ähnliche Spannung drückt sich auch im Motiv der „Prüfung" – in traditioneller Terminologie: der „Versuchung"[14] – aus, das mit dem hebräischen Verbum נסה ausgedrückt wird (Ex 15,25; 16,4; 17,2) und im Ortsnamen מַסָּה (17,7) anklingt. Im alltäglichen Gebrauch bedeutet das Verbum so viel wie etwas Unbekanntes bzw. jemand Unbekannten „prüfen", „ausprobieren" oder „testen" (vgl. etwa 1 Sam 17,38f.). Bezeichnenderweise prüfen sich in den Wüstenerzählungen Gott und Volk gegenseitig. In Ex 15,25f. und 16,4 „prüft" Gott den Gesetzesgehorsam des Volkes. In der ersten Teilepisode von Ex 17 wirft Mose dem Volk vor, mit seinem „Hadern" prüfen zu wollen, ob „Jhwh in unserer Mitte ist oder nicht" (Ex 17,7). Gott aber scheint es zunächst schweigend hinzunehmen, von den Israeliten geprüft zu werden, und lässt das Volk mit Wasser versorgen (17,6).

Das Motiv der „Prüfung" resp. „Versuchung" verbindet diese Erzählphase auch mit dem Kontext. Am Sinai ist es noch einmal Jhwh, der das Volk prüft, und zwar durch sein bloßes, furchterregendes Erscheinen bei der Verkündung des Dekalogs (Ex 20,20). In der Wanderungserzählung jenseits des Sinai-Aufenthalts verwahrt sich Jhwh dann gegen jede weitere „Prüfung" durch das Volk und verhängt gegen die aufrührerische Wüstengeneration die größtmögliche Sanktion: Sie wird das Ziel des verheißenen Landes nicht erreichen (Num 14,22f.). Jetzt prüft nur (noch) Gott. So stellt es sich dann auch in allen anderen alttestamentlichen Belegen für das Prüfungsmotiv dar. Schon der Urvater des Volkes, Abraham, wird durch Gott geprüft (Gen 22,1). In (nach-)deuteronomistischen Texten ist die Prüfung des Volkes ein fester Topos (Dtn 8,2.16; 13,4; Ri 2,22; 3,1.4). Die Prüfungen geben dem Volk „die Möglichkeit ..., sich an harten Widerständen zu bewähren"[15]. Falls es versagt, und das Gericht wirksam wird, ist die Prüfung auch eine „Theodizee zugunsten Jahwes"[16]. Die Prüfung Gottes durch

Weitere Prüfungen

---

14 So lautet auch nach wie vor der terminus technicus der Forschung, vgl. etwa Arneth, Art. Versuchung II., 1071.

15 Lohfink, Arzt, 69.

16 Lohfink, Arzt, 64.

das Volk wird in der Erinnerung hingegen als aufrührerisches, sündiges Verhalten gewertet (Dtn 6,16; Ps 78,17–18.56; 95,8f.; 106,14).[17]

Dass der Unterschied zwischen den beiden Prüfungsrichtungen in der vorsinaitischen Wanderungserzählung nicht so schroff gezeichnet wird, zeigt, dass das Gottesverhältnis Israels hier als ein liminales Anfangsstadium gesehen wird. Vielleicht ist das Verhältnis Gottes mit seinem angehenden Volk mit einer „rite de passage", ja mit einer Art vorehelichen „Testphase"[18] vergleichbar, die erst mit der Theophanie und der Gesetzesverkündigung am Sinai (Ex 20,20) ihr Ende findet.

Theophanie und Gesetz

„Theophanie" und „Gesetz" sind zentrale Themen der Sinaiperikope, also der unmittelbar folgenden Erzählphase. Gottes Erscheinen ist auch in dieser Erzählphase schon Thema, wenngleich eher flüchtig und latent, gewissermaßen als Vorspiel der Erscheinungen Gottes am Sinai.

Ähnliches lässt sich für das Thema „Gesetz" sagen. Gewiss werden auf der Wanderung noch keine Gesetzestexte wie etwa der Dekalog oder das Bundesbuch verkündet. Aber bereits an der ersten Station, in Mara, erfahren die Israeliten, dass JHWH ihnen „Ordnung und Recht" auferlegen wird. In der zweiten Teilepisode von Ex 16 (V. 16–31) kann die Gemeinde im Umgang mit dem Manna lernen, den Sabbat zu halten. In Ex 18,13–26 schließlich ordnet Mose nach dem Rat seines Schwiegervaters das Rechtswesen. Auch dies lässt sich als Vorverweis auf das Geschehen am Sinai verstehen.

B.   Einleitung zur diachronen Auslegung

Hinführung

Für ein angemessenes Verständnis der Literargeschichte der Wüstenepisoden sind einige Vorklärungen notwendig. Beginnend im 19. Jahrhundert hatte sich ein Hypothesenkomplex durchgesetzt, wonach der Gottesberg ein Wallfahrtsort gewesen sei, und die Ortsangaben in Ex und Num auf einem alten Verzeichnis von Pilgerstationen basierten, das in Num 33 erhalten ist. Alternativ wurde erwogen, dass die Ortsangaben auf nomadischen Wegebeschreibungen beruhten.[19] In beiden Szenarien handelte es sich um altes Überlieferungsgut, das seinen Weg in die späteren literarischen Werke gefunden haben soll. Diese Auffassung ist seit mehreren Jahren aus verschiedenen Gründen in die Kritik geraten.

Num 33   Zunächst handelt es sich bei dem Stationenverzeichnis Num 33 um ein spätes systematisierendes Kompilat aus den einschlägigen Partien in Ex und Num, das

---

17 Vgl. zu den Psalmenstellen und ihrem Bezug zu den Wanderungserzählungen Seiler, Text-Textbeziehungen, 112.122.213.

18 Vgl. Propp, Exodus 1–18, 34.579.

19 Zur Forschungsgeschichte vgl. Dozeman, Itineraries; Roskop, Itineraries, 1–13.187–193.

Überblick über die Literargeschichte der Wüstenepisoden　　　　21

alle Ortsangaben von den literargeschichtlich ältesten bis hin zu den jüngsten der Tora-Komposition enthält.[20] So sollen etwa die zahlreichen Namen in Num 33,18–37 die 40-jährige Wüstenzeit mit Ortsnamen bereichern.

Auch ein Pilgerweg kann nicht im Hintergrund der Ortsangaben stehen, da der Text keinen Hinweis auf eine regelmäßige Anreise enthält. Zudem fehlt jeder Beleg dafür, dass es solche Pilgeritinerare gegeben haben könnte.[21] Die besondere Gestalt von Ex 15–18 deutet nicht auf eine Liste von Ortsnamen als Grundlage der Erzählung, allenfalls kann das Genre des Itinerars ganz allgemein im Hintergrund gestanden haben: „We owe the present shape of the wilderness narrative not to use of a source document but to profoundly creative uses of the itinerary *genre*."[22]

Pilgerweg?

In Ex 15–18 sind Itinerar und Erzählung aufs Engste verflochten und daher ist es viel wahrscheinlicher, dass die Ortsangaben sukzessive im Zusammenhang mit der Abfassung der Episoden entwickelt wurden. Dafür sprechen nicht zuletzt auch – wie oben gezeigt – die symbolischen Ortsnamen.

Itinerar und Erzählung

Auch ein traditionsgeschichtlicher Zusammenhang zu den verschiedenen Wüstenmotiven im Hoseabuch liegt nicht vor, denn in Hos 2,16; 13,5 gilt die Wüstenzeit, anders als in Ex und Num, als Heilszeit. Auch Jer 2 steht eher in der Tradition des Hoseabuches und scheint zudem ein später Text zu sein.[23] Überhaupt ist die Vorstellung einer Wüstenwanderung Israels keine alte Tradition. Die betreffenden Episoden in Ex und Num sind durch und durch von aktuellen Problemlagen geprägt.[24]

Tradition?

Überdies kennt das Exodusbuch keine klar abgrenzbare Wüstenphase. Wie sich am Anfang Auszug und Wüste überlappen, so am Ende Wüste und Gottesberg. Schon in Ex 15,22–26 sind Wüstenszenario und Gesetzgebung verschränkt, in 17,1–7 befinden sich Mose und Israel ausdrücklich bereits „in der Ödnis", was seit Ex 3,1 auf den Gottesberg deutet, in Ex 18 schließlich wird die Relation expliziert: Der Gottesberg befindet sich in der Wüste (18,5). Für die diachrone Auslegung bedeutet dies, dass die Gottesberg-/Sinaiperikope und die Wüstenepisoden in ein und demselben literargeschichtlichen Bezugsrahmen zu erklären sind.

Gottesberg und Wüste

Überblick über die Literargeschichte der Wüstenepisoden

Gemäß dem Gesamtmodell der Literargeschichte des Exodusbuches, wie es in der Einleitung zum ersten Band dieses Kommentars entworfen wurde,[25] ist ab Ex 15,22 die Exodus-Gottesberg-Erzählung (EG-Erzählung) das älteste literargeschichtliche Stratum, denn die ältere Exoduserzählung endete in 14,31aα. Der vordere Teil der

EG-Erzählung

20　Vgl. dazu SCHMIDT, Das 4. Buch Mose, 202–208; ROSKOP, Itineraries, 136–144; DOZEMAN, Itineraries, 286f., Anm. 104.105.

21　ROSKOP, Itineraries, 144–146.

22　ROSKOP, Itineraries, 144 (H. i. O.).

23　CARROLL, Jeremiah, 115–140.

24　Apologetische Werke wie HOFFMEIER, Sinai, müssen natürlich die literarische und pragmatische Dimension der Texte ignorieren. Stattdessen wird eine Flut von pseudohistorischen Informationsbröckchen geboten, die freilich nicht überdecken kann, dass es für eine Wüstentradition gerade keine Evidenz gibt.

25　UTZSCHNEIDER/OSWALD, Exodus 1–15, 35–54.

EG-Erzählung bietet an drei Stellen Vorausblicke auf die Zeit nach dem Exodus. Nach Ex 3,12b folgt auf den Auszug aus Ägypten direkt der Aufenthalt am Gottesberg: „Wenn du das Volk aus Ägypten führst, werdet ihr dem Gott auf diesem Berg dienen." Und nach Ex 3,18 und 8,23 wollen die Israeliten drei Tagesmärsche in der Wüste gehen. Diese Stellen machen deutlich, dass in dieser ersten Phase der Literargeschichte keine lange Wüstenwanderung im Blick war, und in der Tat lässt sich von den folgenden Episoden nur Ex 18 (in Teilen) der EG-Erzählung zuordnen.

DtrG   Die nächste literargeschichtliche Phase ist die deuteronomistische, und diese Autoren haben die Erzählung von der Amalekiterschlacht (Ex 17,8–16*) in die Erzählung eingefügt. Damit kommt es zu einer ersten örtlichen und zeitlichen Dehnung der Wüstenwanderung der Israeliten.

P-Komposition   Die P-Komposition hat die Wüstenwanderung in zweifacher und überdies tiefgreifender Weise verändert. Zum einen stammt die Mannaerzählung Ex 16 weit überwiegend von priesterlicher Hand, zum anderen sind drei der Itinerarnotizen (Ex 16,1aβγb; 17,1a; 19,1) auf die P-Komposition zurückzuführen. Erst durch diese Zeitangaben entsteht das Szenario eines mehrwöchigen Wüstenzuges. Und zugleich entsteht jetzt der Eindruck, dass sowohl vor als auch nach dem Sinai längere Distanzen zurückzulegen waren. Der Sinai wird damit in erheblicher Entfernung von Ägypten und vom verheißenen Land verortet.

Keine nomadische Vorzeit   Damit setzt die P-Komposition ihre schon im Genesisbuch begonnene Revision der politischen Geographie konsequent fort. Ihr geht es darum, dass alle relevanten Ereignisse der Volkwerdung Israels im Ausland stattgefunden haben. Jakob Wöhrle schreibt über die Genesis:

> So werden die Väter infolge der priesterlichen Bearbeitungen als exemplarische Exulanten dargestellt. [...] Zudem hat sich das von den Vätern herkommende Volk nach den priesterlichen Passagen gerade dort im Ausland konstituiert. [...] Schließlich wird das so im Ausland entstandene, von den Vätern herkommende Volk als eine exklusive, nach außen abgeschlossene Gruppe vorgestellt.[26]

Dementsprechend wird in Ex 1,7 die Volkwerdung Israels ins ägyptische Ausland verlegt, genauso wie in Ex 6,2–8 die zäsurhafte Offenbarung JHWHS an Mose. Das Szenario einer ausgedehnten Wüstenwanderung soll also keineswegs eine lang zurückliegende nomadische Vorzeit in Erinnerung rufen, sondern vielmehr die Einrichtung des Gemeinwesens und des Kultes weit außerhalb des verheißenen Landes verorten.

Tora-Komposition   Die Tora-Komposition bringt schließlich die Elim-Episode Ex 15,27 mitsamt der Aufbruchsnotiz 16,1aα ein. Und sie übernimmt die Ortsangabe „Refidim" aus 17,8 und fügt sie in Ex 17,1b und 19,2a ein.

Babylonier- und Perserzeit   Historisch betrachtet bringt die Vorstellung einer länger währenden, entbehrungsreichen Wüstenzeit die Erfahrungen der Menschen im Judäa der Babylonier- sowie der frühen und mittleren Perserzeit trefflich auf den Punkt. Die Zerstörungen der Babylonier im Jahr 587 waren sehr gründlich gewesen. Für nahezu zwei Jahrhunderte waren Juda ein Land (vgl. Jes 54,3; 61,4) und Jerusalem eine Stadt (vgl. Jes 52,9; Neh 1,3; 7,4), auf die man mit Hilfe der Wüstenmetaphorik unmiss-

---

26   WÖHRLE, Fremdlinge, 224.

Überblick über die Literargeschichte der Wüstenepisoden 23

verständlich Bezug nehmen konnte: „Wüste und Steppe ... sind eine Metapher für den trostlosen Zustand Jerusalems und des Gottesvolkes in exilisch-frühnachexilischer Zeit."[27]

---

27 BERGES, Jesaja 40–48, 104, zu Jes 40,3.

Siebte Erzählphase: Ex 15,22 – 18,27: Israels Weg zum Gottesberg (Wanderungserzählung)

Episode 1: Ex 15,22–26: Wasser und Gebote in Mara

22 Da ließ Mose Israel vom Schilfmeer aufbrechen, und sie zogen hinaus[a] in Richtung auf die Wüste Schur und gingen drei Tagesreisen in der Wüste, fanden aber kein Wasser[b].

23 Da kamen sie nach Mara, konnten aber das Wasser von Mara nicht trinken, denn es war bitter. Deswegen heißt es „Mara". 24 Da murrte das Volk gegen Mose und sprach: „Was sollen wir trinken?"

25 Da schrie er zu Jhwh, und Jhwh lehrte[a] ihn ein Holz (zu nehmen). Da warf er es ins Wasser, und das Wasser wurde süß.

Dort legte[b] er ihm Ordnung und Recht auf und dort prüfte er es[c]. 26 Da sprach er:

Wenn du aufmerksam auf die Stimme Jhwhs, deines Gottes, hören wirst,

was recht ist in seinen Augen tun wirst,

auf seine Gebote hören wirst,

und all seine Ordnungen beachten wirst,

(dann) will ich all die Krankheit, die ich Ägypten auferlegt habe, dir nicht auferlegen.

Denn ich bin Jhwh, dein Arzt.

Anmerkungen zu Text und Übersetzung

22a LXX und Sam lesen ויוציאהו (Hi.) „und er (Mose) führte es (Israel) hinaus". Zur Bedeutung der Wurzel siehe die Auslegung.

22b LXX ergänzt „um zu trinken"; vgl. Ex 17,1.

25a Sam hat ויראהו, LXX ἔδειξεν; sie leiten die Form ויורהו also nicht von ירה Hi., „lehren" ab, wie es der Konsonantenbestand nahelegt, sondern von ראה Hi., „sehen lassen". Darauf beruhen die Wiedergaben mit „zeigen", bzw. „to show" in den gängigen Übersetzungen. Vgl. auch Propp, Exodus 1–18, 574.

25b Die beiden (we-)x-qatal-Sätze unterbrechen die wayyiqtol-Reihe der vorausgehenden Erzählung und können als Umstandssätze auf die wayyiqtol-Redeeinleitung bezogen werden. In V. 25b leitet der Erzähler die in V. 26 folgende Rede ein und kommentiert ihren Gehalt. (Weiter dazu in der Auslegung.)

25c Die Personalpronomina bzw. hebr. Suffixe sind den handelnden Personen nicht eindeutig zuzuordnen. Im ersten Satz von V. 25b könnte Gott Subjekt sein, der Mose Ordnungen gibt, es könnte aber auch Mose sein, der dem Volk die Ordnungen gibt. Allerdings kann das Subjekt der „Prüfung" im zweiten Satz von V. 25b nur Gott und das Objekt das Volk sein. Mose ist es, der dann in V. 26 das Volk zum Gehorsam ermahnt, während Jhwh in Ich-Rede dem Volk die heilsamen Konsequenzen des Gehorsams vor Augen hält. Mose und Jhwh agieren und reden in Ex 15,25b–26, als wären sie eine Gestalt. Das entspricht der engen und heilsamen Kooperation zwischen Jhwh und Mose in der Wasserwundererzählung. Ähnliche grammatische und personelle Konstellationen finden sich im Dtn (vgl. Dtn 17,3; 28,20, vgl. Lohfink, Arzt, 22; Kupfer, Weg, 50f.).

Synchrone Analyse

Die Episode lässt sich vier Szenen gliedern:

Szene 1: 15,22: Kein Wasser auf dem Zug in die Wüste
Szene 2: 15,23–24: Das Volk murrt über bitteres Wasser in Mara
Szene 3: 15,25a: Gott lehrt Mose, das Wasser trinkbar zu machen
Szene 4: 15,25b–26: Mose/Jhwh setzen Ordnung und Recht

Die Szenen 1–3 bilden eine kleine Erzählung im üblichen hebräischen Erzählstil und mit der Struktur von Komplikation und Auflösung. In der vierten Szene wechselt der Text in eine Rede, als deren Sprecher sowohl Mose als auch Gott in Frage kommt. Durch ihr Thema „Gesetzesgehorsam" und ihren Stil, den man als „hochrhetorische Prosa"[1] bezeichnet hat, unterscheidet sie sich deutlich von der Erzählung.

15,22: Szene 1   Die erste Szene ist nach dem Muster der Itinerarnotizen gestaltet. Sie zeigt Mose und Israel auf dem Weg vom Schilfmeer in die Wüste „hinausziehend". Dabei knüpft das für die Terminologie der Itinerarnotizen ungewöhnliche Verbum יצא („ausziehen") noch einmal an das Exodusgeschehen an. Jetzt, erst jetzt, verlassen die Israeliten den Bannkreis der ägyptischen Knechtschaft.[2] Auch die Richtungsangabe „Wüste Schur" knüpft an die Ortsvorstellung der Meerwundererzählung an, für die wir das „Grenzgebiet zwischen Ägypten und der östlichen Wüste"[3] angenommen haben. „Schur" wird sonst ein Ort oder eine Region an der Ostgrenze Ägyptens (Gen 16,7; 20,1; 25,18; 1 Sam 15,7; 27,8; vgl. das sog. Stationenverzeichnis Num 33,8) genannt. Vielleicht soll in dem Namen ein ähnliches Wort für „Mauer" (Gen 49,22; Ps 18,30) anklingen und auf eine Grenzmauer zwischen dem ägyptischen Nildelta und der Sinaiwüste verwiesen werden. Die „drei Tage" können sowohl eine Dauer als auch eine Entfernung, also „Tagesreisen", bedeuten (vgl. Gen 30,36; Ex 3,18; 8,23; Num 10,33; 33,8; Jona 3,3). Sie bezeichnen wohl eine mittlere Dauer,[4] die freilich unter bestimmten Umständen auch ziemlich lang werden kann, so z. B. wenn sie den Durchmesser der assyrischen Metropole Ninive anzeigt (Jona 3,3) oder eben die Dauer eines Wüstenmarsches ohne Wasser. Die Erzählung setzt voraus, dass man nach drei Tagen dringend Wasser gesucht hat.

---

1 Lohfink, Arzt, 22.
2 Jacob, Exodus, 449: „… hier ist das Wort nötig, weil sonst gar nicht gesagt wäre, daß die Israeliten das andere Ufer des Schilfmeers gewonnen hätten … Jetzt sind sie erst völlig Pharaos ledig, haben für immer Ägypten hinter sich gelassen …", vgl. auch Utzschneider/Oswald, Exodus 1– 15, 323f.
3 Utzschneider/Oswald, Exodus 1–15, 303.
4 „… greater than a day and less than a week…", so Propp, Exodus 1–18, 206; anders Houtman, Exodus I, 62.

Die zweite Szene greift noch einmal auf die Sprache des Itinerars zurück, um den Ortswechsel zu markieren: Die Israeliten gelangen nach Mara. Der Ortsname kündigt an, was ihnen bevorsteht. Sie finden Wasser, das aber nicht trinkbar ist. Selbstverständlich hat man versucht, den Ort geographisch zu lokalisieren, meist in der nord-westlichen Uferregion des Golfs von Suez, da dort, wie für viele andere der Sinai-Region „bitteres" Wasser, d. h. brackiges, mit Magnesiumsulfat angereichertes Wasser zu finden ist. Wie so oft basiert auch hier die literarische Ortsvorstellung auf Umweltwissen, ohne dass daraus zwingende Rückschlüsse auf eine bestimmte Ortslage oder auf den historischen Ort der Autoren zu ziehen wären. Der abschließende Satz „Deswegen heißt es Mara" ist eine ätiologische Formel, mit der vor allem in der Genesis die Herkunft von Personen- und Ortsnamen bezeichnet wird (Gen 11,9; 16,14; 21,31; 26,33 u. ö.). {15,23–24: Szene 2}

Die Komplikation wird nun gesteigert: Das dürstende Volk „murrt gegen Mose". Dieses Murren ist noch ohne wirkliche Spitze gegen Mose oder gar Gott und rückt auch die Murrenden noch nicht in schlechtes Licht.[5]

Dem entsprechend ist in der dritten Szene die Reaktion des Mose dargestellt, der nun als Protagonist in den Fokus rückt. Er „schreit" (צעק) zu Jhwh. Die Situation ist der von Ex 14,15 vergleichbar, in der die Rettungszusage Gottes einen stellvertretenden Notschrei des Mose voraussetzt. Auch in Ex 15,25a ist die Reaktion Jhwhs auf die Rettung gerichtet; den aktiven Part dafür soll freilich Mose übernehmen. {15,25a: Szene 3}

Die merkwürdige Formulierung: „Jhwh lehrte ihn ein Holz" kombiniert u. E. zwei nicht unbedingt kompatible Motive: das Motiv des Gottesmannes als Heiler und das Motiv Gottes als Lehrer. Vorbilder für ersteres Motiv sind Elia (1 Kön 17,17–24) und vor allem Elisa, von dem eine ganze Reihe von (Heilungs-)Wundern überliefert sind (2 Kön 2–7, insbesondere 2 Kön 2,19–22). Mose wird auf das „Holz" als Wundermittel[6] durch Jhwh aufmerksam gemacht und darüber „belehrt" (ירה). Gott als Lehrer[7] ist ein Topos, der mit „rechtem Verhalten" (דרך: 1 Kön 8,36; Ps 27,11; 86,11) und „Gesetz" verbunden sein kann, das Gott die Frommen lehrt („Lehre mich, Jhwh, den Weg deiner Ordnungen [דרך חקיך]!", Ps 119,33). Die Assoziation des generellen Begriffes „Tora" (תורה) liegt sprachlich und sachlich nahe. Mose erscheint hier als wundertätiger Gottesmann, der seine Wunder- und Heilkraft der Belehrung durch Gott verdankt – einer Belehrung, die Mose zu der künftig noch viel größeren und heilsameren Aufgabe des Lehrers der Tora für Israel befähigen wird. Auch die folgende Redeszene hebt auf diese Kombination ab. Der Schluss des Erzählteils beschränkt sich darauf, in zwei kurzen Strichen vom Erfolg der Heilungstat des Mose zu berichten. Am Schluss der Szene bleibt eine Leerstelle. Dass die Israeliten ihren Durst dann auch tatsächlich stillten, wird nicht erzählt (so auch in Ex 17,2–6, s. dort). Ist es aus der Leserperspektive allzu selbstverständlich oder hatte der Erzähler anderes im Sinn, das ihm wichtiger war? {Gott als Lehrer}

---

5 So auch Lohfink, Arzt, 18. Anders Aurelius, Fürbitter, 155, der das Murren der Israeliten bereits hier als „Sünde" deutet.

6 Die seit jeher intensive Suche nach Analogien, die dieses Wundermittel erklären könnten, ist bisher ohne Ergebnis geblieben. Dillmann, Exodus, 178f. Propp, Exodus 1–18, 582, sieht hier eine Anspielung auf den Lebensbaum (das hebr. Wort für „Holz" bedeutet auch „Baum"), der die Tora symbolisiert.

7 Vgl. Fischer, Gottes Lehren.

15,25b–26: Szene 4	Die vierte Szene ist sprachlich von anderem Zuschnitt als die voraufgehende Erzählung.[8] Mit den beiden Sätzen „Dort legte er ihm Ordnung (חק) und Recht (משפט) auf und dort prüfte er es" meldet sich der Erzähler als Kommentator zu Wort (vgl. Textanm. 25[b]). Er deutet den Gehalt der in V. 26 folgenden Rede und macht diese zugleich als Ereignis kenntlich: In der Rede und durch sie, also „performativ", geschieht, worauf der Kommentar hinweist: Mose (als letztes Subjekt in V. 25) bestimmt für „es" (als Bezug kommt nur „das [murrende] Volk" in V. 24 in Frage) „Ordnung und Recht" und prüft es. Zugleich stellt der Kommentar durch den wiederholten Ortsverweis „dort" betont den Bezug zum Schauplatz Mara und dem Wasserwunder her, das das Volk dort gerade erlebt hat. Für den Leser, dem der Kommentar des Erzählers gilt, bedeutet dies die Aufforderung, auf die inneren Bezüge zwischen der Erzählung und der folgenden Rede zu achten.
Rechtssetzung	Das performative Verständnis der Rede macht es überflüssig zu fragen, um welches Gesetz oder welche Ordnung es sich eigentlich handelt und wie sich diese zu den am Sinai verkündeten Gesetzen verhalten, zumal dann nicht von „Ordnung und Recht" im Singular, sondern im Plural von „Ordnungen und Gesetzen" o. ä. die Rede sein sollte.[9] חק ומשפט im Singular und in Kombination mit dem Verbum שים bezeichnet in etwa das, was wir „Rechtssetzung" nennen würden. In diesem Sinne will Ex 15,25b als rechtlich verbindlich verstanden wissen, was die Rede in V. 26 zum Ausdruck bringt. Diese Rede, die zunächst wohl Mose als Sprecher voraussetzt und dann in V. 26b in eine Gottesrede in der Ich-Form übergeht, hat drei Teile:

Bedingung:	Wenn du der Stimme Jʜwʜs, deines Gottes, gehorchen wirst,
	was recht ist in seinen Augen tun wirst,
	auf seine Gebote hören wirst,
	und all seine Ordnungen beachten wirst,
Selbstverpflichtung:	(dann) will ich all die Krankheit, die ich Ägypten auferlegt habe, dir nicht auferlegen.
Selbstvorstellung:	Denn ich bin Jʜwʜ, dein Arzt.

Gegenseitigkeit	Die Struktur ist dem Eröffnungsstück der Sinaiperikope in Ex 19,3–6 sehr ähnlich, die ebenfalls eine Bedingung für Israel und eine Selbstverpflichtung Jʜwʜs enthält (V. 5–6a). Dort fällt auch das Stichwort „Bund" (ברית), und in der Tat ist bereits hier schon die Rede vom Grundgedanken der Bundestheologie in dem Sinne geprägt, dass das Verhältnis zwischen Gott und Volk als solches zwar von Gott gestiftet, dann aber von einer gegenseitigen Verpflichtung erfüllt ist. Zu dieser Gegenseitigkeit gehört auch die „Prüfung" (vgl. dazu die Einleitung zu dieser Erzählphase).
Rechtsförmigkeit	Der Bedingungsteil in V. 26 macht nun deutlich, dass die Verpflichtung des Volkes material Ordnungscharakter hat und rechtsförmig sein wird. Für das Volk soll gelten, was in Gottes Augen angemessen ist, seine Gebote und seine Ordnungen (nun im Plural) sollen maßgebend sein. Diese werden im Einzelnen noch nicht

---

8   „Plötzlich steilt sich die Sprache auf." Lᴏʜꜰɪɴᴋ, Arzt, 19.

9   Dtn 4,45; 5,1; 12,1 u. ö.; ähnlich mit anderer Terminologie Ex 24,3. Die beiden weiteren Belege, in denen das Verbum שים mit חק ומשפט im Singular kombiniert ist, beziehen sich auf performative Rechtssetzungen (vgl. Jos 24,25; 1 Sam 30,24f.).

Synchrone Analyse

genannt, ja noch nicht einmal angedeutet. Es geht um die Rechtsförmigkeit der Beziehung als solche, die in dieser Rede etabliert, aber erst am Sinai entfaltet wird. Aufseiten des Volkes erfordert diese Beziehung vor allem Aufmerksamkeit. Dreimal in dem viergliedrigen Bedingungsteil ist davon die Rede: aufmerksam „auf die Stimme hören", „hören", „beachten". Wer diese Stimme vertritt, sagt die Rede nicht ausdrücklich, es ergibt sich aber aus der Situation. Es ist die Stimme des Mose.

In dem Teil der Rede, die der göttlichen Selbstverpflichtung gilt, wechselt die Stimme in die „Ich-Form" der unmittelbaren Gottesrede. Sie beginnt mit einem Element der Erinnerung an die „ägyptische Krankheit". Dies ist eine Anspielung auf die Plagenerzählung.[10] In Dtn 28 sind es „Eventualsanktionen", die dann eintreten, wenn die Israeliten sich nicht an die Tora Gottes halten. Hier sagt Gott zu, dass er sie den Israeliten nicht „auferlegen" (שׂים; vgl. V. 25b) wird – zu ergänzen ist: wenn sie auf die Stimme Gottes als die Stimme des Gesetzes hören. {.margin-note: Göttliche Selbstverpflichtung}

Dass es in der rechtsförmigen Gottesbeziehung nicht in erster Linie um Zwang oder Strafe geht, sondern dass sie Segen bewirken soll,[11] macht die abschließende Selbstvorstellung Gottes als „dein (also Israels) Arzt" (רֹפְאֶךָ) klar. Sie ist in dieser Form im Alten Testament einmalig, knüpft aber an eine Tradition an, die Jhwh als heilenden (Sonnen-)Gott verstanden hat.[12] Ihren im positiven Sinne „prägnantesten Ausdruck"[13] findet sie in Mal 3,20: „Euch aber, die ihr meinen Namen fürchtet, wird aufstrahlen die Sonne der Gerechtigkeit; und Heilung (מַרְפֵּא) ist auf ihren Flügeln ..." Eine bedeutende, allerdings ambivalente Rolle spielt Jhwh als Arzt seines Volkes in der Prophetie. Einerseits finden sich positive Aussagen, die von Jhwh Heilung erwarten (Hos 6,1; Jer 30,17; Ps 60,4), andererseits kann Gott als Arzt im Falle von Schuld auch „schlagen". „Heilung und Schuld [sind] Gegensätze"[14] (vgl. z. B. Hos 6,11b–7,1). Dass die Zuschreibung „Jhwh als Arzt" hier positiv gemeint ist, ergibt sich aus dem Verhältnis des Wasserwunders zur abschließenden Redeszene, an deren Zusammenhang dem Erzähler – wie gesagt – viel gelegen zu sein scheint. Genau dort, wo Israel auf Jhwhs Weisung Rettung vor dem Verdursten erfahren hat, legt er ihm Ordnung und Recht auf. Mose, der auf Gottes Weisung für trinkbares Wasser gesorgt hat, ist es auch, der die rechtsförmige Beziehung zwischen Gott und seinem Volk etabliert. Kurz: Die Erzählung des Wasserwunders und die Setzung der Tora-Beziehung zwischen Gott und Volk verhalten sich zueinander in der Art eines rabbinischen „qal wachomer"-Schlusses:[15] Wenn Gott sein Volk in der Not mit Wasser segnet, um wie viel mehr wird ihm seine Tora zum Segen gereichen, wenn, ja wenn das Volk „Ordnung und Recht" anzunehmen willens ist. {.margin-note: Jhwh als Arzt}

---

10 Vgl. dazu schon Utzschneider/Oswald, Exodus 1–15, 194.
11 So vor allem Lohfink, Arzt, 22.37 u. ö.
12 Vgl. vor allem Niehr, Jhwh als Arzt, 9–13.
13 Niehr, Jhwh als Arzt, 11: Der Sonnengott ist gemeinorientalisch als Richtergott auch Heilungsgott.
14 Niehr, Jhwh als Arzt, 12.
15 Vgl. Strack/Stemberger, Einleitung, 28.

Diachrone Analyse

EG	DtrG	PK	TK
15,22 (s. Auslegung)			
			15,23–26

15,22: Wüstenzug Die diachrone Analyse von Ex 15,22 stellt im Zusammenhang der Wüstenepisoden einen Sonderfall dar, denn es scheint, als ob drei der vier möglichen literarischen Schichten ihre Spuren in dem kurzen Vers hinterlassen hätten. Der Schlusssatz „sie fanden aber kein Wasser" bereitet offensichtlich die folgende Episode 15,23–26 vor und kann daher wie diese der Tora-Komposition zugeordnet werden. Das gleiche gilt auch für die Ortsbestimmung „vom Schilfmeer", denn die diachrone Auslegung von Ex 13–14 hatte ergeben, dass diese Bezeichnung erst durch die Tora-Komposition eingebracht wurde. Der Satz „und sie zogen hinaus in die Wüste Schur" könnte von den dtr Bearbeitern stammen, denn in den dem DtrG zu Grunde liegenden Texten erscheint die Wüste Schur als Wohnort der Amalekiter (vgl. 1 Sam 15,7; 27,8). Für die EG-Erzählung bleiben noch die Sätze: „Da ließ Mose Israel aufbrechen, und sie gingen drei Tagesreisen weit in der Wüste." Das ist genau das, was man nach Ex 3,18 und 8,23 auch erwarten würde.

Freilich kann man auch die Auffassung vertreten, dass der Vers 15,22 für sich genommen keine literarkritischen Brüche aufweist und von daher insgesamt der Tora-Komposition zugerechnet werden sollte. In diesem Falle wäre der Transfer des Volkes vom Meer zum Gottesberg, wie er in der EG-Erzählung formuliert war, nicht mehr erhalten geblieben.

15,23–26: Mara So kompliziert die diachrone Analyse des kurzen Stückes Ex 15,22 war, so einfach ist die des längeren Stückes Ex 15,23–26. Denn die Erzählung von der Rechtssetzung am Bitterwasser zeigt keine Zeichen von diachron zu erklärender Uneinheitlichkeit. Zwar wird immer wieder die Vermutung geäußert, die vorliegende Erzählung basiere auf einer älteren, doch konkrete Rekonstruktionen einer solchen liegen bislang nicht vor.[16] Oft wird die Gestaltung des Abschlusses als inkohärent empfunden, weil in 15,26 nicht klar sei, ob es sich um eine Mose- oder um eine Gottesrede handle. Doch tritt dieses Phänomen immer wieder auf und ist per se kein Anlass für Literarkritik (vgl. Textanm. 25[c]). Es ist nicht möglich, aus der vorliegenden theologischen Lehrerzählung eine ältere Rettungserzählung herauszulösen – und dieser Vorbehalt betrifft auch die weiteren Murrerzählungen.

Metatext Für die kompositionsgeschichtliche Einordnung ist der Metatextcharakter der Episode ausschlaggebend. Lange vor dem Sinai wird in 15,25–26 von der Tora-Komposition die Rechtsförmigkeit Israels und seines Gottesverhältnisses proleptisch eingeführt. Und diese Rechtsförmigkeit ist Voraussetzung dafür, dass in den gleichfalls der Tora-Komposition zuzurechnenden Ergänzungen Ex 16,4–5.27–29 die Einhaltung des Sabbats als Beachtung der Tora verstanden werden kann.

---

16 Vgl. dazu LOHFINK, Arzt, 29–41; HECKL, Ahnen, 535–543.

Episode 2: Ex 15,27: Reichlich Wasser in Elim

27 Da kamen sie nach Elim. Dort waren zwölf Wasserquellen[a] und siebzig Palmen. Da lagerten sie dort am Wasser.

Anmerkungen zu Text und Übersetzung

27a Im Hebräischen hat das Lexem עַיִן zwei Bedeutungen: „Auge" (im Plural nur als Dual) und „Quelle" (hier fem. pl. st. cons. עֵינֹת).

Synchrone Analyse

Die Episode wird durch Weniges mehr als die Stationen-Notiz zu dem Ort Elim gebildet. Aber (gerade) dieses Wenige gibt zu denken. Anlass dazu gibt schon der singuläre Ortsname (vgl. noch das Verzeichnis Num 33,8f.). Eine Lokalisierung ist – trotz vieler Vorschläge[17] – weder möglich noch sinnvoll. „Elim", אילים, ist der Plural zu אַיִל‎2, was zunächst wohl einfach „großer ... Baum"[18] heißt. Sprachlich und sachlich hängt es auch mit אֵלָה, 'elâ, „Terebinthe", zusammen, einer Baumart, die positiv (Ri 6,11.19) oder negativ (Hos 4,13) mit heiligen Orten verbunden wird. Phonetisch klingt schließlich auch der Plural des Nomens אֵל, 'el, „Gott" oder „Gottheit", an. **[Symbolname]**

Die Ankunftsnotiz in Ex 15,27 ist parallel zur Ankunftsnotiz zu Mara in 15,23 gestaltet. Dies weist darauf hin, dass die beiden Episoden eng aufeinander bezogen sind – wenn auch im Kontrast. Dort trafen die Israeliten auf einen Tümpel mit „bitterem" Brackwasser, hier schlagen sie ihr Lager auf in einer Oase von paradiesischer Fülle. Die Zahlen „zwölf" und „siebzig" sind Symbolzahlen für Perfektion und Vollständigkeit: „the site is thereby characterized as a garden of delights."[19] **[Symbolzahlen]**

Darüber hinaus lassen sich die Zahlen und ihre Symbolbedeutung auch auf die Israeliten als Volk, genauer gesagt, auf grundlegende Elemente seiner sozialen Gliederung beziehen: die „Stämme" und die „Ältesten". Ex 1,2–5 führt die zwölf Söhne Jakobs, die Stammväter der späteren Stämme, auf; in Ex 24,4 ist von den „zwölf Stämmen Israels" die Rede. Aus siebzig „Seelen" besteht die Jakobsfamilie, die nach Ägypten einwandert (Ex 1,5) und dort zum Volk anwächst. Siebzig Älteste halten mit Mose, Aaron und dessen Söhnen zusammen ein Mahl im himmlischen Bereich (Ex 24,9). Siebzig „Älteste des Volkes" (Num 11,16.24f.; vgl. Ex 17,5f.) werden ausersehen, um Mose in seiner Leitungsaufgabe zu unterstützen (vgl. Ex 18,13–27), ja sie erhalten Anteil am mosaischen Geist (Num 11,24f.). Ganz unmittelbar stellt die klassische jüdische Exegese diesen Bezug her, so z. B. Raschi: „Zwölf Wasserquellen, den Stämmen entsprechend wurden sie ihnen zuteil, und siebzig **[Stämme und Älteste]**

---

17 Vgl. MAIBERGER, Manna, 162–164.
18 GesL 46.
19 HOUTMAN, Exodus 1, 67, für die Zahl siebzig.

Dattelpalmen den siebzig Ältesten entsprechend."[20] Wie es in Mara von der Fundierung seines künftigen Lebens im Gottesrecht erfährt, so begegnet es hier einer idealen Vorausdarstellung seiner sozialen Existenz.

Diachrone Analyse

EG	DtrG	PK	TK
			15,27

15,27 Die synchrone Auslegung hat den komplementären Charakter der beiden Episoden 15,23–26 und 15,27 deutlich herausgearbeitet. Daran und an die Bezüge zu Ex 24,9–11 und Num 11,4–35 kann die diachrone Auslegung anknüpfen, denn alle genannten Abschnitte sind der Tora-Komposition zuzurechnen. Einer der in der Abschlussphase der Pentateuchentstehung arbeitenden Schreiber hat in Ex 15,23–26 und 15,27 die Toraförmigkeit der Verfassung des Gottesvolkes und seine Organisationsstruktur mit den zwölf Stämmen und dem siebzigköpfigen Ältestenrat in symbolischer Weise vorweggenommen.

Synthese zu den Episoden 1 und 2

Text über Texte Die diachrone Auslegung bezeichnet die Episode Ex 15,22–26 als Metatext und leitet daraus die Einordnung in die jüngste der Kompositionsschichten, die Tora-Komposition, ab. In der Tat überblickt die Eröffnungsepisode die Erzählphase der Wüstenwanderung als Ganze und stellt darüber hinaus einen sachlichen Anschluss zu Ex 19–24 her. Insbesondere die abschließende Rede bringt Motive ein, die über das Handlungsmuster der Rettungserzählung hinausgehen und im Fortgang der Wanderung noch Bedeutung erlangen werden: die Ankündigung, den Israeliten „Ordnung und Recht" aufzuerlegen und sie „Prüfungen" auszusetzen.

Die synchrone Exegese hat gezeigt, dass die Gottesrede in 15,26 bundestheologisch strukturiert ist, auch wenn der Begriff „Bund" erst in der nächsten Erzählphase fällt (19,5). Zudem verweist die Formulierung von der „Krankheit, die ich Ägypten auferlegt habe" (V. 26) zurück auf die Plagenerzählung.

Die Anfangsepisode dieser Erzählphase setzt weitreichende Einblicke voraus, was sie literarisch als Text über Texte und literargeschichtlich als Spätling ausweist. Die kurze Elim-Episode (Ex 15,27) präfiguriert zwei Grundgliederungen Israels, die zwölf Stämme und den Ältestenrat, und knüpft damit an das Ordnungsmotiv in 15,25 an.

---

20 RASHI, 208. JACOB, Exodus, 531: „In den 12 Quellen und 70 Palmen soll Israel *ein Spiegelbild seiner selbst*, seiner stammesmäßigen Gliederung und der durch seine moralischen Häupter dargestellten Volkseinheit sehen." (H. i. O.), vgl. auch DOHMEN, Exodus 1–18, 382.

Episode 3: Ex 16,1–36: Manna und Sabbat in der Wüste Sin

Episode 3: Ex 16,1–36: Manna und Sabbat in der Wüste Sin

1 Da brachen sie von Elim auf. Auftakt I
Da kam die ganze Gemeinde der Israeliten zur Wüste Sin, die zwischen Elim und Sinai liegt, am 15. Tag des zweiten Monats nach ihrem Auszug aus dem Lande Ägypten.
2 Da murrte die ganze Gemeinde der Israeliten gegen Mose und gegen Aaron in der Wüste, 3 und die Israeliten sprachen zu ihnen: „Ach, wären wir doch[a] durch die Hand Jhwhs im Land Ägypten gestorben, wo wir am Fleischtopf saßen und Brot satt zu essen hatten! Dennoch[b] habt ihr uns herausgeführt in diese Wüste, um diese ganze Gemeinde hungers sterben zu lassen!"
4 Da sprach Jhwh zu Mose: „Siehe, ich werde für euch Brot vom Himmel regnen Auftakt II
lassen, dann soll das Volk herausgehen und jeweils eine Tagesration sammeln, damit ich es prüfe, ob es nach meiner Weisung handelt oder nicht. 5 Am sechsten Tag, wenn sie abmessen[a], was sie bringen, wird es das Doppelte sein, über das hinaus, was sie (sonst) täglich sammeln."
6 Da sprach Mose und Aaron zu allen Israeliten[a]: „Am Abend, da[b] werdet ihr Teilepisode 1
erkennen, dass Jhwh euch aus dem Land Ägypten geführt hat. 7 Und am Morgen, da werdet ihr die Herrlichkeit Jhwhs sehen, wenn er euer Murren gegen Jhwh hört. Wir aber, was (sind wir), dass ihr gegen uns murrt?!" 8 Da sprach Mose: „(Daran, dass) Jhwh euch am Abend Fleisch zu essen und Brot des Morgens zur Sättigung gibt (werdet ihr es erkennen[a]). (Daraus, dass) Jhwh euer Murren hört, das ihr gegen ihn murrt (werdet ihr es ersehen[a]). Wir aber, was (sind wir)?! Nicht gegen uns (richtet sich) euer Murren, sondern gegen Jhwh."
9 Da sprach Mose zu Aaron: „Sprich zur ganzen Gemeinde der Israeliten: ‚Tretet näher vor Jhwh, denn er hat (hiermit) euer Murren gehört.'" 10 (Und noch) als Aaron zur ganzen Gemeinde der Israeliten sprach, wandten sie sich der Wüste zu – und siehe: die Herrlichkeit Jhwhs erschien in der Wolke. 11 Da sprach Jhwh zu Mose: 12 „Ich höre das Murren der Israeliten.[a] Sprich zu ihnen folgendermaßen: ‚Gegen Abend[b] werdet ihr Fleisch essen und am Morgen werdet ihr euch an Brot sättigen und erkennen, dass ich Jhwh bin, euer Gott.'"
13 Am Abend, da stiegen Wachteln[a] auf und bedeckten das Lager, und am Morgen schlug sich der Tau nieder rings um das Lager. 14 Dann erhob sich der Tau, und siehe: Auf dem Wüstenboden war etwas kristallen Feines[a], etwas Feines wie Reif, auf der Erde. 15 Das sahen die Israeliten und sie redeten untereinander: „Was ist das?"[a] Denn sie wussten nicht, was es war. Da sprach Mose zu ihnen: „Das ist das Brot, das Jhwh euch zu essen gegeben hat."
16 Dies ist es, was Jhwh geboten hat: „Sammelt davon auf, soviel ein jeder zum Essen Teilepisode 2
braucht, einen Omer[a] pro Kopf entsprechend der Zahl eurer Familienmitglieder[b]; ein jeder (von euch) soll für die nehmen, die in seinem Zelt (wohnen)." 17 Da taten die Israeliten so und sie sammelten, der eine viel, der andere wenig. 18 Und sie maßen es mit dem Omer ab, und keinen Überfluss hatte, wer viel gesammelt hatte, und wer

wenig gesammelt hatte, litt keinen Mangel. Ein jeder hatte gesammelt, was er zum Essen brauchte. 19 Da sprach Mose zu ihnen: „Keiner lasse etwas davon übrig bis zum Morgen." 20 Aber sie hörten nicht auf Mose, und manche ließen etwas davon übrig bis zum Morgen. Da wurde es voller Würmer und stank. Da wurde Mose zornig über sie. 21 Da sammelten sie es, Morgen für Morgen, ein jeder, soviel er zum Essen brauchte. Wenn aber die Sonne warm wurde, schmolz es.

22 Am sechsten Tag, als sie die doppelte Menge Brot gesammelt hatten, je zwei Omer für jeden einzelnen, da kamen alle Oberhäupter der Gemeinde und teilten es Mose mit. 23 Da sprach er zu ihnen: ᵃ„Das ist es, was Jнwн gesagt hat!ᵃ Ein Ruhetagᵇ, ein heiliger Sabbat für Jнwн, ist morgen. Was ihr backen wollt, backt, und was ihr kochen wollt, kocht. Alles aber, was überschüssig ist, legt euch beiseite zur Aufbewahrung bis zum Morgen." 24 Da legten sie es beiseite bis zum Morgen, wie Mose befohlen hatte, und es wurde nicht stinkend und kein Gewürm war in ihm. 25 Da sprach Mose: „Esst es heute, denn Sabbat ist heute für Jнwн. Heute werdet ihr nichts finden auf dem Feld. 26 Sechs Tage sollt ihr es sammeln, am siebten Tag aber ist Sabbat, da ist nichts da."

27 Aber am siebten Tag waren doch einige aus dem Volk zum Sammeln hinausgegangen, fanden aber nichts. 28 Da sprach Jнwн zu Mose: „Wie lange weigert ihr euch, meine Gebote und Weisungen zu beachten? 29 Seht ein, dass Jнwн euch den Sabbat gegeben hat, deshalb gibt er euch am sechsten Tag Brot für zwei Tage. Ein jeder bleibe zuhauseᵃ, keiner verlasse seinen Ort am siebten Tag." 30 Da ruhte das Volk am siebten Tag.

31 Und das Haus Israel nannte esᵃ „Man". Und es ist wie Samen von weißem Koriander und sein Geschmack ist wie Honigkuchen.

Schluss

32 Da sprach Mose: „Das ist es, was Jнwн geboten hat: ‚Ein volles Omer davon soll für die Generationen (nach euch) aufbewahrt werdenᵃ, damit sie das Brot sehen, das ich euch zu essen gegeben habe in der Wüste, als ich euch aus dem Land Ägypten geführt habe.'" 33 Da sprach Mose zu Aaron: „Nimm einen Krugᵃ, gib das volle Omer Man hinein und stelle ihn vor Jнwн zur Aufbewahrung für die Generationen nach euch." 34 Wie Jнwн dem Mose geboten hatte, so stellte es Aaron vor das Gesetz zur Aufbewahrung.

35 Die Israeliten aber aßen das Man vierzig Jahre lang, bis sie in bewohntes Land kamen. Das Man aßen sie, bis sie an die Grenze des Landes Kanaan kamen.

36 Der Omer ist ein Zehntel des Epha.

Anmerkungen zu Text und Übersetzung

3ᵃ	Der mit מִי יִתֵּן (wörtl. „Wer mag geben?") eingeleitete Satz ist ein emphatischer Wunschsatz (vgl. GBH § 163d).
3ᵇ	„.... dennoch ...": כִּי in adversativer Bedeutung, vgl. GesL 539.
5ᵃ	So mit Eнrlich, Randglossen, 324; vgl. etwa Dtn 19,3; anders etwa Nотн, Exodus, 103 und GesL 533: „Wenn sie zubereiten ..."
6ᵃ	LXX: „πᾶσαν συναγωγὴν υἱῶν Ισραελ", „die ganze Gemeinde der Söhne Israels" wie in Ex 16,1.
6ᵇ	Zur Konstruktion einer mit w-Apodosis fortgeführten Zeitangabe vgl. GBH § 176g und Doнмеn, Exodus 1–18, 375 sowie V. 7.

Anmerkungen zu Text und Übersetzung

8ª   Zu den beiden mit Präposition und Infinitiv eingeleiteten Passagen (בתת bzw. בשמע) fehlt jeweils das finite Verb. LXX „baut" die Passage „nach", ohne das syntaktische Problem zu lösen. Vg hilft sich dadurch, dass sie den Vers syntaktisch „umbaut": „Der Herr wird euch am Abend Fleisch und am Morgen Brot zu essen geben zur Sättigung. Dadurch wird er euer Murren erhören ..." Eine Lösung, die näher am hebräischen Text ist und der wir uns anschließen, schlägt EHRLICH, Randglossen, 326, vor: „Die Präposition in בתת hängt von ידעתם [scil. V.6] und die in בשמע von ראיתם [scil. V.7] ab. ב ידע heisst an etwas erkennen, ebenso ב ראה aus etwas ersehen." (Sinn-)Objekt des Erkennens bzw. Sehens („es") ist der Umstand, dass sich das Murren gegen JHWH richtet.

12ª   Wir geben das qatal שמעתי präsentisch wieder. Es kann entweder im performativen Sinne verstanden werden „Hiermit höre ich ...", oder im Sinne eines „Perfekts", das zur „Darstellung von Handlungen ... [gebraucht wird], die, obschon in der Vergangenheit vollendet, doch ... auch in die Gegenwart noch hereinreichen" (GesK § 106g). In diesem Sinne hat wohl LXX das qatal aufgefasst, die es mit Perfekt wiedergibt, das ebenfalls diese Funktion haben kann (BlDbr 341). Die daraus resultierende irdische Erzählhandlung setzt in V. 13 ohne Weiteres ein.

12ᵇ   Vgl. den ähnlichen Ausdruck in der Päsacherzählung Ex 12,6 (sowie Lev 23,5; Num 9,3; Dtn 16,4, vgl. Textanm. 12,6ª). In der Zeit der Abenddämmerung soll auch das abendliche Tamidopfer dargebracht werden (Ex 29,39.41; Num 28,4.8).

13ª   Im Hebräischen erscheinen Tiernamen häufig im (Kollektiv-)Singular, vgl. die Frösche in Ex 8,2.

14ª   דק bedeutet „fein, zerstoßen, dünn" (GesL 257). Es wird durch das Part. Pass. מחספס näher bestimmt. Die Bedeutung dieses Hapaxlegomenons ist unsicher (vgl. dazu MAI-BERGER, Manna, 313–315). Wir geben es nach GesL 378, wo „knisternd", „kristallisiert" vorgeschlagen ist, mit „etwas kristallen Feines" wieder.

15ª   Die hebräische Wendung מָן הוא, gesprochen: mān hû, wird meist als erstaunte Frage der Israeliten verstanden: „Was ist das?", so schon die LXX: τί ἐστιν τοῦτο (vgl. dazu MAIBERGER, Manna, 267–279; GesL 692). Sprachlich durchaus möglich, ja grammatisch naheliegender ist es, die Wendung als Nominalsatz „Man' ist es/dies" aufzufassen (vgl. etwa RUPRECHT, Stellung, 286f.). Indessen wird eine rein lexikalisch-grammatische Sicht dem Erzählzusammenhang nicht gerecht. In Ex 16,31, gegen Ende der Episode, wird ausdrücklich erzählt, das „Haus Israel" habe das Himmelsbrot „Man" genannt. Dies korrespondiert mit der Wendung מָן הוא in Ex 16,15, die dann als „Volks"ätiologie, eine auf lautlicher Ähnlichkeit beruhende Herkunftserklärung, des hebräisches Wortes מָן mān zu verstehen ist. Sie führt die Bezeichnung „Man" auf die erstaunte Frage der Israeliten in 16,15 zurück und spielt mit der lautlichen Ähnlichkeit zwischen mâ („was") und mān. Die geläufige Wortform „Manna" findet sich in LXX und im NT und geht auf das determinierte aramäische Wort מנא zurück.

16ª   „Omer" bezeichnet ein Hohlmaß, und zwar beides, den Rauminhalt und das Messgefäß. Das Wort kommt nur in Ex 16 vor, nach V. 36 ist sein Rauminhalt ein Zehntel eines „Epha". Der Rauminhalt des Epha ist nach rabbinischer Tradition etwa 21 Liter (vgl. BRL 205), das Omer fasst mithin etwa 2 Liter.

16ᵇ   Wörtlich „Personen" wie in Ex 1,5.

23ᵃ⁻ᵃ הוא אשר דבר יהוה („dies ist es, was JHWH gesagt hatte") ist ein Rückverweis auf ein Wort oder Ereignis der Vergangenheit, der zugleich auf ein Wort oder Ereignis der (Erzähl-)Gegenwart bezogen ist und dieses mit jenem verbindet. In diesem Sinne erscheint die Formel vor allem in prophetischen Zusammenhängen (vgl. Gen 41,28; 42,14; 2 Kön 9,36; 14,25; 15,12; Ez 38,17; 39,8 und die ganz ähnliche Formel in Ex 16,32). Vgl. weiter dazu die Auslegung und PROPP, Exodus 1–18, 597.

23ᵇ   שבתון meint einen Ruhetag, an dem nicht gearbeitet wird. Damit kann der Sabbat (z. B. Ex 31,15), aber auch andere Ruhetage im Zusammenhang mit hohen Festen können gemeint sein, z. B. der Versöhnungstag (Lev 23,32) oder Tage im Rahmen des Laubhüttenfestes (Lev 23,39). Im Zusammenhang mit dem Sabbatjahr kann damit auch eine Ruhezeit von einem Jahr gemeint sein (Lev 25,4).

29ᵃ   Wörtlich: „Bleibt, einer jeder unter sich!" Unsere Übersetzung entspricht der LXX.

31ᵃ   Der nächste denkbare Bezug des Personalpronomens an שְׁמוֹ, „sein Name", ist das (ziemlich weit entfernte) Nomen לֶחֶם „Brot" in V. 29. Zu beachten ist auch der Subjektwechsel von „Volk" in V. 30 zu „Haus Israels" in V. 31. Dies deutet eine Inkohärenz zum unmittelbaren Kontext an (vgl. weiter die Auslegung). Man hat vermutet, dass V. 31 in einem früheren Stadium der Textbildung unmittelbar an V. 15 angeschlossen wurde. In synchroner Perspektive ist der Vers ein Rückverweis auf V. 15.

32ᵃ   Wörtlich: „… sei zur Aufbewahrung für eure (nachkommenden) Generationen".

33ᵃ   צִנְצֶנֶת ist Hapaxlegomenon, die genaue Bedeutung ist unklar. Vorgeschlagen werden „Behälter, Korb, Krug", LXX hat στάμνος χρυσοῦς, „goldener Krug", in Angleichung an Ex 25.

Synchrone Analyse

Struktur und literarische Eigenarten

Die Episode Ex 16,1–36, „Manna und Sabbat in der Wüste Sin", ist höchst vielschichtig. Sie lässt sich grob gliedern wie folgt:

Auftakt I: 16,1–3: Murren und deformierte Erinnerung (Erzählung)
Auftakt II: 16,4–5: Himmelsbrot und Tora (Jнwн-Rede)
Teilepisode 1: 16,6–15: Gabe von Wachteln und Manna
16,6–8: Fleisch, Brot und Gotteserkenntnis (Reden)
16,9–12: Gottes Erscheinung vor der Gemeinde
16,13–15: Jнwн erweist sich in der Gabe von Wachteln und Brot
Teilepisode 2: 16,16–31: Gottes Gebotspädagogik und der Sabbat
16,16–21: Verteilungsgerechtigkeit
16,22–26: Sabbat für Jнwн
16,27–30: Sabbat für das Volk
16,31: Der Name „Man(na)"
Schluss: 16,32–36: Wiederhergestellte Erinnerung und Ausblick
16,32–34: Der Mannakrug als Erinnerung im Heiligtum
16,35–36: Ausblick und Nachbemerkung

Zwei einfache Anfangsbeobachtungen legen die Unterteilung der Episode in zwei Teilepisoden nahe:

Teilepisoden   1. In V. 6–15 (Teilepisode 1) ist von Fleisch und (Himmels-)Brot bzw. Wachteln und Brot (die Bezeichnung Manna fällt nicht) die Rede, während in V. 16–31 (Teilepisode 2) das Fleisch bzw. die Wachteln keinerlei Rolle mehr spielen. Das Gleiche gilt für das Motiv des Murrens, das auf Teilepisode 1 beschränkt ist.

2. Den Beginn der zweiten Teilepisode in V. 16 markiert die Formel: „Dies ist es, was Jнwн geboten hat."[21] Die Erzählung ist dann bestimmt von Reden des

---

21   Die Formel זֶה הַדָּבָר אֲשֶׁר wird in den (priesterschriftlichen) Reden des Mose häufig gebraucht, um kultische Bestimmungen einzuleiten (Ex 16,32; 29,1; Lev 8,5; 9,6; 17,2; Num 30,2; 36,6).

Mose, die Gebote Jhwhs vermitteln (צוה V. 16.24, דבר V. 23, מצות, תורות V. 28). Diese sind auf den Umgang der Israeliten mit dem täglichen Himmelsbrot bezogen und haben dessen Verteilung und – mit größerem Gewicht – den Sabbat zum Thema.

Die thematischen Elemente der Auftaktszene I (V. 1–3) werden in Teilepisode 1 aufgegriffen: das „Murren" (לון, תלונות, V. 2.7–9.12) , die Kombination von Fleisch am Abend und Brot am Morgen (V. 3.8.12.13–15) und schließlich die streitige Erinnerung an den Exodus (V. 3.7). Das letztgenannte Thema schlägt auch die Brücke zum Schlussteil. Auftaktszenen

Die Auftaktszene II (V. 4–5) verweist über die erste Teilepisode hinweg auf die zweite. Vom „Sammeln" (לקט) des Himmelsbrotes ist in V. 4 und dann wieder in den V. 16–18.21.22.26–27 die Rede. Dass man dazu (aus dem Lager aufs freie Feld) „hinausgehen" (יצא) muss, setzen V. 4 und V. 27, implizit auch V. 29, voraus. Dass die Ausbeute am sechsten Tag das Doppelte des Sammelergebnisses der anderen Tage betragen wird (V. 5), ist ein Haupttopos in V. 22–29. V. 4 bringt das Thema der Tora (תורות/תורה in V. 4 bzw. 28) zur Sprache, um das es in der zweiten Teilepisode hauptsächlich geht. Schließlich wird das Thema „Prüfung" bzw. „Versuchung", allerdings eher implizit, wieder aufgenommen (V. 20.27). Die zweite Auftaktszene bereitet somit die zweite Teilepisode vor.

16,1–5: Auftaktszenen

Die Auftaktszene I wird durch die Wanderungsnotiz (V. 1) eröffnet und in die Kette der Wanderungs- und Wüstenerzählungen eingereiht. Die „Wüste Sin" סין (מדבר), in der die Israeliten nun anlangen, ist sonst nur als Station der Wüstenwanderung erwähnt (Ex 16,1; 17,1; Num 33,11). Möglicherweise ist der Name eine Kurzform von סיני, Sinai (Ex 19,1f.).[22] Das Buch Exodus stellt auch sachliche Beziehungen zwischen beiden Orten bzw. Gegenden her. Wie am Sinai bzw. in der Wüste Sinai (z. B. Ex 19; 24,15) erscheint Jhwh auch in der Wüste Sin als Wolke (vgl. unten zu V. 9–12) bzw. „Herrlichkeit", hier wie dort sind die Weisung und Gebote Jhwhs ein Thema, wenn auch in anderer Weise (vgl. dazu unten zu V. 4.27–30.32–34). 16,1–3:
Auftaktszene I

Der Subjektwechsel und die Renominalisierung in V. 1aβ („Da kam die ganze Gemeinde der Israeliten ...") zu Ex 16,1aα („Da brachen sie von Elim auf") markiert eine Zäsur zur Elim-Episode und signalisiert, dass hier ein neuer Erzählzusammenhang beginnt. Die Israeliten kommen nun als „Gemeinde" (עדה), d. h. als körperschaftlich verfasste „Volks-, Rechts- und Kultgemeinde"[23], in den Blick. Dadurch, aber mehr noch durch seine Begründung, hat das Murren gegen Mose und Aaron in Ex 16,2f. einen anderen, gewichtigeren Stellenwert als in Ex 15,24. Die Gemeinde konkretisiert ihr Aufbegehren durch den Rückverweis auf Ägypten. Das Land ihrer Knechtschaft erscheint ihnen nun in einem milden, positiven Licht. Lieber wäre ihnen gewesen, so sagen sie jetzt, Jhwh hätte sie dort getötet (vgl. schon Ex 14,11), bis dahin aber hätten sie reichlich zu essen gehabt. Mose und Aaron werfen sie vor, sie in die Wüste geführt zu haben. Die Gemeinde bringt damit eine stark deformierte Erinnerung an den Exodus zum Ausdruck, obwohl – das besagt die Datierung V. 1 – seit der Nacht des Auszugs gerade ein Monat vergangen ist. Sie Deformierte
Erinnerung

---

22 Noth, Exodus, 106; Propp, Exodus 1–18, 592.
23 Milgrom/Levy, Art. עֵדָה, 1081, vgl. auch Utzschneider/Oswald, Exodus 1–15, 250f.

will nichts mehr wissen von ihren Leiden an der ägyptischen Knechtschaft und von ihren eigenen Klagen über sie (Ex 2,23–25; 5). Die Verschonung und Herausführung in der Päsachnacht, schließlich ihren Lobgesang nach der Rettung am Meer, all dies haben sie anscheinend vergessen. Damit setzen sich Aaron und Mose in den Reden der V. 6–8 auseinander. Der Schluss der Erzählung (V. 32–34) rückt es zurecht.

16,4–5:
Auftaktszene II
Die Jhwh-Rede der Auftaktszene II (V. 4–5) ist exklusiv an Mose und an die Hörer und Leser gerichtet. Sie verweist über die erste Teilepisode hinweg auf die zweite und avisiert die Themen „Prüfung" und „Gebot" (siehe dazu oben „Struktur"). Darüber hinaus weist sie aber auch auf die Gabe des Manna (und nur des Manna!) voraus und kennzeichnet sie mit der „Futurum-instans"-Fügung הנני ממטיר „Siehe, ich bin im Begriff, Brot für euch vom Himmel regnen zu lassen ..." als unmittelbar bevorstehend. Wie auch von altorientalischen Vegetationsgottheiten erwartete man von Jhwh, dass er für Regen sorgt (vgl. nur die Konkurrenz des Propheten Elia mit den Baalspriestern 1 Kön 18), der die Erde befruchtet und aus ihr das Brot(getreide) hervorgehen lässt. Diese göttliche Segenskraft wird hier, in der Wüste, weit übertroffen und ins Wunderhafte gesteigert werden. Jhwh wird, den natürlichen Weg umgehend,[24] das Brot unmittelbar vom Himmel regnen lassen (vgl. Ps 78,23f.).

Mose und die Leser sollen aber wissen, dass Jhwh mit diesem Wunder mehr im Sinn hat, als den Hunger der Israeliten zu stillen. Die Wüstenspeisung ist gewissermaßen eine Versuchsanordnung, mit der Jhwh die Fähigkeit und die Bereitschaft der Gemeinde der Israeliten prüfen will, nach Gottes Weisung (תורה) zu handeln. Dass eine solche Prüfung zu erwarten ist, weiß man seit der Mara-Episode (15,25). Wie aber ist sie vorzustellen? Ex 16,5 deutet es in rätselhaften Worten an: Warum messen sie ab, was sie bringen? Was hat es auf sich mit der doppelten Menge? Warum am sechsten Tag? Erzählerisch gesehen ist V. 5 das, was Eberhard Lämmert eine „zukunftsungewisse Vorausdeutung"[25] genannt hat. Sie hebt die Spannung, indem sie in Andeutungen über sich hinausweist und dabei die Leser im Unklaren lässt. Auch Mose wird sich erst im Geschehen selbst erschließen, was „das (הוא) ist, was Jhwh gesagt hatte" (V. 23, s. u. und Textanm. 23ª).

Teilepisode 1: 16,6–15: In der Gabe von Wachteln und Manna gibt sich Jhwh der Gemeinde zu erkennen

16,6–8:
Szene 1
Bevor die Murr-Story der Auftaktszene I V. 1–3 ihre Fortsetzung findet, wenden sich Mose und Aaron (V. 6f.), bzw. Mose allein (V. 8), an „alle Israeliten". Sie kommentieren in formelhafter Sprache die Story, teils im Rückblick auf die Auftaktszene, teils im Vorblick auf die Erzählszene V. 9–15. Dass da etwas am „Morgen" und am „Abend" (V. 6f.8) geschehen soll, präfiguriert die Gabe von Fleisch resp. Wachteln am Abend (V. 12.13) und Brot resp. Man(na) am Morgen (V. 12.14.). Aaron und Mose lassen die Israeliten und die Leser wissen, dass es um viel mehr gehen wird als nur um Fleisch und Brot. Es geht um „Gotteserkenntnis", bzw. um das „Sehen" Gottes. „... am Abend, da werdet ihr erkennen, dass Jhwh euch aus

---

24 Vgl. Propp, Exodus 1–18, 593: „God bypasses farming."
25 Vgl. Lämmert, Bauformen, 175f.

Synchrone Analyse

dem Land Ägypten geführt hat" (V. 6, zu V. 8 vgl. Textanm. 8ª). Damit ist – retrospektiv und zunächst implizit – die deformierte Erinnerung der Gemeinde zurechtgerückt: JHWH selbst hat Israel aus Ägypten geführt, nicht Mose und Aaron. Am Morgen werden die Israeliten sogar der Herrlichkeit JHWHS ansichtig werden (V. 7), die sich in der Brot-Speisung am Morgen als Segensfülle manifestiert.[26] Moses und Aarons gemeinsame Rede schließt mit der rhetorischen Frage: „Was sind wir, dass ihr gegen uns murrt?" und wendet sich damit erneut und verstärkt gegen die deformierte Erinnerung der Gemeinde. Mose spitzt den Gedanken in V. 8 noch einmal zu: An der Gabe der Speisen wird die Gemeinde sehen können, dass sich ihr Murren nicht etwa gegen die menschlichen Anführer gerichtet hat, sondern gegen JHWH.

Deutungen Theologische Deutungen der Speisung mit Fleisch und Brot (Manna) finden sich in der ganzen Bibel, auch im Neuen Testament. Jede hat ihr spezifisches Profil. In Dtn 8,3 heißt es beispielsweise „Und er (Gott) speiste dich mit Manna ..., damit er dir zu erkennen gebe, dass der Mensch nicht vom Brot allein lebt, sondern von allem, was aus dem Mund Gottes geht." Im Kontext des Dtn meint das wohl die Tora. Sie ist „wie das Manna in der Wüste eine wunderbare gnädige Gabe Gottes"[27]. In einer ähnlichen, überbietenden Weise legt das Brotwort des Johannesevangeliums die Mannaerzählung theologisch aus (Joh 6,48–50): „Eure Väter haben in der Wüste das Manna gegessen und sind gestorben." Das „Brot des Lebens", das Gott nun in der Person Jesu gibt, „kommt vom Himmel, damit, wer davon isst, nicht stirbt" (Joh 6,50).[28]

16,9–12: Szene 2 Die zweite Szene ist von zwei kurzen Reden gesäumt (V. 9.12), die die folgenden Handlungen auslösen. In der Sache ist bereits in der vorhergehenden Szene fast alles gesagt: dass JHWH das Murren gehört hat, dass er am Abend Fleisch und am Morgen Brot geben wird. Die Aufforderung, die von Mose durch Aarons Mund an die Israeliten ergeht, „.... tretet vor JHWH" (קרבו לפני יהוה, V. 9), ist in kultische Sprache gefasst und kann als Verweis auf das Sinaiheiligtum verstanden werden. Nahezu wörtlich gleich heißt es in Lev 9,5 im Zusammenhang mit der Weihe dieses Heiligtums: „.... und die ganze Gemeinde trat heran und stand vor JHWH" ויקרבו כל העדה ויעמדו לפני יהוה (vgl. auch Ex 3,5; 22,7 u. ö.). Vielleicht verbindet die Wendung mit der Annäherung an Gott auch einen ganz bestimmten Zweck, nämlich den, ihn zu „hören" (vgl. z. B. Dtn 5,27; Jes 41,1.5). In der Tat wird die Szene ja durch ein JHWH-Wort, das allerdings (zunächst) an Mose gerichtet ist, abgeschlossen.

Herrlichkeit Aaron hat noch nicht ganz ausgesprochen, da geschieht es: Die Gemeinde wendet den Blick zur Wüste (מדבר) hin „und siehe", d. h. in diesem Augenblick, erscheint die „Herrlichkeit JHWHS in der Wolke" (V. 10). „Wüste" und „Berg" sind in der sakralen Topographie der Exodus- und Wanderungserzählung die Orte der Gegenwart Gottes (Ex 3,1; 5,1; 19 passim). Dabei ist es nicht nötig, dass sie bestimmte Namen tragen. In der narrativen Richtung der Wanderung gelesen kann „die Wüste", aus der die Gotteserscheinung kommt, auch als Wüste (und Berg) Sinai gelesen werden.[29] In der Tat erscheint JHWH in den beiden sichtbaren Gestalten der „Herrlichkeit JHWHS" (כבוד יהוה) und/oder „der Wolke" (הענן) auch vor,

---

26   Vgl. RUPRECHT, Stellung, 291f., und ALBERTZ, Exodus 1–18, 270.
27   OTTO, Deuteronomium 4,44–11,32, 912.
28   Vgl. auch Dtn 8,16; Neh 9,20; Ps 78,24; Sap 16,20–29; Offb 2,17.
29   Vgl. etwa CASSUTO, Exodus, 194.

	während und nach dem Aufenthalt am Sinai (Ex 13,20f.; 24,15f.; 34,5; 40,34f.; Lev 9,6.23; 16,2; Num 11,25; 12,10; 14,21f.; 17,7). Wie so oft am Sinai spricht Jhwh auch hier zu Mose. Der narrativ-theologische Schauplatz des Textes ist also zumindest in der Nähe des Sinai zu denken.
16,11–12	Das Jhwh-Wort in V. 11f. wird oft als Doublette zu V. 6–8 verstanden. Allerdings ist die Gottesrede mit einer höheren Autorität und Verbindlichkeit ausgestattet als die Reden Aarons und Moses in V. 6–8. Jhwhs Wort hat unmittelbare Wirkmacht. Es löst aus, was in der nächsten Szene geschieht und „kulminiert"[30] in der Erkenntnisformel: „… ihr werdet erkennen, dass ich Jhwh bin". Zuletzt hat Gott die Formel kurz vor dem Meerwunder gebraucht (14,18), darüber hinaus weist sie zurück auf Ex 6,7 und 7,5, wo Gottes Verheißungen und sein Rettungshandeln sich bewährt haben. Darauf beruft sich Jhwh, darauf gründet seine Autorität gegenüber den Israeliten.
16,13–15: Szene 3	Die dritte Szene ist vorwiegend eine Story-Szene: Am Abend steigen Wachteln auf und bedecken das Lager. Am Morgen schlägt sich Tau rings um das Lager nieder, erhebt sich und hinterlässt auf dem Wüstenboden eine feine, kristalline Substanz. Mose wird sie der Gemeinde als das „Brot" vorstellen, „das Jhwh euch gegeben hat" (V. 15). So erzählt die Szene, was in den vorhergehenden Reden angekündigt und dabei theologisch hoch aufgeladen wurde. In bemerkenswertem Kontrast dazu steht die naturkundliche Sachlichkeit, mit der das Ereignis nun in den V. 13–14 beschrieben wird. Diese Beschreibung passt zu dem, was man in der Antike über diese Naturerscheinungen wusste – und z. T. auch, was wir heute davon wissen.

Exkurs: Wachteln und Manna als Naturerscheinungen

Man wusste[31], dass die Wachteln im Herbst in nach Hunderttausenden zählenden Schwärmen aus Europa über die Sinaihalbinsel und Ägypten hinweg in afrikanische Winterquartiere ziehen und im Frühjahr auf dem gleichen Weg zurückfliegen. Man machte sich dieses Wissen zunutze und fing sie (und fängt sie in Ägypten bis heute), um sie als Delikatesse zu genießen. Wachteln ziehen nachts und steigen daher abends aus ihren Ruheplätzen auf. Da sie dabei dicht am Boden fliegen, sind sie leicht zu fangen. Der Formulierung V. 13 „am Abend, da stiegen Wachteln auf und bedeckten das Lager" könnte die Vorstellung eines Wachtelschwarms zugrunde liegen, der im Tiefstflug über das Lager zieht und es dergestalt „bedeckt".

Auch für die Erscheinung des später „Manna" genannten Himmelsbrotes wird eine Beschreibung gegeben, die dem antiken Wissen darüber entspricht. Wir beschränken uns hier auf das sogenannte „Tamariskenmanna", das so nur in Persien und auf der südlichen Sinaihalbinsel vorkommt.[32] Es ist das Verdauungsprodukt der auf den Tamarisken dieser Gegend heimischen Schildlaus.[33] „Die von den Schildläusen ausgeschiedenen sirupähnlichen Mannatröpfchen kleben in großer Zahl an Blättern und Zweigen …; sie fallen aber auch häufig zu Boden … Das Manna bildet sich dann in der Nacht und ist am frühen Morgen noch fest, wird aber unter Einwirkung der Sonnenwärme bald flüssig. … Gesammelt werden … jene eingetrockneten, wachsharten und bernsteinfarbe-

---

30 Dozeman, Exodus, 384.
31 Vgl. zum Folgenden Maiberger, Manna, 171f.
32 Vgl. Maiberger, Manna, 361f. und 407.
33 Vgl. Bodenheimer, The Manna of Sinai, 2–6.

Synchrone Analyse

nen Kügelchen, die von den Bäumen auf den Boden gefallen sind."[34] Freilich hatte man in der Antike bis in die frühe Neuzeit hinein ganz andere Vorstellungen von der Genese des „Manna". Wie von dem farblich und geschmacklich durchaus ähnlichen Honig (vgl. V. 31) nahm man auch für das Manna an, dass es als Gabe der Götter „wie Tau herabfällt"[35]. Dem entspricht V. 13f., demzufolge am Morgen der Tau vom Himmel fällt und daraus sich dann das Manna gleichsam herauskristallisiert. In diesen Zusammenhang fügen sich sowohl V. 15 wie auch V. 4 mit der Aussage, Jhwh lasse „Brot vom Himmel regnen".

Was ergibt sich aus diesen Beobachtungen an der Natur einerseits und am Text andererseits? Sicherlich nicht, dass Ex 16 Naturereignisse beschreibt, wohl aber, dass die erzählerische Fiktion Beobachtungen und Erfahrungen aus Natur und Umwelt aufnimmt, verarbeitet und dann theologisch deutet. Dies konnten wir auch schon im Zusammenhang mit der Plagen- und der Meerwundererzählung[36] beobachten. Die Potenziale der Natur stehen Gott zu Gebote, der sie zugunsten seines Volkes, aber eben auch zum Erweis seines Gottseins einsetzt. Bemerkenswert ist schließlich, dass die gängige Bezeichnung „Man" (vgl. Textanm. 15ᵃ) in dieser Beschreibung nicht genannt wird. Allerdings klingt sie in der erstaunten Frage der Israeliten „Was ist das? mān hû'" unüberhörbar an. Dadurch erweckt die Erzählung den Eindruck, als sei es ein völlig neues, gerade erst entdecktes Phänomen. In seiner Antwort macht Mose deutlich, worauf es hier ankommt: Es ist eine Gabe Jhwhs, Brot vom Himmel (vgl. Ps 78,24). Erst als das Manna zur täglichen Nahrung geworden ist, erhält es dann auch seinen Alltagsnamen „Man" (V. 31). Zuvor hat die göttliche Gabe noch jene Aufgabe zu erfüllen, die die Jhwh-Rede in V. 4 ankündigt: die Probe aufs Exempel zu sein für die Fähigkeit und die Bereitschaft der Gemeinde, elementare Gebote Jhwhs, insbesondere den Sabbat, einzuhalten. Die Wachteln spielen im weiteren Gang der Erzählung keine Rolle mehr. In Ex 16 haben sie vor allem die Funktion, zusammen mit dem Himmelsbrot die (deformierte) Erinnerung der Israeliten an den „Fleischtopf" und das „Brot" Ägyptens (V. 3) zu konterkarieren.

Naturerscheinung und Brot vom Himmel

Teilepisode 2: 16,16–31: Gottes Gebotspädagogik und der Sabbat

Mit der Einleitungsformel „Dies ist es, was Jhwh geboten hat" wird der Übergang zur zweiten Teilepisode markiert. Das Thema „Gebot" ist im Folgenden in besonderer, ja einzigartiger Weise ausgeprägt. Die göttlichen Gebote werden nicht in Form von „Gesetzen" vermittelt, wie sie dann in den „Gesetzeskorpora" der Sinaitexte ergehen, sondern im Zusammenhang mit Erfahrungen, die die Israeliten in ihrer Wüstensituation machen. Es geht darum, die Sinnhaftigkeit von Gottes Geboten in der Alltagserfahrung einsehen zu lernen. Exemplarisch für diese „Gebotspädagogik"[37] kann stehen, was Mose den Israeliten in Ex 16,29 einschärft: „Seht ein, dass Jhwh euch den Sabbat gegeben hat ..."

---

34   Maiberger, Manna, 403.
35   Maiberger, Manna, 391.
36   Vgl. Utzschneider/Oswald, Exodus 1–15, 192f.
37   Vgl. Albertz, Exodus 1–18, 269.

42 Episode 3: Ex 16,1–36: Manna und Sabbat in der Wüste Sin

16,16–21:
Szene 1
Auf die erste dieser Erfahrungen führt die Aufforderung in V. 16 hin: „Sammelt davon (scil. von dem „Brot", von dem in V. 15 die Rede ist) auf, ein jeder nach dem Maß seines Essens, einen Omer pro Kopf, (entsprechend der) Zahl eurer Personen; ein jeder soll für die nehmen, die in seinem Zelt (wohnen)." Die hier wörtlich wiedergegebene Formulierung „ein jeder nach dem Maß seines Essens" lässt zwei Interpretationen zu. Es kann von der Menge die Rede sein, die jeder essen kann, oder aber davon, was ein jeder jeweils zum Sattwerden braucht. In letzterem Sinne wird die Wendung meist verstanden. Dazu steht in einer gewissen Spannung, dass diese Menge zugleich mit „ein Omer" (siehe Textanm. 16ª) pro Kopf und Tag beziffert wird (vgl. auch V. 22). Die V. 17f. erzählen, wie die Israeliten das Gebot, besser gesagt: seinen Sinn erfahren. Sie sammeln zunächst, ohne auf die Menge zu achten, „der eine mehr, der andere weniger". Doch als sie es mit dem Omer, also dem Messgefäß, nachmessen, stellt sich heraus: Jeder hatte gerade so viel gesammelt, wie er und seine Familienmitglieder brauchten. Der Text will zwei Leitgedanken gerecht werden, die nicht immer kompatibel sind: Es soll jeder nach seinen Bedürfnissen versorgt sein, dabei aber soll keiner mehr erhalten als der andere. Auch für den Vorgang der Verteilung und sein Ergebnis werden seit jeher zwei Modelle vorgeschlagen: Entweder hat Jʜwʜ das Sammeln wunderhaft so beeinflusst, dass das von ihm selbst gebotene Maß zustande kam. Oder das Sammelergebnis wurde durch Nachmessen – also von Menschen – entsprechend verteilt.[38] Im Duktus der Erzählung liegt es näher, den Vorgang als gottgewirktes Wunder aufzufassen. Beide Möglichkeiten vertreten ein egalitäres ökonomisches Ideal: Verteilungsgerechtigkeit.

Prüfung
Im Duktus der Erzählung steht der Gedanke im Vordergrund, dass die Gemeinde auf Gottes Gabe vertrauen soll, ja dass ihr Vertrauen ebenso wie ihr Gehorsam Gegenstände der Prüfung sind, die in V. 4 angekündigt wurde und von der die V. 20–21 erzählen. Wie fast schon zu erwarten, halten sich einige nicht an das Gebot. Die Folge ist wiederum eine Erfahrung: Ihre Vorräte verderben. Erst dann erfolgt eine Reaktion des Mose. Er wird zornig. Die Gemeinde besinnt sich eines Besseren und sammelt nun Morgen für Morgen, anscheinend ohne weitere Vorratshaltung zu betreiben. Es ist auch nicht mehr möglich: Reste, die nicht gegessen oder zubereitet werden, schmelzen in der Sonne einfach weg. So geht diese Prüfung glimpflich ab.

16,22–26:
Szene 2
In einer einleitenden Rückblende (ויהי + x-qatal) ruft die Erzählung den Lesern in Erinnerung, was sie aus V. 5 wissen: Am sechsten Tag bringen die Israeliten, jeder einzelne, die doppelte Menge Manna von ihrer morgendlichen Sammlung mit. Hörer oder Leser werden sich dabei an das Sabbatgebot erinnern (Ex 20,9f.; 31,15; 35,2; vgl. auch 23,12). Nicht so die Israeliten als textinterne Figuren. Sie sind völlig überrascht. Eine Abordnung der Oberhäupter der Gemeinde spricht bei Mose vor und teilt ihm den merkwürdigen Tatbestand mit. Mose aber scheint sich zu erinnern. Jedenfalls schickt er seiner Antwort eine Bemerkung voraus: „Das ist es, was Jʜwʜ gesagt hat!"[39] Im Lichte dessen, was die Israeliten ihm erzählen,

---

38 Vgl. dazu Jacob, Exodus, 470, der den Vorgang auf die „Fürsorge Gottes" zurückführt; Propp, Exodus 1–18, 596; Moberly, Reading of Exodus 16, 219f.

39 Wir lesen den Satz also nicht, wie zumeist in Übersetzungen und Kommentaren, als zweite Redeeinleitung, die das Folgende als Gottesrede ausweist. U. E. richtet Mose diese Bemerkung gewissermaßen an sich selbst. Vgl. auch Textanm. 23ª.

Synchrone Analyse

erschließt sich ihm der Sinn der Vorausdeutung in V. 5.[40] Von daher erklärt er die Erfahrung der Israeliten: „Ein Ruhetag ... für Jhwh ist morgen". Diese Erklärung beruht auf einem geradezu naturalistischen Schluss: Wenn Jhwh das Himmelsbrot wunderbarerweise in täglich gleichbleibenden Portionen gibt, dann bedeutet die doppelte Portion am sechsten Tag, dass Gott am folgenden Tag „ruht". Dies ist der wesentliche Gehalt des Ausdrucks „Ruhetag ... für Jhwh". Die Apposition „ein heiliger Sabbat (für Jhwh)" geht nicht wesentlich darüber hinaus. Sie betont die göttliche Qualität dieses Ruhetages. Zunächst ist er Gott und (noch) nicht den Israeliten „heilig". Ihnen empfiehlt Mose nur, sich gleichsam „Gott-gemäß" zu verhalten. Sie sollen das Himmelsbrot wie gewohnt und nach Belieben für den Genuss zubereiten, also kochen oder backen, jedenfalls erhitzen. Die unter jüdischen Auslegern geführte Diskussion, ob sie – in Vorwegnahme des sabbatlichen Feuerungsverbotes (Ex 35,3) – am sechsten Tag auch die zweite Portion auf Vorrat für den siebten Tag zubereiten oder ob sie an beiden Tagen backen oder kochen,[41] kommt hier u. E. (noch) zu früh. Es geht hier darum, dass die Israeliten den Ruhetag Jhwhs mit-erleben, und d. h. vor allem, was die Ruhe Jhwhs bedeutet: dass zwar das Manna, nicht aber seine Fürsorge ausbleibt. Im Blick auf seinen Sabbat fügt Gott dem Mannawunder eine weitere wunderhafte Facette hinzu: In der Nacht vom sechsten zum siebenten Tag verdirbt das Manna nicht.

Wie schon in der ersten Szene (V. 20) gibt es auch in der dritten Szene einige, die das gerade ergangene Gebot missachten und „hinausgehen, um zu sammeln". Erwartungsgemäß finden sie nichts. Jhwh wendet sich tadelnd an Mose: „Wie lange weigert ihr euch, meine Gebote und Weisungen zu beachten." Und Mose deutet und konkretisiert den Spruch für die Israeliten: „Seht ein, dass Jhwh euch den Sabbat gegeben hat, deshalb gab er euch am sechsten Tag Brot für zwei Tage. Ein jeder bleibe zuhause, keiner verlasse seinen Ort am siebten Tag." Und das Volk hält sich (fortan) an diese Regel (V. 30). Erst in dieser Szene wird aus der „Sabbatruhe" für Jhwh auch die Sabbatruhe und das Sabbatgebot für das Volk.

16,27–30: Szene 3

Zusammengenommen entsprechen die beiden Szenen 2 und 3 strukturell der Begründungsfigur des Exodus-Dekaloges (Ex 20,8–11). Wie im Exodus-Dekalog die Sabbatruhe Israels am siebten Tag eine Entsprechung zur Schöpfungsruhe Gottes (vgl. Ex 20,11; Gen 2,3) ist, so gehen in Ex 16 die Sabbatruhe und das Sabbatgebot der Israeliten aus der Sabbatruhe Gottes hervor. Freilich fehlt in Ex 16 die generelle Geltung der Schöpfungsruhe Gottes, der „von *all* seinem Werk" (מכל מלאכתו) ruhte.

Gebotspäda-gogik

Insgesamt ist die „Gebotspädagogik" in Ex 16 erfahrungsbezogen. Die Israeliten als Figuren der Erzählung begegnen der Tora hier (noch) nicht als generalisiertes Sabbatgebot, wie es die späteren Leser und auch die Autoren voraussetzen, sondern unmittelbar und exemplarisch in ihrem lebensweltlichen Zusammenhang.[42] Jhwh als Gesetzgeber spricht nicht, wie in der Sinaiperikope, vom Himmel her, sondern agiert im Zusammenwirken mit Mose als seinem Interpreten auf wunderhafte Weise, aber in unmittelbarem Kontakt mit den Menschen. Die Na-

---

40 So auch Jacob, Exodus, 474: „Hier will Mose sagen, daß jetzt erst die Andeutungen des göttlichen Wortes v. 5 ... ganz verständlich würden."

41 Frankel, Priestly Conception, 219–223.

42 Ein anderer lebensweltlicher Zusammenhang ist die Stadt, für die besonders auf das Verbot des Handels am Sabbat hingewiesen wird, vgl. Jer 17,19–27; Neh 13,15–22.

mensgebung „Manna" für das Himmelsbrot in V. 31 schließt die zweite Teilepisode ab und verbindet diese mit der ersten.

Schluss: 16,32–36: Wiederhergestellte Erinnerung und Ausblick

Die Schlussverse, insbesondere V. 32–34, greifen das Motiv der Erinnerung wieder auf, das die Episode in den V. 1–3 eröffnet hat. Der Kontrast ist mit Händen zu greifen. Das Murren in V. 3 gipfelte in Vorwürfen an Mose und Aaron. Nun ist es Jhwh selbst, der den Israeliten mit ganzer Autorität entgegentritt.[43] Gottes Gebot etabliert ein Erinnerungszeichen: „Ein volles Omer [hier als Gefäß verstanden!] davon [scil. dem Manna V. 31]" soll über Generationen hinweg aufbewahrt werden, „damit sie das Brot sehen, das ich euch zu essen gegeben habe, als ich euch aus dem Land Ägypten geführt habe". Wiewohl sich die biblische und in ihrem Gefolge die jüdische Erinnerungskultur überwiegend in Texten, das heißt in deren didaktischer oder liturgischer Performanz ausdrückt,[44] kann das Alte Testament Erinnerung auch an sichtbare Zeichen binden.[45]

Reliquien der Heilsgeschichte   In Ex 16 konkretisiert Mose auch noch die Form und den Ort, an dem dieses Erinnerungsstück aufzubewahren ist: in einem „Krug" (vgl. Textanm. 33ᵃ), der „vor Jhwh" stehen soll. Wie unten beschrieben (vgl. Auslegung zu V. 9), ist damit ein kultischer Ort gemeint. Erst V. 34 stellt den Bezug zum Sinaiheiligtum ausdrücklich her. Entsprechend dem Befehl Jhwhs an Mose habe Aaron den Krug „vor das Gesetz" (לפני העדות) gestellt. Das ist wohl eine Erläuterung zur Jhwh-Rede V. 33. Die Ortsangabe „vor Jhwh" ist wohl auf die „Lade des Gesetzes" (ארון העדות) im Allerheiligsten des künftigen Sinaiheiligtums bezogen (vgl. Ex 25,16; 26,33f.; die „Bundeslade" in Dtn 10,8 u. ö.). In den diesbezüglichen Texten ist allerdings von dem Mannagefäß nicht die Rede. Es wird auch nicht reflektiert, auf welche Weise der Krug über Generationen hin sichtbar bleiben kann, wenn nach Lev 16 nur der Hohepriester Zugang zum Allerheiligsten hat. Dennoch hat der Gedanke sichtbarer Reliquien der Heilsgeschichte spätere Generationen fasziniert. Nach Num 17,25 soll dort auch der grünende Stab Aarons liegen. Der Hebräerbrief versammelt dort die Bundeslade mit Tafeln, Mannakrug und Aaronstab (Hebr 9,4).

Geschichte des Manna   Mit der Geschichte des Manna befasst sich schließlich auch V. 35. Vierzig Jahre lang, also die ganze Zeit der Wüstenwanderung hindurch, habe Israel Manna gegessen. V. 36 trägt eine Erklärung für das sonst im Alten Testament nicht bekannte Hohlmaß „Omer" (עֹמֶר) nach (vgl. Textanm. 16ᵃ).

---

43 Sprecher ist Mose, er beruft er sich auf ein Jhwh-Wort mit einer Formel, der derjenigen in V. 23 sehr ähnlich ist, aber das Wort ausdrücklich als Gebot bezeichnet. Der Ort bzw. Zeitpunkt, zu dem er das Gebot empfangen hat, ist, anders als in V. 23, nicht auszumachen.

44 Vgl. nur die Sohnesbelehrungen, z. B. Ex 12,27; 13,8; Dtn 6,20–24 und zur Exoduserzählung als Tehilla-Erzählung Utzschneider/Oswald, Exodus 1–15, 264.

45 Die später so genannten „Tefillin", auf die Ex 13,9.16 anspielt, verbinden Erinnerungstext und Erinnerungszeichen. Die Kapseln der Gebetsriemen, in die Pergamentröllchen mit Kernstellen aus den Büchern Exodus und Deuteronomium gelegt werden, werden sichtbar getragen. Erinnerungszeichen sind auch die Mazzot, die im Rahmen der Päsachwoche gebacken und gegessen werden. Sie erinnern an den eiligen Aufbruch der Israeliten aus Ägypten (Ex 12,17.39).

Diachrone Analyse

EG	DtrG	PK	TK
			16,1aα.1aγ
		16,1aβb.2–3.6–26.30–36	16,4–5.27–29

Ex 16,1 greift zweimal die Episode vom Aufenthalt Israels in Elim (15,27) auf: die **Ortsangaben** Aufbruchsnotiz (1aα) und die Präzisierung „die zwischen Elim und Sinai liegt" (1aγ). Diese zwei Sätze gehören damit wie 15,27 zur Tora-Komposition. Die priesterliche Ortsangabe lautet: „Da kam die ganze Gemeinde der Israeliten zur Wüste Sin, am 15. Tag des zweiten Monats nach dem Auszug aus dem Lande Ägypten" (1aβb). Typisch priesterlich ist die Bezeichnung עדת בני ישראל („Gemeinde der Israeliten") für das Volk (vgl. Ex 12,3 und passim, v. a. 16,2.9) sowie die präzise Zeitangabe, die sich auf Ex 12,2.41.51 PK zurückbezieht (vgl. etwa Ex 19,1; 40,17; Num 10,11).

Die Forschung ist sich einig, dass das Kapitel priesterliche und nicht-priesterli- **P und nicht-P** che Elemente aufweist, wobei die letzteren übereinstimmend in Ex 16,4–5 und zumindest in 16,28 gefunden werden. Typisch für diese Stücke ist die Auffassung des Geschehens als Prüfung, ob Israel die Sabbatgebote der Tora einhält. Die priesterliche Erzählung versteht die Ereignisse dagegen als sukzessive Entdeckung des Sabbats durch die Israeliten.

Viele Autoren gehen davon aus, dass die nicht-priesterlichen Anteile vor- **Vorpriester-** priesterlich sein müssten und versuchen dementsprechend eine vor-priesterliche **lich?** Grundschicht zu rekonstruieren.[46] Doch eine überzeugende Lösung ist bislang nicht vorgelegt worden, denn die mutmaßliche vorpriesterliche Erzählung hat – um nur ein Problem zu nennen – keine Einleitung.

Tatsächlich erkennt man die nach-priesterliche Provenienz der Verse 16,4–5 **Nachpriester-** daran, dass nichts von dem, was in V. 4 angekündigt wird, anschließend passiert. **lich** Ex 16,6–15 erzählt gerade nicht von einer Prüfung der Israeliten, und auch die Tora spielt darin keine Rolle. Umgekehrt sind die Israeliten in 16,22 sehr erstaunt, dass sie das Doppelte des Üblichen einsammeln, obwohl doch gerade dies in 16,5 angekündigt worden war.

Andererseits kann der Abschnitt 16,4–5 nicht ohne seinen Kontext verstanden werden. Die Ankündigungen Jhwhs knüpfen natürlich an die Klagen des Volkes in 16,2–3 an und setzen zudem die im Folgenden erst entfaltete Verknüpfung der Themen Manna und Sabbat schon voraus. Die einfachste Erklärung besteht mithin darin, in den nicht-priesterlichen Versen Erweiterungen der Grunderzählung zu sehen, die das Doppelthema *Manna und Sabbat* unter den Gesichtspunkten *Toragehorsam und Prüfung* neu akzentuieren.[47] Diese Erweiterungen umfassen somit 16,4–5 und 16,27–29. Wie schon oft gesehen,[48] stehen die Verse in einer engen

---

46 Eine Übersicht bietet die Tabelle bei Dozeman, Exodus, 379. Baden, Place, 491–504, rekonstruiert eine J- und eine P-Erzählung, Berner, Sabbat, 562–578, eine nicht-priesterliche Grundschicht mit P-Erweiterungen. Noth, Exodus (ATD 5), 105, verzichtete auf eine Rekonstruktion der erhaltenen „Bruchstücke".

47 So zuletzt auch Albertz, Exodus 1–18, 264.

48 Stellvertretend sei genannt Ruprecht, Stellung, 299.

Verbindung mit Ex 15,25b–26, wo von der Gabe von „Ordnung und Recht" sowie ebenfalls von einer Prüfung Israels durch Jhwh die Rede ist (25b).

Nachträge? Ergänzend sei noch darauf hingewiesen, dass manche Ausleger die priesterliche Mannaerzählung noch weiter differenzieren. So gilt vielen 16,8 als Nachtrag, da er die Ankündigung von Fleisch und Brot vorwegnimmt, dasselbe gilt für den Abschnitt von der Verwahrung des Mannas (16,32–36).[49] Da es sich in beiden Fällen um Fortschreibungen innerhalb der P-Komposition handelt, hängt daran jedoch nicht viel.

Anachronismen Nun bietet die Erzählung Ex 16 aber noch ein weiteres, wesentlich gewichtigeres Problem. Sie enthält nämlich eine ganze Reihe von Elementen, die erst später in die Erzählung eingeführt werden. Dazu gehören die Glorie Jhwhs (16,7.10), die Vorstellung des Nahens zu Gott (16,9), die Vorstellung des Vor-Jhwh-Seins (16,9.33) sowie das Gesetz (16,34). Alle diese Elemente sind nach priesterlicher Auffassung an das Zeltheiligtum oder an den Sinai gebunden. Weiter ist die Ankündigung einer vierzigjährigen Wüstenwanderung (16,35) nur nach Num 13–14 verständlich.

Drei Erklärungen Es werden drei Erklärungen diskutiert: (1.) Ex 16 stand ursprünglich zwischen Num 14 und Num 20, (2.) die Anachronismen sind proleptisch zu verstehen, und (3.) die Erzählung repräsentiert eine vom Pentateuch abweichende Tradition und wurde erst sekundär in diesen eingefügt. David Frankel kommt zu dem Schluss, dass (1.) und (2.) nicht überzeugend sind.[50] Er favorisiert daher die dritte Lösung und sucht dazu den Nachweis zu führen, dass Ex 16 P eine Sabbatkonzeption aufweist, die weder auf dem ersten Schöpfungsbericht noch auf den Sabbattexten der Sinaiperikope beruht.

Gen 2,1–3 Allerdings dürfte die Vorstellung eines am siebten Tage ruhenden Gottes nicht unabhängig von Gen 1,1 – 2,3 entstanden sein. Die Tatsache, dass Ex 16 nicht explizit auf den Schöpfungsbericht verweist, darf man nicht überbewerten. Was Gott in Gen 2,1–3 zunächst nicht wahrnehmbar in die Schöpfung eingestiftet hat, können und dürfen die Israeliten in Ex 16 entdecken. Am Ende von Ex 16 hat sich Israel an die 6+1-Tage-förmige Schöpfungswirklichkeit adaptiert. Im Sabbatgebot geht es dann darum, dieser 6+1-Tage-Struktur eingedenk zu bleiben. Und deshalb steht Ex 16 genau richtig zwischen Gen 1 und Ex 20.

Arbeitsweise der Kompositoren Gleichwohl ist die Auffassung, Ex 16 sei zunächst ohne direkten Bezug zum werdenden Pentateuch verfasst worden, bedenkenswert, denn zu auffällig sind die genannten Anachronismen. Doch als Verfasser muss man sich durchaus dieselben aaronidischen Priesterkreise vorstellen, die auch für die anderen P-Texte verantwortlich waren. Man muss lediglich annehmen, dass Ex 16 zunächst auf einem separaten Papyrus skizziert wurde, noch ohne Vorstellung davon, ob und wenn ja, an welcher Stelle das Stück in die P-Komposition eingefügt werden soll. Aus den oben genannten Gründen[51] hat man sich schließlich trotz der dadurch entstehenden Inkohärenzen für eine Positionierung vor der Sinaiperikope entschieden. Diese differenzierte Vorstellung von der Arbeit der priesterlichen Kompositoren wurde zuerst von Erhard Blum und zuletzt wieder von Rainer Albertz so umrissen.[52]

---

49   Näheres dazu bei Propp, Exodus 1–18, 590–592; Albertz, Exodus 1–18, 263–265.
50   Frankel, Priestly Conception, 212–214.
51   Weitere Überlegungen dazu finden sich bei Ruprecht, Stellung, 291–298; Baden, Place, 501–502; Frankel, Priestly Conception, 212–214.
52   Blum, Studien, 241–242; Albertz, Exodus 1–18, 122.

Synthese

Synchrone und diachrone Analyse gehen von denselben Gegebenheiten am Text aus, nehmen diese aber unter jeweils spezifischen Kriterien und Interessen wahr. Am Anfang steht für beide die Beobachtung, dass in den einleitenden Versen Ex 16,1–3 die Motive „Fleisch" und „Brot" eingeführt werden. Diese werden in der Rettungserzählung der ersten Teilepisode 16,6–15 aufgegriffen, in der JHWH den Hunger der Gemeinde mit „Wachteln" und „Manna" stillt. In der zweiten Teilepisode ist dann von den Wachteln keine Rede mehr. Demgegenüber führen die V. 4–5 die Motive des „Sammelns" und der „Prüfung" ein. Diese spielen aber in Ex 16,6–15 zunächst keine Rolle, sondern werden erst wieder in der zweiten Teilepisode Ex 16,16–31 und dort insbesondere in den V. 27–29 aufgegriffen.

Gemäß der synchronen Analyse sind die beiden einführenden Auftaktszenen und die zwei Teilepisoden alternierend aufeinander bezogen:

| Auftakt I | → | Teilepisode I | | → Schluss |
| | Auftakt II | → | Teilepisode II | |

Die diachrone Analyse ist daran interessiert, die Komplexität der Struktur auf Einheiten mit linearem Zeitablauf zu reduzieren und die ungebrochene inhaltliche Kohärenz der Motive herauszuarbeiten. Dem liegt die Annahme zugrunde, dass lineare und kohärente Textstrecken am ehesten diachron einheitliche Texteinheiten widerspiegeln. So kommt die diachrone Analyse zu dem Ergebnis, dass die priesterliche Erzählung von Ex 16 wesentlich auf die Einführung des Sabbats zielt. Die Tora-Komposition hat mit dem Einschub der V. 4–5 und 27–29 die Sabbaterfahrung als Prüfung des Toragehorsams neu akzentuiert.

Episode 4: Ex 17,1–16: Die Gottes-Probe

1 Da brach die ganze Gemeinde der Israeliten von der Wüste Sin auf (und zog) [Wasserwunder] [a]von Lagerplatz zu Lagerplatz[a], wie JHWH es bestimmte, und sie lagerte sich in Refidim[b]. Es gab aber kein Wasser zu trinken für das Volk.
2 Da stritt das Volk mit Mose und sie sprachen: „Gebt[a] uns Wasser, damit wir zu trinken haben." Da sprach Mose zu ihnen: „Was streitet ihr mit mir? Was stellt ihr JHWH auf die Probe?" 3 Da dürstete dort das Volk nach Wasser und das Volk murrte gegen Mose und sprach: „Warum hast du uns aus Ägypten geführt, etwa um mich[a], meine Kinder und meinen Viehbesitz vor Durst sterben zu lassen?" 4 Da schrie Mose zu JHWH: „Was soll ich diesem Volk tun? Wenig (fehlt), und sie werden mich steinigen!" 5 Da sprach JHWH zu Mose: „Gehe dem Volk voraus[a] und nimm mit dir (einige) von den Ältesten Israels, und deinen Stab, mit dem du den Nil geschlagen hast, nimm in deine Hand und geh! 6 Siehe, ich werde vor dir[a] stehen, [b]dort (drüben), über dem Felsen, am Horeb[cb]. Und (dann) schlage

| | 48 | Episode 4: Ex 17,1–16: Die Gottes-Probe |

auf den Felsen, und Wasser wird aus ihm herauskommen, und das Volk wird zu trinken haben." Da tat Mose so vor den Augen der Ältesten Israels.

Amalekiter-
schlacht

7 Da nannte er den Ort ᵃMassa (Erprobung, Versuchung) und Meriba (Streit)ᵃ wegen des Streitens der Israeliten, und weil sie Jʜᴡʜ auf die Probe stellten mit den Worten: „Ist Jʜᴡʜ in unserer Mitte oder nicht?" 8 Da kam Amalek und führte Krieg mit Israel in Refidim.

9 Da sprach Mose zu Josua: „Wähle uns Männer aus, und zieh aus, um mit Amalek Krieg zu führen. Morgenᵃ werde ich mich auf den Gipfel des Hügels stellen, und der Stab Gottes wird in meiner Hand sein." 10 Da tat Josua, wie Mose ihm befohlen hatte, und kämpfte gegen Amalek.ᵃ Mose aber, Aaron und Hur waren (unterdessen) auf den Gipfel des Hügels gestiegen. 11 Und jedes Malᵃ, wenn Mose seine Handᵇ erhob, erstarkte Israel, und wenn er seine Hand niederlegte, erstarkte Amalek. 12 Aber die Hände des Mose wurden schwer, da nahmen sie einen Stein und stellten ihn unter ihn, und er setzte sich darauf. Aaron und Hur aber hielten seine Hände, jeder von seiner Seite. Da bliebenᵃ seine Hände fest, bis die Sonne unterging. 13 Da besiegte Josua Amalek und sein Kriegsvolk durch die Schärfe des Schwerts.

14 Da sprach Jʜᴡʜ zu Mose: „Schreibe diesᵃ als Denkwürdigkeit niederᵇ und präge es Josua einᶜ: ‚Ich werde die Erinnerung an Amalek unter dem Himmel ganz und gar auslöschen.'"

15 Da baute Mose einen Altar und nannte ihn „Jʜᴡʜ, mein Feldzeichenᵃ". 16 Und er sprach: „Fürwahr! Ein Denkmal auf Jʜᴡʜs Thronᵃ (ist er).ᵇ Krieg hat Jʜᴡʜ mit Amalek von Generation zu Generation."

Anmerkungen zu Text und Übersetzung

1ᵃ⁻ᵃ למסעיהם bedeutet wörtlich „entsprechend ihren Aufbrüchen". Unsere Wiedergabe setzt voraus, dass jeder Aufbruch (מסע) von einem bestimmten Lagerplatz erfolgt, dass also von einer Mehrzahl von Lagerplätzen und Aufbrüchen die Rede ist (vgl. Gen 13,3; Num 33,1f.). Alternativ möglich ist auch die Wiedergabe „nach ihrer Aufbruchsordnung" (vgl. dazu Houtman, Exodus 2, 360; Kupfer, Weg, 78). Sie setzt eine Vorstellung voraus, die in Num 2 und 10,12f. ausgeführt ist. Danach hat Jʜᴡʜ den israelitischen Stämmen bestimmte Plätze in den jeweiligen Lagern vorgeschrieben, entsprechend dieser Ordnung brechen die Stämme dann auch in einer bestimmten Reihenfolge zu ihren Wanderungen auf.

1ᵇ Nach Noth, Exodus, 110, klingt „Refidim" an den Namen „er-rafid an, der einen Bergrücken an der Ostküste des Golfes von el-'akaba" bezeichnet. Andere suchen den Ort auf der südlichen Sinaihalbinsel, wo der Gottesberg traditionell lokalisiert wird (vgl. etwa Hoffmeier, Sinai, 169f.). Auf Grund des Anklangs an das sabäische „rpd könnte der Ort unter den Negeb-Siedlungen ... der ausgehenden EZ I zu suchen sein", bleibt aber letztlich „unlokalisierbar" (Knauf, Art. Refidim, 303). Näher liegt der narrative Bezug zum Motiv der müden Hände des Mose, die der Stützung bedürfen (V. 11). Im Pi'el kann die Verbalwurzel רפד (rpd) „stützen" bedeuten (Hld 2,5). Nahe liegt auch die Assoziation mit רפה rph „schlaff werden", das häufiger im Zusammenhang mit „Händen" erscheint (2 Sam 4,1; Jes 13,7; Jer 6,24 u. ö.).

2ᵃ MT hat den Imp. masc. pl. תנו, während 4QPaleoExodᵐ, Sam und weitere Hss Imp. masc. sg. mit ה-adhortativum תנה haben. Entsprechend übersetzen auch LXX und die meisten modernen Übersetzungen Imp. sg. „Gib!". Wir ändern MT hier nicht. Möglicherweise

Anmerkungen zu Text und Übersetzung

49

sind Jhwh und Mose angesprochen, darauf könnte die Replik des Mose hindeuten, der sich und Jhwh angesprochen fühlt.

3[a] LXX und andere Versionen: „uns" und entsprechend „unsere Kinder", „unseren Viehbesitz".

5[a] Wörtlich: „gehe vor dem Volk vorüber". Die Wendung hat hier wie in Gen 33,3 den Sinn „vorausgehen", vgl. Jacob, Exodus, 492; Zenger, Sinai, 57.

6[a] Die zusammengesetzte Präposition לִפְנֵי kann örtlichen oder zeitlichen Sinn haben (GesL, 1062). In Verbindung mit dem Verb עמד bedeutet sie häufig als Untergebener oder „dienend vor jemandem stehen" (vgl. etwa Gen 41,46; 1 Kön 1,2). Die schwierige Vorstellung, dass Jhwh (wie ein Untergebener) vor Mose stehe, veranlasst manche Kommentatoren, zeitlichen Sinn anzunehmen: Gott sei schon am Horeb, bevor Mose ankommt (vgl. Jacob, Exodus, 490; Zenger, Sinai, 57f.). Hier allerdings ist das Verständnis, dass Jhwh dienend vor Mose steht, schon dadurch nicht naheliegend, dass Jhwh erhöht auf oder über dem Felsen steht, aus dem Mose Wasser schlagen soll. Wir verstehen die Fügung לְפָנֶיךָ also örtlich: „vor dir".

6[b-b] Das Ortsadverb שָׁם ist in aller Regel anaphorisch konstruiert, d. h. dem Hörer oder Leser muss der Ort, auf den es verweist, bekannt sein, in der Regel dadurch, dass er im Text vorerwähnt ist. Das ist hier nicht der Fall. Der Bezugsort, bzw. die Bezugsorte werden erst unmittelbar nach dem Adverb nachgeschoben: „.... über dem Felsen, am Horeb." Ein ähnlicher kataphorischer Gebrauch könnte in 1 Sam 2,14 vorliegen. In der Redesituation des Textes ist vorauszusetzen, dass Mose den Ort, auf den ihn Jhwh hinweist, identifizieren kann. Er muss sich entweder in seinem näheren Blickfeld befinden, so dass שָׁם mit „dort drüben" o. ä. wiederzugeben ist, und/oder der „Felsen" ist so markant, dass Mose ihn auf seinem Weg nicht verfehlen kann.

6[c] Das Wort חורב kann als Appellativum „Ödnis" oder als sprechender Ortsname „Horeb" verstanden werden. Wir fassen ihn als Metonym für den zerstörten Tempelberg in Jerusalem auf, vgl. Utzschneider/Oswald, Exodus 1–15, 118f.

7[a] Von den beiden Ortsnamen, mit denen Mose den Schauplatz versieht, kommt der Name מַסָּה „Massa" nur in Beziehung zu den Motiven der Erzählung von Ex 17,1–7 bzw. Num 20 vor (vgl. Dtn 6,16; 9,22; 33,8; Ps 95,8), häufig auch als figura etymologica mit dem Verbum נסה (V. 7; Dtn 6,16; 33,8). Es handelt sich also um einen „künstlichen Ortsnamen" (GesL, 701). Er steht für die die Erprobung, der das Volk Gott unterziehen wollte. Das Lexem ist formgleich mit einem Nomen, das „Machtprobe" bedeutet, und zwar im Sinne einer zeichenhaften Probe göttlicher Macht (Dtn 4,34; 7,19; 29,2). Bei genauem Hinsehen ist das Lexem also ambivalent. Auch LXX (πειρασμός) und Vg (temptatio) haben das Wort in V. 7 mehr als Appellativum denn als Ortsnamen verstanden. Etwas anders verhält es sich mit dem Ortsnamen מְרִיבָה „Meriba". Zwar ist auch er an vielen Stellen eng mit dem Erzählstoff und seinen Motiven, insbesondere des „Streites" (ריב), verbunden und erscheint dann in Kombination mit „Massa" (Num 20,13.24; Dtn 33,8; Ps 95,8). Der Ortsname erscheint darüber hinaus auch in den Zusammensetzungen „Wasser von Meriba" (Num 20,24; Ps 81,8; 106,32) oder „Meribat Kadesch" (Num 27,14; Dtn 32,51; Ez 47,19; 48,28) ohne Bezug zum Erzählstoff oder Motiv von Ex 17. Die Zusammensetzung „Meribat Kadesch" lässt eine Ortslage assoziieren, die sonst „Kadesch Barnea" (z. B. Dtn 1,2) heißt und in einem Oasengebiet mit einer ergiebigen Quelle im Grenzgebiet von nördlichem Sinai und Negeb liegt. In israelitischer Zeit (Eisenzeit II) stand dort eine Festung. Brunnen und Quellen sind traditionell Orte, an denen es Streit (ריב) um Wasserrechte gibt (vgl. Gen 26,20–22), an denen aber auch Streit geschlichtet und Recht gesprochen wird. Als eine solche „Quelle der Rechtsprechung" (עין משפט) wird Kadesch in Gen 14,7 bezeichnet. All dies bedeutet nicht zwingend, dass der Streitort von Ex 17,7 im nördlichen Negeb zu suchen wäre, es zeigt aber ein weiteres Mal die „Realitätshaltigkeit" biblischer Fiktionen.

9ª Manche Textzeugen (z. B. LXX) und Kommentare (z. B. PROPP, Exodus 1–18, 617; BAENTSCH, Exodus, 161) ziehen „morgen" zum vorhergehenden Satz (V. 9a): „... um morgen gegen Amalek zu kämpfen". Die Akzentuierung des MT und eine Mehrheit von Kommentaren (vgl. NOTH, Exodus, 112; HOUTMAN, Exodus 2, 380f.; DOZEMAN, Exodus, 391; DOHMEN, Exodus 1–18, 406) ziehen „morgen" zu V. 9b: „Morgen werde ich mich auf den Gipfel des Hügels stellen ..." Zur Bedeutung dieser Zeitangabe in diesem Zusammenhang vgl. die Auslegung.

10ª Wörtlich „indem er gegen Amalek kämpfte".

11ª והיה: Die wᵉqatal-Formation hat hier frequentativen Sinn, vgl. dazu GBH § 119v.

11ᵇ Sam und LXX: „Hände".

12ª Unsere Übersetzung setzt entsprechend Sam, 4QExodᶜ und LXX ויהיו voraus.

14ª Was Mose aufschreiben bzw. was er Josua mündlich einprägen soll, kann unterschiedlich verstanden werden. Manche (vgl. NOTH, Exodus, 114; ALBERTZ, Exodus 1–18, 293) beziehen das Demonstrativpronomen זאת anaphorisch auf das gerade erzählte Kriegsgeschehen, andere kataphorisch auf den folgenden mit כי eingeleiteten Zitatsatz und verstehen diesen als Objektsatz „Schreibe, dass ..." bzw. „Präge ein ..." (JACOB, Exodus, 495; DOZEMAN, Exodus, 391; DOHMEN, Exodus, 1–18, 417; HECKL, Mose, 205). Sprachlich ist beides möglich und wohl auch gemeint (siehe BAENTSCH, Exodus, 162, und die folgende Anm.).

14ᵇ בַּסֵּפֶר bedeutet wörtlich „in das Dokument" oder „in das Buch". Der Artikel an „Buch" in MT gibt Anlass zu Mutmaßungen, da von einem Buch bisher ja noch nicht die Rede war. Handelt es sich etwa um die (zukünftige) Tora des Mose (so DOHMEN, Exodus 1–18, 408.418) oder das „Buch der Kriege Gottes" (Num 21,14)? Indessen ist hier wohl kein bestimmtes Buch gemeint, sondern der Artikel meint „das zum Behuf des Schreibens zu nehmende = in ein Buch, auf ein Blatt: Ex 17,14; 1 Sam 10,25; Hi 19,23" (GesK § 126s; vgl. HOUTMAN, Exodus 2, 386). Das Schriftstück war als „Denkwürdigkeit" (זכרון) zur Aufbewahrung bestimmt, möglicherweise im Heiligtum (vgl. 1 Sam 10,25), ähnlich wie der Mannakrug in Ex 16,33f.. Es handelt sich also um eine Art Memorabilie oder „Gedenkschrift" an den ersten siegreichen Krieg mit den Amalekitern und an die fortwährende Verpflichtung, die sich aus ihm ergeben wird (vgl. Dtn 25,19).

14ᶜ Wörtlich: „lege es in Josuas Ohren".

15ª LXX gibt mit καταφυγή „Zuflucht" wieder. PROPP, Exodus 1–18, 619, vermutet eine Anspielung auf נסה „auf die Probe stellen": Gott hat den Test bestanden, er ist inmitten Israels (vgl. auch DOZEMAN, Exodus, 398).

16ª Ein Nomen כֵּס, wie es die überlieferte Constructus-Form voraussetzen würde, ist sonst im AT nicht belegt. GesL 558 nimmt nach Sam, Syr und Vg eine Nebenform von כסא „Thron" an. Mit HOUTMAN, Exodus 2, 388 (vgl. auch SCHART, Mose, 192, Anm. 24, und den Forschungsüberblick bei FABRY, Art. כִּסֵּא kisse', 267f.) schließen wir uns dieser Lesart an. Für die Form כֵּס (V. 16) spricht auch die Assonanz zu נִסִּי (V. 15). Zahlreiche Kommentare (z. B. BAENTSCH, Exodus, z. St.; CHILDS, Exodus, 311f.; PROPP, Exodus 1–18, 620; DOZEMAN, Exodus, 392; DOHMEN, Exodus 1–18, 408) vermuten eine נ / כ-Verschreibung und emendieren zu נֵס, „Feldzeichen" wie in V. 15. LXX liest ein Part. Pass. von כסה „bedecken, verbergen": „Denn mit verborgener Hand kämpft JHWH mit Amalek".

16ᵇ Wir verstehen V. 16a als Nominalsatz, der wörtlich so wiederzugeben ist: „Fürwahr! Eine Hand über/auf dem Thron Jahs ist er (scil. der Altar)." Die Fügung „Hand über/auf (יד על)" wird unterschiedlich gedeutet, etwa als Schwur- oder Gebetsgestus (vgl. die Übersicht bei HOUTMAN, Exodus 2, 388f.). Wir verstehen „Hand" יָד hier wie in 1 Sam 15,12; 2 Sam 18,18 und Jes 56,5 als Denk- und Erinnerungsmal (so HOUTMAN, Exodus 2, 390, vgl. CASSUTO, Exodus, 207). Die Präposition על verweist entweder auf einen erhöhten Ort, auf dem der Altar als Denkmal steht, oder sie gibt die Richtung an, auf die das Denkmal verweist.

Synchrone Analyse

Struktur und literarische Eigenarten

Gewöhnlich wird Ex 17 nicht als Einheit ausgelegt, sondern in die beiden Einheiten Ex 17,1–7 und Ex 17,8–16 aufgeteilt.[53] Auf den ersten Blick ist diese Aufteilung durchaus plausibel. Die erste Einheit ist eine der Murr/Streit-Erzählungen, in denen es um Wasser in der Wüste geht wie in Ex 15,22–27 und vor allem in Num 20,2–13. Ex 17,8–16, die zweite Einheit, als deren nächstes Pendant die Schilfmeererzählung (Ex 14) gelten kann, erzählt von einer kriegerischen Auseinandersetzung mit den Amalekitern.[54]

In der synchronen Lesart verstehen wir Ex 17,1–16 als eine differenzierte, narrative und theologische Einheit nicht nur, weil sie durchwegs in Refidim lokalisiert ist (V. 1.8), sondern vor allem, weil sie in ihrer überlieferten Gestalt durch einen Plot bestimmt ist, dem die beiden Teile untergeordnet sind.

Ex 17: differenzierte Einheit

Der Plot ist bestimmt durch die Frage, die die Erzählung in V. 7 den Israeliten in den Mund legt: „Ist Jhwh in unserer Mitte oder nicht?" Mose sieht sich durch diese Frage veranlasst, dem Ort Refidim gleich zwei weitere Symbolnamen beizugeben: „Massa" (מַסָּה) und „Meriba" (מְרִיבָה). Letzterer steht für „Streit" (ריב), ersterer dafür, dass die Israeliten mit dieser Frage Jhwh auf die Probe stellen (נסה), ihn einer Prüfung unterziehen wollen. Die Frage der Israeliten ist in den Erzählverlauf eingebunden, zunächst nach „oben" durch Stichwortverbindungen zu V. 2. Sie stellen die Frage, nachdem Jhwh, über oder auf einem Felsen stehend, vor Mose präsent gewesen ist, und Mose auf Gottes Geheiß Wasser aus dem Felsen hervorgehen ließ, um den Durst des Volkes zu stillen. Dies geschah vor den Augen der Ältesten Israels (erste Teilepisode V. 3–6). Dass das Volk nach diesem Machterweis Jhwhs und Moses diese Frage stellt, ist der streitige Anstoß (ריב), auf den die Namensgebung in V. 7 abhebt (vgl. Ps 95,8f.).

In der anderen Richtung des Erzählverlaufes folgt auf die Frage in V. 7 unmittelbar die Nachricht, Amalek sei im Anmarsch, um mit Israel in Refidim Krieg zu führen (V. 8). Das Motiv für diese überraschende Wendung liegt ebenfalls in der Frage des Volkes, die in dieser Form auf eine spezifische Weise der Gottesgegenwart abhebt, nämlich seine rettende Gegenwart im Krieg (Näheres dazu vgl. unten). Das ist zwar nicht sofort und ausdrücklich gesagt, es kommt aber am Schluss der Episode zum Vorschein, als Mose einen Altar errichtet, den er „Jhwh, mein Feldzeichen" nennt (V. 15).

Verlauf und Ausgang der kriegerischen Auseinandersetzung erzählt die zweite Teilepisode (V. 9–15). So zeigt sich, dass die Zentralszene V. 7f. beide Teilepisoden verbindet und den Plot der Erzählung insgesamt steuert.

> Auftakt I: 17,1: Zug nach Refidim, nochmals: kein Wasser
> Auftakt II: 17,2: Streit mit Mose und Gottes-Probe

---

53 Vgl. etwa Noth, Exodus, 109.112, der Ex 17,1–7 mit „Wasser aus dem Felsen" und Ex 17,8–16 mit „der Sieg über die Amalekiter" überschreibt, ähnlich Dozeman, Exodus, 387 bzw. 391: „Lawsuit over water (17:1–7)", „War and Remembrance (17:8–16)". Dohmen, Exodus 1–18, 368f., zieht zwischen beiden Textteilen sogar eine Abschnittsgrenze.

54 Vgl. Albertz, Exodus 1–18, 281.

Teilepisode 1: 17,3–6: Gott erweist sich im Wasserwunder
  17,3–4: Das Volk murrt, Mose schreit zu Jʜᴡʜ
  17,5–6: Jʜᴡʜ spendet Wasser aus dem Felsen
Zentralszene: 17,7–8: Erneute Gottes-Probe und Herausforderung
Teilepisode 2: 17,9–13: Der Sieg über die Amalekiter
  17,9–10: Vorbereitung zum Kampf
  17,11–13: Kampf und Sieg
Schluss: 17,14–16: Erinnerung und Denkmal
  Szene 1: 17,14: Erinnerung in schriftlich-mündlicher Überlieferung
  Szene 2: 17,15–16: Der Altar als Denkmal

17,1: Auftakt I Der Auftakt V. 1 bietet die Wegnotiz (vgl. die Einleitung zur siebten Erzählphase) in einer erweiterten Form. Genannt werden der Aufbruchsort, die Wüste Sin, und der neue Lagerort, Refidim (zu Lage und Name vgl. Textanm. 1[b]). Ergänzend dazu heißt es: למסעיהם על פי יהוה. In der Deutung unserer Übersetzung (vgl. Textanm. 1[a]) könnte darin eine Ortsvorstellung zum Ausdruck kommen, die vor Refidim weitere Lagerorte annimmt und damit den zunehmenden Abstand von Ägypten sowie die Nähe zum Gottesberg bzw. Sinai hervorhebt.[55] Im Übrigen schließt die Notiz an die Station der „Wüste Sin" an und nimmt auch das Subjekt von Ex 16,1, die „ganze Gemeinde der Israeliten", wieder auf.

17,2: Auftakt II Der Auftakt V. 2 und die V. 3f. werden oft als Dubletten angesehen. In der Tat repräsentieren V. 2 und V. 3f. zwei Versionen des Beginns einer Story: Die Israeliten wenden sich an Mose und machen ihm zum Vorwurf, dass sie nichts zu trinken haben. Trotz des übereinstimmenden Handlungsgerüsts sind sie aber nicht einfach austauschbar. Schon die unterschiedliche Terminologie für den Vorwurf („streiten", ריב vs. „murren", לון), zeigt, dass die beiden Abschnitte die Story auf unterschiedlichen Ebenen zur Sprache bringen. In V. 2 sieht sich Mose – darin Jeremia ähnlich (vgl. Jer 15,10; 18,19)[56] – im Streit mit dem Volk liegend. Dabei bleibt es aber nicht. Die Gegenfragen des Mose „Was streitet ihr mit mir? Was stellt ihr Jʜᴡʜ auf die Probe?" heben die Auseinandersetzung auf eine andere Ebene.

„streiten" (ריב) Mit der ersten Frage gibt Mose, ähnlich wie in Ex 16,8, dem Volk zu verstehen, dass nicht er der richtige Ansprechpartner ist, sondern Jʜᴡʜ. Ihm, nicht Mose, werfen sie gleichsam den Fehdehandschuh hin. Nichts Anderes meint das Wort „streiten" (ריב) hier. Es kann gerichtliche und außergerichtliche Auseinandersetzungen bezeichnen. Hier aber geht es nicht um ein formgerechtes Rechtsverfahren. Vielmehr schleudert das Volk Gott eine heftige Anklage entgegen, bei der man an Hiob denken kann (vgl. etwa Hiob 13,6–28). In den Wüstentexten findet sich das Motiv der streitigen Anklage des Volkes (ריב) nur noch in dem Paralleltext in Num 20. Die Anklage (vgl. Num 20,3–5) erstreckt sich über den Wassermangel hinaus auf die Unfruchtbarkeit der Wüste. Auch in der umgekehrten Richtung, von Gott an Menschen gerichtet, kennt das Alte Testament, namentlich in der Prophetie, die Metaphorik des leidenschaftlichen Streits und der heftigen Anklage (vgl. Jes 3,13–15; Mi 6,1–8; Hos 4,1–3; 12,3 u. ö.). Jer 2,4–6 klingt wie eine Gegenanklage Gottes auf die Anklagen des Volkes in Ex 17,2 und dem Paralleltext in Num 20: „Was haben eure Väter Unrechtes an mir gefunden, dass sie sich von mir abwandten und nichtigen Götzen anhingen und sie

---

55 Aʟʙᴇʀᴛᴢ, Exodus 1–18, 285.
56 Darauf verweist mit Recht Aᴜʀᴇʟɪᴜꜱ, Fürbitter, 173.

Synchrone Analyse

sagten nicht: Wo war Jhwh, als er uns aus dem Land Ägypten führte und uns in die Wüste gehen ließ, in ödes und wegloses Land ...?" (Jer 2,5f.).

Die zweite Frage „Was stellt ihr Jhwh auf die Probe?" ist in der Sache weniger eine Frage als eine Warnung. Wenn Menschen sich unterwinden, Gott zu prüfen, nimmt dies kein gutes Ende (Num 14,22f.: „alle Männer, die meine Herrlichkeit und meine Zeichen gesehen haben ..., die mich zehnmal geprüft haben, werden das Land nicht sehen, das ich ihren Vätern zugeschworen habe ..."). Gott auf die Probe stellen heißt Provokation und Aufruhr gegen ihn (Ps 78,18f.41; 106,14).

V. 2 insgesamt informiert insbesondere Leser und Hörer über die Komplikation auf einer „höheren" Ebene, die den Konflikt zwischen Mose und dem Volk in der nun folgenden ersten Teilepisode V. 3–6 überwölbt. Für Hörer und Leser wirft dieser Auftakt Fragen an die Erzählung auf: Wie wird das Volk mit dieser Warnung umgehen, wird es den Streit fortsetzen? Und: Wie wird Gott auf die Provokation reagieren? Unmittelbar auf die höhere Ebene des Konflikts kommen dann V. 7f. zurück, in denen die beiden Stichworte „Streit" und „Versuchung" wieder aufscheinen.

Die erste Teilepisode V. 3–6 entwickelt die Story von der Ebene der Figuren her. 17,3–6 Nun ist Mose nicht mehr nur der erste Adressat eines Vorwurfs, der eigentlich Gott gilt (V. 2). Das Volk streitet nicht, es „murrt" (לון) wie schon in Mara (15,24) und der Wüste Sin (16,2). Anders als in diesen Fällen aber wird Mose nun mit aggressiver Wucht mit dem Vorwurf konfrontiert. Ein einzelner Sprecher macht Mose persönlich verantwortlich für den (als sicher erwarteten) Tod seiner Kinder und seines Viehs (V. 3), „die immer als erste sterben, obwohl sie nichts für ihre Lage können"[57]. Die Gestalt dieses Einzelnen vergegenwärtigt die bedrohliche Haltung des ganzen Volkes. Mose fürchtet, gesteinigt zu werden. Da wird der „Fürbitter Israels" (15,25; 32,11–14.31f.; 33,12–17; 34,8f.; Dtn 9,18.25 u. ö.) zum „angeklagten Fürbitter"[58] (vgl. Num 14,10), hier gar zu einem Fürbitter in eigener Sache: „Da schrie Mose zu Jhwh: ‚Was soll ich diesem Volk tun? Wenig fehlt und sie werden mich steinigen.'"

Jhwh lässt sich nicht lange bitten. Zunächst im Medium der vorausdeutenden 17,5 Gottesrede erzählt die zweite Szene (V. 5.6a), dass Jhwh seinem Diener beispringen, der Klage des Volkes die Grundlage entziehen und dabei sich selbst offenbaren wird. Schon die erste Anweisung, die Mose von Jhwh erhält, bereitet Gottes Selbsterweis vor: „Gehe dem Volk voraus." Mose soll sich aus dem Lager entfernen, wohin, wird zunächst nicht gesagt. „Einige der Ältesten Israels" soll er mitnehmen. Auch deren Funktion ist noch unklar. „Vorgebildete" Leser oder Hörer freilich können an das Mahl denken, das Mose mit Aaron, dessen Söhnen und siebzig „der Ältesten Israels" angesichts des Gottes Israels (Ex 24,9–11) einnehmen. Eine vielsagende Anspielung verbindet sich auch damit, dass Mose den „Stab, mit dem du den Nil geschlagen hast", mitnehmen soll. Sie verweist auf die Plagenerzählung sowie die Schilfmeererzählung und die Wunder, die Mose mit Hilfe dieses Gottesstabes (Ex 7,9f.) vollbracht hat, allen voran das Wunder der Verwandlung des Nilwassers in Blut (7,17.20, vgl. auch 8,1.12f.; 9,23; 10,13; 14,16). Die Erwartungen an das Kommende sind also schon hier hochgeschraubt. Die Lösung des Konflikts kann nicht mehr lange ausbleiben. V. 5 schließt mit der Aufforderung Gottes an Mose „und geh", sie fände ihre einfachste Fortsetzung mit dem zweiten Satz in V. 6 „... und schlage auf den Felsen

---

57 Albertz, Exodus 1–18, 286.
58 Aurelius, Fürbitter, 127–202; zu Ex 17,1–7 vgl. 167–176, insb. 171.

und Wasser wird herauskommen und das Volk wird zu trinken haben." Es wäre dann ein Mosewunder wie manche anderen vor diesem (vgl. etwa Ex 7,20).

17,6 V. 6 zögert indessen die Lösung hinaus. Jhwh kündigt seine unmittelbare Gegenwart an. Er werde „vor dir dort, über dem Felsen" stehen, dem Felsen, aus dem dann „das Wasser hervorgehen" wird. Dieses Bild öffnet ein weites religions- und traditionsgeschichtliches Feld.[59] Das Motiv des wasserspendenden Gottes kann kosmische Dimensionen annehmen, ohne dass ein bestimmter Ort genannt wird, so etwa in Ps 114,7f.: „Vor dem Herrn erbebe, Erde, vor dem Gott Jakobs, der den Felsen in einen Wasserteich verwandelt, Felsgestein in Wasserquellen." Auch Ps 78,15f. interpretiert das Geschehen der Wüstenwanderung als ein kosmisches Eingreifen Gottes: „Er spaltete Felsen in der Wüste und tränkte sie reichlich wie mit Urfluten. Er ließ Bäche hervorkommen aus dem Felsen und Wasser herablaufen wie Ströme" (vgl. auch Jes 48,21).

Jerusalemer Tempeltradition Felsen, Berg und Ströme sind Elemente der Jerusalemer Tempeltradition. Auch vom Tempelberg, dem Zion, gehen Ströme aus (Ps 46,5; 48,2f.; Ez 47,1–10), – Ströme von Wasser, aber auch die Tora (Mi 4,2). Mit anderen Worten: Die Situation auf dem Felsen, dem gleichsam unter Gottes Füßen Wasser entströmt, kann transparent auf das Zionsheiligtum gelesen werden. Hier kommt auch die Ortsangabe „am Horeb / in der Ödnis" (Textanm. 6[b–b]) ins Spiel. Das Wort ist einerseits ein sprechender Name für den Gottesberg in der Wüste, an dem Israel die Tora und den Gottesbund empfängt (Dtn 4,10; 1 Kön 8,9 u. ö.) und andererseits – wie schon im ersten Teilband dieses Kommentars ausgeführt[60] – ein Symbolbegriff für den zerstörten Tempelberg zu Jerusalem, den Zion.

17,6b Im engeren und weiteren Kontext provoziert das Bild Fragen. Wie ist es vorstellbar, dass sich Mose und die Ältesten vom Gros des Lagers entfernen und gleichwohl das Volk zu trinken hat? Die klassische jüdische Exegese hat hier die Vorstellung vom Gottesstrom zu Hilfe genommen. Nachmanides etwa nahm an, dass der Gottesstrom dem Felsen in solcher Macht und Fülle entsprang, dass er vom Ort der Gottesbegegnung bis Refidim fließen konnte.[61] Für den überlieferten Text scheint diese Frage kein Problem zu sein; entscheidend ist die Gottesbegegnung als solche – und dass sie vor den Ältesten stattfindet. Sie sollen bezeugen können, dass das Wasser eben nicht einfach von Natur aus da ist, sondern sich einem Wunder des gegenwärtigen Gottes verdankt.[62] Dementsprechend bestätigt V. 6b abschließend, dass Mose vor den Augen der Ältesten genauso gehandelt hat, wie Jhwh ihm aufgetragen hat. Damit verweist die Erzählung bereits auf den folgenden V. 7, wo die Israeliten - obwohl es die Ältesten doch besser wissen könnten - in Frage stellen werden, ob Gott inmitten des Volkes ist.

17,7f. In V. 7 kommt Mose auf die Thematik von Streit und Prüfung Gottes zurück, die V. 2 eingeführt hatte. Obwohl oder gerade, weil sich Jhwh gezeigt und dem Begehren des Volkes auf wundersame Weise entsprochen hat, wird der Ort, an dem

---

59 Es wurde vor allem durch William H. C. Propp erschlossen, zunächst in seiner Dissertation (Propp, Water in the Wilderness, vor allem 59–61) und dann in Propp, Exodus 1–18, 606–613.

60 Utzschneider/Oswald, Exodus 1–15, 118f.

61 Vgl. JPS MiqGedolot, 133. Eher rational denkende Ausleger führen den gleichen Effekt auf natürliche Kräfte zurück und verweisen auf entsprechende Beobachtungen an wasserführenden Wadis auf der südlichen Sinaihalbinsel (vgl. Cassuto, Exodus, 203).

62 Vgl. auch Berner, Wasserwunder, 205.

Synchrone Analyse 55

dies geschah, „Probe/Prüfung" und „Streit" genannt. Der Konflikt geht weiter, der bei der Ankunft in Refidim ausgebrochen ist, und den Mose als eine Sache zwischen Jhwh und dem Volk namhaft (V. 2) gemacht hat. Möglicherweise schwingt in dem Symbolnamen „Massa" (Probe) hier schon die Bedeutung „Machtprobe" mit (vgl. zur Ambivalenz des Lexems „Massa" die Textanm. 7ᵃ). Aus einer Prüfung, der das Volk Jhwh unterziehen wollte, ist mit dem Wasserwunder eine Probe seiner Macht geworden. Noch aber ist der Zweifel nicht ausgeräumt, der das Volk zu seiner Anklage veranlasst hat. Mose bringt ihn nun unter Verwendung der wohlbekannten Formel „Gott inmitten (בקרב) des Volkes" auf den Begriff.

Die Formel findet sich im AT in vielerlei Kontexten und mit mannigfachen Schattierungen. Die nächsten Belege finden sich schon in Ex 33. In Ex 33,3.5 (vgl. die Auslegung dazu) weigert sich Jhwh nach der Verehrung des Goldenen Kalbes, „inmitten" des Volkes mit diesem „hinaufzuziehen" (ins verheißene Land nämlich). In Ex 34,9 wagt Mose die Bitte an Gott, trotz der Verfehlungen „in unserer Mitte" mitzugehen. Geschähe dies nämlich nicht, so werden sie von ihren Feinden „geschlagen" und „durchs Schwert fallen", wie es dann in den Kriegserzählungen in Num 14,42f., Jos 3,5.10 und 1 Sam 4,3 heißt. Häufig erscheint die Formel in der Prophetie und den Psalmen: Wenn Jhwh inmitten Israels ist, wird es „kein Unglück sehen" (Zeph 3,15, vgl. Jes 12,6), wird es „nicht wanken" (Ps 46,6) und „nicht mehr zuschanden werden" (Joël 2,27). Die Formel bringt einen Eckpfeiler israelitischen Gottesglaubens zum Ausdruck: Gott wird seinem Volk in seinen Nöten, insbesondere in der Bedrohung durch Feinde, als Helfer und Retter zur Seite stehen. In Mi 3,11 zeigt sich, dass diese Gewissheit auch überspannt werden kann. Die Notablen von Zion/Jerusalems sind sich (allzu) sicher: „Jhwh ist mitten unter uns, kein Unglück kann uns treffen", zugleich verstoßen sie gegen alles Recht und „bauen Zion mit Blut." Die Belege in Ps 46 und in der Prophetie, insbesondere Mi 3,11, zeigen, dass auch in Ex 17 die Zionstheologie präsent ist.[63] Im Lichte dieser Theologie hört sich die Disjunktiv-Frage, in die das Volk die Formel kleidet, an wie ein herausforderndes, frivoles Ultimatum: „Ist Gott in unserer Mitte oder ist er es nicht?" Der „Volks-Glaube" in Ex 17,7 fordert eine weitere, ultimative Probe – und bekommt sie. Sie bricht über das Volk herein in Gestalt der Amalekiter, die wie aus dem Nichts auftauchen und in kriegerischer Absicht herannahen (V. 8).

„in unserer Mitte oder nicht"

Damit sind wir bei der zweiten Teilepisode 17,9–13. Hier treten neue Akteure auf, von denen bisher noch nicht die Rede war: Neben den Amalekitern auch Josua und Hur.

17,9–13

Von Auseinandersetzungen mit den Amalekitern erzählen das Richterbuch (z. B. Ri 6f.) und die Samuelbücher (z. B. 1 Sam 15; 30; 2 Sam 8,12). Weder diese Erzählungen noch die anderen „Amalek-Notizen" im Alten Testament wissen etwas von dieser allerersten Begegnung der Israeliten mit dem ostjordanischen Volk in der Wüste. Indessen zitiert der Schluss-Vers 16 unserer Episode aus Dtn 25,19, wo die Amalekiter als die Erzfeinde unter den Nachbarvölkern Israels namhaft gemacht sind. Dies deutet darauf hin, dass unser Text die gesamte alttestamentliche Amalekitertradition voraussetzt, „verdichtet"[64] und die Amalekiter als exemplarisch feindliche Macht des Gottesvolkes verstanden wissen will. Auch Josua erscheint hier erstmals ohne weitere Erklärung. Erst am Sinai wird er als „Diener" des Mose eingeführt (Ex 24,13f.; 33,11); mit militärischen und anderen Führungs-

Amalekiter

---

63 Vgl. auch Schart, Mose, 170.
64 Zenger, Sinai, 88.

aufgaben betraut wird er in Num 14 und vor allem im Josuabuch (Jos 1). Diese Funktion wird hier wie selbstverständlich vorausgesetzt, allerdings in einer spezifischen Kombination mit der Funktion des Mose (s. u. und diachrone Auslegung). Schließlich ist auch Hur (V. 11–13) ein Newcomer auf der Bühne der Wüstenerzählungen. Etwas Profil gewinnt diese Gestalt wie Josua erst am Sinai. Mose setzt ihn dort während seiner Abwesenheit auf dem Gottesberg zusammen mit Aaron als Vertreter in Rechtssachen ein (Ex 24,13f.).

17,9–10   Die erste Szene V. 9f. erzählt die Vorbereitungen zur Schlacht und deren Beginn. Mose beauftragt Josua, eine Elitetruppe zusammenzustellen und mit ihr in den Kampf mit den Amalekitern aufzubrechen. Mose selbst will „morgen" (vgl. Textanm. 9ª) auf dem „Gipfel des Hügels" stehen, und den „Stab in meiner Hand" halten. Auf welchem Hügel? Was nützt der Stab in der Hand?

Stab   Der nächste biblische Vergleichstext zu dem Stabgestus findet sich in Jos 8,18f.26. In der Schlacht um die Einnahme der Stadt Ai (Jos 8) wird die Wende zugunsten der angreifenden Israeliten dadurch herbeigeführt, dass Josua auf Anweisung Gottes eine Waffe (כידון), wohl ein „Sichelschwert", in die Hand nimmt und gegen die Stadt ausstreckt (V. 18f.). Er verharrt in dieser Stellung, bis die Einnahme vollständig beendet ist (V. 26). Man kennt diesen Gestus vor allem aus altägyptischen Darstellungen, in denen der König beim „Niederhauen" der Feinde gezeigt wird.

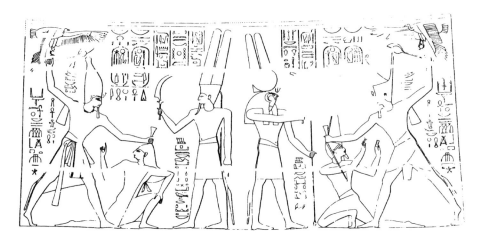

Abb. 1: Relief Ramses' III. aus Medinet Habu: Niederhauen der Feinde vor Horus.[65]

Auf diesem Bildtypus ist es der Reichsgott Amun, der das Sichelschwert in der Hand hält und gegen den König (in der Abb. König Ramses III.) ausstreckt und damit den Erfolg des Kampfes garantiert. In Ex 17,9 und Jos 8 sind es Mose bzw. Josua, die mittels ähnlicher „wirkmächtige(r) Zeichen"[66] der jeweiligen militärischen Aktion zum Erfolg verhelfen. „Diese Besetzung einer an und für sich göttlichen Rolle durch einen Menschen findet sich im Alten Testament auch sonst."[67]

---

65 Aus Keel, Siegeszeichen, 18 (Abb. 47); vgl. 171–184 (Abb. 21a/b, 22, 25, 26, 31, 32, 47).
66 Keel, Siegeszeichen, 85f., vgl. auch Zenger, Sinai, 89–93; Schart, Mose, 188.
67 Keel, Siegeszeichen, 81.

Synchrone Analyse

Wie der Stab kein einfaches Requisit ist, so ist auch der Hügel nicht einfach ein Feldherrnhügel, von dem aus man das „Kampffeld überschauen konnte"[68] (umso weniger, als Mose ja gerade nicht der Feldherr ist, sondern Josua). Die hebräische Fügung על ראש הגבעה „auf dem Gipfel des Hügels" (V. 9.10) erinnert an die Prädikation des Zions, also des Jerusalemer Tempelbergs. In Mi 4,1 bzw. Jes 2,2 wird er als „erster der Berge" bezeichnet, der „höher ist als die Hügel" (Mi 4,1; Jes 2,2: ראש ההרים ונשא [הוא] מגבעות „der erste der Berge"). {Hügel}

Auch die zweite Szene (V. 11-13) zeigt Mose als Garanten der letztendlichen Überwindung der Feinde. Nun allerdings ist er nicht alleine, sondern er bedarf der Assistenz durch seinen Bruder Aaron und Hur (s. o.). Der Kampf zieht sich hin, und Mose verkörpert dabei die Unterstützung für das israelitische Kontingent durch seine erhobenen Hände (in V. 11 ist zunächst nur von einer Hand im Sg. die Rede, vgl. Textanm. 11[b]). Deren Wirkung lässt nach, wenn Mose sie ermüdet sinken lässt, weshalb ihn seine Begleiter Aaron und Hur stützen. Ihr Senken und Heben beeinflusst das Kampfgeschehen unmittelbar. Mose ist als körperlicher Mittler der göttlichen Hilfe vorgestellt, und seine erhobenen Hände sind, wie der Gottesstab, als „wirkmächtiges Zeichen"[69] zu verstehen. {17,11-13}

Mit der „Stützungsaktion" der Begleiter des Mose kommt noch ein weiteres Bildmotiv in die Szenerie (V. 12). Aaron und Hur stützen nämlich nicht nur die Hände des Mose, sie sorgen auch für eine Sitzgelegenheit: „… sie nahmen einen Stein, stellten ihn unter ihn und er setzte sich darauf." Selbstverständlich lässt diese Sitzgelegenheit auch ganz einfach verstehen: Den ganzen Tag mit erhobenen Händen zu stehen, macht nicht nur Arme und Hände müde, sondern den ganzen Menschen. Freilich kommt so nur der (allzu-)menschliche Vordergrund der Szene in den Blick. Aaron Schart hat auf einen altorientalischen Bildtypus aufmerksam gemacht, der eine Reihe von Elementen der Szenerie von Ex 17 enthält und diese mit dem „Sitzen" des Mose auf dem Stein verbindet.[70] {17,12}

Abb. 2: Rollsiegel aus Mari, 3. Jt., El auf dem Berg thronend.[71]

---

68 Noth, Exodus, 113, anders Zenger, Sinai, 89; Schart, Mose, 189.
69 Vgl. Tanner, Amalek, 40.
70 Vgl. Schart, Mose, 190f. mit Abb. 2 und 3 (= Keel, Bildsymbolik, Abb. 42 und Abb. 285).
71 Aus Keel, Bildsymbolik, Abb. 42; S. 39.

Dieser Bildtypus zeigt den kanaanäischen Götterkönig El in gebirgiger Umgebung auf einem Stein sitzend oder besser: thronend. Von dem Stein gehen Wasserströme aus. Der Gott ist von drei Gestalten umgeben, zwei davon bringen ihm Gaben dar und eine dritte, im Bild wohl der Gott Ba'al-Hadad, kämpft mit einer Lanze gegen chaotische Mächte. Die Vergleichspunkte zu Ex 17 sind der Felsen, aus dem der Gottesstrom fließt (V. 6), der Hügel (V. 9f.) und nun auch das „Sitzen". Der entsprechende hebräische Ausdruck ישׁב עליה meint bezogen auf einen Berg einen Ort des Thronens oder Wohnens Gottes, und d. h. im Alten Testament: den Zion (vgl. etwa Ex 15,17;[72] Ps 68,17). Gewiss sitzt mit Mose ein Mensch auf dem Stein, aber er nimmt eine göttliche Rolle ein und so ist das Bild insgesamt auf Gottes Thronen hin transparent.

17,13 Der Schlussvers V. 13 notiert den glücklichen Ausgang des Kampfes: „Da besiegte Josua Amalek und sein Kriegsvolk durch die Schärfe des Schwerts." Die Aussage bleibt dabei ganz auf der menschlichen Ebene: Josua habe den Sieg erfochten. Wer aber Ohren hat zu hören, kann aus der erzählten Szenerie sehr deutlich ersehen, dass es keineswegs der Feldherr gewesen ist, dem Israel den Sieg verdankt, auch Mose war dafür nur vordergründig ursächlich. Der Sieg ist Gottes Sieg, er hat damit eine Probe seiner Macht geliefert, die das Ansinnen der Israeliten, Gott auf die Probe zu stellen (V. 2.7), ad absurdum geführt hat. Vollends klar wird dies in den letzten beiden Szenen.

Insgesamt gehört Ex 17,9–13, wie schon die Meerwundererzählung (Ex 14), zu den „Jahwe-Krieg-Erzählungen".[73] Dieser Erzähltypus ist „erst unter dem prägenden Einfluß der Jerusalemer Kulttradition entstanden."[74] In diesem Zusammenhang wird der Kampf mit den Amalekitern nicht einfach als Scharmützel mit einem Stamm aggressiver Nomaden erzählt, sondern als urbildliche und exemplarische Auseinandersetzung mit dem Archetypus eines feindlichen Volkes.

V. 14–16: Erinnerungen In den beiden Schlussszenen der Episode (V. 14 und 15f.) ist – wie im Schlussteil von Ex 16 – die Erinnerung an das erzählte Geschehen und an dessen Potenziale für die Zukunft das Thema. Die erste Szene wird durch eine Jhwh-Rede (V. 14) eingeleitet. Mose soll niederschreiben und es Josua einprägen: „Ich werde die Erinnerung an Amalek unter dem Himmel ganz und gar auslöschen." Der Satz erscheint nahezu wörtlich wieder in Dtn 25,19. Dort freilich bezieht er sich auf ein an israelitischen „Zivilisten" verübtes Kriegsverbrechen (Dtn 25,17f.), ihm liegt also ein anderes „Narrativ" zugrunde als in Ex 17. Der Befehl der „damnatio memoriae" hat im Deuteronomium den Charakter einer Vergeltung. Vor allem aber ist Israel der Empfänger des Befehls und mithin Subjekt der zukünftigen Handlung(en). In Ex 17 ist Jhwh das Subjekt; er wird – wie er es soeben archetypisch getan hat – dem Feind der Israeliten so lange entgegentreten, bis man vergessen hat, dass es überhaupt einen gegeben hat. Die Machtprobe, die Jhwh soeben gegeben hat, gilt ein für alle Mal. Oder anders gesagt: Er ist inmitten Israels (vgl. V. 7). Daran soll sich Israel erinnern, wenn es sich an diesen Kampf erinnert. Erstmals im Alten Testament ist hier von einer Erinnerung als geschriebenem Text die Rede. Dabei ist ebenso die schriftliche Aufzeichnung (Mose soll es aufschreiben) wie die Fixierung als Gedächtnisgehalt (Josua soll es auswendig

---

72 Vgl. Utzschneider/Oswald, Exodus 1–15, 336f.
73 Vgl. dazu Utzschneider/Oswald, Exodus 1–15, 292–295.
74 Janowski, Rettungsgewißheit, 187.

lernen) im Blick.[75] Darin setzt V. 14 den Normalfall des antiken und auch des altisraelitischen Traditionswesens voraus.[76]

In der letzten Szene (V. 15f.) wechselt das Medium der Erinnerung. Mose gibt ihr die Gestalt eines Altars, der „weniger Opferaltar denn ein Denkstein ist"[77]. Zum Vergleich kann man die Altäre heranziehen, die Abraham (Gen 12,7), Isaak (Gen 26,23–25), Jakob (Gen 35,7) oder auch Gideon (Ri 6,22–24) gebaut haben (vgl. auch Gen 33,20). Mit diesen vier Altären erinnern die Erbauer an Erscheinungen Gottes bzw. eines Engels, die ihnen zuteilgeworden sind. Wie Abraham, Jakob und Gideon ihren Altären, so gibt auch Mose dem Altar einen Namen. Er nennt ihn „Jhwh, mein Feldzeichen". Vordergründig verweist ein Feldzeichen (נֵס) „auf den Sammelpunkt des Heeres (Jes 5,26; 11,12) oder auf die Marsch- und Angriffsrichtung (Jer 51,12)."[78] Ein Feldzeichen, das mit dem Gottesnamen in Verbindung gebracht wird, ist weit mehr: Es ist ein Realsymbol der im Kampf gegenwärtigen Gottheit,[79] um die sich das Volk gesammelt hat. Eben daran erinnert der Altar und macht damit offensichtlich, was während des Kampfes selbst in Mose als Repräsentanten verborgen, aber stets zu erahnen war: Jhwh ist inmitten des Volkes und wehrt den feindlichen Angriff ab.

17,15–16: Altar

Schließlich (V. 16) gibt Mose, der Erbauer des Altars, diesem eine weitere ergänzende Interpretation. Nach unserer Deutung und Übersetzung (vgl. die Textanm. 16$^{a/b}$) macht Mose den Altar explizit als „Denkmal" kenntlich. Die Fügung „auf Gottes Thron" verweist u. a. auf den „Sitz", den Mose während des Kampfes eingenommen hat (V. 12). Der Altar steht also in der Ortsvorstellung des Textes auf dem Gipfel des Hügels (V. 9f.). Der „Sitz" des Mose stand dort, wo eigentlich Gott thront, und wo Mose nur zeitweise und für menschliche Augen als sein Repräsentant fungierte. Der Denkmalaltar ist ein Zeichen des „Thrones Gottes". Die Erzählung verweist nicht auf eine historische Sehenswürdigkeit irgendwo in der Wüste, sondern wiederum über sich hinaus auf den Zion. In diese Zukunftsschau ist auch der Krieg mit Amalek als ein archetypischer Kampf einbezogen. Dabei geht es nicht um eine kriegslüsterne Reminiszenz. Vielmehr gibt Mose seiner gewissen Hoffnung Ausdruck, dass Gott inmitten seines Volkes sein wird, wenn es angegriffen wird. Dass diese Gewissheit auch wieder ins Wanken kommen kann, wird sich im Gefolge der Ereignisse um die Verehrung des „Goldenen Kalbes" zeigen.

17,16

Diachrone Analyse

EG	DtrG	PK	TK
		17,1a	17,1b.3–6
			17,2.7
	17,8–16 ohne 9bβ		17,9bβ

---

75 Zu Mose als Schreiber und zum Schreiben in der Tora vgl. Heckl, Mose, 208 zu Ex 17,14.

76 Carr, Writing, passim.

77 Zenger, Sinai, 93.

78 Fabry, Art. נֵס nes, 470. Archäologische Beispiele dafür bietet Weippert, Art. Feldzeichen, BRL², 77–79.

79 Vgl. Fabry, Art. נֵס nes, 471.

Sekundäre Verbindung	Obwohl die beiden Teilepisoden Ex 17,1b–7 und 17,8–16 durch einen gemeinsamen Plot und durch die Lokalisierung in Refidim verbunden sind, so scheint es doch, dass diese Verbindung erst sekundär hergestellt wurde. Daher ist es in diachroner Hinsicht hilfreich, die Einheiten zunächst je für sich zu analysieren. Eigens zu bedenken ist zudem das Itinerar in 17,1a.
17,1a: Itinerar	Um mit Letzterem zu beginnen: Der Ort des Aufbruchs, die Wüste Sin, verbindet 17,1a mit 16,1aβ, desgleichen die typisch priesterliche Bezeichnung „die ganze Gemeinde der Israeliten". Das Itinerar 17,1a gehört daher in die P-Komposition. Anders als 16,1aβ oder 19,1 dient 17,1a aber nicht der Lokalisierung eines Ereignisses, das Itinerar bewirkt vielmehr die Ausdehnung der Reisedauer – aber diese ist für die P-Komposition von großer Bedeutung (s. Einleitung).
17,1b–7: Stab-schlagen	Der literargeschichtliche Ort der ersten Teilepisode Ex 17,1b–7 ergibt sich aus ihrem Verhältnis zur Parallelerzählung Num 20,2–12. Letztere ist unbestritten priesterlichen Ursprungs und erklärt, warum Mose und Aaron nicht in das verheißene Land gekommen sind: Sie haben in der Situation des Wassermangels nicht entsprechend der Anweisung Jhwhs gehandelt. Gott hatte angeordnet, dass Mose und Aaron zu dem Felsen sprechen sollten, tatsächlich aber schlug Mose den Felsen mit dem Stab, den er aus dem Heiligtum geholt hatte. Der Vorwurf lautet daher: „Weil ihr mir nicht geglaubt habt ..." (Num 20,12).
Tora-Komposition	Im Wertesystem der Tora-Komposition ist der Vorwurf des Glaubensmangels an Mose unhaltbar. Diese späten Texte rücken Mose ganz in die Nähe von Gott: Er sieht Gott von Angesicht zu Angesicht (Ex 33,11; Num 12,8; Dtn 34,10), er vollbringt Machttaten, die sonst nur Jhwh tut (Dtn 34,11–12), ihm gebührt der Glaube des Volkes wie Gott (Ex 14,31aβb; 19,9a). Da man diesem idealisierten Mose keinen Glaubensmangel unterstellen kann, korrigiert die Tora-Komposition die Darstellung von Num 20,2–12. Gemäß Ex 17,6 hatte Jhwh nämlich – anders als in Num 20,8 behauptet – tatsächlich angeordnet, dass Mose mit dem Stab auf den Felsen schlagen soll. Und Mose hatte exakt so gehandelt (17,6b). Nicht etwa das Trinken des Volkes steht am Ende – das wird wie schon in Ex 15,23–26 überhaupt nicht erzählt. Wichtig ist allein die Entsprechung von Auftrag und Ausführung.
Apologie Moses	Hier liegt eine Apologie Moses vor, ein mehrfach anzutreffendes Thema der Tora-Komposition. Wird Mose in der Blutbräutigam-Episode Ex 4,24–26 vom (implizit erkennbaren) Vorwurf befreit, unbeschnitten zu sein und eine Ausländerin zur Frau zu haben, so hier vom Vorwurf des Glaubensmangels. In ähnlicher Weise befreit Num 21,5–9 Mose von dem Vorwurf, ein illegitimes Kultsymbol (vgl. 2 Kön 18,4) eingeführt zu haben.
17,8–16: Amalek	Was die zweite Teilepisode Ex 17,8–16 angeht, so hat die synchrone Auslegung bereits die hochgradige theologische und politische Stilisierung der Darstellung herausgearbeitet: Der Abschnitt ist nicht einmal im Ansatz eine Schlachtendarstellung, sondern konzentriert sich ganz auf die Konstellation der vier Hauptprotagonisten Mose, Josua, Aaron und Hur. Im Hintergrund der Episode steht die differenzierte Verfasstheit des israelitischen Gemeinwesens, wie sie v. a. in den Ämtergesetzen des Dtn konzipiert wird. Mose steht zum einen für das Gesetz, zum anderen für das prophetische Amt (Dtn 18,9–22). Josua ist das Rollenvorbild für die Heerführer (Dtn 20), während Aaron und Hur für die laikale Führungsschicht stehen.[80] Der Hügel steht für den

---

80 Vgl. dazu MILLER, J as Constitutionalist, 1829–1847; OSWALD, Defeating Amalek, 61–72. Zu Aaron siehe auch UTZSCHNEIDER/OSWALD, Exodus 1–15, 181.

Zionsberg und der darauf vorzustellende Altar für eine provisorische Installation vor Fertigstellung des zweiten Tempels (vgl. Esr 3,1–7). Die kurze Erzählung charakterisiert in verdichteter Weise wesentliche Elemente des nach-monarchischen judäischen Gemeinwesens. Dieses hat dann Bestand, wenn alle Amtsträger auf Mose ausgerichtet sind, und alle, einschließlich Mose, auf den Gott Israels, der im Altar präsent ist.

Die Konstellation der Amtsträger und insbesondere die Charakterisierung Josuas als Feldherr spricht für eine Herkunft aus dem Deuteronomismus. Auch der Zusammenhang der Auftritte Aarons Ex 17,10–12 → 24,14 → 32,1–6 spricht für das DtrG.

Nach dieser grundlegenden literarhistorischen Verortung der beiden Teilepisoden ist nach Anzeichen für weitere Differenzierungen zu fragen. Die Teilepisode 17,1b–7 weist gleich zu Beginn eine Auffälligkeit auf, und zwar die doppelte Einführung des Aufbegehrens des Volkes in 17,2 und in 17,3a. Zuerst wird das Verbum „streiten" verwendet, das zweite Mal das zuvor schon gebrauchte „Murren" (15,24; 16,2.7.8). Mit dem Begriff des Streitens verbunden ist die Vorstellung einer Prüfung Jhwhs durch das Volk, die am Ende der Teilepisode in 17,7 wieder aufgegriffen wird. Durch diesen letzten Vers bekommt die Teilepisode einen doppelten Abschluss: Der erste (17,6b) beendet das Thema *Stabschlagen Moses*, der zweite (17,7) das Thema *Prüfung*. Es scheint daher angemessen, 17,2 und 17,7 als Erweiterungen zu verstehen, die das Geschehen als Prüfung reinterpretieren.[81] Die Sachlage ist also ganz ähnlich wie in Ex 16, nur dass dort die Ereignisse als legitime Prüfung Israels durch Jhwh neu akzentuiert wurden (16,4–5.27–29), während hier umgekehrt das Volk – nun aber illegitimerweise – seinen Gott prüft.

Prüfung als Reinterpretation

Folgende Abfolge scheint plausibel: Die erste Teilepisode wurde zunächst als Apologie Moses separat skizziert. Bei ihrem Einbau in die Pentateucherzählung wurde sie mit Hilfe der V. 2 und 7 zu einer Lehrerzählung zum Thema *Prüfung Jhwhs* erweitert und mit 17,8–16 verbunden. Komplementär dazu wurde der Stab Moses, der in der ersten Teilepisode das wichtigste Requisit ist, in die zweite eingetragen (17,9bβ), wo er keine weitere Funktion hat. Der Ortsname „Refidim" gehört als sprechender Name ursprünglich in die Amalek-Teilepisode, da er deren Anliegen zum Ausdruck bringt (17,8b). Von dort wurde er nach 17,1bα übernommen. Weitere Beispiele für sprechende Namen im DtrG sind „Achor" (Jos 7,24.26) und „Bochim" (Ri 2,1.5).

Literargeschichte

Synthese

Die Struktur, die die synchrone Auslegung herausgearbeitet hat, wird durch die diachrone Analyse bestätigt: Zwei narrative Episoden sind kombiniert und durch die V. 2 und 7 akzentuiert. Verbunden sind sie durch das Leitwort „Streit" und durch die Deutung des Geschehens als Prüfung Jhwhs durch das Volk. Von da ab freilich trennen sich die Wege der Auslegungen.

---

81 Zu dieser Sichtweise vgl. auch Berner, Wasserwunder, 193–209. Propp, Exodus 1–18, 603–604, will die Teilepisode nach J und E aufteilen, was aber nicht gelingen kann.

Die synchrone Analyse arbeitet den inneren Spannungsbogen des überlieferten Textes heraus: Jhwh erweist seine rettende Gegenwart zweimal: durch das Wasserwunder und durch den Sieg über die Amalekiter. Beide Male unterstreicht die Erzählung die Gottheit Jhwhs mit mythisch anmutenden Bildern aus der Zions- und der Kriegstheologie und weist damit das Verlangen der Israeliten zurück, Gott zu prüfen.

Die diachrone Auslegung liest die Episode unter dem Gesichtspunkt der inneren Ordnung des perserzeitlichen judäischen Gemeinwesens. In bewusstem Kontrast zur Parallelüberlieferung in Num 20 geht es in der ersten Teilepisode in Ex 17 darum, Mose als Symbolfigur dieser Ordnung gegen den Verdacht des Ungehorsams gegen Jhwh in Schutz nehmen. Und die zweite Teilepisode entwirft – im Gefolge des Ämtergesetzes im Dtn – mit den vier Hauptprotagonisten Mose, Josua, Aaron und Hur eine Skizze der Ämterordnung dieses Gemeinwesens.

Insgesamt ergibt sich damit ein Gesamtbild, in dem zwei Sinnebenen verschränkt sind: die narrative Ebene einer vorzeitlichen theologischen Erzählung über die Gegenwart Gottes in Israel und die historische Ebene eines Entwurfs der zukünftigen Ordnung des judäischen Gemeinwesens.

Episode 5: Ex 18,1–27: Jitros Bekenntnis und Rat

1 Da hörte Jitro, der Priester Midians, der Schwiegervater des Mose, von allem, was Gott dem Mose und Israel, seinem Volk, getan hatte, dass Jhwh Israel aus Ägypten herausgeführt hatte. 2 Da nahm Jitro, der Schwiegervater des Mose, Zippora, die Frau des Mose, nach ihrer Entlassung[a], 3 ihre beiden Söhne – der Name des einen war Gerschom, denn er hatte gesagt: „Ich bin ein Fremdling im Ausland geworden." 4 Der Name des anderen war Elieser[a], denn (er hatte gesagt:) „Der Gott meines Vaters (kam) mir zu Hilfe und rettete mich vor dem Schwert des Pharaos." 5 Da kam Jitro, der Schwiegervater des Mose, seine Söhne und seine Frau zu Mose in die Wüste, wo jener lagerte, dort, am Gottesberg. 6 Da ließ er Mose sagen[a]: „Ich, dein Schwiegervater Jitro, komme zu dir sowie deine Frau und ihre beiden Söhne mit ihr."

7 Da ging Mose hinaus, seinem Schwiegervater entgegen, und er warf sich nieder und küsste ihn. Sie fragten einander nach (ihrem) Befinden und gingen hinein in das Zelt. 8 Da erzählte Mose seinem Schwiegervater alles, was Jhwh dem Pharao und Ägypten angetan hatte um Israels willen, all die Mühsal, die sie unterwegs betroffen hatte[a], und wie Jhwh sie befreite.

9 Da freute sich Jitro über all das Gute, das Jhwh an Israel getan hatte, dass er es aus der Hand Ägyptens befreit hatte. 10 Und Jitro sprach: „Gelobt sei Jhwh, der euch befreit hat aus der Hand Ägyptens und aus der Hand des Pharao, der[a] befreit hat das Volk aus der Hand Ägyptens. 11 Jetzt weiß ich, dass Jhwh größer ist als alle Götter, [a]denn so wie sie vermessen gehandelt haben, (liegt es nun) auf ihnen."[a]

Anmerkungen zu Text und Übersetzung

12 Dann nahm Jitro, der Schwiegervater des Mose, ein Brandopfer und Schlachtopfer für Gott. Da kamen Aaron und alle Ältesten Israels, um mit dem Schwiegervater des Mose vor dem Gott zu speisen.
13 Am nächsten Tag setzte sich Mose hin, um dem Volk Recht zu sprechen, und das Volk stand bei Mose vom Morgen bis zum Abend.
14 Da sah der Schwiegervater des Mose alles, was er für das Volk tat, und sprach: „Was ist das, was du da für das Volk tust? Warum sitzt du alleine da, während das ganze Volk bei dir steht von morgens bis abends?" 15 Da sprach Mose zu seinem Schwiegervater: „Ja, das Volk kommt zu mir, um Gott zu befragen. 16 Wenn sie einen Streitfall haben, kommen sie (auch) zu mir, damit ich zwischen ihnen entscheide, und (auch) die Ordnungen Gottes und seine Weisungen[a] lasse ich sie wissen." 17 Da sprach der Schwiegervater des Mose zu ihm: „Nicht gut ist, was du da tust. 18 Ermatten wirst du und auch dieses Volk, das bei dir ist, denn dies ist zu schwer für dich, du kannst es nicht alleine tun. 19 Jetzt höre auf mich, (was) ich dir rate. Gott möge mit dir sein, sei du für das Volk vor dem Gott[a] und bringe du die Streitfälle zu dem Gott 20 und erkläre[a] ihnen die Ordnungen und Weisungen und lass sie den Weg wissen, auf dem sie gehen sollen, und die Taten, die sie tun sollen. 21 Du aber ersehe dir aus dem ganzen Volk fähige Männer, gottesfürchtige, zuverlässige Männer, die unrechten Gewinn hassen, und setze sie über sie als Oberste von Tausendschaften, Oberste von Hundertschaften, Oberste von Fünfzigschaften und Oberste von Zehnergruppen, 22 damit sie das Volk richten zu jeder Zeit. Jeden schwierigen Fall sollen sie dir vorbringen und jeden minderschweren sollen sie entscheiden. So mach es dir leichter, indem sie mit dir tragen. 23 Wenn du dies (so) tust, dann wird Gott dir gebieten[a], und du wirst bestehen, und auch dieses Volk wird wohlbehalten an seinen Ort kommen."
24 Da hörte Mose auf die Stimme seines Schwiegervaters und tat alles, was er gesagt hatte. 25 Mose erwählte fähige Männer aus ganz Israel und setzte sie als Häupter über das Volk ein, als Oberste über Tausendschaften, als Oberste über Hundertschaften, als Oberste über Fünfzigschaften, als Oberste über Zehnergruppen, 26 damit sie das Volk richteten zu jeder Zeit. Die schwierigen Fälle[a] brachte man zu Mose, jeden minderschweren Fall entschieden sie.
27 Da verabschiedete Mose seinen Schwiegervater, und der ging zurück in sein Land.

Anmerkungen zu Text und Übersetzung

2[a] שִׁלּוּחִים bedeutet als rechtlicher Begriff die „Entlassung" einer Frau durch ihren Ehemann im Sinne einer Ehescheidung (Verbum שׁלח Pi., Dtn 22,19; 24,1.3; Mal 2,16), es kann sich aber auch auf die Entlassung aus ihrem Elternhaus in die Ehe beziehen und bedeutet dann „Mitgift" (1 Kön 9,16). Hier ist unklar, ob der Begriff überhaupt im rechtlichen Sinn gemeint ist. Von Mose und Zippora als Paar ist zuletzt in Ex 4,20.25f. die Rede, wo sie gemeinsam auf dem Weg nach Ägypten waren (vgl. weiter die Auslegung).

4[a] In Ex 2,22 wird nur ein Sohn, Gerschom, erwähnt. In Ex 4,20 ist dann von den „Söhnen" des Mose ohne Namensnennung die Rede. Elieser als Sohn des Mose erscheint (zusammen mit Gerschom) nur noch in der Levitengenealogie in 1 Chr 23,15.17. Vgl. weiter die Auslegung.

6[a] Wörtlich: „sprach er zu Mose ..." im Sinne von: „er ließ ihm sagen", vgl. LXX: „Man meldete es Mose ..."

8[a] Zur Verbform מְצָאתַם vgl. GesK § 59a.

10[a] Der zweite Relativsatz „der befreit hat das Volk ..." steht in Parallele zum vorhergehenden. Er fehlt in LXX.

11[a–a]Der zweite כי-Satz des MT scheint unvollständig. Manche Kommentare (CHILDS, Exodus, 320, vgl. schon DILLMANN, Exodus, 203f.) vermuten ein Schreiberversehen und schlagen vor, den letzten Teilsatz aus V. 10b (vgl. vorige Anm.) in V. 11 einzusetzen. Plausibler und vor allem weniger invasiv ist eine Konjektur, die das ב an דבר zu einem בא „gekommen" ergänzt (so etwa JACOB, Exodus, 512). Der Sinn des Satzes wäre dann: Das Geschick, das Gott im Exodus über die Ägypter gebracht hat, ist eine Folge ihrer, der Ägypter, Hybris (vgl. HAARMANN, Jhwh-Verehrer, 59f.; ALBERTZ, Exodus 1–18, 296). U. E. ist der überlieferte Text weder verderbt noch unvollständig. Wir lesen die Verbindung אשר זדו בדבר modal (KBL³ 100) und als Subjektsatz eines übergeordneten Nominalsatzes mit עליהם als Prädikat (MEYER, Grammatik III, § 113). Wörtlich wäre der Satz dann so wiederzugeben: „Gemäß der Sache, derer sie sich vermessen haben, (ist es nun) auf ihnen." Das Personalpronomen an der Präposition על bezieht sich sinngemäß auf die Ägypter (vgl. Neh 9,10), im Duktus des Satzes könnten es auch „alle Götter" sein.

16[a] LXX: τὸν νόμον ἀυτοῦ, „sein Gesetz". LXX hat schon die „Tora Gottes" als Gesamtgröße vor Augen (vgl. etwa Ex 13,9; Jos 24,26; Hos 4,6; Neh 10,29).

19[a] Wörtl.: „dem Gott gegenüber".

20[a] Meist wird die Form von זהר₂ „verwarnen, ermahnen" abgeleitet, wir geben mit PROPP, Exodus 1–18, 636, der Wurzel זהר₁ den Vorzug, die eigentlich „glänzen" bedeutet (vgl. auch JACOB, Exodus, 514; DOHMEN, Exodus 1–18, 407), und nehmen das Hifʿil wörtlich als „klarmachen". Mose wird hier als Mittler und Ausleger der göttlichen Gesetze dargestellt. Die Perspektive auf die weitere Geschichte der Auslegung bis hin zum Buch „Zohar", der Tora-Auslegung der Kabbala, ist hier vorgezeichnet.

23[a] Die we-x-qatal-Formation kann die Protasis („Wenn du dies so tust und Gott [es] dir befiehlt ...") fortführen oder als erster Satz der Apodosis gelesen werden (so unsere Übersetzung mit PROPP, Exodus 1–18, 623; DOHMEN, Exodus 1–18, 428).

26[a] Wörtlich hier Sg., vgl. aber V. 22 „jeden schwierigen Rechtsfall".

Synchrone Analyse

Struktur und literarische Eigenart

Zwei Teilepisoden Wie die beiden vorangehenden Episoden in Ex 16 und 17 ist auch diese Episode als Diptychon aus zwei Teilepisoden mit unterschiedlichen Szenerien und Thematiken gestaltet, wie der folgende Überblick vorab zeigt:

Teilepisode 1: 18,1–12: Jitro besucht Mose und feiert ein Opfermahl
    18,1–6: Jitro hört vom Exodus und bricht zu Mose auf.
    18,7–8: Mose erzählt von der Befreiung aus der Macht des Pharao
    18,9–11: Jitros Gotteslob und Bekenntnis
    18,12: Das Opfermahl
Teilepisode 2: 18,13–27: Jitros Rat
    18,13: Mose als überlasteter Richter
    18,14–23: (Schwieger-)väterlicher Rat: Mose als Mittler und Exeget

Synchrone Analyse | 65

18,24–26: Mose organisiert die Rechtsprechung im Volk
18,27: Abschied vom Schwiegervater

Der äußere narrative Rahmen, der beide Teilepisoden zusammenhält, ist der Be- *Narrativer*
such Jitros, des Priesters von Midian, den dieser seinem Schwiegersohn Mose ab- *Rahmen*
stattet. In seiner Begleitung sind Zippora, die Gattin des Mose, und zwei seiner
Söhne. Die Ankunft Jitros wird ausführlich in der ersten Szene der ersten Teilepisode geschildert. Die zweite Teilepisode (V. 13–26) nimmt einen Blickwechsel in
die Zukunft vor. Jitro wird Zeuge, wie Mose in ermüdender Ämterhäufung als
Orakelgeber, Streitschlichter und Verkünder göttlicher Ordnungen fungiert. Jitro
schlägt Mose vor, sich künftig auf die Verkündigung göttlicher Ordnungen und
schwierige Streitfälle zu beschränken (V. 19f.). Für alles andere solle er geeignete
Männer aus dem Volk einsetzen. Mose folgt dem Rat seines Schwiegervaters und
bereitet damit sich selbst und das Volk auf die kommenden Ereignisse und Erfor-
dernisse am Sinai vor. Ja, die Perspektive geht noch weiter: So organisiert werde
das Volk „wohlbehalten an seinen Ort kommen" (V. 23).

Ein Unterscheidungsmerkmal der Episode insgesamt gegenüber den Kotexten
der Wanderungserzählungen einerseits und der Sinaiperikope andererseits bildet
das Fehlen einer Itinerarnotiz. Der Episode wird kein eigener Lagerort für Mose
und die Israeliten zugeschrieben. Seit sie in Refidim angekommen sind, sind sie
nicht weitergezogen. Erst nach den Geschehnissen dieser Episode werden sie von
dort aufbrechen und in der „Wüste Sinai ... gegenüber dem Berg" (Ex 19,2) ein
neues Lager aufschlagen.

Somit hat die Episode insgesamt eine zweifache Perspektive: In der ersten *Brückenerzäh-*
Teilepisode blickt sie auf das Geschehen seit den ersten Anfängen der Exoduser- *lung*
zählung dankbar und freudig zurück. Die zweite Teilepisode richtet den Blick nach
vorne, zunächst und vor allem auf das Sinaigeschehen, aber auch weiter bis an
die Grenze des verheißenen Landes. Die Episode hat somit – wie in der Exegese
mehrfach hervorgehoben wurde[82] – die Funktion eines Scharniers oder einer Brücke zwischen Exoduserzählung und Sinaiperikope.

Teilepisode 1: 18,1–12: Jitro besucht Mose und feiert ein Opfermahl

Insbesondere die erste Teilepisode ist geradezu „gespickt" mit Zitaten, Bezugnahmen und Anspielungen auf die Exoduserzählung und mithin eine Art Textausle-
gung in Erzählform.[83] Schon die Einführung des Protagonisten in der ersten Szene
(V. 1–6) zitiert die Einleitung der Dornbuschepisode, in der Mose als Hirte „Jitros,
seines Schwiegervaters, des Priesters Midians" (Ex 3,1) vorgestellt wird. Eben dieser Jitro hat sich nun zu Mose aufgemacht, er hörte „von allem, was Gott dem
Mose und Israel, seinem Volk, getan hatte, dass Jʜᴡʜ Israel aus Ägypten geführt
hatte" (V. 1). Von der Fama des Exodus bei nichtisraelitischen Völkern ist schon
einmal die Rede gewesen, nämlich im Moselied in Ex 15,14–16. Dort freilich reagie-

---

82 Vgl. z. B. Cᴀʀᴘᴇɴᴛᴇʀ, Exodus 18, 100–107; Fɪsᴄʜᴇʀ/Mᴀʀᴋʟ, Exodus, 199; Fʀᴇᴠᴇʟ, Ex 18, 14;
    Aʟʙᴇʀᴛᴢ, Exodus 1–18, 298.
83 Vgl. dazu Fʀᴇᴠᴇʟ, Ex 18, 16; Hᴀᴀʀᴍᴀɴɴ, Jʜᴡʜ-Verehrer, 75–76.

	ren die Völker ganz anders als Jitro auf das, was sie über die Taten Gottes „hören" (V. 14): „Furcht und Schrecken fällt über sie, vor der Größe deines (scil. Gottes) Armes verstummen sie wie versteinert" (Ex 15,16, vgl. Jos 2,10f.; 5,1). Was die Völker erzittern lässt, ist für den Midianiter Grund zur Freude. Zu Recht wird immer wieder auch auf den Kontrast hingewiesen, in dem die freundliche Annäherung des Midianiters zur Aggression der Amalekiter steht, von der soeben (Ex 17,8–16) erzählt wurde.
18,2–4: Moses Familie	Viel Raum gibt die erste Szene dem Umstand, dass Jitro die Familie des Mose mitbringt (V. 2–4). Die Szene ruft die Anfänge der „Mosebiographie" in Erinnerung (Ex 2–4) und schreibt diese fort. Die Anwesenheit Zipporas erinnert an die Erstbegegnung Jitros mit Mose, der zu jener Zeit auf der Flucht vor den Nachstellungen des ägyptischen Königs war und dem er, Jitro, nicht nur Zuflucht gewährt, sondern eben jene Zippora auch zur Frau gegeben hatte. Der Name des ersten Sohnes, Gerschom, dessen Deutung exakt aus Ex 2,22 zitiert ist, ruft Moses damaligen Status als Fremder in fremdem Land ins Gedächtnis. Fortgeschrieben wird die Familiengeschichte des Mose in der impliziten Angabe, Zippora sei von Mose „entlassen", d. h. in ihre midianitische Familie zurückgeschickt worden (vgl. Textanm. 2ª). So wird erklärt, weshalb Zippora nach der geheimnisvollen Begegnung mit Jhwh auf dem Weg von Midian nach Ägypten (Ex 4,24–26)[84] nicht mehr in Erscheinung getreten ist. Der Anknüpfungspunkt für den zweiten Sohn (V. 4) ist ebenfalls in diesem Kontext des Aufbruchs nach Ägypten zu suchen. Nach Ex 4,20 „nahm Mose seine Frau und seine Söhne und ließ sie auf einem Esel reiten und kehrte ins Land Ägypten zurück". In Ex 18,4 erhält der zweite, in Ex 4,20 namenlose Sohn, den Namen Eli'äzär. Mit der symbolhaften Deutung des Namens bezeugt Mose die Hilfe ('ezär), die er persönlich „vom Gott meines Vaters" erfahren habe, der ihn „vor dem Schwert des Pharaos errettet (נצל Hi.) " habe. Die Hilfe selbst wird meist darauf bezogen, dass er nach dem Totschlag an dem ägyptischen Aufseher der Verfolgung durch den Pharao entronnen ist (Ex 2,15).[85] Wie genau Ex 18 es mit der Auslegung nimmt, geht aber vor allem aus der Gottesbezeichnung „Gott meines Vaters" hervor. Von Moses persönlichem Gott ist nur noch in Ex 3,6, also in der Dornbuschepisode am Gottesberg, die Rede. Auch in diesem Licht ist es kaum ein Zufall, dass Ex 18 in der Nähe des Gottesberges lokalisiert ist (V. 5).
18,7–8: Begrüßung	In der zweiten Szene (V. 7–8) kommt es zur Begegnung zwischen Mose und seinem Schwiegervater. Mose begrüßt seinen Gast mit einer Mischung aus Vertraulichkeit und Respekt, ja Unterwürfigkeit. Er läuft ihm entgegen wie Abraham den drei Männern (Gen 18,2). Und wie Jakob vor seinem Bruder Esau (Gen 33,3) wirft sich Mose vor Jitro nieder. Vertraulich ist der verwandtschaftliche Kuss (vgl. etwa die Begegnungen von Verwandten in den Erzelternerzählungen (Gen 27,27; 29,13; 45,15 u. ö.). Eher den Regeln allgemeiner Höflichkeit folgt die gegenseitige Erkundigung nach dem Befinden (Gen 43,27; Ri 18,15; 1 Sam 10,4 u. ö.). Besonders auffallend sind die Verbindungslinien zur Begrüßung zwischen Mose und seinem Bruder Aaron,[86] wiewohl dort die Rollen anders verteilt sind. Aaron geht auf Gottes Geheiß seinem Bruder entgegen und küsst ihn (Ex 4,27), dann verkündet Mose dem Aaron „alle Worte Jhwhs, die er ihm aufgetragen hatte, und alle Zeichen, die er ihm geboten hatte" (Ex

---

84 Vgl. dazu Utzschneider/Oswald, Exodus 1–15, 144–146.
85 Vgl. schon ShemR und Rashi, 215.
86 Vgl. Haarmann, Jhwh-Verehrer, 76.

Synchrone Analyse

4,28). Als wollte er ihm die Beweggründe für seinen Besuch bestätigen, erzählt Mose dem Jitro, was dieser schon anderweitig erfahren hat: „... alles, was JHWH dem Pharao und Ägypten angetan hatte um Israels willen, all die Mühsal, die sie unterwegs betroffen hatte, und wie JHWH sie befreite" (V. 8, vgl. V. 1). Der Text bedient sich dazu – wie schon in der Deutung des Namens Elieser (V. 4) – des Leitwortes „befreien" bzw. „erretten" (Hi. נצל) , das schon den Spannungsbogen der Exoduserzählung als Befreiungserzählung (Ex 3,8; 5,23; 6,6)[87] markiert hat und nun auch den Binnenplot der Teilepisode 18,1–12 anzeigt.

In der folgenden dritten Szene (V. 9–11) kommt der Text auf eben dieses Leitwort als Inbegriff der Befreiungstat JHWHs noch dreimal zurück (V. 9f.), zunächst – erzählend – als Motiv für Jitros Freude „über all das Gute, das JHWH an Israel getan hatte, dass er es aus der Hand Ägyptens befreit hatte" (V. 9). Dann legt es der Text dem Jitro selbst in den Mund, der einen regelrechten Hymnus auf den Gott des Exodus als den Gott Israels anstimmt: „Gelobt sei JHWH, der euch befreit hat aus der Hand Ägyptens und aus der Hand des Pharaos." Und wie um sicher zu stellen, dass nicht nur Mose und die unmittelbar Zuhörenden gemeint sind, setzt er hinzu: „der das Volk befreit hat aus der Hand Ägyptens." (V. 10). Der Hymnus ist ohne Beispiel im Alten Testament, nicht so sehr wegen seines Inhalts, sondern weil er von einem Nicht-Israeliten auf den Gott des Volkes Israel gesungen wird. Was folgt, ist das – im Duktus der gesamtbiblischen Erzählung – erste Bekenntnis eines Nicht-Israeliten zur Unvergleichlichkeit des Gottes Israels (V. 11).

18,9–11: Jitros Bekenntnis

Für die einleitende Formel „jetzt habe ich erkannt / jetzt weiß ich" gibt es weitere Beispiele mit ähnlicher Ausrichtung, so wenn die kanaanäische Frau Rahab in Jos 2,9 mehr einräumt als bekennt: „Jetzt weiß ich, dass JHWH euch das Land gegeben hat ...", oder wenn der aramäische General Na'aman dem Propheten Elisa versichert: „Sieh doch, ich habe erkannt, dass es keinen Gott auf der ganzen Erde gibt, als nur in Israel" (2 Kön 5,15). Für das Verständnis des Jitro-Bekenntnisses sind aber in erster Linie die Bezüge in der Exoduserzählung ausschlaggebend. In ihr ist Gotteserkenntnis ein tragendes Motiv, seit der Pharao auf die von Mose vorgebrachte Forderung JHWHs, das Volk ziehen zu lassen, antwortet: „... Ich kenne JHWH nicht und werde Israel auch nicht ziehen lassen" (Ex 5,2). In der Rede JHWHs an Mose (Ex 6,2–8) verbindet JHWH die Exodus- und Landverheißung mit der Zusage, dass Israel ihn, JHWH, eben daran erkennen wird (6,7). Im Vorfeld der Plagenerzählung, in dieser selbst[88] und endlich auch im Schilfmeerwunder (Ex 14,18) geht es Gott nicht nur darum, den Pharao dazu zu bewegen, Israel ziehen zu lassen, sondern auch, ja im Grunde vielleicht vor allem darum, sich als Gott zu erkennen zu geben. Nun, in Ex 18, ist es der midianitische Priester, der als erster Nichtisraelit zu dieser Erkenntnis kommt – ohne jeden Zwang und freudig.

Gotteserkenntnis

Die letzte Szene der ersten Teilepisode erzählt von einem realen Opfermahl Jitros mit Repräsentanten des Volkes Israel „vor dem Gott" (V. 12). Die knappe Notiz wirft für kontextbewusste Leser Fragen auf: Wie können bereits hier Opfer dargebracht werden, wo doch die rituellen Vorschriften – besonders für das „Brandopfer" – erst am Sinai ergehen werden (Ex 29; Lev 1)? Agiert etwa der Nicht-Israelit Jitro hier als JHWH-Priester, noch bevor die JHWH-Priesterschaft der Aaroniden eingesetzt ist (Ex 28/Lev 8)? Welche Rolle spielen die hinzukommenden Israeliten? Warum wird Mose

18,12: Opfermahl

---

87 Vgl. UTZSCHNEIDER/OSWALD, Exodus 1–15, 25.
88 Vgl. UTZSCHNEIDER/OSWALD, Exodus 1–15, 167.178.200 u. ö.

nicht erwähnt? Der Text beantwortet keine dieser Fragen, sondern lässt sie offen. Es ist nicht gesagt, dass Jitro selbst als opfernder Priester agiert. Dass er das „Brandopfer und Schlachtopfer nimmt", besagt nur, dass er die zum Opfermahl bestimmten Tiere bereitstellt (vgl. etwa Ex 12,3), vielleicht sogar spendet. Die beiden Opferbegriffe עֹלָה und זֶבַח sind auch nicht zwingend als zwei gesonderte Opferarten zu verstehen, sondern können als „Merismus" für eine mit tierischen Opfern und Mählern verbundene Feier stehen (vgl. etwa Ex 24,5; Num 10,10; 1 Sam 6,15; 10,8; Jes 43,23; Jer 7,21). Die rituelle Korrektheit des Opfers steht hier nicht im Vordergrund, sondern die „fröhliche gottesdienstliche Feier", mit der „Jitro seiner Freude über Jhwh, seinem Gotteslob und seiner persönlichen Hinwendung zum Gott Israels"[89] Ausdruck gibt. „Aaron und alle Ältesten Israels" als Repräsentanten Israels finden sich zu dieser Feier ein und halten mit dem Nicht-Israeliten zusammen vor „dem Gott" das Opfermahl. Als nächste Parallele zu Ex 18,12 wird oft auf 24,9–11 verwiesen. Dort wird einer Auswahl von Ältesten sowie Aaron und seinen Söhnen „auf dem Berg" eine Gottesschau zuteil, nach der sie „aßen und tranken". Der Vergleich lässt hervortreten, wie außergewöhnlich die Rollen-Konstellation in der Szene von 18,12 ist. Ein Nichtisraelit richtet eine Freudenfeier über die großen Taten des Gottes Israels aus, zu der die eigentlich Betroffenen hinzukommen.

Teilepisode 2: 18,13–27: Jitros Rat

Die zweite Teilepisode (V. 13–27) beginnt mit der zeitlichen Orientierung „am nächsten Tag" und markiert so den Übergang vom festlichen Höhepunkt der ersten Teilepisode zurück in den Alltag (V. 13). Ohne Kommentar wird beschrieben, was Mose tut. Den ganzen lieben langen Tag sitzt er da und spricht Recht, während das Volk ebenso lang bei ihm steht; wörtlich heißt es „über ihm". Der Ranghöhere sitzt, die Bittsteller stehen (an).

In der umfangreichen Szene 2 (V. 14–23) tritt erneut der Schwiegervater (der nun nicht mehr Jitro genannt wird) auf den Plan. Anscheinend hat er sich den Alltag des Mose einen Tag lang angesehen und auf sich wirken lassen. Daraus entspinnt sich ein kurzer, direkter Wortwechsel (V. 14–17), der in eine lange und engagierte Rede des Schwiegervaters überleitet (V. 18–23).

Jitro gibt zunächst seiner Verwunderung in einer Frage Ausdruck: „Was ist das für eine Sache (*dābār*), die du für das Volk tust?" (V. 14)

18,15–16: Moses Wirken
In seiner Antwort (V. 15–16) umreißt Mose den Umfang und die Art seines Wirkens. Er ist in drei „Sparten" tätig:

a) Das Volk kommt zu ihm, um „Gott zu befragen" (דרשׁ אלהים). D. h. die Menschen erwarten Gottessprüche für vielerlei Lebenslagen. Das können rechtliche Fragen im engeren Sinn sein (vgl. etwa Ex 22,8), es kann sich um gesundheitliche Probleme handeln (Gen 25,22), ja selbst wenn man etwas verloren hat, kann man durch einen „Seher" oder „Propheten" Gott um Rat fragen, so wie Saul, als ihm wertvolle Eselinnen abhandengekommen sind (vgl. 1 Sam 9,6–9). Im staatlichen Bereich werden göttliche Orakel zum Ausgang eines Krieges eingeholt (vgl. etwa 1 Kön 22,7f.).

---

89 Albertz, Exodus 1–18, 308.

Synchrone Analyse

b) Auch wenn es keines göttlichen Orakels als Schiedsspruch bedarf, sucht das Volk in Streitfällen Mose auf und unterwirft sich seinem Urteil. Davon ist in V. 16a die Rede.

c) Der zweite Teil von V. 16 fügt dem noch einen dritten Bereich hinzu: Mose lässt die Umstehenden „göttliche Ordnungen" (חקי האלהים, *ḥuqqîm*) und Weisungen (תורת, *tôrot*) wissen. Dabei handelt es sich um (Verhaltens-)Regeln, die unabhängig von einzelnen Problem- oder Streitfällen sind und vor allem auf Gott selbst zurückgehen. Konzentriert findet dies in V. 20b Ausdruck: „Zeige ihnen den Weg, den sie gehen, und das Werk, das sie tun sollen." Dass solche „göttlichen Ordnungen" zu erwarten sind, wird in Ex 15,25 gewissermaßen als bundestheologisches Prinzip angekündigt (vgl. die Auslegung dort). Als Beispiel für eine solche Tora mag die göttliche Weisung zum Sammeln bzw. Nichtsammeln des Manna am siebten Tag (16,23–26) gelten. Ihre Geltung ist dort – gewissermaßen pro loco et tempore – bis zum Ende der Wanderung begrenzt. Daraus wird das „Sabbatgebot", das dann eine Tora mit Ewigkeitswert (vgl. Ex 31,13–17) ist. Damit kommen die göttlich sanktionierten „Gesetze", ja *das* Gesetz in den Blick, das Mose am Sinai empfangen und den Israeliten weitergeben wird.

In V. 17–23 reagiert Jitro in einer „schwungvollen Rede"[90] auf Moses Beschreibung und weist ihn zunächst harsch zurecht: „Nicht gut ist, was (wörtlich: die Sache, die) du da tust." Er frustriert nur sich selbst und die Leute, wenn er alles alleine machen will (vgl. V. 18). Dann fordert Jitro, der midianitische Priester, Gehör für seinen Ratschlag und spricht Mose, dem berufenen Repräsentanten Jhwhs, göttlichen Beistand zu (V. 19). Wie die Beschreibung, die Mose von seiner Tätigkeit gegeben hat, hat Jitros Ratschlag drei Teile. Zunächst bestärkt er Mose darin, „für das Volk vor Gott" zu sein und das heißt, für es Orakel einzuholen. Weiterhin soll Mose „Ordnungen und Weisungen" nicht nur vermitteln, sondern auch erläutern und auslegen (vgl. Textanm. 20ᵃ) und so das Volk über sein Verhalten und Handeln belehren. Entlastet sehen will Jitro seinen Schwiegersohn hinsichtlich dessen Funktion als Richter. Er soll sich dazu fähige Männer (אנשי חיל) auswählen und sie zu „Obersten (שָׂרִים) von Tausendschaften, Hundertschaften, Fünfzigschaften und Zehnergruppen" einsetzen. Diese Funktionsbezeichnungen bzw. Titel sind im Alten Testament mehrfach belegt (vgl. etwa Dtn 1,15; 2 Sam 18,1; 2 Kön 1,14; 1 Chr 28,1), aber nicht für das Rechtswesen, sondern in militärischen Zusammenhängen. Quellen aus dem Alten Orient allerdings zeigen, dass diese Titel und die Heeresgliederung, auf die sie verweisen, im 2. und 1. Jahrtausend v. Chr. allgemein verbreitet waren[91] und bereits dort vom militärischen Bereich „auf eine Beamtenhierarchie übertragen" wurden.[92] Es wurde vermutet, dass die Maßnahme, die Jitro dem Mose vorschlägt, sich auf bestimmte Vorgänge in der Rechtsgeschichte des Alten Israel beziehen lässt.[93] Als Ratschlag aus dem Munde Jitros hat die Bestimmung indessen eher idealtypischen Charakter. Sie führt erstmals den Gedanken

18,17–23:
Jitros
Ratschlag

---

90 Vgl. Albertz, Exodus 1–18, 311.
91 Rüterswörden, Beamten, 23–30.
92 Otto, Deuteronomium 1,1–4,43, 356.
93 Vgl. Knierim, Exodus 18, 162–167 sowie Crüsemann, Tora, 104–121. Sie bringen Ex 18 mit der Neuordnung des judäischen Gerichtswesens unter König Joschafat (868–847) in Verbindung, von der in 2 Chr 19,4–11 die Rede ist.

eines organisierten Verwaltungs- und Rechtswesens ein, indem sie einem Vorbild folgt, das in der Umwelt des alten Israel verbreitet war und als beispielgebend galt. Vielleicht erklärt dies auch, weshalb der Text hier einen Nichtisraeliten als Berater auftreten lässt, der Mose und Israel wohlgesonnen ist. Nach Jitros Ratschlag ist Mose dann vor allem

a) der Repräsentant des Volkes vor Gott und vice versa, kurz gesagt: Prophet, und

b) Gesetzesmittler und -lehrer.

Als Richter wird er nur noch in Fällen tätig, die für die eingesetzten Richter nicht lösbar sind und deshalb eines Gottesspruches bedürfen.[94]

18,24–26: Rechtsordnung Die dritte Szene (V. 24–26) hebt mit der Feststellung an, dass Mose auf seinen Schwiegervater gehört und dessen Rat vollständig umgesetzt hat. Abschließend stellt die Erzählung (grammatisch im Iterativ der Vergangenheit) fest, dass das so etablierte „System" der Rechtsprechung auf Dauer funktionierte: „Die schwierigeren Rechtsfälle brachte man zu Mose, jeden minderschweren Fall entschieden sie." Nicht mehr erwähnt werden die Funktionen des Mose als Gesetzesmittler und -lehrer sowie als prophetischer Mittler zwischen Volk und Gott. Was ist mit ihnen? Es sind dies genau die Funktionen, die Mose in den folgenden Erzählphasen der „Sinaiperikope" ganz und gar in Anspruch nehmen werden. Er wird Gott am Gottesberg nahekommen und dem Volk von dort „Ordnungen und Weisungen" überbringen, die das Leben des Volkes ein für alle Mal bestimmen sollen. Er wird auch Reaktionen und Antworten des Volkes (vgl. nur Ex 19,8; 20,18–21) vor Gott bringen und sich als Fürsprecher für das Volk einsetzen (32,30–32).

Ex 18 steht dort, wo es steht, genau am richtigen Ort.[95] Die Erzählung erinnert an Mose in seiner Rolle als Befreier und bereitet Mose auf die Rollen vor, die er im Folgenden wahrnehmen wird. Das Volk aber nimmt weiter Gestalt an als gegliederte Körperschaft, „capable of giving an unanimous response to the word of YHWH (cf. 19:8; 24:3)"[96].

Jitro Einzigartig bleibt die Rolle des Midianiters Jitro als „Berater des Mose". In Dtn 1,9–18 kommt die Initiative zur Einrichtung des gegliederten Gerichtswesens von Mose (Dtn 1,13), von Jitro ist nicht die Rede. Das gilt auch für Num 11,4–17, wo es nicht um ein gegliedertes Rechtswesen geht, sondern allgemein darum, dass siebzig Älteste die „Last des Volkes" mittragen sollen. Die Initiative dazu geht von JHWH selbst aus. Vergleicht man diese Texte mit Ex 18,[97] so ist denkbar, dass die Rolle des Midianiters Anstoß erregt hat (und erregen sollte?). Jedenfalls ist Ex 18 ein bemerkenswertes Beispiel für einen universalen, die nichtisraelitischen Völker einbeziehenden Denkansatz im Alten Testament.

---

94 NOTH, Exodus, 122: „sakrale Rechtsprechung".

95 Man hat immer wieder darüber nachgedacht, ob die Erzählung Ex 18 zeitlich und lokal am rechten Ort ist und nicht – wie die Paralleltexte Dtn 1,9–15 und Num 11,4–14 – nach der Gabe der Tora am Sinai besser passen würde. Vgl. dazu DOHMEN, Exodus 1–18, 411; SCHWARTZ, Visit of Jethro, 29–48.

96 Vgl. HOUTMAN, Exodus 2, 401.

97 Zum Vergleich von Ex 18, Dtn 1 und Num 11 vgl. PERLITT, Dtn 1–6*, 62; OSWALD, Staatstheorie, 221–222.

Diachrone Analyse

EG	DtrG	PK	TK
18,1–2a.3–7a			18,2b
			18,7b–12
18,13–27			

Die Forschungsgeschichte schob Ex 18 mehrfach zwischen dem Jahwisten, dem Elohisten und dem Jehowisten hin und her,[98] neuere Arbeiten denken eher an Fortschreibungen eines Grundtextes.[99] Für Volker Haarmann ist Ex 18,1–12 eine einheitliche, nachexilische Fortschreibung der Exoduserzählung.[100]

Forschungsgeschichtlich wirksam wurde die sog. Midianiter- bzw. Keniter-Hypothese, wonach die Israeliten den Gott Jhwh in Midian kennengelernt hätten und dieser Vorgang den Kern von Ex 18 bilde. Das ist jedoch dem Text nicht zu entnehmen, denn der Gottesberg liegt nicht in Midian. Wie schon aus Ex 3,1 und 4,18 hervorgeht, muss Mose zwischen dem Gottesberg und Midian hin- und herreisen, und dasselbe gilt für Jitro (Ex 18,5.27). Außerdem erzählt der Text nicht von der Hinwendung der Israeliten zu einem midianitischen Gott namens Jhwh, sondern umgekehrt von der Hinwendung Jitros zum Gott Israels.[101] Midianiter-Hypothese

Die Funktion und damit auch die diachrone Stellung von Ex 18 erschließt sich, wenn man das Kapitel im Zusammenhang mit seinem Folgekontext liest. Die Erzählung Ex 19–24 hat die Gesetzgebung und darüber hinaus die Konstitution des israelitischen Gemeinwesens zum Gegenstand. Dazu gehört elementar eine Gerichtsordnung, ohne die jede Gesetzgebung sinnlos wäre. Ex 18,13–26 steht daher in einem notwendigen Sachzusammenhang mit Ex 19–24 und darin insbesondere mit der Gerichtsordnung des Bundesbuches Ex 23,1–9. Ex 18,13–26.27 ist unverzichtbarer Bestandteil der EG-Erzählung. Gesetzgebung

In der Einleitung wurde bereits darauf hingewiesen, dass in der EG-Erzählung nur von einem dreitägigen Marsch in die Wüste die Rede ist, so dass Ex 18,1 einmal direkt an 15,22* anschloss: Drei Tage

> 15,22* Da ließ Mose Israel aufbrechen, und sie gingen drei Tagesreisen in der Wüste. 18,1 Da hörte Jitro, der Priester Midians, … 5 Da kam Jitro, der Schwiegervater des Mose, seine Söhne und seine Frau zu Mose in die Wüste, wo jener lagerte, dort, am Gottesberg …

Während im Endtext die Itinerare 19,1 (PK) und 2a (TK) eine Zäsur zwischen Ex 18 und dem Folgenden markieren, ist in der EG-Erzählung das Gegenteil der Fall: Ex 18* und 19–24* gehen bruchlos ineinander über.

Diachron ist im ersten Abschnitt 18,1–6 lediglich die Glosse „nach ihrer Entlassung" (2b) relevant, deren Zweck die Harmonisierung des Handlungsablaufs ist. 18,2b

---

98 Neuere Abrisse der Forschungsgeschichte sind zu finden bei FREVEL, Ex 18, 5–6; HAARMANN, Jhwh-Verehrer, 65–67; JEON, Visit, 289–291.

99 So etwa FREVEL, Ex 18, 9; JEON, Visit, 293–297.297–305.

100 HAARMANN, Jhwh-Verehrer, 72–75.86–88.

101 Zur Darstellung und Kritik der Midianiter-Hypothese s. HAARMANN, Jhwh-Verehrer, 77–81.

Gemäß der EG-Erzählung war Mose allein nach Ägypten zurückgekehrt (Ex 4,18–19), während er gemäß der Tora-Komposition mit Frau und Kind unterwegs war (Ex 4,20–21.24–26). Daher ist es folgerichtig, dass Jitro gemäß der EG-Erzählung mit Moses Frau zu diesem kommt (18,2a). Und genauso folgerichtig ist es, dass die Tora-Komposition nach der Einfügung von Ex 4,20–21.24–26 erklären muss, warum Zippora nicht bei Mose ist, sondern erst mit Jitro zu ihm kommt: Sie sei zwischendurch von Mose zurückgeschickt worden (18,2b).

18,7b–12: Jitro Weitaus gravierender ist die Erweiterung 18,7b–12, denn diese verändert das Bild des Jitro ganz erheblich. In der EG-Erzählung ist Jitro schlicht Schwiegervater des Mose und Priester von Midian, gemäß der Tora-Komposition ist er überdies ein Jhwh-Verehrer. Nur in 18,7b–12 wird Jitro selbst zum Thema, sonst geht es um Mose und Israel. Zudem steht 18,8 in einem gewissen Widerspruch zu 18,1, wonach Jitro bereits über alles, was Israel widerfahren war, informiert war. Die abermalige Unterrichtung Jitros hat den Sinn, einen unmittelbaren Anlass für das Bekenntnis Jitros (18,10–11) bereitzustellen.

Gesetze anderer Völker Der EG-Erzählung scheint es kein Problem zu sein, dass die Gerichtsordnung Israels auf Vorschlag eines Ausländers eingeführt wurde. In der Antike galt es geradezu als Qualitätsmerkmal, wenn man die Gesetze anderer Völker verglich und dann die besten im eigenen Gemeinwesen einführte. So soll etwa Lykurg nach Prüfung verschiedener Gesetze die kretischen als die besten erkannt und diese dann in Sparta eingeführt haben.[102] Doch damit steht die EG-Erzählung im Pentateuch allein, denn alle weiteren Kompositionen haben diese internationalistische Konzeption konterkariert. Das DtrG formuliert in Dtn 1,9–15 gewissermaßen eine Gegendarstellung, wonach die zweistufige Gerichtsordnung im Dialog zwischen Mose und dem Volk eingeführt wurde. Die P-Komposition fügt das Itinerar Ex 19,1 ein, um Ex 18 vom eigentlichen Ort der Gottesgegenwart, dem Berg Sinai, abzugrenzen. Die Tora-Komposition schließlich macht den Ausländer Jitro zwar nicht zu einem Mitglied des Volkes Israel, aber sehr wohl zu einem Jhwh-Anhänger aus den Völkern.

Mosaisches Amt? Die Einsetzung Moses zum Oberrichter und Leiter des Gemeinwesens hat in der Forschung zu der Frage geführt, ob hier die Ätiologie eines „Mosaischen Amtes" vorliegt, eines juridischen und politischen Leitungsamtes, das auf die Gestalt des Mose zurückgeführt wurde. Literarisch betrachtet ist diese Annahme vollkommen richtig, denn in Ex 18,13–26 geht es in der Tat darum, ein Leitungsamt, dessen Prototyp Mose ist, zu legitimieren. Nur zielt diese Legitimation hier wie auch anderswo auf die Zeit der Abfassung der Erzählung, und das ist für die EG-Erzählung die nach-monarchische Zeit. Mose – und damit auch jeder weitere Amtsinhaber – übernimmt einen Teil der Funktionen des Königs. Erstmals ist diese Konzeption bei Jeremia belegt.[103] In Jer 42,1–6 setzt das Volk ihn zum Leiter des Gemeinwesens ein, damit „Jhwh, dein Gott, uns mitteilt den Weg, auf dem wir gehen, und die Sache, die wir tun sollen!" (Jer 42,3). Ganz analog lautet die Aufgabe für den Inhaber des „Mosaischen Amtes": „Und mache ihnen bekannt den Weg, den sie gehen, und das Werk, das sie tun sollen" (Ex 18,20b). Der Ursprung der nicht-königlichen Verfassung Judas liegt in den Jahrzehnten nach der Zerstörung der Monarchie. Was mit Jeremia begonnen hatte, wurde von den Tradenten der EG-Erzählung entpersonalisiert und als Amt institutionalisiert.

---

102 Hdt. 1,65–66; Plutarch, Lykurgos 4; vgl. den Überblick bei Szegedy-Maszak.
103 Vgl. dazu Oswald, Jeremiah and Moses, 265–272.

Synthese

Synchrone und diachrone Analyse sind darin einig, dass Ex 18 bereits im sachlichen Zusammenhang mit Ex 19–24 zu verstehen ist. Die zweite Teilepisode (18,13–26) inauguriert das Gerichtswesen und schafft damit eine Voraussetzung dafür, dass die Gesetzgebung in Ex 19–24 vollzogen werden kann. Die erste Teilepisode (Ex 18,1–12) schaut demgegenüber zurück und bietet eine freudige, ja enthusiastische Erinnerung daran, dass Jhwh die Israeliten unter der Führung des Mose „aus der Hand Ägyptens" befreit hat. Ebenso wird die frühe Biographie des Mose ins Gedächtnis gerufen.

Nach der kompositionsgeschichtlichen Analyse ist beides, der Rückgriff auf die Vorgeschichte ebenso wie die Vorbereitung des Folgenden, von Anfang an so angelegt. Die EG-Erzählung kennt noch keine Wüstenwanderung, sondern knüpft in Ex 18,1 direkt an das Ende der älteren Exoduserzählung in Ex 15,22* an. Und auf 18,27 folgt mit 19,2b.3a.10–11a direkt die Vorbereitung der Gesetzgebung.

Aufs Ganze der Wanderungserzählung bezogen, bildet Ex 18 eine narrative Fermate: In dem Geschehen ist „eine Beruhigung ... eingetreten"[104], da die Konflikte der vorangegangenen Episoden vorüber sind, das Drama der Theophanie aber erst noch bevorsteht.

Einen besonderen religionstheologischen Akzent, der auslegungsgeschichtlich bedeutsam wurde, setzt die Erzählung in den V. 7–12. Nach klassischer rabbinischer Auslegung ist Jitro vor dem Opfermahl zum Judentum konvertiert.[105] Er feiert das Opfermahl nicht mehr als Fremder, sondern als „גר צדק", als ein Nicht-Israelit, der den Israeliten gleichgestellt ist.[106] Darüber hinaus ist die Gestalt Jitros als religionstheologisches Paradigma auch für die Beziehung zwischen Israel und der Kirche bedeutsam geworden. Volker Haarmann zufolge repräsentiert Jitro zusammen mit Figuren wie „Rahab (Jos 2), Na'aman (2 Kön 5) sowie den Seeleuten der Jonaerzählung den Typus des גר תושב oder „righteous gentile", also eines Nichtisraeliten, der sich zu Jhwh und seiner Verehrung hinwendet, ohne – anders als der גר צדק oder Proselyt – ins Volk Israel integriert zu sein.[107] Für das Verhältnis der Kirche zum Volk Israel bedeutet dies: „An der Seite Israels, nicht als Israel verehrt die Kirche Jhwh, den Gott Israels."[108]

Jhwh-Verehrer aus den Völkern

Schlussbemerkung zur Wanderungserzählung (Erzählphase 7)

„In Ex 15–18 sind Itinerar und Erzählung aufs Engste verflochten ..." Diese Einsicht aus diachroner Perspektive wurde aus synchroner Sicht ganz ähnlich formuliert –

Verflechtung

---

104 Fischer/Markl, Exodus, 199.
105 Vgl. dazu die ausführliche Darstellung bei Haarmann, Jhwh-Verehrer, 77.94–99.
106 Vgl. dazu auch Blum, Studien, 160.
107 Vgl. Haarmann, Jhwh-Verehrer, 54f.
108 Haarmann, Jhwh-Verehrer, 290. Haarmann verweist zu Recht auf Röm 15,9–12.

74 Schlussbemerkung zur Wanderungserzählung (Erzählphase 7)

allerdings ausgehend von jeweils anderen Voraussetzungen und mit unterschiedlichen Begründungen.

Die diachrone Auslegung hat gezeigt, dass die Stationenangaben nie ohne die dort verorteten Episoden existiert haben. Die Vorstellung des Weges ist vielmehr ein literarisches Darstellungsmittel, das überwiegend auf die P-Komposition zurückgeht. Deren Interesse war es, eine längere Zeitspanne sowie einen großen räumlichen Abstand zwischen den Ägyptenaufenthalt und den Einzug ins verheißene Land zu legen.

Aus synchroner Sicht prägt die Gestaltungsidee des Weges die Darstellung der Israeliten nach dem Exodus. Als literarische Idee ist die Wegerzählung nicht zuletzt an den fiktiven Ortsnamen erkennbar, durch die das Geschehen an den jeweiligen Stationen angedeutet oder kommentiert wird. In der Wüste tun die Israeliten ihre ersten Schritte in der ihnen von JHWH eröffneten Freiheit. Als gefahrvoller Übergang erweist sich der Wüstenweg durch die typischen Gefahren der Wüste – Durst, Hunger, Überfall –, von denen die Israeliten nicht verschont bleiben.

Bewährung und Vorbereitung

Dabei hält der Wüstenweg Chancen der Bewährung ebenso bereit, wie er Raum zur Vorbereitung auf das Leben im verheißenen Land bietet. Bewähren könnte sich Israel in den hereinbrechenden Gefahren, doch wird die Wüstenzeit als Konfliktgeschichte erzählt. Die Verheißung JHWHs, er werde Israel ins Land hinaufführen, ziehen sie in den Erfahrungen des Mangels und der Bedrängnis so sehr in Zweifel, dass sie an JHWHs Gegenwart irre werden. JHWH, der Gott Israels, bewährt sich indessen durch die Hilfe, die er den Israeliten in diesen Gefahren angedeihen lässt.

Als eine Phase der Vorbereitung erscheint die Wüstenwanderung vor allem durch JHWHs Ankündigung, er wolle den Israeliten „Ordnung und Recht auferlegen" (Ex 15,25).

Gemeinsamkeiten der Episoden

Die Wüstenepisoden haben sowohl in synchroner als auch in diachroner Hinsicht einige wichtige Gemeinsamkeiten. Markant ist der Sachverhalt, dass die das Geschehen jeweils auslösende Notsituation in keinem Fall nur materiell gelöst wird. Die Lösungen lauten vielmehr Ordnung und Recht (15,25), „zwölf" (Stämme) und „siebzig" (Älteste) (15,27), Sabbat (16,23–26), rechtes Handeln des Mose (17,6), ein Altar namens „JHWH, mein Feldzeichen" (17,15) sowie gottesfürchtige Richter (18,25–26). In den beiden Episoden, in denen Durst das Problem ist (15,23–26 und 17,1–7), wird nicht einmal gesagt, dass die Israeliten abschließend ihren Durst gelöscht haben – so sehr dominiert die theologische Dimension die Darstellungen.

Ein weiterer gemeinsamer Zug der Wüstenepisoden besteht darin, dass Israel in ihnen nicht als ungeordneter Flüchtlingshaufen erscheint, vielmehr wird auf vielfältige Weise die spätere Verfasstheit angedeutet: in 15,23–26 die Rechtsförmigkeit des Selbst- und des Gottesverhältnisses, in 15,27 die Stammes- und Senatsverfassung, in Kapitel 16 die Sabbatstruktur des öffentlichen Lebens, in 17,1–7 der Mosezentrismus und komplementär dazu in 17,8–15 die Gewaltenteilung. In Ex 18 schließlich beginnt die Realisierung dieser Andeutungen durch die Einrichtung einer Gerichtsordnung.

Schließlich ist der Zionsbezug in beiden Teilepisoden von Ex 17 und in Ex 18 ganz offenkundig, was diese Texte auch eng mit Ex 3 verbindet. Was sich in Ex 3 schon deutlich abgezeichnet hat, wird in Ex 17–18 bestätigt: Gottesberg und Wüste sind nicht nur geographisch, sondern vor allem sachlich kongruent. Das Wort „Horeb", das als Bezeichnung für eine Wüstenei, aber auch als Name des Gottesberges fungieren kann, bringt diese Kongruenz sprachlich zum Ausdruck.

Die Verarbeitung all dieser Motive lässt sich auch, und dies hat die diachrone Auslegung herausgearbeitet, zur historischen Übergangssituation in Beziehung setzen, in die Juda und Jerusalem nach dem Verlust des Königtums und der Zerstörung der Hauptstadt im Jahr 587 durch die Babylonier geraten waren. Zugleich waren die wahrscheinlich im weitgehend unzerstört gebliebenen Benjamin arbeitenden Verfasser daran interessiert, die Umrisse des künftigen Gemeinwesens zu skizzieren, das aus diesen Trümmern erstehen sollte und auf Basis von „Ordnung und Recht" (15,25b) verfasst sein würde.

Historische Situation

Einleitung zu den Auslegungen der achten bis elften Erzählphase: Sinaiperikope (Ex 19–40)

A. Die Sinaiperikope (Ex 19–40) – synchron

1. Die Sinaiperikope im Buch Exodus – Gliederung und Kontext

Die Sinaiperikope im Buch Exodus (19–40) ist Teil einer größeren narrativen Einheit, der Sinaiperikope als Ganzer, die von den beiden Wanderungsnotizen in Ex 19,1 und Num 10,11 begrenzt wird.[1] Wie die Sinaiperikope im Ganzen ist auch ihr Anteil im Buch Exodus ein Erzähltext. Er ist formal durch meist umfangreiche Redeabschnitte gekennzeichnet, die in den Erzählfortschritt integriert sind. Als handelnde und redende Figuren erscheinen Jhwh, Mose und das Volk (עם) bzw. die Gemeinde (עדה) der Israeliten, sowie einige hervorgehobene Einzelne, etwa Aaron und seine Söhne. Die Sinaiperikope im Buch Exodus hat zwei Schauplätze: das Lager der Israeliten am Gottesberg und – was Gott und Mose betrifft – den Gottesberg bzw. den Sinai[2] selbst. Aufgrund dieser Merkmale ist der Text in vier Erzählphasen zu gliedern, und zwar die achte bis elfte des Exodusbuches insgesamt.

1.1. Achte Erzählphase (Ex 19,1 – 24,11)

Ex 19,1 – 24,11 setzt ein, unmittelbar nachdem die Israeliten auf ihrer Wanderung ins „gelobte Land" am Gottesberg/Sinai angekommen sind. Jhwh lässt dem Volk durch Mose das Angebot unterbreiten, einen „Bund" mit ihm zu schließen und damit ein „Königreich von Priestern und heiliges Volk" Jhwhs zu werden (19,5f.). Dann ereignet sich eine erste spektakuläre „Theophanie" am Gottesberg (s. dazu 3.2.1.) mit Blitzen, Rauchwolken und Donnergeräusch (19,16–19; 20,18). Damit verbunden ist die Verkündung zweier Gebotstexte, des Dekalogs (20,1–17) und des sog. „Bundesbuches" (20,21b–23,33). Nach der Verkündung der „Worte und Rechtssätze" durch Mose nehmen die Israeliten das Angebot Gottes zugleich mit den Geboten an (24,3), und Mose zeichnet die „Worte" auf. Mose und junge Israeliten feiern dazu eine Opferzeremonie (24,3–8) und besiegeln so den „Bund" (24,4–8).

---

1 Zur textgliedernden Funktion der Wanderungsnotizen vgl. die Einleitung zur siebten Erzählphase.
2 Zu den Ortsbegriffen und -vorstellungen vgl. die Auslegung zu 19,1f.

1. Die Sinaiperikope im Buch Exodus – Gliederung und Kontext

1.2. Neunte Erzählphase (Ex 24,12 – 31,18)

Zu einem unbestimmten Zeitpunkt nach dem Bundesschluss beordert Gott Mose auf den Berg, um ihm „steinerne Tafeln" (לחת האבן) mit (nicht näher bezeichneten) Geboten zu übergeben (24,12–15a), was dann erst ganz am Schluss der Erzählphase in einem einzigen Vers (31,18) erzählt wird. Das Tafelmotiv bildet also einen höchst schmalen narrativen Rahmen um die Erzählphase als Ganze.

Als Mose seinen Aufstieg zum Berg fortsetzt, ereignet sich dort eine weitere, gegenüber der ersten weniger spektakuläre Theophanie (24,15b–18). Den Berg bedeckt eine „Wolke", und „die Herrlichkeit Jhwhs" (כבוד יהוה) nimmt *Wohnung* (שכן) auf dem Berg Sinai."

Als Mose in der Wolke angekommen ist, beginnt Jhwh zu ihm zu sprechen. In sieben Reden (25,1 – 31,17) entwickelt er Mose den Plan eines Heiligtums bzw. zeigt ihm dessen Modell und übermittelt ihm Anweisungen zur Einsetzung Aarons und seiner Söhne als Priesterschaft (Ex 28f.) sowie für den zukünftigen Kult. Das zentrale Gebäude soll ein Zelt sein, das „Wohnung" (משכן *miškān*), später auch „Zelt der Begegnung" (אהל מועד, ab 27,21) genannt werden wird. Die Israeliten sollen in einer freiwilligen Abgabe die Materialien dazu bereitstellen, und auch mit der Fertigung soll Mose sie beauftragen: „... sie sollen mir ein Heiligtum machen, damit ich in ihrer Mitte *wohne* (ושכנתי בתוכם 25,8)."

1.3. Zehnte Erzählphase (32,1 – 34,35)

Während Mose noch auf dem Berg weilt, zweifeln die Israeliten, dass er überhaupt zurückkehrt. Sie verlangen von Aaron „einen Gott[3], der vor uns hergehe" (32,1). Aaron macht das „Goldene Kalb" als „deinen Gott, der dich aus dem Lande Ägypten heraufgeführt hat" (32,4). Die Israeliten verehren den Gott in einem Opferfest (32,6).

Als Mose endlich vom Berg herabkommt, zerbricht er die Tafeln und zerstört das Kultbild (32,7–24), steigt dann aber wieder auf den Gottesberg, um für die „Sünde der Israeliten" Sühne und Vergebung zu erwirken (32,30–32). Jhwh aber weigert sich nun, mit den Israeliten (ins Land) hinaufzuziehen (33,3). Mose stimmt ihn um (33,12–18). Jhwh beordert Mose erneut auf den Berg (34,1f.) und lässt ihn neue Tafeln mitbringen. In einer dritten Theophanie „geht" Jhwh als Wolke vor Mose „vorüber" und proklamiert sich als gnädigen Gott (34,6), was Mose als Zusage der Vergebung versteht (34,9). Wie im Gefolge der ersten Theophanie ergeht noch einmal eine Gesetzesverkündigung. Jhwh proklamiert die „Bundesworte" (34,28), in der exegetischen Literatur oft „Privilegrecht" genannt (34,10–26), und beschreibt erneut die Tafeln. Damit erst ist der „Bund" (wieder) geschlossen.

1.4. Elfte Erzählphase (Ex 35,1 – 40,38)

Ex 35,1 – 40,38 erzählt, dass und wie Mose und die Israeliten tun, was ihnen Jhwh in den Reden der neunten Erzählphase (25,1 – 31,17) aufgetragen hat. Willig und reichlich bringen die Israeliten die Abgabe zum Bau des Heiligtums, in Form wert-

---

3   Zur Übersetzung vgl. die Auslegung.

voller Materialien, aber auch als „Arbeitsleistung". Nach dem Gebot Jhwhs (31,1–11) beruft Mose zwei mit (göttlichem) Geist besonders begabte Handwerker, die sich im Zusammenwirken mit den Freiwilligen aus dem Volk an die Arbeit machen (35,30 – 36,7) und die Bau- und Einrichtungsteile des Heiligtums herstellen (36,8 – 39,31). In der abschließenden Episode weist Jhwh Mose an, das Heiligtum zu errichten (40,1–16), was dieser dann auch tut (40,17–33). Den Abschluss bildet noch einmal eine Theophanie, allerdings nicht mehr auf dem Berg, sondern im „Zelt der Begegnung" (40,34) inmitten des Lagers der Israeliten, in dem die „Herrlichkeit Jhwhs" Wohnung nimmt und über der sie sich als „Wolke" manifestiert.

1.5. Die Sinaiperikope im Buch Exodus im Verhältnis zur Sinaiperikope als Ganzer

Die folgenden Texte von Lev 1,1 bis Num 10,10 setzen die Heiligtumstexte des Exodusbuches inhaltlich voraus und führen sie fort. Sie sind auf das Heiligtum, seinen Kult und die Rolle der Priester bezogen. Die sogenannte Opfertora (Lev 1–7) ordnet die Opferhandlungen. Diese Tora schafft die Voraussetzung für die Einsetzung und den späteren Dienst der Priester entsprechend den Anweisungen in Ex 29: Lev 8 erzählt von der Weihe der Priester und Lev 9 vom ersten Opfergottesdienst am Heiligtum, der mit der Erscheinung der „Herrlichkeit" Jhwhs schließt. In Num 1–10 gibt Jhwh dem Mose Anweisungen zur Organisation des Lagers der Israeliten um das Sinaiheiligtum herum und schließlich auch für die geordnete Wanderung zu neuen Lagerplätzen.

2. Patchwork-Literatur: Thematische Kohärenz und Inkohärenz in der Sinaiperikope

In dieser verdichtenden Weise gelesen hinterlässt die Sinaiperikope im Buch Exodus kaum jenen „Eindruck der Confusion"[4], den die Story bei prominenten Lesern des 19. Jahrhunderts hervorgerufen hat. Unverkennbar ist aber auch, dass die Lektüre im Detail immer wieder auf formale und inhaltliche „Klippen" im Erzählfluss stößt, und man durchaus Zweifel haben kann, ob die Sinaiperikope, wie die Exoduserzählung Ex 1–15,[5] als *eine* Erzählung zu beschreiben ist, für die Anfang und Schluss (bzw. Schlüsse) zu erkennen sind, die einer Storylinie folgt und die sich unter einen Plot subsumieren lässt. Was verleiht der Sinaiperikope einerseits Kohärenz, wodurch wird sie andererseits inkohärent? Wie verhalten sich die beiden antagonistischen literarischen Eigenschaften zueinander?

Auf die formalen und inhaltlichen Details werden wir in der Kommentierung eingehen. Vergegenwärtigen wir uns noch einmal die verdichtende Lektüre, so

---

4   Julius Wellhausen, Composition, 83 (vgl. dazu Blum, Studien, 72). Berühmt geworden sind die Bemerkungen J. W. v. Goethes in seinem „West-östlichen Divan" von 1817. Er fand den Text des Pentateuchs jenseits der Exoduserzählung „ungenießbar", und er hatte Mühe, sich in dem „Labyrinthe" zurechtzufinden (Goethe, Divan, 207.209).

5   Vgl. dazu Utzschneider, Gottes langer Atem, 75; Utzschneider/Oswald, Exodus 1–15, 32f.

2. Patchwork-Literatur: Thematische Kohärenz und Inkohärenz in der Sinaiperikope   79

fallen signifikante Themen und Motive ins Auge. Sie werden im Erzählverlauf wiederholt und erscheinen oft am Anfang oder Ende einer Erzählphase:

- Das Thema Gebot (3.1.),
  - der Bund (3.1.1.),
  - die Tafeln (3.1.2.),
- das Thema Gottesgegenwart (3.2.),
  - die Theophanie (3.2.1.),
  - die Wohnung (3.2.2.),
- das Thema Wanderung (3.3.).

In Richtung der Erzähllinie gesehen, sind die Themen und Motive durch Kohärenzbögen oder Erzählfäden verbunden, die auch je für sich mehr oder minder konsistente Plots hervorbringen können. Zugleich sind sie auch quer zum Erzählverlauf sinnreich miteinander verbunden. Insoweit bringen diese Themen und Motive Kohärenz hervor – einerseits.

Andererseits sind die Themen und Motive Veränderungen unterworfen, ja machen „Entwicklungen" durch und erscheinen in unterschiedlichen Textgestalten und unterschiedlichen Textsorten. Sie passen bei weitem nicht immer nahtlos aneinander. In der Einzelkommentierung werden wir immer auf harte Übergänge, auf Wiederholungen stoßen – auch solche, die sich widersprechen oder zu widersprechen scheinen.

So kann das Textganze den Eindruck eines „Patchworks" hervorrufen, eines literarischen Mosaiks, in das Einzelstücke unterschiedlicher Größe und unterschiedlicher Farbschattierungen eingearbeitet sind. Dem „Patchwork" ist jedoch eine kohärenzbildende Textur aus den genannten Themen und Motiven unterlegt. Diesem thematischen „Gewebe" gehen wir nun nach – sowohl in der Längsrichtung der Storyline als auch in den Querverbindungen. Zur besseren Übersicht stellen wir vorgreifend die thematische Textur der Sinaiperikope in einer Graphik zusammen:

80 A. Die Sinaiperikope (Ex 19–40) – synchron

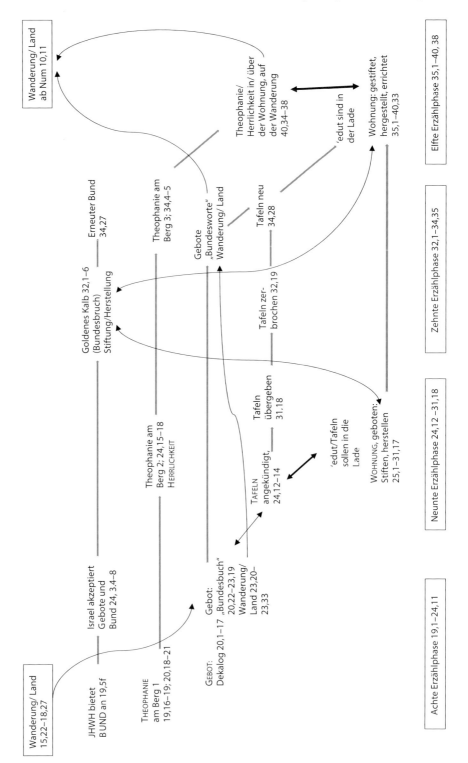

Abb. 3: Kohärenzlinien und Plots der Sinaiperikope.

3. Themen und thematische Motive der Sinaiperikope

3.1. Die Gebote

Als eigentliche Gebotstexte der Sinaiperikope („Rechtskorpora") gelten der Dekalog (20,1–17), das Bundesbuch (20,22 – 23,19) und die Bundesworte (34,11–26). Dekalog und Bundesbuch sind in die erste Theophanie am bzw. auf dem Gottesberg eingebunden. Der Dekalog ist von ihr umgeben (19,16–19; 20,18). Um die Worte des Bundesbuches entgegenzunehmen, „näherte sich Mose dem Wolkendunkel, in dem Gott war" (20,21). Nach seiner Rückkehr vom Gottesberg trägt Mose dem Volk „alle Worte Jhwhs und alle Rechtsordnungen" (24,3) vor und zeichnet sie auf. Die Proklamation der „Bundesworte" in Ex 34,10–26 steht im Zusammenhang der dritten Bergtheophanie (34,4f.) und der Selbstproklamation Gottes in der „Gnadenrede" (vgl. zu 34,6f.) sowie der abschließenden Fürbitte des Mose (34,8f.).

Auch untereinander stehen die Gebotstexte in thematischer Verbindung. Die Alleinverehrung Jhwhs sowie das Verbot der Verehrung von Kultbildern (20,2–6) sind Themen im Bundesbuch (20,23) und in den Bundesworten (34,17 u. ö.). Die zehnte Erzählphase setzt ein mit der Episode des „Goldenen Kalbs" (32,1–6), also mit einem eklatanten Bruch des Kultbildverbotes. Die Sabbatobservanz wird ausführlich im Dekalog geboten (20,8–11) und erscheint in der neunten und elften Erzählphase im Zusammenhang der Herstellung des Sinaiheiligtums. Gebote der Arbeitsruhe kennen das Bundesbuch und die Bundesworte (23,12; 34,21).

Das Rechtskorpus des Bundesbuches bezieht sich implizit und explizit auf das Leben in der Sesshaftigkeit und setzt damit das Thema Wanderung (vgl. 3.3) voraus. Im Epilog (23,20–23) schließt das Bundesbuch mit einem Vorblick auf die Wanderung und warnt vor den Göttern und Kulten der Landesbewohner sowie vor Vertragsschlüssen mit diesen (23,20–33).

Daran knüpfen die „Bundesworte" ausführlich an (34,11–16) und weisen auch sonst, etwa in ihrem Festkalender (34,18–25), inhaltliche Berührungen mit dem Bundesbuch auf (23,14–19).

Insgesamt zeigt sich an den Gebotstexten die literarische Patchwork-Technik in exemplarischer Weise. Die Texte haben formal, inhaltlich und in den Sprechhaltungen einen je eigenen Charakter, sie gehören aber in den gleichen thematischen Zusammenhang und weisen sachliche Verbindungen auf.

3.1.1. Der Bund

Von „Bund" (ברית $b^e r\hat{i}t$) ist zunächst an Schlüsselstellen der ersten Erzählphase die Rede (19,5; 24,7f.). Das Motiv ist eng mit den Geboten, dem Dekalog und dem Bundesbuch, verbunden, ohne dass gesagt würde, ob sich der „Bundesschluss" auf einen der beiden Gebotstexte oder auf alle beide bezieht. Erst dadurch, dass die Israeliten die Gebote akzeptieren und sich auf sie verpflichten lassen, kommt der Bund zustande. Mit dem Goldenen Kalb als „Gott, der vor uns hergehe" (32,1) setzen die Israeliten ihre Loyalität zu Jhwh als Gott des Exodus und Schutzherrn der Wanderung und Landgabe aufs Spiel. Damit und durch den Bruch des Bilderverbotes begehen sie die Sünde, die erst durch den Gnadenerweis Jhwhs (34,6f.) geheilt wird. Nun erst und nach der Verkündung der Bundesworte (34,10–16) schließt Jhwh erneut einen „Bund", und zwar mit „Mose und Israel" (34,27f.). Das

82   A. Die Sinaiperikope (Ex 19–40) – synchron

Thema des Bundes bildet mithin einen Kohärenzbogen von der achten bis zur zehnten Erzählphase.

3.1.2. Die Tafeln

Wie der „Bund", so gehört das Motiv der Tafeln (לחת *luḥôt*) in den Zusammenhang der Gebote und ihrer Aufzeichnung. Allerdings kommen sie erst in der neunten Erzählphase zum Vorschein, nachdem Mose die Gebote der ersten Erzählphase schon in ein „Buch" aufgezeichnet und verlesen hat (24,4.7). Nun erst verkündet Jhwh dem Mose auf dem Berg, er habe selbst Gebote auf „die Tafeln geschrieben, um sie zu unterweisen" (24,12). Dass Gott ihm die Tafeln erst nach den umfangreichen Reden zur Stiftung und Herstellung der „Wohnung" übergibt, hemmt die Erzähllinie, ermöglicht aber die Assoziation des Tafelmotivs mit dem Thema der Wohnung. Wenn man sie mit dem „Gesetz" der Wohnungstexte (עדות *'edût*) identifiziert (so schon 31,18), die Mose in die Lade legen soll (25,21), werden die Gebote zu einem Zentral-Element des Heiligtums und seiner Theologie. In der zehnten Erzählphase folgt auf das Zerbrechen der Tafeln die Zerstörung des „Goldenen Kalbes". So wird die Missachtung des Bilderverbotes wie auch der Bruch der Loyalität zu Jhwh sinnfällig. Erst nach dem Gnadenerweis Gottes am Ende der zehnten Erzählphase können Tafeln und Bund erneuert werden. In der Assoziation mit der *'edût*, die Mose schlussendlich in die Lade legt (40,20), wirkt das Tafel-Motiv auch noch in die elfte Erzählphase hinein.

3.2. Die Gottesgegenwart

Den narrativen „cantus firmus" der Sinaiperikope bilden Texte, die die Gegenwart Gottes vor oder bei den Menschen thematisieren. Es sind im Wesentlichen zwei thematische Motive, die diesem Thema zugeordnet sind: die „Theophanien" und die „Wohnung".

3.2.1. Die Theophanien

Darstellungen von Theophanien finden sich im Alten Testament in unterschiedlichen Zusammenhängen. Hymnische Texte preisen das Kommen Jhwhs als Krieger, der zugunsten seines Volkes in den Kampf eingreift. Nach Ri 5,4f. zieht er von seinem Göttersitz aus, um den israelitischen Stämmen im Kampf gegen ein kanaanäisches Heer beizustehen. Dabei „erzittert die Erde" (V. 4), und „die Berge erbeben" (V. 5). In Ps 18,8–16 heißt es, Jhwh sei, umtost von Erdbeben und Feuer, vom Himmel herabgefahren (V. 8) und habe die Feinde mit Blitz und Donner zerstreut (V. 12–14). Auch in der Meerwundererzählung klingt die Vorstellung von Jhwh als Krieger an. Wie diese Vorstellung, so sind auch die Theophanien mit ihren Spezifika (Erdbeben, Gewitter, Feuer) in hymnischen Texten der Umwelt Israels, nicht zuletzt in ugaritischen Texten, breit belegt.[6] Daran zeigt sich, dass sie im Alten Israel als bereits geprägte Vorstellungen aufgegriffen und auf Jhwh übertragen

---

6 Utzschneider/Oswald, Exodus 1–15, 292–295; vgl. schon die bei Jeremias, Art. Theophanie II., 73–90, zusammengestellten Beispiele und die Auslegung zu Ex 19,16–19.

3. Themen und thematische Motive der Sinaiperikope

worden sind. Sie wurden dabei auch umgeprägt und mit einem ganz anderen, ja gegenläufigen Sinn versehen. Die Propheten kündigen an, Gott werde nicht nur gegen fremde Völker (z. B. Nah 1,2–8), sondern auch gegen das eigene (Am 1,2; Mi 1,3f.; Joël 2,10f.) heranziehen. So wird die geprägte Vorstellung aus ihren angestammten Kontexten gelöst und zu einem literarischen „Sprachmuster"[7], das entsprechend dem jeweiligen Zusammenhang frei gestaltet werden kann.

Eine solche (Um-)Prägung hat das Sprachmuster auch in der Sinaiperikope erfahren. Die Theophanie-Texte Ex 19,16–19 und 20,18–21; 24,15–18 und 34,4b–7 lokalisieren die Erscheinungen am bzw. auf dem Gottesberg, weshalb von ihnen als „Bergtheophanien" die Rede sein soll. *Theophanie und Gottesberg*

Die erste Bergtheophanie (19,16–18; 20,18) kündigt Jhwh selbst an. Er werde „im" bzw. „als Wolkendunkel (בעב הענן) zu dir kommen" (19,9). Während des Geschehens hüllt Rauch den Berg ein, Beben erschüttern ihn. Zugleich mit der Proklamation des Dekalogs sind Blitz und Donner wahrzunehmen. Der Bezug auf Jhwh wird in Form einer erklärenden Rückschau hergestellt: „... weil Jhwh als Feuer herabgestiegen" sei, rauchte der Berg (19,18aβ). Im Donnern (קולות 19,16; 20,18) wird zugleich der Klang des Schofars (קול שופר V. 16) hörbar. Die Massivität der Erscheinungen erfüllt das Volk mit Furcht und lässt es das Weite suchen (20,18). *Erste Bergtheophanie*

Während der zweiten Bergtheophanie (24,15b–18) bedeckt die Wolke den Berg (wohl) zur Gänze, und im Hinaufsteigen geht Mose mitten hinein (V. 18). Nicht Jhwh selbst, sondern „Jhwhs Herrlichkeit" (כבוד יהוה) „nimmt Wohnung" (שכן) auf dem Berg (V. 16f.). Mit dem Stichwort „Wohnung" verweist sie schon auf das Heiligtum (vgl. unten). Das Volk nimmt vom Geschehen nur noch etwas „wie ein verzehrendes Feuer" wahr (24,17). *Zweite Bergtheophanie*

Die dritte Bergtheophanie, die der Dialog 33,18f. vorbereitet und die in 34,4b–7 erzählt wird, ist gegenüber den beiden ersten noch reduzierter. Jhwh erscheint in der Wolke, in der er auf den Berg herabsteigt (34,5, vgl. 19,18). Der Fokus dieser Theophanieerzählung liegt auf der Proklamation des Gottesnamens, den sein Träger zweimal ausruft und der durch die sog. Gnadenrede (34,6f.) ergänzt wird. Das Volk bekommt von der Theophanie selbst nichts mit. Erst Veränderungen im Angesicht des Mose, mit denen er vom Berg zurückkommt – sei es ein Glanz, seien es Hörner (vgl. die Auslegung) –, lassen es im Nachhinein erkennen, dass „er mit Gott geredet hatte" (34,29). *Dritte Bergtheophanie*

Ein letztes Mal im Exodusbuch erscheint Jhwh in Gestalt von Wolke und Herrlichkeit (40,34f.), nachdem Mose das Sinaiheiligtum errichtet und den täglichen Kult etabliert hat (40,17–33). Diese Theophanie markiert eine Zäsur: Jhwh verlässt den Gottesberg als irdisch-kosmischen Haftpunkt seiner Gegenwart und „begibt sich" (יעד Ni., vgl. Textanm. 25,22a) ins „Zelt der Begegnung" (אהל מועד), also das Heiligtum, das im Zentrum des Lagers der Israeliten (Num 2,2) platziert sein wird. *Theophanie im Heiligtum*

3.2.2. Die Wohnung

Die Sinaiperikope bedient sich für diese Bewegung vom ortsfesten Gottesberg hinab in ein mobiles Heiligtum nahe der Menschen auch der Metapher des Wohnens, ausgedrückt im Verbum שכן *šākan* „sich niederlassen, wohnen"[8] und im Nomen

---

7   Vgl. dazu Jeremias, Art. Theophanie II., 336–338.
8   Ex 25,8; vgl. 24,16; 29,45; 40,35.

84 A. Die Sinaiperikope (Ex 19–40) – synchron

משכן *miškān* „Wohnung", wie vor allem der zeltartige Sakralbau des Heiligtums bezeichnet wird.[9] Programmatisch dafür steht die Funktionsbestimmung, die JHWH dem Heiligtum gibt: „... sie sollen mir ein Heiligtum machen, damit ich in ihrer Mitte wohne" (Ex 25,8).

Wie schon die Theophanie-Motive greift auch die Wohnmetapher der Sinaiperikope auf längst vorgeprägte Motive zurück. Im sog. „Keret-Epos" des 13. Jh.s v. Chr. aus der nordwestsyrischen Metropole Ugarit ist zu lesen: „... die Götter gingen zu ihren Zelten, der Kreis Els zu seinen Wohnstätten."[10] In der Vorstellungswelt des vorexilischen Jerusalem treten – anders als in der Sinaiperikope – Berg und Heiligtum als Orte des Wohnens Gottes gerade nicht auseinander. Vielmehr werden der Berg Zion und mit ihm der Tempel als Wohnung JHWHs apostrophiert. Jes 8,18 nennt JHWH Zebaoth „den, der auf dem Berg Zion wohnt" (השכן בהר ציון), nach Ps 68,17 hat Gott „den Berg (scil. Zion) zu seinem Aufenthaltsort (לשבתו) begehrt", JHWH werde dort „für immer wohnen" (ישכן לנצח). In der Vision Jes 6,1–3 ist nicht ausdrücklich vom „Wohnen" oder der „Wohnung" JHWHs die Rede, vielmehr ist die Präsenz JHWHs als „Thronen" (ישב על כסא) beschrieben. In der Zionstheologie sind sich beide Metaphern, der Thron und das Wohnen, nahe.[11] In der Konzeption des Sinaiheiligtums spielen weder der Berg und noch der Thron eine Rolle (vgl. dazu die Auslegung von 25,20). Die Vorstellung von JHWHs Wohnen „inmitten der Israeliten" (25,8; 29,45) findet sich ähnlich auch in der Tempelvision Ez 43,7–9 (vgl. auch 1 Kön 6,11–13). In persischer Zeit hat das Sacharjabuch die Formel aufgenommen (Sach 2,14f.; 8,3).

Die Wohnungskonzeption der Sinaiperikope gehört damit in die Zeit nach der Zerstörung des alten salomonischen Zionsheiligtums durch die Babylonier. In dieser Epochenwende war die Heiligtums- und Präsenztheologie neu zu buchstabieren. Dabei war immer auch die Frage virulent, wie sich das alte, untergegangene zu einem neuen Heiligtum oder Präsenzort JHWHs verhält.

Sinaiheiligtum und Jerusalemer Tempel

Zum Verhältnis des Sinaiheiligtums zum Jerusalemer Tempel werden in der alttestamentlichen Forschung drei Erklärungsmodelle diskutiert.[12]

Aitiologiethese   Die „Aitiologiethese" besagt, dass das Sinaiheiligtum den Jerusalemer Tempel als Vorbild hat und diesen in die „Urzeit versetzt"[13]. Der Tempel in Jerusalem kann damit „unmittelbar auf die göttliche Anweisung vom Sinai zurückgeführt"[14] werden.

Tempelkritik   Ein zweites Erklärungsmodell schreibt dem Sinaiheiligtum eine gegenüber dem salomonischen Tempel kritische Tendenz zu. Es kann in diesem Sinne auch als Entwurf für einen neu zu erbauenden Tempel verstanden werden. Neuerdings vertreten dies die Exoduskommentare von Terence E. Fretheim und Rainer Albertz.[15]

Das Heiligtum als Text   Das dritte Modell könnte man unter dem Label „Das Heiligtum als Text" zusammenfassen. Volkmar Fritz hat diese Deutungsfigur so charakterisiert: „Beim Lesen,

---

9   Zu weiteren, spezifischeren Bedeutungen des Lexems משכן vgl. die Auslegung zu Ex 26.
10 KTU 1.15 III 18f., Übersetzung nach TUAT III/6.
11 Vgl. dazu HARTENSTEIN, Unzugänglichkeit, besonders 217.
12 Vgl. dazu UTZSCHNEIDER, Heiligtum, 65–70.
13 WELLHAUSEN, Prolegomena, 37, vgl. neuerdings dazu MARKL, Funktion, 73f.
14 NOTH, Exodus, 163.
15 FRETHEIM, Exodus, 267f., ALBERTZ, Exodus 19–40, 184; für ältere Vertreter dieser Sicht s. UTZSCHNEIDER, Heiligtum, 68–70, und HOUTMAN, Exodus 3, 331–333.

3. Themen und thematische Motive der Sinaiperikope 85

Sprechen und Hören der priesterschriftlichen Sinaierzählung entsteht die Kultstätte jeweils aufs neue und bleibt so unzerstörbar der Mittelpunkt des Volkes."[16]

Vereinzelte Erwähnungen des „Zeltes der Begegnung" im Zusammenhang mit dem Heiligtum von Silo (z. B. Jos 18,1; 19,51; 1 Sam 2,22) bzw. dem Tempel in Jerusalem (1 Kön 8,4) zeigen, dass es Traditionen gegeben hat, die ein „Fortleben" des Sinaiheiligtums nach der Landnahme angenommen haben.[17] Im Wesentlichen jedoch ist das Sinaiheiligtum eine fiktive „Location" der Sinai- und Wanderungserzählungen. Dies spricht dafür, dass es Theorie ist und sein will und keine „Blaupause" für ein real existierendes Heiligtum. Unverkennbar ist u. E. allerdings eine kritische Tendenz gegenüber dem Jerusalemer Tempel als königlichem Staatsheiligtum.

3.2.3. Die Wohnung, das Gesetz und die Gemeinde

Kohärenzbildend ist schließlich auch die Rolle der Israeliten bei der Herstellung der Wohnung. Sie ist angelegt in der Aufforderung Jhwhs, eine „Abgabe" (תְּרוּמָה) zu erbringen (Ex 25,1–7). Jhwh erlegt den Israeliten damit keine Zwangssteuer auf, sondern wendet sich an die, „die dazu von Herzen freiwillig bereit" (25,2) sind. Ex 35f. führt dieses Motiv breit aus. Männer und Frauen bringen freiwillig und (über-)reichlich ihren Gold- und Silberschmuck, ihre wertvollen Stoffe, selbst ihre Holzvorräte. Jedermann und jedefrau trägt zum Heiligtumsprojekt bei, je nach Vermögen und Fähigkeit.

Das Volk handelt dabei in vollem Einklang mit Gottes Gebot, es kooperiert, ohne zu murren, mit Mose und ist dabei in sich selbst solidarisch. Es schafft damit nicht nur Jhwh eine Wohnung inmitten des Volkes, sondern gibt auch dem Gesetz eine Bleibe an zentralem Ort. In Gestalt der ʿedût ist das Gesetz in der Lade und damit inmitten Israels ständig präsent. Ab Ex 35 im Exodusbuch und in der weiteren Sinaiperikope bis Num 10 treten zunehmend die Gemeinschaftsbegriffe עֵדָה „Gemeinde" und קָהַל Hi. „versammeln" bzw. קָהָל „Versammlung"[18] neben die in Ex 19–34 dominierende verwandtschaftlich-ethnische Bezeichnung עַם „Volk".[19]

Darin schließt sich ein dramatischer Geschehensbogen. In Ex 24,3 hatte das Volk das göttliche Gesetz akzeptiert und einen darauf gegründeten Bund mit Jhwh geschlossen. Der allerdings ist mit der Herstellung und Verehrung des Goldenen Kalbes in die Krise geraten. Dasselbe Volk schart sich nun als „Gemeinde" um Heiligtum und Gesetz.

3.3. Wanderung und Land als Thema der Sinaiperikope

Die eröffnende Wanderungsnotiz (Ex 19,1f.) führt die Ortsvorstellung eines Lagers in der Wüste am Gottesberg ein. Die Israeliten, die sich dort niedergelassen haben,

---

16 Fritz, Tempel, 153. Der Ansatz ist, unter jeweils etwas anderen literaturwissenschaftlichen Prämissen, mehrfach aufgegriffen worden. Vgl. etwa Liss, Kanon und Fiktion, Bark, Heiligtum im Kopf, und jüngst Janowski, Sinai, 32–34.

17 Man hat auch die These vertreten, dass das Sinaiheiligtum sein Vorbild in einem vorstaatlichen Heiligtum, u. a. dem von Silo, hatte (vgl. Schmitt, Zelt und Lade, 228–255).

18 Vgl. dazu schon Utzschneider/Oswald, Exodus 1–15, 250, in der Auslegung von Ex 12,3.

19 Belege für עדה im Buch Exodus und der gesamten Sinaiperikope: Ex 12,3.6.19.47; 16,1–2.9–10.22; 17,1; 34,31; 35,1.4.20; 38,25; Lev 4,13.15; 8,3–5; 9,5; 10,6.17; 16,5; 19,2; 24,14.16; Num 1,2.16.18.53; 3,7; 4,34; 8,9.20; 10,2–3 bzw. קהל : Ex 12,6; 16,3; Lev 4,13–14.21; 16,17.33; Num 10,7; עם ist in Ex 19–34 57-mal belegt, danach im Exodusbuch nur noch in 36,5.6.

werden nicht bleiben, d. h., alles, was dort geschieht oder gesagt wird, ist – aus Sicht der Figuren und im Zeitsystem des Textes – transitorisch oder bezieht sich auf die Zukunft.

Das gilt zunächst für die Gebote. Den Dekalog eröffnet Jhwh mit seiner Selbstvorstellung als Gott des Exodus: „Ich bin Jhwh, dein Gott, der dich herausgeführt hat aus dem Lande Ägypten, einem Haus der Dienstbarkeit ...“ und begründet die Geltung der Gebote mit seiner Rettungstat, die zugleich den Beginn der Wanderung markiert.

Die beiden nachfolgenden Gebotstexte, das Bundesbuch und die Bundesworte, haben, wie oben gesagt (3.1.), das Ziel der Wanderung im Blick, also das sesshafte Leben im Lande. Vom Königtum schweigen die Gebote der Sinaiperikope.

"... ein Gott, der vor uns hergeht"

Zum Kernthema wird die Wanderung in der zehnten Erzählphase (Ex 32–34). Den Anstoß gibt das Ansinnen des Volkes an Aaron, einen Gott anzufertigen, „der vor uns hergeht“ (32,1). Das Goldene Kalb stellt die Autorität Jhwhs und Grundgebote des Dekalogs in Frage, und entsprechend droht Jhwh zunächst, die Sünde des Volkes zu ahnden. Er will es nicht länger auf der Wanderung geleiten (32,7–10; 33,3). Dagegen beruft sich Mose auf die Landverheißung (32,13) und appelliert an die Gnade Gottes – letztlich mit Erfolg. Die Selbstvorstellung (34,6f.) Jhwhs als „barmherziger und gnädiger Gott“ (אל רחום וחנון, 34,6) kann auch als Zusage des Geleits bei der Wanderung und der Landnahme verstanden werden.

In der vierten Erzählphase – nachdem sich das Volk als willig erwiesen hat, zum Bau des Heiligtums beizutragen und dieses herzustellen, „wie Jhwh es geboten hat“ – ist eben diese „Wohnung“ der Ort, an dem sich Jhwh niederlässt und als Wolkensäule den wandernden Israeliten den Weg weisen wird (40,36–38; vgl. Num 9,15–23). Das Zelt und seine Einrichtungen sind an keinen Ort mehr gebunden.

Nach einer Formulierung Benno Jacobs ist das Heiligtum „ein *wandelnder Sinai*, der sie [scil. das Volk/die Gemeinde] begleitet, ein Stück auf die Erde mitten unter das Volk versetzten Himmels. Denn auch zum Sinai war Gott erst aus dem Himmel herniedergestiegen.“[20] Die Wohnung „inmitten“ Israels ist nun der Ort der Begegnung mit Gott. Sie bedarf keines kosmisch-irdischen Haftpunktes mehr.[21] Jhwh ist da, wo die „Gemeinde der Israeliten“ ist.

B.   Die Sinaiperikope (Ex 19–40) – diachron[22]

Die vier Erzählphasen der Sinaiperikope lassen sich recht einfach in zwei Paare einteilen: zwei, die vor allem von der Gesetzgebung erzählen (8 und 10), und zwei, die von der Einrichtung des Kultzeltes handeln (9 und 11). Diese thematische

---

20   Jacob, Exodus, 756f., kursiv im Original, vgl. Dohmen, Exodus 19–40, 398f. Propp, Exodus 19–40, 687, bzw. Markl, Funktion, 67, sprechen von einem „portable“ bzw. „tragbaren Sinai“.

21   Vgl. dazu Hauge, Descent, 139f.

22   Vgl. auch den Gesamtüberblick zur Literargeschichte des Buches Exodus in Utzschneider/Oswald, Exodus, 1–15, 35–54.

1. Achte Erzählphase (Ex 19,1 – 24,11) 87

Grundstruktur ist auch diachron relevant und deshalb behandelt diese Einleitung zunächst die literargeschichtlichen Verhältnisse in den Erzählphasen 8 und 10 und anschließend die Erzählphasen 9 und 11, die sog. Heiligtumstexte.

1.   Achte Erzählphase (Ex 19,1 – 24,11)

Im Zentrum der achten Erzählphase steht die Gesetzgebung und damit die Konstitution des Volkes Israel als Gemeinwesen. So offensichtlich diese Feststellung in Bezug auf den Jetzttext auch ist, so wenig selbstverständlich war und ist sie es in den Rekonstruktionen der Literargeschichte, wie sie seit den Anfängen der historisch-kritischen Forschung vorgelegt wurden. Es scheint, als ob das Urteil des Paulus „Das Gesetz aber ist hinzugekommen" (Röm 5,20) auf die literarhistorische Rekonstruktion der Sinaiperikope übertragen wurde. Israels Gottesverhältnis beruhte danach in den ältesten Texten nicht auf Gesetz oder Bund, sondern auf einer in „numinoser Furcht und Scheu vor dem mysterium tremendum"[23] erfolgten Begegnung mit dem Heiligen.

Forschungsgeschichte

Im Hintergrund dieser Auffassung steht die vor allem von Julius Wellhausen populär gemachte Vorstellung, dass die Gesetzgebung erst spät in die Sinaiperikope gekommen sei:

> Die wahre und alte Bedeutung des Sinai ist ganz unabhängig von der Gesetzgebung. Er war der Sitz der Gottheit, der heilige Berg. [...] Erst ein weiterer Schritt führte dazu, den Sinai zum Schauplatz der feierlichen Eröffnung des geschichtlichen Verhältnisses zwischen Jahve und Israel zu machen. [...] So entstand die Notwendigkeit, die Grundgesetze ihrem Inhalte nach hier mitzuteilen, so fand der legislative Stoff Eingang in die geschichtliche Darstellung.[24]

Dieses Verständnis der Literargeschichte der Sinaiperikope basiert auf der Vorstellung, dass die Gesetze nichts als gelehrte Übungen waren, was wiederum Julius Wellhausen pointiert zum Ausdruck brachte: „Alles Politische im Gesetz ist phantastisch."[25] Das Bundesbuch soll allenfalls eine Sammlung von guten Ideen gewesen sein, eine öffentliche Funktion hatte es nicht.[26] Auf der anderen Seite wurden die Erzähltexte primär als Aufbereitung von geschichtlichen Überlieferungen verstanden, in denen Gesetze gattungsgemäß keinen Platz haben. Zum narrativen Rahmen von Gesetzen wurden die Erzählungen demnach erst, als Juda seine staatliche Existenz verloren hatte und Schriftgelehrte aus nur mehr rein akademischem Interesse ihre Vorstellungen einer idealen Gesellschaft zu Papyrus brachten.

Gesetzgebung als Phantasie?

Die vorliegende Rekonstruktion der Literargeschichte der Sinaiperikope geht in jeder Hinsicht andere Wege. Ein Problem der oben vorgestellten Rekonstruktionen ist die Vorstellung einer bloßen Theophanie. Betrachtet man andere Theophanietexte des Alten Testaments, stellt man fest, dass Gott stets zu einem bestimm-

Gesetzgebung als Kern von Ex 18–24

---

23 MITTMANN, Deuteronomium 1,1–6,3, 155, vgl. auch SCHMITT, „Das Gesetz aber ist neben eingekommen", 155–170.
24 WELLHAUSEN, Prolegomena, 349–350.
25 WELLHAUSEN, Israelitische und jüdische Geschichte, 169, Anm. 1.
26 CRÜSEMANN, Tora, 230: „So ist von einer direkten nachweisbaren, unmittelbaren Wirkung des Bundesbuches nichts bekannt."

ten Zweck erscheint: in Ri 5,4–5, um Israel gegen die Kanaaniter beizustehen, in Hab 3,3–7 zum Völkergericht, in Ps 18,8–16 zur Rettung des Königs aus Todesnot, um nur einige Beispiele zu nennen (vgl. oben A.3.2.1.). Gott erscheint stets, um anschließend eine Handlung zu verrichten. Die Passage Ex 19,16–19 schildert das Erscheinen Gottes in üblicher Theophaniemotivik: Donner, Blitze, Lärm, Rauch und Beben. Die Handlung, zu der Jhwh erscheint, ist die Kundgabe des Dekalogs und des Bundesbuches. Nimmt man diese Abschnitte jedoch als späte Einfügungen heraus, bleibt keine Handlung mehr übrig, zu deren Ausführung Gott erscheinen würde. Die Theophanie würde zum Selbstzweck. Dafür gibt es nicht nur keine Parallelen im Alten Testament, auch die narrative Logik der Sinaiperikope lässt das nicht zu. Denn die Fortsetzung der Erzählung in Ex 32–34 hängt ohne die zuvor erzählte Gesetzgebung in der Luft.

Gesetz und Erzählung Umgekehrt benötigen der Dekalog und das Bundesbuch einen narrativen Rahmen, da sie als Gottesrede gestaltet sind und zudem mehrfach auf den narrativen Vorkontext Bezug nehmen (20,2.22b; 22,20; 23,9). Sie benötigen diesen Rahmen aber auch, weil dieser den Gesetzen die für ihre Geltung notwendige Legitimation verleiht. Der Text erzählt in paradigmatischer Weise, dass in der grundlegenden Mosezeit das Volk diese Gesetze beschlossen hat, was für die Adressaten der Erzählung bedeutet, dass auch sie diese Gesetze zu den ihren machen sollen.

Volk → Gemeinwesen Die literarkritische Analyse wird ergeben, dass bereits die älteste Erzählung, die EG-Erzählung, diesen Aufriss hatte: Ankunft am Gottesberg → Theophanie → Kundgabe des Dekalogs an das Volk → Kundgabe des Bundesbuches zuerst an Mose, dann von Mose an das Volk → Beschlussfassung des Volkes. Wurde Israel in Ex 1 von einer Sippe zum Volk, so in Ex 18–24 vom Volk zum Gemeinwesen.

Republik Das Resultat der Gesetzgebung am Gottesberg ist ein gesetzesbasiertes, personenverbandliches Gemeinwesen, man könnte auch sagen: eine Polis oder eine Republik. Diese Staatsform wird üblicherweise mit dem klassischen Athen in Verbindung gebracht, doch war sie ab dem 6. Jahrhundert in vielen Varianten im gesamten Mittelmeerraum verbreitet. Und das ist genau die Zeit, in der die EG-Erzählung mutmaßlich verfasst wurde. So betrachtet ist das Auftreten dieser Staatsform im Pentateuch kein Anachronismus, sondern geradezu erwartbar. Die Gesetzgebung am Gottesberg ist alles andere als phantastisch, sie entspricht vielmehr den mediterranen Konventionen.

Theokratie? Die prominente Rolle Gottes in der EG-Erzählung könnte zu dem Schluss verleiten, Israel werde durch die Ereignisse in Ex 19–24 zu einer Kultgemeinde. Aber das entstehende Gemeinwesen umfasst alle Sektoren einer Gesellschaft, also auch etwa die Rechtsprechung oder das Sozialwesen, kultische Belange nehmen dagegen nur einen kleinen Teil ein. Von einer Theokratie sollte man nur in klar definierter Weise sprechen. Um eine direkte Theokratie, in der Gott die Herrschaft unmittelbar ausübt, handelt es sich nicht, da in diesem Falle weder Gesetze noch Ämter notwendig wären. Auch eine mittelbare Theokratie im Sinne einer Priester- oder Tempelherrschaft wird nicht konzipiert, da es in der EG-Erzählung weder das eine noch das andere gibt. Allenfalls kann man von einer durch die Gesetze vermittelten Theokratie sprechen: Gott übt seine Herrschaft mittels der von ihm mitgeteilten und von der Volksversammlung beschlossenen Gesetze aus.[27]

---

27 Vgl. dazu Aristoteles, Politeia, III, 16, 1287a, 29: ὁ μὲν οὖν τὸν νόμον κελεύων ἄρχειν δοκεῖ κελεύειν ἄρχειν τὸν θεὸν καὶ τὸν νοῦν.

1. Achte Erzählphase (Ex 19,1 – 24,11)

Die älteste Erzählung in Ex 19–24, die EG-Erzählung, wurde gemäß dem diachronen Gesamtmodell, das dieser Auslegung zu Grunde liegt, in drei Etappen überarbeitet: DtrG, P-Komposition und Tora-Komposition. Diese vier literarischen Schichten unterscheiden sich unter anderem hinsichtlich ihrer Vorstellungen von den Positionierungen und Bewegungen der Akteure am Gottesberg und hinsichtlich ihrer Vorstellungen von deren Wahrnehmungen. Wer hat wo gestanden und wer hat was gehört? Hat Gott direkt mit dem Volk geredet oder war alle Kommunikation über Mose vermittelt? Die EG-Erzählung propagiert die direkte Kommunikation zwischen Gott und Volk, das DtrG verstärkt diese Auffassung sogar noch, die P-Komposition verneint diese Auffassung ebenso entschieden. Die Tora-Komposition schließlich setzt das Volk wieder in sein Recht ein. Diese schriftgewordene Diskussion um die Rolle des Volkes prägt die Literargeschichte der Sinaiperikope.

Wahrnehmung des Volkes

	EG	DtrG	PK	TK
Bezeichnung für den Berg	Gottesberg		Sinai	–
Bewegung Gottes	keine Bewegung (permanent am Berg oder im Himmel)		steigt auf den Berg herab	kommt zu Mose bzw. zum Volk
Bewegung des Volkes	kommt auf das Unterteil des Berges	darf den Berg hinaufsteigen	bleibt vor dem abgesperrten Berg	–
Positionierungen Moses und des Volkes	Das Volk und Mose stehen während der Dekalogrede nah bei Gott; danach ist nur noch Mose nah bei Gott.		Das Volk ist durchweg weit weg von Gott; Mose steigt zu Gott hinauf.	Mose ist bei Gott; das Volk in Hörweite von beiden.
Wahrnehmung Gottes durch das Volk	Das Volk hört und versteht die Dekalogrede Gottes.		Das Volk nimmt aus der Ferne Donner und Blitze wahr.	Das Volk hört, wie Gott und Mose miteinander reden.

Die EG-Erzählung kennt nur einen namenlosen Gottesberg, auf dem Gott weilt. Das Volk darf den Berg betreten, bekommt den Dekalog direkt, das Bundesbuch vermittelt durch Mose zu Gehör und verabschiedet schließlich die Gesetze. Das DtrG benutzt ebenfalls die generische Bezeichnung „Gottesberg", betont aber zusätzlich die Nähe von Gott und Volk, indem es dem Volk den Aufstieg auf den Berg ausdrücklich gestattet, und bringt zwei neue Konzepte ein: den Bund zwischen Gott und Volk sowie das Bilderverbot. Die P-Komposition verwendet den Namen „Sinai" für die Wüste und den Berg, definiert den Berg als Sperrzone, beschränkt die Wahrnehmung des Volkes auf nonverbale, visuelle und akustische Phänomene und redefiniert Mose als umfassenden Mittler zwischen Gott und Volk, der auch den Dekalog vermittelt. Die Tora-Komposition rekonfiguriert die Szene abschließend so, dass zwar Gott wie in der P-Komposition ausschließlich mit Mose kommuniziert, dass aber das Volk wie in der EG-Erzählung und im DtrG die Stimme Gottes hört und versteht.

Wahrnehmung und Literargeschichte

Abfolge von Verfassungen	In jeder der vier Phasen der Kompositionsgeschichte sind die Wahrnehmung des Volkes und die politische Konzeption des Gemeinwesens korreliert. In der EG-Erzählung und im DtrG spricht Gott direkt zum Volk, und dieses beschließt seine Gesetze, was in einem Gemeinwesen resultiert, das man in Analogie zu den griechischen Poleis als Republik oder als personenverbandlichen Bürgerstaat bezeichnen kann. In der P-Komposition sind Gott und Volk weit entfernt voneinander, der Ort der Gottesgegenwart ist der Gipfel des Berges, den nur Mose und Aaron betreten dürfen. Während in den vorpriesterlichen Kompositionen Priester keine Rolle spielen, rücken sie nunmehr in den Mittelpunkt. Im Exodusbuch zunächst in ihrer Funktion als Kultpersonal, übernehmen sie im Fortgang der P-Komposition darüber hinaus auch judikative und exekutive Aufgaben. Was die Rolle des Volkes angeht, so knüpft die Tora-Komposition wieder an die vorpriesterlichen Kompositionen an. Jetzt ist das Volk Zeuge, wie Gott mit Mose spricht (19,9a.19b; 33,10), während Priester am auswärtigen Zelt keine Rolle spielen. Oberstes Organ des Gemeinwesens ist der Ältestenrat (Num 11, vgl. Ex 24,9–11), der im Geiste Moses, d. h. auf Basis der Tora, die Geschäfte führt.

2.   Zehnte Erzählphase (Ex 32–34)

Die EG-Erzählung ist mit der Beschlussfassung des Volkes in Ex 24,3 an ihr Ziel gekommen. Gleichwohl geht die Erzählung weiter, aus diachroner Perspektive bildet ab Ex 24,4 das DtrG die Grunderzählung.

Der tiefere Grund für die Weiterführung über den Volksbeschluss hinaus liegt in der Notwendigkeit, die beiden großen vorpriesterlichen Gesetzeskomplexe, das Bundesbuch und das Gesetzbuch des Dtn, zueinander ins Verhältnis zu setzen.[28] Anders ausgedrückt: Welches Gesetzbuch steht zur Zeit der Abfassung in Geltung? Das ist kein triviales Unterfangen, da die antike politische Theorie kein allgemein akzeptiertes Verfahren der Gesetzesnovellierung oder -revision kannte. Die höchst innovative Idee der Deuteronomisten bestand in der Einführung der Konzepte *Bund/Vertrag* und *Kultbilderverbot*. Die Rekonzeptionalisierung der Gesetzgebung als Bundesschluss (24,4–8) und die Einbringung des Bilderverbotes (20,4.23) eröffneten die Möglichkeit, den Verstoß gegen das Verbot (32,1–6) als Bundesbruch zu verstehen, der in der Folge einen erneuten Bundesschluss erfordert. Und dieser neuerliche Bund bzw. Vertrag wird auf Basis einer proleptischen Zusammenfassung des dtn Gesetzes, den Bundesworten 34,11–26, geschlossen (34,27). Damit ist ein rechtmäßiger Übergang vom Bundesbuch auf das Deuteronomium gefunden.

Dieser Übergang ist zwar verfassungsrechtlich akzeptabel, aber theologisch nicht einfach. Zwischen Bundesbruch und erneutem Bund liegen anhaltende Diskussionen über die Bedingungen der Möglichkeit eines Neuanfangs. Daher haben diese Abschnitte erhebliche Erweiterungen erfahren, die überwiegend auf das Konto jener späten Schreiber gehen, die hier unter dem Sammelbegriff Tora-Komposition zusammengefasst sind.

---

28   Ausführlich dargelegt in OSWALD, Correlating the Covenants, 59–73.

3. Neunte und elfte Erzählphase (Ex 24,12 – 31,18 und Ex 35–40)

Der vierzigtägige Aufenthalt Moses bei Gott (24,18b) erfuhr durch die P-Kompositi- on eine äußerst umfangreiche Erweiterung: die Anordnungen zum Bau des Zelthei- ligtums (Ex 25–31). Zusammen mit ihrem Komplement, der Ausführungserzählung (Ex 35–40), bilden sie die sog. Heiligtumstexte, die etwa ein Drittel des Exodusbu- ches ausmachen. Die P-Kompositoren haben diesen und weiteren Texten der Got- tesbergerzählung ein ganz neues Gesicht gegeben. Aus einem gesetzeszentrierten Gemeinwesen wurde ein heiligtumzentriertes, das Gesetz wurde Teil des Heilig- tums.

3.1. Forschungsgeschichte

Der Hauptstrang der Literarkritik an den Heiligtumstexten basierte wie im ganzen Pentateuch über Jahrzehnte hinweg auf den Grundannahmen der Quellenschei- dung.[29] Für Julius Wellhausen und die meisten seiner Nachfolger ging es darum, die Priestergrundschrift (P^G) in diesem Bereich zu ermitteln. Dass diese allein im Anordnungsteil Ex 25–31 und im Aufstellungsbericht Ex 40 zu finden sei, war dabei weitgehend Konsens. Wellhausen etwa urteilte über Ex 35–39: „Tatsache ist jedenfalls, dass der fragliche Abschnitt inhaltlich ganz und gar bedeutungslos ist, dass er nicht vermisst würde, wenn er fehlte."[30]

> P^G?

Spätere Ausleger, die in diesem Paradigma arbeiteten, akzeptierten die Grund- annahmen Wellhausens, tendierten aber überwiegend dazu, den Textbestand der gesuchten P^G noch weiter zu reduzieren. Am konsequentesten wurde dieser Ansatz von Thomas Pola ausgearbeitet, der die P^G auf wenige Sätze reduzierte.[31] Andere Arbeiten weisen der gesuchten P^G zwar etwas mehr Text zu, bieten aber im Grund- satz nichts anderes.[32]

> Minimalbe- stand

Seit dem Ende des 20. Jahrhunderts mehren sich dagegen Arbeiten, die die Anfänge der Heiligtumstexte nicht in einer Priestergrundschrift vermuten. Nach Helmut Utzschneider stand am Anfang der Literargeschichte ein nur noch vage in 25,11; 25,21b.22 und 26,30–37 rekonstruierbarer „Lade-Wohnungs-Text", der nur Mose als Bauherrn kenne, der aber schon die vorpriesterlichen Texte der Sinaipe- rikope voraussetze. Dieser sei zum „Volk-Heiligtums-Text" erweitert worden, der in 25,1 – 27,8; 35,1 (Satz 1).4–7.9–10.20–29*; (35,35*; 36,1*;) 36,2–8a; 39,43 greifbar sei und die Rolle des Volkes beim Bau des Heiligtums hervorhebe. In einem letzten Schritt seien die „Ohel-Moed-Texte" hinzugekommen, deren Hauptmerkmal darin

> Abfolge von Kompositi- onen

---

29 Vgl. den kurzen Überblick über die diachronen Erklärungsmodelle bei UTZSCHNEIDER, Tabernacle, 294–299.

30 WELLHAUSEN, Composition, 142.

31 POLA, Die ursprüngliche Priesterschrift, 264.291.

32 OTTO, Forschungen zur Priesterschrift, 36: „P^G endet mit der Anweisung zur Einsetzung der Aaroniden und hat ihren Zielpunkt in Ex 29,42b–46." Nach OWCZAREK, Wohnen Gottes, 319, umfasste die P^G im Bereich der Heiligtumstexte den größten Teil des An- ordnungsteils (aber neben anderem nicht die Anordnungen zur Lade) sowie Ex 39,32b.43; 40,17.34–35.

besteht, dass alle Kulthandlungen in der Öffentlichkeit vor dem Kultzelt stattfinden.[33]

P[G] und Holiness School
Auf einer ähnlichen Beobachtung beruht die Hypothese von Israel Knohl, der zwischen den eigentlichen priesterlichen Texten und Erweiterungen einer „Holiness School" unterscheidet. Erstere konzentrierten sich auf das Heiligtum an sich und auf Mose und seien in 25,10 – 27,19; 28–29*; 30,1–38 zu finden, letztere umfassten alle Texte, die die Rolle des Volkes hervorheben, also etwa 25,1–9; 31,1–11 sowie Ex 35–40.[34]

Verwendung von Vorlagen
Rainer Albertz ordnet die große Masse der Texte im Anordnungs- und im Ausführungsteil einem ersten priesterlichen Bearbeiter der vorpriesterlichen Texte (PB[1]) zu. Diese Bearbeitung habe zum einen später weitere Ergänzungen erfahren, zum anderen aber zwei Vorlagen benutzt. Vorlage 1 sei in 25,10–40 (ohne 16.21b); 26; 27,1–19 zu greifen, Vorlage 2 in 30,1–9.17–25.31–38.[35]

Schlussfolgerung
Man kann von zwei Paradigmen ausgehen: Das eine basiert auf der Annahme eines Erzählfadens, der sich durch den gesamten Pentateuch zieht und auch in den Heiligtumstexten anzutreffen ist (P[G]). Das andere versteht die Heiligtumstexte als einen zunächst für sich zu betrachtenden Komplex, der zu einem bestimmten Zeitpunkt in die umfassende P-Komposition eingearbeitet wurde. Die vorliegende Auslegung folgt dem zweiten Paradigma, nicht zuletzt auf Grund der einfachen Beobachtung, dass die Heiligtumstexte nur ganz wenige narrative Verbindungen zum Kontext der Sinaiperikope bzw. der Pentateucherzählung im Ganzen aufweisen.

3.2. Beobachtungen zur Literarkritik

Heiligtumserzählung (HE)
Tatsächlich bieten die Heiligtumstexte eine in sich geschlossene Erzählung: Gott instruiert Mose über den Bau des Heiligtums (25,1 – 31,11), woraufhin Mose und die Israeliten alles Angeordnete herstellen (35,4 – 39,43), schließlich errichtet Mose nach erneuten Anweisungen das Heiligtum (Ex 40). Weiter geht es mit der Weihe des Heiligtums und der Priester (Lev 8), am Schluss steht das Einweihungsopfer (Lev 9).[36] Diese Beobachtung ist auch diachron von Bedeutung, denn sie führt zur Hypothese, dass nach Abzug der wenigen, mit dem weiteren Kontext verknüpften Abschnitte eine Erzählung erscheint, die den oben skizzierten Aufriss hatte. Diese ehemals selbstständige Erzählung nennen wir im Folgenden „Heiligtumserzählung" (HE).

Vorgehensweise
Die diachrone Analyse wird hieran ansetzen und in zwei Richtungen fragen: zeitlich nach vorne, wie die Heiligtumserzählung mit der Pentateucherzählung verknüpft und ggf. weiter ergänzt wurde, und zeitlich zurück, ob ältere Fassungen der Heiligtumserzählung oder Vorlagen ermittelt werden können. Ausgangspunkt ist dabei die Grundstruktur der Erzählung, die Entsprechung von Anweisung und

---

33 Utzschneider, Heiligtum, 236–247.
34 Knohl, Sanctuary, 63–68.
35 Albertz, Beobachtungen, 52–53.
36 Vgl. Utzschneider, Heiligtum, 134–143. Möglicherweise war auch die Opfertora Lev 1–7 (ohne 7,37–38) schon Teil der Heiligtumserzählung. Zu Lev 1–10 vgl. Nihan, Priestly Torah, 231–234.609.

3. Neunte und elfte Erzählphase (Ex 24,12 – 31,18 und Ex 35–40) 93

Ausführung, die das Gesamt zwar ganz stark prägt, aber an etlichen Stellen doch auf die eine oder andere Weise durchbrochen wird. Die markanten unter diesen Abweichungen – die zahlreichen minimalen Differenzen bleiben unberücksichtigt – sollen zunächst auf ihre literarkritische Relevanz hin untersucht werden. Auf Basis dieser Analysen erfolgt die Rekonstruktion der Gestalt der Heiligtumserzählung unmittelbar vor ihrem Einbau in die Sinaiperikope. Anschließend soll geprüft werden, ob und inwiefern Vorstufen der Heiligtumserzählung ermittelt werden können.

1. Der Anordnungsteil enthält eine ganze Reihe von Zweckbestimmungen und Erklärungen, die den Bauanleitungen beigegeben sind. Es wird erläutert, wozu ein bestimmtes Gerät gebraucht wird oder welchen Zweck ein bestimmtes Bauteil erfüllen soll. Diese Erläuterungen werden im Ausführungsteil nicht wiederholt, weil sich am Zweck durch die Herstellung nichts ändert. Wichtig ist vielmehr die vollständige Entsprechung in der Ausführung, weshalb viele Abschnitte im Ausführungsteil mit der Bemerkung enden, es sei verfahren worden, „wie JHWH dem Mose geboten hatte". Diese beiden Typen von Divergenzen zwischen Anordnungs- und Ausführungsteil sind in der Logik der Darstellung begründet und daher literarkritisch nicht signifikant. *(Randnotiz: Zweckbestimmungen und Erfüllungsvermerke)*

2. Die Reihenfolge der Arbeitsschritte divergiert in einigen Abschnitten zwischen dem Anordnungs- und dem Ausführungsteil. Auch diese Divergenzen sind Ausdruck der immanenten Logik der Darstellung und daher literarkritisch nicht signifikant. Während die Anordnungen mit dem Inventar beginnen (25,10–40) und erst darauf die Anordnungen zur Wohnung an sich folgen (Ex 26), ist es im Ausführungsteil umgekehrt: zuerst die Wohnung (36,8–38), dann das Inventar. Diese Reihenfolge stellt die Perspektive der Israeliten in den Vordergrund: Es ist das Volk, das ab 35,20 bzw. 36,8 die Wohnung baut, erst für die Lade und das weitere Inventar wird ausdrücklich nur Bezalel als Ausführender genannt (37,1). Vgl. dazu die synchrone Analyse von 36,8–38. *(Randnotiz: Abfolge der Abschnitte)*

3. Weitere Abweichungen in der Reihenfolge ergeben sich aus den unter (1.) beschriebenen Zweckbestimmungen und Erklärungen im Anordnungsteil. Wenn in diesen Erläuterungen Aaron genannt oder in anderer Weise auf den späteren Kultbetrieb Bezug genommen wird, müssen diese Passagen nach den Anordnungen zum Priesterdienst (28,1 – 29,37) stehen, da Funktionszuweisungen an Aaron und ggf. seine Söhne erst erfolgen, nachdem deren Priesterdienst eingeführt wurde. Zu diesen Abschnitten gehören die Beinkleider der Priester (28,42–43), der Räucheraltar (30,1–10), das Waschbecken (30,17–21) sowie das Salböl (30,22–33) und das Räucherwerk (30,34–38). Diese Abweichungen sind somit literarkritisch nicht relevant.

4. Andere Gründe müssen für die folgenden, an auffälliger Stelle positionierten Anordnungen geltend gemacht werden: die Ablieferung des Beleuchtungsöls (27,20–21) und die Tempelsteuer (30,11–16). Diese Abschnitte sind literarkritisch signifikant, siehe dazu die jeweiligen diachronen Analysen.

5. Die in (3.) erwähnten Gebrauchsanleitungen und Zweckbestimmungen (28,12b und passim) betreffen den späteren regelmäßigen Kultdienst, der aber nicht Gegenstand des Ausführungsteils ist. Ihr Fehlen dort ist also sachlich bedingt und ihr Auftreten hier somit literarkritisch nicht relevant. *(Randnotiz: Überschüsse im Anordnungsteil)*

6. Weiter gibt es im Anordnungsteil Anweisungen an Mose, die die Aufstellung der Wohnung und der Geräte sowie die Weihe der Priester und des Heiligtums

94 B. Die Sinaiperikope (Ex 19–40) – diachron

betreffen (25,16 und passim). Dazu gibt es zwar keine Entsprechungen im Ausführungsteil Ex 35–39, sehr wohl aber im Aufstellungsbericht Ex 40 sowie in Lev 8–9. Diese Verlagerungen sind sachlich bedingt und daher literarkritisch ebenfalls nicht relevant (vgl. dazu auch die Vorbemerkung zur synchronen Analyse von Ex 36,8 – 39,43).

7. Davon wohl zu unterscheiden sind vier kurze Abschnitte, in denen in summarischer Weise gesagt wird, Gott habe Mose auf Grund eines „Plans" (*tabnît*) visuell instruiert (25,9.40; 26,30; 27,8b). Zu diesen punktuell eingefügten Anordnungen gibt es im Ausführungsteil keine Entsprechung, zudem gibt es weitere, in den Einzelauslegungen zu besprechende Indizien für eine spätere Abfassung.

Überschüsse im Ausführungsteil
8. Die Überschüsse im Ausführungsteil beginnen mit der Erzählung über die Beibringung der Materialien durch die Israeliten (35,4 – 36,7). Gegenüber der Anordnung enthält die Ausführung etliche Detaillierungen, etwa in 35,10–19 und 35,20–29 sowie die Erzählung vom Abbruch der Sammelaktion (36,2–7). Diese Abschnitte weisen jedoch keine inhaltlichen Widersprüche zu den Anordnungsreden auf und sind daher literarkritisch nicht einschlägig. Dasselbe trifft auch auf die summarische Darstellung des Abschlusses aller Arbeiten zu (39,32–43). Demgegenüber sind die Glosse 38,8b und der Rechenschaftsbericht 38,21–31 diachron zu differenzieren, siehe dazu die Einzelauslegung.

3.3. Die Literargeschichte der Heiligtumstexte

Die Auswertung dieser Beobachtungen in den diachronen Einzelauslegungen erlaubt die Rekonstruktion der selbstständigen Heiligtumserzählung und ihrer Integration in die P-Komposition. Dabei bezieht sich das Attribut „selbstständig" nur auf die literarische Gestalt. Zwar setzt die Heiligtumserzählung gegenüber der P-Komposition durchaus eigene Akzente, doch stammt sie sicher aus demselben Milieu wie diese. Die Heiligtumserzählung ist lediglich etwas älter als die P-Komposition, in die sie aufgenommen wurde. Die Heiligtumserzählung könnte sogar die ältesten priesterlichen Texte, die im Pentateuch überliefert sind, enthalten. Wenn man nach so etwas wie einer Priestergrundschrift suchen möchte, dann hier.

Ex 24,15–31,18			Ex 35–40 und Lev 8–9	
HE	PK	TK	HE	PK
	24,15–18aα		35–39*	35,1–3
25*	25,9.40			38,8b
26*	26,30			38,21–31
27*	27,8b; 27,20–21			
28				
29,1 – 30,10*		29,42b	40,1–33*	40,17
				40,34–38
	30,11–16			
30,17–38				
31,1–11	31,12–17.18		Lev 8–9*	

HE Die Kompositionsgeschichte der Heiligtumserzählung (HE) ist daher recht einfach: In einem ersten Schritt wurde der Anordnungsteil verfasst, und zwar alles außer

3. Neunte und elfte Erzählphase (Ex 24,12 – 31,18 und Ex 35–40)

den in der Tabelle gelisteten späteren Erweiterungen. Anschließend wurde der Ausführungsteil niedergeschrieben, und zwar wiederum alles außer den erwähnten Erweiterungen. Dem gesamten Schreibprozess muss eine die beiden Teile umfassende Disposition zu Grunde gelegen haben, in der sowohl die parallele Anordnung der einzelnen Abschnitte als auch die Systematik der Abweichungen schon angelegt war.

Im Zuge der priesterlichen Überarbeitung der Gottesberg-Perikope wurde die Heiligtumserzählung in die werdende P-Komposition eingefügt. Dabei wurden zunächst die narrativen Übergänge zwischen der Heiligtumserzählung und der P-Komposition gestaltet. 24,15–18aα verlegt die Gottesreden auf den Gipfel des Sinai. Am Ende des Anordnungsteils erscheinen in 31,18 wiederum der Sinai sowie als Novum die „Tafeln des Gesetzes", die das „Gesetz" der Heiligtumserzählung aufgreifen. Die Heiligtumserzählung endete in 40,33b mit dem Satz „So vollendete Mose das Werk". Die restlichen Verse (40,34–38) dienen wiederum der Vernetzung mit der P-Komposition. Darüber hinaus fügten die P-Kompositoren einige kurze Stücke in die Heiligtumserzählung ein: die visuelle Instruktion Moses auf Grund der *tabnît* (25,9.40; 26,30; 27,8b), das Lösegeldgesetz (30,11–16), den Rechenschaftsbericht (38,21–31) und die Sabbatgesetze (31,12–17; 35,1–3).

Einfügung in die PK

Aus dieser Rekonstruktion lassen sich weitere Schlüsse auf die Entstehung der priesterlichen Texte des Pentateuch ziehen (vgl. Band I, 51f.). Danach beschäftigten sich die priesterlichen Schreiber zu Beginn ihrer viele Jahrzehnte während literarischen Tätigkeit mit ihren ureigensten Angelegenheiten: Kultzelt, Priesterdienst, Priesterdynastie und Opfergesetze, also in etwa mit dem, was die Heiligtumserzählung enthielt und heute in Ex 25–30; 35–40; Lev 1–7; Lev 8–9 zu finden ist. Erst später stellten sie in Anknüpfung an und in Widerspruch zu den vorpriesterlichen Texten in Genesis und Exodus ihre Konzeption von Israel auf eine breitere Basis. Schließlich wurden sukzessive die auf das Gemeinwesen bezogenen Gesetze in Leviticus sowie die (spät-)priesterlichen Texte in Num und Jos verfasst.

Literargeschichte der P-Komposition

Der *terminus a quo* der Heiligtumserzählung (und damit aller priesterlichen Texte) ist die Zeit nach dem Untergang der judäischen Monarchie im 6. Jh. v. Chr., näherhin die ersten Jahrzehnte der Epoche des zweiten Tempels, als verschiedene konzeptionelle Vorstellungen von diesem zu errichtenden Heiligtum konkurrierten. Die Deuteronomisten propagierten ein bescheidenes Heiligtum mit schwacher Priesterschaft unter laikaler Kontrolle (Dtn 12–16), die Ezechiel-Tradenten dagegen einen stark priesterzentrierten, mächtigen Tempel (Ez 40–46). Die Aaroniden der Heiligtumstexte strebten ein Heiligtum vom Volk und für das Volk an, die hinter der aramäischen Tempelbauchronik (Esr 5–6*) stehenden Kreise dagegen einen vom persischen Hof finanzierten Tempel. Der Tempel in Haggai und Protosacharja (Sach 1–8) erscheint als eher restaurativ orientiertes Gemeinschaftsprojekt des Hohepriesters Jeschua und des Statthalters und Thronprätendenten Serubbabel.

Datierung der priesterlichen Texte

Der große Umfang und die normative Geltung der P-Komposition zeigt, dass die Aaroniden mit ihrem Heiligtumsprojekt im Judäa der fortgeschrittenen Perserzeit große Wirkung entfaltet haben. Damit ist nicht gemeint, dass damals ein Zeltheiligtum der Machart, wie es die Heiligtumstexte projizieren, in Betrieb war. Die Texte wären aber auch falsch verstanden, wenn man sie nur für reine Phantasie halten würde. Das Konzept eines von außen in das Land kommenden Heiligtums mitsamt einer von außen in das Land kommenden Priesterschaft propagiert die völlige Diskontinuität zu den kultischen Institutionen im Land. Damit gehen sowohl die Heiligtumserzählung als auch die P-Komposition über das Deuteronomium hinaus, nach dem eine der im Land befindlichen Stätten zum Heiligtum erwählt werden wird. Der Neuanfang der P-Komposition ist radikaler: Das Heiligtum vom Volk und für das Volk ist etwas ganz Neues – erzählerisch abgebildet durch den kompletten Import.

Mit zunehmender Macht des von den Aaroniden kontrollierten Jerusalemer Tempels entstanden ab dem Ende des 5. Jahrhunderts die Texte der P-Komposition mit ihren vielfältigen politischen, rechtlichen und ökonomischen Anliegen. Die spätesten priesterlichen Texte, etwa die Landverteilungstexte im Josuabuch (Jos 13–19*), stammen wohl aus dem schon weit fortgeschrittenen 4. Jahrhundert. Darin kontrolliert der Tempel bzw. das Kultzelt den Landbesitz und damit die wichtigste ökonomische Ressource des Volkes. Das als Gegenentwurf zum Königspalast projektierte Zeltheiligtum war zum Tempelpalast geworden.

3.4.   Vorlagen der Heiligtumserzählung?

Mit literarkritischen Methoden sind Vorstufen der Heiligtumserzählung nicht mehr zu ermitteln, da dieser Text über eine für alttestamentliche Verhältnisse sehr hohe Kohärenz verfügt. Man kann aber ohne den Anspruch auf wortgenaue Rekonstruktion tentative Überlegungen anstellen, ob Teile dieser Erzählung ihren Verfassern bereits vorlagen.

Die einfachste zu prüfende Hypothese besteht in der Annahme, dass zunächst der Anordnungsteil verfasst wurde, während die Umsetzung nur summarisch berichtet wurde. Das wäre allenfalls dann wahrscheinlich zu machen, wenn das Ziel der Erzählung das materiale Endprodukt, das Heiligtum mit seinen Geräten, wäre. Tatsächlich ist aber die Rolle des Volkes und die Inbetriebnahme des Heiligtums für das Volk, kurzum die soziale und politische Funktion des Heiligtums, ein wesentliches Element der Erzählung, und dieses Anliegen kann nur in Gestalt einer Ausführungserzählung zur Geltung kommen. Eine auf den Anordnungsteil reduzierte Vorlage müsste sich auf die Bauanleitungen beschränkt haben, während die Abschnitte über die Sammlung des Volkes und die Beauftragung der Kunsthandwerker nicht Teil einer solchen Vorlage gewesen sein können.

Die angenommene Vorlage könnte in etwa den Text enthalten haben, der jetzt zwischen 25,10 und 30,10 steht, d. h. die Anordnungen zur Wohnung und zum Priesterdienst. Alternativ könnte man annehmen, dass die Vorlage nur die Anweisungen zur Wohnung und ihrem Inventar beinhaltete, also nur bis 27,19 reichte. In beiden Fällen müsste man die von der P-Komposition eingebrachten Stücke aussondern und zudem annehmen, dass die pluralischen Verbformen in 25,10; 28,6 und 30,9 ursprünglich singularisch waren.

Dieses Modell entspricht in etwa der Vorlage 1 von Rainer Albertz und – etwas weniger genau – dem Lade-Wohnungs-Text von Helmut Utzschneider. Nur muss man sich darüber im Klaren sein, dass dieses Rekonstrukt tatsächlich nicht mehr ist als eine Vorlage, eine Skizze, die zur Veröffentlichung weder geeignet noch gedacht war. Denn eine Abfolge von Anordnungen ohne wie auch immer geartete Ausführung ist per se ein Torso. Immerhin lässt sich aber daraus schließen, dass sich die Konzeption im Laufe des Entstehungsprozesses weiterentwickelt hat, und zwar von einem auf Mose konzentrierten Entwurf hin zu einem Heiligtum, das im Zentrum eines Gemeinwesens steht.

Achte Erzählphase: Ex 19,1 – 24,11: Theophanie, Worte und Gesetze, Bund

Episode 1: Ex 19,1–8a: Gott bietet dem Volk den Bund an

1 Im dritten Monat nach dem Auszug der Israeliten aus dem Land Ägypten, an diesem Tag,[a] waren sie in die Wüste Sinai gelangt. 2 Sie brachen von Refidim auf, kamen in die Wüste Sinai [a]und schlugen in der Wüste das Lager auf.[a] Israel lagerte dort dem Berg gegenüber.
3 Mose aber stieg zu dem Gott[a] hinauf. Da rief ihm Jʜᴡʜ vom Berg her zu:
„So sollst du zum Haus Jakob sprechen
und den Israeliten kundtun:
4 ‚Ihr habt gesehen, was ich Ägypten angetan habe,
und dass ich euch auf Geierflügeln trug und zu mir brachte.
5 Jetzt aber:
Wenn ihr aufmerksam auf meine Stimme hören
und meinen Bund bewahren werdet,
dann werdet ihr mir zu eigen[a] sein, allen Völkern voran.
Gewiss, mein ist die ganze Erde,
6 indes ihr[a] werdet mir ein Königreich von Priestern[b]
und ein heiliges Volk sein.'
Dies sind die Worte, die du den Israeliten sagen sollst."
7 Da kam Mose, rief die Ältesten des Volkes und legte ihnen alle diese Worte vor, die Jʜᴡʜ ihm aufgetragen hatte. 8a Da antwortete das ganze Volk einmütig, und sie sprachen: „Alles, was Jʜᴡʜ gesagt hat, wollen wir tun[a]."

Anmerkungen zu Text und Übersetzung

1ᵃ Wir nehmen an, dass hier der 15. Tag des 3. Monats gemeint ist. Dadurch ergibt sich ein Bezug zum Termin des Wochenfestes, vgl. etwa Dozᴇᴍᴀɴ, Exodus, 436.439.

2ᵃ⁻ᵃ Der Satz „und schlugen in der Wüste das Lager auf" fehlt in LXX.

3ᵃ LXX: „zum Gottesberg".

5a Wörtlich: „Ihr werdet mir ein persönliches Eigentum sein mehr als alle (anderen) Völker." Das biblisch-hebräische סגלה sᵉgullāh bedeutet – ähnlich wie Entsprechungen im Akkadischen und im rabbinischen Hebräisch – ein besonderes, auf die jeweilige Person bezogenes Eigentum, freilich in sehr unterschiedlichen sozialen Zusammenhängen. Koh 2,8 und besonders 1 Chr 29,3 legen nahe, dass sᵉgullāh vor allem die „persönliche Habe", das Krongut, eines Königs bedeutet. Andere schlagen „Schatz" vor (Lipiński, Art. סְגֻלָּה sᵉgullāh, 749; Mᴀʀᴋʟ, Funktion, 62f.). In Übertragung auf das Verhältnis zwischen Jʜᴡʜ und dem Volk Israel (vgl. auch Dtn 7,6; 14,2; 26,18; Mal 3,17; Ps 135,4) hebt der Begriff die besondere Nähe zwischen Gott und seinem „Eigentumsvolk" (עם סגלה, vgl. die Belege im Dtn und Ex 19,5LXX) hervor. Die Targume entschlüsseln die Metaphorik und geben die Wendung mit „Lieblinge" (z. B. TgOnq: חביבין) wieder.

6^a Die Formation w^e-x-yiqtol mit היה entspricht hier einem nominalen Umstandssatz der Gleichzeitigkeit; dabei wird „durch ן ein neues Subjekt in ausdrücklichem Gegensatz zu einem anderen, eben genannten eingeführt" (GesK § 142d, vgl. § 141e), hier also „ihr" im Unterschied zu „die ganze Erde". Der Sinn ist somit: Ja, gewiss ist Jhwh „Herr der ganzen Erde", Israel hat darin aber eine besondere Stellung, nämlich die, „ein Königtum von Priestern und ein heiliges Volk" zu sein. Zur Übersetzung vgl. auch Dozeman, Exodus, 445.

6^b Die beiden Fügungen ממלכת כהנים und גוי קדוש bilden einen Parallelismus; vgl. die Analyse bei Propp, Exodus 19–40, 157–160. In der Konstruktusverbindung ממלכת כהנים bezeichnet das nomen rectum כהנים „Priester" eine Eigenschaft des nomen regens ממלכת (GesK § 128p; für weitere Differenzierungen vgl. Steins, Priesterherrschaft, 23f.). Somit liegen die Wiedergaben „priesterliches Königreich" oder auch „Königreich von Priestern" nahe; sie entsprechen strukturell dem zweiten Glied „heiliges Volk" (vgl. Houtman, Exodus 2, 445). Vertreten wird auch die Wiedergabe „Priester-Königtum", also ein Königtum, in dem Priester die Herrschaft innehaben. So schon die LXX: βασίλειον ἱεράτευμα „königliches Priester-Gemeinwesen" (LXX.D). Gegen diese „hierokratische" Deutung sprechen aber sowohl sprachliche wie historische Gründe (vgl. dazu Steins, Priesterherrschaft, 24–28).

8^a Die LXX ergänzt „und hören" entsprechend Ex 24,3 [LXX].7 und unterstreicht den Bezug der Eröffnungsepisode der Erzählphase zu deren Schlussepisode. In beiden Episoden legt Mose dem Volk Gottes Angebot und die daraus resultierende Verpflichtung vor. Beidem stimmt das Volk zu.

Synchrone Analyse

Die Episode gliedert sich in drei Szenen:

Szene 1: 19,1–2: Ankunft in der Wüste Sinai, am Gottesberg
Szene 2: 19,3–6: Gott bietet Israel seinen Bund an
Szene 3: 19,7–8a: Das Volk nimmt das Angebot an

19,1–2: Die erste Szene bestimmt Zeit und Ort für die gesamte Sinaiperikope bis Num
Ankunft 10,11 und gibt zugleich den Schauplatz für die aktuelle Episode vor. Die einzelnen Aussagen bilden gleichsam konzentrische Kreise. V. 1 greift örtlich und zeitlich am weitesten aus. Er verweist auf das Exodusgeschehen in Ägypten (Ex 12–15) als Ursprung der Wanderung. Wahrscheinlich soll die Ankunft durch die Zeitangabe „im dritten Monat ... an diesem Tag" auf den Termin des Wochenfestes (vgl. Textanm. 1^a) und damit in Korrespondenz zur Päsachfeier datiert werden, die mit dem Exodus verknüpft ist (vgl. Ex 12 und die Auslegung dazu). V. 2a reiht die Ankunft am Sinai in den Verlauf der Wanderung ein und verweist dazu auf Refidim (Ex 17) zurück. V. 2b schließlich bestimmt die genaue Lage „gegenüber dem Berg (נגד ההר)". Der bestimmte Artikel signalisiert, dass *der* Berg bereits erwähnt oder allgemein bekannt ist. Für den überlieferten Text gilt beides. Bereits in Ex 3,1 und 18,5 wird der Gottesberg (הר האלהים) als Schauplatz erwähnt. In Ex 17,6 wird die Vorstellung vom Gottesberg aufgerufen, wie sie die Jerusalemer Zionstradition und die Religionen der Umwelt geprägt haben (vgl. die Auslegung zu 17,6). *Der* Berg verbindet die narrative Vorstellung des Gottesberges, auf den die Israeliten auf ihren Wanderungen treffen, mit der traditionellen Gottesbergvorstellung Israels und seiner Umwelt.

Synchrone Analyse

In der zweiten Szene steigt Mose unvermittelt zu Gott hinauf (עלה). Der Berg wird nicht ausdrücklich genannt. Gott spricht zu Mose – auch dabei bleibt der Text vage – „vom Berg her" (V. 3). Die Rede, mit der Gott dann die lange Reihe seiner Sinai-Reden eröffnet (V. 4–6), richtet sich zunächst an Mose, der sie den Israeliten auszurichten hat. Was Gott ihnen hier zu sagen hat, steht programmatisch über der ersten Episode der Sinaiperikope.

19,3–6: Gottes Angebot für Israel

Inhaltlich erinnert Gott an die Worte, die er zu Beginn der Wanderung (Ex 15,26) an die Israeliten gerichtet hat. Die Rede lässt sich in drei Abschnitte einteilen, die jeweils mit einem textgliedernden Signal eingeleitet und in kunstvollen Parallelismen (vgl. die Übersetzung) gekleidet sind.

Im ersten Abschnitt (V. 4) blendet Jhwh zurück. Mit der betont persönlichen Anrede „*Ihr*" erinnert er die Israeliten daran, dass sie „*gesehen*" haben, was Gott den Ägyptern „*angetan hat*". Die Formulierung spielt wohl auf den Schlusssatz der Meerwundererzählung an: „Da *sah* Israel die große Macht, die Jhwh an Ägypten erwiesen (wörtlich: „*getan*") hat ..." (14,31) Für die Bewahrung, die Israel bis hierher erfahren hat, gebraucht Jhwh eine Metapher, die ähnlich nur noch in Dtn 32,11f. erscheint. Dort wird die Bildhälfte ausgeführt: „Wie ein Geier sein Nest bewacht, der über seinen Jungen schwebt, seine Flügel ausbreitet, sie aufnimmt, sie trägt auf seinen Schwingen, so leitete Jhwh Jakob/Israel, so leitete ihn Jhwh allein; kein fremder Gott war bei ihm." Der Vergleich mit den Vogeleltern fügt sich zu den Metaphern, die Gottes Fürsorge für Israel und menschliche Elternliebe zusammensehen (Hos 11,1–4; Jes 49,15; Jer 31,9) und damit den göttlichen Anspruch der Alleinverehrung verbinden.[1] Der Schlusssatz des Abschnitts beschreibt den „Jetztzustand" der Israeliten: „... ich brachte euch zu mir." Sie befinden sich *jetzt schon* in der Nähe Gottes.

Der nächste Teil der Rede wird durch die textgliedernde Fügung „Jetzt aber" (ועתה) eröffnet und so hervorgehoben (V. 5f.). Gott wendet sich darin der Zukunft zu. Ähnlich wie in Ex 15,26 wird die künftige, gedeihliche Existenz Israels an eine Bedingung geknüpft, die der Parallelismus „Hören auf Jhwhs Stimme" und „Bewahren des Bundes" zum Ausdruck bringt.

Dabei verweist das erste Glied auf unmittelbar Bevorstehendes: Die „Stimme Jhwhs" wird sich in der gleich erfolgenden Bergtheophanie als Donner und als Ton des Schofars, der kultischen Signaltrompete, hören lassen (19,16.19a; 20,18), und zwar so überwältigend, dass sie den Israeliten unerträglich sein wird (19,19a; 20,19). In der Sache verweist „Hören der Stimme Jhwhs" auf das Hören der Gebote, die Mose dem Volk übermitteln wird (20,19, vgl. schon 3,18, ferner Dtn 15,5; 28,1).

Stimme Jhwhs

Auch das zweite Glied „Bewahren des Bundes (ברית *bᵉrît*)" verweist auf die Gebote. Der materiale Gehalt des Wortes „Bund" ist damit weitgehend identisch.[2] Als Beziehungsbegriff beinhaltet es die dauernde Verpflichtung des Volkes auf diese Gebote. Das Hören zieht die Verpflichtung nach sich, das Gehörte zu bewahren. Das Volk geht auf diese Verpflichtung sogleich ein (V. 8), wie später nochmals in einer feierlichen Zeremonie nach der Verlesung des „Buches des Bundes" durch Mose (24,3–8). Wie Ex 32f. dann dramatisch erzählt, hält es sich schon in naher

Bund

---

1 Vgl. den Exkurs „Auf Geiersflügeln" in Dohmen, Exodus 19–40, 57–59.

2 Vgl. etwa Dtn 4,13; 33,9; Ps 50,16 u. ö. Weinfeld, Art. בְּרִית, 784: „... ברית (ist) mit Gesetz und Gebot gleichbedeutend und der Sinaibund in Ex 24 ist wesentlich ein Auferlegen von Gesetzen ... und Verpflichtungen für das Volk (V. 3–8)".

Eigentumsvolk

Zukunft eben nicht daran und riskiert damit, der Fürsorge Gottes auf seinem weiteren Weg verlustig zu gehen. Der erzählerische Konflikt der Sinaiperikope ist also bereits hier angelegt.

Im zweiten Teil des Bedingungsgefüges (V. 5b.6) geht Jhwh seinerseits eine Verpflichtung ein, die er metaphorisch beschreibt: Er werde sich Israel „zu eigen" machen als seine סגלה *s^egullāh*, sein „besonderes Eigentum", seinen „Schatz", ja seinen „Liebling" (vgl. Textanm. 5ᵃ). Damit verbunden wird ein Vorzug vor allen (anderen) Völkern sein. Worin dieser besteht, führt V. 5bβ–6 weiter aus. Jhwh bekräftigt zunächst, dass die gesamte Völkerwelt Jhwh unterworfen ist: „Gewiss, mein ist die ganze Erde ..." (vgl. schon Ex 9,26). Den Vorzug, der Israel vor diesen auszeichnet, fasst die Rede inhaltlich dann in zwei parallele Fügungen: Es wird ממלכת כהנים sein, was wir mit „priesterliches Königreich" oder „Königreich von Priestern" wiedergeben, und es wird ein גוי קדוש, ein „heiliges Volk" sein (vgl. Textanm. 6ᵃ).

Königreich von Priestern

Die Wiedergabe „Königreich von Priestern" kann als Hinweis auf ein egalitäres Gesellschaftsbild[3] verstanden werden, das dann nicht selten im Sinne eines „allgemeinen Priestertums" aller Israeliten verstanden wird, also ein (von Gott regiertes) „Reich, dessen Bürger alle Priester sind"[4].

Exkurs: Allgemeines Priestertum aller Gläubigen[5]

Der Topos des Priestertums aller Gläubigen bzw. aller Getauften ist ein zentraler Topos der protestantischen, insbesondere der lutherischen Ekklesiologie (Lehre von der Kirche). In 1 Petr 2,9 werden die bedrängten Gemeinden im Kleinasien des ausgehenden 1. Jahrhunderts mit den Zuschreibungen aus Ex 19,6 angesprochen: „Ihr seid ein auserwähltes Geschlecht, eine königliche Priesterschaft, ein heiliges Volk, ein Volk zum Eigentum." Wie das Gottesvolk am Sinai an die Befreiung aus Ägypten, so werden die Gemeinden des ersten Petrusbriefes an ihre Erfahrung mit den großen Taten Gottes erinnert. Dabei ist der Petrusbrief ohne jeden exklusiven Eifer: Die Leser dürfen sich auserwählt wissen, es gibt aber kein Anzeichen, dass sie anderen die Erwählung bestreiten müssten und würden – auch nicht den Juden.[6]

Für Luther war Ex 19,6, vermittelt durch den ersten Petrusbrief, die wichtigste Begründung für den Gedanken des Priestertums aller Getauften. In seiner Adelsschrift von 1520 schreibt er: „Denn alle Christen sind wahrhaft geistlichen Standes ... so werden wir allesamt durch die Taufe zu Priestern geweihet, wie Sankt Peter, I. Petr. 2,9, sagt: Ihr seid ein königlich Priestertum und ein priesterlich Königreich ..."[7]

Ein solches egalitäres Verständnis passt zur Erzählung des Bundesschlusses in Ex 24,3–8, in der Mose „die jungen Leute" beauftragt, Brandopfer zu opfern (עלה עלת Hi.) und Gemeinschaftsschlachtopfer (זבחים שלמים) zu schlachten, also (auch) Funktionen im Opferkult wahrzunehmen. Zumindest auf der Ebene des überlieferten Textes ist damit u. E. keine grundsätzliche Ablehnung des institutionellen Priestertums verbunden. In den Opfertexten der Sinaiperikope wirken institutio-

---

3   Vgl. Oswald, Staatstheorie, 126.

4   Dillmann, Exodus, 214, vgl. Blum, Studien, 51f. mit Anm. 22.

5   Zum folgenden Exkurs vgl. Utzschneider, Ex 19,1–6, 371f.

6   „Die eigentliche Pointe ist ... weder die Abgrenzung von Israel noch die von der Gesellschaft, sondern die Zugehörigkeit zu Gott" (Feldmeier, Der erste Brief des Petrus, 93).

7   Luther, An den christlichen Adel deutscher Nation, 87.

Synchrone Analyse
101

nelle Priester und „Laien" zusammen, der nichtpriesterliche „Opferherr" ist am Opfervorgang immer beteiligt (vgl. Lev 1,5; 3,2 u. ö. sowie die Auslegung zu Ex 24,4–8). Allerdings relativiert die Vorstellung des priesterlichen Königtums der Israeliten den Weihestatus der Priester, wie er in Ex 29 und in anderen Heiligtumstexten zum Ausdruck kommt.

In der Gottesrede im gegenwärtigen Kontext steht dieser Aspekt u. E. aber nicht im Vordergrund. Hier geht es vielmehr um ein „Alleinstellungsmerkmal" Israels. Wie die Priester im späteren Sinaiheiligtum der die Gegenwart Jhwhs repräsentierenden Lade näherkommen werden als Nichtpriester, so werden die Israeliten Gott näher sein als alle anderen Völker. Das wird Israel – unter der in V. 5 formulierten Bedingung – von den Völkern unterscheiden.[8]

Das zweite Glied des Parallelismus in V. 6, „heiliges Volk" (קדוש גוי), präzisiert weiter, welche Eigenschaft das Volk haben soll und wird: Heiligkeit bzw. Heiligung.

Heiliges Volk

Exkurs: Heiligkeit und Heiligung[9]

Heilig zu sein (Wurzel: קדשׁ, Adjektiv: קָדוֹשׁ) bzw. Heiligkeit (Nomen: קֹדֶשׁ) kommt im Alten Testament (und nicht nur dort) primär Gott zu. „Das Konzept ‚heilig' ist eine Extension der Natur Gottes."[10] Ein locus classicus dafür ist das sog. „Trishagion" der Keruben in Jes 6,3: „Heilig, heilig, heilig ist Jhwh Zebaoth. Die Erde ist voll seiner Ehre." Wer oder was auch immer sonst „heilig" ist, es seien Orte, Räume, Gegenstände, Festzeiten oder auch Menschen, ist oder wird es durch die Nähe oder die Beziehung zu Gott. Dies gilt für den Gottesberg oder das Heiligtum (מקדשׁ, wörtlich: Ort des Heiligen) dadurch, dass Gott dort erscheint (Ex 3,5) oder wohnt (z. B. Ps 43,3; Ex 25,8 und die Auslegung dazu). Der Sabbat ist heilig, weil Jhwh ihn „heiligt" (קדשׁ Pi. Ex 20,11, vgl. 16,23). Heilige Orte und Zeiten haben um sich Sphären der Heiligkeit bzw. Reinheit[11], die sie von „profanen" bzw. „unreinen" Bereichen abgrenzen (siehe gleich zu Ex 19,12f.).

Menschen bedürfen, um Zugang in die Sphäre des Heiligen zu haben, der „Heiligung" und/oder der „Reinigung".[12] Dies kann durch entsprechende Rituale geschehen, die vor allem Priester zu durchlaufen haben (vgl. Ex 29). Auch Kultgegenstände und -materialien können dieser rituellen Heiligung und/oder Reinigung bedürfen (vgl. etwa Ex 29,36). Heiligung ist aber keineswegs nur rituell zu erzielen, vgl. Ps 24,3f.: „Wer darf hinaufziehen zum Berg Jhwhs, und wer darf stehen an der Stätte seiner Heiligkeit? Wer unschuldige Hände hat und reinen Herzens ist, wer nicht auf Nichtiges aus ist und nicht betrügerisch schwört." Eine besondere Theorie der Heiligkeit vertritt das sog. „Heiligkeitsgesetz", das die Heiligkeit bzw. Heiligung der Israeliten als „imitatio dei", also Nachahmung oder besser Anverwandlung der Heiligkeit Gottes, beschreibt, vgl. Lev 19,2 u. ö.: „Ihr sollt heilig sein, denn heilig bin ich, Jhwh euer Gott." Die sozialen und kultischen Bestimmungen verhelfen dazu, „die Heiligkeit in den Alltag der Israeliten hineinzutragen".[13]

---

8   Ähnlich neuerdings Albertz, Exodus 19–40, 41; Dohmen, Exodus 19–40, 62f.; Steins, Priesterherrschaft, 35. Anders z. B. Blum, Studien, 51f. (zur älteren Diskussion 51, Anm. 22), der eine metaphorische Deutung ablehnt und den Ausdruck auf die priesterlichen Funktionen der „jungen Leute" (24,5) bezieht.

9   Vgl. den Überblick bei Rudnik, Art. Heilig / profan / Heiligkeit (AT).

10 Hieke, Levitikus 1–15, 123f.

11 Zur Differenzierung zwischen „rein" (טָהוֹר) und „heilig" vgl. Hieke, Levitikus, 125f.

12 Vgl. Podella, Art. Heiligung I. Altes Testament, 1571f.

13 Hieke, Levitikus 16–27, 703.

In unserem Text ist Heiligkeit nicht als ein Privileg der Priester gedacht. Der „imitatio dei"-Gedanke des Heiligkeitsgesetzes (vgl. Exkurs) macht alle Israeliten zu Trägern der Heiligkeit, sofern sie sich der Heiligkeit Gottes anverwandeln, d. h. seine Gebote beachten. Ex 19,3–6 stellt damit keinen bestehenden Zustand fest, vielmehr hat die Rede „utopische Qualität"[14].

19,7–8a: Die Ältesten nehmen das Angebot an In der dritten Szene ruft Mose die „Ältesten Israels" im Lager zusammen, um ihnen die Worte mitzuteilen, die ihm Jhwh aufgetragen hat. Ältestenversammlungen hat Mose bereits einberufen, als er ihnen die Aufträge und Verheißungen seines ersten Gottesbergerlebnisses übermittelt und damit die Befreiung aus Ägypten in Gang setzt (Ex 4,29–31), ebenso unmittelbar vor dem Aufbruch selbst (12,21). Eine ähnliche Zäsur bildet nun das „Angebot" Gottes, also die Bedingungen und die Verheißung des „Bundes". Die Israeliten, nicht nur die Ältesten, akzeptieren es „einmütig" (vgl. 4,31). Sie tun dies, noch ohne die Inhalte des Bundes, also die Gebote, zu kennen. So verweist die Szene auf 24,3–8, als Mose den Israeliten die Gebote feierlich übermittelt und verliest, und die Israeliten diese einstimmig annehmen.

Diachrone Analyse

EG	DtrG	PK	TK
		19,1	19,2a
19,2b–3a	19,3b–8a		

19,1–2a Gemäß der EG-Erzählung halten sich die Israeliten bereits seit Ex 18 am Gottesberg auf (vgl. 18,5), und auch die Gesetzgebung ereignet sich an einem namenlosen Berg, der in Ex 24,13 ebenfalls „Gottesberg" genannt wird. Gleichwohl berichten Ex 19,1 und 2a von einer Ortsveränderung.

19,1 in der P-Komposition Gemäß 19,1 gelangen die Israeliten in die Wüste Sinai. Der Name „Sinai" fällt in der Sinaiperikope hier zum ersten Mal. Mehrere Gründe sprechen für eine Einfügung der P-Komposition: (1.) spielt „Sinai" klanglich an die Wüste „Sin" in 16,1aβb; 17,1 an; beide Belege gehören zur P-Komposition. (2.) wird sich zeigen, dass der Name „Sinai" im Folgenden ausschließlich in der P-Komposition verwendet wird, (3.) greift die Datierung „im dritten Monat nach dem Auszug der Israeliten" Ex 12,1 auf und führt die daran anknüpfenden priesterlichen Datierungen 16,1b und 17,1a weiter.

Anliegen der P-Komposition Die Einfügung der Ortsveränderung verursacht eine erhebliche Inkohärenz im Text, denn die Israeliten halten sich ja vor und nach 19,1 am Gottesberg auf. Die Hilfsannahme, es handle sich um zwei verschiedene Berge, scheidet aus, denn der Text geht in allen seinen Stadien immer nur von dem einen Berg aus, an dem Mose zunächst allein war (Ex 3). Die priesterlichen Kompositoren hatten freilich guten Grund, diese Einfügung vorzunehmen, denn damit trennten sie den Ort der Einsetzung des Kultes (Ex 25–31; 35–40) vom Wirkungsort des midianitischen Priesters Jitro.

---

14 So Dozeman, Exodus, 440, vgl. 446; ähnlich Dohmen, Exodus 19–40, 63.

Die Tora-Komposition ergänzt in Ex 19,2a die priesterliche Ortsangabe durch die Einfügung des Ausgangspunktes „Refidim" (vgl. 17,1b.8). Damit soll offensichtlich das durch 19,1 geschaffene Lokalisierungsproblem gelöst werden. Mögen die Israeliten schon vorher am Gottesberg gewesen sein, jetzt sind sie von Refidim aus in die Wüste Sinai gekommen. *(19,2a in der Tora-Komposition)*

Nach diesen literargeschichtlich späten und komplizierten Angaben greift die EG-Erzählung in 19,2b wieder einfach auf Ex 18 zurück und expliziert, was dort durchweg impliziert ist: „Und Israel lagerte dort dem Berg gegenüber." Ebenfalls in der EG-Erzählung geht Mose sodann zum ersten Mal den Berg hinauf (19,3a). *(19,2b.3a in der EG-Erzählung)*

Die zu erwartende Gottesrede folgt in der EG-Erzählung erst in 19,10–11a. Die erste Gottesrede 19,3b–6, ihre Übermittlung an das Volk und dessen Antwort (19,7–8a) gehören dagegen zu den Erweiterungen des DtrG. Der Begriffskomplex עם סגולה „Eigentumsvolk" (19,5 ‖ Dtn 7,6; 14,2; 26,18), גוי קדוש/עם „heiliges Volk" (19,6 ‖ Dtn 7,6; 14,2; 26,19) und ברית „Bund/Vertrag" (19,5, vgl. 24,7–8 ‖ Dtn 7,9; 26,16–19) ist in dieser Kombination eine typisch dtr Konzeption. Dasselbe gilt für die Ältesten (19,7, vgl. die Auslegung von 3,16–20). *(19,3b–8a im DtrG)*

Synthese

Die Ortsangaben am Anfang der Episode sind mehrgliedrig und unübersichtlich. Synchrone und diachrone Analyse versuchen auf je ihre Weise, darin eine Ordnung zu finden.

Der synchronen Auslegung zufolge sind diese Ortsangaben auf den Gottesberg zentriert. Sie gehen aus vom Land Ägypten, führen über die weitere Umgebung der „Wüste Sinai" (V. 1) und den Ort „Refidim", an dem das letzte Lager der Israeliten stand (V. 2a), in die unmittelbare Nähe des Gottesberges („dem Berg gegenüber", V. 2b).

Demgegenüber schafft die diachrone Auslegung Ordnung, indem sie zunächst den Text der EG-Erzählung rekonstruiert, die ohne Ortsveränderung an 18,27 anschließt: 19,2b–3a („Israel lagerte dort dem Berg gegenüber ...") nimmt einfach 18,5 auf. Die von der P-Komposition und von der Tora-Komposition eingebrachten Ortsangaben werden anschließend aus den konzeptionellen Interessen dieser Autoren erklärt.

Die Gottesrede Ex 19,4–6 ist neben Dtn 7,6–8 (s. u.) einer der biblischen Kerntexte des Konzeptes der Erwählung. Im Blick darauf bezeichnet Benno Jacob den Text als die „magna charta Israels". Die „Auffassung Israels von seiner Auserwähltheit" sei „das Bewußtsein, das höchste Gut zu besitzen, wenn es der Pflicht nachlebt, von der dieser Besitz abhängt: auf SEINE Stimme zu hören und SEINEM Bunde treu zu bleiben. ... Denn anders ist eine innere Gewißheit, Gottes eigenstes Eigentum zu sein, nicht zu gewinnen."[15] „Erwählung" ist nach Benno Jacob eine Sache zwischen Jнwн und Israel allein. Die Völker, auch wenn sie in ihrem Verhältnis zu Jнwн Israel nicht gleichstehen, sind davon nicht berührt.

Das bedeutet auch, dass die sog. „Substitutionstheorie", d. h. die Anschauung, die christliche Kirche habe Israel als Gottes Eigentumsvolk abgelöst, (gesamt)bib-

---

15 Jacob, Exodus, 538, Großbuchstaben im Original.

lisch-theologisch unhaltbar ist. Als Begründungsnarrativ des christlichen Antijudaismus hat diese Theorie unendlich viel Leid über Jüdinnen und Juden gebracht. Erst unter dem Eindruck des Holocaust, im letzten Drittel des 20. Jahrhunderts, hat in den christlichen Kirchen ein Umdenken eingesetzt, und die Einsicht hat sich Bahn gebrochen, dass die Erwählung Israels „bleibend" und der „Bund nie gekündigt" ist.

Episode 2: Ex 19,8b–19: Gott erscheint dem Volk als Wolkendunkel

8b Da berichtete Mose Jhwh die Worte des Volkes. 9 Da sprach Jhwh zu Mose: „Siehe, ich werde zu dir kommen als[a] Wolkendunkel[b], damit das Volk höre, wie ich mit dir rede, und auch auf dich vertraue für immer." Da richtete Mose Jhwh die Worte des Volkes aus. 10 Da sprach Jhwh zu Mose: „Geh zum Volk[a] und heilige sie heute und morgen. Sie sollen auch ihre Kleider waschen 11 und sich für den dritten Tag bereithalten. Am dritten Tag nämlich wird Jhwh vor den Augen des ganzen Volkes auf den Berg Sinai herabfahren.[a] 12 Und du sollst eine Grenze um das Volk[a] ziehen und sagen: ‚Hütet euch, auf den Berg hinaufzusteigen oder (auch nur) seinen Rand zu berühren. Jeder, der an den Berg rührt, wird gewiss sterben. 13 Keine Hand soll ihn[a] anrühren, denn (jeder, der dies tut,) wird gewiss gesteinigt oder gestürzt[b] werden – es sei ein Stück Vieh oder ein Mensch –, keiner wird überleben.' Wenn das Widderhorn ziehend ertönt[c], mögen sie zum[d] Berg hinaufziehen."

14 Da stieg Mose vom Berg herab zum Volk und heiligte das Volk, und sie wuschen ihre Kleider. 15 Da sprach er zum Volk: „Seid bereit für den dritten Tag[a]. Rührt keine Frau an!"

16 Am dritten Tag bei Anbruch des Morgens, da geschahen Donnerstimmen und Blitze, eine Wolke (lag) schwer auf dem Berg[a], und eine Schofarstimme ertönte sehr stark. Da erbebte das ganze Volk, das im Lager war. 17 Da führte Mose das Volk dem Gott entgegen aus dem Lager heraus, und sie stellten sich unten am Berg auf. 18 Der Berg Sinai indessen war ganz (in) Rauch (gehüllt), weil nämlich Jhwh auf ihn herabgefahren war als Feuer[a]. Sein Rauch stieg auf wie der Rauch eines Schmelzofens, und der ganze Berg bebte sehr, 19 und der Ton des Schofars wurde immer stärker[a]. (Jedes Mal, wenn) Mose redete, dann antwortete[b] der Gott ihm (jeweils) als Stimme.

Anmerkungen zu Text und Übersetzung

9[a]   Wir verstehen die Präposition ב nicht lokal, sondern als „ב essentiae", das zum Ausdruck einer „Seinsweise oder Erscheinungsform" (GesL 119) dient. Vgl. schon Textanm. 14,24[b] sowie V. 18f. „als Feuer" bzw. „als Stimme".

9[b]   LXX: „Wolkensäule" wie Ex 13,21; 14,24 u. ö.

Synchrone Analyse   105

10ᵃ   Die LXX-Version lautet an dieser Stelle: „Steige hinab und bezeuge (das) dem Volk ...“ (LXX.D), entsprechend lautet die LXX-Version in Ex 19,21.

11ᵃ   Jʜᴡʜ als Subjekt in der 3. P. innerhalb der Jʜᴡʜ-Rede spricht dafür, dass V. 11b ein Erzählerkommentar ist, der auf V. 18aβ verweist, der ebenfalls als Kommentar in der Erzählung angesehen werden kann (vgl. unten Textanm. 18ᵃ).

12ᵃ   Sam: „um den Berg“ wie MT in Ex 19,23.

13ᵃ   Als Bezug des Personalpronomens naheliegend ist „der Berg“; grammatisch möglich ist auch der Mensch, der den Berg angerührt und sich damit verunreinigt hat (vgl. Hᴏᴜᴛᴍᴀɴ, Exodus 2, 451).

13ᵇ   Die Todesstrafe, die Jʜᴡʜ hier Mensch und Tier androht, ist nicht von Menschen zu vollziehen, sondern gewissermaßen vom Berg selbst (vgl. Aʟʙᴇʀᴛᴢ, Exodus 19–40, 45). Die Steinigung ist als Steinschlag gut vorstellbar. Schwieriger ist die Vorstellung des Erschießens als Bedeutung von ירה. Das Verb kann aber auch „werfen“ meinen. In diesem Sinne bietet sich für die Nifʿal-Form hier „(Hinab)Geworfen-“ oder „Gestürzt-Werden“ an. Vgl. Hi 30,19, dort steht ירה freilich im Hifʿil, sowie Jᴀᴄᴏʙ, Exodus, 544, und Dᴏʜᴍᴇɴ, Exodus 19–40, 47f.

13ᶜ   Wörtlich: „beim Ziehen des Widders“. יבל(ו) ist vor allem in Lev 25; 27 belegt und steht für „das durch Blasen ... eröffnete Erlaßjahr“ (GesL 450; vgl. etwa Lev 25,13; 27,24). Nur aus Jos 6,5 geht zweifelsfrei hervor, dass es sich dabei um jenes kultische bzw. militärische Signalinstrument handelt, das sonst „Schofar“ (vgl. Ex 19,16) genannt wird. Die Bedeutung „Widder“ für יובל ist sonst im AT nicht belegt, sondern wird aus der überlieferten Form des Instruments und dem Aramäischen erschlossen. Die Infinitivform משׁ „ziehen“ wird meist als „langgezogener Ton“ interpretiert (vgl. auch Jos 6,5). Vermutlich ist damit ein bestimmtes Signal des Instruments gemeint, andere Signale werden als „sehr stark“ (V. 16), „stärker werdend“ (V. 19) oder „stoßweise“ (Jos 6,8f.) beschrieben. Die Mischna hat eine ganze Systematik solcher Signale entwickelt (mRosch 3,3–4; 4,9; mSukka 4,5; vgl. dazu Bʀᴀᴜɴ, Musikkultur, 217). LXX gibt das Verbum משׁך „ziehen“ (wie in Ex 12,21 und Ri 4,6) mit ἀπέρχομαι „weggehen, entfernen“ wieder: „Sobald die Donnerstimmen und die Posaunen und die Wolke sich vom Berg entfernen, mögen jene auf den Berg steigen“ (LXX.D). Sie geht also davon aus, dass die Israeliten erst dann den Berg wieder besteigen dürfen, wenn die Theophanie vorüber ist.

13ᵈ   Zur Übersetzung der Präposition ב mit „zum“ vgl. die Auslegung.

15ᵃ   Wörtlich: „für drei Tage“.

16ᵃ   LXX: „Berg Sinai“.

18ᵃ   Der Satz in V. 18aβ beschreibt bzw. erzählt nicht das Geschehen wie der Text in V. 17–18, sondern erläutert es im Nachhinein (x-qatal) als Folge der Herabkunft Jʜᴡʜs auf den Berg. Es handelt sich, wie in V. 11, um einen Erzählerkommentar.

19ᵃ   Zur Konstruktion vgl. GesL 277.

19ᵇ   Die x-yiqtol-Formationen ידבר und יעננו in V. 19b werden unterschiedlich verstanden. Meist werden sie in der Übersetzung nicht eigens wiedergegeben, sondern in den Erzählduktus integriert. Mit Oswald, Israel, 42, geben wir den Text als Iterativ der Vergangenheit wieder. Die Sinaiperikope ist von Wortwechseln zwischen Mose und Gott durchzogen (vgl. dazu die Auslegung von V. 9). Das Satzgefüge hat in diesem Kontext den Sinn eines realen Bedingungssatzes: „(Jedes Mal,) wenn ...“ (vgl. GesK § 159b). Anders Dᴏʜᴍᴇɴ, Exodus 19–40, 48.

Synchrone Analyse

Die Episode ist ein Musterbeispiel für den „Patchworkstil“ der Sinaiperikope (vgl. dazu die Einleitung zur Sinaiperikope, synchron). Unbeschadet dessen bilden die

Episode 2: Ex 19,8b–19: Gott erscheint dem Volk als Wolkendunkel

drei Szenen eine weitgehend konsistente Story. Dabei sind die erste und die dritte Szene aus je zwei Teilszenen zusammengesetzt:

> Szene 1: 19,8b–13: Reden zur Vorbereitung auf die Theophanie
> Szene 2: 19,14–15: Vorbereitungen (Erzählung)
> Szene 3: 19,16–19: Erste Bergtheophanie

Die beiden Teilszenen der ersten Szene (V. 8b–13) erzählen zunächst jeweils in ganz ähnlichen Worten, dass Mose zu Jhwh (zum Berg) zurückkehrt und berichtet, dass das Volk sein (Jhwhs) Bundesangebot angenommen hat. Daran schließt sich jeweils eine Rede Jhwhs an.

19,9: Vertrauen in Mose

Jhwhs erste Rede (V. 9) richtet sich allein an Mose. Sie kündigt an, JHWH werde zu ihm im Wolkendunkel kommen, *damit* das Volk ihn mit ihm reden höre und ihm, Mose, vertraue. Das Motiv des Vertrauens in Mose durchzieht das gesamte Exodusbuch. In Ex 4,30f. überbringen Mose und Aaron dem Volk die Verheißungen Jhwhs, und dieses vertraut den Gesandten. Als der Auszug (zunächst) scheitert, verlieren sie das Vertrauen (5,21). Sie gewinnen es erst nach der Niederlage Ägyptens im Meerwunder wieder (14,31). In den Wüstenerzählungen (15,22 – 17,13) muss Jhwh das Vertrauen mehrfach wiederherstellen. Nun aber will Jhwh das Vertrauen auf ein neues, ein dauerhaftes Fundament gründen: Das Volk soll (selbst) hören und erfahren, dass Jhwh mit Mose „redet" (דבר). Die Episode kommt darauf an ihrem Ende noch einmal zurück (V. 19b).

19,10–13: Heiligung des Volkes

Jhwh beauftragt Mose, das Volk zu heiligen (קדש Pi.). Damit nimmt Mose eine priesterliche Aufgabe wahr, die das Volk seinerseits in eine Art priesterlichen Stand versetzt. In dieser Weise wird Mose auch Aaron und seine Söhne als Priester „heiligen" (Ex 28,3.41; 29,1.33.44b; Lev 8,12.30 u. ö.). Das Waschen der Kleider (כבס Pi.) gehört ebenfalls zum Wortfeld des Kultes,[16] meist um eine Kontamination mit Körperflüssigkeiten zu beheben (vgl. vor allem Lev 15 passim, insbesondere V. 26f.). Die rituelle Vorbereitung ist somit aus spezifisch priesterlichen Weihehandlungen und allgemeinen Reinigungsriten kombiniert. Dies liegt auf der Linie der Vorstellung vom „priesterlichen Königreich" (s. o. zu Ex 19,6). Das Volk soll sich „für den dritten Tag" bereithalten, den Grund dafür soll Mose anscheinend nicht verraten. (Die Bemerkung, Jhwh werde am dritten Tag auf den „Berg Sinai herabsteigen" [V. 11b] ist an die Leser, vielleicht auch an Mose, nicht aber an die Betroffenen gerichtet.)

Grenze um das Volk, Berg als Heiligtum

Mose soll dem Volk einschärfen, den Berg nicht zu besteigen, ja nicht einmal zu berühren; jedes Lebewesen hat eine solche Berührung mit dem Leben zu bezahlen. Die Grenze, die Mose um das Volk, und nicht – wie es zu erwarten wäre – um den Berg, zieht (so 19,23), hegt dieses gleichsam wie eine Herde ein. All diese Vorkehrungen demonstrieren die unvergleichliche Heiligkeit des bevorstehenden Ereignisses. Das Szenario ist transparent auf den Kontext eines Heiligtums und seinen Kult.[17]

---

16 Vgl. André, Art. כָּבַס *kābas*, 42–45, besonders 42.

17 Auch für das Sinaiheiligtum sind Restriktionen des Zugangs vorgesehen. Vgl. dazu in der nächsten Erzählphase z. B. Ex 26,31; 27,21; ferner Lev 10; 16 sowie im Heiligtumsentwurf des Ezechielbuches Ez 44,4–19.

Synchrone Analyse

Um so überraschender kommt dann in V. 13b die Ankündigung, auf ein bestimmtes Signal des Widderhorns, bzw. des Schofars hin dürfe das Volk den Berg besteigen. Indessen besteht auch eine Möglichkeit, V. 13b im Einklang mit seinem Kontext zu lesen und zu übersetzen. Die Präposition ב „in, an, auf" in der Fügung mit עלה „hinaufsteigen / hinaufziehen" kann in seltenen Fällen auch eine Richtung oder ein Ziel angeben[18] und somit – wenn auch mit einer gewissen semantischen Unschärfe – in der Bedeutung „zum" verstanden werden. So kann V. 13b dann unmittelbar auf V. 16f. verweisen: Das Volk nimmt im Lager das spektakuläre Getöse der beginnenden Theophanie wahr; dieses geht in einen starken Schofarton über. Auf dieses Signal hin führt Mose das Volk aus dem Lager heraus und „unten an (בתחתית) den Berg" heran (V. 17), also ohne dass es die Grenze überschreitet, die nach V. 12 zu ziehen war (vgl. die diachrone Auslegung und die Synthese).

Die zweite Szene erzählt die Vorbereitung des Volkes auf die Theophanie. Mose „heiligt" es, und das Volk nimmt selbst die Waschung der Kleider vor. V. 15 schiebt noch die Aufforderung nach, sich des Geschlechtsverkehrs zu enthalten. Auch dies hebt wohl auf Reinheitsregeln ab, wie sie in Lev 15,19–31 nachzulesen sind. Eine moralische Konnotation hat die Anordnung u. E. nicht. Was passieren wird, erfährt das Volk immer noch nicht.

19,14–15: Vorbereitung

Nun bricht die erste Bergtheophanie über das im Unklaren gelassene Volk herein. In der ersten von zwei Teilszenen (V. 16) wird das Volk am Morgen des dritten Tages vom Einsetzen der Theophanie-Erscheinungen überrascht (vgl. dazu schon zu V. 13b). Überwältigt von Donner und Blitz, schwerem Gewölk über dem Berg sowie schließlich einem lauten Schofarton, wörtlich: der „Stimme (קוֹל) des Schofars", erzittert es im Lager.

19,16–19: Erste Bergtheophanie

Für die Hörer oder Leser impliziert diese Inszenierung weit mehr als die bloße Story. Das Volk befindet sich im Zustand der Heiligkeit und Reinheit; dies ruft die Vorstellung eines kultischen Kontextes hervor, in dem der Berg urbildlich, ja metonymisch anstelle des Heiligtums steht.[19] Ein solcher Kontext spiegelt sich auch in den Theophanieschilderungen der Psalmen (Ps 18,8–16; 50,2–6 und besonders 68,8–11). Ps 68 erinnert einerseits an die Wüstenwanderung und die Theophanie am Sinai und verbindet damit andererseits die Schilderung von Prozessionen im himmlischen (68,16–19) ebenso wie im irdischen Heiligtum, dem Zion (68,25–28). „Sinai, Zion und Himmel fließen im Heiligtum ineinander."[20]

In der zweiten Teilszene führt Mose das Volk aus seinem Lager heraus, auf den Berg zu (vgl. zu V. 13b). Möglicherweise evoziert der Zug der Israeliten in Richtung auf den Gottesberg die Vorstellung einer Prozession zum Heiligtum. Die Bergszenerie ist währenddessen verstärkt von Theophanie-Erscheinungen erfüllt. Der ganze Berg ist heiß wie ein Schmelzofen, er raucht, bebt, und der Schofarton hört nicht auf, sondern nimmt an Stärke zu.

Prozession

Verursacht sei das Ganze durch die Herabkunft Jhwhs als Feuer (V. 18). Rückweisend kann dazu der brennende Dornbusch in Ex 3,2f. assoziiert werden. Vorweisend ist an die zweite Bergtheophanie (24,17) zu denken, wo die „Herrlichkeit

Jhwh als Feuer

---

18 Vgl. GesL 119 (I,1.b) und 1 Sam 1,7 (Hannas Wallfahrt nach Silo); 9,11; 2 Sam 2,1; Ps 24,3.

19 Oswald, Israel, 210f. (ähnlich Albertz, Exodus 19–40, 51) sieht den Berg als „Umwidmung" des (priesterlichen) Heiligtums und dessen Spitze als Allerheiligstes.

20 Jeremias, Königtum, 77.

JHWHS" als „verzehrendes Feuer" erscheint, sowie schließlich an das Feuer, das am Tag der Einweihung des Sinaiheiligtums von Jhwh ausgeht und das Brandopfer verzehrt (Lev 9,24).

JHWH als Stimme

V. 19b (vgl. Textanm. 19[b]) interpretiert den Schofarton (קוֹל הַשּׁוֹפָר, V. 19a) gleichsam als akustische Personifikation, als Stimme (קוֹל) des Gottes, der Mose antwortet. Was Jhwh in V. 9 angekündigt hat, tritt nun *erstmals* ein: Das Volk hört Gott mit Mose reden. Das wird sich vielfach auf der Wanderung wiederholen. Bereits in 20,19, nach der Verkündung des Dekalogs, wird das Motiv wieder aufgegriffen, es wirkt weiter in den beiden „Zelten der Begegnung", die jeweils Schauplätze des Redens Gottes mit Mose darstellen (25,22 und 33,7–11).

Diachrone Analyse

EG	DtrG	PK	TK
	19,8b		19,9
19,10–11a	19,13b	19,11b–13a	
19,14–15			
19,16–17		19,18abα	
19,18bβ–19a			19,19b

19,8b–9

V. 8b schließt die dtr Einfügung 19,3b–8 mit der Antwort des Volkes an Jhwh ab. Die zweite Gottesrede an Mose (19,9a) ist eine Einfügung der Tora-Komposition, worauf die Doppelung der Antwortüberbringung (19,8b.9b) einen ersten Hinweis gibt.

Tora-Komposition

Maßgeblich für die literargeschichtliche Einordnung von 19,9 sind aber inhaltliche Gründe. Der hier angekündigte Modus der Kommunikation wird auch in weiteren Einfügungen der Tora-Komposition angewendet: Gott wird zu Mose kommen und dann wird das Volk hören, wie Gott und Mose miteinander reden (vgl. 19,19b; 33,1–4.7–11). Das soll den Glauben des Volkes an Mose wecken bzw. stärken. Eigentlich ist das Gegenüber des Glaubens Jhwh (vgl. Gen 15,6; Num 14,11), aber schon in Ex 14,31b TK wird der Glaube an Jhwh und der an Mose parallelisiert (etwas variiert auch in Ex 4,31a). Der Abschluss des Pentateuch in Dtn 34,10–12 macht deutlich, dass die Sonderstellung des Mose und die Sonderstellung der Tora einander entsprechen. Glaube an Mose ist Glaube an die von Gott gegebene Tora.

19,10–15

Die dritte Gottesrede in Ex 19 umfasst die V. 10–13 und ist nicht einheitlich. 19,10–11a enthält drei Anweisungen: Heiligung des Volkes, Waschen der Kleider und Verweis auf den dritten Tag. Diese werden nach 19,14–15 überbracht und auch ausgeführt. Die Anordnungen 19,11b–13a werden demgegenüber nur geäußert, aber weder ihre Übermittlung noch ihre Ausführung erzählt. Zudem sind sie ganz anders konzipiert, denn sie erklären den Berg für das Volk zum Sperrgebiet. Weiter fährt nach 19,11b–13a Jhwh erst am dritten Tag auf den Berg herab, während 19,3–8 die permanente Anwesenheit Jhwhs am Berg vorauszusetzen scheint. Der Abschluss der Gottesrede 19,13b bringt demgegenüber die gegenteilige Aufforderung ein: Das Volk darf oder soll während der Theophanie den Berg besteigen. Schon die antiken Übersetzer und später die Ausleger haben viel Mühe darauf

Synthese   109

verwendet, diesen eklatanten Widerspruch zu beseitigen. Die LXX und die Syriaca übersetzen so, als würde der Aufstieg nach dem Ende der Theophanie erlaubt werden. Andere wollen die 70 Ältesten, die in Ex 24,9 zu Gott hochsteigen, hier angesprochen wissen.[21]

Die Erlaubnis, den Berg zu besteigen 19,13b, gehört in das DtrG, denn dies entspricht der Darstellung in Dtn 5,4.22a, wonach das Volk auf dem Berg stand, während Gott den Dekalog verkündete (zu Dtn 5,5 s. u. zu 19,20–25). Die gegenteilige Vorstellung in 19,11b–13a gehört in die P-Komposition (auch dazu mehr bei 19,20–25). Die Anordnungen zur Vorbereitung des Volkes und ihre Durchführung 19,10–11a.14–15 sind Teil der EG-Erzählung.

Zuordnungen

Die eigentliche Theophanie 19,16–19a gehört mit Ausnahme der Satzfolge 19,18abα zur EG-Erzählung, denn in 19,18abα treten die konzeptionellen Elemente der P-Komposition auf: Der Name „Sinai", das Herabkommen Jhwhs auf den Berg sowie der Rauch am Berg, der die Nichtsichtbarkeit Gottes verstärkt (vgl. Ex 30,1–6; Lev 16,2). Der letzte Halbvers 19,19b greift 19,9 TK auf und erzählt, was dort angekündigt wurde: Gott und Mose reden miteinander, während das Volk unmittelbar dabeisteht und wie angekündigt das Gespräch verfolgt.

19,16–19

In der EG-Erzählung lagert das Volk gegenüber dem Berg (V. 2b), während Mose zu Gott hinaufgeht (V. 3a). Der ordnet die Vorbereitungen für die Theophanie an (V. 10–11a), die dann auch ausgeführt werden (V. 14–15). Dann beginnt die Theophanie (V. 16) und das Volk rückt auf das Unterteil des Berges vor (V. 17), während die Theophanie immer stärker wird (V. 18bβ–19a). Die dtr Kompositoren bringen das Vertragskonzept ein (V. 3b–8) und zudem die Erlaubnis, den Berg zu besteigen (V. 13b). Ganz anders dagegen die P-Komposition: Sie verbietet dem Volk den Zutritt zum Berg (V. 11b–13a), der zudem durch Rauch (V. 18abα) der Wahrnehmung entzogen ist. Die Tora-Komposition bringt schließlich die Vorstellung ein, wonach das Volk Zeuge der Kommunikation zwischen Gott und Mose ist (19,9.19b).

Zusammenfassung

Synthese

In der Textwahrnehmung und in der Auslegung zu Ex 19,8b–19 stimmen synchrone und diachrone Perspektive in Vielem gut zusammen. So nehmen beide die Redekonstellation zwischen Mose und Gott einerseits und dem Volk andererseits wahr (V. 9 und 19b): Das Volk soll hören, dass Gott mit Mose redet, und daran die einzigartige Stellung des Mose erkennen. Die diachrone Auslegung zieht diese Linie noch weiter aus. Im Kontext der Torakomposition geht die Sonderstellung des Mose gewissermaßen auf die Tora über, so dass „Mose" und „Tora" nahezu gleichbedeutend werden. Beide Auslegungsperspektiven nehmen auch die Transparenz der Gottesberg-Vorstellung auf Kult und Heiligtum wahr.

Ein Dissens besteht in V. 13b. Wird hier dem Volk der Aufstieg zum Gottesberg erlaubt? Das widerspräche den Verboten in den V. 12f. Die diachrone Auslegung erklärt dies, indem sie V. 13b der deuteronomistischen und die V. 11b–13a der priesterlichen Schicht zuweist. Die synchrone Auslegung hingegen macht geltend,

---

21   Vgl. die Forschungsgeschichte bei Oswald, Israel, 37–40.

dass der überlieferte Text nicht zwingend als Erlaubnis zum *Besteigen* des Gottesberges zu lesen ist, sondern dass von einer *Annäherung an* den Berg die Rede ist.

Man sieht hier die jeweils typischen Fragestellungen und Lösungsansätze. Die diachrone Auslegung achtet auf Unterschiede, mit der sie die „Scheidung" von historisch und sachlich distinkten Quellen oder Schichten begründen kann. Die synchrone Auslegung fragt nach Möglichkeiten, auch sperrige Textteile im Einklang mit den Sinnlinien des vorliegenden Textes zu lesen.

Episode 3: Ex 19,20 – 20,21a: Jhwhs Dekalog-Rede als Theophanie

20 Da fuhr Jhwh auf den Berg Sinai herab, auf den Gipfel des Berges, und Jhwh berief Mose zum Gipfel des Berges. Und Mose stieg hinauf. 21 Da sprach Jhwh zu Mose: „Steig hinab, warne das Volk, dass sie nicht zu Jhwh durchbrechen[a] um zu sehen, und (dass dann) eine Vielzahl von ihnen falle. 22 Auch die Priester, die sich Jhwh nahen, sollen sich heiligen, damit Jhwh nicht unter sie einbreche[a]." 23 Da sprach Mose zu Jhwh: „Das Volk kann nicht zum Berg Sinai hinaufsteigen. Du selbst hast uns doch gewarnt und gesagt: ‚Zieh eine Grenze um den Berg und heilige ihn.'" 24 Da sprach Jhwh zu ihm: „Geh, steig hinab und steig (wieder) herauf, du und Aaron mit dir. [a]Die Priester und das Volk[a] aber sollen nicht durchbrechen, um zu Jhwh hinaufzusteigen, damit er nicht unter sie einbreche.[b]" 25 Da stieg Mose hinab und sprach zu ihnen[a] …

20,1–17: Dekalog-Rede

20,1 Da redete Gott[a] alle diese Worte:

2 „Ich bin Jhwh, dein Gott, der ich dich herausgeführt habe aus dem Lande Ägypten, einem Haus der Dienstbarkeit[a]. 3 Du sollst keine anderen Götter[a] haben mir ins Angesicht[b]. 4 Du sollst dir kein Kultbild[a] machen, und zwar[b] keinerlei Gestalt[c], weder (eine Gestalt,) die im Himmel droben oder die auf der Erde drunten, noch die im Wasser unter der Erde (ist). 5 Du sollst dich nicht vor ihnen niederwerfen und ihnen nicht dienen[a], denn ich bin Jhwh, dein Gott, ein eifriger Gott, (der) die Nachkommen (bis) in dritter und vierter (Generation) für die Schuld der Väter zur Verantwortung zieht[b] bei denen, die mich hassen, 6 der Huld erweist tausenden (von Generationen)[a], denen, die mich lieben und meine Gebote halten.

7 Du sollst den Namen Jhwhs, deines Gottes, nicht missbrauchen[a], denn Jhwh wird den nicht ungestraft lassen, der seinen Namen missbraucht.

8 Bedenken[a] sollst du den Sabbattag und ihn heilig halten[b]. 9 An sechs Tagen sollst du arbeiten und all deine Arbeit tun. 10 Der siebte Tag aber ist ein Sabbattag für Jhwh, deinen Gott. Du sollst keinerlei Arbeit tun[a], du und dein Sohn und deine Tochter, dein Knecht und deine Magd und dein Vieh[b] und der Fremdling[c], der in deinen Toren ist[d]. 11 Denn in sechs Tagen hat Jhwh den Himmel und die Erde gemacht, das Meer und alles, was darinnen ist, und am siebten Tag ruhte er, deswegen segnete Jhwh den Sabbattag[a] und heiligte ihn.[b]

Anmerkungen zu Text und Übersetzung 111

12 Ehre deinen Vater und deine Mutter[a], damit du lang lebst[b] auf dem Ackerboden, den Jhwh, dein Gott, dir gibt[c].
13 Du sollst nicht töten[a].
14 Du[a] sollst nicht ehebrechen.
15 Du sollst nicht stehlen.
16 Du sollst gegen deinen Nächsten nicht falsches Zeugnis ablegen.[a]
17 Du sollst nicht begehren[a] das Haus deines Nächsten[b]. Du sollst nicht begehren die Frau deines Nächsten, seinen Sklaven, seine Sklavin, sein Rind oder seinen
Esel noch sonst etwas, das deinem Nächsten gehört.[c]"

18 Währenddessen[a] sah das ganze Volk die Donnerstimmen und die Blitze und
die Stimme des Schofar und den rauchenden Berg. Da sah[b] (es) das Volk, sie
wichen zurück[c], stellten sich fernab hin 19 und sprachen zu Mose: „Sprich du
mit uns, dann wollen wir hören[a]. Gott aber soll nicht mit uns reden, damit wir
nicht sterben." 20 Da sprach Mose zum Volk: „Fürchtet euch nicht, denn um euch
zu erproben ist der Gott zu euch gekommen und damit Ehrfurcht vor ihm auf
euren Gesichtern sei, damit ihr nicht sündigt." 21a Und das Volk stand fernab.

20,18–21a:
Theophanie

Anmerkungen zu Text und Übersetzung

19,21[a] LXX: „... dass sie sich nicht Gott nähern". LXX „mildert hier und in V. 22 (vgl. nächste
Textanm.) das Geschehen zwischen Gott und dem Volk ab.

22[a]   LXX: „... damit der Herr sich nicht von ihnen abwende."

24[a–a] Die syntaktische Einteilung, die die Priester und das Volk zum Subjekt des „Durchbre-
chens" macht, folgt der Akzentuierung des MT und ist „the most natural reading"
(PROPP, Exodus 19–40). Grammatisch möglich ist auch, die Fügung והכהנים „und die
Priester" zum vorhergehenden Satz zu ziehen, so dass Jhwh Mose, Aaron und die
Priester aufgefordert hätte, zu ihm emporzusteigen, und nur dem Volk dies verboten
hätte (so RASHI, 222). Möglicherweise hat die Wiederaufnahme in Ex 24,1 den Text so
verstanden.

24[b]   LXX: „... damit der Herr nicht (einige) von ihnen töte."

25[a]   Im zweiten Satz von V. 25 scheint ein Objekt oder, wenn ויאמר als Redeeinleitung
verstanden wird, die Rede selbst mit Mose als Sprecher zu fehlen. Damit ist auch der
Übergang zur folgenden Dekalog-Rede Jhwhs gestört (vgl. dazu weiter die Auslegung).
Auf syntaktischer bzw. textanalytischer Ebene werden folgende Lösungen vorgeschlagen (vgl. dazu zusammenfassend KONKEL, Was hörte Israel am Sinai? 11–42, insb.
25–28): (1.) Ein absoluter Gebrauch von אמר ist selten, aber möglich (vgl. z. B. Gen
4,8; Ri 17,2). Dies würde bedeuten, dass V. 25 schließt, ohne dass ausdrücklich gesagt
wird, was Mose dem Volk mitgeteilt hat. Als direktes Objekt wäre dann etwa „es"
oder „alles" hinzuzudenken. So behilft sich die Vg: „et omnia narravit eis", „und er
erzählte ihnen alles". (2.) Der letzte Satz von 19,25 wird sinngemäß zu 20,1 hinzugezo-
gen: „(19,25) ... und er (Jhwh) sprach zu ihnen (20,1) und Gott redete alle diese Worte: ..." (so HOSSFELD, Dekalog, 165f.). (3.) Die Redeeinleitung in 20,1 lässt sich als Teil
einer Rede des Mose verstehen, die 19,25 einleitet: „(V. 25) ... da sprach Mose zu
ihnen: (20,1) Und Gott redete alle diese Worte: ‚Ich bin Jhwh ...'" (zu dieser Lösung
vgl. OSWALD, Israel, 47f.). TgPsJ führt diesen Ansatz sinngemäß weiter aus, indem er
Mose sagen lässt: „Kommt näher und empfangt die Tora mit den Zehn Worten. Und
Jhwh redete alle diese Worte ..."

20,1[a] LXX κύριος; Tg: Gottesname.

2^a	Anders als in den meisten Übersetzungen wiedergegeben, ist die Constructus-Verbindung מבית עבדים des hebräischen Textes nicht determiniert (zur Übersetzung vgl. auch UTZSCHNEIDER/OSWALD, Exodus 1–15, 277). Der Papyrus Nash, der älteste überlieferte Beleg für den Dekalog aus dem 2. Jh. v. Chr., lässt die Wendung weg (vgl. FISCHER, Der Text des Alten Testaments, 13 und Bildtafel 6).
3^a	Sprachlich möglich, von Grammatiken sogar bevorzugt (GesK § 132h, GBH § 148a), ist die Wiedergabe „keinen anderen Gott". Hier liegt allerdings vom Kontext her (das Bilderverbot V. 4f. rechnet mit einer Vielzahl von Göttergestalten) die Wiedergabe mit dem Plural nahe. Anders in Ex 32,1, vgl. dort.
3^b	Wörtlich: „auf/über/gegen mein Angesicht", ähnlich Vg „coram me" („in meiner Gegenwart", vgl. auch Dtn 5,7LXX). LXX übersetzt πλὴν ἐμοῦ „außer mir" (so auch GesL 1063).
4^a	פֶּסֶל *päsäl* ist eine Nominalbildung zu פסל, die die Bearbeitung unterschiedlicher Materialien bezeichnen kann, also „behauen" o. ä. für steinerne Objekte (z. B. die Gesetzestafeln Ex 34,1.4) oder „schnitzen" für Holzobjekte (Hab 2,18f.). Das Nomen kommt nur in kultischen Zusammenhängen vor und meint ein rundplastisches Kult- und Götterbild z. B. aus Holz (Jes 40,20; 44,15) oder aus Metall (Jes 40,19); vgl. GesL 1065f. sowie DOHMEN, Bilderverbot, 41–49.
4^b	Wir verstehen die Partikel ו an תמונה („Gestalt", s. nächste Anm.) explikativ (so u. a. HOUTMAN, Exodus 3, 32; ALBERTZ, Exodus 19–40, 57). Die Partikel fehlt in Dtn 5,8.
4^c	LXX übersetzt mit ὁμοίωμα. Darauf gehen Übersetzungen wie „Abbild" (Lutherbibel) oder „likeness" (KJV) zurück. Die Grundbedeutung von תמונה ist hingegen an allen Belegstellen „sichtbare Gestalt" (WASCHKE, Art. תְּמוּנָה *temûnāh*, 678). In der großen Mehrzahl seiner Belege wird das Nomen im Zusammenhang mit dem Bilderverbot gebraucht (Dtn 5,8; 4,12.15f.23.25).
5^a	In den Grammatiken (GesK § 60b; BERGSTRÄSSER II § 14g Anm.) und Kommentaren wird diskutiert, ob die punktierte Form תָעָבְדֵם des MT (Ex 20,5; Dtn 5,9, vgl. Ex 23,24; Dtn 13,3) als transitives Qal oder als Hof'al-Form zu lesen und im letzteren Fall mit „dich dazu bringen lassen, ihnen zu dienen" zu übersetzen ist (so DOHMEN, Exodus 19–40, 86; GesL 909). Mit LXX, DILLMANN, Exodus, 230, und GBH § 63b, Anm. 2, lesen wir Qal.
5^b	Wörtlich: „.... der die Schuld der Väter heimsucht ..." Das hebr. Verbum פקד hat ein breites und vor allem in theologischer Verwendung ambivalentes Bedeutungsspektrum. Es kann die wohlwollende, rettende Zuwendung Gottes bezeichnen (vgl. dazu Textanm. 3,16^b, wo wir „sorgsam achthaben" übersetzt haben). Häufiger bedeutet es, dass JHWH schuldhaftes Handeln genau registriert, die Täter zur Verantwortung zieht und bestraft. Das in vielen Übersetzungen verwendete „heimsuchen" entstammt der theologischen Spezialsprache und betont einseitig den Strafaspekt. Wir übersetzen „zur Verantwortung ziehen" (so auch KBL^3 901), um dem breiteren Bedeutungsspektrum des Lexems gerecht zu werden.
6^a	Wörtlich: „den Tausenden". Die sachliche Parallelität zum vorhergehenden Halbvers legt nahe, die Zahl auf die Generationen zu beziehen (vgl. Dtn 7,9; Ps 105,8).
7^a	Wörtlich: „Du sollst den Namen ... nicht zu Nichtigem" (d. h. umsonst / betrügerisch / in boshafter Absicht) „tragen/erheben".
8^a	זָכוֹר ist ein absoluter Infinitiv Qal in der Funktion eines betonten Imperativs oder Jussivs (GesK § 113bb). Wir geben ihn hier als Jussiv der 2. Person wieder, auch im Unterschied zum Imperativ des Elterngebots (V. 12). Dtn 5,12 hat den absoluten Inf. שָׁמוֹר. Bemerkenswert sind die semantischen Unterschiede: „Bei זָכוֹר dominiert ... die kognitive Dimension des Bedenkens, bei שָׁמוֹר die praktische Dimension des Bewahrens einer Ordnung" (GRUND, Entstehung, 163).
8^b	Dtn 5,12 setzt „wie JHWH, dein Gott, dir geboten hat" hinzu (vgl. Dtn 5,16 Elterngebot).
10^a	LXX, Papyrus Nash, Vg und zahlreiche andere Textzeugen ergänzen „an ihm".
10^b	Dtn 5,14 differenziert: „dein Rind und dein Esel und all dein Vieh."

Anmerkungen zu Text und Übersetzung 113

10[c] In der Übersetzung des Bundesbuches (vgl. Ex 22,20) wird das Lexem גר mit „Metöke" wiedergegeben, da es dort auf eine ganz bestimmte soziale Struktur bezogen ist (vgl. die Auslegung dort). Hier ist eine allgemeinere Wiedergabe angebracht.

10[d] Dtn 5,14 setzt hinzu, „... damit dein Knecht und deine Magd ausruhen kann wie du."

11[a] LXX, Papyrus Nash u. a. haben statt „Sabbattag" den „siebten Tag", „probably borrowed from Gen 2:3" (PROPP, Exodus 19–40, 113).

11[b] Das Dtn verweist hier auf die Erfahrung der Israeliten in Ägypten, nun eingeleitet mit dem Verbum זכר, das auf eine „heilsgeschichtliche Erfahrung" und die daraus erwachsene Handlungsmaxime zurückverweist: „Und denke daran, dass du ein Knecht warst im Land Ägypten und dass Jнwн, dein Gott, dich von dort herausführte mit starker Hand und ausgestrecktem Arm; deswegen hat dir Jнwн, dein Gott, geboten, den Sabbattag zu feiern" (Dtn 5,15).

12[a] Dtn 5,16 setzt hinzu „wie Jнwн, dein Gott, dir geboten hat" (vgl. Dtn 5,12 Sabbatgebot).

12[b] Wörtlich: „damit deine Tage lang seien."

12[c] Die LXX überliefert eine erweiterte Version des Nachsatzes: „damit es dir gut geht und damit du lange lebst auf dem guten Land, das der Herr, dein Gott, dir geben wird."

13a Das hebräische רצח meint gewaltsames Töten; es wird sowohl für unabsichtliches wie auch absichtliches Töten (vgl. Dtn 19,4; Jos 20,3.5), einmal sogar für die Todesstrafe (Num 35,30) gebraucht. Die Wiedergabe mit „morden" ist deshalb zu eng gefasst (vgl. etwa ALBERTZ, Exodus 19–40, 67, anders PROPP, Exodus 19–40, 179; DOHMEN, Exodus 19–40, 122).

14[a] Die Dtn-Version leitet dieses und alle weiteren Gebote (Dtn 5,19–21) mit der Kopula ו (w[e]-) ein. Eckart Otto zufolge schließt sie diese Gebote damit zu einer „elementaren Sittenordnung" (OTTO, Deuteronomium 4,44–11,32, 697) zusammen. In Ex 20LXX erscheint die Trias der Tötungs-, Ehebruchs- und Diebstahlsverbote in der Reihung „Ehebruch – Diebstahl – Tötung", Dtn 5LXX überliefert die Reihung Ehebruch – Tötung – Diebstahl, so auch der Papyrus Nash und Röm 13,9. Vgl. PROPP, Exodus 19–40, 113, und die Auslegung.

16[a] Das Verbum ענה ist ein Kommunikationsbegriff, dessen allgemeinste Bedeutung „antworten" ist. Positiv kann damit „zu Willen sein" (1 Kön 12,7), von Gott gesagt „erhören" (z. B. Ps 34,5), negativ ein streitiges „erwidern" (z. B. Hi 9,14f.) gemeint sein. Insbesondere mit der Präposition ב kann das Verb „Zeugnis ablegen für oder gegen jemanden" bedeuten (vgl. Dtn 19,16f.; Num 35,30; Jes 3,9) oder „entschuldigen", ggf. indem man einen anderen (fälschlich) beschuldigt (Gen 30,33). Die Parallelversion in Dtn 5,20 hat, ebenso wie Papyrus Nash, statt שקר „Lüge" den Terminus שוא „Nichtigkeit/Trug" (vgl. oben Textanm. 7[a]). Eine Bedeutungsverschiebung ist damit u. E. nicht verbunden.

17[a] Dtn 5,21 hat eine abweichende und erweiterte Version: „Du sollst nicht begehren (חמד wie Ex 20,17) *die Frau deines Nächsten. Du sollst nicht begehren (אוה Hitp. Ex 20,17: חמד) das Haus* deines Nächsten, noch sein Feld, seinen Sklaven oder seine Sklavin, sein Rind oder seinen Esel noch sonst etwas, das deinem Nächsten gehört." Die Ex-LXX schließt sich Dtn an, fügt aber ein weiteres Glied hinzu: „noch irgendetwas von seinem Vieh."

17[b] Im historisch-literarischen Kontext der EG-Erzählung bedeutet רע „Mitbürger" (vgl. die diachrone Auslegung).

17[c] Sam folgt in den Begehrensgeboten der Exodusversion des MT, setzt aber einen weiteren, umfangreichen Abschnitt mit Versatzstücken aus Ex 13,11, Dtn 11,29f. und Dtn 27,2b–4 hinzu, um das Heiligtum zu legitimieren, das die Samaritaner nach dem Schisma vom Jerusalemer Tempel Ende des 5. Jh.s auf dem Berg Garizim bei Sichem errichtet haben. Der Text gebietet die Errichtung von Steinstelen „mit den Worten dieser Tora" sowie eines Altars für Jнwн. Vgl. die Erklärung und Übersetzung des „zehnten Gebotes der Samaritaner" bei KÖCKERT, Gebote, 85–87.

18[a] V. 18a ist ein Partizipialsatz (רֹאִים) mit der Formation wᵉ-x-qotel und hat die Funktion eines Umstandssatzes der Gleichzeitigkeit, der die Handlung des Partizipialsatzes mit der vorausgehenden, mit wayyiqtol ausgedrückten Erzählhandlung parallelisiert, vgl. GBH § 121f; GesK § 116o; Bartelmus, Einführung, 64. Bezogen auf die letzte Erzählhandlung in Ex 20,1 („Da redete Gott alle diese Worte: ...": wayyiqtol) drückt V. 18a aus, dass das Volk während der Dekalog-Rede Gottes Theophanie-Erscheinungen (wie in 19,17–19a) wahrgenommen hat (vgl. Cassuto, Exodus, 252; Childs, Exodus, 371). Ein grammatisch ähnlich strukturiertes Beispiel ist Gen 18,1.

18[b] LXX und Vg geben die Verbform mit dem Konsonantenbestand וירא mit φοβηθέντες bzw. „perterriti" wieder und leiten die Form mithin von der Wurzel ירא „fürchten" ab, während MT und Tg von der Wurzel ראה „sehen" ausgehen. Beides ist sprachlich möglich und im Kontext jeweils auch sinnvoll.

18[c] נוע kann kontextabhängig viele Bedeutungen annehmen und dabei transitiv oder intransitiv gebraucht werden. Es kann „umherirren" (Gen 4,12.14; Num 32,13; Jer 14,10; Ps 59,12), „schütteln" (den Kopf oder einen Baum: 2 Kön 19,21), „erbeben" oder „erzittern" (die Türschwelle: Jes 6,4, oder das Herz: Jes 7,2), „taumeln" (in Trunkenheit Jes 24,20; 29,9) bedeuten. Als Grundbedeutung kann – intransitiv im Qal oder transitiv im Hif'il – „(sich) unkontrolliert oder unkoordiniert bewegen" angenommen werden. Da der folgende Satz eine Rückwärtsbewegung impliziert, geben wir das Verb hier mit „zurückweichen" wieder. Das Verb wird in der LXX nicht wiedergegeben, V. 18b lautet in LXX „Sie fürchteten sich, und das ganze Volk stand fernab", vgl. Propp, Exodus 19–40, 114f.181.

19[a] Der Satz „dann wollen wir hören" hat kein Äquivalent in LXX.

Synchrone Analyse

Die Episode ist in drei Szenen gegliedert:

> Szene 1: 19,20–25: Erneute Warnung an Volk und Priester
> Szene 2: 20,1–17: Jhwhs Erscheinung in der Dekalog-Rede
> Szene 3: 20,18–21a: Theophanie als Anrede

Szene 1: 19,20–25: Erneute Warnung an Volk und Priester

19,20–25 Die erste Szene ist bis auf den Schlusssatz (V. 25b) in sich schlüssig erzählt. Sie besteht aus einem kurzen erzählenden Rahmen (V. 20/25) und einem Dialog (V. 21–24). Nachdem Jhwh selbst auf den Berg Sinai herabgestiegen ist (ירד), ruft er Mose zu sich herauf (עלה), was dieser befolgt (V. 20). In V. 21 fordert er Mose auf, wieder zum Volk hinabzusteigen und bekräftigt es in V. 24. Eben dies erzählt V. 25a und rundet damit das Geschehen ab.

In diesen Rahmen fügt sich der Dialog zwischen Jhwh und Mose. Zunächst (V. 21–22) fordert Jhwh Mose auf, sich (alsbald) wieder hinab zum Volk zu begeben und es davor zu warnen, zu Jhwh „durchzubrechen (הרס), um zu sehen". Das Lexem הרס impliziert die Vorstellung der gewaltsamen Überwindung einer Mauer oder Grenze. Die Gruppe „der Priester, die sich Jhwh nahen", soll sich „heiligen", also rituell vorbereiten, um zu verhindern, dass Jhwh seinerseits unter sie „einbreche" (פרץ). Dieses Verbum hat ganz ähnliche Konnotationen wie das auf das Volk bezogene „durchbrechen". Im Zentrum des Dialogs steht ein Einwand des Mose (V. 23). Jhwh habe das Volk doch schon daran gehindert, „auf den Berg zu steigen", indem er ihm, Mose,

Synchrone Analyse 115

aufgetragen habe, „eine Grenze um den Berg" zu ziehen. In seiner Antwort (V. 24) geht Jнwн auf den Einwand nicht ein, sondern fordert Mose auf, „hinabzusteigen" (ירד) und dann ein weiteres Mal „heraufzusteigen" (עלה), diesmal aber soll „Aaron mit dir" sein. V. 24 schließt mit einer Art Zusammenfassung und Bekräftigung von V. 21–22 und wiederholt die Stichworte: Das Volk *und* die Priester sollen nicht „durchbrechen" (הרס), damit er, Jнwн, nicht unter sie „einbreche" (פרץ). Mit diesen inkludierenden Stichwortverbindungen ist der Dialog auch in sich kohärent gestaltet.

Inhaltlich und hinsichtlich ihrer Funktion im Kontext entspricht die Szene der Episode 19,9b–13.[22] Wie diese auf die Theophanie 19,16–19 hinführt, bereitet die Szene 19,20–25 die Erscheinung Gottes als Wort und Gebot im Dekalog vor. Hier wie dort ergeht ein Verbot, die Grenze zu überschreiten. Dabei sind gegenüber 19,12–13 leise Veränderungen erkennbar: Dort ist von einer „Grenze um das Volk" die Rede, während hier der Berg eingegrenzt sein soll. Die Szene betont damit den Berg als numinosen Ort und Jнwн als Akteur. Auch diese Szene ist transparent auf das Sinaiheiligtum.[23]

19,20–25 im Kontext

V. 25 erzählt schließlich, dass Mose auftragsgemäß wieder zu den Israeliten zurückgekehrt sei. Danach schneidet ihm die Erzählung mit der Redeeinleitung zu Gottes Dekalog-Rede (20,1) gewissermaßen das Wort ab (vgl. Textanm. 25[a]). Vieles spricht dafür, hier literarkritisch einen „Bruch" zu diagnostizieren (vgl. unten die diachrone Analyse). In unserer synchronen Lektüre lassen wir den Bruch bestehen, gerade weil er den glatten Ablauf der Erzählung stört und ihre Dynamik bremst. Die Verzögerung des Erzähltempos zwingt die Leser, innezuhalten, und weist auf die herausragende Stellung des Folgenden hin.[24] In diesem Sinne verstehen wir die Szene als Vorbereitung auf die Vergegenwärtigung Gottes in der Dekalog-Rede.[25]

19,25 und der Dekalog

Szene 2: 20,1–17: Jнwнs *Erscheinung in der Dekalog-Rede*

Bekanntlich ist die Dekalog-Rede in zwei Versionen überliefert, im Exodusbuch und in Dtn 5,5–21. Wir konzentrieren uns hier auf die Exodus-Fassung und gehen, insbesondere in der synchronen Analyse, nur dort auf die Fassung des Deuteronomiums ein, wo dies für die Auslegung erhellend ist.[26]

Der Dekalog erhält durch die Einleitung in V. 1 „Da redete Gott *alle* diese Worte ..." die Form *einer* Gottesrede. Zwar sind nur die V. 2–6 als Ich-Rede gefasst, aber auch die folgenden Worte wenden sich an ein „Du" und setzen somit die direkte Rede des Auftakts fort. Allerdings werden die Adressaten nicht näher bestimmt. So stellt sich bereits hier die Frage, an wen sich Jнwн mit der Rede wendet und wer die Rede in welcher Weise wahrnimmt – oder auch nicht. Vornehmlich in der Auslegung der dritten Szene werden wir darauf zurückkommen.

Redeeinleitung

---

22 Mose stellt sogar einen ausdrücklichen Bezug zur Gottesrede in 19,12–13 her. Beispiele für solche textinternen Zitationen führt Childs, Exodus, 361–364, an.
23 Vgl. Dohmen, Exodus 19–40, 74.
24 Vgl. etwa Markl, Dekalog, 86.
25 Vgl. ähnliche Überlegungen bei Cassuto, Exodus, 233; Jacob, Exodus, 550; Childs, Exodus, 370; Dozeman, Exodus, 477.
26 Die Unterschiede sind in den Textanmerkungen notiert, aber nicht weiter kommentiert. Ausführliche Vergleiche bei Dohmen, Exodus 19–40, 92–101; Otto, Deuteronomium 4,44–11,32, 699–709, vgl. auch Köckert, Gebote, 36–44.

116 Episode 3: Ex 19,20 – 20,21a: Jhwhs Dekalog-Rede als Theophanie

Die Struktur der Dekalog-Rede

Für die Bestimmung der Struktur der Rede als Ganzer (V. 2–17) hält die alttestamentliche Überlieferung zwei Leseanweisungen bereit, die die religiöse und kulturelle Rezeption ebenso wie die wissenschaftliche Auslegung beeinflusst haben und beeinflussen. Die eine ist im Begriff „Dekalog" enthalten, der auf die griechische Bezeichnung οἱ δέκα λόγοι zurückgeht, mit der die LXX das hebräische עֲשֶׂרֶת הַדְּבָרִים *'asärät hadd^ebārim* „die Zehn Worte" (Ex 34,28; Dtn 4,13; 10,4) wiedergibt. In der Auslegungsgeschichte hat der Begriff „die zehn Worte bzw. Gebote" eine nahezu normative Kraft entwickelt. Die andere Leseanweisung ist im Motiv der zwei Tafeln enthalten (vgl. die entsprechenden Exkurse im Folgenden).

Exkurs: Die Zehn Worte – das „Ewig Kurzgefasste"

Der Einfluss der Zehnzahl zeigte sich nicht zuletzt in den Versuchen, den überlieferten Wortlaut zu sogenannten „Urdekalogen" mit genau zehn Kurzgeboten zu reduzieren.[27] Dies gelingt nur, wenn man vor den überlieferten Wortlaut zurückgeht (vgl. die diachrone Auslegung).

Der Wortlaut der Dekalog-Rede im vorliegenden Text legt eine Zehner-Gliederung nicht ohne Weiteres nahe, schließt sie aber auch nicht völlig aus. Leicht eingrenzen lassen sich das Namensmissbrauchsverbot (20,7), Sabbat- und Elterngebot (20,8–11.12), die Trias des Tötungs-, Ehebruchs- und Diebstahlverbotes (20,13–15) sowie das Falschzeugnisverbot. Schwieriger in Einzelworte zu strukturieren und damit in den Rahmen der „Zehnernorm"[28] einzufügen ist der Dekaloganfang (20,2–6). Hat die Selbstvorstellung Jhwhs (V. 2) ein Eigengewicht als Gebot (so die rabbinische Tradition[29]) oder ist sie „nur" als Einleitung zu verstehen? Sind Fremdgötter- und Bilderverbot (V. 3 bzw. 4f.) *ein* „Wort" oder zwei? So lässt sich der Dekaloganfang als ein, zwei oder sogar drei Worte verstehen und wurde in der Auslegungsgeschichte auch in dieser Bandbreite verstanden.[30] Auch die Begehrensworte (V. 17) am Schluss können als ein oder zwei Worte verstanden werden.[31] Summa summarum lässt sich der überlieferte Wortlaut in 10 bis 13 Worte oder Einzelgebote gliedern.[32]

Zahlenmetapher Wir schlagen zur Erklärung vor, die Zehnzahl als eine Zahlenmetapher zu verstehen. Die Zahl 10 hat im Alten Testament nicht selten die Bedeutung einer kleinen, aber funktionsfähigen Gruppe oder Menge. Eine Gruppe von (mindestens) zehn Gerechten etwa könnte die Vernichtung Sodoms abwenden (Gen 18,32). Aus zehn Mann besteht die kleinste Einheit des israelitischen Heerbannes, mindestens zehn Ortsbürger bilden ein Torgericht (Rut 4,2), und bis heute bilden die zehn Männer des „Minjan" die Mindestgruppe für einen gültigen öffentlichen Gottesdienst. So können die „Zehn Worte" als Inbegriff einer kleinen, aber auch hinreichenden Menge von „Worten" verstanden werden, um das Gottes- und Weltverhältnis gottgefällig und lebensdienlich zu gestalten. Thomas Mann hat in seiner Novelle „Das Gesetz" die Zehn Gebote als „das Ewig-

---

27 Beispiele dafür bei Stamm, Der Dekalog, 11–14. In jüngerer Zeit findet sich die These eines solchen Urdekalogs noch bei Weinfeld, The Uniqueness of the Decalogue, 6f.

28 Dohmen, Exodus 19–40, 91.

29 Vgl. Reicke, Die Zehn Worte, 43.

30 Vgl. Köckert, Gebote, 28–35, und die Übersicht bei Reicke, Die Zehn Worte, 4.

31 Die Dtn-Fassung teilt das Wort – anders als die Ex-Fassung – deutlich in zwei Worte bzw. Gebote auf (vgl. Textanm. 17[a]).

32 Vgl. Köckert, Gebote, 27.

Synchrone Analyse

Kurzgefasste, das Bündig-Bindende, Gottes gedrängtes Sittengesetz, ... die Quintessenz des Menschenanstandes"[33] beschrieben.

Textanalytisch und literarisch ist die Dekalog-Rede mit der „Zehnernorm" als Leseanweisung bei weitem unterbestimmt. Es bedarf feinerer Kriterien.[34] Dann bildet sich die Struktur der Dekalog-Rede auf drei Ebenen heraus: (1.) „Präskriptive Sätze", (2.) Gebote und Spruchkompositionen und (3.) die beiden Hauptteile der Rede, die der traditionellen Unterscheidung der beiden Tafeln entspricht.

(20,1) Da redete Gott alle diese Worte:

Erste Tafel: Gottes Anspruch und Gottes Recht

A **Gottes Vorstellung und Anspruch**

        (2) *Ich bin JHWH, dein Gott,* der ich dich herausgeführt habe ...

a   (3) *Du sollst keine anderen Götter haben* mir ins Angesicht.

a'   (4) *Du sollst dir kein Kultbild machen,* und zwar keinerlei Gestalt ...

a''   (5) *Du sollst nicht niederfallen vor ihnen und ihnen nicht dienen,* denn *ich bin JHWH, dein Gott, ein eifriger Gott* ...

B **Göttliche Rechte**

b   (7) *Du sollst den Namens JHWHs, deines Gottes, nicht missbrauchen* (wörtlich: „erheben zu *Nichtigem*"),

        denn JHWH wird den nicht ungestraft lassen, der seinen Namen missbraucht (wörtlich: „erhebt zu *Nichtigem*").

        (8) Bedenken sollst du den Sabbattag und *ihn heilig halten*. (9) *Sechs* Tage sollst du arbeiten und all deine Arbeit tun. (10) Der *siebte* Tag aber ist ein Ruhetag für JHWH, deinen Gott.

b'   *Du sollst keinerlei Arbeit tun,* du und dein Sohn und deine Tochter, dein Sklave und deine Magd und dein Vieh und der Fremdling, der in deinen Toren ist.

        (11) Denn in *sechs* Tagen hat JHWH den Himmel und die Erde gemacht, das Meer und alles was darinnen ist, und am *siebten* Tag ruhte er. Deswegen segnete JHWH den Sabbattag und *heiligte ihn*.

b''   (12) *Ehre deinen Vater und deine Mutter,* damit du lang lebst auf dem Ackerboden, den JHWH, dein Gott, dir gibt.

Zweite Tafel: Menschenrecht und -anstand

C **Menschenrecht**

c   (13) *Du sollst nicht töten.*

c'   (14) *Du sollst nicht ehebrechen.*

c''   (15) *Du sollst nicht stehlen.*

D **Menschenanstand**

d   (16) *Du sollst gegen deinen Nächsten nicht falsches Zeugnis ablegen.*

d'   (17) *Du sollst nicht begehren das Haus deines Nächsten.*

d''   *Du sollst nicht begehren* die Frau deines ...

---

33   MANN, Das Gesetz, 176, vgl. dazu UTZSCHNEIDER, Lektüre, 41–43.

34   Die Strukturierung der überlieferten Dekalogtexte hängt wesentlich von den dabei angelegten Kriterien ab. Alternativen zu der hier vertretenen Struktur bieten z. B. für den Exodus-Dekalog: KRATZ, Der Dekalog, 206–214; CRÜSEMANN, Struktur, 119–131. Für den Dtn-Dekalog: OTTO, Deuteronomium 4,44–11,32, 697.

Präskriptive Sätze	Die Dekalog-Rede ist durchzogen von zwölf (nicht zehn!) präskriptiven Kurzsätzen mit je einer negativen oder positiven Vorschrift. Sie bilden das „Rückgrat" des Dekalogs. Die elf negativen Gebotssätze haben die charakteristische syntaktische Form des an eine 2. Person Singular gerichteten „Prohibitivs" (lo'-yiqtol: du sollst nicht ...).[35] Dazu kommt der positiv formulierte Imperativ des Elterngebots („Ehre ...").[36]
Spruchkompositionen und Gebote	Formale und inhaltliche Beobachtungen legen nahe, die Dekalog-Rede in eine Folge von vier durchreflektierten und poetisch gestalteten Spruchkompositionen zu gliedern. Je drei präskriptive Sätze verteilen sich auf die vier Kompositionen und bilden jeweils deren formale und inhaltliche Kerne (vgl. die Übersicht).

Komposition A:	20,2–6:	Gottes Vorstellung und Anspruch (Fremdgötterverbot, Verbot der Herstellung und Verehrung von Kultbildern)
Komposition B:	20,7–12:	Göttliche Rechte (Namensmissbrauchsverbot; Verbot der Arbeit am Sabbat; Gebot der Elternehrung)
Komposition C:	20,13–15:	Menschenrechte (Tötungsverbot; Verbot des Ehebruchs; Diebstahlsverbot)
Komposition D:	20,16–17:	Menschenanstand (Verbot des Falschzeugnisses, des Begehrens von Haus und Hausstand des Nächsten)

Komposition A	Der „Dekaloganfang" (20,2–6) ist um vier bzw. drei[37] Prohibitive (a–a'') herum gruppiert, die die exklusive Verehrung Jhwhs anordnen und das Kult- bzw. Gottesbild verbieten. Die drei Verbote sind durch zwei Selbstvorstellungsformeln Gottes gerahmt. Nur in dieser ersten Trias spricht Gott in der Ich-Form.
Komposition B	Auch in der Komposition B (20,7–12) lässt sich eine Trias von präskriptiven Sätzen erkennen, die an eine 2. Person Singular maskulin gerichtet sind: das Gebot des Namensmissbrauches (b), das Sabbatgebot (b') und das Gebot der Elternehrung (b''). Da hier von Jhwh namentlich in der dritten Person die Rede ist, werden die Gebote als göttliches Recht gekennzeichnet.

Das Namensmissbrauchsverbot wird durch einen einfachen Prohibitiv eröffnet, der durch die adverbiale Ergänzung לשוא („zu Nichtigem") abgeschlossen wird. Ergänzt wird das Gebot durch eine allgemeine Sanktionsdrohung. Das Sabbatgebot (20,8–11) bildet das Zentrum der zweiten Spruchkombination. Die Kernaussage „Du sollst keinerlei Arbeit tun ..." (V. 10b) steht in einem inneren Ring positiver Aussagen, in dem die menschliche Arbeitswoche nach dem Schema sechs/sieben Tage parallel gesetzt ist zur Schöpfungswoche mit den sechs Schöpfungstagen und dem siebten, dem Ruhetag Gottes. Das einleitende „Bedenken

---

35 Die beiden Prohibitive „du sollst dich vor ihnen nicht niederwerfen und ihnen nicht dienen" (V. 4) sind stehende dtr Redewendung im Zusammenhang mit der Verehrung fremder Götter bzw. Götterbilder (vgl. z. B. Ex 23,24; Dtn 4,19; 8,19; 17,3; 30,17; Jos 23,16; Ri 2,19; 1 Kön 9,9 u. ö.). Die Wendung ist ein „Hendiadyoin"; wir zählen sie als *einen* Verbotssatz.

36 Mit einem einfachen Imperativ wird oft auch der Infinitiv absolutus זָכוֹר wiedergegeben, der das Sabbatgebot einleitet. Er gehört u. E. aber – anders als der Prohibitiv „du sollst keinerlei Arbeit tun ..." in V. 10 – nicht zu den Gebots- bzw. Verbotssätzen im engeren Sinne, sondern bildet zusammen mit V. 11 den theologisch-heilsgeschichtlichen Rahmen um das Arbeitsverbot (vgl. Textanm. 8ᵃ und die Auslegung).

37 Vgl. die vorvorige Anmerkung.

Synchrone Analyse   119

sollst du ..." – es ist als Infinitiv absolutus formuliert – hebt hervor, dass der
Sabbat *bei Gott* bereits seit Anbeginn der Welt *besteht* (Gen 2,1–4a). Das Elterngebot (V. 12) ist, wie gesagt, im Imperativ formuliert. Der Schlusssatz des Elterngebots verweist auf das Ziel des Exodus: „dass du lange lebst auf dem Ackerboden,
den Jhwh, dein Gott, dir gibt."

Auch die dritte Komposition C (V. 13–15) enthält eine Trias von Prohibitiven **Komposition C**
(V. 13–15): das Tötungs-, das Ehebruchs- und das Diebstahlsverbot (c–c''). Zu den
(Aktions-)Verben treten keinerlei Objekte. Gott tritt nur als Sprecher auf, von ihm
ist nicht die Rede. Ohne Begründung und jede theologisch-historische Zutat, mit-
hin „apodiktisch" im Wortsinn, wird verboten, was den Mitmenschen oder die
Gruppe schädigt bzw. werden fundamentale Menschenrechte bezeichnet.

Die vierte und letzte Trias enthält das Verbot des falschen Zeugnisses und die **Komposition D**
beiden Begehrensverbote, die freilich von einigen als eines verstanden werden.[38]
Auch hier ist Gott nur als Sprecher präsent. Im Unterschied zur dritten Komposition treten hier aber wieder Objekte zu den Verben. Nicht nur die bloßen Handlungen sind im Blick, sondern vor allem die Gesinnung, die Willensanstrengung und
Emotionen. Wer im Prozess lügt, tut dies meist willentlich und geplant. Wer Haus
und Hausstand seines Nächsten begehrt, lässt innere, emotionale Motive Herr über
sein Handeln werden.

Schließlich werden die präskriptiven Sätze sowie die Spruchkompositionen **Zweiteiligkeit**
und Gebote noch durch eine weitere, zweiteilige Struktur überlagert. In Spruch- **des Dekalogs**
komposition A spricht Jhwh in der Ich-Form, in B spricht er explizit von sich
selbst. Entsprechend haben die Gebote mit Gott und dem Gottesverhältnis Israels
zu tun. Beide Spruchkompositionen werden durch Topoi der Pentateuch-Überliefe-
rung, Exodus und Landgabe, ergänzt und gerahmt.

In den beiden Abschnitten C und D (20,13–15/16f.) erscheint Jhwh nur als
Sprecher. Die Darstellungsmittel sind äußerst sparsam. Inhaltlich sind die Sätze
auf Topoi des menschlich-sozialen Bereichs fokussiert, Anspielungen auf heilsgeschichtliche Traditionen fehlen.

Diese Gliederung in einen ersten Teil, der das Verhältnis Israels zu Jhwh und
einen zweiten, der das Verhältnis zu den Mitmenschen betrifft, entspricht der
Aufteilung der Gebote auf zwei Tafeln, wie sie u. a. in der jüdischen Auslegungstradition üblich ist.

Exkurs: Der Dekalog auf den beiden Tafeln

Die Vorstellung der beiden Tafeln hat, wie die „Zehnernorm", die Funktion eines her-
meneutischen Musters. Sie erscheint erstmals im hellenistischen, namentlich alexand-
rinischen Judentum[39] und hat die hellenistisch-jüdische sowie die christliche Exegese
nachhaltig geprägt. Philo von Alexandrien (ca. 20 v. – 50 n. Chr.) verbindet die Zweiteiligkeit des Dekalogs ausdrücklich mit den beiden Tafeln, wobei die erste Tafel die
Pflichten gegenüber Gott regelt und die zweite die Pflichten gegenüber den Menschen.[40] Darüber hinaus deutet Philo die Tora und den Dekalog von der griechischen,
genauer: der stoischen Philosophie her. So wird bei ihm „die Verbindung von Gesetz

---

38 Vgl. dazu den Exkurs „Zehn Worte".
39 Vgl. dazu vor allem Stemberger, Der Dekalog, 93; Kellermann, Dekalog, 147–226.
40 Vgl. Kellermann, Dekalog, 165.

(νόμος) und Natur (φύσις) zur Leitidee des Toraverständnisses."[41] Das hat einschneidende Folgen: „Als Natur- und Weltgesetz können ... die Zehn Gebote nicht mehr die Bedeutung einer Urkunde der Erwählung Israels haben."[42] Philo ist damit „wohl der erste, der ... den Dekalog als Sittengesetz für alle Menschen wertet."[43]

Als allgemeines Sittengesetz wird der Dekalog im hellenistischen Judentum und dann auch im Christentum zunehmend von der zweiten Tafel her gelesen.[44] Daraus ging die Interpretation des Dekalogs als „Naturrecht" hervor, die „über Thomas von Aquin bis in die Naturrechtslehre der Neuzeit reicht".[45] Auch das „Projekt Weltethos" Hans Küngs steht in dieser Linie. Die Gebote der zweiten Tafel erscheinen bei ihm unter den „Maximen elementarer Menschlichkeit"[46].

Die Gebote der ersten Tafel werden dabei inhaltlich reduziert und theologisch angepasst. Augustinus etwa verstand das Doppelgebot der Liebe (Mk 12,28–31 par.) als Zusammenfassung des Dekalogs und reduzierte ihn noch weiter auf die Goldene Regel.[47] Die ersten drei Gebote las er als Verweis auf die Dreifaltigkeit (Sermo 9,6; vgl. Quaestiones Exodi II, 71,1–2). Im Gefolge Augustins verteilte die christliche Ikonographie die drei ersten Gebote auf die erste Tafel und die folgenden sieben auf die zweite. Martin Luther teilte mit den antiken und mittelalterlichen Auslegern das naturrechtliche Verständnis der Gebote der zweiten Tafel, unterstellt diese aber dem ersten Gebot, indem er den Auslegungen eines jeden der Gebote die Formel „Was ist das? Wir sollen Gott fürchten und lieben und vertrauen ..."[48] voranstellte.

Die Dekalog-Rede als Ganze

Der Dekalog als Theophanie

Die „Nahtstellen", die den Dekalog in das Patchwork der Episode einbinden,[49] heben ihn einerseits aus dem Duktus der Theophanie-Erzählung heraus. Andererseits kann Ex 19,20–25 als erneute Vorbereitung auf ein theophanes Geschehen gelesen werden (vgl. die Auslegung). Der Schrecken und die Furcht des Volkes, die die Schlussszene 20,18–21a beschreibt, sind im vorliegenden Text durch die Dekalog-Rede ausgelöst. M. a. W.: Der Dekalog ereignet sich als Theophanie. Jhwh vergegenwärtigt sich in der Dekalog-Rede.

Dafür spricht vor allem der Dekaloganfang. Das Fremdgötter- und Bilderverbot, also der präskriptive Kern der Komposition, wird gerahmt durch die Selbstvorstellungsformel. Die Formel erscheint im Alten Testament häufig, nicht zuletzt in der Exoduserzählung (Ex 6,2–8).[50]

---

41 Kellermann, Dekalog, 161.
42 Kellermann, Dekalog, 168f.
43 Kellermann, Dekalog, 170.
44 Dies lässt sich bereits an den Anspielungen bzw. Zitaten im Neuen Testament, etwa in Röm 13,9, auf den Dekalog zeigen, vgl. dazu Sänger, Tora für die Völker, 125.
45 Köckert, Wie kam, 101.
46 Küng, Weltethos, 82.
47 „Die zehn Gebote beziehen sich nämlich ... auf jene zwei, dass wir Gott und den Nächsten lieben sollen, und jene beziehen sich auf eines. Das eine ist aber: Was du nicht willst, das dir getan werde, das tu auch keinem andern an ..." (Sermo 9,14), Übersetzung Drobner, Augustinus, 191.
48 Vgl. Dingel, Bekenntnisschriften der Evangelisch-Lutherischen Kirche, 862–870.
49 Vgl. die Textanm. 19,25ᵃ und 20,18ᵃ sowie die jeweiligen Auslegungen.
50 Vgl. dazu Utzschneider/Oswald, Exodus 1–15, 166f.

Synchrone Analyse

Für die Selbstvorstellung in der Dekalog-Rede werden nordwestsemitische Herrscher-Inschriften als Vergleichstexte genannt.[51] Darin stellen sich die jeweiligen Herrscher in der Ichform vor und schildern ausführlich militärische, kultische und bauliche Großtaten ihres Regierungshandelns.[52] Der wichtigste Vergleichspunkt ist indessen der monumentale Charakter der Inschriften, der in gewisser Weise der erratischen, hervorgehobenen Stellung des Dekalogs entspricht, der damit den Charakter eines „Textmonuments"[53] erhält.

Der Dekalog als Textmonument

Abb. 4: Stele des Königs Zakkur aus Hamat (Syrien) 9./8. Jh. v. Chr.[54]

---

51 Vgl. schon Cassuto, Exodus, 76 (zur Selbstvorstellungsformel in Ex 6); Albertz, Exodus 19–40, 54, zum ersten Gebot. Jüngst hat Timothy Hogue (Hogue, The Monumentality of the Sinaitic Decalogue) diese Inschriften mit dem Dekalog verglichen. Diese Quellen, darunter etwa die Mescha-Inschrift (KAI 181; TUAT I/6, 646) und die Zakkur-Inschrift (KAI 202; TUAT I/6, 626), seien als Textsorte dem Dekalog *als Ganzen* strukturell-thematisch vergleichbar. Für assyrische Vergleichstexte vgl. Köckert, Gebote, 44–48; Otto, Deuteronomium 4,44–11,32, 716f.
52 Hogue, Monumentality, 91f., meint, dass sie auch Verhaltensregeln für ihre Untertanen formulieren, die den Dekalog-Geboten vergleichbar seien.
53 Vgl. Hogue, Monumentality, 98f.: „textual monument".
54 Foto: Rama, https://commons.wikimedia.org/wiki/File:Zakkur_Stele_0154.jpg.

Die Inschrift eines Königs namens Zakkur (vgl. die Abb.) aus dem syrischen Hamat von der Wende vom 9. zum 8. Jh. v. Chr. hatte die Form einer etwa zwei Meter hohen Stele, auf der die eigentliche Inschrift durch ein (nur mehr rudimentär erhaltenes) Relief einer menschlichen Gestalt überragt wurde, die wahrscheinlich den König selbst darstellte.[55] Die Inschrift „informiert" also nicht einfach über die Taten und den Willen des Königs, sondern sie repräsentiert und vergegenwärtigt ihn.[56]

Ähnlich wie die Zakkur-Stele den König in einem Bild und in einer Inschrift vergegenwärtigt, vergegenwärtigen die performativ-bildhafte Schilderung der Präsenz Gottes auf dem Gottesberg (Ex 19,16–19) zusammen mit dem Dekalog als „Textmonument" Jhwh als König. Die Präsenz Gottes auf dem Berg und die Proklamation des Dekalogs *zusammen* bilden die Sinai-Theophanie.[57]

Nach verbreiteter Meinung sei der Dekalog „eine selbständige(n), zitable(n) Einheit"[58] gewesen. Nachweislich ist er eine solche allerdings erst im Laufe der Rezeptionsgeschichte geworden. Die Mischna bezeugt, dass der Dekalog zusammen mit dem „Sch[e]ma'" (Dtn 6,4–9) und drei Segenssprüchen beim allmorgendlichen Opfer am (zweiten) Tempel in Jerusalem zu rezitieren war (mTamid V,1). Auf einen liturgischen Gebrauch lässt der Papyrus Nash (vgl. Textanm. 2[a]) schließen.[59] Im eigentlichen, bildlichen Sinn monumental ist der Dekalog in der jüdischen ebenso wie der christlichen Ikonographie durch die beiden Tafeln dargestellt.

Freiheit und Recht Schließlich können Freiheit und Recht als übergreifende Themen des Dekalogs verstanden werden. In der Einleitung erinnert Jhwh an das Exodusgeschehen als Befreiung des Volkes Israel aus der Dienstbarkeit in Ägypten (20,2) und definiert sich dabei selbst als den „Gott von Ägypten her" (so auch Hos 13,4, dazu mehr unten). Die Perspektive geht von dort aus auf die Gabe des Landes. Darauf hebt das Elterngebot ausdrücklich ab (Ex 20,12). Die Begehrensgebote setzen den Landbesitz (20,17) voraus. Der Dekalog rechnet damit, dass Jhwh seine Versprechen von Freiheit und Wohlergehen einlöst, die er Mose am brennenden Dornbusch gegeben hat (Ex 3,7–10). Etwas Entscheidendes kommt aber hinzu: Freiheit und Wohlergehen sind nicht bedingungslos. Was sich seit Beginn der Wüstenwanderung angekündigt hat (vgl. zu Ex 15,26; 16,29f.; 19,5f.), steht nun in der Dekalog-Rede buchstäblich im Raum: Das Recht als Gottes Recht.

Der Dekalog in der Normenwelt des Alten Testaments

Gott als Gesetzgeber im Alten Orient

In der Rechtskultur des Alten Orients war die Setzung und Durchsetzung des Rechts Privileg und Aufgabe der Könige. Sie sind dazu zwar von den Göttern beauftragt, aber die Rechtsbestimmungen selbst sind nicht göttlich offenbart, sondern vom König gegeben.[60] Die alttestamentlichen Rechtstexte verstehen das Recht als Gabe Gottes. Seine Verbindlichkeit erlangt es freilich auch durch die Zustimmung des Volkes (vgl. die Auslegung zu Ex 24,3.7 und die Einleitung zum Bundesbuch).

---

55 Vgl. Niehr, The Aramaeans, 167–169.
56 Vgl. Hogue, Monumentality, 88.
57 McCarthy, Treaty and Covenant, 251, stellte zum Dekalog fest: „In fact it continues the theophany."
58 Perlitt, Art. Dekalog I, 411.
59 Vgl. Stemberger, Der Dekalog, 97f.
60 Vgl. etwa die Einleitung des Kodex Hammurapi, TUAT I/1, 44.

Synchrone Analyse   123

Die Verbindung von Exodus- und Landgabetheologie mit dem sakralen und profanen **Dekalog und Hoseabuch**
Gottesrecht ist kein Alleinstellungsmerkmal des Dekalogs. Die engste Parallele außerhalb des Pentateuchs, ja möglicherweise eine der traditionsgeschichtlichen Quellen findet sich im Hoseabuch, etwa in Hos 13,4: „Ich bin Jhwh, dein Gott vom Lande Ägypten
her, einen Gott außer mir kennst du nicht und einen (anderen) Retter als mich gibt
es nicht." Das Hoseabuch setzt sich immer wieder mit der Verehrung Israels für die
Fremdgötter („Baʿalim") auseinander (Hos 2,4–25; 9,10 u. ö.), und kritisiert die Verehrung von (Jhwh-)Kultbildern (Hos 8,4f.; 10,5f.). In Hos 4,1–3 finden sich Anklagen zu den
Stichworten der dritten Spruchkomposition „Töten – Ehebrechen – Stehlen". Auch das
Namensmissbrauchsverbot und das Falschzeugnisverbot klingen an: „Verfluchen und
Lügen, Töten, Stehlen und Ehebrechen, Bluttat reiht sich an Bluttat." Die Normenwelt
(und z. T. auch die Normensprache) des Hoseabuches und des Dekalogs sind eng verwandt.

Vielerlei Bezüge hat der Dekalog auch zu den Rechtskorpora des Pentateuch. **Sakrale und profane Gebote**
Die Zweiteilung in sakrales und profanes Recht ist, ebenso wie im Dekalog, auch
ein Kennzeichen der großen atl. Rechtstexte, also des „Bundesbuches" (Ex 20,23 –
23,19) , des „Heiligkeitsgesetzes" (Lev 17–26) und des Gesetzesteils im Deuteronomium (Dtn 12–26). Im Bundesbuch bilden sakral-kultische Bestimmungen den Rahmen für die „profanen" Bestimmungen: Ex 20,23–26 (Kultbilder und Altarbau) und
23,10–19 (u. a. Zeiten, Opfer, Abgaben). Für den Gesetzesteil des Deuteronomiums
nehmen manche an, dass seine Gliederung am Aufriss des (dtn.) Dekalogs, d. h.
an der Abfolge seiner Gebote orientiert ist.[61]

Nicht nur in der Gliederung sind Bundesbuch, Deuteronomium und (vielleicht
weniger) das Heiligkeitsgesetz dem Dekalog verwandt, die Berührungen gehen bis
in einzelne Gesetze und Gesetzesgruppen. Der Dekalog ist Teil der Normenwelt
des Alten Testaments.

Ein kurzer, kursorischer Vergleich mit dem Bundesbuch zeigt:[62] Fremdgötter- **Dekalog und Bundesbuch**
verbot und Bilderverbot sind in beiden Rechtskorpora vertreten (20,2–6 vs. 20,23;
22,27–30), dem Tötungsverbot des Dekalogs (20,13) steht eine ganze Liste von „to-
deswürdigen Verbrechen" (21,12–17), dem Diebstahlsverbot (20,15) eine lange Reihe von Bestimmungen gegenüber, in die auch die Diebstahlsfälle eingereiht werden (21,33 – 22,14). Für andere Dekalog-Gebote wie das Verbot des Ehebruchs
(20,14) findet sich im Bundesbuch keine Entsprechung; dafür aber setzt sich das
Deuteronomium (Dtn 22,13–29; 24,1–5) ausführlich damit auseinander.

Aus dieser knappen Betrachtung lassen sich vor allem zwei Schlüsse ziehen. **Auswahl und Generalisierung**
Erstens zeigt sich, dass die im Dekalog angesprochenen Themen anscheinend ge-
zielt ausgewählt sind; als Quellen kommen dafür alle bekannten Rechts- und Weis-
heitstexte und darüber hinaus auch das nichtkodifizierte Wissen von Recht und
Sitte in Frage. Zweitens ist im Dekalog das Bestreben unübersehbar, die meist
konkreten Muster- oder Beispielsätze aus „der Rechtspraxis der judäischen Gerichtsbarkeit"[63] zusammenzufassen und zu verallgemeinern.

---

61 Zu den unterschiedlichen Vorstellungen dazu vgl. Otto, Deuteronomium 12,1–23,15,
    1088–1093.1108–1112.
62 Vgl. auch die Übersicht bei Schwienhorst-Schönberger, Verhältnis, 73.
63 Oswald, Art. Bundesbuch, und oben die Einleitung zum Bundesbuch.

Spruchkompositionen und Einzelgebote

Das Fremdgötterverbot (20,3)

Das Fremdgötterverbot fordert, positiv gewendet, dass Israel eine Gottesbeziehung nur zu Jhwh unterhält. Dabei rechnet es mit der Existenz anderer Götter. Religionsgeschichtlich sind damit vor allem Götter der nichtisraelitischen Völker gemeint (vgl. Ex 23,20–33), die das Alte Testament (vgl. etwa Hos 2,15; 11,2) meist summarisch als „Ba'alim" apostrophiert. Das „erste Gebot" hat somit eine – modern gesprochen – nationalreligiöse Komponente. Das Kultbildverbot (Ex 20,4.5a) richtet den Fokus auf die kultische Verehrung der in diesen Bildern repräsentierten Gottheiten und konkretisiert das Fremdgötterverbot als ein Gebot der Monolatrie, der kultischen Alleinverehrung Jhwhs (siehe dazu gleich). Die Bedeutung des „Ersten Gebotes" ist damit aber bei weitem nicht ausgeschöpft.

Wie gesagt, es ist kein monotheistisches Gebot im strengen Sinne. Diese Konsequenz zieht erst das Jesaja-Buch, wo es in dem „Deutero-Jesaja" genannten Abschnitt heißt: „Vor mir wurde kein Gott gebildet und nach mir wird keiner sein" (Jes 43,10) oder: „Ich bin der erste und ich bin der letzte, außer mir ist kein Gott" (Jes 44,6).

Monotheismus? Gleichwohl hat das Erste Gebot eine monotheistische Tendenz, die es aus der polytheistischen Umwelt Israels heraushebt. Es gibt keine „Theogonie", keinen Götterstammbaum, und auch keinen Gegenspieler Gottes, mit dem er sich zu messen hätte. Das Gebot beruht darauf, dass sich Jhwh exklusiv an Israel bindet und von Israel eine ebenso exklusive innere Hinwendung fordert. Sie zu verweigern oder gar mit anderen Göttern zu teilen, kommt einem Affront, einer Kränkung Gottes gleich. Dies bringt die Wendung „mir ins Angesicht" (על פני) zum Ausdruck (vgl. Jes 65,3).

Der eifrige Gott Diese in gewisser Weise emotionale Dimension des Gottesverhältnisses betont noch einmal der Schluss der ersten Spruchkomposition (20,5b.6). Darin schreibt sich Jhwh einen Wesenszug zu, der zutiefst menschlich ist. Er bezeichnet sich als „'el qanna'" (vgl. auch Ex 34,14; Dtn 4,24; 5,9; 6,15), was meist mit „eifriger Gott" wiedergegeben wird. Die Verbalwurzel קנא qn' meint „neidisch" bzw. „eifersüchtig sein". Neidisch und eifersüchtig ist die kinderlose Rachel auf ihre Schwester Lea, die ihrem gemeinsamen Ehemann Jakob Kind auf Kind schenkt (Gen 30,1). Jhwhs Eifersucht wird erweckt, wenn Israel Götter fremder Völker verehrt (Dtn 32,16.21; Ez 8,3 u. ö.). Eifern kann Jhwh aber auch *für* sein Land, um ihm sein Erbarmen zuzuwenden (Joël 2,18). Ein ausgeführtes (Vor-)Bild der auf Gott bezogenen anthropomorphen Metapher der Eifersucht oder, positiver ausgedrückt, der Leidenschaft,[64] findet sich u. a. im Hoseabuch (Hos 2,4–25, vgl. auch Ez 16; 23; Jer 2). Es vergleicht das Verhältnis Gottes zu Israel mit einer Ehe, die Israel bricht, indem es sich den Ba'alen, wie gesagt: fremden Göttern, als „Liebhabern" zuwendet. Gott bedroht sein ungetreues Volk mit schrecklichen Strafen, wirbt dann wieder um seine Liebe (Hos 2,4–17) und sagt ihm schließlich zu, er wolle sich ihm „verloben in Gerechtigkeit und Recht, in Huld und Barmherzigkeit" (Hos 2,21). Diese beiden Möglichkeiten eröffnet auch Ex 20,5b.6 – allerdings in einer auf den Kontext der Gebote bezogenen spezifischen Weise. Menschen, die Gottes Liebe nicht erwidern,

---

64 ALBERTZ, Exodus 19–40, 58, gibt *'el qanna'* mit „leidenschaftlicher Gott" wieder.

Synchrone Analyse 125

die ihn „hassen", müssen damit rechnen, „zur Verantwortung gezogen" zu werden. Denjenigen, die ihn „lieben" – und Gott setzt hinzu: „meine Gebote halten (שמר מצותי)" –, wird er „Gnade und Wohlwollen erweisen".

Mit dem Verweis auf die Gebote wird die Liebes- und Eifersuchtsmetapher[65] „dechiffriert", ja „entmythologisiert": Die von Israel geforderte Liebe zu Gott wird mit dem „Halten der Gebote" entschlüsselt. Die Folgen sind abhängig davon, ob die Israeliten die Gebote halten oder nicht. Ein Mensch, der Gott hasst resp. die Gebote nicht hält, bürdet die daraus entstehenden negativen Folgen seiner Familie auf „bis in die dritte und vierte Generation". Das Halten der Gebote hingegen wirkt sich günstig aus über eine praktisch unbegrenzte Zeit.

Theologisch bedeutet dies: Die Liebe, bzw. die Huld Gottes sind unendlich größer als sein Zorn. Der Erzählbogen der Sinaiperikope (vgl. dazu die Einleitung) buchstabiert dieses theologische Prinzip in Ex 32–34 aus. Reagiert Gott in Ex 32 auf den Bruch des Kultbildverbotes mit der Drohung des totalen Liebesentzugs, so offenbart er sich, nach intensiven Gesprächen mit Mose, in Ex 34,6 als „barmherziger und gnädiger Gott, langsam zum Zorn und reich an Huld und Treue".

Das Verbot, Kultbilder herzustellen und zu verehren (20,4–6)

Zunächst ist das Missverständnis auszuräumen, dass das Bilderverbot des Dekalogs jegliche bildliche Darstellung verbietet, also eine Art Kunstverbot sei. Es geht hier ausschließlich um Kultbilder (פֶּסֶל, vgl. Textanm. 4[a]), und zwar in erster Linie des Gottes Israels, also um die Bildlosigkeit der Jhwh-Verehrung.

Nach altorientalischen Vorstellungen waren menschen- oder tiergestaltige Kultbilder Repräsentanten der jeweils dargestellten Götter, sie verkörperten sie gewissermaßen in „Realpräsenz", ohne dass sie mit dem Bild identisch gedacht wurden. Kultbilder konnten dabei auch Eigenschaften oder Wirkungen der jeweiligen Götter zum Ausdruck bringen, etwa Stärke oder Fruchtbarkeit. Das Kultbild, das all diese Merkmale exemplarisch in sich vereinigt, ist im Alten Testament das Bild des (Jung-)Stiers (עֵגֶל), dessen literarisch-theologisches Denkmal das „Goldene Kalb" (Ex 32, vgl. die Auslegung dort) darstellt.[66] Religionsgeschichtlich wurden stiergestaltige Kultbilder (vgl. Hos 8,5f.; 10,5f., 1 Kön 12,31–33) wohl bis ins 8. Jahrhundert im Nordreich verehrt. Allerdings war das Stierbild nicht nur ein Kultbild für Jhwh, sondern konnte auch andere Götter repräsentieren, etwa den Wettergott Baʿal-Hadad. Dass dieses und andere Kultbilder religiös mehrdeutig waren und auf andere Götter bezogen werden konnten, lässt das Verbot ihrer Herstellung und Verehrung geradezu als Konsequenz des Gebotes der Alleinverehrung Jhwhs erscheinen.

Der Dekalog beschränkt sich aber nicht darauf, die Bildlosigkeit als kultisches Unterscheidungsmerkmal Israels zu seiner polytheistischen Umwelt zu etablieren. Das Verbot schließt jede bekannte oder auch nur vorstellbare Gestalt (תמונה) ein, in der Gott sichtbar gemacht sein könnte (vgl. Textanm. 4[a] sowie Dtn 4,12.16). Es geht also auch um das theologische Problem der Wahrnehmbarkeit Gottes. Diese Frage wird in der Sinaierzählung mehrfach „diskutiert" und unterschiedlich beantwortet. Kann Gott, und nicht etwa nur sein Kultbild, sichtbar sein? Für wen

Theologische Dimension des Kultbildverbotes

---

65 Vgl. dazu SCHMITT, Art. Liebe Gottes und Liebe zu Gott, 350f.
66 Vgl. UEHLINGER, Exodus, 56–73.

oder wie lässt sich Gott überhaupt wahrnehmen? Davon wird gleich in der nächsten Szene (20,18–21a) sowie vor allem in Ex 33,18–23 die Rede sein (vgl. dort). Dass Kultbilder der Gottheit Jhwhs unangemessen sind, ist ein wichtiges, bisweilen parodistisch eingekleidetes Argument der sog. „Götzenpolemik" bei Deutero-Jesaja (Jes 40,20; 41,7; 46,7).

Literarische
Gottesbilder
Unbekümmert um das Gebot der Bildlosigkeit Jhwhs ist das Alte Testament nun allerdings voller literarischer Bilder für Gott und sein Wirken.[67] Gott hat einen starken Arm (vgl. Ex 6,6; 15,6), er trägt ein Gewand (Jes 6,1) und er empfindet, wie wir gerade dargestellt haben, Eifersucht.[68] Wir deuten diesen Hiatus zwischen physisch greifbaren und literarischen Bildern als einen grundsätzlich theologischen oder besser gesagt: theo-ästhetischen[69] Vorbehalt: Das biblische Verbot hält fest, dass unsere „Imaginationen" die Wirklichkeit Gottes nicht unmittelbar fassen oder darstellen können. Die literarischen Bilder indessen zeigen, dass sich die menschliche Vorstellungskraft dem göttlichen Bereich doch und immerhin metaphorisch nähern kann.[70]

Das Namensmissbrauchsverbot (20,7)

Wörtlich lautet das Verbot: „Du sollst den Namen ... nicht für nichts erheben" oder auch: „... in betrügerischer und lügenhafter Absicht tragen bzw. erheben". Der idiomatische Ausdruck „den Namen Gottes bzw. Jhwh erheben" entspricht unserer Wendung „im Munde führen". Das hebräische שוא hat mehrfache Bedeutung. Es kann Vergeblichkeit (Mal 3,14) oder Nichtigkeit (Ps 31,7), Trug (Ps 12,3) oder Falschheit (Ex 23,1) bezeichnen. In Ps 16,4 versichert ein Beter, dass er anderen Göttern nicht opfern „und ihre Namen nicht auf meinen Lippen tragen will". Der „Name" ist ein Inbegriff der Gottesverehrung durch Opfer, Gebet und Lobpreis. Auf Jhwh bezogen findet sich das Motiv in Ex 20,24, dem Altargesetz des Bundesbuches. Die Kundgabe des Namens Gottes (הזכיר את שמי) am jeweiligen Opferort ist Bedingung seines segensreichen Erscheinens.

Im Namen Jhwhs werden Eide geschworen. Falsche Eide, die unter Berufung auf den Namen Jhwhs geleistet werden (Lev 19,12; Sach 5,4), sind Unrecht (Hos 10,4); sie können tödlich sein, wie die Erzählung von Naboths Weinberg (1 Kön 21,11–14) illustriert. Das Gebot umfasst also – wie alle Dekalog-Gebote – vielfältige Tatbestände und Kontexte. Die Gemeinsamkeit aller Tatbestände ist, dass sie die Sphäre der Gegenwart Jhwhs und seine Rechte verletzen. Dem entspricht, dass dieses Gebot wie das Fremdgötterverbot mit einer, wenn auch sehr allgemein gehaltenen Sanktion versehen ist (vgl. auch Ex 34,7).

Das Sabbat-(Arbeitsruhe-)gebot (20,8–11)

Das Sabbatgebot ist ein Solitär. Sowohl seine literarische Gestaltung als auch seine kommunikative Absicht heben es aus den anderen Geboten heraus. Um den Prohi-

---

67 „Das Alte Testament gesteht dem Wort ohne Weiteres zu, was es der Plastik verweigert." Schmidt, Ausprägungen des Bilderverbotes, 30.

68 Schart, Die ‚Gestalt' YHWHs, 26–43.

69 Vgl. zu dem Begriff Utzschneider, „Seht das Wort YHWHs ...", 328f.

70 Vgl. dazu Utzschneider, Die Inszenierung, besonders 316–318.

Synchrone Analyse

bitiv „du sollst keinerlei Arbeit tun ...“ (V. 10b) herum ist eine Ringkomposition gelegt, die ein Netz von Leitworten verbindet.

„Bedenken sollst du,
den Sabbattag (יום השבת) *heilig* zu halten (לקדשו)
An sechs Tagen sollst du all deine Arbeit tun (עשה מלאכה)
... *der siebte Tag* ist ein Sabbattag für Jhwh ...
du sollst keinerlei Arbeit tun (לא תעשה כל מלאכה), du und dein Sohn und deine Tochter, dein Sklave...
In *sechs Tagen* hat Jhwh den Himmel und die Erde ... geschaffen (עשה), da ruhte (נוח) er am *siebten Tag*
Deswegen (על כן) segnete Jhwh den *Sabbattag* und *heiligte* ihn (ויקדשהו).“

Der Auftakt mit זכור, das wir mit „Bedenken sollst du ...“ wiedergeben (vgl. Text-anm. 8ª), lässt erkennen, dass es nicht so sehr um die Proklamation eines Gebotes geht, als vielmehr darum, das Gebot „in seiner Bedeutung zu vergegenwärtigen“[71], m. a. W., es zeigt, dass das Gebot theologisch begründet, reflektiert und vor Augen gestellt werden soll. Dabei werden der wöchentliche Ruhetag und der Sabbat als bekannt vorausgesetzt.

Sabbatgebot als Reflexions-text

Der Text ist als Ringkomposition gestaltet, deren äußerer Ring durch das Pi'el des Verbums קדש gebildet wird. Die Israeliten sollen den Sabbattag „heilig halten“ (V. 8), „deswegen weil“ Jhwh ihn bereits „gesegnet und geheiligt hat“ (V. 11). Wenn Israel den Sabbat hält, nähert es sich der Heiligkeit Gottes an. Es übt sich in der „imitatio dei“, wie sie im Heiligkeitsgesetz (vgl. etwa Lev 19,2) formuliert ist und die auch das „heilige Volk“ von Ex 19,6 auszeichnen soll (vgl. Exkurs „Heiligkeit und Heiligung“ zu Ex 19,6). Der ebenfalls zweigliedrige mittlere Ring (V. 9–10a/11) setzt die menschliche Woche in Beziehung zu den sechs Tagen der Schöpfungs„arbeit“ Gottes (Gen 1) und zu dessen Schöpfungsruhe am siebten Tag (Gen 2,2f.). Der Sabbat Israels ist dem kosmischen Sabbat der Schöpfung nachgebildet. Das eigentliche Gebot (V. 10b) ist gerade nicht als Sabbatgebot formuliert, sondern als Arbeitsverbot oder „Arbeitsruhegebot“, das neben dem angesprochenen (männlichen) Israeliten seinen männlichen und weiblichen Nachkommen zugutekommen soll und ebenso seinen Sklaven und Sklavinnen, seinem Nutzvieh und dem „Fremdling in seinen Toren“. So fügt der Text dem göttlich-kosmischen den sozialen, familiaren Horizont als „Geltungsbereich“ des Sabbatgebotes hinzu.

Literarische und theologi-sche Struktur

Das Sabbat-Wort des Exodus-Dekalogs erweist sich somit als ein literarisch elaboriertes Produkt theologischer Reflexion, das mannigfache Bezüge zu den literarischen und traditionsgeschichtlichen Kontexten aufweist, dabei aber auswählt und differenziert. Die punktuelle „Erfahrung“, ja „Einübung“ des Sabbattages mit dem ausbleibenden Manna (Ex 16,23) wird im Dekalog-Gebot generalisiert. Literarische und inhaltliche Elemente sind im Arbeitsruhegebot des Bundesbuches (23,10) und der Bundesworte (34,21) vorgeprägt, dazu gehört das Sechs-sieben-Tage-Schema und der soziale Bezug. Beide Arbeitsruhegebote gebrauchen den Terminus „Sabbattag“ nicht und stellen keinen ausdrücklichen Bezug zu Jhwh her. Ausdrücklich auf den Sabbattag bezogen sind die Arbeitsruhegebote in Ex 31,12–17

Sabbatgebot im Kontext

---

71 Grund, Entstehung, 163.

bzw. 35,1–3 und dabei rigoros sanktioniert (vgl. die Auslegungen dort). In der Fassung des „Heiligkeitsgesetzes" (Lev 23) wird der Sabbat als eines der Jhwh-Feste (מועדי יהוה, Lev 23,2) bezeichnet und in den Kalender der großen Jahresfeste integriert. Anders als die Sabbatvorschriften im Kontext vollzieht das Dekalog-Gebot weder die Sanktionierung noch die Integration des Sabbats in den Kult mit.[72] Kurz: Der Dekalog versteht den Sabbat nicht-kultisch. Der Feiertag heiligt den Menschen in seinem Alltag.

Identitäts-
merkmal

Religionsgeschichtlich gewinnt der Sabbat als theologisch begründeter Ruhetag in persischer Zeit an Bedeutung. Er tritt an die Stelle von Formen der Jhwh-Verehrung, die an Land und Heiligtum gebunden sind (Opfer, agrarische Feste), und wird zum herausragenden Identitätsmerkmal der Judäer gegenüber den Völkern, bei Jes 56,1f. gar zum Zentralgebot der Tora neben der Beschneidung.

Das Gebot der Elternehrung (20,12)

Das alttestamentliche Elterngebot will nicht – wie es Luther im „Kleinen Katechismus" verstanden hat – unmündige Kinder zum Gehorsam gegenüber ihren Eltern oder Untergebene zur Unterordnung ermahnen. Es basiert auf einem sowohl im Alten Orient als auch im Alten Testament[73] breit belegten Verhaltenskodex, der sich an die erwachsenen Nachkommen wendet. Er hält sie dazu an, ihren alt und arbeitsunfähig gewordenen Eltern die Versorgung mit dem Lebensnotwendigen zukommen zu lassen, ihre körperliche Unversehrtheit (Ex 21,15) und nicht zuletzt ihre soziale und psychische Würde zu wahren (Ex 21,17; Lev 19,3; 20,9; Dtn 27,16; Sir 3,1–16). Seine nächsten Parallelen hat das Elterngebot im Bundesbuch in den beiden „Todessätzen" in Ex 21,15 („Wer seinen Vater und seine Mutter [er]schlägt, soll gewiss getötet werden") und Ex 21,17 („Wer seinem Vater oder seiner Mutter Abbruch tut[74], soll gewiss getötet werden"). Das Dekalog-Gebot ist, vielleicht in bewusstem Kontrast zu Ex 21,17,[75] positiv formuliert. Es verzichtet auf jede negative Sanktion und ist durch eine Beschreibung der positiven Folgen bereichert. Diese stellen jedem Einzelnen ein langes Leben im von Gott verheißenen Land in Aussicht (vgl. Dtn 5,33; 6,2). Wie das Sabbatgebot ist das Elterngebot ein Reflexionstext. Ein intaktes Generationenverhältnis ist demnach für jeden Einzelnen, aber auch für Israel als Gemeinschaft überlebensnotwendig. Zusammen mit der Selbstvorstellung Jhwhs als Gott des Exodus (Ex 20,2) rundet der Verweis auf die Landgabe den auf Jhwh bezogenen Teil des Dekalogs ab. Zugleich leitet das Gebot inhaltlich auf das Folgende über.

Es folgen die Gebote der „Zweiten Tafel" Sie sind den Rechten und Maximen der Menschen in ihrer Gemeinschaft gewidmet.

---

72 Vgl. dazu Grund, Entstehung, 182–84: „... im Sabbat von Ex 20,8–11 [wird] die Schöpfung in keinem Ritual vergegenwärtigt ... Als ‚Feiertag' kann der Dekalog-Sabbat lediglich im Sinne des ‚desistere ab opere', nicht aber im Sinne des ‚celebrare' verstanden werden" (183f.).

73 Vgl. Otto, Deuteronomium 4,44–11,32, 743f. mit Lit.; Albertz, Hintergrund, insbesondere 165–175.

74 So Otto, Deuteronomium 4,44–11,32, 743.

75 So Otto, Deuteronomium 4,44–11,32, 744 für Dtn 5,16.

Synchrone Analyse

Das Tötungsverbot und seine Traditionsgeschichte (20,13)

Am Beispiel des Tötungsverbots lässt sich exemplarisch sowohl die traditionsgeschichtliche „Ausdifferenzierung des Ethos aus dem Recht" (Eckart Otto) zeigen als auch der tiefgreifende Bedeutungswandel, der mit der Generalisierung der nun ethischen Norm einhergeht. Dies soll exemplarisch am Tötungsverbot des Dekalogs und seinen Bezugstexten im Bundesbuch gezeigt werden.

Ex 20,13 / Dtn 5,17	Ex 21,12–14
Du sollst nicht töten.	12 Wer einen Mann schlägt, so dass er stirbt, muss getötet werden. 13 Hat er ihm aber nicht aufgelauert, sondern Gott hat es seiner Hand widerfahren lassen, dann werde ich dir einen Ort bestimmen, wohin er fliehen soll. 14 Doch wenn ein Mann an seinem Mitbürger vermessen handelt, indem er ihn mit List umbringt – von meinem Altar sollst du ihn wegnehmen, damit er stirbt.

In synchroner Perspektive scheinen sich das Tötungsverbot des Dekalogs und das „Todesrecht" im Bundesbuch zu widersprechen. Diachron-traditionsgeschichtlich erklärt sich der Widerspruch, wenn man mit Eckart Otto davon ausgeht, dass der Bedingungssatz in Ex 21,12 eine Norm des familiaren Rechtes zum Ausdruck bringt, „die noch nicht zwischen Mord und Körperverletzung mit Todesfolge oder gar Todschlags [sic!]" differenziert.[76] Die Differenzierung der Tötungsdelikte in V. 13f. setzt die rechtsgeschichtlich spätere, lokale Gerichtsbarkeit voraus, die zwischen Mord als vorsätzlicher Tat und Unglücksfällen unterscheidet.[77] Das generelle Tötungsverbot des Dekalogs schließlich nimmt keinerlei Differenzierung vor und verhängt auch keine Sanktion. Das heißt nun aber nicht, dass es die im Bundesbuch dokumentierten rechtlichen Sanktionen generell ablehnt und Differenzierungen nicht kennt. Es hebt vielmehr auf die „gemeinschaftszerstörende Wirkung jeder Bluttat" und deren „ethische Verwerflichkeit"[78] ab. Vom Tötungs*verbot* zu einem positiv formulierten Menschen*recht* auf Leben ist es nur ein Schritt. Auch wenn die Todesstrafe (noch) nicht zu verbieten ist, so wird doch ihre Anwendung eingegrenzt. In Ex 21 steht dafür die Bestimmung eines Asylortes (V. 13) für unbeabsichtigte Tötung.

Das Ehebruchsverbot (20,14)

Auch das Ehebruchsverbot des Dekalogs ist generell, in der 2. Person maskulin, und ohne Sanktion formuliert. Es richtet sich im Wortsinn primär an Männer, kann aber auch auf Frauen und die Gemeinschaft bezogen werden. Dabei sieht es sich einem traditionellen Eherecht gegenüber, das ähnlich komplex ist (vgl. Lev 20,10; Dtn 22,22–29), wie wir es beim Tötungsverbot gesehen haben.

---

76 Otto, Deuteronomium 4,44–11,32, 745.
77 Vgl. Otto, Deuteronomium 4,44–11,32, 745.
78 Otto, Deuteronomium 4,44–11,32, 745.

Vereinfacht gesagt begeht der Mann dann Ehebruch, wenn er mit der Ehefrau eines anderen Mannes sexuellen Verkehr hat. Männer können mithin nur eine fremde, nicht aber die eigene Ehe brechen. Beiden Beteiligten droht dabei die Todesstrafe (Lev 20,10; Dtn 22,22). Etwas differenzierter wird bei Verkehr mit einer verlobten Frau verfahren (Dtn 22,23–27). Kein Ehebruch seitens des Mannes ist ein „Seitensprung" mit einer unverheirateten, nicht verlobten Frau. Im Falle einer Vergewaltigung allerdings muss er den Vater (!) entschädigen und das Opfer zur Frau nehmen (Dtn 22,28f.).

Die Frau bricht durch jeden Verkehr mit einem fremden Mann die eigene Ehe, nicht hingegen die Ehe des fremden Mannes. Dieses Eherecht versteht die Frau als „Besitz" des Mannes (des Vaters und des Ehemannes) und soll den Ehegatten und „pater familias" sowie dessen (männliche) Nachkommen nicht durch andere Männer oder deren Söhne in ihren Rechten bzw. Erbrechten beeinträchtigen. Es ist auf die patrilinearen und patriarchalischen Familienverhältnisse im Alten Israel ausgerichtet und schützt diese durch rigorose Sanktionen.

Das generelle Ehebruchsverbot des Dekalogs vermeidet die Geschlechterhierarchie und droht auch keine Sanktionen an. Es appelliert an alle Beteiligten gleichermaßen, die innere und äußere Integrität der Lebensgemeinschaft zu achten. Dabei geht es nicht, jedenfalls nicht in erster Linie, um Sexualmoral, sondern um die soziale Existenz aller Beteiligten. Ehen und Familien sind in agrarischen Gesellschaften immer auch Wirtschaftseinheiten.

Das Diebstahlsverbot (20,15)

Der Dekalog stellt das Diebstahlsverbot in die Spruchkomposition, die es mit Grundrechten und -pflichten von Personen zu tun hat. Dies spricht dafür, dass das Gebot zunächst auf das Verbot des Menschenraubs, wörtlich: des „Diebstahls" (גנב) von Menschen (Ex 21,16; Dtn 24,7) referiert, also darauf, dass ein Mensch einen anderen Menschen in seine Gewalt bringt und dann als Sklaven verkauft. Ein anschauliches Beispiel dafür ist Joseph, den seine Brüder an fremde Kaufleute verschacherten (Gen 40,15). Bei weitem häufiger wird die unrechtmäßige Aneignung von Vieh (Ex 21,37) und Sachwerten (Ex 22,6f.) als Diebstahl bezeichnet. Der Dieb ist verpflichtet, den Schaden mehrfach zu ersetzen. Die Sanktionen sind also daran orientiert, den Schaden zu beheben, dabei aber die Schädiger nicht ökonomisch zu vernichten. Das generelle Diebstahlsverbot sichert in diesem Sinne das Recht auf Freiheit und Selbstbestimmung der eigenen Person ebenso wie das Eigentumsrecht an Sachwerten. Zugleich begrenzt es das Recht auf Eigentum, wenn und sofern dieses auf Kosten anderer „erworben" werden soll.

Gebote der vierten Spruchkomposition In den Geboten der vierten Spruchkombination (Ex 20,16f.) kommt es auf innere, verborgene Motive der Täter an, ob das Handeln mit Lüge verbunden ist oder ob es ihrer „Gier" entspringt. Solche Antriebe nicht über das Handeln Herr werden zu lassen, ist das gemeinsame Anliegen dieser Worte. Da Lüge, wenn sie verborgen bleibt, und Gier kaum justiziabel sind, sind diese Gebote letztlich Appelle an den „Menschenanstand" (Thomas Mann), ohne den eine Gesellschaft nicht funktionieren kann. Dass diese Komposition auf diese zwischenmenschliche, nachbarschaftliche Ebene bezogen ist, ist durch das Lexem רֵעַ, „Nächster, Nachbar, Freund" markiert, das in allen drei Geboten erscheint.

Synchrone Analyse 131

Diese Gebote ermöglichen auch Rückschlüsse auf die sozialen und historischen Verhältnisse, die in der Dekalog-Rede vorausgesetzt sind. Das Falschzeugnisverbot setzt eine zumindest örtliche Gerichtsbarkeit voraus. Hingegen fehlen explizite Hinweise auf einen institutionellen oder politischen „Überbau". Die Begehrensverbote richten sich an „den freien Mann ..., der Kinder, Sklavinnen und Sklaven sowie Vieh hat und in einem Patronatsverhältnis zu Fremden als seinen Klienten steht"[79]. Wie gleich noch zu zeigen sein wird, verweisen diese Verbote auch auf ökonomische Erfahrungen einer bestimmten Epoche der Geschichte des Alten Israel.

Das Falschzeugnisverbot (20,16)

Das Falschzeugnisverbot setzt die örtliche Gerichtsbarkeit der Ältesten im Tor (vgl. etwa Rut 4) voraus, die so erst in den Städten der Königszeit entstanden ist. Das Gebot nimmt die Tatsache ins Visier, dass Zeugenaussagen (bewusst) falsch und erlogen sein können. Heute gelten Zeugenaussagen gegenüber Sachbeweisen als schwaches Beweismittel. In antiken Verfahren waren Tat und Tathergang oft *nur* durch Zeugen zu rekonstruieren, ohne dass deren Zuverlässigkeit grundsätzlich besser einzuschätzen wäre als heute. Dem sollte im altorientalischen und auch im alttestamentlichen Recht (Dtn 19,15) die Mehr-Zeugen-Regel entgegenwirken.[80] Falsch-Zeugen wurden drastisch sanktioniert (Dtn 19,16–21).[81] Stand Aussage gegen Aussage, konnte ggf. das – aus heutiger Sicht ziemlich verzweifelte – Mittel des Gottesurteils zum Einsatz kommen (z. B. beim Vorwurf des Ehebruchs, Num 5).[82] Die „prozessethischen" Vorschriften im Bundesbuch (Ex 23,1–3.6–8, vgl. die Auslegung dort) warnen vor allem die Laienrichter vor Begünstigung, vor Bestechung und vor Beeinflussung. Wie bei den anderen Dekalog-Geboten zeichnet sich auch das Falschzeugnisverbot durch einen hohen Abstraktionsgrad aus. So schließt es alle denkbaren Fälle von Rechtsbeugung ein, die verborgenen ebenso wie die offenbaren und justiziablen.

Die Begehrensverbote (20,17)

Die beiden Prohibitive des Begehrens hängen inhaltlich so eng zusammen, dass man sie als „Doppelgebot"[83] bezeichnen kann. Sie führen ins Vorfeld der Taten, denn sie verbieten nicht erst die Taten, sondern bereits den motivierenden emotionalen Impuls, die „Gier". Wie das Gefälle von diesem Impuls zu den daraus erwachsenden Taten vorzustellen ist, ist Mi 2,2 zu entnehmen:

> (2) Begehren sie Felder, dann rauben sie sie, gelüstet es sie nach Häusern, dann nehmen sie sie. So unterdrücken sie einen Menschen und seine Familie, einen Mann und seinen Besitz.

---

79 KESSLER, Der Weg zum Leben, 189.
80 Vgl. dazu OTTO, Deuteronomium 12,1–23,15, 1539f.
81 Auch der altbabylonische Codex Hammurapi strafte falsche Anschuldigung und falsche Zeugenaussagen in scharfer Form (CH §§ 1,3,4; nach TUAT I/1, 44f.).
82 Vgl. CH § 2 nach TUAT I/1, 44f., beim Vorwurf der Zauberei.
83 ALBERTZ, Exodus 19–40, 70.

Das Zitat verweist auch auf den historischen Erfahrungskontext, aus dem das Gebot hervorgegangen sein könnte. Es spiegelt eine gegen Ende des 8. Jahrhunderts einsetzende Spaltung der altisraelitischen Gesellschaft in reiche Grundbesitzer und ärmere Bauern wider, wobei die Ersteren die Letzteren um ihren angestammten Grundbesitz brachten, sie u. U. auch in Schuldsklaverei zwangen, um so ihren Besitz zu vermehren.[84] Das Gebot hat es also weniger mit Eigentumsdelinquenz als vielmehr mit Wirtschaftsethik zu tun. Mit dem „Haus" in V. 17a ist weniger das Wohn- und Wirtschaftsgebäude gemeint, als vielmehr der „Hausstand", d. h. die zugehörigen Personen, das Vieh und Sachgüter (V. 17b).

Szene 3: 20,18–21a: Theophanie als Anrede

Die Szene „überblendet" gewissermaßen die Erscheinung Jhwhs in der Dekalog-Rede, indem sie das Ergehen und die Reaktion der Israeliten *während* (vgl. Textanm. 18[a]) dieser Rede schildert und kommentiert. Der Text beschreibt zunächst eine Synästhesie: „Währenddessen sah das ganze Volk die Donnerstimmen (הקולות)." Indem die Beschreibung fortfährt „.... und die Blitze und die Stimme des Schofar und den rauchenden Berg", wird die Erscheinung Jhwhs auf dem Berg (Ex 19,16) evoziert. Deshalb geben wir הקולות mit „Donnerstimmen" wieder. Erschrocken, ja von Furcht verstört, weicht das Volk zurück und bleibt in einiger Entfernung stehen. Es ist, nach dem überlieferten hebräischen Text, in einer Art „theoästhetische(r) Verwirrung"[85]: Ist das, was das Volk mit allen Sinnen wahrnimmt, das Gewitter des Gewittergottes, sind es die Klänge des Schofar oder ist es die Sprechstimme Gottes[86] (alle drei Geräusche werden hebräisch mit קול wiedergegeben)? V. 19b gibt zu verstehen: Das Volk nimmt wahr, *dass* Gott spricht und zugleich kann und/oder will es ihn nicht hören. Es erfährt die Stimme Gottes als „ein Erleben von höchster Intensität", das „die Grenzen menschlicher Wahrnehmungsfähigkeit übersteigt"[87]. Dem vorliegenden Text ist es, anders als dessen rekonstruierten Vorstufen (vgl. die diachrone Auslegung), anscheinend wichtiger, das Sprechen Gottes als Theophanie zu schildern, als die Frage eindeutig zu entscheiden, ob das Volk *den Wortlaut* der Dekalogrede gehört *und* verstanden hat oder nicht.[88]

Die V. 19a und 20 bemühen sich aus je unterschiedlicher Perspektive, die Verwirrung und Verstörtheit, in der sich das Volk angesichts des redenden Gottes befindet, zu lösen bzw. zu deuten. Nach V. 19a bittet das Volk Mose, künftig anstelle Gottes mit ihm zu reden (vgl. schon Ex 19,9, wo Gott ankündigt, er werde dem Mose erscheinen, damit das Volk höre, dass er mit ihm, d. h. mit Mose, redet).

---

84 Vgl. dazu Kessler, Micha, 116.

85 Utzschneider, „Seht das Wort ...", 331.

86 Die LXX überliefert statt des Plurals „Stimmen" den Singular „die Stimme" (ἡ φωνή), meint also wohl die Stimme Gottes. Jüdische Ausleger behalten den Plural bei, manche erklären ihn aber als eine Mehrzahl von Stimmen, in denen Gott spricht (z. B. Rashi, 225; vgl. dazu Houtman, Exodus 3, 74).

87 Utzschneider, „Seht das Wort ...", 331.

88 In der Deuteronomiums-Version der Szene wird die Frage wohl bejaht (vgl. Dtn 5,4.22). In der Auslegung wurde und wird sie sehr unterschiedlich beantwortet. Vgl. dazu die diachrone Auslegung.

Diachrone Analyse   133

In V. 20 deutet Mose die Erfahrung des Volkes als Versuchung bzw. Prüfung (vgl.
zu dem Motiv die Einleitung zu Ex 15,22 – 18,27). Galt die göttliche Prüfung in Ex
15,25f. bzw. 16,4 dem Gesetzesgehorsam des Volkes, so prüft Gott nun, ob das Volk
der Gottesnähe Ehrfurcht entgegenbringt und somit „nicht sündigt".

Exkurs: Ex 20,18–21a als erzählte Dogmatik

Aus der Perspektive christlicher und vielleicht auch jüdischer Theologie gelesen mutet
Ex 20,18–21 wie eine Beispielerzählung zum dogmatischen Ort „Wort Gottes und Offen-
barung" an. Benno Jacob, also ein jüdischer Ausleger, hat das Problem so auf den
Begriff gebracht: Es gehe hier „um die Fragen aller Fragen: *Spricht Gott?* Können Menschen seine Stimme hören und seine Worte verstehen?"[89] Mit Worten aus Karl Barths
„Lehre vom Wort Gottes" könnte man sagen: Ex 20 macht sinnfällig, dass das Reden
Gottes ein „Ereignis" ist, das sich dem Menschen „imponiert"[90], also aufdrängt. Als
solches kann es der Mensch aber nicht unmittelbar ertragen und fassen. Jüdisch gesprochen können Menschen das Reden Gottes nur durch Mose und die Schrift, d. h.
prophetisch vermittelt und durch die Tradition interpretiert oder – christlich gesprochen – als biblisch-apostolisches Zeugnis hören, das insbesondere in Jesus Christus in
Menschengestalt „verkörpert" ist.

Diachrone Analyse

EG	DtrG	PK	TK
		19,20–25	
20,1.2–3.5a	20,4.5b–6		
20,7		20,8–11.12	
20,13–17			
20,18b–19		20,18a	20,20
20,21a			

Der erste Abschnitt der dritten Episode (19,20–25) bietet eine prägnante Darlegung   19,20–25
der priesterlichen Auffassung zur Positionierung und Wahrnehmung der drei Akteure Gott, Mose und Volk: Gott fährt auf den Berg, der hier Sinai heißt, herab,
und zwar nur auf den Gipfel. Dem Volk und nun ausdrücklich auch den Priestern
wird verboten, den Berg zu besteigen, nur Aaron und Mose dürfen hinauf zum
Gipfel, auf dem Gott spricht.

In diesem Abschnitt wird noch deutlicher, was die P-Komposition auch an den   Konzeption
anderen Stellen bezweckt: die Rekonzeptionalisierung des Berges als Heiligtum   der P-Kompo-
bzw. Tempel. In der EG-Erzählung dient der Gottesberg als Stellvertreter für den   sition
zerstörten Jerusalemer Tempelberg (vgl. Ex 3,1–6), an dem Israel als gesetzesba-
sierter Personenverband neu gegründet wird. Das DtrG arbeitet an dieser Konzeption weiter, in dem es das Verhältnis von Gott und Volk als Bundesverhältnis
definiert und zudem durch 19,13b intensiviert. Die P-Komposition durchkreuzt

---

89 JACOB, Exodus, 602.
90 Vgl. BARTH, KD I,1, 112.

nun diese Strategie. Durch die Einfügung der vielen Wegstationen erscheint der nunmehr Sinai genannte Berg sowohl von Ägypten als auch vom verheißenen Land weit entfernt. Die Szenerie des späteren Zeltheiligtums wird vorweggenommen und auf den Berg übertragen. Der Berg als Ganzer entspricht dem Zeltheiligtum, sein Gipfel dem Allerheiligsten. Gott ist nur dort, auf dem Gipfel, präsent, und nur Mose und Aaron dürfen dazutreten. Und wie Gott nur im Allerheiligsten redet (Ex 25,22), so auch nur auf dem Gipfel des Berges, unhörbar für Außenstehende.

Fuge zwischen 19,25 und 20,1
Die priesterliche Einfügung von 19,20–25 verursachte eine massive Kohärenzstörung, denn die Redeeinleitung zum Dekalog 20,1 ist keine nahtlose Fortsetzung von 19,25. Für die EG-Erzählung ist es entscheidend, dass das Volk den Dekalog ohne Mittler direkt wahrnimmt und auf dieser Basis seinen Beschluss fasst (24,3). Die EG-Erzählung lautete:

> 19,17 Da führte Mose das Volk dem Gott entgegen aus dem Lager heraus, und sie stellten sich unten am Berg auf. 18bβ Und der ganze Berg bebte sehr. 19a Und der Ton des Schofars wurde immer stärker. 20,1 Da redete Gott alle diese Worte: ...

Während die EG-Erzählung durch 19,17 klarstellt, dass Gott und Volk eng beieinander sind, macht 19,20–25 ebenso deutlich klar, dass dies nicht der Fall ist. Gemäß der P-Komposition kann das Volk den Dekalog gar nicht hören.

Dekalog und Erzählung
Die Literargeschichte des Dekalogs ist analog zu der des narrativen Kontextes zu rekonstruieren. Eine Vorform außerhalb des narrativen Kontextes von Ex 19–24 ist unwahrscheinlich, denn Thema und Inhalt des Dekalogs stehen im engen Zusammenhang mit der EG-Erzählung. In dieser hat er die Funktion, die elementaren Verpflichtungen, ohne die das Gemeinwesen nicht funktionieren würde, kundzutun.

P-Komposition im Dekalog
Für die Rekonstruktion der Literargeschichte setzt man am besten beim Sabbatgebot ein. Neben der positiven Formulierung als Gebot ist vor allem die Begründung in 20,11 signifikant, die auf die priesterliche Schöpfungserzählung in Gen 1,1 – 2,3 verweist. Neben dem Sabbatgebot ist das Elterngebot die zweite positiv formulierte Vorschrift. Sachlich hat das Elterngebot zunächst nichts typisch Priesterliches, doch es fällt auf, dass in den priesterlichen Gesetzen das Elterngebot zweimal an prominenter Stelle vorkommt: in Lev 20,9 und Lev 19,3 – an letzterer Stelle wiederum positiv formuliert und im Gespann mit dem Sabbatgebot. Somit spricht doch einiges dafür, dass auch das Elterngebot durch die P-Komposition eingefügt wurde.

DtrG im Dekalog
Der andere literarkritisch auffällige Abschnitt ist das Bilderverbot 20,4, das im Singular zwischen den pluralischen Fremdgötterverboten 20,3 und 20,5a steht. Die Pronomina in V. 5 beziehen sich auf die „anderen Götter" in V. 3, aber nicht auf das „Kultbild" in V. 4. Der Schluss liegt nahe, dass das Bilderverbot nachträglich in das Fremdgötterverbot hineingeschoben wurde, und zwar im Zuge der dtr Bearbeitung (vgl. auch Ex 20,23). Wichtig wird es in der Erzählung vom „Goldenen Kalb" Ex 32 und in Dtn 4 – beides dtr Texte.

Auch die Fortsetzung in 20,5b–6 scheint auf die dtr Bearbeiter zurückzugehen. Der Passus enthält in Analogie zu Dtn 28 Fluchandrohung und Segensverheißung, hier aber in Gestalt einer Variante der sog. Gnadenformel. Unter diesem Namen wird eine Gruppe von Texten verstanden, die zum Ausdruck bringt, dass der Gnadenwille Gottes unverhältnismäßig größer ist als sein Strafwille (dazu mehr in der

Diachrone Analyse   135

synchronen Auslegung von 34,6–7). Besonders eng ist der Zusammenhang der
Dekalogvariante (Ex 20,5b–6 ‖ Dtn 5,9b–10) mit Dtn 7,9–10, denn nur hier wird die
Gnadenformel mit der Gesetzespraxis korreliert. Auch die Bezeichnung „eifriger
Gott" weist ins Deuteronomium (Dtn 4,24; 5,9; 6,15 sowie Ex 34,14b).

Nimmt man die Einfügungen heraus, erscheint der Dekalog in der Fassung der **Erstgestalt des**
EG-Erzählung: **Dekalogs**

> Prolog – (1) Fremdgötterverbot I: nicht haben – (2) Fremdgötterverbot II: nicht nieder-
> werfen – (3) Fremdgötterverbot III: nicht dienen – (4) Namensmissbrauchsverbot –
> (5) Tötungsverbot – (6) Ehebruchsverbot – (7) Diebstahlsverbot – (8) Falschzeugnisver-
> bot – (9) Begehrensverbot I: Haus – (10) Begehrensverbot II: Hausstand.

Es erscheint ein Text, der kurze und weitgehend ähnlich gestaltete Verbote auf-
weist. Das erhöht in Verbindung mit der Zehnzahl (Finger!) die Memorabilität
und zeigt, dass der Dekalog einerseits, als Teil der EG-Erzählung, eine literarische
Kreation ist, dass er aber andererseits auch mündlich gebraucht werden konnte.
Letzteres belegt nicht zuletzt Dtn 5, wo Mose den Dekalog als klar abgegrenztes
Stück zitiert.

Der Anlass, zu dem der Dekalog vermutlich regelmäßig verwendet wurde, er- **Der Dekalog**
gibt sich aus dem Kontext: der Beitritt zum Gemeinwesen. Zu diesem Anlass war **als Bürgereid**
es in den Poleis des Mittelmeerraumes üblich, einen Bürgereid abzulegen. Nicht
in seiner sprachlichen Gestalt, aber in seiner Funktion ähnelt der Dekalog diesen
Bürgereiden.[91] Einen solchen Eid musste jeder Neubürger ablegen, seien es junge
Männer beim Eintritt in die Vollbürgerschaft (Epheneneid) oder Neuzugezogene,
oder aber auch – wie in Ex 20 – eine ganze Bürgerschaft.[92] Dass der Beitritt zum
israelitischen Gemeinwesen ein geregelter Vorgang war, belegt das Versammlungs-
gesetz Dtn 23,2–9. Wird der Dekalog als Bürgereid verwendet, vollzieht der Sprecher einen indirekten Sprechakt: „Du sollst nicht töten" meint im Munde eines
Menschen: „Ich mache mir das Verbot ‚Du sollst nicht töten' zu eigen."

In seiner Endgestalt mit den langen erläuternden Abschnitten im Fremdgöt- **Endgestalt des**
ter-Kultbild-Verbot und im Sabbatgebot verliert der Dekalog etwas von seiner **Dekalogs**
mnemotechnischen Qualität. Da aber Israel gemäß der P-Komposition ohnehin
kein Bürgerstaat mehr ist, sondern eine Hierokratie, ist es auch fraglich, ob der
Dekalog im 4. Jahrhundert noch als Bürgereid in Gebrauch war. Der Papyrus Nash
aus dem 2. Jh. v. Chr. deutet eher auf eine katechismusartige Verwendung.

Der Abschnitt im Nachkontext des Dekalogs ist in derselben Weise verfasst **20,18–21a**
und überarbeitet worden wie dessen Vorkontext. Neben Passagen, die davon ausgehen, dass das Volk den Dekalog gehört hat (20,18b–19.21a), steht eine andere,
die nur von optischer Wahrnehmung berichtet (20,18a). Auch die Vorstellung vom
Kommen Gottes findet sich wieder (20,20, vgl. 19,9).

In der EG-Erzählung lautete der Text:

> 20,18b Da fürchtete sich[93] das Volk, sie wichen zurück, stellten sich fernab hin 19 und
> sprachen zu Mose: „Sprich du mit uns, dann wollen wir hören. Gott aber soll nicht mit
> uns reden, damit wir nicht sterben." 21a Und das Volk stand fernab.

---

91 OSWALD, Die politische Funktion.
92 AVILÉS, Gesetze, 127f.
93 Vgl. Textanm. 20,18b. Auf Ebene der EG-Erzählung ist die Ableitung von der Wurzel ירא
    „fürchten" vorzuziehen.

Diachrone Veränderungen	Hier reagiert das Volk auf die Kundgabe des Dekalogs. Wie zu erwarten, macht die P-Komposition aus dem verstehenden Hören des Dekalogs eine wortlose Wahrnehmung von optischen und akustischen Phänomenen (20,18a).[94] Schließlich bringt 20,20 das Motiv der Gottesfurcht in den Kontext ein. Schon die Vorstellung vom „Kommen" Gottes (vgl. 19,9) zeigt die Zugehörigkeit zur Tora-Komposition an. Zudem hat das Motiv der Gottesfurcht einen deutlichen Schwerpunkt bei nachpriesterlichen Texten (vgl. etwa Gen 22,12; Ex 1,17.21, s. Band I, 81f.).
Zusammenfassung	Die Darstellungen lassen sich in diese diachrone Abfolge bringen:

- *EG-Erzählung und DtrG*: Theophanie → Positionierung des Volkes am Unterteil des Berges → Kundgabe des Dekalogs und Hören des Volkes → Furcht und Zurückweichen des Volkes.
- *P-Komposition*: Theophanie → Absperrung des Berges → Wahrnehmung von Donner, Blitz etc. durch das Volk → Furcht und Zurückweichen des Volkes.
- *Tora-Komposition*: Theophanie → Absperrung des Berges → Wahrnehmung von Donner, Blitz, aber trotzdem Hören, wie Gott mit Mose redet → Furcht und Zurückweichen des Volkes.

Synthese

Beide Auslegungen gehen davon aus, dass die Bergszene Ex 19,20–25 auf das Sinaiheiligtum hin transparent ist. Nicht zuletzt die Erwähnung Aarons und der Priester weist in diese Richtung. Im weiteren Erzählverlauf wird das mitwandernde „Zelt der Begegnung" den Berg als Ort der Erscheinungen Gottes und seiner Begegnungen mit dem Volk ersetzen (vgl. etwa die Auslegung von Ex 40).

Die diachrone Auslegung weist diese Konzeption der P-Schicht zu. Diese allerdings „durchkreuzt" damit die „Strategie" der Exodus-Gottesberg-Erzählung und auch der deuteronomistischen Schicht. Für beide steht der Gottesberg, den erst die P-Komposition metonymisch (mit anderem Namen) „Sinai" genannt hat, für den Tempelberg zu Jerusalem. Bei allem, was diese Schichten vom Gottesberg erzählen, ist eigentlich an diese Jerusalemer Location zu denken.

Auch in der Auslegung der eigentlichen Dekalog-Rede und deren erzählendem Rahmen fokussiert sich die diachrone Auslegung auf die beiden älteren Schichten. Der EG-Erzählung liegt der Dekalog noch ohne Bilderverbot und vor allem ohne Sabbatgebot zugrunde. Der Erzählrahmen, in der EG-Erzählung ohne V. 18a und 20, setzt voraus, dass die Israeliten und Mose sehr wohl verstanden haben, was Jhwh als Zehn-Wort proklamiert hat. Im Zusammenhang mit der Theophanieschilderung Ex 19,18f. und im Vorgriff auf den zustimmenden Volksbeschluss Ex 24,3 stellt die diachrone Auslegung zur Diskussion, den Dekalog analog zu Bürgereiden griechischer Stadtstaaten zu verstehen. Man kann vermuten, dass junge Israeliten

---

94 Die Frage, was das Volk wahrgenommen hat, wird insbesondere von Auslegern des Endtextes unterschiedlich beantwortet. Christoph Dohmen zufolge ist der Exodus-Dekalog als „Leserinformation" konzipiert (Dohmen, Exodus 19–40, 91), während die Fassung des Dtn der Autorität des Mose unterstehe (so auch Otto, Deuteronomium 4,44–11,32, 683). Markl, Dekalog, 129f., hingegen spricht sich dezidiert dafür aus, dass das Volk die Dekalog-Rede hört und versteht.

bei ihrem erstmaligen Eintritt in die Versammlung des nachmonarchischen Gemeinwesens den Dekalog als Eid zu rezitieren hatten.

Die synchrone Auslegung fokussiert sich auf den Jetzttext, der stark von der P-Schicht bestimmt ist, in dem aber auch die vorhergehenden Versionen ihre Spuren hinterlassen haben. In diesem veränderten Fokus nimmt die Dekalog-Rede nicht nur eine veränderte Gestalt an, sondern auch einen anderen Charakter. Das „Zehn-Wort" ist nun kein Rezitations-Text mehr, sondern ein Reflexions-Text. Die theologischen Zutaten zum Fremdgötterverbot, mit denen dieses bereits die deuteronomistische Schicht angereichert hat, vor allem aber das priesterliche Sabbatgebot mit seiner schöpfungstheologischen Struktur und das Elterngebot mit seinem Verweis auf die Landgabe machen die Dekalog-Rede zu der kunstvoll strukturierten vier- und zweigliedrigen Einheit, als die wir sie im Jetzttext lesen.

Ein derart gestalteter, mit theologischen Reflexionen angereicherter Text hat das Potenzial und den Anspruch, über den Horizont eines babylonier- oder perserzeitlichen Gemeinwesens hinaus zu gelten. Freilich ist diese Tendenz zur Generalisierung und zur Ethisierung schon in den Vorformen angelegt, etwa wenn man die lapidaren, sanktions- und begründungslosen Prohibitive des Dekalogs mit den detaillierten Bestimmungen des Bundesbuches vergleicht.

Eine deutliche Differenz zwischen synchroner und diachroner Auslegung besteht schließlich in der Frage, ob das Volk die Dekalogrede inmitten der Theophanie überhaupt verstanden hat. Nach dem Befund der synchronen Analyse lässt der vorliegende Text dies offen. Die diachrone Auslegung dekonstruiert diese Offenheit zugunsten einer differenzierten Auffassung: In den älteren Schichten hat das Volk den Dekalog gehört und verstanden, in der priesterlichen dagegen weder das eine noch das andere. Die Tora-Komposition vermittelt zwischen den Extremen.

Dieser Dissens der Schichten untereinander ist theologisch signifikant und produktiv. Beide Auslegungen nehmen die Komplementarität zwischen göttlichem Ursprung und menschlicher Akzeptanz von Recht und Ethos wahr. Die synchrone Auslegung des überlieferten Textes legt den Akzent auf den transzendenten Ursprung und die Unverfügbarkeit grundlegender Werte menschlicher Lebensführung.[95]

Episode 4: Ex 20,21b – 23,33: JHWHS Bundesbuchrede an Mose

Einleitung in die synchrone Auslegung

Zwei Grundfragen sind vor der Auslegung des Bundesbuches zu klären: seine Abgrenzung und seine Benennung. Die Abgrenzung ist deshalb nicht selbstverständlich, weil die Übergänge fließend sind. Die Gottesrede beginnt in 20,22 mit einer Aufforderung an Mose und einem Rückblick auf die Theophanie am Gottesberg, und sie endet mit dem Abschnitt 23,20–33, der einen Vorausblick auf die Landgabe

Abgrenzung und Name

---

95 Vgl. dazu UTZSCHNEIDER, Gotteserfahrung, besonders 40–43.

enthält. Manche Ausleger und auch dieser Kommentar sprechen daher von der „Bundesbuchrede"[96]. Die gängige Bezeichnung „Bundesbuch" stammt nicht aus diesem selbst, sondern aus dem narrativen Kontext (24,7), und benennt es vom Gesichtspunkt des Bundesschlusses aus, der in 24,8 stattfindet. Das Bundesbuch selbst kennt die Vorstellung eines Bundes zwischen Gott und Israel gar nicht. Beide Beobachtungen, Abgrenzung und Benennung, legen nahe, dass das Verhältnis des Bundesbuches zu seinem narrativen Kontext immer wieder zu beachten sein wird (s. dazu auch die diachrone Einleitung in die achte Erzählphase).

Rechtsgeschichte Die Forschung am Bundesbuch war und ist eng verknüpft mit der Erforschung des altisraelitischen Rechts, nicht zuletzt deshalb, weil das Bundesbuch als das älteste der im Pentateuch überlieferten Rechts- bzw. Gesetzbücher gilt. Im Gefolge der einflussreichen Studie von Albrecht Alt aus dem Jahr 1934 wird gemeinhin zwischen dem „apodiktischen Recht" und dem „kasuistischen Recht" unterschieden.[97] Das letztere ist im Bundesbuch in der Sammlung der „Rechtssätze" (משפטים *mišpāṭîm*) 21,2–11; 21,18 – 22,16 zu finden, das erstere in den Sammlungen von Todesrechtssätzen 21,12–17; 22,17–19 und in den weiteren Vorschriften 20,22b–23.24–26; 22,20 – 23,19.

Kasuistisches und apodiktisches Recht Kasuistische Rechtssätze (משפטים) sind immer gleich aufgebaut: Der Einführung eines Oberfalles mit „wenn" (כי) folgen ggf. weitere Unterfälle, die mit „falls" (אם) angeschlossen werden. Am Ende steht die Rechtsfolge bzw. Sanktion. Das apodiktische Recht umfasst nach Alt jedoch vier ganz unterschiedliche Formen:

- die sog. „Todesrechtssätze" mit Tatbeschreibung im Partizip und nachfolgender Todessanktion „muss getötet werden" (מות יומת *môt yûmat*) in Ex 21,12–17 und in Lev 20;
- die Fluchreihe „Verflucht sei, wer …" (ארור) in Dtn 27,15–26;
- die Prohibitive mit Verneinung „nicht" (לא) und nachfolgender *yiqtol*-Langform in Lev 18,7–17(19);
- die formal im Prinzip gleich aufgebauten Verbote des Dekalogs, insbesondere die sog. Kurzprohibitive, etwa „Du sollst nicht stehlen", in Ex 20,13–15.

Problematisch ist zum einen die Zusammenfassung dieser doch sehr unterschiedlichen Gattungen unter der Rubrik des „Apodiktischen Rechts" und zum anderen die Herleitung des kasuistischen Rechts aus Kanaan und des apodiktischen aus dem vorstaatlichen Israel. Alts historische Hypothesen sind längst überholt. Aber auch auf literarischer Ebene sind Vorbehalte angesagt, da Alt und seine Nachfolger dazu neigen, die Funktion der verschiedenen Gattungen in ihrem literarischen Kontext zu vernachlässigen. Die Fluchreihe Dtn 27,15–26 dient dazu, heimlich begangene Verbrechen der Sanktion durch Gott anheimzustellen. Die sog. Todesrechtssätze haben dagegen die Funktion, die vielen Detailvorschriften der Rechtssätze des Bundesbuches durch einige Rechtsgrundsätze zu rahmen. Die Kurzprohibitive des Dekalogs wiederum verdanken ihre Form der Anforderung, memorabel zu sein.

„Apodiktisches Recht" als Systematisierung Rechtshistorisch steht am Anfang des *geschriebenen* Rechts im alten Orient wie im archaischen Griechenland stets das kasuistische Recht. Demgegenüber sind die Varianten des sog. apodiktischen Rechts Weiterentwicklungen, die bereits eine Systematisierung der Rechtsgegenstände zum Ausdruck bringen.[98]

---

96 Fischer/Markl, Exodus, 238.
97 Alt, Die Ursprünge des israelitischen Rechts.
98 Vgl. dazu Meyer, Das Apodiktische Recht, 129–134.

Einleitung in die synchrone Auslegung

Die Bezeichnungen „apodiktisches" bzw. „kasuistisches Recht" werden daher in diesem Kommentar nicht verwendet. Stattdessen bezeichnen wir in Anlehnung an den literarischen Befund die משפטים *mišpāṭîm* als „Rechtssätze" und die diese rahmenden todesrechtlichen Bestimmungen (*môt yûmat*-Sätze) als „Rechtsgrundsätze". Davon zu unterscheiden sind die in direkter Anrede gestalteten Vorschriften, die im Kontext (20,1; 24,3) דברים *dᵉbārîm* genannt werden, was wörtlich übersetzt schlicht „Worte" heißt, und die der Deutlichkeit halber im Folgenden als „Ordnungsworte" bezeichnet werden.[99]

> *Drei Gattungen: Bezeichnungen*

Die Rechtssätze sind so gestaltet, dass sie einen Fall mit „wenn" (כי) einführen, ggf. mit „falls" (אם) weiter differenzieren und in einer Sanktion enden. Behandelt werden darin gerichtsrelevante Gegenstände. Demgegenüber führen die Rechtsgrundsätze einen ganz allgemeinen Fall mit einer Partizipialkonstruktion ein und schließen daran sofort die ebenfalls ganz allgemein gehaltene Todessanktion an. Die Ordnungsworte beginnen, wenn es Verbote sind, mit der Verneinungspartikel לא, woran sich ein Verb in *yiqtol*-Langform anschließt. Handelt es sich um Gebote, steht meist einfache *yiqtol*-Langform. Thematisch geht es um Fragen der öffentlichen Ordnung.

> *Drei Gattungen: Formen und Themen*

Die Ordnungsworte können positiv mit „du musst" oder „du sollst" und negativ mit „du darfst nicht" oder „du sollst nicht" übersetzt werden. Die jeweils erste Variante entspricht vordergründig einem unbedingt geltenden Gesetz, die jeweils zweite eher einer Ethik. Obwohl es sich beim Bundesbuch nach der hier vertretenen Auffassung um ein Gesetz handelt, übersetzen wir trotzdem mit „du sollst (nicht)". Damit wird dem Sachverhalt Rechnung getragen, dass das gesatzte Recht nur ein Teil einer umfassenden Rechtskultur war, deren größerer Teil das ungesatzte Gewohnheitsrecht bildete. Die Geltung des Bundesbuches ist mithin an die Konventionen des Gewohnheitsrechts geknüpft.

> *Verpflichtungsgrad*

Das Buch als Ganzes lässt sich in vier Hauptteile gliedern. Hauptteil B wird durch die Rechtssätze und die Rechtsgrundsätze konstituiert, die Hauptteile A, C und D enthalten die Ordnungsworte. Die Zäsur zwischen Hauptteil C und D ergibt sich aus dem Rahmen 22,20 und 23,9 um Hauptteil C.

> *Gliederung*

Einleitung in die Bundesbuchrede (20,21b–22a)
Hauptteil A: Öffentliche Ordnung I / Ordnungsworte (20,22b–26)
    Kultordnung: Bilderverbot (20,22b–23); Altargesetz (20,24–26)
Hauptteil B: Rechtssätze und Rechtsgrundsätze (21,1 – 22,19)
    Einleitung in die Rechtssätze (21,1)
    Rechtssätze: Sklaven und Sklavinnen in 6+1-Struktur (21,2–11)
    Rechtsgrundsätze (מות יומת) (21,12–17)
    Rechtssätze: Körperverletzungen (21,18–32)
    Rechtssätze: Entschädigungen (יְשַׁלֵּם) (21,33 – 22,14 + 22,15–16)
    Rechtsgrundsätze (מות יומת und andere Tatfolgen) (22,17–19)
Hauptteil C: Öffentliche Ordnung II / Ordnungsworte (22,20 – 23,9)
    Sozialordnung: Schutz des Metöken und anderer Bedürftiger (22,20–26)
    Verpflichtungen gegenüber Einrichtungen des Gemeinwesens (22,27–30)
    Sozialordnung: Gerichtsordnung (23,1–8); Schutz des Metöken (23,9)

---

99 Zu dieser grundlegenden Unterscheidung siehe WESTBROOK, What is the Covenant Code?, 15.

Hauptteil D: Öffentliche Ordnung III / Ordnungsworte (23,10–19)
  Sozialordnung: Teilhabejahr; Ruhetag in 6+1-Struktur (23,10–12)
  Kultordnung: Fremdgötter-Verbot; Festkalender; Opfer/Abgaben (23,13–19)
Schluss: Ausblick auf den Weg ins Land und das Leben in ihm (23,20–33)

Deutlich erkennbar ist die Einbindung in den narrativen Kontext im ersten (Bilderverbot 20,22b–23) und letzten Abschnitt (Ausblick 23,20–33). Einen zweiten Rahmen bilden die Kultvorschriften (20,22b–26 und 23,13–19). Einen dritten Rahmen bilden die Vorschriften, die mit Hilfe der 6+1-Struktur gebildet wurden (21,2–11 und 23,10–12). Die Rechtssätze des Hauptteils B besitzen eine eigene Einleitung (21,1) und werden durch eine Folge von Rechtsgrundsätzen abgeschlossen (22,17–19). Diese zweite Komposition von Rechtsgrundsätzen bildet zusammen mit der ersten (21,12–17) einen Rahmen um die Rechtssätze, der jedoch das Sklavenrecht (21,2–11) nicht mit einschließt, weil letzteres thematisch anders gelagert ist.

Einleitung in die diachrone Auslegung

Ohne narrativen Kontext? Ein Problem der Forschungsgeschichte ist der immer wieder anzutreffende Versuch, die verschiedenen Teilsammlungen des Bundesbuches zu dekontextualisieren, in der Absicht, die Ursprünge der jeweiligen Redeform bzw. des altisraelitischen Rechts zu rekonstruieren. Es gilt bis heute weithin als selbstverständlich, dass das Bundesbuch (wie auch der Dekalog) zunächst ohne einen narrativen Kontext zusammengestellt wurde und dass überdies die Hauptteile des Bundesbuches zunächst in je eigenen Kleinsammlungen tradiert wurden. Das ist aber nur für die Rechtssätze wahrscheinlich zu machen, die unpersönlich formuliert sind und daher wohl unabhängig von ihrem späteren narrativen Kontext verfasst wurden (21,2–11; 21,18 – 22,16; zu den Ausnahmen 21,2.23 s. unten). Die Rechtsgrundsätze sind zwar auch überwiegend unpersönlich formuliert (21,12–17; 22,18–19; zu den Ausnahmen 21,13–14; 21,17 s. unten), sind aber so sehr auf ihre Funktion im Bundesbuch hin gestaltet, dass ein davon unabhängiger Gebrauch nicht wahrscheinlich ist. Das gilt noch viel mehr für die Ordnungsworte, die Gott als Sprecher und die Israeliten als Adressaten voraussetzen (so etwa 20,24–26). Diachron ist daher zwischen den Rechtssätzen und den Ordnungsworten streng zu unterscheiden, die Rechtsgrundsätze sind differenziert zu betrachten. Die Literargeschichte der Ordnungsworte ist identisch mit der des narrativen Kontextes, während die Entstehung der Rechtssätze und (teilweise auch) der Rechtsgrundsätze der Abfassung der EG-Erzählung vorausgeht.

Antike Rechtskulturen Ein wichtiges Forschungsfeld ist die Einbettung des Bundesbuches und des altisraelitischen Rechts überhaupt in die Rechtskulturen des alten Orients. Man hat zahlreiche Ähnlichkeiten mit den babylonischen, aber auch mit den hethitischen und assyrischen Rechtsbüchern gefunden. Manche Autoren nehmen gar eine literarische Abhängigkeit des Bundesbuches von altbabylonischen und assyrischen Rechtsbüchern an.[100] Tatsächlich sprechen diese Ähnlichkeiten für verbun-

---

100 VAN SETERS, A Law Book; WRIGHT, The Covenant Code Appendix, 47–85.

Einleitung in die diachrone Auslegung

dene Rechtskulturen,[101] zu denen auch die Poleis des Mittelmeerraumes gehören. Sie widerraten aber der Annahme einer direkten literarischen Abhängigkeit.[102]

Klärungsbedürftig ist auch die literarische Gestaltung des Bundesbuches als Gottesrede, denn die altorientalischen Rechtsbücher kennen dieses Gestaltungsmittel nicht. Die ältere Forschung sah darin ein Spezifikum Israels, das man mit der Hypothese eines sakralen Stämmebundes (Amphiktyonie) in vorstaatlicher Zeit verband. Die jüngere Forschung sieht darin eine spätkönigszeitliche Entwicklung, die auf Krisenerscheinungen in der judäischen Gesellschaft reagierte, und spricht von einer „Theologisierung des Rechts".[103] Gegen den König agierende Priesterkreise oder auch der Landadel hätten damit eine subversive antimonarchische Programmatik verfolgt. Diese Hypothese kann aber die literarische Eigenart des Bundesbuches nicht erklären und beruht zudem auf der unwahrscheinlichen historischen Voraussetzung, dass königliche Schreiber ihren Herrn auf diese Weise ideologisch entmachtet hätten.[104] Vielmehr ist es so, dass die Texte überhaupt keinen König kennen. Aber die markanteste Neuerung gegenüber den altorientalischen Rechtskulturen ist die Rolle des Volkes. In der EG-Erzählung übernimmt die Volksversammlung zunächst als Auditorium, dann als beschlussfassendes Organ (Ex 24,3.7, vgl. Dtn 26,16–19) die entscheidende Funktion im Prozess der Gesetzgebung. Das traditionell-monarchische Paradigma der Aufrichtung von Recht und Ordnung wird abgelöst durch zwei aufeinander bezogene Neuerungen: Die *Theologisierung* des Rechts ist die Konsequenz aus dem Untergang des Königtums, die *Demokratisierung* des Rechts ergibt sich aus dem nach-monarchischen Gesellschaftsmodell des personenverbandlichen Gemeinwesens.

Die rechtshistorische Forschung ist zu dem Ergebnis gekommen, dass es im Alten Orient keine Gesetzbücher, sondern nur Rechtsbücher gegeben hat. Ein Gesetzbuch hat rechtssetzenden Charakter, d. h., ein Gesetz ist geltendes Recht, weil es im Gesetzbuch steht. Ein Rechtsbuch ist demgegenüber eine bloße Sammlung von Rechtsentscheiden, etwa zur Ausbildung von Richtern oder zur höheren Ehre des Königs wie im Fall des Codex Hammurapi. In den Staaten des Alten Orients war „das Recht im König verkörpert"[105], für Gesetzbücher gab es überhaupt keinen Bedarf.[106] Anders konzipiert war demgegenüber die Rechtskultur des archaischen Griechenland. Die dort üblichen Gesetzesinschriften hatten die Funktion von Gesetzbüchern, d. h. diese Gesetze wurden durch einen Volksbeschluss und ihre anschließende Niederschrift zu geltendem Recht. Letzteres gilt auch für das Bundesbuch.

Die Literargeschichte des Bundesbuches lässt sich daher in zwei Hauptphasen unterteilen: Zunächst entstand die Sammlung von Rechtssätzen und Rechtsgrundsätzen, noch ohne narrativen Kontext und damit auch ohne Anrede. Diese Komposition war ein Rechtsbuch, das zu Ausbildungs- und Referenzzwecken benutzt wurde. In der zweiten Hauptphase wurde diese Kernsammlung im Zuge der Abfassung

> Gottesrede

> Rechtsbuch oder Gesetzbuch?

> Literargeschichte

---

101 Zur These einer gemeinsamen Rechtskultur vgl. WESTBROOK, Character, 4. Kritisch dazu JACKSON, Comparison.
102 So die These von WRIGHT, Inventing, vgl. dazu etwa WELLS, The Covenant Code.
103 OTTO, Wandel der Rechtsbegründungen, 69–75; ALBERTZ, Theologisierung.
104 Dazu ausführlich OSWALD, Das Gesetz, das Volk und der König, 83–95.
105 ASSMANN, Zur Verschriftung, 64.
106 LEMCHE, Justice in Western Asia in Antiquity.

142 Episode 4: Ex 20,21b – 23,33: Jhwhs Bundesbuchrede an Mose

der EG-Erzählung durch Passagen erweitert, die als direkte Anrede an Israel gestaltet sind. Diese Komposition war ein Gesetzbuch, wie der narrative Kontext zeigt: Es wird vom Volk durch Beschluss in Kraft gesetzt (24,3).

Hauptphase 1

Sammlung(en) von Rechtssätzen (משפטים)	Sammlung von Rechtssätzen und Rechtsgrundsätzen
21,2–11	21,12.15–17
21,18–32; 21,33 – 22,5; 22,6–14; 22,15–16	
	22,18

Die erste Hauptphase lässt sich noch einmal in zwei Schritte aufteilen. Zunächst wurden die Sammlungen Ex 21,2–11 (Sklaven- und Sklavinnenrecht); 21,18–32 (unvorsätzlich begangene Körperverletzungen); 21,33 – 22,5; 22,6–14; 22,15–16 (Schadensersatzrecht) zu einem kasuistischen Rechtsbuch zusammengestellt. Diese Komposition erhielt in einem zweiten Schritt eine Rahmung aus den Rechtsgrundsätzen 21,12.15–17 und 22,18. Die vorderen Rechtsgrundsätze 21,12.15–17 stehen dabei nicht ganz am Anfang, weil sie sich inhaltlich auf die Rechtssätze 21,18–32 beziehen, nicht aber auf 21,2–11. Diese kürzeren Sammlungen haben wohl auch eine je eigene Literargeschichte gehabt, die aber nur noch vage rekonstruiert werden kann.[107]

Hauptphase 2

EG	DtrG	PK	TK
20,21b–22a	20,22b–23	–	
20,24–26; 21,1;			
21,2*; 21,13–14;			
22,17.19;			
22,20 – 23,9;			
23,10–12;			
23,13b–14.15a*.16	23,15*.17.18–19		23,13a
	23,23–33		23,20–22

Im Zuge der Abfassung der EG-Erzählung wurde das Rechtsbuch in die Gottesrede eingearbeitet und dabei durch die als Anrede gestalteten Partien erweitert. Im Zuge der dtr Überarbeitung erhielt das Bundesbuch eine Rahmung, zudem wurde im gleichfalls dtr Abschnitt 24,4–8 die Bezeichnung „Bundesbuch" eingeführt.

Ordnungsworte vs. Rechtssätze   Für das Verständnis des Bundesbuches und seiner Literargeschichte ist die Unterscheidung zwischen den Rechtssätzen und Rechtsgrundsätzen auf der einen Seite und den Ordnungsworten auf der anderen entscheidend:

–   Literarisch sind die Rechts(grund)sätze unpersönlich formuliert, die Ordnungsworte dagegen als Anrede an Israel.

---

107 Vgl. dazu Otto, Wandel der Rechtsbegründungen.

Einleitung in die diachrone Auslegung

- Thematisch behandeln die Rechts(grund)sätze gerichtsrelevante Gegenstände (Strafrecht, Zivilrecht), während die Ordnungsworte Angelegenheiten der öffentlichen Ordnung regeln (Kult, Ämter etc.).
- Rechtsgeschichtlich war das Bundesbuch, solange es nur Rechts(grund)sätze enthielt, ein Rechtsbuch, während es danach zum Gesetzbuch wurde.
- Kulturgeschichtlich ist das Rechtsbuch Teil der altorientalischen Rechtskultur(en), während das Gesetzbuch Aspekte der frühgriechischen Rechtskultur und Staatstheorie übernommen hat.

Die Gesetze der griechischen Archaik (7.–5. Jahrhundert) sind vor allem in einer Vielzahl von Inschriften erhalten geblieben.[108] Hinzu kommen die Gesetzgeberlegenden, etwa über Solon oder Lykurg, die den Erzählungen über Mose nicht unähnlich sind. Diese Gesetze waren niemals Akte königlicher Herrschaftsausübung, sondern stets Beschlüsse der Volksversammlung. Anders als die altorientalischen Rechtsbücher regeln die frühgriechischen wie die pentateuchischen Gesetze auch Fragen der öffentlichen Ordnung (Ämter, Abgaben, Gemeinschaftskult etc.). Wichtig ist weiter, dass die frühgriechischen Gesetze keine hoheitlichen Setzungen waren, sondern Verträge.[109] Ihr bindender Charakter ergibt sich nicht aus der Autorität eines königlichen Gesetzgebers, sondern aus der Zustimmung aller Beteiligten. Genau dies ist beim Bundesbuch und beim Deuteronomium auch der Fall.

Frühgriechische Gesetze

Das Rechts- und Staatsdenken des Alten Testaments und insbesondere das Bundesbuch hat somit Anteil an den altorientalischen und an den mediterranen Rechtskulturen. Das ehemalige Rechtsbuch der Schreibereliten wurde, erweitert durch die Ordnungsworte, zum Gesetzbuch eines personenverbandlichen Gemeinwesens, oder in der Begrifflichkeit der Antike ausgedrückt: zur Verfassung einer Republik.

Dieser spezifische historische Ort des Bundesbuches hat auch weitreichende theologische Wirkungen. Die Ordnungsworte sind immer wieder mit Begründungen oder Zwecksetzungen verbunden, die ihre Praktizierung motivieren sollen. Das heißt aber nicht, dass diese Texte deshalb Predigten wären.[110] Es handelt sich sehr wohl um Gesetze, aber um solche, deren Durchsetzung vom guten Willen der Mitglieder des Gemeinwesens abhängig ist. Da es im personenverbandlichen Gemeinwesen keine übergeordnete Behörde gibt, die Gesetze erlassen und deren Einhaltung erzwingen könnte, hängt alles an der inneren Überzeugung der Bürger. Der Gott der EG-Erzählung ist nicht in Analogie zu einem absoluten Monarchen gestaltet, er dekretiert nicht, vielmehr motiviert er die Bürger, die beschlossenen Gesetze einzuhalten und damit das Gemeinwesen zu erhalten.[111]

Ein unköniglicher Gott

---

108 Arnaoutoglou, Ancient Greek Laws; Brodersen, Historische griechische Inschriften in Übersetzung; Koerner, Inschriftliche Gesetzestexte der frühen griechischen Polis; Ruschenbusch, Solon.

109 Avilés, Gesetze, 28: „Diejenigen Rechtstexte aus dem archaischen Griechenland, die die Forschung ‚Gesetze' nennt, sind in Wahrheit Verträge. Von all den modernen Begriffen, die Rechtstexte bezeichnen, kommt ‚Vertrag' dem Wesen archaischer geschriebener Rechtsnormen am nächsten." Vgl. dazu Oswald, Vertrag.

110 Stellvertretend für viele Ausleger Propp, Exodus 19–40, 275: „preaching couched in quasi-legalistic language".

111 Die Vermeidung eines monarchischen Gottesbildes findet sich auch in anderem Zusammenhang, nämlich in der Abweisung der Vorstellung eines Gottesthrones über der Lade in der Heiligtumserzählung (vgl. die Auslegung zu Ex 25,18–21).

Hauptteil A: Ex 20,21b–26: Öffentliche Ordnung I

Einleitung

21b Mose aber näherte sich dem Wolkendunkel, wo Gott war. 22a Da sprach JHWH zu Mose: „So sollst du zu den Israeliten sprechen:

Bilderverbot

22b ‚Ihr habt gesehen, dass ich vom Himmel her mit euch geredet habe. 23 Ihr sollt bei mir keine Götter aus Silber machen, auch Götter aus Gold sollt ihr euch nicht machen.[a]

Altargesetz

24 Einen Altar aus Erde sollst du mir machen und darauf opfern deine Brandopfer und Heilsopfer, dein Kleinvieh und dein Großvieh. An jedem Ort,[a] wo ich meinen Namen verkünde[b], werde ich zu dir kommen und dich segnen. 25 Wenn du mir aber einen Altar aus Steinen machst, dann sollst du sie nicht als behauene Steine verbauen, denn du hättest deinen Meißel über sie geschwungen und sie entweiht. 26 Du sollst auch nicht auf Stufen zu meinem Altar hinaufsteigen, damit nicht deine Blöße an ihm aufgedeckt wird.'

Anmerkungen zu Text und Übersetzung

23[a] Der hebräische Konsonantentext ist als *parallelismus membrorum* gestaltet, wobei im ersten Glied das Material Silber und die Zuordnung zu JHWH, im zweiten Gold und die Zuordnung zum Volk ausgedrückt werden. MT hat den Versteiler nach „bei mir", so dass der erste Satz in elliptischer Weise die Herstellung von Kultbildern grundsätzlich verbietet („Ihr dürft nicht bei mir machen"), während der zweite explikativ dazu die Materialien benennt. Mit dieser Maßnahme, die die Struktur des Textes ignoriert, wollten die Massoreten das Verbot ganz grundsätzlich formulieren. LXX und Vg beachten den Parallelismus.

24[a] MT hat בְּכָל־הַמָּקוֹם, Sam dagegen במקום „an dem/einem Ort", wohinter die spätere Konzentration auf einen Kultort steht. TgO hat בכל אתר, lässt also den Artikel vor „Ort" weg, so auch LXX ἐν παντὶ τόπῳ und Vg „in omni loco". In Frage steht, ob MT „an jedem Ort" oder „am ganzen Ort" meint. Die determinierte Form kann beides bedeuten, zur philologischen Diskussion vgl. Schaper, Schriftauslegung. Sachlich macht nur „an jedem Ort" Sinn, denn „am ganzen Ort" würde bedeuten, dass es um bestimmte Areale eines Heiligtums geht.

24[b] MT hat אַזְכִּיר „ich verkünde", aber Syr hat 2. sg. masc. und TgN hat 2. pl. masc., jeweils in der Bedeutung „du (= Israel) verkündest". Sam hat הזכרתי = אזכרתי als aramaisierende Aphel-Konjugation in der Bedeutung „ich habe verkündet". Gemeint ist hier entweder eine Theophanie oder dass Gott seinen Namen verkünden lässt. Auf Grund des ausgeprägten theophanen Charakters der Sinaiperikope liegt ersteres näher.

Synchrone Analyse

Einleitung

Während das Volk unter dem Eindruck der Theophanie fernab Aufstellung genommen hat (Ex 20,21a), nähert sich Mose allein der dunklen Wolke (20,21b), in der Gott anwesend ist (vgl. Ex 19,16.18; 20,18). Da Gott nun nicht mehr direkt mit dem Volk sprechen kann, fungiert Mose wie schon in 19,3–15 als Mittler.

Hauptteil A

Auf die narrative Einleitung folgt Hauptteil A des Bundesbuches, der Fragen der öffentlichen Ordnung regelt. Er besteht aus zwei Gesetzen zur Kultordnung,

Diachrone Analyse   145

dem Bilderverbot (20,22b–23) und dem Altargesetz (20,24–26). Diesen Kultbestimmungen am Anfang entsprechen ebensolche am Ende (23,13–19), die sich vornehmlich mit den Wallfahrtsfesten befassen. Thematisch und formal (Anrede!)
gehören sie zu den Ordnungsworten.

Der Rückverweis „Ihr habt gesehen, dass ich vom Himmel her mit euch gere   Bilderverbot
det habe" (20,22b) ist einfach zu klären, da im gesamten Alten Testament Jhwh
nur an einer Stelle direkt zum Volk spricht: bei der Verkündung des Dekalogs.
Diese Verbindung wird durch die sachliche Übereinstimmung verstärkt, denn
20,23 wiederholt das Bilderverbot 20,4. Diese Doppelung entspricht der Wichtigkeit
des Themas in Ex 32–34.

Das Altargesetz 20,24–26 setzt ein mit der Vorschrift, einen Altar aus Erde zu   Altargesetz
bauen. Darauf folgen die Zusagen der Gottesgegenwart und des Segens, darauf
wiederum zwei Einschränkungen: Der Altar darf keine behauenen Steine enthalten
und er darf über keine Stufen verfügen, damit die Blöße der am Altar wirkenden
Person nicht gesehen werden kann. Das Verbot behauener Steine wird in Dtn
27,5–6; Jos 8,31; 1 Kön 6,7 wieder aufgegriffen, das Problem der Blöße wird in Ex
28,42–43 durch die Anordnung, eine Hose zu tragen, gelöst.

Gottesgegenwart und Segen darf Israel „an jedem Ort, wo ich (Jhwh) meinen   Mehrere Altäre
Namen verkünde", erwarten. Gemeint sind die Orte, an denen ein vorschriftsmä
ßig gebauter Altar steht. Die Bestimmungen implizieren eine Mehrzahl von Altären, aber sie thematisieren deren Anzahl nicht.

Angesprochen ist im gesamten Bundesbuch stets ganz Israel, was hier beson   Adressaten
ders auffällt, da der Bau von Kultstätten nach altorientalischer Vorstellung Pflicht
und Privileg des Königs war.[112] Daher enthalten die Rechtsbücher des Alten Orients auch keine Kultvorschriften. In den Zeugnissen der griechischen Poleis werden Kultangelegenheiten dagegen häufig thematisiert.[113]

Diachrone Analyse

Rechtssatzsammlung + Rechtsgrundsätze	EG	DtrG
	20,21b–22a 20,24–26	20,22b–23

Es ist schon immer aufgefallen, dass das Altargesetz 20,24–26 eine sehr schlichte   Altargesetz
Kultstätte anordnet. Man hat daher vermutet, dass das Altargesetz einfache Ver   und EG-Erzähhältnisse voraussetze und in die vorstaatliche Zeit gehöre.[114] Doch die Einfachheit   lung
ist keine Voraussetzung, sondern Gegenstand der Anordnung. Nach John Van Seters ist das Altargesetz daher recht jung: „It allows for the simple construction of
an altar in Jerusalem after the Temple's destruction and the continuation of the
cult there or perhaps a temporary rudimentary altar in the diaspora."[115] Die histo

---

112 Vgl. Lux, Der König als Tempelbauer, 99–122.
113 Zum Unterhalt von Kultstätten vgl. Welwei, Die griechische Polis, 193.
114 Vgl. Noth, Exodus, 142.
115 Van Seters, A Law Book, 67.

rische Verortung nach der Zerstörung des Jerusalemer Tempels ist sicher zutreffend, da das Altargesetz das Ende der Monarchie voraussetzt. Das Bundesbuch als Teil der EG-Erzählung hat die Neukonstitution des judäischen Gemeinwesens nach 587 v. Chr. zum Gegenstand. Dies ist zugleich der *terminus a quo* des Altargesetzes, der *terminus ad quem* ist die Abfassung des Deuteronomiums, das durch die im Bundesbuch nicht vorkommende „Kultzentralisation" geprägt ist.

Bilderverbot und DtrG Wie der Bau von Altären, so gehört auch die Herstellung von Kultbildern zu den königlichen Prärogativen. Im monarchischen Herrschaftsparadigma ist es völlig sinnlos, dem Volk Vorschriften zur Herstellung von Kultbildern zu machen, da dieses gar nicht damit befasst war. Obwohl Altargesetz und Bilderverbot zu den nachmonarchischen Ordnungsworten gehören, sind sie doch literargeschichtlich zu unterscheiden. Der sachliche Zusammenhang mit den zentralen Texten zum Bilderverbot (Ex 20,4; 32*; Dtn 4,9–31; 5,8) verweist auf das DtrG.

EG-Erzählung Nach der obigen Rekonstruktion hatte der Anfang der Bundesbuchrede in der EG-Erzählung folgenden Wortlaut:

> 20,21b Mose aber näherte sich dem Wolkendunkel, wo Gott war. 22a Da sprach JHWH zu Mose: „So sollst du zu den Israeliten sprechen: 24 ,Einen Altar aus Erde sollst du mir machen ...'"

Hauptteil B: Ex 21,1 – 22,19: Gerichtsrecht

Ex 21,1–11: Einleitung und Sklavenrecht

Einleitung 1 Und dies sind die Rechtssätze, die du ihnen vorlegen sollst:

Sklaven 2 Wenn du einen hebräischen Sklaven erwirbst, soll er sechs Jahre dienen, im siebten aber soll er umsonst als Freigelassener ausziehen. 3 Falls er allein kommt, soll er (auch) allein ausziehen. Falls er Besitzer einer Frau ist, soll seine Frau mit ihm ausziehen. 4 Falls ihm sein Dienstherr[a] eine Frau gibt und sie ihm Söhne oder Töchter gebiert, sollen die Frau und ihre Kinder ihrem Dienstherren[b] gehören, aber er (der Sklave) soll allein ausziehen. 5 Falls aber der Sklave spricht: ,Ich liebe meinen Dienstherrn, meine Frau und meine Kinder, ich will nicht als Freigelassener ausziehen!', 6 dann soll ihn sein Dienstherr zu Gott bringen und ihn an die Tür oder an den Türpfosten stellen. Und sein Dienstherr soll ihm das Ohr mit einer Marke[a] durchbohren, und er soll ihm auf Dauer dienen.

Sklavinnen 7 Aber wenn ein Mann seine Tochter als Sklavin verkauft, soll sie nicht ausziehen, wie die Sklaven ausziehen. 8 Falls sie schlecht ist in den Augen ihres Dienstherrn, der sie für sich bestimmt hatte,[a] lasse er sie loskaufen. An eine fremde Sippe[b] ist er nicht befugt, sie zu verkaufen, da er sie unfair[c] behandelt hat. 9 Und falls er sie für seinen Sohn bestimmt, soll er nach dem Töchterrecht an ihr handeln. 10 Falls er für sich eine andere nimmt, darf er ihre Nahrung[a], ihre Kleidung und

Synchrone Analyse 147

das Zusammensein mit ihr[b] nicht verkürzen. 11 Falls er aber diese drei Dinge nicht an ihr tut, soll sie umsonst auszuziehen; kein(e) Silber(zahlung)[a].

Anmerkungen zu Text und Übersetzung

4[ab] MT hat hier wie auch in V. 6 den Plural אֲדֹנָיו, die Targume ebenfalls, nicht jedoch LXX und Vg. Die Form kann entweder als Majestätsplural verstanden werden oder als Abstraktum „Dienstherrschaft".

6[a] MT מַרְצֵעַ kommt nur hier und in der Parallelstelle Dtn 15,17 vor und wird im Anschluss an LXX und Vg als Werkzeug verstanden. Aber nach Dtn 15,17 gibt der Dienstherr den מַרְצֵעַ an das Ohr, was eher auf eine Art Ohrmarke deutet.

8[a] Das Ketib אֲשֶׁר־לֹא יְעָדָהּ „die er nicht bestimmt hatte" ist sinnlos. Das Qere bietet zurecht אֲשֶׁר־לֹו יְעָדָהּ „die er für sich bestimmt hat", was auch V. 9 entspricht.

8[b] In der Fügung לְעַם נָכְרִי bedeutet עַם „Sippe" (vgl. KBL[3] s. v. עַם B.), und נָכְרִי „fremd / nicht verwandt" (Ps 69,9; Spr 27,2), vgl. Propp, Exodus 19–40, 198–199.

8[c] Hebräisch בגד bedeutet nicht Untreue im moralischen Sinn, sondern eine Handlung, die dem rechtlichen Status einer Person nicht gerecht wird (s. Propp, Exodus 19–40, 199).

10[a] MT שְׁאֵרָהּ ist wohl von שְׁאֵר „Fleisch" abzuleiten und bedeutet dann „Nahrung" oder – sozial definiert – das Recht, am Tisch zu essen.

10[b] MT עֹנָתָהּ von עֹנָה ist *hapax legomenon* und in der Bedeutung unsicher. Es gibt zahlreiche Vorschläge, vgl. Propp, Exodus 19–40, 202f. Wir folgen der LXX (τὴν ὁμιλίαν αὐτῆς).

11[a] כֶּסֶף wird oft mit „Geld" übersetzt, bedeutet aber eigentlich „Silber". Wir bleiben dabei auch dort, wo כֶּסֶף als Zahlungsmittel gemeint ist, weil es keinen Nominalwert, sondern nur einen Metallwert hat und deshalb abgewogen werden muss (vgl. Ex 22,16).

Synchrone Analyse

Ex 21,1 dient als Einleitung zur gesamten Sammlung von Rechtssätzen und Rechtsgrundsätzen 21,2 – 22,19. Mose wird nicht aufgefordert, die Rechtssätze zu gebieten oder zu dekretieren. Er soll sie lediglich vorlegen (so auch in Dtn 4,44; 11,32), in Kraft gesetzt werden sie anschließend durch einen Volksbeschluss (24,3b). **Hauptteil B**

Die folgende Rechtssatzgruppe behandelt das Thema „Sklavenfreilassung", allerdings mit Differenzierungen. Zum einen geht es zunächst um männliche (21,2–6), dann um weibliche (21,7–11) Abhängige, zum anderen wird auch der Verbleib dieser Abhängigen geregelt. Klärungsbedürftig ist die Gattung, denn einerseits ist die Abfolge von Oberfall („wenn" 21,2.7) und Unterfällen („falls") für Rechtssätze charakteristisch, andererseits ist der erste Satz wie die Ordnungsworte als Anrede gestaltet. Entscheidend ist jedoch, dass der ganze Rest des Gesetzes unpersönlich formuliert ist. Zudem beginnen Ordnungsworte nie mit einer Bedingung „Wenn du ...". Das Sklavengesetz ist also keinesfalls ein Ordnungswort, sondern ein am Anfang geringfügig modifizierter Rechtssatz.[116] Zu den Gründen vgl. die diachrone Auslegung. **21,2–11: Thema und Gattung**

Mit Sklave bzw. Sklavin ist hier der Schuldsklave aus dem eigenen Volk gemeint. Wer einen Kredit nicht zurückzahlen konnte, musste zunächst Familienmit- **Schuldsklaverei**

---

116 So etwa auch Rothenbusch, Rechtssammlung, 236f. mit Anm. 36, mit vielen Vorgängern.

| | 148 | | Ex 21,1–11: Einleitung und Sklavenrecht |

glieder und ggf. schließlich sich selbst dem Kreditgeber als Sklave zur Verfügung stellen. Diese Form von Verelendung war im Alten Orient weit verbreitet (vgl. etwa CH §117).

Sklavenfreilassung Die Vorstellung ist die, dass die Schuld des zum Sklaven Gewordenen nach sechs Jahren abgearbeitet ist. Er wird danach zum חָפְשִׁי, zum Freigelassenen, und nimmt üblicherweise wieder jenen bürgerrechtlichen Status ein, den er zuvor innegehabt hatte (vgl. Lev 25,10b). „Umsonst" meint wohl, dass der Dienstherr keine Zahlung zu leisten hat. In der Parallelstelle Dtn 15,12–14 wird der Dienstherr stattdessen angewiesen, den Freizulassenden mit einem Startkapital auszustatten.

21,3–6: Sklave Die Unterfälle V. 3–6 regeln verschiedene Familienkonstellationen. Hatte der Sklave bereits eine Frau, behält er diese auch über die Sklavenzeit hinaus. Hat der Dienstherr dem Sklaven eine Frau gegeben, bleiben sie und alle Kinder im Besitz des Dienstherrn. Falls der Sklave diese Frau und die Kinder liebt, kann er auf Dauer bei seinem Dienstherrn bleiben. Diese Person ist fortan etwas Drittes, weder Freigelassener noch Sklave, und dies wird durch eine Ohrmarke angezeigt. Der Rechtsakt erfolgt an einem Heiligtum, an dem auch sakrale Gerichtsverfahren durchgeführt wurden (vgl. 22,7–8.9–10).

21,7–11: Sklavinnen Die Vorschriften für Sklavinnen sind anders geartet, denn sie setzen voraus, dass die Sklavin im Haushalt ihres Dienstherrn als eine Art Nebenfrau lebt. Diskutiert wird, ob dies der Normalfall war, oder ob 21,7–11 einen Sonderfall regelt.[117] Die Unterfälle regeln drei Konstellationen, die potenziell nachteilig für die Sklavin/Nebenfrau sein könnten. Will der Dienstherr sie doch nicht zur Nebenfrau haben, muss er sie (durch ihre Verwandtschaft?) loskaufen lassen. Gibt er sie seinem Sohn zur Frau, muss er sie gemäß den für Töchter geltenden rechtlichen Standards behandeln. Und falls er noch weitere Nebenfrauen hat, darf er sie nicht benachteiligen. Bei Zuwiderhandlungen muss der Dienstherr die Sklavin entlassen. Da eine Zeitangabe fehlt, ist wohl gemeint, dass die Benachteiligte sofort ausziehen kann.

Schutzgesetze Insgesamt handelt es sich, auch wenn es für heutige Leser nicht augenfällig ist, um Gesetze zum Schutz der Abhängigen. Die verbriefte Freilassung nach sechs Jahren schützt vor willkürlicher Fristsetzung. Die Nichtanwendung der Freilassungsregel auf eine als Nebenfrau geltende Sklavin schützt diese vor dem niederen sozialen Status als entlassene Ehefrau. Und die weiteren Bestimmungen schützen die Nebenfrau während ihrer Zeit beim Dienstherrn.

Diachrone Analyse

Rechtssatzsammlung	+ Rechtsgrundsätze	EG	DtrG
		21,1	
21,2–11		21,2*	

An sich gehört 21,2-6.7–11 in die monarchiezeitliche Rechtssatzsammlung. In diesem Stadium lautete der erste Satz wohl „Wenn ein Mann einen hebräischen Sklaven erwirbt ..." in Entsprechung zu 21,7 „Aber wenn ein Mann seine Tochter

---

117 Zur Diskussion vgl. ROTHENBUSCH, Rechtssammlung, 248–273.

Synchrone Analyse

als Sklavin verkauft …“. Seine heutige Gestalt erhielt 21,2, als die Bundesbuchrede als Teil der EG-Erzählung entstand. Die Einleitung wurde als Anrede gestaltet (21,1) und zugleich der erste Satz des Sklavenrechts angepasst.

Ex 21,12–17: Rechtsgrundsätze

12 Wer einen Mann[a] schlägt, so dass er stirbt, muss getötet werden. 13 Hat er ihm aber nicht aufgelauert, sondern Gott hat es seiner Hand widerfahren lassen, dann werde ich dir einen Ort bestimmen, wohin er fliehen soll. 14 Doch wenn ein Mann an seinem Mitbürger vermessen handelt, indem er ihn mit List umbringt – von meinem Altar sollst du ihn wegnehmen, damit er stirbt.
15 Und wer seinen Vater oder seine Mutter schlägt, muss getötet werden. 16 Und wer einen Mann raubt, und er verkauft ihn oder er wird in seiner Hand gefunden, muss getötet werden. 17 Und wer seinen Vater oder seine Mutter entwürdigt, muss getötet werden.

Anmerkungen zu Text und Übersetzung

12[a] Hebräisch אִישׁ wird oft mit „Mensch“ oder „jemand“ übersetzt. Aber in vielen Gesetzen wird dezidiert zwischen אִישׁ und עֶבֶד „Sklave“ unterschieden, so etwa in 21,20. אִישׁ meint dann „Bürger“, vgl. auch akkadisch awīlum „Mann/Bürger“ im Codex Hammurapi. Die Übersetzung „Mann“ zielt daher auf die soziale Stellung dieser Person.

Synchrone Analyse

Der Abschnitt ist eine fünfteilige Gruppe von Rechtsgrundsätzen, die mit der Gruppe 22,17–19 am Ende der Sammlung korrespondiert. Die Sätze sind mit Ausnahme von 21,13–14 stets ähnlich aufgebaut: Eine Partizipialkonstruktion benennt das Vergehen, worauf die Todessanktion fast immer im Passiv und sehr oft als *figura etymologica* folgt. Charakteristisch sind also Kürze und Grundsätzlichkeit.

21,12–17: Überblick

Die vier Sätze Ex 21,12.15–17 verbindet die Todessanktion, die stets מוֹת יוּמָת „er muss getötet werden“ lautet. Eine vergleichbare Reihung von Delikten findet sich in Lev 20,9–16, dort freilich ohne die einleitende Partizipialkonstruktion. Die Sanktion „er muss getötet werden“ zeigt zunächst nur die Todesverfallenheit des Delinquenten an. Wie das Urteil vollstreckt wird oder ob es etwa auch ausgelöst werden kann – das regeln die einzelnen Rechtssätze und das ungeschriebene Gewohnheitsrecht.

Vergleichbare Texte

Der erste Rechtsgrundsatz 21,12 ist zugleich der grundlegende, denn er behandelt die vorsätzliche Tötung eines Menschen. Die geforderte Sanktion ist eine Form der Talion. Die Talionsregel, von lateinisch *talio* „Vergeltung, Ausgleich“, war als Rechtsgrundsatz im Altertum und bis ins Mittelalter hinein weit verbreitet. Sie besagt, dass die Tatfolge dem Ausgleich des Schadens dienen soll. Außer bei Kapitalverbrechen steht nicht die Bestrafung des Täters, sondern die Wiedergutmachung des Schadens im Vordergrund. Mehr dazu bei 21,22–25.

21,12: Tötung mit Vorsatz

		21,13–14: Tötung ohne Vorsatz

21,13–14:
Tötung ohne Vorsatz

Der zweite Rechtsgrundsatz ist formal anders aufgebaut, nämlich als Anrede und zudem erweitert durch differenzierte Verfahrensanweisungen. Sachlich schließt er jedoch an 21,12 an, denn er behandelt das Gegenteil: die unvorsätzliche Tötung, die Tötung als göttliche Widerfahrnis. Tritt ein unklarer Fall ein, muss zunächst untersucht werden, ob Vorsatz oder Widerfahrnis vorliegt. Solange darf der Täter in einen Asylort fliehen. Sollte die Untersuchung des Vorfalls ergeben, dass der Täter doch vorsätzlich gehandelt hat, muss er den Asylort wieder verlassen. Er ist dann zur Ahndung durch die Familie des Getöteten freigegeben. Aus der Formulierung „von meinem Altar" ergibt sich, dass der Asylort ein Heiligtum ist (vgl. 1 Kön 2,28–29; Ps 28; anders im Dtn und in P; vgl. Dtn 4,41–43; 19,1–13; Num 35,1–28). Die Unbestimmtheit des Asylortes in Ex 21,13 entspricht dabei der Unbestimmtheit des Kultortes im Altargesetz 20,24. In der EG-Erzählung gibt es, anders als im Dtn, *den einen* legitimen Kultort nicht.

21,15.17:
Eltern

Der dritte und fünfte Rechtsgrundsatz (21,15.17) beziehen sich auf die Eltern: Wer seinen Vater oder seine Mutter schlägt oder verbal erniedrigt, muss getötet werden. Im Blick sind hier wieder erwachsene Söhne und alt gewordene Eltern. Die Äquivalenz von Tat und Tatfolge ergibt sich aus der verehrungswürdigen Stellung der Eltern. Das Äquivalent zum Schlagen bzw. Entwürdigen von Höhergestellten ist die Tötung des Niedrigergestellten. Die Talion ist eben kein starres Dogma, sondern ein flexibles Rechtsinstrument. Weiter ist zu bedenken, dass solche Sanktionen in der Regel Höchststrafen sind. Die unqualifizierte Todessanktion in 21,12 wird in 21,13–14 und 21,18–32 in mehrfacher Weise modifiziert. Auch für Elternvergehen kennen andere Texte andere Tatfolgen (Spr 19,26; 28,24; 30,17; vgl. auch Gen 9,20–27).

21,16: **Entführung**

Der vierte Rechtsgrundsatz 21,16 sanktioniert den Raub eines Menschen, also die Entführung, mit den Unterfällen Menschenhandel und Freiheitsberaubung.

Diachrone Analyse

Rechtssatzsammlung	+ Rechtsgrundsätze	EG	DtrG
	21,12	21,13–14	
	21,15–17		

Der Abschnitt 21,13–14 fällt, wie oben beschrieben, formal aus der Reihe. Auffällig ist die Form der Anrede im Kontext der ansonsten unpersönlich formulierten Rechtsgrundsätze. Daher legt sich eine ähnliche Erklärung nahe wie für 21,2: Bei der Abfassung der EG-Erzählung wurde 21,13–14 eingefügt.

Ex 21,18–32: Körperverletzungen

Verletzung im Streit

18 Und wenn Männer[a] streiten, und ein Mann seinen Mitbürger mit einem Stein oder mit einer Faust[b] schlägt, so dass er zwar nicht stirbt, aber bettlägerig wird:

Diachrone Analyse   151

19 Falls er aufsteht und draußen an seinem Stab umhergeht, soll der Schläger straffrei bleiben. Nur für sein Untätigsein[a] muss er geben, bis dass er vollständig geheilt ist.[b]

20 Und wenn ein Mann seinen Sklaven oder seine Sklavin mit dem Stock schlägt, so dass er ihm unter der Hand stirbt, muss er gerächt[a] werden.[b] 21 Doch falls er einen Tag oder zwei Tage am Leben bleibt, soll er nicht gerächt werden, denn er ist sein Silber.[a] *Sklave/Sklavin*

22 Und wenn Männer raufen und dabei eine schwangere Frau stoßen, so dass ihre Leibesfrucht[a] abgeht, aber kein Personenschaden[b] (entstanden) ist, muss eine Geldstrafe auferlegt werden gemäß dem, was ihm der Besitzer der Frau auferlegt. Und er muss gemäß einer Einschätzung geben.[c] 23 Falls aber ein Personenschaden (entstanden) ist, dann soll er geben[a] Leben für Leben, 24 Auge für Auge, Zahn für Zahn, Hand für Hand, Fuß für Fuß, 25 Brandmal für Brandmal, Wunde für Wunde, Strieme für Strieme. *Verletzung bei Rauferei*

26 Und wenn ein Mann das Auge seines Sklaven oder das Auge seiner Sklavin schlägt und es zerstört: Als Freien soll er ihn entlassen für sein Auge. 27 Auch falls er den Zahn seines Sklaven oder den Zahn seiner Sklavin ausschlägt: Als Freien soll er ihn entlassen für seinen Zahn. *Sklave/Sklavin*

28 Und wenn ein Rind[a] einen Mann oder eine Frau stößt, so dass er stirbt, dann muss das Rind gesteinigt werden, und sein Fleisch darf nicht gegessen werden; aber der Besitzer des Rindes soll straffrei bleiben. 29 Aber falls das Rind stößig war, seit gestern und vorgestern, und sein Besitzer ist gewarnt worden, hat es aber nicht verwahrt: Falls es dann einen Mann oder eine Frau tötet, soll das Rind gesteinigt werden und auch sein Besitzer soll getötet werden. 30 Falls ihm ein Sühnegeld auferlegt wird, so soll er (es als) Lösegeld für sein Leben geben gemäß allem, was ihm auferlegt wird. 31 Auch falls es einen Sohn oder eine Tochter stößt, soll mit ihm nach diesem Rechtssatz verfahren werden. *Verletzung beim Umgang mit Rindern*

32 Falls das Rind einen Sklaven oder eine Sklavin stößt, soll er ihrem Herrn dreißig Schekel Silber geben, das Rind aber soll gesteinigt werden. *Sklave/Sklavin*

Anmerkungen zu Text und Übersetzung

18[a] LXX hat δύο ἄνδρες „zwei Männer", so auch in 21,22.

18[b] Sam verallgemeinert wieder, indem er „mit einem Stein oder mit einer Faust" sowie „mit einem Stock" in 21,20 auslässt.

19[a] MT שִׁבְתּוֹ ist abgeleitet von ישׁב „sitzen". Vokalisiert man aber שָׁבְתּוֹ, ist es eine Form von שׁבת „aufhören / untätig sein".

19[b] MT רַפֹּא יְרַפֵּא ist als Pi'el vokalisiert, was man kausativ verstehen könnte „er (der Schläger) muss (den Geschädigten) heilen", was aber keinen Sinn macht. Die Versionen verstehen es als „der Schläger muss für die Heilung (des Geschädigten) sorgen/bezahlen". Vokalisiert man als Qal רָפֹּא יְרֻפָּא, ist der Geschädigte das Subjekt und man kann übersetzen „bis dass er geheilt ist".

20[a] Die Wurzel נקם „rächen" kommt nur hier in den alttestamentlichen Gesetzen vor. נקם bezeichnet im AT nicht die übermäßige, private und damit illegale Reaktion auf ein Verbrechen, sondern die ordnungsgemäße Strafverfolgung. Wie diese im vorliegenden Fall aussieht, sagt das Gesetz nicht. Vermutlich greift hier das Gewohnheitsrecht.

20ᵇ Sam hat nicht „muss er (der Sklave) gerächt werden", sondern „muss er (der Mann) getötet werden". D. h., Sam gleicht diesen Fall dem Normalfall (21,12) an, ebenso in 21,21.

21ᵃ D. h., er wurde vom Silber(geld) des Dienstherrn bezahlt.

22ᵃ MT וְיָצְאוּ יְלָדֶיהָ ist wegen der Pluralformen erklärungsbedürftig; Sam hat ויצא ולדה mit der Nebenform ולד statt ילד für „Kind" (vgl. Gen 11,30; 2 Sam 6,23), also „und herausgeht ihr Kind", so auch LXX, TgN und wohl auch Vg. Der Plural in MT bringt als Abstraktplural zum Ausdruck, dass ggf. eben kein Kind zur Welt kommt („Leibesfrucht").

22ᵇ Umstritten ist der Bedeutungsumfang von אָסוֹן, das hier und sonst nur noch in Gen 42,4.38; 44,29 vorkommt. In Ex 21,23–25 wird אָסוֹן mit einer ganzen Reihe von Personenschäden assoziiert, von der Strieme bis zur tödlichen Verletzung, und dies scheint auch der Bedeutungsumfang des Wortes zu sein. TgO übersetzt mit מוֹתָא „Tod".

22ᶜ Ebenfalls unklar ist die Bedeutung des Ausdrucks בִּפְלִלִים. Manche konjizieren בנפלים von נֵפֶל „Fehlgeburt", also „für die Fehlgeburt". Der vorliegende Konsonantenbestand bedeutet entweder „Schätzung" (mögliche Belege Gen 48,11; Ez 16,52) – also abhängig davon, ob das Kind tot oder lebendig ist, wie weit entwickelt es ist und welches Geschlecht es hat (vgl. Lev 27,2–8) – oder „Intervention/Schlichtung" (vgl. 1 Sam 2,25; Ps 106,30).

23ᵃ MT hat וְנָתַתָּה „du sollst geben", was den unpersönlichen Stil durchbricht. Aber LXX (δώσει) und Vg (reddet) setzen hebr. וְנָתַן „er soll geben" voraus wie in V. 22. Die Anrede ist also eine Anpassung an den sekundären Rederahmen wie in 21,2 und 21,13–14.

28ᵃ Sam ergänzt nach שׁוֹר die Wörter או כל בהמה „oder jegliches Tier" und verallgemeinert damit wiederum wie schon in 21,18.20 und wie in 21,33.35.

Synchrone Analyse

21,18–32: Überblick
Es folgen drei Rechtssatzgruppen, die komplementär zu den Rechtsgrundsätzen 21,12–14 stehen. Die Rechtssätze in 21,18–32 behandeln Fälle, die zwischen den Extremen von 21,12.13 liegen. Es geht um Körperverletzungen, die nicht wie der Blitz aus heiterem Himmel geschehen, aber auch nicht geplant sind, sondern im Zuge anderer Handlungen passieren. In 21,18–19 bildet ein Streit den äußeren Umstand, in 21,22–23(.24–25) eine Rauferei. Und bei den auf Sklaven bezogenen Rechtssätzen 21,20–21 und 21,26–27 ist es eine erlaubte Züchtigung. Schließlich geht es in 21,28–31 und 21,32 um die Frage, inwiefern der Besitzer eines Rindes für die Tat seines Tieres verantwortlich ist. Alle Taten werden mit Wörtern aus dem Wortfeld „schlagen/stoßen" bezeichnet. Statt der apodiktischen Sanktion „muss getötet werden" werden differenzierte Verfahrensweisen vorgeschrieben. Es werden jeweils zwei Fälle abgehandelt, zuerst ist der Geschädigte eine freie, dann eine abhängige Person.

21,23–25: Talionsformel
Eine übergreifende Funktion hat der Passus 21,23–25, der eine achtgliedrige Talionsformel ist (vgl. Lev 24,17–21; Dtn 19,21). Die jeweils aufgeführten Schädigungen haben beispielhaften Charakter, d. h. vergleichbare Verletzungen werden analog behandelt. Es handelt sich stets um Verletzungen, die einen bleibenden Schaden verursachen – das gilt auch für פֶּצַע „Wunde", weil sie eine Narbe hinterlässt.

Talion als Entschädigung
Es ist umstritten, ob die Talion im Alten Testament auf eine Körperstrafe oder auf eine Entschädigung abzielt. Die entsprechenden Formulierungen sind sehr knapp und abstrakt, in Ex 21,23–25 und Lev 24,17–21 wird die Präposition תחת verwendet, in Dtn 19,21 die Präposition ב, ein Bedeutungsunterschied ist

Synchrone Analyse   153

aber nicht zu erkennen. In den altorientalischen Rechtsbüchern sind die Formulierungen dagegen eindeutig. So heißt es etwa im Codex Hammurapi: „Wenn er einen Knochen eines Bürgers bricht, so soll man ihm einen Knochen brechen" (CH §196–201, TUAT I, 68). Den Sinn der alttestamentlichen Abstraktion erkennt man gut an Lev 24,17–18: „Wenn ein Mann ein jegliches Menschen-Wesen (tot-)schlägt, muss er getötet werden, aber wer ein Vieh-Wesen (tot-)schlägt, soll es erstatten: Leben für Leben." Der Rechtsgrundsatz „Leben für Leben" (18b) regelt beide Fälle, das Delikt mit Todessanktion (17) und den Schadensersatzfall (18a). Die kurze, abstrakte Redeweise hat genau diesen Zweck, eine Leitlinie zu formulieren, die auf mehrere Weisen realisiert werden kann. Die rabbinische Tradition jedenfalls hat die Talion als Vorschrift zur Schadensersatzzahlung verstanden (bBQ 83b–84a). Dass dies auch die Intention der Gesetzgeber war, ergibt sich aus der einleitenden Formel „er muss geben", die auch in 21,19b.22b.32b vorkommt und dort eindeutig Entschädigungszahlungen anordnet. Ebenso steht in 21,36 die Formel „x für (תחת) x" eindeutig im Zusammenhang mit einer Entschädigungszahlung.

Die achtgliedrige Formel 21,23–25 wurde wohl als beispielhafter Katalog verstanden. Die umfangreiche Auflistung von möglichen Verletzungen bezieht sich daher auf alle drei Rechtssatzgruppen. Für 21,26–27 ist das ohnehin klar, da die Schadensfälle *Auge* und *Zahn* das zweite und das dritte Glied der Talionsformel aufgreifen. Doch gelten die Bestimmungen der Talionsformel teilweise auch für die anderen Fälle, wie in der Auslegung zu zeigen sein wird.

21,23–25 als Standard

Im ersten Musterfall 21,18–19 bildet ein Streit den Rahmen des Geschehens. Die Kontrahenten werden als איש „Mann/Bürger" und als רע „Mitbürger" bezeichnet. Sie sind zwar einander feindlich gesinnt, haben aber nicht die Absicht, den anderen zu verletzen. Im Eifer des Gefechts passiert es nun aber doch, dass einer der Streithähne verletzt wird, wobei es egal ist, ob die Verletzung direkt mit der Faust oder mittelbar durch einen Stein verursacht wurde. Entscheidend ist die Mittelstellung zwischen Zufall und Vorsatz. Geregelt wird nun jener Fall, für den man die Sanktion nicht einfach aus der Talionsformel Ex 21,23–25 ableiten kann: die vorübergehende Arbeitsunfähigkeit. Daher wird das Sanktionsverfahren, dessen Kern eine Entschädigungszahlung ist, dargelegt.

21,18–19: Streit

Die Vorschrift 21,20–21 wird verständlich, wenn man annimmt, dass der Besitzer seinen Sklaven zwar züchtigen, nicht aber tödlich verletzen durfte. Der Stock ist das übliche Instrument der Züchtigung (Spr 10,13; 13,24 und passim). Endet eine Züchtigung doch einmal tödlich, muss diese Tat geahndet werden, d. h. sie unterliegt nun der öffentlichen Gerichtsbarkeit. Die Anordnung „muss geahndet werden" sagt aber nicht, welche Strafe verhängt werden soll, möglicherweise greift die Talionsformel 21,23–25. Stirbt der Sklave aber nicht sofort, so dass der unmittelbare Zusammenhang zwischen Tat und Tatfolge aufgehoben ist, gilt der Verlust des Sklaven als angemessene Tatfolge für den Besitzer. In der Zusammenschau demonstrieren diese beiden Unterfälle die juristische und soziale Mittelstellung von Sklaven zwischen Freien und Sachen.

21,20–21: Züchtigung

Beim zweiten Musterfall bildet eine Rauferei den Geschehenshintergrund. Wieder stehen sich die Parteien feindselig gegenüber, doch diesmal so, dass eine Verletzung zumindest in Kauf genommen wird. Mittelbare Folge ist diesmal die Fehlgeburt einer zufällig dabeistehenden Schwangeren (V. 22). Ein Personenschaden (אָסוֹן) ist dann nicht entstanden, wenn die Leibesfrucht noch nicht entspre-

21,22–25: Rauferei

154 Ex 21,18–32: Körperverletzungen

chend weit entwickelt war, um als Mensch gelten zu können. Das bringt die LXX klar zum Ausdruck:

> LXX.D 21,22 Wenn aber zwei Männer raufen und eine schwangere Frau stoßen und dabei ihr noch nicht ebenbildliches Kind abgeht, so soll er mit einer Geldstrafe bestraft werden; was der Mann der Frau (ihm) auferlegt, soll er nach rechtlicher Festlegung geben. 23 Wenn es aber ausgebildet ist, so soll er Leben für Leben geben.

Beginn des menschlichen Lebens

Es ist wahrscheinlich, dass dem MT dieselbe Auffassung zu Grunde liegt, denn einen אָסוֹן gemäß der extensionalen Definition in 21,23–25 kann nur ein bereits ausgebildeter Fetus erleiden. Diese Auffassung war in verschiedenen Ausprägungen in der Antike Konsens. Nach dem Talmud ist die Leibesfrucht in den ersten 40 Tagen nach der Zeugung wie Wasser, erst danach wird sie beseelt (bNid 30b; bJev 69b). Belege für eine ähnliche Differenzierung sind Hi 10,10 „Hast du mich nicht hingegossen wie Milch und wie Käse mich gerinnen lassen?" und Ps 139,16 „Meinen Knäuel/Klumpen sahen deine Augen." Käse und Klumpen sind zwar auch Ergebnis des schöpferischen Handelns Gottes, aber keine menschlichen Wesen. Ähnliche Differenzierungen finden sich in den altorientalischen Gesetzbüchern (vgl. TUAT I, 25f.; 69; 83; 91; 100). Die Lehre von der Sukzessivbeseelung, die auf Aristoteles zurückgeht, wurde antikes Gemeingut und später auch zur Kirchenlehre. Danach wird die Leibesfrucht nach 40 oder 80 Tagen zum Menschen.

Personenschaden

Liegt also kein Personenschaden (אָסוֹן) vor, ist nur die Fehlgeburt zu ahnden, indem der „Besitzer" der Frau dem Rempler eine Geldstrafe auferlegt (zum Zusatz בפללים vgl. Textanm. 22ᶜ). Daran wird ersichtlich, dass bei einer Fehlgeburt der Kindsvater als der Geschädigte galt, weil er eines Nachkommens verlustig ging. Der andere Unterfall „Falls aber Personenschaden (entstanden) ist" meint alles, was in der Talionsformel aufgezählt wird, vom Leben bis zur Strieme, und gilt für alle Beteiligten einschließlich der Leibesfrucht ab einem bestimmten Alter.

21,26–27: Züchtigung

Die Fallgestaltung im Blick auf Unfreie scheint ähnlich zu sein wie die in 21,20–21. Bei einer an sich zulässigen Maßregelung entsteht diesmal eine bleibende Schädigung. Die talionsgemäße Entschädigung besteht in diesen Fällen in der Freilassung des geschädigten Sklaven.

21,28–31: Rind/Freie

Im dritten Musterfall wird die (tödliche) Verletzung mittelbar durch ein Rind beigebracht. Durchdacht wird ausschließlich der Fall der tödlichen Verletzung und dies in zwei Varianten. Falls die Gefährlichkeit des Rindes nicht bekannt war, gilt das Rind als Verursacher, sein Besitzer wird nicht belangt. Falls aber der Besitzer um die Gefahr wusste, ohne Vorsichtsmaßnahmen zu treffen, ist er für den Schaden haftbar und soll gemäß der Talionsregel getötet werden. Während üblicherweise der Tod eines Freien nicht durch eine Geldzahlung abgegolten werden kann (vgl. Num 35,31), ist es in dieser Konstellation doch möglich. Die Todesstrafe ist auch hier wieder eine Höchststrafe, der eine mildere Strafe an die Seite gestellt wird.

21,32: Rind/Unfreie

Zum Abschluss wird der Fall durchgespielt, dass das bekanntermaßen gefährliche Rind einen Sklaven oder eine Sklavin tötet. Anders als vorher ist hier nicht der eigene Sklave betroffen. Die Geldstrafe muss der Besitzer des Rindes an den Dienstherrn des Sklaven bezahlen. Hier kommt der getötete Sklave nur als Kapital seines Besitzers in den Blick, weshalb die Standardformel „Leben für Leben" angewendet wird.

Diachrone Analyse

Rechtssatzsammlung	+ Rechtsgrundsätze	EG	DtrG
21,18–32		21,23 („und du sollst geben")	

Der Passus 21,23b wurde zur Anrede umformuliert, als die ältere Sammlung von unpersönlichen Rechts(grund)sätzen im Zuge der Abfassung der EG-Erzählung zur Bundesbuchrede erweitert wurde (vgl. 21,2 und 21,13–14).

Ex 21,33 – 22,5: Viehschäden, Viehdiebstahl, Flurschäden

33 Und wenn ein Mann eine Zisterne öffnet oder wenn ein Mann eine Zisterne gräbt und sie nicht abdeckt, und es fällt ein Rind oder ein Esel hinein, 34 soll (es) der Besitzer der Zisterne erstatten. Silber soll er deren Besitzer[a] im Gegenzug geben, aber das tote (Tier) soll ihm gehören. **Viehschäden**

35 Und wenn das Rind eines Mannes das Rind seines Mitbürgers stößt, so dass es stirbt, dann sollen sie das lebende Rind verkaufen und sein Silber[a] teilen, und auch das tote sollen sie teilen. 36 Oder[a] falls bekannt war, dass das Rind stößig ist, seit gestern und vorgestern, und sein Besitzer hat es nicht verwahrt, muss er Rind für Rind erstatten, aber das tote soll ihm gehören.

37 Wenn ein Mann ein Rind oder ein Schaf stiehlt und es schlachtet oder verkauft, dann soll er fünf Stück Großvieh erstatten für das Rind und vier Stück Kleinvieh für das Schaf. **Viehdiebstahl**

– 22,1 Falls der Dieb beim Einbruch entdeckt und geschlagen wird, so dass er stirbt, gibt es keine Blutschuld wegen ihm. 2a Falls die Sonne über ihm gestrahlt hat, gibt es Blutschuld wegen ihm. –

2b Er muss erstatten. Falls er nichts hat, soll er für das von ihm Gestohlene verkauft werden. 3 Falls das Gestohlene lebend in seiner Hand gefunden wird, vom Rind über den Esel bis zum Schaf, soll er das Doppelte erstatten.

4 Wenn ein Mann ein Feld oder einen Weingarten abweiden[a] lässt und seinem Vieh dabei freien Lauf lässt, so dass es auf einem anderen Feld[b] weidet, [c][muss er von seinem Feld erstatten gemäß dessen Ertrag. Aber falls er das ganze Feld hat abweiden lassen,][c] soll er vom Besten seines Feldes und vom Besten seines Weingartens erstatten. **Flurschäden**

5 Wenn Feuer ausbricht und Dorngestrüpp erreicht, und dann ein Garbenhaufen verzehrt wird oder das stehende (Getreide) oder das Feld, muss der erstatten, der den Brand angezündet hat.

Anmerkungen zu Text und Übersetzung

34ᵃ MT hat hier und in 21,36 die Pluralformen בְּעָלָיו „seine Besitzer". Hier bezieht sich der Plural wohl auf die zwei Besitzer, den des Ochsen und den des Esels, in 21,36 ist der Grund nicht ersichtlich.

35ᵃ D. h., das durch seinen Verkauf eingenommene Silber.

36ᵃ Auffällig ist das unübliche אוֹ „oder" am Satzanfang. LXX hat ἐὰν δέ, setzt also wie in 21,29 וְאִם voraus.

4ᵃ MT hat zweimal eine Form von בער, für das „abweiden" nicht belegt ist. Manche Ausleger meinen daher, dass auch 22,4 einen Brand behandle (von בער I „brennen"). Sam hat jedoch in seinem Überschuss יבעה von der Wurzel בעה, und auch 4QBibPar liest durchweg Formen von בעה (vgl. Propp, Exodus 19–40, 124). Zudem hat Joosten, Note, 9–16, gezeigt, dass die Vokalisierung יַבְעֶר auf dem Konsonantenbestand יבעה beruht. Daher ist die Bedeutung „abweiden" zu behalten, aber von der Wurzel בעה III abzuleiten (vgl. KBL³ s. v.).

4ᵇ MT hat die Constructus-Verbindung בִּשְׂדֵה אַחֵר „auf dem Feld eines anderen", wahrscheinlicher ist aber בְּשָׂדֶה אַחֵר „auf einem anderen Feld".

4ᶜ⁻ᶜ Der Passus fehlt in MT, findet sich aber in Sam, in Qumran und in LXX (vgl. dazu Propp, Exodus 19–40, 124).

Synchrone Analyse

21,33 – 22,5: Überblick Im ersten Teil der Sammlung der Schadensersatzfälle (21,33 – 22,16) werden drei ähnlich gelagerte Sachgebiete abgehandelt: Viehschäden, d. h. Schäden an Vieh (21,33–36), Viehdiebstahl (21,37 – 22,3) und Flurschäden (22,4–5).

Leitwort „erstatten" Die mehrfach vorkommende Anweisung יְשַׁלֵּם jᵉšallem „er soll ausgleichen/erstatten" zielt auf Schadensersatz und Ausgleich zwischen den Parteien. Sie wird nur bei Sachen und Tieren verwendet, während bei Körperverletzungen an Menschen „er muss geben x für x" gebraucht wird. Wie das „Geben", so erlaubt auch das „Erstatten" mehrere Verfahren. Letzteres erfolgt entweder durch eine Zahlung (21,34) oder durch Sachleistungen (21,37; 22,3.4).

21,33–36: Viehschäden Der erste Rechtssatz behandelt den Fall, dass ein Nutztier in eine ungesicherte Zisterne fällt und stirbt. Dann ist der Besitzer der Zisterne haftbar und muss den Gegenwert des Tieres in Silber erstatten. Im zweiten Fall (21,35–36) geht es wie in 21,28–32 um ein stößiges Rind, nur dass hier kein Mensch, sondern ein anderes Tier tödlich verletzt wird. Falls die Gefährlichkeit des Rindes dem Besitzer nicht bekannt war, muss es verkauft und der Erlös geteilt werden. Andernfalls muss sein Besitzer dem Geschädigten „Rind für Rind" erstatten.

21,37 – 22,3: Viehdiebstahl In 21,37 – 22,3 wird nur ein Hauptfall abgehandelt: der Einbruchdiebstahl von im Haus oder Hof gehaltenen Nutztieren. Beim Unterfall 22,1–2a wird unterschieden, ob der Diebstahl tagsüber oder nächtens ausgeführt wurde. Diese Unterscheidung war in der Antike üblich, vgl. etwa Codex Eschnunna §13 (TUAT I, 34; LCMAM 61); Platon, Nomoi 9.874; XII Tafeln 1,17.18 (Flach, 57). Danach durfte ein in der Nacht auf frischer Tat ertappter Einbrecher getötet werden, bei Tag jedoch nicht – vermutlich, weil tagsüber eher weitere Personen (Helfer oder Zeugen) in der Nähe waren. Nur hier werden die Umstände der Entdeckung der Tat differenziert, dies aber so, dass diese Differenzierung auf jede Art von Einbruchdiebstahl angewendet werden kann. Der Satz „er muss erstatten" (2bα) ist eine resümierende Wiederauf-

Synchrone Analyse 157

nahme, d. h., er greift über 22,1–2a zurück auf 21,37, um dann mit „falls er nichts hat" den Hauptgedanken weiterzuführen. Der Hauptgedanke ist die Festlegung des Verhältnisses von gestohlenem zu erstattendem Vieh. Die mehrfache Entschädigung war in den antiken Gesetzessammlungen üblich und diente der Abschreckung. Der standardmäßige Ersatz ist das Doppelte (22,3, vgl. 22,6.8), aber wenn das Diebesgut bereits verwertet wurde, steigt die Ersatzleistung bei Kleinvieh auf das Vierfache, beim wertvolleren Großvieh sogar auf das Fünffache (21,37b).

Der Abschnitt 22,4–5 beinhaltet nur zwei Hauptfälle. Im ersten (22,4) über- 22,4–5: Flur-
schreitet die Herde das Grundstück ihres Besitzers (A) und grast auf einem ande- schäden
ren Feld (B). Je nach Schadensausmaß muss der Besitzer von Feld A Ersatz leisten. Im zweiten Fall (22,5) geht es um einen Feldbrand, der außer Kontrolle gerät und zunächst eine Grenzhecke und schließlich auch Feld B ergreift. Haftbar ist der Verursacher des Feldbrandes, gleich ob Feld B bereits gemäht ist oder nicht. Die Sanktionen des vorangehenden Falles gelten wohl auch hier.

Zur diachronen Analyse siehe den folgenden Abschnitt.

Ex 22,6–16: Verwahrung, Verleih und Verführung

6 Wenn ein Mann seinem Mitbürger Silber oder Gegenstände zur Verwahrung Verwahrung
gibt, und (es) wird aus dem Haus des Mannes gestohlen: Falls der Dieb gefunden von Sachen
wird, soll er das Doppelte erstatten. 7 Falls der Dieb nicht gefunden wird, soll der Besitzer des Hauses zu Gott gebracht werden: (Der Schwörende sei verflucht,) wenn er seine Hand ausgestreckt hat nach der Habe seines Mitbürgers.
8 In jedem Fall von Abhandenkommen an Rind, Esel, Schaf oder Kleidung, bei Ordal
allem Verlorenen, von dem man sagen kann: ‚Das ist es!', soll der Fall der beiden zu Gott kommen. Wen Gott schuldig erklärt[a], der soll seinem Mitbürger das Doppelte erstatten.
9 Wenn ein Mann seinem Mitbürger einen Esel oder ein Rind oder ein Schaf oder Verwahrung
irgendein Tier zur Verwahrung gibt, und es stirbt oder bricht sich (etwas) oder von Tieren
wird weggeführt – niemand sieht es: 10a Ein JHWH-Schwur soll zwischen ihnen beiden sein: (Der Schwörende sei verflucht,) wenn er seine Hand ausgestreckt hat nach der Habe seines Mitbürgers. 10b (Falls nicht,) soll sein Besitzer es nehmen, aber jener braucht nichts zu erstatten. 11 Aber falls es aus seiner Obhut gestohlen worden ist, soll er es seinem Besitzer erstatten. 12 Falls es zerrissen worden ist, soll er das Zerrissene als Beweis herbeibringen; er muss es nicht erstatten.
13 Und wenn ein Mann von seinem Mitbürger (ein Stück Vieh[a]) leiht, und es Leihe von
bricht sich (etwas) oder stirbt, (und) sein Besitzer war nicht dabei, muss er es Tieren
erstatten. 14 Falls sein Besitzer dabei war, muss er es nicht erstatten. Falls es ein Miettier war, geht[a] es auf den Mietpreis.
15 Und wenn ein Mann eine Jungfrau verführt, die nicht verlobt ist, und liegt Verführung
bei ihr, muss er sie um den Brautpreis sich zur Frau erwerben. 16 Falls sich aber einer Jungfrau
ihr Vater weigert, sie ihm zu geben, soll er Silber abwiegen nach dem Brautpreis für Jungfrauen.

Anmerkungen zu Text und Übersetzung

8ᵃ MT יַרְשִׁיעֻן אֱלֹהִים „Gott spricht schuldig" hat die beim Subjekt Gott seltene formale, aber nicht sachliche Numeruskongruenz, vgl. aber Gen 20,13; 35,7; Jos 24,19. Sam liest dagegen ירשיענו האלהים, also 3. sg. masc. mit Suffix 3. sg. masc. und nun energicum. Übertragen auf die Konsonanten des MT müsste man dann mit einem defektiv geschriebenen Suffix rechnen, יַרְשִׁעֶן, oder mit dem Ausfall eines waw, יַרְשִׁיעֶנּוּ, beide in der Bedeutung „Gott spricht ihn schuldig".

13ᵃ MT nennt kein Objekt der Leihe, einige Versionen ergänzen „Vieh" oder „etwas" (Vg).

14ᵃ MT בָּא בִשְׂכָרוֹ ist unverständlich, Sam hat ובא, was vorzuziehen ist.

Synchrone Analyse

22,6–16: Überblick
Die Rechtssatzgruppe 22,6–14 behandelt das breite Sachgebiet der Überlassungen: Verwahrung von Sachen (22,6–7) und von Tieren (22,9–12) – der Scharniervers 22,8 bezieht sich auf beides – sowie Leihe von Tieren (22,13–14). Hinzu kommt ein Anhang zum Sexualstrafrecht (22,15–16).

22,6–7: Verwahrung von Sachen
Der Hauptfall nennt als Verwahrgüter Silber sowie Dinge jeder Art. Offenbar ist der Hinterleger längere Zeit abwesend, aber auch der Verwahrer ist nicht ständig zu Hause. Wird nun das Verwahrgut gestohlen und der Dieb gefasst, muss dieser das gestohlene Gut zweifach ersetzen (22,6b). Wird er jedoch nicht gefasst, muss geklärt werden, ob sich der Verwahrer das Verwahrgut angeeignet hat. Das erfolgt mangels Zeugen oder Beweisen in einem sakralen Gerichtsverfahren – darauf zielt 22,7a.

Sakrales Gericht
Der Ablauf eines solchen Gerichtsverfahrens wird nirgendwo exakt geschildert, muss also rekonstruiert werden. Am Anfang steht offensichtlich ein Schwur, den der Verwahrer leisten muss und mit dem er die Gottheit einlädt, ihn zu verfluchen, wenn er Hand an das Verwahrgut legen sollte (22,7b). Gemäß der Parallelstelle 22,10a müssen Verwahrer *und* Hinterleger den Fluchschwur leisten. Dahinter steht der Verdacht, der Hinterleger selbst könnte mit dem Verschwinden des Verwahrgutes etwas zu tun haben. Damit könnte das Verfahren am Heiligtum schon beendet sein, verbunden mit der Erwartung, dass die Gottheit den Fluch im Ernstfall realisiert.

22,8: Ordal
Die Explikation 22,8 verweist jedoch auf eine Fortsetzung. Streitgegenstand sind nun alle verlorengegangenen Güter, die man eindeutig identifizieren kann. Wiederum soll der Streitfall vor Gott, d. h. an ein Heiligtum, kommen. Im Blick ist hier ein Orakelentscheid bzw. ein Ordal, bei dem durch Los oder ein anderes Verfahren einer der Rechtsgegner am Heiligtum schuldig gesprochen wird. Orakelgerichte sind in der Alten Welt vielfach belegt (Ex 28,15–30; 1 Kön 8,31–32; Num 5,11–31; Dtn 17,9 (?); Ps 17; 26; CH §9.120.126.249; Koerner, IG 34; 70; Hdt. 2,174). An sie wandte man sich, wenn ein Delikt nicht durch Zeugen geklärt werden konnte oder wenn es die Natur des Delikts aus einem anderen Grund erforderte.

22,9–12: Verwahrung von Tieren
Der zweite Hauptfall betrifft ein zur Verwahrung gegebenes Tier, das ohne Zeugen stirbt oder verletzt wird oder verschwindet. Wieder wird ein Fluchschwur am Heiligtum angeordnet, den Hinterleger und Verwahrer leisten sollen (V. 10a). Das weitere Verfahren gemäß 22,8 wird im Folgenden vorausgesetzt.

Die Fortsetzung in 22,10b ist unklar, möglicherweise ist ein Stück Text ausgefallen. Impliziert ist wohl, dass der Verwahrer durch das Ordal freigesprochen

Diachrone Analyse 159

wurde. In diesem Fall erhält der Hinterleger das tote oder verletzte Tier, aber keinen Schadenersatz. Falls das Tier aus der Obhut des Verwahrers gestohlen wurde, ist dieser haftbar (22,11). Falls das Tier von einem Raubtier gerissen wurde, muss der Verwahrer die Überreste des verwahrten Tieres beibringen, wodurch er entlastet wird (12).

Die Leihe von Tieren, meist Zugtieren zur Feldbearbeitung, war eine Art Nachbarschaftshilfe. Kommt dabei das Tier zu Schaden, werden drei Unterfälle unterschieden: Hat der Verleiher die Arbeit seines Tieres nicht persönlich überwacht, muss der Entleiher den Schaden erstatten (22,13b), falls doch, ist jener frei von Schuld (14a). Falls das Tier gegen Entgelt gemietet wurde (14b), ist der Schaden mit dem Mietpreis abgegolten – so die wahrscheinlichste Interpretation der kurzen Formulierung.

22,13–14: Leihe von Tieren

Als Anhang folgt ein Rechtssatz zum illegalen Sexualverkehr. Geregelt wird der Fall, dass ein Mann mit einer Jungfrau verkehrt, die noch nicht verlobt ist. Wäre sie verlobt, läge Ehebruch gegenüber dem Verlobten vor und die einschlägigen Gesetze kämen zur Anwendung (vgl. Dtn 22,23–27). So aber ist der Vater der Jungfrau betroffen. Der Verführer muss die Jungfrau zum üblichen Brautpreis erwerben – in Dtn 22,28–29 sind es 50 Schekel Silber. Zusätzlich hat der Vater die Möglichkeit, dem Delinquenten seine Tochter zu verweigern. Aber auch dann muss dieser bezahlen, und zwar den Preis für Jungfrauen, da der Vater in Zukunft für seine Tochter nur noch den geringeren Preis für Nichtjungfrauen erzielen kann.

22,15–16: Verführung einer Jungfrau

Diachrone Analyse

Rechtssatzsammlung	+ Rechtsgrundsätze	EG	DtrG
21,33–34; 21,35–36			
21,37 – 22,3			
22,4; 22,5			
22,6–8; 22,9–12;			
22,13–14			
22,15–16			

Die Entschädigungsgesetze zeigen durchweg die Merkmale der Rechtssatzsammlung: die gerichtsbezogene Thematik und die unpersönliche Gestaltung ohne Anrede. Sie gehören daher allesamt in die ehemals selbstständige Rechtssatzsammlung.

Ex 22,17–19: Rechtsgrundsätze

17 Eine Zauberin[a] darfst du nicht am Leben lassen. 18 Jeder, der bei einem Tier liegt, muss getötet werden. 19 Wer einem Gott opfert, muss mit dem Bann belegt werden, es sei denn für JHWH allein.[a]

Anmerkungen zu Text und Übersetzung

17ᵃ MT hat מְכַשֵּׁפָה „Zauberin", LXX hat φαρμακούς „Hexer/Zauberer" (masc. pl.), Tg und Syr haben eine maskuline Singularform; so auch Dtn 18,10.

19ᵃ Sam hat die eher geläufige Formulierung זבח לאלהים אחרים יחרם „Wer anderen Göttern opfert ...". Das erscheint wie eine Glättung, könnte aber der ursprüngliche Text sein: Die Wortfolge אחרים יחרם wurde in der Defektivschreibung אחרם יחרם durch Haplographie zu יחרם verkürzt. Deshalb musste „es sei denn für Jhwh allein" in MT später angehängt werden.

Synchrone Analyse

22,17–19: Überblick
: Die Gruppe von Rechtsgrundsätzen 22,17–19 bildet mit 21,12–17 einen Rahmen um die große Sammlung von Rechtssätzen, fungiert aber auch als Prolog zu den folgenden Sammlungen von Ordnungsworten. Der Rechtsgrundsatz über den Verkehr mit Tieren 22,18 entspricht formal den Rechtsgrundsätzen 21,12.15–17 und knüpft inhaltlich an den Rechtssatz über den Verkehr mit einer Jungfrau an. Die anderen Rechtsgrundsätze 22,17+19 sind demgegenüber anders aufgebaut und weisen sachliche Parallelen zu den folgenden Ordnungsworten auf.

Divinationsverbot
: Der Tatbestand von 22,17 kann nur annäherungsweise bestimmt werden, da nirgendwo im Alten Testament erläutert wird, was כשׁף Pi. genau bedeutet. Die Belegstellen verweisen weit überwiegend auf eine divinatorische Praktik von Offiziellen oder in offiziellem Auftrag, die Königen und anderen Mächtigen zu Herrschaftswissen verhilft. In einem Gemeinwesen von gleichberechtigten Bürgern ist das aber nicht erwünscht. Auffällig ist die grammatisch feminine Form: Wurde die fragliche Praktik überwiegend von Frauen ausgeübt? Die Versionen setzen eine maskuline Form voraus, weshalb man der Genusfrage nicht zu viel Bedeutung beimessen sollte. Auffällig ist die Sanktion „du darfst nicht am Leben lassen" anstelle des üblichen „muss getötet werden". Formal entspricht 22,17 damit den Ordnungsworten des Dekalogs und des Bundesbuches. Aber auch in der Sache gibt es Berührungen, insofern 22,17 wie alle Ordnungsworte die öffentliche Ordnung des Gemeinwesens betrifft.

22,18: Sodomieverbot
: Der zweite Rechtsgrundsatz verbietet den Sexualverkehr des Mannes mit einem Tier. Ähnliche Verbote in Lev 18,23; 20,15–16 sind auch auf Frauen bezogen und ebenso mit der Todessanktion verbunden.

22,19: Fremdopferverbot
: Der dritte Rechtsgrundsatz behandelt wieder eine Frage der öffentlichen Ordnung, die Opferschlachtung an einer kommunalen Kultstätte. Verboten wird, für eine andere Gottheit als Jhwh zu opfern. Dahinter steht nicht religiöse Intoleranz, vielmehr ist das gemeinsame Opfermahl eine unverzichtbare Form der Teilhabe am Gemeinwesen. Wer anderen Göttern opfert, tut dies mit anderen Kultgenossen an der Kultstätte eines anderen Gemeinwesens. Als Sanktion wird die „Bannweihe" (חרם) vorgeschrieben, ein Begriff, der vor allem in der dtr Literatur begegnet. Dabei wird die Person einer Gottheit übergeben, d. h. sie wird für den betreffenden Gott getötet und ihr Besitz zu dessen Kultstätte gebracht. Das Thema der exklusiven Bindung an den Gott Israels wird in 23,13b noch einmal aufgenommen, ist aber insbesondere in den Ordnungsworten durchweg vorausgesetzt.

Diachrone Analyse

Rechtssatzsammlung	+ Rechtsgrundsätze	EG	DtrG
	22,18	22,17+19	

Das Sodomieverbot 22,18 entspricht formal den Rechtsgrundsätzen 21,12.15–17 und schließt sachlich an das Jungfrauengesetz 22,15–16 an. Es bildete einmal den Abschluss der Sammlung von Rechtssätzen und Rechtsgrundsätzen in der ersten Hauptphase der Entstehung des Bundesbuches. Die beiden anderen Rechtsgrundsätze sind sachlich eng mit den Ordnungsworten verwandt und wurden vor und nach 22,18 eingefügt, so dass die neu geschaffene Dreiergruppe 22,17–19 nun auch den folgenden dritten Hauptteil des Bundesbuches (22,20 – 23,9) einleitet.

Hauptteil C: Ex 22,20 – 23,9: Öffentliche Ordnung II

20 Und einen Metöken sollst du[a] nicht unterdrücken und nicht ausbeuten, denn Metöken seid ihr im Land Ägypten gewesen.

Sozialordnung

21 Jegliche Witwe oder Waise sollt ihr nicht demütigen. 22 Wenn du sie doch demütigst – denn wenn sie zu mir schreit, werde ich ihr Geschrei erhören –, 23 dann wird mein Zorn entbrennen, und ich werde euch mit dem Schwert umbringen, und eure Frauen werden Witwen und eure Söhne Waisen.

24 Wenn du Silber verleihst – an mein Volk[a] – an den Elenden bei dir, sollst du nicht wie ein Gläubiger für ihn sein. Ihr sollt ihm keinen Zins auferlegen. 25 Wenn du das Obergewand deines Mitbürgers als Pfand nimmst, sollst du ihm das[a] bis zum Sonnenuntergang zurückgeben, 26 denn es ist seine einzige Decke, es ist seine Umhüllung für seine Haut. Worin soll er liegen? Und wenn er zu mir schreit, dann werde ich (es) hören, denn ich bin gnädig.

27 Einen Gott(richter)[a] sollst du nicht herabwürdigen, und einen Amtsträger[b] in deinem Volk sollst du nicht verfluchen. 28a Deine Überfülle und deinen Überfluss sollst du nicht zurückhalten.

Einrichtungen des Gemeinwesens

28b Den Erstgeborenen deiner Söhne sollst du mir geben: 29 So sollst du tun mit deinem Rind und mit deinem Kleinvieh. Sieben Tage soll es bei seiner Mutter sein, am achten Tag sollst du es mir geben.

30 Und heilige Menschen sollt ihr für mich sein; d.h. auf dem Feld gerissenes Fleisch sollt ihr nicht essen. Dem Hund sollt ihr es vorwerfen.

23,1 Du sollst kein verleumderisches Gerücht aufnehmen; du sollst deine Hand nicht einem Frevler reichen, um ein verbrecherischer Zeuge zu werden. 2 Du sollst nicht mit Mächtigen[a] sein, um ihr Günstling zu werden[b], du sollst aber auch nicht gegen einen Mächtigen aussagen,[c] um dich (anderen) Mächtigen zuzuneigen, um (das Recht)[d] zu beugen. 3 Auch einen Geringen sollst du in seinem Rechtsstreit nicht begünstigen.

Gerichtsordnung

162 Hauptteil C: Ex 22,20 – 23,9: Öffentliche Ordnung II

– 4 Wenn du das Rind deines Feindes oder seinen Esel umherirrend antriffst, sollst du sie ihm zurückbringen. 5 Wenn du den Esel deines Gegners unter seiner Last liegen siehst, dann sollst du davon Abstand nehmen, ihn (allein) zu lassen. Du musst mit ihm helfen.[a] –

6 Du sollst das Recht deines Armen in seinem Rechtsstreit nicht beugen.

7 Von einer abgesprochenen Rechtssache halte dich fern. Und einen Unschuldigen und einen Gerechten sollst du nicht umbringen, denn ich werde einen Schuldigen nicht ins Recht setzen. 8 Und ein Bestechungsgeschenk sollst du nicht annehmen, denn das Bestechungsgeschenk macht Sehende blind und verdreht die Rechtssachen von Gerechten.

Metöke 9 Und einen Metöken sollst du nicht bedrängen. Ihr kennt doch das Befinden des Metöken, denn Metöken seid ihr im Land Ägypten gewesen.

Anmerkungen zu Text und Übersetzung

20[a] Sam und einige Versionen haben hier Plural. Im Folgenden wechselt der Text immer wieder zwischen Singular und Plural, in der Anrede und bei den Personengruppen, was in den Versionen und Manuskripten zu vielen Angleichungen in beide Richtungen geführt hat. Wir übersetzen überall gemäß dem MT.

24a MT אֶת־עַמִּי kann nicht als Satzglied interpretiert werden, ist also eine Glosse, die expliziert, dass der Elende aus dem eigenen Volk gemeint ist. LXX hat in Entsprechung zu Lev 25,35; Dtn 23,20 τῷ ἀδελφῷ „deinem Bruder".

25a Das Suffix 3. masc. sg. in תְּשִׁיבֶנּוּ bezieht sich auf das feminine Nomen שַׂלְמָה; s. GesK § 135o.

27[a] Da die Referenz von MT אֱלֹהִים nicht eindeutig ist, ändern die Versionen. LXX und Vg haben Pluralformen: θεούς bzw. diis, TgO דַּיָּינָא „Richter", TgPsJ und TgN דייניכון „ihre Richter". Unserer Auffassung nach liegt im MT eine Synekdoche vor, die von den Targumim explizit gemacht wird.

27[b] Für MT וְנָשִׂיא hat LXX den Plural ἄρχοντας τοῦ λαοῦ σου, die Targume haben רבא „Großer/Anführer", teils im Plural.

2[a] רַבִּים bedeutet als Adjektiv „viele" und müsste hier mit „Menge" übersetzt werden. Es kann aber als Nomen auch „Großer/Mächtiger" bedeuten; als Beamtentitel findet es sich v. a. in Kön und Jer. Nimmt man diese Bedeutung an, entsteht eine Korrespondenz: V. 2 behandelt das Thema *Mächtige*, V. 3+6 das Thema *Schwache*.

2[b] Der Inf. cs. לְרָעֹת kann von רעע abgeleitet werden, was mit „zum Bösen / um Böses zu tun" übersetzt werden müsste, oder von רעה II „sich gesellen/zusammentun". Letzterem folgen wir.

2[c] Auch die anderen Teile von 23,2 sind unklar und strittig; so etwa die Fügung וְלֹא־תַעֲנֶה עַל־רִב. LXX hat οὐ προστεθήσῃ μετὰ πλήθους „du sollst nicht der Masse beitreten ...", also רב anstatt רִב, aber οὐ προστεθήσῃ ist keine Übersetzung von לֹא־תַעֲנֶה. Schließlich kann man auch רַב lesen, worauf unsere Übersetzung beruht. Alles Weitere in der Auslegung.

2[d] Während MT nur לְהַטֹּת hat, ergänzt LXX sachgemäß κρίσιν.

5[a] Große Schwierigkeiten bereiten die Verbformen der Wurzel עזב, das eigentlich „lassen/ verlassen" bedeutet. LXX formuliert frei um: οὐ παρελεύσῃ αὐτό ἀλλὰ συνεγερεῖς αὐτὸ μετ' αὐτοῦ „du sollst nicht an ihm vorbeigehen, sondern ihn zusammen mit ihr (der Last) aufrichten". Vorgeschlagen wurde, statt עזב das graphisch ähnliche עזר „helfen" zu lesen. Alternativ wurde erwogen, ob עזב auch „helfen" bedeutet. Unsere Übersetzung nimmt in 5aβ keine Änderung vor und versteht ihn als erste Apodosis, 5b wird als עזר תעזר עמו gelesen.

Synchrone Analyse

Dieser Teil des Bundesbuches behandelt wie Hauptteil A Fragen der öffentlichen Ordnung und wird durch das zweimal erscheinende Gebot, den Metöken nicht zu unterdrücken, gerahmt (22,20 und 23,9). Der erste Abschnitt umfasst Gesetze zum Schutz der sozial Schwachen (22,20–26), der zweite kurze Vorschriften zum Gemeinwesen (22,27–30), der dritte und letzte die Gerichtsordnung (23,1–9).

Hauptteil C

Mit „Metöke" wird im Folgenden das hebräische גר *ger* wiedergegeben. Meist wird es mit „Fremder" übersetzt, doch im Unterschied zum נכרי „Ausländer" muss der גר kein Fremder sein. Gerade die Gesetzestexte zeigen, dass er als Teil des Gemeinwesens galt. Der Unterschied zum Bürger (רע, אזרח) besteht darin, dass der Metöke nicht Mitglied der beschlussfassenden Volksversammlung ist (Dtn 26,16–19; Neh 10) und keinen Landbesitz hat – Ez 47,22 will Letzteres ändern! Weiter sind die Metöken auch nur eingeschränkt rechtsfähig, weshalb sie im Bundesbuch (und im Dtn) nicht angeredet werden; vielmehr wird über sie geredet. Mehrfach ergeht die Mahnung, ihren minderen Status nicht auszunutzen (vgl. Lev 19,9–10.33; Dtn 10,19; 24,14–21; 27,19).

22,20: Metöke

In den Texten aus dem Alten Orient kommt das Thema des Rechtsschutzes für den Metöken nicht vor, sehr wohl aber in den frühgriechischen. Ausgehend vom Einbürgerungsgesetz Solons (Plut. Sol. 24,4 = Frg. 75 Ruschenbusch) wurde die Frage immer wieder behandelt.[118] In republikartigen Gemeinwesen hat der bürgerrechtliche Status eine erhebliche Bedeutung, da mit ihm die politischen Mitwirkungsrechte und die Rechtsfähigkeit verbunden sind.

… in der Antike

Die gesetzliche Stellung des Metöken kann man in drei Epochen einteilen: Das Bundesbuch sieht weder eine rechtliche Gleichstellung noch eine Integration der Metöken vor. Im Gesetzbuch des Dtn wird der Metöke in das Sozialsystem und in die Kultgemeinde integriert (Dtn 14,29; 16,11.14; 24,14–21), in den priesterlichen Gesetzen den Israeliten sogar rechtlich gleichgestellt (Ex 12,49; Lev 19,34; 24,22; Num 15,16).

… in den Gesetzen

Witwen und Waisen werden oft zusammen genannt, denn sie eint etwas, das sie nicht haben: Rechtsfähigkeit und -schutz. Kinder, die des Vaters, und Frauen, die des Mannes verlustig gingen, waren ohne Rechtsschutz. Daher werden die rechtsfähigen Bürger ermahnt, diese beiden Bevölkerungsgruppen nicht zu demütigen. Traditionell war es im Alten Orient die Pflicht der Könige, für Witwen und Waisen zu sorgen (vgl. etwa TUAT I, 19; I, 76; III, 231; III, 249). Das Bundesbuch überträgt auch in diesem Punkt eine königliche Pflicht auf das Volk. Und da es im personenverbandlichen Gemeinwesen keine obrigkeitliche Durchsetzungsinstanz gibt, will Gott selbst Übergriffe im Sinne des Tun-Ergehens-Zusammenhangs ahnden: die Frauen der Täter zu Witwen und die Söhne der Täter zu Waisen machen.

22,21–23: Witwen und Waisen

Zum Schuldner wird, wer durch Missernte oder sonstige Widerfahrnisse in Armut geraten ist und von einem Mitbürger Silber geliehen hat. Dieser darf nun keinen Zins verlangen, da sonst die Chance des Verarmten auf wirtschaftliche Erholung zerstört wäre. Wie das Witwen- und Waisenrecht wird auch das Zinsverbot in den atl. Gesetzesnovellen immer weiter ausgebaut. Dtn 23,20–21 verbietet

22,24: Schuldner

---

118 Zur Gleichsetzung des griechischen Metöken mit dem alttestamentlichen Ger s. Bellen, Art. Metoikoi, 1276; Martin-Achard, Art. גור *gūr* als Fremdling weilen, 410.

Zins auch auf Naturalien, Lev 25,35–37 bezieht Metöken und Beisassen (תּוֹשָׁב) mit ein. Zinsnehmen gilt zudem als Unsitte (Ez 18,8; 22,12; Ps 15,5; Spr 28,8).

22,25–26: Pfand
Weiter wird verboten, lebensnotwendige Dinge als Pfand zu verlangen. Als Beispiel dient das Obergewand, das der Schuldner in der Nacht als Decke braucht. In Dtn 24,10–13 wird die Regelung generalisiert: Als Pfand darf nur genommen werden, was der Schuldner von sich aus gibt. Als Gewohnheitsrecht war die Pfandregel schon älter, wie ein judäisches Ostrakon aus dem 7. Jahrhundert belegt (KAI, 200; HAE, 315–330). Ähnliche Regelungen sind auch aus dem Stadtrecht von Gortyn bekannt (Koerner IG, 130.131.147).

22,27–30: Überblick
Die Mehrheit der Ausleger versteht den Abschnitt 22,27–30 als Sammlung von Geboten gegenüber Gott, im Unterschied zu den zwischenmenschlichen Geboten davor und danach. Dagegen spricht aber nicht nur die ältere Auslegungstradition (s. u.), sondern auch ihr konkreter Charakter. Neben Abgaben an das Heiligtum und Speiseregeln wird auch ein Amtsinhaber genannt. Die Regelungen betreffen mithin das Gemeinwesen als Ganzes bzw. seine Einrichtungen. Der vermehrte Gottesbezug rührt daher, dass das Heiligtum eine wichtige Funktion im Gemeinwesen hatte.

22,27a: Oberrichter
Natürlich bedeutet אלהים zunächst „Gott", aber schon die Targume und die mittelalterlichen Ausleger haben den Ausdruck hier auf einen Richter bezogen. Näherhin muss damit ein Gericht an einem Heiligtum gemeint sein, vgl. Ex 21,6; 22,7–10. Auch dort wird das sakrale Gericht lediglich mit „vor Gott" umschrieben. Nach Ex 18,21–26 (vgl. Dtn 17,8–13) gab es ein Obergericht am Heiligtum. Dtn 17,10–13 bietet zudem eine lange Ermahnung, dem göttlichen Urteilsspruch unbedingt Folge zu leisten. Dieselbe Funktion hat 22,27a in der EG-Erzählung.

22,27b: Amtsträger
Das Wort נשׂיא kann jede Art von Anführer oder Oberhaupt bezeichnen. In der priesterlichen Literatur bezeichnet es die Anführer der Gemeinde und der Stämme Israels, in Ez dagegen den nachexilischen Regenten. Der persische Statthalter in Judäa, Scheschbazar (Esr 5,14), wird in Esr 1,8 als נשׂיא bezeichnet. Das Verbot 22,27b schützt also hohe Amtsträger, nicht zuletzt den Statthalter, denn der war besonders gefährdet: Der erste babylonische Statthalter Gedalja wurde ermordet (Jer 41), Nehemia war Ziel von Anschlägen (Neh 6,1–4.10–13).

22,28a: Abgaben
Die Anordnung 22,28a wirft auf Grund ihrer Kürze einige Fragen auf. Umstritten ist, welche Produkte gemeint sind: Getreide, Wein oder Öl? Diese Frage geht jedoch am Text vorbei, der gerade keine Produkte benennt, sondern jeglichen Überschuss. Allenfalls kann man vermuten, dass sich מלאה auf etwas Festes (dagegen aber Num 18,27) und דמע (vgl. דמעה „Träne") auf etwas Flüssiges bezieht. Die LXX übersetzt wie in Ex 23,19 und in Entsprechung zu 22,28b mit ἀπαρχάς „Erstlinge". אחר Pi'el bedeutet „zögern", hier also „zögere nicht (mit der Abgabe von)" oder eben „halte nicht zurück". Der Zusammenhang mit 22,27 legt nahe, dass die Überschüsse als Abgabe an die Leitungsämter des Gemeinwesens zu leisten sind, die der Versorgung bedürfen.

22,28b–29: Erstgeburt
Die Verbindung von Ex 22,28b und 22,29 wirft interpretatorische Fragen auf. Da die tierische Erstgeburt typischerweise geopfert wird, und 28b und 29a durch כן *ken* verbunden sind, wird bisweilen geschlussfolgert, dass 28b die Opferung der menschlichen Erstgeburt anordne.[119] Doch das ist ganz unwahrscheinlich, denn

---

119 S. die Diskussion bei Propp, Exodus 19–40, 264–271.

"sollst du mir geben" (28b) ist keine Verfahrensanweisung. Die Konjunktion כן verbindet hier nicht zwei gleichartige Bestimmungen, sondern den Grundsatz 28b mit der Verfahrensanweisung 29a und muss mit „so" übersetzt werden (vgl. etwa Ex 8,20). Der Grundsatz wird mit Rindern und Schafen realisiert. Eine ähnliche Konstruktion findet sich in Neh 10,37.

Anders als in den dtr Texten (Ex 13,3–7.11–16; 34,18–20) findet die Erstlingsabgabe nicht anlässlich des Massotfestes statt, sondern am achten Tag nach der Geburt. Die P-Komposition regelt die Erstgeburtsabgabe ebenfalls individuell (Num 18,15–18). Empfänger ist wie bei den vegetabilen Erstlingsabgaben (Ex 23,19a) das kommunale Heiligtum.

Das Gesetz in 22,30 knüpft an den zuletzt genannten Aspekt an. Alle Opfertiere müssen lebend und gesund zum Heiligtum gebracht werden. Gerissene Tiere leben nicht mehr und sind schon deshalb als Opfer ungeeignet, zudem könnten sie krank gewesen sein (vgl. Lev 22,17–24; Dtn 15,21; 17,1; Mal 1,6–8). Und was man am Heiligtum nicht essen darf, ist für „heilige Menschen" auch sonst nicht als Nahrung geeignet. 22,30: Gerissenes

Der folgende Abschnitt ist im Wesentlichen eine Gerichtsordnung, wobei 23,4–5 und 23,9 nur indirekt diesem Thema untergeordnet werden können. Die Regelungen betreffen alle am Rechtswesen Beteiligten: Richter, Angeklagte, Kläger und Zeugen. Diese Breite ergibt sich aus der Anlage des Bundesbuches: Es ist an alle Bürger des israelitischen Gemeinwesens adressiert, und jeder Bürger kann potenziell jede der vier Rollen einnehmen. Gegenstand ist zunächst das Verhalten gegenüber drei Personengruppen: Verbrechern (23,1), Einflussreichen (23,2) und Armen (3+6). Sodann die Distanzierung von zwei Verfahrensweisen: Absprache (7) und Bestechung (8). Eingebettet ist das Gebot der Achtung des Rechtsgegners (V. 4–5), angehängt nochmals der Schutz des Metöken (23,9, vgl. 22,20). 23,1–9: Gerichtsordnung

Die Verbote in 23,1 sollen verhindern, dass Verleumdungen oder Absprachen vor Gericht ausgesagt werden, um so Verbrechern einen juristischen Erfolg zu ermöglichen. Der Begriff עד bezieht sich dabei auf die Rolle des Angesprochenen als Kläger oder Zeuge (vgl. Dtn 19,16–19). 23,1: Frevler/ Verbrecher

Die Gesetze 23,2 und 23,3+6 sind im Zusammenhang zu verstehen. Geht es im ersten um den rechten Umgang mit mächtigen Mitgliedern des Gemeinwesens, so im zweiten um dasselbe gegenüber den schwachen. Für beide wird sowohl die Bevorzugung als auch die Benachteiligung ausgeschlossen. Die Zweckbestimmung „um das Recht zu beugen" gilt für beide Unterfälle in V. 2. Sehr viel direkter sind die aufeinander bezogenen Verbote in V. 3+6 formuliert: Sowohl die Bevorzugung als auch die Benachteiligung von Armen ist verboten. 23,2.3+6: Mächtige und Schwache

Eingebettet in die Vorschriften zur Rechtspraxis gegenüber den Armen sind zwei Gesetze zum Umgang mit dem Rechtsgegner außerhalb des Gerichts. איב „Feind" und שׂנא „Gegner" bezeichnen konkret den Rechtsgegner. Wenn sich Rechtsstreitereien länger hinziehen, müssen die Streitparteien einen *modus vivendi* im Alltag finden. Wie das geht, wird hier beispielhaft klargestellt. Der einen Rechtsstreit Führende darf sich das verirrte Tier nicht aneignen, sondern muss es dem Eigentümer zurückbringen (23,4). Auch darf er sich nicht der unterlassenen Hilfeleistung schuldig machen (23,5). Womöglich steckt hinter der ungewöhnlichen Exemplifizierung eine pädagogische Absicht: Dem Tier des Gegners zu helfen, scheint zunächst einfacher als dem Gegner selbst. 23,4–5: Rechtsgegner

23,7–8: Illegale Machen- schaften	Die Bestimmung 23,7 greift in gewisser Weise 23,1 wieder auf, nur steht hier eine bestimmte Vorgehensweise im Vordergrund. Ein דבר־שקר ist eine betrügerische Absprache, bei der Kläger und Zeugen gemeinsam den Nachteil eines Dritten anstreben. Da dies typischerweise im Geheimen passiert, droht Gott sein direktes Eingreifen an. Den Abschluss der Gerichtsordnung bildet das Verbot der Bestechung (V. 8), das im Alten Testament mehr als ein Dutzend Mal vorkommt.		

23,9: Metöke — Angehängt wird schließlich nochmals das Verbot, den Metöken zu unterdrücken. 22,20 und 23,9 bilden somit einen Rahmen um Hauptteil C. Dass gerade dieses Gebot als einziges im Anschluss an die Gerichtsordnung wiederholt wird, hat mit der geringeren oder auch gar nicht vorhandenen Rechtsfähigkeit der Metöken zu tun. In Athen etwa mussten sie sich vor Gericht von einem Vollbürger vertreten lassen.

Diachrone Analyse

Rechtssatzsammlung	+ Rechtsgrundsätze	EG	DtrG
		22,20–26	
		22,27–30	
		23,1–9	

Hauptteil C des Bundesbuches behandelt Fragen der öffentlichen Ordnung und ist durchweg als Anrede an das Volk gestaltet. Literarkritisch relevante Inkohärenzen gibt es nicht, so dass der gesamte Teil der EG-Erzählung zuzurechnen ist.

Hauptteil D: Ex 23,10–19: Öffentliche Ordnung III

Verzichtsjahr — 10 Und sechs Jahre sollst du dein Land besäen und seinen Ertrag einsammeln. 11 Aber im siebten sollst du ihn fallenlassen und auf ihn verzichten, und die Armen deines Volkes sollen essen, und ihren Rest mögen die Tiere des Feldes fressen. Ebenso sollst du tun mit deinem Weingarten und mit deinem Olivenbaum.

Ruhetag — 12 Sechs Tage magst du deine Arbeiten tun. Aber am siebten Tag sollst du ruhen, damit dein Rind und dein Esel ausruhen, und der Sohn deiner Magd und der Metöke Atem schöpfen.

Präambel — 13a Und auf alles[a], was ich zu euch gesagt habe, habt acht! 13b Und den Namen anderer Götter sollt ihr nicht ausrufen. Er soll in deinem Mund nicht gehört werden.

Festkalender — 14 Dreimal im Jahr sollst du mir ein Fest feiern. 15 Das Fest der ungesäuerten Brote sollst du halten: Sieben Tage sollst du ungesäuerte Brote essen – wie ich dir geboten habe – zur festen Zeit im Ährenmonat[a], denn in diesem bist du aus Ägypten ausgezogen. Und mein Angesicht sollen sie nicht leer-händig sehen[b].

16a Und das Fest der Ernte, der Erstlinge deiner Erzeugnisse, die du auf dem Feld säst. 16b Und das Fest des Einbringens im Ausgang des Jahres, wenn du deine Erzeugnisse vom Feld einbringst. 17 Dreimal im Jahr soll all dein Männliches das[a] Angesicht des Herrn Jhwh sehen[b].

18 [a]Du sollst ein blutiges Schlachtopfer für mich nicht auf Gesäuertem opfern. Und das Fett meines Fest(opfers) soll nicht über Nacht bis zum Morgen bleiben. 19a Das Beste der Erstlinge deines Erdbodens sollst du in das Haus Jhwhs, deines Gottes, bringen. 19b Du sollst ein Kitz, das in der Milch seiner Mutter ist, nicht kochen.

Opfer und Abgaben

Anmerkungen zu Text und Übersetzung

13[a] MT hat וּבְכֹל, Sam dagegen וכל, so auch LXX und Syr.

15[a] Das Wort אָבִיב ist kein Name, sondern ein Appellativum mit der Bedeutung „Ähre". Daher heißt die Fügung חֹדֶשׁ הָאָבִיב nicht „Monat Abib", sondern „der Ährenmonat".

15[b] Die Sätze Ex 23,15b und 23,17 sowie die weiteren Stellen Ex 34,20bβ.23.24; Dtn 16,16; 31,11; Jes 1,12; Ps 42,3 haben alle eine Form des Verbums ראה „sehen" in Zusammenhang mit dem Angesicht Gottes. Dabei gibt es zwei Grundtypen: (1.) Verneinung + Form von „sehen" + „Angesicht Gottes" + „leer(-händig)" sowie (2.) „Dreimal im Jahr" + Form von „sehen" + „Angesicht Gottes". MT vokalisiert ראה stets als Nifʿal, d. h. als ein Erscheinen des Volkes bei Gott, wobei der Ausdruck את vor „Angesicht" nicht als nota accusativi, sondern als Präposition „bei" gedeutet wird. LXX übersetzt die Passagen meist mit ἐνώπιον κυρίου „vor dem Herrn", die Targume verwenden die Präposition קדם, die ebenfalls „vor" bedeutet. Das hebräische את hat jedoch nicht diese Bedeutung, so dass die Funktion als nota accusativi vorzuziehen ist. Wenn man die Formen von ראה als Qal versteht, lautet die Grundform des ersten Typus וְלֹא־יִרְאוּ פָנַי רֵיקָם „und sie sollen mein Angesicht nicht leer(-händig) sehen" und die des zweiten שָׁלוֹשׁ פְּעָמִים בַּשָּׁנָה יִרְאֶה כָל־זְכוּרְךָ אֶת־פְּנֵי יְהוָה „dreimal im Jahr soll alles Männliche das Angesicht Jhwhs sehen". Es wird schon seit langem vermutet, dass MT diese Lesart aus dogmatischen Gründen meidet, da Menschen das Angesicht Gottes nicht sehen können (so etwa Ex 33,20). Doch genau dies scheint die Vorstellung des Textes zu sein. Die Versionen umgehen das und die Masoreten sind ihnen mit der sprachlich schwierigen Vokalisation als Nifʿal gefolgt. Aber meinten die ursprünglichen Autoren tatsächlich, dass das Volk am Heiligtum Gott sehen konnte, etwa in Gestalt eines Kultbildes? Das scheint in den Texten des Pentateuch ausgeschlossen. Vielmehr steht die Vorstellung der königlichen Audienz im Hintergrund (Propp, Exodus 19–40, 616). Weil man bei der königlichen Audienz das Angesicht des Königs sieht, wird auch bei der Übertragung auf Gott diese Formulierung verwendet, ohne dass damit etwas über die Erscheinungsweise Gottes ausgesagt wäre.

17[a] Die Präposition אֶל ist ebenfalls als dogmatische (sachliche?) Korrektur zu verstehen, denn Sam und die Parallelstellen Ex 34,23.24; Dtn 16,16 haben das erwartbare אֶת. Die dogmatischen Korrekturen gehen noch weiter: Statt MT הָאָדֹן יְהוָה liest Sam ארון יהוה (so auch in Ex 34,23), so dass nicht Gott selbst, sondern lediglich die Lade gesehen werden soll.

17[b] Statt MT יֵרָאֶה lies יִרְאֶה, zur Erklärung siehe die Textanmerkung 15[b].

18[a] LXX stellt in Anlehnung an Ex 34,24 voran: „Denn wenn ich Völker vor deinem Angesicht vertreiben werde und deine Grenzen ausweiten werde, dann ..." Dies kann als Beleg aus den Versionen dafür gelten, dass Ex 23,13–19 nach Ex 34 erweitert bzw. korrigiert wurde.

Synchrone Analyse

Hauptteil D Der letzte Teil des Bundesbuches behandelt abermals Fragen der öffentlichen Ordnung und teilt sich in zwei Abschnitte: Sozialordnung (23,10–12) und Kultordnung (23,13–19).

23,10–12: Überblick Die Gesetze in 23,10–12 haben zwei offensichtliche Gemeinsamkeiten: die 6+1-Struktur und den sozialen Inhalt. Gleichwohl fehlt der Begriff *Sabbat*, weshalb man diese beiden Gebote nicht von den Geboten zum Sabbattag und zum Sabbatjahr her auslegen darf. Der Sabbat basiert auf einer kosmischen Konzeption (Gen 2,1–3), d. h., wenn Sabbat ist, ist das auf der ganzen Erde so. Zudem setzt die priesterliche Zeitrechnung in Ex 12,2 einen kollektiv definierten Anfang und nimmt in der Folge immer wieder darauf Bezug. Etwas Vergleichbares gibt es im Bundesbuch nicht und ist auch nicht vorausgesetzt. Daher sind die vorliegenden Regeln in Analogie zu den Sklavengesetzen Ex 21,2–11 zu lesen: Jeder Haushalt zählt die Jahre und die Tage für sich.

23,10–11: Verzichtsjahr Was im siebten Jahr zu tun ist, hängt davon ab, wie man den Bezugspunkt der femininen Pronominalsuffixe an den Verben תשמטנה und ונטשתה in V. 11 bestimmt. Ausgehend vom Sabbatkonzept und von Lev 25,2–7 werden die Suffixe oft auf das „Land" bezogen, aber das ist ganz unwahrscheinlich. In Dtn 15,2 werden Darlehen „fallen gelassen", in Neh 10,32 auch die Erträge, nirgends jedoch das Land. Angeordnet wird also, dass jeder Haushalt in seinem siebten Jahr wie immer sät, aber auf das Einbringen der Erträge verzichtet. Dadurch entsteht ein rollierendes System: In jedem Jahr steht eine gewisse Anzahl von Feldern, Weingärten und Ölbäumen den Armen zur Verfügung.

23,12: Ruhetag Analog ist auch der angeordnete Ruhetag in V. 12 ein individueller. Anders als beim Sabbat gibt es hier keine institutionalisierte Ausrufung,[120] stattdessen sollen nach sechs Tagen Arbeit, wann auch immer mit der Zählung begonnen wurde, der Angesprochene und sein ganzer Hausstand einen Tag Arbeitspause einlegen. Diese Regelung ist ein reines Arbeitsschutzgesetz.

Novellierungen Beide Regelungen sind rudimentäre Sozialgesetze, die den Armen und Abhängigen Sicherheit und Schutz bieten sollen, und beide wurden mehrfach novelliert. Das siebte Jahr wird erst zum Jahr des Schuldenerlasses (Dtn 15,1–6) und dann zum Sabbatjahr (Lev 25,2–7.18–22), der Ruhetag erst zum landesweiten (Dtn 5,12–15) und dann zum weltweiten Sabbat (Gen 2,1–3; Ex 20,8–11).

23,13–19: Überblick Der letzte Abschnitt des Bundesbuches ist wieder der Ordnung des öffentlichen Kultes gewidmet und bildet mit 20,22–26 eine thematische Rahmung. Die Kultordnung selbst hat drei Abschnitte: 23,13 ist eine Art Präambel, 23,14–17 ein Festkalender, wobei der erste und der letzte Vers einen Rahmen bilden. 23,18–19 enthält Bestimmungen zu Abgaben und Opfern.

23,13: Präambel Die Präambel beginnt mit einer Generalaufforderung zur Gesetzesbeachtung (23,13a) und weist damit über das Bundesbuch hinaus auf die gesamte Tora. Derartige Hinweise gibt es an einigen Stellen (Ex 13,9; 24,7, vgl. auch „wie ich dir geboten habe" 23,15b; Dtn 5,12.16; 12,21). Sie stehen dort, wo die verschiedenen Gesetzessammlungen unterschiedliche Anweisungen oder Begründungen für Anweisungen geben, und besagen, dass den Divergenzen zum Trotz eine einheitliche Verfahrensweise intendiert ist.

---

120 Ausführlich dazu Oswald, The Collective Character of the Sabbath.

Synchrone Analyse 169

Der zweite Versteil 23,13b verbietet die Anrufung anderer Gottheiten außer Jhwh, was als Vorspruch zu einem Festkalender durchaus Sinn macht. Das Verbot steht in Verbindung zu 22,19 und zu 20,3.5a. Der Rechtsgrundsatz 22,19 verbietet das Opfern für andere Götter, das Fremdgötterverbot des Dekalogs deren Anbetung, hier wird nun ihre Anrufung verboten.

Der Festkalender nennt die drei Wallfahrtsfeste im Jahreskreis (23,15–16), die von einer Überschrift (23,14) und einer Unterschrift (23,17) gerahmt werden. Die Rahmenstücke fordern dazu auf, dreimal im Jahr die Feste zu feiern, wobei die Unterschrift konkret anordnet, dass alle männlichen Israeliten das Angesicht Jhwhs sehen sollen. {.float-right} Festkalender

Das Gesetz zum Massotfest (23,15) ist das ausführlichste. Gefeiert wird in der Mondphase, in der an der Gerste die Ähren erscheinen, d. h., der Festbeginn basiert auf einer Naturbeobachtung. Zu diesem Zeitpunkt darf sieben Tage lang nur ungesäuertes Brot gegessen werden. Die Zwischenbemerkung „wie ich dir geboten habe" verweist zurück auf andere Anordnungen zum Thema (Ex 12,15–17.18–20; 13,3–7) und besagt, dass alle einschlägigen Stellen berücksichtigt werden sollen (s. oben zu 23,13a). {.float-right} 23,15: Massotfest

Die Schlussmahnung „Und mein Angesicht sollen sie nicht leer-händig sehen" (23,15b) gilt für alle Feste. Gemeint ist, dass jeder Festbesucher mit Opfergaben und ggf. weiteren Votivgaben am Heiligtum zu erscheinen hat. Diese werden für die Opfer, die Gemeinschaftsmähler und die Versorgung des Kultpersonals gebraucht (vgl. Dtn 12,5–18). {.float-right} Gaben

Die Bestimmung zum Erntefest (23,16a) nennt nur den Anlass: das Einbringen der Erstlinge von dem, was man ausgesät hat. Das dritte Jahresfest ist das Lesefest aus Anlass des Einbringens der Feldfrüchte im Herbst (23,16b). Da diese Feste auf kulturellen Traditionen beruhen, muss nichts weiter zur Ausführung gesagt werden. Umso auffälliger, dass das siebentägige Massotessen explizit angeordnet wird. {.float-right} 23,16: Erntefest, Lesefest

Im Anschluss an den Festkalender folgen zwei Verfahrensanweisungen für das Opfern. Beim Darbringen und Verzehren von Opferfleisch dürfen keine Sauerteigprodukte zugegen sein. Ein ähnliches Verbot wird auch in Lev 2,11 ausgesprochen (anders Lev 7,13; 23,17). Die zweite Vorschrift, das Fett des Festopfers nicht über Nacht aufzuheben, hat eine gewisse Nähe zur Vorschrift, das Passalamm nicht über Nacht aufzuheben (Ex 12,10; 34,25; Dtn 16,4). Gerade im Vergleich zu Ex 34,25 fällt auf, dass V. 18b verallgemeinert. Mehr dazu in der diachronen Auslegung. {.float-right} 23,18: Opferbestimmungen

Das Thema von 23,19a wurde bereits behandelt: Nach 22,28a sollen Überschüsse an das Heiligtum gebracht werden. Jetzt wird angeordnet, dass die Erstlinge der Feld- und Gartenfrüchte in das Haus Jhwhs gebracht werden. Der Zweck ist derselbe – der Erntedank –, doch das Verfahren ein anderes, da die Erstlinge zu Beginn der Ernte bzw. Lese anfallen, der Überschuss dagegen zum Schluss. Auffällig ist die Erwähnung des Tempels, den es gemäß der Erzählfiktion der Pentateuch-Erzählung noch gar nicht gibt. {.float-right} 23,19a: Erstlinge

Das kurze Sätzchen 23,19b hat eine große Wirkungsgeschichte, gilt es doch als Begründung für die im Judentum übliche Trennung von milchigen und fleischigen Speisen. Allerdings müsste man dazu „Du sollst ein Kitz nicht in der Milch seiner Mutter kochen" übersetzen. Auf Grund der Wortstellung – „in der Milch" folgt auf „Kitz", nicht auf „kochen" – liegt die in der Übersetzung gewählte Wiedergabe eigentlich näher. Gemeint ist dann, dass ein Kitz nicht als Opfermahlzeit zubereitet werden darf, solange es noch von seiner Mutter gesäugt wird. Abgesehen davon, {.float-right} 23,19b: Kitz kochen dass der Satz so nicht als Begründung für das Speisegebot taugt, scheint er dem Erstgeburtsgesetz 22,28b–29 zu widersprechen, wonach das Kleinvieh nach sieben Tagen zu Gott gebracht werden soll. Mehr dazu in der diachronen Auslegung.

Diachrone Analyse

Rechtssätze	Rechtsgrundsätze	EG	DtrG	TK
		23,10–12		23,13a
		23,13b	23,15*	
		23,14.15a*.16	23,17	
			23,18–19	

23,10–12 Die Gesetze zum Verzichtsjahr und zum Ruhetag behandeln Fragen der öffentlichen Ordnung und sind durchweg als Anrede an das Volk gestaltet. Literarkritisch relevante Inkohärenzen gibt es nicht, so dass beide in die EG-Erzählung gehören.

23,13–19 Auch die Kultordnung 23,13–19 ist im Grundsatz Teil der EG-Erzählung. Die vor-dtr Abkunft wird u. a. am Fehlen der sog. Kultzentralisation ersichtlich. Sie enthält aber auch etliche Passagen, die inhaltlich und/oder sprachlich eine große Nähe zum Deuteronomismus aufweisen. Weiter ist das Verhältnis der Kultordnung des Bundesbuches zur Kultordnung der Bundesworte (Ex 34,18–26) zu klären.

Forschungsgeschichte In der jüngeren literarkritischen Diskussion um die Kultordnung Ex 23,13–19 wird fast durchweg angenommen, dass diese die Grundlage für den zweiten Teil der Bundesworte Ex 34,18–26 bildete.[121] Diese Einschätzung basiert darauf, dass einige Abschnitte identisch sind[122] und allfällige Abweichungen als bewusste Änderungen durch den Autor der Bundesworte erklärt werden können. Weiter gibt es einen recht großen Konsens, dass die Bundesworte dtr geprägt sind.

Struktur der Diachronie Nach unserer Auffassung gehört der Festkalender 23,13–19 in seiner Grundschicht in das Bundesbuch als Teil der EG-Erzählung und der Festkalender 34,18–26 in die Bundesworte als Teil des DtrG (s. die diachrone Auslegung dort). Aber die Abhängigkeit ist keine einseitige, vielmehr ist das diachrone Verhältnis der beiden Texte als gegenseitige Anpassung zu bestimmen: Der ältere Festkalender des Bundesbuches wurde dtr erweitert, während umgekehrt der dtr Festkalender der Bundesworte den vor-dtr Sprachgebrauch des Bundesbuches teilweise übernahm.

Dtr Bearbeitung des Bundesbuches Das Bundesbuch wurde an zwei Stellen dtr überarbeitet: am Anfang durch die Voranstellung des Kultbilderverbotes (20,22–23) und am Ende durch die Erweiterung des Festkalenders und die Anfügung von weiteren Opferbestimmungen (23,13–19*). Gründe dafür waren zum einen die generell hohe Bedeutung der Kultordnung im Dtn und zum anderen die dtr Erzählung vom Goldenen Kalb, in der Israel gegen das Kultbilderverbot (Ex 32,4) *und* gegen die Festordnung verstößt (32,5–6).

---

121 GESUNDHEIT, Three Times a Year, 36: „... the latter is but a midrashic revision of the former", vgl. auch den Forschungsüberblick in GESUNDHEIT, Three Times a Year, 42.

122 S. die analytischen Synopsen bei GESUNDHEIT, Three Times a Year, 14–16.

Schluss: Ex 23,20–33: Ausblick auf den Weg ins verheißene Land 171

Nach Ausscheidung der jüngeren Teile hat die Kultordnung des Bundesbuches bzw. der EG-Erzählung folgende Gestalt gehabt:

Kultordnung der EG-Erzählung

> 23,13b Den Namen anderer Götter sollt ihr nicht ausrufen. Er soll in deinem Mund nicht gehört werden. 14 Dreimal im Jahr sollst du mir ein Fest feiern: 15a* Das Fest der ungesäuerten Brote zur festen Zeit im Ährenmonat; 16a und das Fest der Ernte, der Erstlinge deiner Erzeugnisse, die du auf dem Feld säst; 16b und das Fest des Einbringens im Ausgang des Jahres, wenn du deine Erzeugnisse vom Feld einbringst.

Demgegenüber sind der erste Teil der Präambel (23,13a), die Zusatzangaben (23,15*) und die angehängten Bestimmungen (23,17.18–19) sekundär.

Die Aufforderung, auf alles zu hören, was Jhwh gesagt hat (23,13a), dient dazu, das Bundesbuch in den Gesamtzusammenhang der Tora zu stellen. Sie wurde von der Tora-Komposition eingefügt. Demgegenüber bildet 23,13b die Präambel des Festkalenders der EG-Erzählung.

Präambel

Die Anordnung der Dreizahl der Feste erfolgt zweimal: als Überschrift in 23,14 und als Unterschrift in 23,17. Die Überschrift ist kurz gehalten, die längere Unterschrift entspricht 34,23 und Dtn 16,16. Die Überschrift gehört daher in die EG-Erzählung, die Unterschrift in das DtrG.

„Dreimal im Jahr"

Die Anordnungen zum Ernte- und zum Lesefest sind kurz und im Nominalstil gehalten, der Passus zum Massotfest ist dagegen ausführlicher, zeigt Verbalstil und nimmt auf die Exoduserzählung Bezug. Dieser Befund ist literargeschichtlich am besten so zu deuten, dass die Anordnungen zum Ernte- und zum Lesefest ihren ursprünglichen Wortlaut, den sie in der EG-Erzählung hatten, bewahrt haben, während das Massotfest dem DtrG angepasst wurde. Die Erweiterungen in 23,15a sind nahezu wortgleich mit 34,18, desgleichen 23,15b mit 34,20bβ. Diese Anpassung ist auch theologisch wichtig, denn dass nicht das Päsach, sondern das Massotessen die Begehung ist, mit der des Exodus gedacht wird, ist eine typisch dtr Auffassung.

Massotfest

Die Opferbestimmungen 23,18 stehen auch in 34,25, dort auf das Passafest bezogen. Wahrscheinlich wurden sie von dort übernommen und verallgemeinert, da das Passa im Bundesbuch nicht vorkommt. Die Vorschrift zu den Erstlingen 23,19a ist an sich nicht typisch dtr, aber der auffällige Hinweis auf das „Haus Jhwhs" deutet auf das im Dtn besonders ausgeprägte Interesse an der Versorgung des Heiligtums (vgl. auch Dtn 23,19). Die Bestimmung zu den Kitzen (Ex 23,19b), die noch gesäugt werden, steht wortgleich auch in 34,26b und in Dtn 14,21b. Auffällig ist, dass dieses Thema nicht im Zusammenhang mit dem Erstgeburtsgesetz 22,28b–29 verhandelt wird und zudem vom dort Gebotenen abweicht. Das erklärt sich am besten damit, dass 23,19b aus dem Dtn und aus den gleichfalls dtr geprägten Bundesworten hierher als Anhang übernommen wurde.

23,18–19 als dtr Erweiterungen

Schluss: Ex 23,20–33: Ausblick auf den Weg ins verheißene Land und das Leben in ihm

20 Siehe, ich, ja ich werde einen Boten vor dir hersenden, um dich auf dem Weg zu behüten und dich an den Ort gelangen zu lassen, den ich bereitet habe. 21 Nimm

Der Bote

dich in acht vor ihm und höre auf seine Stimme, lehne dich nicht gegen ihn auf[a],
denn er wird eure Auflehnung nicht vergeben, denn mein Name ist in ihm.
22 Wenn du aber seiner[a] Stimme gehorchst
und alles tust[b] was ich sage,
dann werde ich feind sein deinen Feinden
und bedrängen deine Bedränger.[c]

Die Landesbe-
wohner, ihre
Götter …

23 Ja, mein Bote wird vor dir hergehen und dich zu dem Amoriter und dem
Hethiter und dem Perisiter und dem Kanaanäer, dem Hiwwiter und dem Jebusiter bringen, und ich werde ihn[a] vertilgen. 24 Du sollst dich nicht vor ihren Göttern niederwerfen und ihnen nicht dienen [a]und dich nicht verhalten, wie sie sich
verhalten[a]. Vielmehr sollst du sie ganz und gar ausmerzen und ihre Masseben
gründlich zerschlagen.

… und JHWH

25 Ihr sollt JHWH, eurem Gott, dienen, damit er dein Brot und dein Wasser segne.
Ich werde Krankheit aus deiner Mitte abwenden. 26 Kein weibliches Wesen[a] wird
in deinem Land sein, das eine Fehlgeburt erleidet oder unfruchtbar ist. Die Zahl
deiner Tage werde ich voll werden lassen. 27 Meinen Schrecken werde ich vor
dir hersenden und jedes Volk, zu dem du kommst, verwirren, [a]und alle deine
Feinde werde ich dir den Rücken zuwenden lassen[a].

Verzögerte
Vertreibung

28 Und ich werde die Wespe[a] vor dir hersenden, damit sie den Hiwwiter, den
Kanaanäer und den Hethiter vor dir vertreibt. 29 Ich werde ihn aber nicht im
ersten Jahr vor dir vertreiben, damit das Land nicht wüst werde und das wilde
Getier sich nicht gegen dich vermehre. 30 Nach und nach werde ich sie vor dir
vertreiben, bis du fruchtbar (genug) bist, dass du das Land besitzen kannst.
31 Dann werde ich deine Grenze festlegen vom Schilfmeer[a] bis zum Meer der
Philister[b], von der Wüste bis zum Strom[c]. Ja, ich werde die Bewohner des Landes
in eure Hand geben, dass du sie[d] von dir weg vertreiben kannst. 32 Du sollst
mit ihnen und ihren Göttern keinen Bund schließen. 33 Sie sollen nicht in deinem
Land wohnen, damit sie dich nicht gegen mich sündigen machen, (dadurch) dass
du ihren Göttern dienst, denn es würde dir zum Fallstrick[a] werden."

Anmerkungen zu Text und Übersetzung

21[a]   Zu Form und Bedeutung von תמר vgl. GesL 737 und HOUTMAN, Exodus 3, 274.

22[a]   LXX und Sam: „meiner Stimme", vgl. Textanm. 22[c].

22[b]   Sam: „…. wenn ihr tut …"

22[c]   LXX setzt am Beginn des Verses ein Zitat aus Ex 19,5f. hinzu. Damit schließt sie
(1.) die am Sinai von JHWH verkündeten Gesetze, insbesondere den Dekalog und das
Bundesbuch, in die Bedingung des zugesagten Schutzes ein und unterstreicht (2.) die
Identität der Stimme JHWHs und des Boten (vgl. dazu die Auslegung).

23[a]   MT wie Sam והכחדתי „ich werde ihn vertilgen"; die hebräische Überlieferung bezieht
das Suffix entweder auf jedes der Völker einzeln oder versteht sie als Kollektiv (so
auch אגרשנו in V. 29). LXX und die anderen alten Versionen geben das Suffix im Plural
wieder.

24[a-a]   לא תעשה כמעשיהם: Wörtlich: „du sollst nicht tun entsprechend ihren Taten".

26[a]   Wahrscheinlich schließen die fem. Formen משכלה und עקרה Menschen und Tiere ein,
vgl. Dtn 7,14.

Synchrone Analyse

27[a-a] Wörtlich: „und ich werde allen deinen Feinden zu dir hin Rücken geben"; ähnlich Ps 18,41.

28[a] Die Bedeutung des Lexems צרעה (vgl. Dtn 7,20; Jos 24,12) ist unsicher. „Hornisse" oder „Wespe" geht auf das Äquivalent σφηκία in LXX zurück, alternativ wird „Angst" oder „Schrecken" übersetzt. Das aggressive Insekt steht metaphorisch für den „Schrecken" bzw. die „Furcht", die es auslöst. Nach Auskunft Naturkundiger sind Hornissen nicht aggressiv, deshalb übersetzen wir „Wespe". Nach PROPP, Exodus 19–40, 290, könnte hier auch eine „minor deity" wie der ugaritische „Fliegengott" (KTU 1.3. iii.46) im Hintergrund stehen.

31[a] Gemeint ist im hebräischen Text der Golf von Aqaba/Eilat als „Grenzmeer", vgl. dazu UTZSCHNEIDER/OSWALD, Exodus 1–15, 302.

31[b] Gemeint ist das Mittelmeer.

31[c] Der Euphrat, vgl. LXX (weiter zu den Grenzziehungen vgl. die Auslegung).

31[d] Die Form מו für das Suffix der 3. Pers. pl. findet sich gelegentlich in poetischen Texten, so in den beiden Mose-Liedern in Ex 15 (V. 5.9.12 u. ö.) und Dtn 32 (V. 27.32 u. ö.).

33[a] מוקש meint konkret ein „Gerät zum Vogelfang" (z. B. Am 3,5). In übertragenen Bedeutungen wird es oft mit „Fallstrick" wiedergegeben und meint ein drohendes Verderben (2 Sam 22,6 „Fallstricke des Todes"; s. GesL 647).

Synchrone Analyse

Das Schlusswort Gottes zu seiner Bundesbuch-Rede sei, so Benno Jacob, „eine prophetische, sich zu dichterischem Schwunge erhebende Verheißungs-, Segens- und Mahnrede"[123]. Dies ist zunächst der Stellung im narrativen Bogen der Sinai- und Wanderungserzählung zu verdanken, auf den die Aufmerksamkeit zurückgelenkt wird. Im Ganzen ist der Stilwechsel von der Rechtssprache zum freieren, auf die Erzählung hinlenkenden Schlusswort offenkundig. Für seinen poetischen Stil sind Figuren der Wiederholung bezeichnend.

Literarische Eigenart und Struktur

> Sie drücken sich in Alliterationen und Wortspielen aus, etwa in V. 22 „feind deinen Feinden" (Wurzel איב) und „bedrängen deine Bedränger" (צור/צרר). Parallelismen finden sich in V. 21 (nimm dich in acht / höre / lehne dich nicht auf), in V. 24 (niederwerfen/dienen, vgl. Ex 20,5) und V. 26 (Fehlgeburt erleiden / unfruchtbar sein). Die zwei Wortpaare zur Umschreibung der Grenzen des Landes (Schilfmeer / Meer der Philister – Wüste/Strom) in V. 31 bilden einen Merismus, der Ganzheit ausdrückt (vgl. etwa Am 8,12; Ps 72,8).

Die Fügung „ich werde vor dir hersenden" (V. 20.28) mit dem „Boten" bzw. der „Wespe" als Objekt strukturiert die Rede in drei Abschnitte:

> 23,20–22: Die Sendung eines Boten als Begleiter und Beschützer
> 23,23–27: Der Gottesbote und das Verhältnis zu den Völkern im Land
> 23,28–33: Die Sendung der „Wespe" zur Vertreibung der Völker

Die beiden Eckteile bilden durch die Leitwortbrücke („vor dir hersenden") eine Inklusion. Für den Mittelteil fällt auf, dass der Bote nun als „mein Bote, der vor dir hergehen wird" erscheint. Das Schlusswort entwirft ein Zukunftspanorama,

---

123 JACOB, Exodus, 736; etwas weniger emphatisch, in der Sache aber ähnlich, ist das Prädikat „quasi-poetic", das ihr PROPP, Exodus 19–40, 288, verleiht.

174 Schluss: Ex 23,20–33: Ausblick auf den Weg ins verheißene Land

das sich über den Weg ins Land (Teil 1) und über die spannungsreiche erste Zeit der Koexistenz im Land mit dessen Bewohnern (Teil 2) bis in die Zeit erstreckt, in der diese vertrieben sein werden (Teil 3).

Der göttliche Bote als Begleiter und Beschützer

Der göttliche „Bote" (מלאך) ist keine neue Figur im Buch Exodus. Ähnlich wie in der Gestalt der Wolke bzw. der Wolkensäule oder der Feuererscheinung des *kābôd* (Ex 24,17; 29,43) tritt Gott als Bote auf, wenn er „in die Apperzeption des Menschen tritt"[124]. In der Dornbuschszene (Ex 3,2) agiert der „Bote Jhwhs", bis die Gottheit spricht; erst die Rede wird Jhwh zugeschrieben (3,4). Ein weiteres Mal erscheint der Bote am bzw. im Schilfmeer parallel zur Wolkensäule (14,19), um sich schützend vor die verfolgten Israeliten zu stellen.[125] In seiner Funktion als Beschützer soll der Bote auch nach der Kardinalsünde des „Goldenen Kalbes" wieder „vor" Israel „hergehen" (32,34). Ex 33,2f. kommt erneut auf den Boten zurück: Jhwh werde ihn „vor" Israel her „senden", um die Landesbewohner zu „vertreiben".

23,20–22: Der Bote
Im Vorblick auf Wanderung und Landnahme ist die Frage nach Beistand und Schutz virulent; dafür steht der Bote als „Agent"[126] Jhwhs. Er wird die Israeliten auf dem Weg behüten und „zu dem Ort (המקום) gelangen lassen, den ich [Jhwh] bereitet (כון) habe". Dieses Ziel könnte entweder ein bzw. eher noch *das* Heiligtum sein, nämlich Jerusalem,[127] oder aber das Land.[128] Die Vokabel für „Ort" steht nicht selten für ein Heiligtum und nicht zuletzt für den Tempel in Jerusalem (vgl. u. a. Dtn 12,5; 1 Kön 8,29; Ps 26,8). Als Ziel der Wanderung ist das Zionsheiligtum auch im Moselied im Blick (Ex 15,17).[129] Nur vereinzelt, etwa in der Berufungsverheißung des Mose (3,8, vgl. 18,23), wird mit מקום das Land bezeichnet. Man kann u. E. aber fragen, ob die antiken Leser die Zielbestimmungen „Heiligtum" und „Land" überhaupt alternativ gedacht haben.

Auch im Rückblick auf das bereits erzählte Geschehen am Sinai ist der Bote hier am Platz. Die Israeliten haben auf die Theophanie mit Bestürzung reagiert. Mit der Ankündigung des Boten signalisiert Jhwh, dass er den Israeliten in solch beängstigender Nähe und Unmittelbarkeit nicht (mehr) begegnen will. Der Bote hat Autorität, aber sie ist abgeleitet. Sie sollen auf die Stimme des Boten hören, als wäre es seine, Jhwhs, Stimme (vgl. Ex 19,5). Gegen den Boten sollen sie sich nicht auflehnen (מרה/מרר) – das erinnert an das Motiv des Murrens und der Auflehnung der Israeliten gegen Gott während der Wanderung (vgl. oben zu Ex 15–17, auch Num 20,24). Wie Gott kann der Bote Sünden vergeben oder eben gerade nicht. Der Schutz, den der Bote Israel vor seinen Feinden gewähren wird, ist Jhwhs Schutz. Im Alten Testament beispiellos ist die Formulierung: „mein Name wird in

---

124 Rad, Art. B. מַלְאָךְ im AT, 76.

125 Vgl. die Übersicht zum göttlichen מלאך und seinen Funktionen bei Freedman/Willoughby, Art. מַלְאָךְ *mal'āk*, 896–903. Der göttliche מלאך ist zwar gesandt, aber selten (eigentlich nur in Sach 1,9 – 6,5) zur Überbringung von Botschaften oder Nachrichten.

126 Freedman/Willoughby, Art. מַלְאָךְ *mal'āk*, 897.

127 Crüsemann, Tora, 210; Dohmen, Exodus 19–40, 192, vgl. 1 Chr 15,1.3; 2 Chr 3,1 sowie Ex 15,17.

128 So die Bedeutung von מקום in Ex 3,8, vgl. auch Dtn 26,9 und vgl. Propp, Exodus 19–40, 287; Albertz, Exodus 19–40, 131.

129 Vgl. Utzschneider/Oswald, Exodus 1–15, 336.

Synchrone Analyse 175

‚seinem'", also des Boten, „‚Inneren' (בקרבו) sein". Die Formel, Jhwh sei oder solle „inmitten (בקרב) *Israels* sein", ist uns in Ex 17,7 begegnet. Dort und in zahlreichen anderen Kontexten bringt sie zum Ausdruck, dass Jhwh seinem Volk bei Bedrohungen und in Nöten zur Seite stehen wird (vgl. die Belege in der Auslegung zu 17,7). Mit eben diesem göttlichen Potenzial ist nun der Bote ausgestattet, freilich ist dazu nicht Jhwh selbst inmitten Israels, sondern sein „Name" – auch dies eine Größe, die Jhwhs Gegenwart repräsentiert, ohne er selbst zu sein. Kurz: Die Unmittelbarkeit der Gottesbegegnung, wie Israel sie in der Sinaitheophanie erfahren hat, wird gedämpft, ohne dabei den Anspruch Jhwhs auf die Loyalität Israels aufzugeben oder die Verheißungen zurückzunehmen.

Im zweiten Teil der Rede (V. 23–27) stoßen die Israeliten im verheißenen Land auf Bewohner, die bereits vor den Israeliten dort ansässig sind. Jhwh selbst werde sie „vertilgen" oder „vernichten" (כחד Hi., mit der Konnotation „zum Verschwinden bringen"). Es geht dabei nicht unbedingt um physische Vernichtung, sondern vor allem darum, den Völkern ihre politische Macht, ihre Kultur und ihren Ruf zu nehmen, damit die Israeliten sich nicht an die Vorbewohner assimilieren, um an deren Identität und Kultur zu partizipieren, und das heißt vor allem, ihre Götter zu verehren (חוה לאלהיהם Hišt.), Kulte zu praktizieren (עבד) und Verhaltensweisen zu übernehmen (עשה מעשיהם). Anscheinend rechnet Jhwh damit, dass Kultur und Religion der Völker anziehend sind, weshalb er auch gebietet, ihre Kultsymbole, die Mazzeben, zu zerschlagen. Offen bleibt, *was* „ausgemerzt" werden soll: die Götter, die Kulte oder auch die Gruppen.

23,23–24: Gegen die Landesgötter …

Das Gegenkonzept folgt unmittelbar: Nicht fremde Götter sollen die Israeliten verehren, sondern Jhwh. Er werde ihre Nahrung und ihr Wasser segnen (ברך, vgl. Ex 20,24). „Dann werde ich" – so fährt Jhwh fort und fällt in die erste Pers. Sg. – „alle Krankheit von dir" abwenden. Die Formulierung scheint sich an Dtn 7,15 anzulehnen, das Motiv findet sich auch in der Episode, die die Wanderungserzählung eröffnet (vgl. zu Ex 15,26).

23,25–27: … und für Jhwh

V. 26 sieht die Lebenskraft der Menschen, von der Zeugung bis zum Lebensende (vgl. Dtn 7,14), vom Segen Gottes erfüllt. Kaleidoskopartig und dabei vorgegebene Motive und Formulierungen aufgreifend, fügen die V. 25f. die Vision zusammen, die den Israeliten eine von Segnungen erfüllte, ungetrübte Existenz im Lande verspricht. Nicht zufällig klingen hier Motive der prophetischen Verheißung des neuen Himmels und der neuen Erde aus Jes 65,20 an. Der abschließende V. 27 erinnert noch einmal (vgl. schon V. 22) daran, dass sich der Erfüllung dieser Utopie feindliche Völker in den Weg stellen werden, die (nur) mittels des von Gott ausgehenden „Schreckens" (אימה, vgl. Ex 15,16; Jos 2,9) in die Flucht zu schlagen sind. Für heutige Leser ist ein göttlicher Schrecken, der Völker vernichtet oder vertreibt, eine sperrige, ambivalente Vorstellung, auch wenn er im Dienst einer Utopie steht, die Israel eine neue Lebensmöglichkeit schafft.

Einen weiteren Ausblick hält der letzte Abschnitt bereit. Die Rede hebt mit einem grotesk-martialischen Bild an. Gott entsendet den Schrecken in Gestalt eines aggressiven Insekts, um die Völker zu „vertreiben" (גרש, vgl. dazu weiter die Auslegung von 33,2).

23,28–33: Verzögerte Vertreibung

Die folgenden V. 29f. wirken demgegenüber einschränkend und ernüchternd. Jhwh werde die Vorbewohner erst nach und nach vertreiben, damit das Land seiner Bevölkerung nicht so weit entblößt wird, dass wilde Tiere die Oberhand gewönnen (ähnlich Dtn 7,22).

In der Antike konnten Landraubtiere wie Löwe, Panther und Bär durchaus bedrohlich sein, vgl. etwa 2 Kön 17,25: „Das ... durch Deportationen dezimierte Samaria wird von so vielen Löwen besetzt, daß sie für die assyrischen Kolonisten eine tödliche Gefahr darstellen."[130] Ähnlich stellt sich Ex 23,29f. die befürchtete Situation vor.

Die anfängliche Einschränkung des Landbesitzes kontrastiert mit der Vorstellung der Größe des Landes in V. 31: Vom Jordangraben bis ans Mittelmeer und von der (südlichen) Wüste bis zum (Oberlauf des) Euphrat soll es sich erstrecken.[131] Diese Beschreibung ist kaum geographisch wörtlich gemeint, geschweige denn, dass sie eine historische Realität abbildet. Es handelt sich vielmehr um einen „Merismus", also eine poetische Figur, die Ganzheit und Größe zum Ausdruck bringt.

Die V. 32f. warnen noch vor Bindungen mit den Bewohnern des Landes. Ein Bundesschluss mit diesen und ihren Göttern könnte den Israeliten zur „Sündenfalle" werden.

Diachrone Analyse

EG	DtrG	PK	TK
	23,23–33		23,20–22

Überblick
Das Schlusswort der Bundesbuch-Rede hat paränetischen Charakter und ist ganz auf die Landnahme und das Leben im verheißenen Land bezogen. Die breit ausgeführte Fremdvölkerthematik hat eine Diskussion über das Verhältnis zum Deuteronomismus hervorgerufen. Eine große Rolle spielt dabei der Bote Jhwhs und damit das Verhältnis zu Texten wie Ex 33,1–4 und Ri 2,1–5. Zu den verwandten Texten gehören aber auch die Bundesworte Ex 34,11–26.

Forschungsgeschichte
In der älteren Debatte wurden diese Texte früh- oder vordtr datiert.[132] Demgegenüber hat Erhard Blum vorgeschlagen, sie als „relativ späten Zweig"[133] des Deuteronomismus zu verstehen. Rainer Albertz hat dies aufgegriffen und Ex 23,23–30 mit 34,11–27 und weiteren kurzen Stücken einer nach-dtr Mal'ak-Redaktion zugeschrieben, die freilich etliche dtr Sprachfiguren benutze.[134]

Zwei Einführungen des Boten
Der Bote Jhwhs wird zweimal eingeführt. Beim zweiten Mal (23,23) hat er eine kurz und präzis definierte Funktion: Er wird das Volk in das Land führen. Diese Aufgabe hat er auch in 32,34; 33,2 und in Ri 2,1. Die erste Einführung des Boten (Ex 23,20–22) ist dagegen sehr ausführlich und umfassend: Er wird Israel bewahren, und Israel soll auf seine Stimme hören, sonst würde er ihre Übertretung nicht vergeben. Während also der Bote in Ex 23,23 wie in anderen dtr Texten mit der Landnahme verbunden ist, hat er in 23,20–22 eine zeitlich und sachlich nahezu unbegrenzte Funktion.

---

130 Vgl. dazu Keel, Allgegenwärtige Tiere, 181.

131 Gleiche Landkonzeptionen finden sich in Gen 15,18; Dtn 1,7; 11,24; Jos 1,4.

132 Zur Forschungsgeschichte s. Blum, Komposition, 365–367; Ausloos, Deuteronomi(sti)c Elements, 481–500.

133 Blum, Studien, 371.

134 Albertz, Exodus 19–40, 15f.106f.110–114.

Warum haben die Deuteronomisten 23,23–33 dem Bundesbuch angefügt? Signifikant ist, dass der Abschnitt auf die zuvor mitgeteilten Gebote nicht mehr Bezug
nimmt. Nicht deren Beachtung ist wichtig, sondern: „Ihr sollt JHWH, eurem Gott,
dienen!" (23,25aα). Der Abschnitt ignoriert das Bundesbuch und bereitet damit das
vor, was in Ex 32–34 dann ausführlich vollzogen wird: die Außerkraftsetzung des
Bundesbuches und im Gegenzug die In-Geltung-Setzung der Gesetze des Dtn (s.
dazu die diachrone Auslegung von 34,10–28).

23,23–33:
Funktion

Der jüngere Abschnitt 23,20–22 macht die Funktion des Boten von der Landnahme unabhängig. Hier erscheint er als umfassender Repräsentant JHWHS, der zu
jeder Zeit den Willen Gottes vermittelt. Es handelt sich um eine aktualisierende
Reinterpretation des Boten durch die Tora-Komposition (vgl. auch 32,9–14; 33,1–6).

23,20–22:
Funktion

Synthese zur Bundesbuchrede als Ganzer

Im Endtext ist das Bundesbuch ein Gebilde aus präskriptiven Texten verschiedener
Gattungen: kasuistische Rechtssätze, systematisierende Rechtsgrundsätze, Ordnungsworte zur öffentlichen Ordnung sowie als Anhang eine quasi-poetische
Mahnrede. Gemäß der diachronen Auslegung können diese Gattungen mit Epochen der Geschichte Israels korreliert werden. Die Rechtssätze und Rechtsgrundsätze bilden eine monarchiezeitliche Sammlung zur Richterausbildung, die Ordnungsworte sind Teil der babylonierzeitlichen Bundesbuchrede als Teil der EG-
Erzählung, die perserzeitliche Mahnrede ist Teil des DtrG. Die Ausweitung des
sachlichen und des literarischen Horizontes gehen parallel. Diese Entwicklung ist
typisch für viele Abschnitte des Hexateuch, und zwar narrative wie gesetzliche.
Am Anfang stehen kurze und thematisch begrenzte Texte. Diese werden erweitert,
vor allem aber zu größeren Kompositionen zusammengefügt.

Im Endtext ist das Bundesbuch Teil der Tora und seine Geltung bemisst sich
nach der Geltung der Tora als Ganzer. Die Rechtskorpora des Pentateuch stehen
nicht mehr in Konkurrenz zueinander, auch nicht in einem Sukzessionsverhältnis.
Die Aufforderung „Und auf alles, was ich zu euch gesagt habe, habt acht!" (23,13a)
zeigt, dass die geltende Rechtsordnung als etwas Umfassendes verstanden wird,
das die verschiedenen Gesetzeskorpora in ein neues Ganzes synthetisiert.

Episode 5: Ex 24,1–11: Mose verkündet die Gesetze und das Volk nimmt sie an

1 Zu Mose aber hatte er gesprochen[a]: „Steige zu JHWH hinauf, du und Aaron,
Nadab und Abihu[b] und siebzig der Ältesten Israels und werft euch nieder[c] (bereits) fernab. 2 Und Mose allein soll sich JHWH nähern, sie aber sollen nicht näherkommen, das Volk soll nicht heraufsteigen mit ihm[a]."

178   Episode 5: Ex 24,1–11: Mose verkündet die Gesetze und das Volk nimmt sie an

3 Da kam Mose und erzählte dem Volk von allen Worten Jhwhs und allen Rechtssätzen. Da antwortete das ganze Volk mit einer Stimme und sagte: „Alle Worte, die Jhwh geredet hat, wollen wir tun." 4a Da schrieb Mose alle Worte Jhwhs auf. 4b Da stand er morgens früh auf und baute einen Altar unten am Berg sowie zwölf Masseben entsprechend den zwölf Stämmen Israels. 5 Da sandte er die jungen Männer der Israeliten aus und sie opferten Brandopfer und schlachteten als Schlacht-Mahlopfer für Jhwh junge Stiere. 6 Da nahm Mose die (eine) Hälfte des Blutes und gab (sie) in Schalen[a] und die (andere) Hälfte des Blutes sprengte er über den Altar. 7 Da nahm er das Buch des Bundes und las es vor zu Ohren des Volkes. Und sie sprachen: „Alles, was Jhwh geredet hat, [a]wollen wir tun und (darauf) hören[a]." 8 Da nahm Mose das Blut und sprengte es über das Volk und sprach: „Seht, das Blut des Bundes, den Jhwh mit euch (hiermit) geschlossen hat[a] aufgrund aller jener Worte."
9 Da stiegen[a] Mose und Aaron, Nadab und Abihu[b] sowie siebzig der Ältesten Israels hinauf 10 und sahen den Gott Israels[a]: Unter seinen Füßen war etwas wie ein (Kunst-)Werk[b] von Lapislazuli[c]-Ziegel[d] und etwas, das genau so rein war wie der Himmel[e]. 11 [a]Gegen die Edlen der Israeliten aber reckte er seine Hand nicht aus,[a] da schauten sie den Gott [b]und sie aßen und tranken.[b]

Anmerkungen zu Text und Übersetzung

24,1[a] Die Formation w[e]-x-qatal weist die Redeeinleitung als Rückblende bzw. als Hintergrundschilderung aus. Zur narrativen Funktion vgl. die Auslegung.

1[b]   Sam setzt auch noch Eleasar und Itamar hinzu. In Ex 28,1 werden alle vier als Aaron-Söhne bezeichnet, die mit dem Vater zum Priesterdienst am Sinaiheiligtum geweiht werden sollen.

1[c]   LXX: „sie sollen sich vor dem Herrn niederwerfen." LXX will festhalten, dass die Genannten, nicht aber Mose, von ferne anbeten sollen. Vgl. Wevers, Notes, 379.

2[a]   LXX: „mit ihnen". LXX hebt hervor, dass das Volk entsprechend 19,24 die Grenze zum Berg nicht überschreiten darf.

6[a]   Mit dem seltenen Wort אַגָּן (vgl. Jes 22,24) sind „metallene Spreng-S(chalen)" (Rüger, Art. Schale, 1683) gemeint. Das Wort erscheint im MT im Zusammenhang mit Opfern nur hier. LXX gibt das Wort mit κρατήρ wieder wie bei den Schalen des Sinaiheiligtums (vgl. Ex 25,31.33f.).

7[a–a]   Sam, Syr: „hören und tun" wie Dtn 5,27; 30,12 u. ö. Vielleicht ist die „unnatürliche" Reihenfolge „tun und hören" in MT durch Bezüge zu Ex 19,8 (vgl. Albertz, Exodus 19–40, 139, Anm. 37) oder zu Ex 20,19 (Dohmen, Exodus, 19–40, 204f.) bedingt.

8[a]   Wir lesen das qatal כָּרַת als performatives bzw. deklaratives Perfekt (vgl. Noth, Exodus, 161). Mit der Proklamation ist der Bund geschlossen.

9[a]   Wörtlich: „da stieg".

9[b]   Sam fügt wie in V. 1 und entsprechend Ex 6,23; 28,1 u. ö. Eleasar und Itamar als weitere Söhne Aarons hinzu.

10[a]   LXX: „und sahen den Ort (τόπος), wo der Gott Israels sich hingestellt hatte." Eine ähnliche Vorstellung findet sich in Ex 33,21. LXX will klarstellen, dass die Repräsentanten Israels Jhwh nicht unmittelbar gesehen haben.

10[b]   מַעֲשֵׂה (von עשׂה „machen, tun") heißt zunächst einfach „Arbeit" (vgl. das Sabbatgebot im Bundesbuch Ex 23,12); auch die Fronarbeit der Israeliten für die Ägypter wird so bezeichnet (Ex 5,4.13). Das Wort kann aber auch das Ergebnis der Arbeit, das „Werk(stück)" bezeichnen; vgl. in den Heiligtumstexten Ex 26–28. Hier geht es um

Lapislazuli-farbene, also in glänzend blauer Farbe glasierte Ziegel (vgl. Noth, Exodus, 158).

10ᶜ ‏ספיר‎ (*sappir*) bezeichnet nicht den Saphir, sondern den Lapislazuli, der oft schwarzblau schimmert und mit gelben Einsprengseln durchsetzt sein kann. „Von diesem Erscheinungsbild her kann es nicht verwundern, dass der Lapislazuli früh mit dem tiefblauen Taghimmel oder dem blauschwarzen, mit Sternen übersäten Nachthimmel assoziiert wurde. Ja, der Lapislazuli ist ein Stück des Himmels" (Keel, Jahwe-Visionen, 256). Er wird als Schmuckstein verwendet (Hld 5,14; Ez 28,13) und ist in den Brustschild des Hohepriesters (Ex 28,18; 39,11, vgl. dort) als Symbol eines der zwölf Stämme Israels eingearbeitet.

10ᵈ Das Lexem ‏לבנה‎ erscheint in der Exoduserzählung häufig und bezeichnet dort Ziegel (Ex 1,14; 5,8.16 u. ö., vgl. auch Ez 4,1). Haggadische Sekundärerzählungen sehen die Ziegel der Fron nun als Basis des Thrones Gottes (vgl. etwa TgPsJ z. St.).

10ᵉ Wörtlich: „gerade wie der Himmel in Hinsicht auf Klarheit (‏לטהר‎)." ‏טהר‎ ist mehrdeutig. Als Grundbedeutung wird „glänzend" angenommen (Ringgren, Art. ‏טָהַר‎ *ṭāhar*, 309). Er bezeichnet den Glanz eines klaren Himmels (vgl. Hi 37,21) ebenso wie (kultische) Reinheit (Lev 12,4.6).

11ᵃ⁻ᵃ Das Lexem ‏אציל‎* ist einmalig im AT. Die Bedeutung „edel, von vornehmer Abkunft" ist aus dem Arabischen erschlossen. LXX übersetzt „Ausgewählte (ἐπίλεκτοι) Israels". Gemeint ist hier wohl „keiner kam um" (so Wevers, Notes, 386, mit Anm. 11). Interessant ist die antike Auslegungsgeschichte (vgl. dazu Schaper, Exodos, 308f.). Die 70 Ältesten wurden auf die 70 Übersetzer des Pentateuch bezogen und der griechische Wortlaut im Sinne von „keiner wich vom anderen ab" verstanden.

11ᵇ⁻ᵇ LXX „Und sie erschienen an dem Ort Gottes" hält noch einmal (vgl. Textanm. 10ᵃ) fest, dass die Repräsentanten Gott nicht gesehen haben.

Synchrone Analyse

Die Episode lenkt die Aufmerksamkeit der Leser zurück auf das Hauptthema der Erzählphase (Ex 19,1 – 24,11, Gottes Worte und Gesetze) und führt diese zu ihrem Höhepunkt und Abschluss. Die Episode kann in vier Szenen unterteilt werden.

> Szene 1: 24,1–2: Rückblende und Vorschau
> Szene 2: 24,3–4aα: Mose erzählt die Gottesworte und zeichnet sie auf
> Szene 3: 24,4aβ–8: Opfer, Verlesung und Bundesschluss
> Szene 4: 24,9–11: Gottesschau und Bankett der Repräsentanten Israels

Die Redeeinleitung der ersten Szene (V. 1f.) ist vorzeitig formuliert: „Zu Mose aber hatte er gesprochen." Die V. 1f. greifen also vor die Bundesbuch-Rede zurück (vgl. Textanm. 1ᵃ) und bilden eine narrative Naht- und Schaltstelle. Das Rede-Zitat selbst gibt nicht *eine* bestimmte Jhwh-Rede *eines* bestimmten Zeitpunktes im Erzählablauf des Vorkontextes wieder, sondern greift Formulierungen und Motive aus mehreren Bezugstexten auf und modifiziert und ergänzt sie im Vorblick auf die vierte Szene dieser Episode. V. 1 verweist zunächst auf Ex 19,24 („Steige herauf, du und Aaron"). Allerdings spricht Jhwh nun in der dritten Person von sich selbst („zu Jhwh"). Die Personengruppe, die zum Aufstieg ermuntert wird, wird um die Aaron-Söhne Nadab und Abihu sowie siebzig der Ältesten Israels ergänzt.[135] Das

24,1–2: Szene 1

---

135 Eine Auswahl von Ältesten nimmt Mose bereits in Ex 17,5–7 mit zum Gottesberg, wo sie Zeugen des Wasserwunders sein sollen.

180   Episode 5: Ex 24,1–11: Mose verkündet die Gesetze und das Volk nimmt sie an

zielt auf die vierte Szene (V. 9–11), in der die genannten Personen zur Gottesschau und zum Bankett himmelwärts steigen. Die Bestimmung „werft euch nieder von fernab" sagt nicht ausdrücklich, wem sie gilt. Dass das Gebet „von fernab" (מרחק) erfolgen soll, rührt von Ex 20,18.21 her. Auch V. 2 greift auf die Vorkontexte zurück. Dass Mose allein zum Gottesberg hinaufsteigt, das Volk aber nicht, wird in den entsprechenden Passagen in Ex 19,3.8 vorausgesetzt. Das Lexem נגש (sich nähern) steht dafür im Vorkontext der Sinaiperikope nur in Ex 20,21. Die nachgeholte Redeszene ist also in sich ein Patchwork und dient dazu, die Gottesschau- und Bankettszene in das größere Patchwork der Sinaiperikope einzubinden. Dazu nimmt sie in Kauf, dass die Regel, nach der nur Mose Zugang zum göttlichen Bereich hat, gelockert, aber keineswegs aufgehoben wird.

24,3–4aα: Szene 2   Der Erzählverlauf wird dann mit der zweiten Szene (V. 3–4aα) fortgeführt. Mose kommt zum Volk zurück, das er verlassen hatte, um die „Bundesbuch"-Rede entgegenzunehmen (Ex 20,21b). Dann wiederholt die Szene einen Vorgang, der sich – sehr ähnlich, aber nicht identisch – bereits nach der ersten Rückkehr des Mose vom Gottesberg zum Volk zugetragen hat: Dort legte er ihnen „alle diese Worte (כל הדברים האלה) vor", die Jhwh „ihm aufgetragen hatte", und das Volk stimmte ihnen zu mit den Worten: „Alle Worte, die Jhwh geredet hat, wollen wir tun" (Ex 19,7f.). Der Vorgang wird sich ein weiteres Mal in der dritten Szene in ähnlicher Weise wiederholen. Die Besonderheit in dieser Szene liegt darin, dass Mose dem Volk „alle Worte Jhwhs und alle Rechtsbestimmungen" *erzählt* (ספר Pi'el). ספר in der Stammform des Pi'el bedeutet nicht selten auch „lobpreisend erzählen, verkündigen", vor allem die großen Taten Jhwhs (vgl. z. B. Ex 9,16; 18,8; Ps 145,6) und auch das Gesetz (Ps 119,12–15).[136] Mit der Wahl des Verbums deutet Ex 24,3 an, dass Mose dem Volk die Worte Jhwhs nicht einfach aufgezählt hat, sondern dass er die Worte (und Ereignisse), die ihm während seines Aufenthalts in der Sphäre Gottes widerfahren sind, so präsentiert hat, dass er das Volk damit berührt und überzeugt. Mose fungiert hier als Rhetor in der Volksversammlung und präfiguriert damit die Rolle, in der ihn das Deuteronomium ausführlich präsentieren wird.[137] Die Zustimmung des Volkes ergeht „mit einer Stimme" (קול אחד). Dies ist u. E. weniger im Sinne einer formell einstimmigen Abstimmung zu verstehen als vielmehr im Sinne der deutschen Wendung „wie aus einem Mund". Mose scheint die so erlangte Zustimmung allerdings nicht nachhaltig genug zu sein, weshalb er die Worte Jhwhs schriftlich niederlegt und so vom Rhetor zum Schreiber wird.[138]

24,4aβ–8: Szene 3   Die dritte Szene ist von der zweiten durch eine Nacht getrennt. Frühmorgens beginnt der Tag damit, dass Mose zu Füßen des Gottesberges einen Altar baut. Die dann folgende Zeremonie umfasst drei hochoffizielle Akte:

- Mose lässt junge Israeliten Opfer darbringen und besprengt mit dem Opferblut den Altar (V. 5f.),

---

136 So etwa Jacob, Exodus, 746: Erzählen meine hier nicht „die bloße Wiedergabe von Worten Gottes an das Volk ... in סִפֵּר liegt das Mitteilen(s)-, Preis- und Denkwürdige dieser Gottesworte und Rechte". Vgl. auch Conrad, Art: סָפַר *sāpar*, 914f.; Dohmen, Exodus 19–40, 197.

137 Vgl. Markl, Gottes Volk im Deuteronomium, 55f.

138 Zu den beiden Rollen des Mose vgl. Utzschneider, Performativität, 187 (mit Lit.).

Synchrone Analyse   181

- Mose verliest das „Buch des Bundes" (V. 7a), in das er am Vortag die Worte und Rechtsbestimmungen aufgezeichnet hat, denen das Volk nun erneut zustimmt (V. 7b),
- Mose besprengt den Altar mit dem „Blut des Bundes" und proklamiert dabei den Bund, den Jнwн mit dem Volk geschlossen hat (V. 8).

Das zentrale Ereignis ist die Verlesung der Niederschrift vom Vortag, die nun „Buch des Bundes" (ספר הברית) genannt wird, und die Zustimmung des Volkes dazu (V. 7). In der Szene sind zwei Handlungsmuster ineinander verwoben: die Opferzeremonien des „Brandopfers" (ʿōlāh) und des „Schlachtopfers" (zäbaḥ šᵉlāmîm) einerseits und die Gesetzesverkündigung (Rede, Aufzeichnung, Verlesung und Zustimmung) andererseits.

Diese Elemente finden sich im Deuteronomium (31,9–13, ferner 27,1–8) und in dtr Texten: in Jos 8,30–35; 2 Kön 23,1–3 sowie in Neh 7,72b – 8,13.[139] Die Abfolge von Gesetzes-Rede, Aufzeichnung und Verlesung vor dem Volk sowie dessen Zustimmung ist in Dtn 31,9–13 vorgezeichnet. Die Gesetzes-Rede umfasst dort Dtn 1–30, hier gibt Mose die Bundesbuch-Rede (Ex 24,3) wieder. Wie in V. 4 schreibt Mose auch in Dtn 31,9 die Gesetzesreden auf. In Dtn 31,10f. beauftragt er dann Leviten und Älteste, alle sieben Jahre (zum Laubhüttenfest des Erlassjahres) „an dem Ort, den er erwählen wird, diese Tora vor ganz Israel, vor ihren Ohren" ausrufen zu lassen, ebenso wie Mose hier das „Buch des Bundes zu Ohren des Volkes" verliest (V. 7). Beide Male erscheint das Verbum qārāʾ (קרא), das „ausrufen, laut verlesen, proklamieren" bedeutet.

Handlungsmuster Gesetzesverkündigung

Die Opfertora schildert in Lev 1,3–9 das „Brandopfer" und in Lev 3,1–5 das „Schlachtopfer"; Ex 24,4–8 stimmt in der Sache damit weitgehend überein.[140] In Lev ist die Durchführung auf zwei Handelnde verteilt. Die Darbringung und die Schlachtung ist Sache dessen, der sein Tier dem Opfer übereignet, des „Opferherrn". Zu „Opferherren" macht Mose hier „die jungen Männer"; auch sie agieren mithin als Laien, nicht als Priester.[141] Weshalb die Wahl auf die *jungen* Männer" (נערים) fällt, ist nicht ganz klar. Zusammen mit den Ältesten könnten sie die Ganzheit des Volkes repräsentieren.[142]

Handlungsmuster Opfer

Klar als Priester agiert Mose. Wie in Lev die aaronidischen Priester, so nimmt Mose das Blut der Tiere entgegen und teilt es – was freilich einmalig ist – in Schalen auf. Die eine Hälfte des Blutes „sprengt" er, wie in Lev 1 und 3 vorgesehen, über den Altar, der damit kultisch gereinigt wird.[143]

24,6: Mose als Priester

In der nächsten Teilszene „sprengt" Mose die zweite Hälfte des Blutes „über das Volk". Dieser Vorgang ist im Alten Testament analogielos. Vergleichbar ist allenfalls Ex 29,20 / Lev 8,24), wo Mose Aaron und seinen Söhnen Opferblut ans rechte Ohrläppchen, an den rechten Daumen und den großen Zeh des rechten Fußes streicht (נתן). Das „Versprengen" (זרק) des Blutes über das Volk ist eine

24,8: Bundesblut

---

139 Vgl. dazu Uтzsснеider, Performativität, 187–189.
140 Vgl. Eberhardt, Studien, 270. Die „Quelle", aus der Ex 24 schöpft, kann notabene auch nicht-kodifiziertes kultisches Wissen sein.
141 Anders Dohmen, Exodus 19–40, 202.
142 Ähnlich Dohmen, Exodus 19–40, 202.
143 Zu den Blutapplikationsriten als kultische Weihe- und Reinigungsriten vgl. Eberhard, Studien, 286–288.

182 Episode 5: Ex 24,1–11: Mose verkündet die Gesetze und das Volk nimmt sie an

großzügige, ja verschwenderische Geste. Sie macht das Volk zwar nicht im institutionellen, aber doch in einem weiteren, theologischen Sinn zu Priestern.

Der Text stellt dazu – in einem Akt theologisch-literarischer Kreativität – eine Synthese der beiden Handlungsmuster her, deren sprachliches Konzentrat der Ausdruck „Blut des Bundes" (דם הברית)[144] ist. Die Synthese führt das Gesetz mit dem verheißenen Bund (Ex 19,5f.) zusammen, und sie amalgamiert beides, „Bund" und „Gesetz", mit dem wirkmächtigen Symbol des Opferblutes, durch das das *ganze* Volk nun ein Volk von Priestern *ist*.[145] Wie schon in der Auslegung von Ex 19,6 ausgeführt, geht es dabei um eine besondere Nähe Israels zu JHWH. Eben dieses Motiv greift die Schlussszene Ex 24,9–11 auf – und gerät damit wieder in die Spannung von Nähe und Distanz, Erscheinung und Verhüllung, die das Gottesverhältnis Israels prägt.

24,9–11: Szene 4
In V. 9 knüpft die vierte Szene zunächst an die Vorausschau in 24,1f. an und setzt den weiteren Kontext voraus. Der Aufstieg führt demnach hinauf „zu Gott" (19,3), „zu JHWH" (19,8f.) oder „zum Berg" (19,12.20). Die siebzig Ältesten ebenso wie Aaron und seine Söhne Nadab und Abihu vertreten das Volk. Ergänzt man die Szenerie entsprechend 24,1f., so steigen sie mit Mose hinauf, werfen sich dann aber „fernab" (von JHWH) anbetend nieder. Nur Mose, der Mittler, kommt ihm näher.

24,10: Gottesschau
Alle, die den Berg bestiegen haben, werden nun der Gottesschau gewürdigt. „Da sahen sie den Gott Israels", heißt es zunächst und sehr pauschal. Die näheren Umstände werden umgehend nachgetragen und sie sind so formuliert, dass sie das Bild, das sich den „Edlen" bietet, eher verschleiern als schärfen. Sie sehen „seine Füße", die auf *etwas wie* einem (Kunst-)Werk von Lapislazuli-Ziegel" und „*etwas, das genauso klar (rein) war wie der Himmel* (vgl. die Textanm. 10[a,b,c]) ruhen. Diese „Stilform des vagen Vergleichs"[146] findet sich bezeichnenderweise wieder in den Visionen Ezechiels. Die Beschreibung des Thrones in Ez 1,26 (ähnlich Ez 10,1) liest sich wörtlich wie folgt: „Über dem Himmelsgewölbe ... war etwas, das aussah wie Lapislazuli, etwas wie ein Thron. Auf dem etwas, das wie ein Thron war, war etwas, das aussah wie ein Mensch ..." Ezechiel kann und will die Erscheinung nicht als eine „objektive" Gegebenheit beschreiben, sondern als Vorstellung, die sich Menschen von Gottes Transzendenz machen können. Dazu dient die Aneinanderreihung „vager Vergleiche", gewissermaßen eine Extremform metaphorischer Rede. Genauso verfährt die Gottesschau in Ex 24,10.

Sie bedient sich dazu altorientalischer Vorstellungen. Der neubabylonische König Nebukadnezar (605–562 v. Chr.) gestaltete die Cella an der Spitze des Tempelturms Etemenanki von Babylon als „ein glänzendes Göttergemach, ein Heiligtum

---

144 Im Alten Testament kommt nur noch Sach 9,11 auf den Ausdruck zurück. Dort erinnert sich Gott „deines Bundesblutes". Im Neuen Testament spielen die Deuteworte für den Wein des Abendmahls darauf an (1 Kor 11,25; Mk 14,24; Mt 26,28; Lk 22,20). Vgl. LÖHR, Entstehung, besonders 56–67.

145 In ihrer Reichweite ist diese Zeremonie allenfalls dem großen Versöhnungstag vergleichbar, der Priester, Heiligtum und Volk jährlich von der Sünde befreien soll (Lev 16). Der Versöhnungstag hat aber eine restituierende Funktion, während die Blutzeremonie von Ex 24,8 begründend wirkt.

146 RUPRECHT, Exodus 24,9–11, 145.

Diachrone Analyse 183

von höchster Kunstfertigkeit, aus Brandziegel und glänzendem Blaustein ...“[147] Dabei ist vorausgesetzt, dass „das Göttergemach auf dem Tempelturm immer zugleich als Wohnstätte der Gottheit angesehen wird“[148]. Auch wenn der himmlische Palast eines Gottes beschrieben wird, darf der Lapislazuli nicht fehlen, so weist der ugaritische Götterkönig El den Wettergott Ba'al an: „... baue Gebäude aus Silber und Gold, ein Gebäude aus reinstem Lapislazuli.“[149]

Die Gottesschau in Ex 24,10 geht mit diesen Vorstellungen sehr eigenständig um. Während die mesopotamischen Könige und Priester die Tempeltürme als Abbilder der himmlischen Wohnsitze ihrer Götter besteigen, steigen die „Edlen der Israeliten“ zum Gottesberg am Sinai hinauf und machen diesen so zum Vorbild des Heiligtums des Gottes Israels.[150] Dabei werden sie des himmlischen Wohn- und Thronsitzes Jhwhs ansichtig – allerdings nur uneigentlich, was der Text durch die „Stilform des vagen Vergleichs“ zum Ausdruck bringt. So löst die Szene die genannte Spannung von Erscheinung und Verhüllung Gottes für die flüchtige Spanne der Gottesschau auf.

In V. 11 verlässt der Text die göttliche Sphäre schon wieder. Verwundert wird festgehalten, dass die tödlichen Folgen ausbleiben, die die Anschauung Gottes (vgl. Ex 33,20 und die Auslegung dazu) erwarten lässt. Wenn der hebräische Text dann feststellt „sie schauten (ויחזו) den Gott“, so ist dies u. E. nur scheinbar eine Wiederholung von V. 10 (ויראו „und sie sahen“). חזה bzw. das Nomen חזון sind eher termini technici der inneren Schau, bisweilen auch der Prophetie. Sie sind oft verbunden mit Wortoffenbarungen. Vielleicht soll diese Wortwahl der Einleitung die Spitze des unmittelbar Realen nehmen.

24,11: Bankett

Mit dem letzten Satz „und sie aßen und tranken“ ist der Text in der Sphäre des Kultes, also im irdischen Bereich zurück. Das Mahl der „Edlen Israels“ ist eine Opfermahlzeit, der gewöhnlich letzte Akt eines jeden „Schlachtopfers“ (*zäbaḥ šᵉlāmîm;* vgl. Dtn 12,7.18 u. ö.). Mose hatte bereits nach dem Opfer, das er mit seinem Schwiegervater, dem midianitischen Priester Jitro, darbrachte, „vor Gott gegessen“; „Aaron und alle Ältesten Israels“ kamen dazu (Ex 18,12). Mit diesem versöhnlich-feierlichen Bild endet die achte Erzählphase.

Diachrone Analyse

EG	DtrG	PK	TK
			24,1–2
24,3	24,4–8		24,9–11

---

147 Aus Langdon, Die neubabylonischen Königsinschriften, 115 (Inschrift Nebukadnezar 14, Col. II, Z. 42f.), vgl. dazu Ruprecht, Exodus 24,9–11, 146f.

148 Ruprecht, Exodus 24,9–11, 149.

149 KTU 1.4 V 18–19.

150 Auch in der alt- und neutestamentlichen Eschatologie hat Lapislazuli bzw. der sog. Saphir-Stein Bedeutung: Nach Jes 54,11 sind die Mauern des künftigen Jerusalem auf Saphirsteinen gegründet, was in der Vision des himmlischen Jerusalems der Johannesapokalypse aufgegriffen wird (Apk 21,19).

184 Episode 5: Ex 24,1–11: Mose verkündet die Gesetze und das Volk nimmt sie an

Mose in 24,3 Bei der diachronen Rekonstruktion ist es sinnvoll, zwischen jenen Abschnitten zu unterscheiden, die von den siebzig Ältesten handeln, und jenen, die vom Volk handeln.[151] Nach seiner Rückkunft „erzählt" Mose dem Volk, was ihm Gott zuvor mitgeteilt hat. Diese Formulierung soll jede Art von Oktroyierung ausschließen. In modernen Begriffen formuliert: Mose bringt entsprechend dem Auftrag aus 21,1 einen Antrag in die Volksversammlung ein. Gegenstand sind die „Worte JHWHS und die Rechtssätze", also das Bundesbuch.

Das Volk in 24,3 Das Volk reagiert auf die Rede Moses in verfahrenstechnisch angemessener Weise. Die Reaktion „mit einer Stimme" verweist auf das in der Frühantike übliche Verfahren des Konsensbeschlusses. Abstimmungen und Wahlen sind erst ab dem 4. Jahrhundert belegt. Das Volk hat das letzte Wort und hat in diesem Sinne die Rolle des Souveräns inne. Der Volksbeschluss nennt nur die Ordnungsworte, da die Rechtssätze auch dann, wenn sie in die EG-Erzählung integriert sind, richterliches Spezialwissen bleiben. Als Kohortativ ist der Volksbeschluss nicht primär an Mose gerichtet, vielmehr handelt es sich um eine gegenseitige Vereinbarung, denn in Personenverbänden sind Gesetze keine hoheitlichen Setzungen, sondern Verträge (s. o. Einleitung in die diachrone Auslegung des Bundesbuches).

Ziel der EG-Erzählung Mit 24,3 geht die EG-Erzählung zu Ende, denn die Israeliten sind in zweifacher Hinsicht an ihr Ziel gekommen. Zum einen stehen sie am Gottesberg/Tempelberg und damit im Zentrum ihres Landes. Zum anderen haben sie ihr sachliches Ziel erreicht, die Konstitution als gesetzesbasiertes, personenverbandliches Gemeinwesen.

24,4–8 im DtrG Der Abschnitt Ex 24,4–8 gibt sich schon durch die Doppelung des Volksbeschlusses als Erweiterung zu erkennen. Neu ist die Einbettung der Gesetzespraxis in ein Bundesverhältnis. Man muss gut unterscheiden zwischen der zunächst eingegangenen gegenseitigen Verpflichtung zur Gesetzespraxis, bei der das Volk das Subjekt ist, und dem Bund, den Gott daraufhin schließt (dieselbe Reihenfolge liegt auch in Dtn 26,16–19 und 29,8–14 vor). Im Übrigen nimmt der Bundesschluss die Ankündigung Ex 19,3b–8 gezielt auf, so dass beide Passagen mit großer Wahrscheinlichkeit demselben Urheber zugeschrieben werden können. Die Verbindung von Gesetzgebung und Bundesschluss ist eine typisch dtr Konzeption, denn im Dtn gehört beides von vornherein zusammen (Dtn 5,2; 29,8–14). Alle weiteren Texte, in denen der Bund eine elementare Rolle spielt, die Erzählung vom Goldenen Kalb Ex 32 und der erneute Bundesschluss 34,10–28, sind Teil des DtrG und basieren auf 24,4–8.

24,9–11 in der Tora-Komposition Den Abschluss der Episode bildet die Szene auf dem Berg 24,9–11, die in sich kohärent ist, aber einen ganz eigentümlichen Charakter aufweist. Die Art und Weise der Gottesschau zeigt, dass es sich um einen recht jungen Text handelt.[152] Und der genannte Personenkreis erlaubt die Zuordnung zur Tora-Komposition. Die Kombination „Mose und Aaron, Nadab und Abihu und siebzig von den Ältesten Israels" (24,9) halten zwar manche Ausleger für priesterlich.[153] Aber ein priesterlicher Bearbeiter hätte weder die abtrünnigen Aaronsöhne (vgl. Lev 10,1–4) noch

---

151 Zu Ex 24,3 vgl. auch OSWALD, Early Democracy; DERS., Die Exodus-Gottesberg-Erzählung; DERS., Die politischen Konzeptionen.

152 RUPRECHT, Exodus 24,9–11, hat erstmals die exilszeitlichen Bezüge von Ex 24,9–11 herausgearbeitet, was aus heutiger Sicht allerdings nur ein *terminus a quo* ist.

153 Z. B. DOZEMAN, Exodus, 560.

Synthese 185

die dazu nicht befugten Ältesten zu Gott hinaufsteigen lassen, während die legitimen Aaronsöhne Eleasar und Itamar fehlen. Wir haben es hier mit einem scharf antipriesterlichen Text zu tun, verfasst von einer Person, die sowohl die priesterliche Verwerfung von Nadab und Abihu (Lev 10,1–4) als auch die nachpriesterliche Einsetzung der siebzig Ältesten als Senat (Num 11,10–17.24–25) kannte und beide Personengruppen in größtmögliche Nähe zu Gott rückt.[154] Der Senat kann sich vom Gottesberg herleiten und erhält dadurch als Gremium die höchstmögliche Legitimation.

Der eben beschriebene Abschnitt 24,9–11 hat einen Schönheitsfehler, denn er missachtet das Alleinstellungsprivileg Moses (33,11a). Gemäß 24,9–11 nähert sich die gesamte Gruppe ohne weitere Differenzierung Gott, doch 24,1–2 führt vorweg den zu erwartenden Unterschied ein: „Aber Mose allein soll zu Jhwh herantreten." Die in 24,9–11 dargestellte Gottesgemeinschaft eines breiteren Personenkreises wird – literarisch vorab, literargeschichtlich nachträglich – durch 24,1–2 konterkariert. Hier zeigt sich die Dialektik der mosaischen Autorität gemäß der Tora-Komposition: Einerseits werden die Ältesten mit demselben Geist und derselben Gottesgemeinschaft wie Mose ausgestattet, andererseits wird dessen Sonderstellung nicht aufgegeben.

24,1–2 als Korrektur

Synthese

Aus Sicht der diachronen Analyse ist Ex 24,3 mit seinen knappen Erzählsätzen Schluss- und sachlicher Höhepunkt der Exodus-Gottesberg-Erzählung: Mose hat, entsprechend dem göttlichen Auftrag „Dies sind die Rechtssätze, die du ihnen vorlegen sollst" (Ex 21,1), einen „Antrag" eingebracht, den das Volk in seiner Rolle als „Souverän" in einem „Konsensbeschluss" angenommen hat.

Die synchrone Auslegung deutet das „Erzählen" (ספר Pi.) des Mose weniger „verfahrenstechnisch" als Antragsstellung, sondern mehr kommunikativ als Rede, in der Mose die Bundesbuchrede Jhwhs nicht nur übermittelt, sondern auch von seinem Erleben in der Nähe Gottes erzählt und beim Volk dafür wirbt, sich den Inhalt der Bundesbuchrede zu eigen zu machen. Hier deutet sich die Rolle des Mose als Redner an, in der ihn dann das Deuteronomium so ausführlich zeigen wird.

Aus synchroner Sicht zeichnet Mose noch in derselben Szene „alle Worte Jhwhs" schriftlich auf (Ex 24,4) und fügt seiner Rolle als Rhetor die des Schreibers hinzu. Ratifizierung und In-Kraft-Setzung der Werteordnung vom Sinai waren mit der bloßen Zustimmung des Volkes noch nicht abgeschlossen.

In diachroner Lesart hatte das Volk gemäß der EG-Erzählung in Ex 24,3 „das letzte Wort". Das DtrG setzt der einfachen Verpflichtung zwischen Gott und Volk den Bund bzw. Vertrag hinzu, den Gott schließt (Ex 24,4–8). Im Duktus des Jetzttextes ist die erste Zustimmung des Volkes nur eine Art Vor-Wort zum feierlichen Akt des Bundesschlusses, dessen „Liturgie" Opfer, Verlesung und Blutritus umfasst.

---

154 Die Einfügung von Eleasar und Itamar in der Sam-Version von Ex 24,1.9 ist eine Harmonisierung, die die Absicht der Passagen verkennt.

Die diachrone Analyse weist die Schlussszene Ex 24,9–11 (im Zusammenhang mit der Eröffnung in den V. 1–2) der jüngsten Kompositionsschicht, der Tora-Komposition, zu und charakterisiert sie als einen „scharf antipriesterlichen Text". Die synchrone Auslegung hingegen versteht die Gottesschau und das Mahl angesichts des himmlischen Wohn- und Thronsitzes Gottes als versöhnlich-feierlichen Abschluss der achten Erzählphase.

Neunte Erzählphase: Ex 24,12 – 31,18: Die göttlichen Gesetzestafeln und der Plan des Sinaiheiligtums

Episode 1: Ex 24,12–18: Die „Herrlichkeit JHWHS" erscheint zur zweiten Bergtheophanie

12 Da sprach JHWH zu Mose: „Steige hinauf zu mir auf den Berg und bleibe dort, damit ich dir die Steintafeln gebe, und zwar[a] die Weisung und das Gebot, die ich geschrieben habe, um sie zu unterweisen[b]." 13 Da stand Mose auf samt seinem Diener Josua und Mose stieg hinauf[a] zum Gottesberg. 14 Zu den Ältesten indessen hatte er gesagt[a]: „Wartet auf uns hier, bis wir zu euch zurückkehren. Und seht: Aaron und Hur sind bei euch. Wer eine Rechtssache hat, kann sich an sie wenden." 15a Dann (erst) stieg Mose zum Berg hinauf. Tafeln

15b Da bedeckte die Wolke den Berg, 16 und die Herrlichkeit JHWHS nahm Wohnung[a] auf dem Berg Sinai, und die Wolke bedeckte ihn sechs Tage lang. Da redete er Mose am siebten Tag mitten aus der Wolke heraus an. 17 Die Herrlichkeit JHWHS war anzusehen wie verzehrendes Feuer auf dem Gipfel des Berges für die Augen der Israeliten. 18 Da ging Mose mitten in die Wolke hinein und stieg auf den Berg. Theophanie
Und Mose blieb auf dem Berg vierzig Tage und vierzig Nächte.

Anmerkungen zu Text und Übersetzung

12[a] Die Kopula an והתורה (sie fehlt in Sam und hat in LXX kein Äquivalent) ist ein ו-„explicativum" (so auch GesK § 154a Anm. b; HOUTMAN, Exodus 3, 300; ALBERTZ, Exodus 19–40, 142). Somit ist „die Weisung und das Gebot" eine Erläuterung zu den Steintafeln.

12[b] Das Verb ירה₃ Hi.„unterweisen, lehren" ist das Verbum zu תורה „Lehre, Weisung, Tora", vgl. schon oben zu Ex 15,25f.

13[a] LXX: „sie (scil. Mose und Josua) stiegen hinauf." Der Singular des MT will wohl zum Ausdruck bringen, dass Josua Mose nicht bis in den engeren Bereich des Gottesberges gefolgt ist.

14[a] Die wᵉ-x-qatal-Formation ואל הזקנים אמר weist die Aussage als vorzeitig aus, d. h., die Rede des Mose an die Ältesten liegt zeitlich vor seinem Aufstieg zum Gottesberg. Das liegt auch sachlich nahe, denn die Ältesten sind ja beim Aufstieg nicht dabei; Mose delegiert seine Funktion als Richter an Aaron und Hur (vgl. dazu oben zu Ex 17,10). Der Narrativ ויעל „und Mose stieg" in V. 15a nimmt V. 13b wieder auf und bringt die Story so auf die Ebene der Erzählgegenwart zurück. V. 14.15a bilden demnach eine Zwischenbemerkung mit nachholender (analeptischer) Funktion.

16[a] LXX κατέβη „er stieg herab". LXX vermeidet, die Wohnvorstellung auf Gott zu übertragen, vgl. Textanm. 25,8[b] sowie 29,45; 40,35 und RÖSEL, Tempel, 453f.

188 Episode 1: Ex 24,12–18: Die zweite Bergtheophanie

Synchrone Analyse

Die Episode ist aus zwei Szenen kombiniert:

> Szene 1: 24,12–15a: Mose steigt erneut auf den Berg, um die Tafeln entgegenzunehmen
> Szene 2: 24,15b–18: Die Herrlichkeit Gottes nimmt auf dem Berg Wohnung

Im Duktus der Sinaiperikope ist hier eine narrative „Schaltstelle". Sie markiert den Neueinsatz gegenüber den vorhergehenden Erzählphasen und stellt die Weichen für die folgenden drei Erzählphasen bis zum Ende des Exodusbuches.

Neueinsatz und Rückverweis In synchroner Perspektive hat die Episode keinen unmittelbaren Anschluss zur vorhergehenden Szene, in der Mose und seine Begleitung „hinaufgestiegen" sind (Ex 24,9) und in der Nähe Gottes speisten (V. 11). Der Abstieg von dort wurde nicht erzählt, und auch jetzt wird nicht gesagt, wann und von wo aus Mose den erneuten Aufstieg „zum Berg" startet, von dem V. 12–13 erzählt. Zwischen beiden Episoden liegt also eine deutliche, wenn auch zeitlich und räumlich unbestimmte Distanz; der Schauplatz freilich bleibt grundsätzlich unverändert. Mose macht sich also wohl vom Lager aus zum Berg auf.

Figuren Auch die Figurenkonstellation hat sich geändert. Nach wie vor präsent sind Mose und Aaron sowie das Volk. Josua wird als Moses „Diener" eingeführt, in Ex 17,9 war er Heerführer. Als Begleiter des Mose tritt er erst in Ex 32,17 wieder auf. Aaron erscheint, wie schon in Ex 17,9–13, zusammen mit Hur. Während in Ex 24,9 von „siebzig Ältesten" die Rede war, richtet sich die Mose-Rede in V. 14 an „die Ältesten". Dabei trägt die Erzählung ein Geschehen nach, das noch vor der nun beginnenden Erzählphase liegt. Dabei ist eine Alltagssituation wie die in Ex 18,13–26 vorausgesetzt, in der die Israeliten ihre Streitigkeiten dem Mose bzw. während Moses Abwesenheit seinen Stellvertretern vortragen.

Auch die Thematik der Episode knüpft erheblich modifiziert an die vorhergehende Erzählphase an.

Gebote und Tafeln In der ersten Szene bringt Jhwh das Thema „Gebot" zur Sprache und erwähnt dazu erstmals die Steintafeln.[1] Sie werden als Medium eingeführt, auf das Jhwh die Gebote aufzeichnen will – anders als in Ex 24,4.7, wo Mose die „Worte Jhwhs" in das „Buch des Bundes" schreibt.

Theophanie und Herrlichkeit Die zweite Szene erzählt von einer Theophanie auf dem Gottesberg (vgl. 19,8b–19; 20,18f.). Diese manifestiert sich zunächst in „der Wolke", die seit dem Schilfmeerereignis (13,21f.; 14,19f.24) die Gegenwart Jhwhs auf der Wanderung repräsentieren kann. Wie schon in Ex 16,10 ist sie mit der „Herrlichkeit Jhwhs" kombiniert. Im Unterschied zu Ex 19f. fehlt dieser Theophanie aber das Schreckenerregende (vgl. 19,16–18; 20,18). Sie wird auch nicht Gott „persönlich" zugeschrieben, sondern einer seiner Repräsentanzen, eben dem כבוד יהוה, der „Herrlichkeit Jhwhs" (24,16f.).

Die Themen und Leitwörter der beiden Szenen verweisen auf die folgenden beiden Episoden voraus, sie haben damit eine ähnliche Funktion wie die Auftaktszenen in Ex 16,1–3 und 4f. Sie bilden dabei eine inkludierende Ringstruktur.

---

1 Vgl. dazu die Einleitung zur Sinaiperikope 3.1.2. und den Exkurs „Der Dekalog auf den beiden Tafeln" in der Dekalog-Auslegung, vgl. auch die Auslegung zu Ex 32,15f.

Synchrone Analyse

Den äußeren Ring formt die erste Szene dieser Episode zusammen mit der letzten **Tafelmotiv** Episode der neunten Erzählphase, die nur aus einem einzigen Vers besteht (31,18). In Ex 24,12 kündigt Jhwh an, er werde Mose Steintafeln übergeben. Ex 31,18 erzählt, Mose habe von Jhwh „die *zwei* Gesetzestafeln"[2] (לחת העדת שני) empfangen, und erläutert dazu, Ex 24,12 aufnehmend und präzisierend, es seien „Steintafeln" (לחת אבן), beschrieben vom Gottesfinger". Auf den göttlichen Ursprung kommt auch die Beschreibung der Tafeln in Ex 32,15f. zurück. Durch das Lexem עד(ו)ת in der Fügung „*Gesetze*stafeln" verbindet Ex 31,18 das Tafelmotiv mit Ex 25,21, wo von der עד(ו)ת, also dem „Gesetz", die Rede ist, das Mose in die Lade legen soll.

> Im Buch Exodus ist zunächst nicht eindeutig bestimmt, *was* auf den Steintafeln (לחת אבן: Ex 24,12; 31,18; לחת אבנים: 34,1.4) bzw. den Gesetzestafeln steht. Erst in Ex 34,28f. wird, wie dann durchweg im Deuteronomium (vgl. Dtn 4,13; 5,22; 10,3f.), die Aufschrift der Tafeln *ausdrücklich* mit den „Zehn Worten" identifiziert. Insbesondere dort, wo von *zwei* Tafeln die Rede ist (Ex 31,18; 32,15f.19), ist diese Identifikation möglich,[3] aber keineswegs zwingend.

Das Tafelmotiv verweist auch in die zehnte Erzählphase (Ex 32,1 – 34,35), die mit der Erzählung vom „Goldenen Kalb" beginnt. Im Zorn über die Sünde der Verehrung des „Kalbes" wird Mose die Tafeln zerschmettern (32,19), die er gerade erst aus der Hand Gottes erhalten hat. Als Zeichen der Vergebung wird Gott ihn am Ende auffordern, wiederum zwei Tafeln anzufertigen (34,4). So eröffnet die unscheinbare Szene Ex 24,12–15a einen Handlungsstrang, der bis ans Ende der Sinaiperikope im Exodusbuch reicht.

Ex 24,15b–18 ist der Auftakt für die große Redekomposition der zweiten Episode **Herrlichkeit** Ex 25,1 – 31,17, mit der sie den inneren Kreis der Ringstruktur bildet. Die zweite Berg- **und Wohnung** theophanie wird – gegenüber der ersten in 19,16–19; 20,1 – sparsam geschildert.[4] Aus der ersten Theophanie erscheint nur das Stichwort „Wolke" (ענן). Es brennt und raucht auch nicht wirklich auf dem Berg, da ist nur etwas „*wie* Feuer" (V. 17), das die Anwesenheit der „Herrlichkeit Jhwhs", des כבוד יהוה, signalisiert. Dieser hat sich auf dem Berg „niedergelassen" bzw. „Wohnung genommen" (שׁכן, V. 16). Die Szene weist damit auf die Heiligtumstexte voraus: In den göttlichen Anweisungen zum Bau des Sinaiheiligtums wird die Metapher der „Wohnung" (משׁכן, vgl. Ex 26 passim) sowie des „sich Niederlassens" Gottes (Ex 25,8; 29,45f.) bzw. seiner „Herrlichkeit" eine gewichtige Rolle spielen (vgl. dazu Ex 29,43; 40,35). Das nach Gottes Gebot errichtete Heiligtum ist damit als eine Art permanente Theophanie vorzustellen.

Die göttliche Erscheinung wird aus zwei Perspektiven geschildert. Die V. 15b–16 zeigen sie zunächst aus der Sicht des Erzählers, gewissermaßen in „Draufsicht" und als Vorgang. V. 17f. beschreibt den „Anblick" (מראה) der Theophanie, wie er sich den Israeliten (לעיני בני ישׂראל) bietet. Sie blicken von unten zum Gipfel des Berges empor und sehen, wie Mose in die Wolke hineingeht (בוא) und dabei den Berg ersteigt (עלה, V. 18a). Vom Schrecken, der die Israeliten noch bei der ersten Theophanie erfasst hatte (Ex 20,18f.), ist hier nichts mehr zu spüren.

---

2 Vgl. zum Lexem עד(ו)ת und seiner Wiedergabe mit „Gesetz" die Auslegung von Ex 25,16 und Textanm. zu 25,16[b].

3 Vgl. Dozeman, Exodus, 587.

4 Zu den vielfältigen Bezügen der Leitwörter dieser Szene vgl. die Übersicht bei Utzschneider, Heiligtum, 102–106.

V. 18b wendet sich unmittelbar an die Leser und teilt – der Story vorgreifend – lapidar mit, Mose sei für vierzig Tage und Nächte auf dem Berg geblieben. Das begründet die Komplikation der nächsten Erzählphase. Das „Goldene Kalb" wird ja nur hergestellt und verehrt, weil Mose so lange auf dem Berg verweilt (Ex 32,1). Wiederum vierzig Tage und Nächte wird er auf dem Berg verweilen und die Tafeln mit den Worten des Bundes (Ex 34,28) beschreiben, nachdem er die ersten Tafeln zerbrochen hat.

Schließlich verweist die Szene auch auf den Vorkontext. Das Motiv des verzehrenden Feuers (אֵשׁ אֹכֶלֶת, V. 17) verbindet die „Herrlichkeit Jhwhs" mit der Erscheinung im brennenden Dornbusch, der aber „nicht verzehrt" wurde (אֵינֶנּוּ אֻכָּל, Ex 3,2). Das Motiv der sechs/sieben Tage (Ex 24,16), die die Theophanie andauert, erinnert an die Schöpfungswoche mit dem Ruhetag Gottes (Gen 1,1 – 2,4a) und an das Sabbatgebot.

Auch in der folgenden Episode bleibt die Verbindung von Schöpfung und Sieben-Tage-Schema präsent.[5] Sie spiegelt sich in der Siebenzahl der Reden, in die die Episode gegliedert ist (siehe dazu gleich). Die letzte dieser Reden (Ex 31,12–18) bezieht das Gebot der Arbeitsruhe am siebten Tag auf die bevorstehende Arbeit der Israeliten beim Bau des Heiligtums.

Diachrone Analyse

DtrG	HE	PK	TK
24,13–14		24,12	
24,18aβb		24,15–18aα	

24,12–18: Überblick — Die Episode hat hinführenden Charakter im Blick auf die zwei Themen, die den Rest des Exodusbuches einnehmen: das Goldene Kalb und seine Nachwirkungen (Ex 32–34) sowie das Zeltheiligtum (Ex 25–31; 35–40). Nachdem die EG-Erzählung in Ex 24,3 an ihr Ende gekommen ist, bildet nun das DtrG (mit der Erzählung vom Goldenen Kalb) die älteste literarische Schicht. Die Heiligtumstexte sind dagegen weitestgehend Teil der P-Komposition.

24,13–14 im DtrG — Der Erzählfaden des DtrG, der im Bundesschluss 24,8 einen Höhepunkt erreicht hatte, findet seine Fortsetzung in 24,13–14, denn hier begegnen vier Akteure, die schon in der Amalek-Episode 17,8–15 DtrG aufgetreten waren: Mose und Josua sowie Aaron und Hur. Da Josua zusammen mit Mose aufsteht (24,13), ist er am Abfall zum Goldenen Kalb nicht beteiligt. Daran hat das DtrG angesichts der prominenten Rolle, die Josua darin einnimmt, großes Interesse. Die Einsetzung von Aaron und Hur zu Moses Stellvertretern (24,14) bereitet die prominente Rolle Aarons in der Erzählung vom Goldenen Kalb vor und gehört demnach auch ins DtrG. Ebenfalls in diesen Erzählfaden gehört 24,18aβb.

---

5 Vgl. dazu neuerdings Janowski, Sinai, insbesondere 18–20; vgl. auch ders., Tempel und Schöpfung.

Demgegenüber bereitet der Abschnitt 24,15–18aα die Heiligtumstexte vor. Die Wolke und die Herrlichkeit Jhwhs (vgl. 40,34–35), der Name „Sinai" (vgl. 19,11b.18a.20.23) sowie der Berggipfel als Ort der Gottesgegenwart (vgl. 19,20) weisen allesamt auf die P-Komposition.

24,15–18aα in der P-Komposition

Bleibt noch die Zuordnung von 24,12, wo zum ersten Mal die Tafeln, hier „Steintafeln" genannt, erscheinen. In welchem Stadium der Kompositionsgeschichte des Exodusbuches wurden sie in die Erzählung eingeführt? Da die Tafeln in der Erzählung vom Goldenen Kalb eine wichtige Rolle spielen, soll diese Frage dort erörtert werden. Vorläufig sei festgehalten, dass die offene Formulierung in 24,12 die Gesamtheit der Gebote und Weisungen im Blick zu haben scheint. Ihr Horizont ist die P-Komposition.

24,12 in der P-Komposition

Synthese

Synchrone und diachrone Analyse beurteilen die Episode als Brückentext von der vorderen zur hinteren Sinaiperikope. Der diachronen Analyse zufolge schließen die deuteronomistischen Anteile (V. 13–14.18*) unmittelbar an Ex 24,4–8 an. Von dem feierlichen Bankett in 24,9–11 weiß das DtrG nichts. Mose befindet sich im Lager und bricht von dort mit Josua zum Berg auf (24,13). Die deuteronomistische „Brücke" führt also ohne Umschweife zum „Goldenen Kalb".

Der Jetzttext lässt zwischen dem Aufstieg zum Bankett (24,9–11) und dem erneuten Aufstieg Moses und Josuas (V. 12f.) eine örtliche und zeitliche Lücke und grenzt damit das folgende Geschehen deutlich vom vorigen ab.

Der Neueinsatz wird auch durch das Motiv der Tafeln unterstrichen, das in 24,12 erstmals erscheint. Jhwh hat Steintafeln – ihre Zahl nennt er nicht – beschrieben und will sie übergeben. Gott sagt aber nicht, wann dies geschieht, auch ihren Inhalt und ihre Zweckbestimmung deutet er nur vage an. Das Tafelmotiv zieht sich wie ein roter Faden durch die hintere Sinaiperikope. Die Tafeln werden dabei kein Hauptthema, aber sie tauchen in unterschiedlichen Funktionen und Begrifflichkeiten bis ans Ende des Exodusbuches immer wieder auf. Diese übergreifende und verbindende Funktion legt es aus diachroner Sicht nahe, das Tafelmotiv und damit 24,12 der P-Komposition zuzuweisen.

Im ähnlichen Sinne bildet die zweite Bergtheophanie (Ex 24,15–18) ein weit ausgreifendes verbindendes Motiv. „Wohnen" und „Herrlichkeit" verweisen auf das Sinaiheiligtum, zu dessen Bau Jhwh gleich aufrufen wird (25,1). Im Kontrast zur schreckenerregenden Theophanie von Ex 19f. akzentuiert die zweite Bergtheophanie zusammen mit der dritten (34,4–9) und den Gotteserscheinungen im Heiligtum (Ex 40,34–38; Lev 9) die Gottesnähe neu.

Episode 2: Ex 25,1 – 31,17: Sieben Gottesreden zu Ausstattung und Bau der „Wohnung" / des „Zeltes der Begegnung" sowie zum Dienst darin

Die Episode ist eine Komposition von sieben Gottesreden, die in Ex 25,1; 30,11.17.22 und 31,1 mit „da redete JHWH zu Mose" (וידבר יהוה אל משה), in 30,34 und 31,12 mit „da sprach JHWH zu Mose" (ויאמר יהוה אל משה) eingeleitet werden. Damit hat die Episode zwar ein narratives Gerüst, aber keine handlungsbestimmte Story. Die Handlung verharrt vielmehr in der Szenerie, mit der 24,16b–18 schließt: Mose ist in der Wolke verschwunden, lauscht dort den Reden JHWHs und empfängt visuelle Eindrücke; dies jedenfalls legt Ex 25,9 nahe („Plan der Wohnung").

Die sieben Gottesreden geben Anweisungen zu Bau und Ausstattung der „Wohnung" bzw. des „Zeltes der Begegnung" (vgl. dazu die Auslegung von 26,1; 27,21), zu deren kultischen Funktionen sowie zur Ausstattung und Einsetzung der Priesterschaft. Bisweilen sind damit auch (spärliche) Hinweise auf die Funktionen des Heiligtums und seines Kultes verbunden. So lässt sich nur ein ungefähres Gesamtbild des (Zelt-)Baus, seiner Ausstattung und seiner Priesterschaft gewinnen.Dies hält den Grundsatz präsent, dass das Sinaiheiligtum als Spende und Stiftung des Volkes gefertigt, aber von Mose aufgestellt und eingerichtet wird (25,1–9; 35f.; 40).

> Im hebräischen Text sind die Anweisungsreden durch eine Reihe von w^{e}qatal-x-Formationen geprägt, in die Nominalsätze einerseits sowie w^e-x-yiqtol-Formationen andererseits eingeschoben sind. Die w^{e}qatal-Verben sind meist Aktionsverben zur Herstellung. Die Nominalsätze sind den w^{e}qatal-Sätzen beigeordnet und geben meist Maßangaben wieder. Die w^e-x-yiqtol-Sätze bringen dagegen Funktionsangaben oder besondere Eigenarten der Stücke zum Ausdruck.[6]
>
> In der Übersetzung sind w^{e}qatal-Formationen möglichst mit „(und) du sollst ..." wiedergegeben. W^e-x-qatal-Folgesätze werden ohne die Kopula mit „sollst du ..." angeschlossen. Inhaltliche Neueinsätze werden mit „dann sollst du ..." wiedergegeben. (w^e-)-x-yiqtol zum Ausdruck von Nebenumständen wird durch Inversion „.... sollst du / sollen sie" kenntlich gemacht. Nominalsätze zur Angabe von Maßen werden wörtlich meist nach dem Schema „nn Ellen (ist) seine Länge (ארכו) bzw. Breite (רחבו) bzw. Höhe (קמתו)" gebildet. Wir geben die Angabe vereinfacht wieder mit „nn Ellen lang/breit/hoch".

Die Reden sind fast durchgehend in der „Du"-Anrede gehalten. Diese richtet sich zwar situativ-szenisch an Mose, in der Sache freilich sind die Israeliten angesprochen.

Das Gegenstück zur Redekomposition ist die ganze elfte Erzählphase Ex 35–40. Sie erzählt – in weitgehender Spiegelung des Wortlautes und der Syntax der Anweisungen –, wie die Israeliten die göttliche Weisung ausführen (Ex 35–39), wie Mose es errichtet (Ex 40) und wie schließlich JHWH in ihm Wohnung nimmt (Ex 40,34–38).

Die Auslegung gliedern wir in die sieben Redeszenen. Weitere Untergliederungen orientieren sich am Raumkonzept des künftigen Heiligtums bzw. seinen kultischen Funktionen.

---

6   Vgl. UTZSCHNEIDER, Tabernacle, 268.

Anmerkungen zu Text und Übersetzung 193

Erste Rede: Ex 25,1 – 30,10: Ausstattung und Bau der „Wohnung" bzw. des „Zeltes der Begegnung"

Vorbereitung: Ex 25,1–9: Die Abgabe der Israeliten, Auftrag und Plan fürs Heiligtum

1 Da redete Jhwh zu Mose:
2 „Rede zu den Israeliten, dass sie für mich eine Abgabe[a] erheben sollen[b]. Von jeder Person, die freiwillig dazu bereit ist[c], sollt ihr[d] die Abgabe für mich erheben.
3 Und dies (umfasst) die Abgabe, die ihr bei ihnen erheben sollt:
Gold und Silber und Bronze[a], 4 und blauer und roter Purpur[a] und Karmesin[b], und feines Leinen[c] und Ziegenhaar. 5 Und rot gefärbte Widderfelle und Tachasch-Leder[a] und Akazienholz. 6 [a]Lampenöl, wohlriechende Stoffe für das Salböl und für das wohlriechende Räucherwerk[a]. 7 [a]Schohamsteine und Steine des Besatzes am Priesterschurz und an der Brusttasche[a].
8 Dann sollen sie[a] mir ein Heiligtum machen, damit ich in ihrer Mitte wohne[b].
9 Ganz so wie ich dir[a] den Plan der Wohnung und den Plan ihrer gesamten Ausstattung[b]zeige, genau so[c] sollt ihr[d] (es) machen.

Anmerkungen zu Text und Übersetzung

25,2[a]Das Lexem תרומה ist ein priesterlicher terminus technicus. Er wird von רום abgeleitet, das im Hi. „erheben" bedeuten kann (daher die ältere Wiedergabe „Hebopfer"). Als Grundbedeutung kann „ein von einem größeren Ganzen abgetrenntes Teilstück ..." (GesL 1457) bestimmt werden, das „von seinem Besitzer an die Gottheit" übertragen wird (Milgrom, Leviticus 1–16, 415). In den Sinaitexten werden damit die Materialspenden und Weihegaben für den Bau des Heiligtums (V. 3–7, s. a. 35,5 u. ö.), die Silberabgabe (30,13–15), vor allem aber die Priesteranteile an Opfermaterialien (z. B. 29,27f.; Lev 7,3; 10,14f.; Num 5,9 u. ö.) bezeichnet.

2[b] LXX gibt ויקחו als Impv. 2. Pers. pl. λάβετε wieder. Damit wird V. 2aβb zur direkten Rede an die Israeliten, die Mose übermitteln soll. In MT bleibt V. 2 Jhwh-Rede an Mose; der Objektsatz V. 2aβ gibt das Thema der Rede wieder, die Mose an die Israeliten richten soll (vgl. 35,4).

2[c] Das Nomen נדיב nādîb hat eine zweifache Bedeutung (vgl. GesL 785). Es meint einerseits jemanden, der etwas „von Herzen freiwillig tut"; dabei ist mit לב „Herz" nicht nur die emotionale, sondern mindestens so sehr die rationale und voluntative Dimension im Spiel. Andererseits ist ein נדיב ein edel gesinnter (Jes 32,8; Spr 8,16) oder aristokratischer (Num 21,18; 1 Sam 2,8) Mensch; beide Bedeutungen schwingen hier mit (vgl. dazu die Auslegung von 35,20 – 36,7 und Utzschneider, Heiligtum, 162f.).

2[d] Wer mit „ihr" in den V. 2b, 3 und 8 gemeint ist, geht aus dem Text nicht hervor. Vgl. die Auslegung.

3[a] Mit נחשת wird sowohl Kupfererz als auch Bronze, also die Legierung aus Kupfer und Zinn, bezeichnet. Kupfererz musste größtenteils eingeführt werden (vgl. Ez 27,13) und wurde von Schmieden verarbeitet (Gen 4,22; 1 Kön 7,14). An den meisten Belegstellen von נחשת ist wohl „Bronze" gemeint.

194 Vorbereitung: Ex 25,1–9: Die Abgabe der Israeliten, Auftrag und Plan fürs Heiligtum

4ª   Die Farbbezeichnungen stehen pars pro toto für entsprechend gefärbte Purpurwolle. Dabei bezeichnet תכלת eine blau-violette und ארגמן eine rötliche Variante des Farbstoffs. In der Antike hatten „die Phönizier das Fabrikationsmonopol" (Bender, Textilien, 59f.) für den Purpurfarbstoff. Die Farben bzw. die gefärbten Stoffe oder Garne wurden international gehandelt (Ez 27,24) und in exklusiven Bereichen verwendet, z. B. als Gewänder für Götterbilder (Jer 10,9) oder als königliche Gewänder (Est 8,15).

4ᵇ   תולעת שני heißt wörtlich „Wurm des Karmesins", heute bekannt als „Kermeslaus", womit die Schildlaus gemeint ist, aus der der intensiv rote Farbstoff Karmesin hergestellt wurde. Anders als Purpur ist Karmesin ein heimisches Produkt (vgl. Bender, Textilien, 59–61; Zwickel, Färben).

4ᶜ   „Als שש wird ein besonders feines Leinen meist ägyptischen Ursprungs bezeichnet" (Bender, Textilien, 57, vgl. neben den Sinaitexten Gen 41,42; Ez 16,10.13; 27,7). Vermutlich ist hier gebleichtes, rein weißes Leinen gemeint (vgl. Bender, Textilien, 58); mit „gezwirntem Leinen" שש משזר (vgl. Ex 26,1; 27,9; 28,6 u. ö.) ist ein besonders festes Leinengarn gemeint (Bender, Textilien, 64).

5ª   Das Lexem תחש ist, abgesehen von Ez 16,10 (s. u.), nur im Zusammenhang mit den „Häuten" bzw. den Ledersorten belegt, die dann als Überdecken der „Wohnung" dienen (vgl. 26,14; 35,7; 39,34 sowie Num 4,6.8.10–12 u. ö.). Aus anderen semitischen Sprachen bzw. dem Ägyptischen werden unterschiedliche Deutungen abgeleitet, z. B. als Delphinhaut. Auf eine andere Spur führt Ez 16,10. Dort ist תחש das Material für feine Frauenschuhe und „entspricht vermutlich dem akkadischen *du(ḫ)šu* – Leder, das aus Ziegenfell gewonnen und mittels Kupferacetat grün gefärbt wurde" (Fischer, Art. Schuhwerk). Diese Deutung scheint uns die wahrscheinlichste. Das Leder bildet mit den „rot gefärbten Widderfellen" einen doppelten Parallelismus aus Tier- *und* Farbbezeichnung. LXX hat das Lexem als Farbbezeichnung verstanden und δέρματα ὑακίνθινα, „blaue Häute", übersetzt.

6ª⁻ª   V. 6 fehlt in der LXX. Die Bereitstellung von Lampenöl wird in 27,20 angeordnet, die von Duftstoffen für das Salböl in 30,22–33 sowie das Räucheropfer in 30,34–38. In den Ausführungsberichten werden Öl (35,14) und Duftstoffe (35,15.28) jeweils im Zusammenhang ihres Gebrauchs erwähnt. MT will die Abgabe der Israeliten von Anfang an vollständig darbieten.

7ª⁻ª   Zu den Edelsteinen am hohepriesterlichen Ornat siehe den Exkurs zu 28,17–20 und Zwickel, Die Edelsteine im Brustschild, 61f. שהם gibt die LXX in Gen 2,12 als ὁ λίθος ὁ πράσινος, der „grüne Stein" wieder. Dies spricht für einen Beryll oder Smaragd (Zwickel, Edelsteine, 61f.). Wir lassen den Begriff unübersetzt. Zu מלאים „Besatz" vgl. GesL 678 und Ex 28,17–20.

8ª   LXX: „Du sollst mir ... machen", vgl. V. 9f. Nach LXX spricht Jhwh in V. 8f. durchgehend eine 2. Pers. sg. an, vermutlich ist Mose gemeint.

8ᵇ   LXX: καὶ ὀφθήσομαι ἐν ὑμῖν „und ich werde unter euch erscheinen", vgl. Textanm. 24,16ª.

9ª   LXX und Sam ergänzen: „auf dem Berg" entsprechend 24,18 und 25,40.

9ᵇ   Wörtlich: „all ihrer Geräte".

9ᶜ   Die Partikel ו (in LXX fehlt ein Äquivalent) in der Fügung וכן verstärkt die Folgerung im Sinne von „ebenso" (vgl. Ex 26,4; 27,11; Lev 16,16).

9ᵈ   LXX: „sollst du ..."

Synchrone Analyse

Die Teilszene ist in drei Abschnitte gegliedert:

25,1: Einleitung zur ersten Gottesrede
25,2–7: Die Abgabe
25,8–9: Auftrag und Plan

Die Teilszene als Ganze bereitet die Gottesreden mit den Anweisungen zum Bau des Heiligtums inhaltlich vor und schlägt dabei bereits einen Bogen zur Durchführungserzählung in der elften Erzählphase. Die Aufforderung Jhwhs (V. 2) an Mose, von den Israeliten, und zwar näherhin von allen, die freiwillig, (wörtlich:) „von Herzen dazu bereit sind", eine „Abgabe zu erheben" (vgl. Textanm. 2ª), wird in Ex 35f. eingelöst und entfaltet (vgl. die Auslegung dort). Auf die Ausführungserzählung des Baues verweisen auch die Anreden „ihr" in den V. 2b und 3. Möglicherweise sind damit Mose und die Kunsthandwerker (vgl. Ex 31,1–11) gemeint, bei denen die Israeliten nach Ex 36,1–7 ihre Gaben abliefern werden. Damit klingt erstmals an, was die sinaitischen Heiligtumstexte von allen anderen Tempelbautexten im Alten Testament und seiner Umwelt unterscheidet: Das Volk – und nicht die Könige – wird Stifter (vgl. dazu auch die Auslegung von Ex 28) und Erbauer des Heiligtums sein. Für den ersten Jerusalemer Tempel trägt Salomo Sorge (1 Kön 5–7); das Volk ist insofern beteiligt, als es die Fronarbeiter zu stellen hatte (1 Kön 5,27). Den zweiten Jerusalemer Tempel ermöglicht nach Esr 6,1–5 der persische König, der dann auch das Material dazu bereitstellt. Auch in Sach 4,6–10 ist der Neubau des Tempels Sache einer königlichen Person, des Statthalters Serubbabel nämlich, der ein Enkel des vorletzten davidischen Königs war und als Thronprätendent galt. Näher am Konzept der sinaitischen Heiligtumstexte ist Hag 1,14; dort „erweckt" Jhwh zur Wiederaufnahme des Tempelbaus „den Geist des ganzen Rests des Volkes"[7].

In den V. 3b–7 stellt Jhwh eine Art Bestellliste zusammen. Sie umfasst erlesene Baustoffe, die neben ihrem realen Wert hohen Symbolwert für die „Topographie der Heiligkeit" (vgl. dazu unten) haben werden. Die Materialien sind nach Wert absteigend[8] aufgeführt.

Unter den Edelmetallen ist Gold das wertvollste; es wird im Folgenden auch noch unterschieden in reines Gold (זהב טהור) mit höherem und einfaches Gold (זהב) mit geringerem Feingehalt. Mit ersterem sind Kultgegenstände im Inneren der Wohnung überzogen (z. B. 25,11.24.31); mit letzterem sind z. B. die Wände des Heiligtums ausgekleidet (26,29). Wo Jhwh in besonderer Weise präsent sein wird, findet Gold, reines zumal, Verwendung. Sein Glanz repräsentiert göttliche Würde und Macht.[9] Für das Sinaiheiligtum werden drei Arten der Metallbearbeitung erwähnt.[10] Beim „Überziehen" (צפה) werden die zuvor gehämmerten Bleche an eine Holzgrundlage appliziert. Für eine „getriebene Arbeit" (מקשה) wird „das in Form geschnittene Blech erhitzt und ... über einem Amboß in die gewünschte Form gehämmert ... Muster ließen sich einritzen (ziselieren) oder ... einhämmern."[11] Beispiel dafür sind die *kapporät* (25,18) oder der Leuchter (25,36). Schließlich gibt es das Gussverfahren (יצק), Beispiel dafür sind die vier Ringe, die an der Lade anzubringen waren (25,12).

Silber findet sich nur in den „Ständern" der Holzteile (Ex 26,21), die den Boden berühren.

---

7 Gemeint ist mit „Rest des Volkes" in Hag wohl „die gesamte Bevölkerung" (Leuenberger, Haggai, 136).
8 Vgl. dazu Kessler, Silber und Gold, 61f.
9 Vgl. Singer, Gold, Silber, Bronze, 159.
10 Vgl. Weippert, Art. Metall, 221–223.
11 Weippert, Art. Metall, 222.

196   Vorbereitung: Ex 25,1–9: Die Abgabe der Israeliten, Auftrag und Plan fürs Heiligtum

Bronze Im (Vor-)Hof des Heiligtums wird das Metall Bronze (vgl. dazu Textanm.[a] zu V. 3) verbaut, so etwa im Brandopferaltar, dem Becken und der Umzäunung des Hofes.

Stoffe Ein ähnliches (Wert-)Gefälle symbolisiert die Reihenfolge der Stoffe (V. 4). Die überaus wertvollen Mischgewebe aus (feinem) Leinen und gefärbten Garnen (vgl. Textanm. 4[d] und Ex 26,1) sind nur im Inneren der Wohnung zu finden, während pure Leinenstoffe auch in der Umfriedung des Hofes verwendet werden und die Zeltstoffe aus schwarzer (Ziegen-)Wolle ebenso wie Lederplanen die Wohnung nach außen und oben abschirmen (vgl. Ex 26). Eine weitere Differenzierung der Stoffe bringen unterschiedliche Webarten, insbesondere die Kunstweberei mit eingewebten figürlichen Darstellungen und die Buntweberei, ein (Näheres dazu in den Auslegungen zu Ex 26 und 28).

Akazienholz Das Akazienholz ist der einzige universale Werkstoff, der im ganzen Bauwerk Verwendung finden wird. Die Baumart (vor allem die Unterart *Acacia raddiana*) kommt in den südlichen Wüstenregionen Israels bzw. des Sinai und im Trockental der Araba vor. Sie liefert „Bauholz ..., das sehr leicht, aber enorm widerstandsfähig und dauerhaft ist"[12]. So ist für den Schauplatz der Sinaiperikope die Akazie als Holzlieferant naheliegend; vielleicht soll aber auch ein (literarischer) Kontrast zu den Libanon-Zedern gesetzt werden, die Salomo für seinen Tempel schlagen ließ (1 Kön 5,20).

Duftstoffe Das Lampenöl und die Duftstoffe („Spezereien") für das Salböl und die Räucheropfer (V. 6) sind dem Heiligtum vorbehalten (vgl. zu Ex 30,22–38).

Edelsteine Die Smaragde und die „gefassten Steine" für den Ornat des Hohepriesters schließlich (V. 7) verweisen auf die detaillierte Aufzählung in 28,17–21, vor allem aber auf 35,27. Dort werden die Edelsteine zusammen mit den „Spezereien" als besonders wertvolle Gaben genannt, die die נשׂאם, die Oberhäupter der Stämme (Lev 4,22; Num 7,2 u. ö.), erbringen werden.

Auftrag Erst in V. 8 erfolgt, an Mose gewandt, der eigentliche Auftrag: „Sie sollen mir ein Heiligtum herstellen." Die 3. Person „sie" bezeichnet alle Beteiligten: die freiwilligen Spenderinnen und Spender, die mitarbeitenden Männer und Frauen ebenso wie die besonders beauftragten Kunsthandwerker. Das Lexem מקדשׁ *miqdāš* für „Heiligtum" hat eine Grundbedeutung, die mit „heiliger Ort" oder „heilige Einrichtung" umschrieben werden kann; der Begriff als solcher lässt somit offen, ob es sich um ein Haus (בית, vgl. Gen 28,22), einen Tempel (היכל, wörtlich: „Palast") oder nur um einen heiligen Bezirk im Freien, eine sog. „Höhe" (Jes 16,12), handeln soll. Die Bauart wird hier nicht weiter präzisiert, wohl aber der Zweck: Es soll „inmitten der Israeliten" sein, und JHWH will dort wohnen (שׁכן). Das verweist zurück auf die zweite Bergtheophanie, in der JHWH auf dem Berg Wohnung nimmt (vgl. auch die Einleitung 3.2.2.). Dies gibt der Ankündigung JHWHs seine Brisanz. Er wird seine Wohnung nun nicht mehr am Gottesberg nehmen, sondern inmitten Israels, dort, wo es sich jeweils aufhält.

tabnît/Plan Der hebräische Partizipialsatz אני מראה אותך in V. 9 signalisiert Gleichzeitigkeit und ist wörtlich mit „ich lasse dich sehen" wiederzugeben. JHWH zeigt dem Mose eben *jetzt*, während dieser „auf dem Berg" (so ergänzen LXX und Samaritanus, u. E. durchaus der Erzählung gemäß) weilt, eine תבנית (*tabnît*) der künftigen Gotteswohnung und aller seiner sakralen Einrichtungsgegenstände. Was ist damit gemeint?

---

12 NEUMANN-GORSOLKE, Art. Akazie. Die LXX nennt keine bestimmte Baumart, sondern gibt mit ξύλον ἄσηπτον „unverfaulbares Holz" wieder.

Synchrone Analyse

תבנית *tabnît* – himmlische Vorbilder und irdische Pläne

Die Grundbedeutung des Nomens תבנית (von בנה „bauen, formen, gestalten") ist „Abbild". Ein Abbild kann sehr unterschiedlich gestaltet sein.[13] Als rundplastisches (Kult-)Bild kann es ein Tier oder einen Menschen abbilden (Dtn 4,17f.; Jes 44,13; Ez 8,10; Ps 106,20). Ein Abbild kann nach einem Original oder Vorbild hergestellt sein. Von dem Altar in Damaskus, den König Ahas in Jerusalem nachbauen lassen will, schickt er ein Abbild samt den zugehörigen Maß- und Fertigungsangaben (תבניתו לכל מעשהו: wörtlich: „sein Abbild in Hinsicht auf seine Machart") nach Jerusalem, um ihn dort nachbauen zu lassen (2 Kön 16,10). Hier ist mit *tabnît* so etwas wie eine Beschreibung oder ein Plan gemeint, der Aufschluss gibt über die Materialien und Maße des Altars.

Eine *tabnît* für den Jerusalemer Tempel erhält nach 1 Chr 28,11–19 Salomo aus der Hand seines Vaters David.[14] Nach V. 19 hat David diese *tabnît* „schriftlich von Jhwh, wie er [ihn] verstehen ließ alle Arbeiten des Plans".[15] Es bleibt offen, ob Jhwh oder David die *tabnît* schriftlich niedergelegt hat, sie rührt jedenfalls von Jhwh her.

Ähnlich stellt sich das Ezechielbuch die Übermittlung der Tempelvision des Propheten (Ez 40–43, insbesondere Ez 40,4 und 43,11) an das Haus Israel vor, allerdings ohne das Wort *tabnît* zu gebrauchen. Der Prophet soll Israel die „Gestalt des Hauses" (צורת הבית, andere übersetzen: die „Zeichnung des Hauses") übermitteln sowie Informationen über dessen „Einrichtung, Ein- und Ausgänge ..." Schließlich soll er die das Haus betreffenden „Weisungen und Ordnungen (תורות, חוקות) ... vor ihren Augen aufschreiben" (Ez 43,11). Hier wird eine himmlische Tempelvision als Vorbild in eine komplexe Baubeschreibung für ein irdisches Heiligtum mit Planzeichnungen und entsprechenden Texten umgesetzt.

Dass Heiligtümer auf göttlichen Befehl und nach himmlischen Modellen gebaut werden, ist eine Vorstellung, die auch in der Umwelt des Alten Israel, in Mesopotamien und Ägypten, vorkommt. Sehr bekannt ist der sogenannte Tempelbauhymnus (Zylinder A)[16] des sumerischen Königs Gudea von Lagasch (um 2100 v. Chr.). Der Gott Ningursu übermittelt dem König im Traum die Weisung, einen Tempel zu errichten (I,18–23). Ningursu wird – so wird Gudea verheißen – „den Plan des Hauses finden" (VII,6) und, nachdem der Gott ihn ein weiteres Mal ermutigt hat, baut der König den Tempel, was detailreich berichtet wird.[17]

Als Bauherren unter göttlicher Anleitung fungieren auch die ägyptischen Könige. In spätägyptisch-ptolemäischen Tempeln wie z. B. Dendera oder Edfu zeigen Reliefs, wie der König, angeleitet von den Göttinnen Seschat und Hathor bzw. dem Gott Horus, den Tempelbauplatz absteckt bzw. den Verlauf des Fundamentgrabens anzeichnet.[18]

Keines der im Exkurs skizzierten Beispiele stimmt *exakt* mit der in Ex 25,8f. beschriebenen Situation überein. Dennoch sind die Entsprechungen unübersehbar. Was aber bekommt Mose in der Verborgenheit der Wolke zu sehen? Ist es

- eine Vision der künftigen Wohnung Jhwhs „inmitten der Israeliten", ähnlich der Vision Ezechiels (Ez 40–43),

---

13 Vgl. Propp, Exodus 19–40, 376f.
14 Vgl. dazu Japhet, 1 Chronik, 448f.
15 Übersetzung Japhet, 1 Chronik, 435, vgl. auch 451f.
16 Zitiert nach: Paulus, Tempelbauhymne.
17 Vgl. dazu Berlejung, Handwerker, 157.
18 Kurth, Treffpunkt, 49. Keel, Bildsymbolik, 249f., Abb. 364.365.367; vgl. auch die Abb. in der Auslegung zu Ex 35f.

- die himmlische Wohnung Jhwhs selbst, die dann das Modell der Wohnung wäre[19],
- ein – womöglich von Jhwh selbst aufgezeichneter – Bauplan oder eine Baubeschreibung, wie sie David erhielt (1 Chr 28,11-19),
- ein verkleinertes Modell wie bei König Ahas (2 Kön 16,10),
- oder sind die bildhaften Gehalte der Beschreibungen aus dem Munde Gottes selbst die *tabnît*?

Der Text gibt uns dazu keinen weiteren Aufschluss. Klar ist, dass Mose mehr sehen kann, als wir zu lesen bekommen. Ausdrücklich verweist ihn Jhwh bisweilen darauf, so wenn er ihn in Ex 25,40 ermahnt: „Sieh zu und fertige sie nach dem Plan, der dir auf dem Berg gezeigt wird" (vgl. auch 26,30 und 27,8). Am Ende ist es Mose allein, der die Einzelteile zum „Zelt der Begegnung" zusammenfügt (40,1f.19). Es bedarf dazu auch noch einmal einer besonderen Gottesrede (40,1-15).

Wir als Leserinnen und Leser sind ganz auf die Beschreibungen in den Reden Jhwhs verwiesen. Für uns ist die *tabnît* rein literarisch, was *wir* sehen, sind „innere Bilder", Vorstellungen, die die Beschreibungen in uns hervorrufen. Was wir daraus an visuellen Rekonstruktionen oder gezeichneten Plänen ableiten und was wir aus Vergleichen – auch mittels anderer Beschreibungen, etwa der des salomonischen Tempels (1 Kön 6f.; 2 Chr 3-4) oder der Tempelvision Ezechiels (Ez 40-48)[20] – erschließen, sind Auslegungen. Das gilt auch für ikonographisches Vergleichsmaterial, das man aus antiken Quellen oder archäologischen Befunden gewonnen hat (vgl. zu Ex 25,31-40).

So ist auch die nachstehende, unvollständige und skizzenhafte *tabnît* der „Wohnung" von *unserer* Auslegung der Beschreibungen in Ex 25,10 – 26,37 abgeleitet. Wir bilden sie – zur besseren Orientierung in den folgenden Detailexegesen – in zwei Planskizzen[21] bereits hier ab:

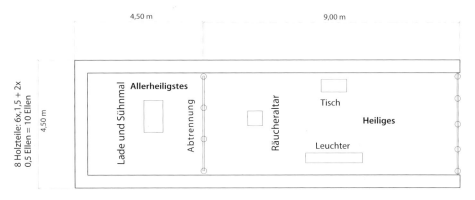

Abb. 5: Der Plan der „Wohnung" (משכן).

---

19   Dies entspricht wohl der Deutung der LXX, die תבנית mit παράδειγμα „Urbild" wiedergibt, d. h. der „Exodus-Übersetzer geht ... von der Vorstellung eines himmlisch-präexistenten Heiligtums aus" (Rösel, Tempel, 454).
20   Weitere Beschreibungen finden sich in der „Tempelrolle" aus Qumran (11Q19; 11Q20; 11Q21), vgl. dazu Crawford, Exodus in the Dead Sea Scrolls, 311-314.
21   Solche Skizzen sind in Kommentaren und Lexika verbreitet. Wissenschaftlich vorbildhaft geworden ist die Skizze bei Haran, Temples, 152.

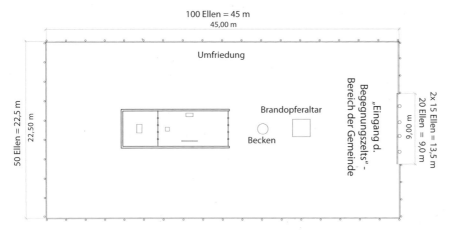

Abb. 6: Der Plan des Sinaiheiligtums als Ganzes.

Die Gliederung des Baukörpers, die Stellung des sakralen Inventars, dessen Materialien und jeweilige Ausstattung sind so etwas wie Gradmesser der Heiligkeit.[22] Mit der Nähe bzw. Entfernung zur Lade, in der das Gesetz liegt und über der JHWH präsent ist (vgl. Ex 25,22), signalisieren sie zunehmende bzw. abnehmende Heiligkeit. Mit Gold und mit wertvollen farbigen Mischgeweben ist der innerste Raum der Wohnung, das „Allerheiligste", ausgestattet. Ähnlich wertvoll ist auch noch der äußere Raum der Wohnung, das „Heilige", gestaltet. Zugänglich ist das Allerheiligste, abgesehen von Mose, nur für Aaron, und das nur einmal im Jahr (Lev 16). Im „Heiligen" können auch Aaronsöhne, also Priester niedrigeren Ranges, Dienst tun. Der die Wohnung umgebende Hof ist für Priester und bis zu einem gewissen Grad auch für Laien zugänglich. Die dort befindlichen sakralen Inventarien, der Brandopferaltar und das Becken, sind aus weniger wertvoller Bronze gefertigt, die Umfriedung wird durch einfache Leinenbahnen gebildet. Im „Wertgefälle" der Ausstattung drückt sich die Nähe zum Allerheiligsten aus. Dieser „Topographie der Heiligkeit" und ihren Markern werden wir im Folgenden im Einzelnen nachgehen.

Topographie der Heiligkeit

Diachrone Analyse

DtrG	HE	PK	TK
	25,1–8	25,9	

Zwar ist das DtrG ab Ex 24,4 die Grundschicht der Erzählung, doch kommt diese erst wieder in Ex 32,1 zum Vorschein. In den Erzählphasen 9 und 11 dominiert die P-Komposition, die auf eine Vorlage priesterlicher Provenienz zurückgegriffen

Einführung

---

22 HARAN, Temples, 175: „grades of sanctity"; vgl. auch UTZSCHNEIDER, Tabernacle, insbesondere 282 mit Anm. 38 sowie den Exkurs „Heiligkeit und Heiligung" in der Auslegung zu Ex 19,1–8a.

hat: die Heiligtumserzählung (HE, siehe dazu die Einleitung in die Sinaiperikope). Die Heiligtumserzählung wurde bei der Abfassung der P-Komposition in diese eingefügt. Dabei wurden auch Ergänzungen vorgenommen, um die Heiligtumserzählung mit den anderen Teilen der P-Komposition zu verknüpfen.

Verhältnis von Ex 25–31 zu Ex 35–40   Schon der erste Abschnitt zeigt in aller Deutlichkeit ein wesentliches Element der Heiligtumserzählung: die Entsprechung von Anordnung und Ausführung. Dabei sind die Entsprechungen keineswegs gleichförmig: Der Auftrag zur Ablieferung der Spenden Ex 25,1–7 wird weitgehend wörtlich in 35,4–9 wieder aufgenommen. Die summarische Anordnung zum Bau des Heiligtums Ex 25,8 wird in 35,10–19 detailliert entfaltet. Ex 25,9 hat dagegen keine Entsprechung im Ausführungsteil.

Die Aufforderungen in der 2. Pers. masc. pl. „sollt ihr die Abgabe für mich erheben" (25,2bβ) und „die ihr bei ihnen erheben sollt" (25,3aβ) haben keine Adressaten. Wer die Empfänger sind, wird im Anordnungsteil nirgendwo gesagt. Erst im Ausführungsteil findet sich die Lösung: Es sind „Mose, Bezalel und Oholiab sowie alle Kunstverständigen", die die Abgabe des Volkes entgegennehmen (36,2–3). Diese übergreifende Verbindung zeigt, dass bei der Abfassung von Ex 25,1–8 die Ausführungserzählung schon mitkonzipiert wurde. Dass Anordnungs- und Ausführungsteil in einem gewissen zeitlichen Abstand geschrieben wurden, ist angesichts ihres Umfangs unzweifelhaft. Gleichwohl legten die Verfasser im Anordnungsteil Spannungsbögen an, die erst und nur im Ausführungsteil ihre Vollendung finden.

25,9: Plan   Wie bereits erwähnt, hat der Hinweis auf den Plan (תבנית) in 25,9 keine Entsprechung im Ausführungsteil. Zudem spricht hier in Anknüpfung an 25,1 Gott zu Mose, während davor und danach eine indirekte Rede Moses an die Israeliten vorliegt. Auch eine Weitergabe des Plans wird nicht berichtet. Schließlich fällt hier schon der Begriff „Wohnung", der erst in 26,1 eingeführt und erklärt wird. 25,9 ist daher als nachträgliche Erweiterung zu verstehen, die die vorherrschende verbale Kommunikation durch die visuelle ergänzt. Dieses Motiv wurde punktuell auch in Ex 25,40; 26,30; 27,8b, in 38,8b (unsicher) sowie in Num 8,1–4 nachträglich eingefügt. Letztere Stelle zeigt, dass der Horizont dieser Bearbeitung über die Heiligtumstexte hinausgeht. Sie gehört daher zur P-Komposition.

Synthese

Während die synchrone Analyse Anordnungs- und Ausführungsteil der Heiligtumstexte in einer Erzähllinie liest und auslegt, stellt die diachrone Analyse Vergleiche zwischen den beiden an, um daraus Rückschlüsse auf ihre Entstehung zu ziehen. Dabei fällt auf, dass das *tabnît*-Motiv im Ausführungsteil nicht mehr aufgenommen wird. Das lässt, neben anderen Beobachtungen, den Schluss zu, dass das *tabnît*-Motiv erst durch die P-Komposition eingebracht wurde (vgl. die diachrone Einleitung zur Sinaiperikope).

Folgt man der Erzähllinie des Jetzttextes, so erscheint das *tabnît*-Motiv an dieser Stelle durchaus sachgemäß. Die Beispiele aus Mesopotamien und Ägypten zeigen, dass die Vorstellung, dass Tempelbauten auf göttlichen Plänen oder Modellen beruhen, wohl antikes Gemeingut war. In alttestamentliche Texte hat der Gedanke erst spät Eingang gefunden (Ez 40–48; 1 Chr 28). Vielleicht ist er durch die P-Komposition auch erstmals eingebracht worden.

Synthese | 201

Typisch für die literarische Patchwork-Technik (vgl. die synchrone Einleitung zur Si-naiperikope) scheint auch, dass die P-Komposition den Begriff der „Wohnung" aus Ex 26 aufgreift und bereits hier einsetzt. Das künftige Heiligtum wird so bereits hier mit der zweiten Bergtheophanie verbunden, in der davon die Rede ist, dass die Herrlich-keit Jhwhs auf dem Berg „Wohnung genommen" habe. Die Stichwortverbindung deu-tet auf den „Wohnungswechsel" Jhwhs vom Gottesberg zum Sinaiheiligtum voraus, der sich am Ende der Heiligtumstexte vollziehen wird (Ex 40,34–38).

Ex 25,10–22: Im Allerheiligsten: Die Lade mit dem Gesetz und dem Sühnmal

10 Dann sollen sie[a] eine Lade[b] aus Akazienholz machen, zweieinhalb Ellen[c] lang, eineinhalb Ellen breit und eineinhalb Ellen hoch. 11 Dann sollst du sie mit reinem Gold überziehen, von innen und von außen sollst du sie überziehen. Dann sollst du eine goldene Randleiste[a] um sie herum anfertigen. 12 Dann sollst du vier goldene Ringe für sie gießen und sie an ihren vier Füßen[a] anbringen, und zwar zwei Ringe an ihrer einen und zwei Ringe an ihrer anderen Seite. 13 Dann sollst du Stangen aus Akazienholz machen und sie mit Gold überziehen. 14 Dann sollst du die Stangen in die Ringe an den Seiten der Lade stecken, so dass man die Lade mit ihnen tragen kann. 15 Die Stangen sollen in den Ringen der Lade bleiben, sie sollen nicht von ihr entfernt werden.

25,10–16: Lade

16 Dann sollst du in[a] die Lade das Gesetz[b] legen, das ich dir geben werde.

17 Dann sollst du ein Sühnmal[a] aus reinem Gold machen, eineinhalb Ellen lang und eineinhalb Ellen breit. 18 Dann sollst du zwei goldene Keruben[a] anfertigen. Als getriebene Arbeit[b] sollst du sie ausführen von den beiden Enden des Sühn-mals her. 19 Und zwar mache[a] einen Kerub von dem einen und einen Kerub von dem anderen Ende her. Aus dem Sühnmal sollt ihr[b] die Keruben herausarbeiten an seinen beiden Enden. 20 Die Keruben sollen die Flügel von oben her ausbrei-ten, wobei sie mit ihren Flügeln das Sühnmal bedecken (sollen), und ihre Gesich-ter sollen zueinander (gerichtet sein), zum Sühnmal hin sollen die Gesichter der Keruben (gerichtet) sein.[a] 21 Dann sollst du das Sühnmal von oben auf die Lade setzen und in die Lade das Gesetz legen, das ich dir geben werde.

25,17–22: Sühnmal

22 Dann werde ich mich dorthin zu dir begeben[a] und ich werde mit dir reden vom Sühnmal aus zwischen den beiden Keruben, die auf der Lade des Gesetzes sind, (und) alles (mitteilen), was ich dir für die Israeliten gebieten werde.

Anmerkungen zu Text und Übersetzung

10a LXX und Sam haben die 2. Pers. sg.: „du wirst/sollst machen" (vgl. Textanm. 25,9[d]), Vg gibt den MT mit Imp. pl. wieder. Durch den Wechsel von der 3. Pers. zur 2. Pers. ab V. 11 trägt – in synchroner Perspektive – der Text der Redesituation Rechnung, in der Jhwh und Mose allein sind. Implizit gilt der Auftrag weiterhin den Israeliten.

10b LXX: κιβωτὸν μαρτυρίου „Lade des Zeugnisses", was dem ארון העדות des MT entspricht (vgl. 25,21f.; 26,33; 30,6 u. ö.).

10c Wir legen die „gewöhnliche" Elle zugrunde, die mit 44–45 cm angegeben wird. Unsere Rechnungen in der Auslegung setzen 45 cm voraus, vgl. SCHMITT, Art. Maße, 204–206.

11a Die goldene Leiste (זר זהב, vgl. auch 25,24f.; 30,3f.) ist als umlaufendes Schmuckband, evtl. mit floralen Motiven, vorstellbar (vgl. CASSUTO, Exodus, 329; PROPP, Exodus 19–40, 380). LXX gibt das Wort mit κυμάτια στρεπτά („kleine geflochtene Wellen") wieder; LXX.D übersetzt „Profilleisten mit Flechtmuster".

12a פעם heißt oft „Tritt" bzw. „Schritt" (z. B. Ps 17,5), in Jes 26,6 steht das Wort in Parallele zu רגל, „Fuß". Mit dem Wort werden auch die „Füße" der Gestelle des Kesselwagens im Tempel Salomos bezeichnet (1 Kön 7,30). Man kann sie sich auch als Tier-Füße gestaltet vorstellen (vgl. die Abbildungen in BRL², 193f.).

16a Die Grundbedeutung der Präposition אֶל ist „in Richtung auf", nach GesL 58 kann sie auch „in (... hinein)" bedeuten.

16b עדות 'edut, ein feminines Abstraktnomen (GesK § 86k), wird oft mit „Zeugnis" (LXX μαρτύριον, „testimony") wiedergegeben (so z. B. DOZEMAN, Exodus, 611; ALBERTZ, Exodus 19–40, 143f.). U. E. ist die Wiedergabe mit „Gesetz" bzw. „Gesetze" vorzuziehen. In Parallele zu anderen Lexemen, die „Gesetz" oder „Gebot" (ברית, משפט, מצוה, תורה) bedeuten, steht עדות z. B. in Ps 19,8; 78,5; 132,12 im Singular und in Dtn 6,17.20; 1 Kön 2,3; Ps 99,7 u. ö. im Plural (vgl. auch GesL 925f. und UTZSCHNEIDER, Heiligtum, 110–117). Die Bedeutungen „Gesetz, Mahnung" und „Zeugnis" schließen einander nicht aus, wenn man die 'edut als Bezeugung des Gotteswillens versteht, den er in der Gesetzgebung am Sinai kundgetan hat.

17a Das Lexem כַּפֹּרֶת kapporät ist mehrdeutig, dementsprechend wird das Wort unterschiedlich übersetzt: NOTH, Exodus, 164: „Deckplatte"; ALBERTZ, Exodus 19–40, 159: „Sühndeckel"; JANOWSKI, Sühne, 346: „Sühnmal"; so auch GesL 586, vgl. dazu im Einzelnen die Auslegung.

18a Vgl. zu כרוב die Auslegung.

18b Das Lexem מקשה (Ex 25,18; 37,7 für die kapporät; 25,31.36; 37,17.22 für den Leuchter) wird als „getriebene Arbeit" (GesL 732) oder „hammered metalwork" (PROPP, Exodus 19–40, 388f.) verstanden.

19a LXX: ποιηθήσονται („es werden gemacht werden") entsprechend Sam יעשו, der eine 3. Pers. pl. im Nifʿal voraussetzt („es sollen gemacht werden").

19b LXX: ποιήσεις („sollst du ...").

20a Die Position der Gesichter wird zweifach beschrieben: „zueinander gerichtet" und „zum Sühnedeckel gerichtet". Damit wird verdeutlicht, dass sich die Keruben nach innen und nicht etwa nach außen zum Betrachter wenden. So wird die Vorstellung ausgeschlossen, dass die Keruben als Elemente der Armlehnen eines Throns aufgefasst werden können (vgl. dazu weiter die Auslegung).

22a Die Verbalwurzel יעד yāʿad bedeutet im Qal „etwas oder jemanden bestimmen" (vgl. z. B. Ex 21,9; 2 Sam 20,5), das Nifʿal in seiner reflexiven Funktion bedeutet dann wörtlich „sich als" bzw. „zu etwas bestimmen". Dafür finden sich verschiedene, kontextabhängige Wiedergaben, z. B. „sich verabreden" (Ps 48,5) oder „zusammentreffen" (Am 3,3), „sich versammeln" (Num 10,3; Num 14,35; 16,11 im feindlichen Sinn „sich zusammenrotten"). In Ex 25,22, Ex 29,42f. sowie Ex 30,6.36 ist die Nifʿal-Form mit JHWH als Subjekt mit zwei ergänzenden Bestimmungen verbunden. Das Ortsadverb שָׁם bzw. שָׁמָּה „dorthin" verweist auf das Sühnmal bzw. die Lade als Ziel der Bewegung. Mit der Präposition ל und Personalpronomina der 2. P. Sing. bzw. Pl. kann eine Bewegungsrichtung ausgedrückt sein, auch ein sog. Dativus commodi „für jemanden": „zu dir", also zu Mose (um mit ihm zu reden), oder „zu euch", also zu den Israeliten. Wörtlich wiedergegeben „bestimmt sich" JHWH „dort(hin)" zu Mose bzw. zu den Israeliten. Mit einem etwas veralteten deutschen Ausdruck könnte man sagen „er verfügt sich", oder

Synchrone Analyse

einfacher „er begibt sich". So geben wir das Verbum hier wieder (vgl. schon STRUPPE, Herrlichkeit Jahwes, 50f.). Das Nomen מועד *môʿed* ist von der Wurzel יעד abgeleitet. Es bedeutet sonst „Treffpunkt", „Versammlung" oder „Fest(zeit)" (GesL 644f.). Die Fügung אהל מועד *ʾohel môʿed* (Ex 27,21; 29–31 passim sowie 33,7–11) steht in den Sinaitexten immer in sachlicher Verbindung dazu, dass JHWH sich ins Heiligtum zu Mose bzw. den Israeliten begibt. Darüber hinaus hat sie die Konnotation der festlichen, gottesdienstlichen Versammlungen, zu denen sich die Israeliten versammeln (vgl. etwa Ex 29,42–46), und bringt damit auch eine zweiseitige Bewegung zum Ausdruck. Deshalb geben wir *ʾohel môʿed,* wie üblich, mit „Zelt der Begegnung" wieder. Die Wurzel *yāʿad* gibt darüber hinaus Anlass zu mancherlei Wortspielen oder Paronomasien. So alliteriert ונועדתי *wᵉnôʿadtî* „und ich werde mich begeben" mit עדות *ʿedut* „Gesetz". Schließlich sind die Wurzeln יעד *yʿd* Ni. „sich begeben" und ידע *ydʿ* „erkennen" graphisch leicht verwechselbar. Hier, in Ex 29,42 und 30,6.36 gibt die LXX „und mich zu dir begeben" mit „ich werde mich dir zu erkennen geben" wieder. Dies ist aber wohl keine versehentliche Verdrehung der Buchstaben ע und ד, sondern durchaus gewollt (vgl. WEVERS, Notes, 201), um den Anthropomorphismus einer Begegnung zwischen Gott und Mensch abzumildern.

Synchrone Analyse

Die Lade[23] wird in Ex 25,10 als ein Kasten mit den Abmessungen 2,5 × 1,5 × 1,5 Ellen (entspricht ca. 1,125 × 0,675 × 0,675 m, vgl. Textanm. 10[c]) beschrieben, der aus Akazienholz zu fertigen und beidseitig mit „feinem Gold" zu überziehen ist. Er ist mit einer umlaufenden Randleiste aus Gold zu versehen, deren genaue Lage nicht beschrieben ist. An den „Füßen" (vgl. Textanm. 12[a]), die vielleicht als einfache Ausbuchtungen, vielleicht auch figürlich, etwa als Löwentatzen, zu gestalten waren, sollten vier goldene Ringe angebracht werden (V. 12), um Transportstangen aufzunehmen, die ebenfalls aus Akazienholz und mit Gold überzogen sind (V. 13–15).

Durch dieses Konstruktionsmerkmal ist die Lade als Wanderheiligtum (vgl. etwa Num 4,5f.) in den narrativen Kontext der Wanderung und Landgabe integriert. Die Sinaitexte greifen dazu auf eine Tradition zurück, in der die Lade als Kriegsheiligtum beweglich war (vgl. Num 10,35f.; 1 Sam 4,3.11; 2 Sam 6; 11,11). Davon oder von JHWH als Kriegsgott finden sich in den Sinaitexten keine Spuren, geblieben ist aber die Eigenschaft als „mitgehendes" Heiligtum.

Mitgehendes Heiligtum

Nach Ex 25,16 soll die Lade die עדות *ʿedut* aufnehmen. Wie in Textanm. 16[b] ausgeführt, verstehen wir das Lexem wie תורה *tôrāh* oder ברית *bᵉrît* in abstraktem Sinn als „Gesetz". Nach 25,16.21 und dann wieder 40,20 soll Mose die *ʿedut* aber in die Lade legen. Wie kann er so konkret mit dem Abstraktum „Gesetz" umgehen?

Lade und Gesetz

Das Nächstliegende dafür sind die „steinernen Tafeln", die JHWH in Ex 24,12 ankündigt und als „Tafeln der *ʿedut*" nach Abschluss der Reden auch übergibt (Ex 31,18; 32,15). Dass darauf der Dekalog stand, sagt eindeutig erst das Dtn (Dtn 4,12f.; 10,4). Es ist auch erwogen worden, ob die *ʿedut* noch weitere Schriftstücke gesetzlichen Inhalts umfasst hat.[24] Indessen sind Spekulationen darüber wohl mü-

---

23 ארון: Ex 25,10 u. ö.; 35,12; 37,1.5; 40,3.20f. u. ö.; ארון העדות: Ex 25,21f.; 26,33f.; 30,6.26; 39,35; 40,3.5.21 u. ö.

24 Vgl. dazu UTZSCHNEIDER, Heiligtum, 111–115.

204 Ex 25,10–22: Im Allerheiligsten: Die Lade mit dem Gesetz und dem Sühnmal

ßig. *'edut* ist wie „Tora" oder „Gesetz" ein Inbegriff göttlicher Willensbekundung. Wenn *'edut* mit den von Jʜᴡʜ selbst *beschriebenen*[25] Tafeln assoziiert wird, dann geht es nicht so sehr um den genauen Wortlaut, sondern in erster Linie um das Gesetz als solches (vgl. dazu auch die Auslegung von Ex 32,15f.19f.). Mit der *'edut* in der Lade findet *das Gesetz bzw. Gebot* Eingang ins Sinaiheiligtum, und zwar am vornehmsten Platz, der dort zu vergeben ist: im Allerheiligsten der Wohnung (vgl. 26,33f.). M. a. W.: Im (Sinai-)Heiligtum werden Jʜᴡʜ und sein Gebot gleichermaßen gegenwärtig sein.

kapporät/
Sühnmal

In den V. 17–20 wird die Herstellung des *kapporät* genannten Bauteils sowie der Keruben beschrieben. Das Lexem כפרת *kapporät* kommt – mit Ausnahme von 1 Chr 28,11 – nur im Zusammenhang mit dem Sinaiheiligtum und der dort platzierten Lade vor (Ex 25–40 passim; Lev 16,2.13.15; Num 7,89). Es ist von כפר *kpr* abgeleitet, von der das Wort zwei Bedeutungsvarianten auf sich vereinigt hat.

Deckel

Im Pi'el *kipper* bedeutet das Verbum „bedecken", allerdings zumeist in metaphorischem Sinn (etwa Zorn „besänftigen" in Gen 32,21 oder „Schuld zudecken"). Nur in Gen 6,14 meint *kpr* Qal „zudecken" und zwar konkret „(die Arche) mit Pech abdecken, abdichten". Ungeachtet der schmalen semantischen Basis für die Bedeutung „bedecken" spielt diese hier wohl doch eine Rolle. Die *kapporät* passt exakt auf die Lade. Im konkreten Sinne kann man sie also als deren Deckel verstehen.

Sühnmal

In der großen Mehrzahl seiner Belege ist כפר *kipper* indessen ein priesterlicher terminus technicus für die Sühne im Kult des Heiligtums. „Sühne" entfernt Unreinheit und Schuld, macht damit Personen oder Sachen für die kultische Präsenz Jʜᴡʜs bereit und schützt sie vor den bedrohlichen Wirkungen, die von der Nähe Gottes auf die menschliche Sündensphäre ausgehen. Im Kult wird diese Sühne meist durch Opfer, insbesondere das „Sündopfer", bewirkt (vgl. dazu die Auslegung zu Ex 29,10–14). Die Lade und der Raum, in dem sie stehen wird, sind das Zentrum der Gottespräsenz im Sinaiheiligtum. Personen, die diesem Ort nahekommen, sind der Sühne bedürftig, sei es Mose (vgl. V. 22 und die Auslegung dazu), der Hohepriester (Lev 16,2) oder die Leviten, die die Lade tragen (Num 4,5). Von dieser ihrer Hauptfunktion her ist die *kapporät* in der Tat so etwas wie ein wirkmächtiges Zeichen der Sühne, ja geradezu ein „Sühneapparat"[26]. Wir übersetzen deshalb mit „Sühnmal" (vgl. Textanm. 17ᵃ).

Dieses Sühnmal ist in erster Linie auf die Gegenwart Gottes im Kult bezogen. Seine Bedeutung lässt sich u. E. noch weiter fassen, und zwar als Realsymbol für den „immer wieder zur Sühne und Versöhnung bereiten Gott"[27]. Diesen Sinn erhält die *kapporät* auch in der christologischen Interpretation in Röm 3,25. Es heißt dort, Gott habe ihn, Christus Jesus, „(öffentlich) hingestellt als ἱλαστήριον (so übersetzt die LXX *kapporät*) durch den Glauben mittels seines Blutes zum Zeichen seiner (Gottes) Gerechtigkeit zur Vergebung der Sünden". Wie die *kapporät* des Heiligtums ist der gekreuzigte Christus Jesus das wirkmächtige Zeichen der Sündenvergebung.[28]

---

25 Vgl. Ex 24,12; 32,15f. und Jᴀɴᴏᴡsᴋɪ, Sühne, 294.

26 Uᴛᴢsᴄʜɴᴇɪᴅᴇʀ, Heiligtum, 121

27 Aʟʙᴇʀᴛᴢ, Exodus 19–40, 160.

28 Vgl. zu dieser Deutung Bʀᴇʏᴛᴇɴʙᴀᴄʜ, Versöhnung, 166–168. Zu *kapporät* bzw. ἱλαστήριον in Hebr 9,5 vgl. Kʀᴀᴜs, Aufnahme, 105–108.

Synchrone Analyse

Mit der Präsenz Gottes im Heiligtum haben auch die beiden Keruben (כרבים) zu **Keruben**
tun (V. 18–21). Sie seien aus Gold anzufertigen, und zwar als „getriebene Arbeit"
(vgl. dazu 25,3b) „von den beiden Enden des Sühnmals her" (מִשְּׁנֵי קְצוֹת הכפרת).
Handwerklich lässt diese Anweisung zwei Deutungen zu. Die Keruben können in
Form eines erhabenen Reliefs aus der Goldplatte der *kapporät* herausgearbeitet
sein,[29] oder separat aus Goldblech geformt und dann auf den beiden Enden aufge-
lötet sein. Da Keruben als Gestalten mit Tierleibern, menschlichen Gesichtern und
Flügeln vorzustellen sind, ist die letztere Variante u. E. die wahrscheinlichere.
Darüber hinaus sind Kerubendarstellungen in die innere Decke der Wohnung und
die „Abtrennung" eingewoben (vgl. Ex 26), so dass das Allerheiligste insgesamt
von Kerubenfiguren umgeben ist. Sie fungieren als Wächter- und Schutzgenien
(vgl. auch Gen 3,24) für den in und auf der Lade präsenten Gott.

Die beiden Figuren auf der *kapporät* sollen ihre Gesichter einander zuwenden.
Dies weist darauf hin, dass sich das Ladekonzept der Heiligtumstexte gezielt gegen
die traditionelle Jerusalemer Thronvorstellung wendet, in der die Keruben als
Armlehnen des Gottesthrones parallel stehen und ihre Gesichter mithin nach vorne gerichtet sind (vgl. 1 Kön 6,20–28). Die Lade des Sinaiheiligtums ist kein Thron,
und Jhwh ist nicht als „Kerubenthroner" über ihr präsent.[30]

Die abschließenden V. 21f. fassen Gestalt und Bedeutung des Ensembles von
Lade und *kapporät* zusammen und bestimmen dabei die Gottespräsenz in bzw. über
der Lade.

V. 21 wiederholt die Anweisung an Mose, die *'edut* in die Lade zu legen. Die **Gesetz und**
Lade mit dem Gesetz ist bekrönt von der *kapporät*, also einem wirkmächtigen **Gnade**
Zeichen von Sühne und Vergebung. In Begriffen der christlichen Theologie könnte
man sagen: Das Gesetz Gottes soll nicht ohne Gnade sein.[31]

V. 22 fügt eine weitere Dimension der Gottespräsenz hinzu: die Begegnung im **Begegnung**
und durch das Reden Gottes. In den meisten Übersetzungen und Kommentaren
wird נועדתי mit „begegnen" übersetzt. Allerdings bedeutet die Nifʿalform der Wurzel *jʿd* nicht „begegnen", sondern „sich begeben" (vgl. Textanm. 22ª). Der Text
hebt damit hervor, dass Gott seinem eigenen, freien Willensentschluss folgt, wenn
er sich zur Lade bzw. dem Sühnmal („dorthin") begibt. Zur Begegnung wird diese
Bewegung erst dadurch, dass sie Mose bzw. den Israeliten (Ex 29,42f.) gilt und den
Zweck hat, „mit dir (scil. Mose) zu reden" (ודברתי אתך) und die Gottesworte als
Gebote den Israeliten zu übermitteln (צוה Pi.).

Das heißt: Im Sinaiheiligtum setzt sich die Aufgabe des Mose fort, die Worte
und Gebote Jhwhs weiterzugeben. Programmatisch war davon in Jitros Ratschlag
an seinen Schwiegersohn die Rede (Ex 18,20). Vor der ersten Sinaitheophanie hat
Mose dem Volk die Verheißung Jhwhs übermittelt und die Antwort der Ältesten
überbracht (19,6–8). Nach der theophanen Proklamation des Dekalogs verlangt das

---

29 So z. B. Rashi, 256, zu V. 19.

30 Die entsprechende ältere These ist obsolet. Vgl. dazu Janowski, Keruben, 259–263, sowie
    Albertz, Exodus 19–40, 160; Keel, Geschichte 2, 918; Propp, Exodus 19–40, 518f.

31 Luthers Übersetzung „Gnadenthron" bzw. „Gnadenstuhl" für *kapporät* (entsprechend
    NRSV rev. „mercy seat") bringt dies zum Ausdruck. Allerdings ist der Begriff durch
    eine christlich-trinitarische Vorstellung bestimmt, die dem Sinn der Sinaitexte fremd
    ist (vgl. dazu Utzschneider, Dachsfell und Gnadenthron, 148f.).

Volk selbst die Mittlerdienste des Mose (20,19), und so geschieht es dann mit den Worten des „Bundesbuches" (20,22; 24,3).

Der Mittlerdienst des Mose, sein prophetisches Amt, wird damit ans Heiligtum gebunden. Dabei bedarf Mose, wie jeder Mensch, der Gott nahe kommt, der Reinheit, der Sühne. Sie geht von der *kapporät* aus, die nun den Gottesberg als Ort der Gottesworte ersetzt.[32]

Diachrone Analyse

DtrG	HE	PK	TK
	25,10–22		

Die Handlungsanweisungen des vorliegenden Abschnitts haben ihr Gegenstück im Ausführungsbericht Ex 37,1–9. Anders liegt der Fall bei der Zweckbestimmung des Sühnmals (25,22), die wie alle Zweckbestimmungen kein Gegenstück im Ausführungteil hat. Der Text entspricht somit durchgehend dem, was in der Heiligtumserzählung zu erwarten ist. Die Vorstellung, dass Jhwh im Verborgenen mit Mose redet, wurde von der P-Komposition auf den Berg übertragen, denn in dieser spricht Jhwh in der Abgeschiedenheit des Gipfels mit Mose (Ex 19,20; 24,15–18a; 34,2, vgl. Lev 7,38).

Synthese

Aus Sicht der diachronen Analyse hat die priesterliche Schicht das exklusive Reden Jhwhs zu Mose im Heiligtum (25,22 HE) auf das Bergszenario (Ex 19,20 PK) übertragen. Sie hat also ein Motiv aus ihrer Vorlage, der Heiligtumserzählung, in den eigenen Text eingetragen. In synchroner Perspektive hat die P-Komposition damit die Erzähllinie des Jetzttextes vorgezeichnet, die durch den „Wohnungswechsel" Gottes vom Berg ins Heiligtum – theologisch gesagt: durch seine Kondeszendenz – bestimmt ist. Dass Jhwh nicht mehr (nur) am oder auf dem Berg, sondern im künftigen Heiligtum zu Mose bzw. zu den Israeliten reden wird, ist eine der Voraussetzungen dafür, dass er mit und inmitten der Israeliten gehen wird. Erst dadurch wird das Heiligtum ein „wandelnder Sinai"[33]. Es zeigt sich, dass Vorgänge der Literargeschichte keineswegs nur Inkohärenzen verursachen, sondern auch Kohärenzlinien im Jetzttext hervorbringen.

---

32 Die Szenerie erinnert an die Berufungserzählung des Propheten Jesaja in Jes 6,1–13. Jhwh spricht dort von einem „hohen und erhabenen Thron" (Jes 6,1) aus und ist dabei von „Serafen" umgeben. Analog zu den Keruben in Ex 25,22 sorgt einer dieser Serafen dafür, dass die dem Menschen Jesaja anhaftende Sünde gesühnt wird (Jes 6,7, כפר Pu.). So ist dieser dann bereit, die Worte Jhwhs entgegenzunehmen (Jes 6,9–13). Vgl. ausführlich dazu Utzschneider, Heiligtum, 120f.

33 Vgl. Jacob, Exodus, 756f.; vgl. die Einleitung zur Sinaiperikope (synchron) und die Auslegung zu Ex 40.

Ex 25,23–40: Im Heiligen: Der Schaubrottisch und der Leuchter

23 Dann sollst du einen Tisch [a]aus Akazienholz[a] machen, zwei Ellen lang und eine Elle breit und eineinhalb Ellen hoch, 24 [a]und du sollst ihn mit reinem Gold überziehen.[a] Dann sollst du eine goldene Randleiste[b] um ihn herum anbringen 25 und für ihn eine umlaufende Verstrebung[a] von einer Handbreite anfertigen und eine goldene Leiste für seine Einfassung rund herum anbringen. 26 Dann sollst du für ihn vier goldene Ringe machen und die Ringe an den vier Ecken anbringen, die an seinen vier (Tisch-)Beinen sind. 27 Dicht an der Verstrebung sollen die Ringe (angebracht) sein als Halterungen für Stangen, um den Tisch tragen zu können. 28 Dann sollst du die Stangen aus Akazienholz machen und sie mit Gold überziehen, damit man mit ihnen den Tisch tragen kann.

29 Dann sollst du seine Schüsseln und seine Löffel und seine Schalen und seine Kannen anfertigen, mit denen das Trankopfer dargebracht wird. Aus reinem Gold sollst du sie machen.

30 Und auf den Tisch sollst du Schaubrot[a] legen, das ständig vor mir ist.

25,23–30: Schaubrottisch

31 Dann sollst du einen Leuchter aus reinem Gold machen. Als getriebene Arbeit sollst du den Leuchter machen. Sein [a]Fuß und sein Stamm, seine Kelche, seine Knospen und seine Blüten[a] sollen ein Stück mit ihm sein.[b] 32 Sechs Äste gehen aus seinen Seiten hervor, drei Äste aus der einen Seite und drei Äste aus der anderen Seite. 33 Drei Kelche [a]wie Mandelblüten, Knospe und Blüte[a], sind an jeweils[b] einem Ast. So soll es sein für die sechs Arme, die aus dem Leuchter[c] hervorgehen. 34 Und an dem Leuchter sollen vier Kelche wie Mandelblüten, seine[a] Knospen und seine Blüten, sein. 35 Und je eine Knospe soll unter je zwei Ästen sein für die sechs Äste, die vom Leuchter ausgehen. 36 Ihre[a] Knospen und [b]ihre Äste[b] sollen aus einem Stück mit ihm sein. Er soll ganz und gar ein Stück getriebener Arbeit aus reinem Gold sein.

25,31–40: Leuchter

37 Dann sollst du seine sieben Lampen machen. Man setze seine Lampen (so) oben auf, dass er nach vorne leuchte[a]. 38 Und seine Dochtscheren und seine Feuerschalen [seien] aus reinem Gold.

39 Aus einem Talent[a] reinen Goldes soll er ihn machen, (samt) all diese(n) Geräten.[b]

40 Sieh zu und fertige sie nach ihrem Plan, der dir (jetzt gerade) auf dem Berg gezeigt wird.

Anmerkungen zu Text und Übersetzung

23[a–a] LXX: „einen Tisch aus reinem Gold" entsprechend dem goldenen Tisch im Salomonischen Tempel (1 Kön 7,48MT; 3 Kön 7,34LXX), vgl. die folgende Anm.

24[a–a] Der Satz hat kein Äquivalent in der LXX.

24[b] Vgl. Textanm. 25,11[a].

25[a] Zur Übersetzung vgl. die Auslegung.

30[a] Die Wortverbindung לחם פנים ist wörtlich mit „Angesichts-Brot" wiederzugeben und als „Brot des (göttlichen) Angesichts, d. göttlichen Gegenwart" (GesL 1061) zu verstehen; vgl. NRSV „bread of the presence". Die gängige Wiedergabe mit „Schaubrot", die wir beibehalten, geht wohl auf die Übersetzung der Vulgata „panes propositionis" zurück.

31[a-a] Zur Terminologie der Teile des Leuchters, die wir als Pflanzenmetaphorik verstehen, vgl. die Auslegung.

31[b] Wörtlich „... sollen von ihm her sein". Vgl. V. 36 und DOHMEN, Exodus 19–40, 237.

33[a-a] Das Nomen גביע „Kelch" wird durch zwei Appositionen näher bestimmt: 1. durch מְשֻׁקָּדִים, ein Ptz. Pu'al des Verbums שׁקד₂, abgeleitet von שָׁקֵד, Mandel, das wörtlich mit „mandel(blüten)artig geformt" wiedergegeben ist, und 2. durch die Nomina כפתור „Knospe" und פרח „Blüte".

33[b] Die Wiederholung des Satzes im Hebräischen hat distributiven Sinn, vgl. auch V. 35.

33[c] Hier ist das stammartige Zentralstück des Leuchters gemeint.

34[a] Die Pronomina fem. Sing. an כפתור und פרח sind wohl auf die מנרה bezogen.

36[a] Das Pronomen „ihre" bezieht sich wohl auf die „Kelche" in V. 34.

36[b-b] Es ist unklar, ob das Nomen קנות im Fem. Plural hier ebenso wiedergegeben werden kann wie sonst das Mask. קנים, nämlich mit „Arme" bzw. in unserer Übersetzung „Äste". Es ist auch unsicher, worauf das Pronomen an קנות zu beziehen ist. ALBERTZ, Exodus 19–40, 145.163 vermutet mit CASSUTO, Exodus, 344, eine abweichende Bedeutung für קנות. Es bedeute hier so etwas wie Schultergelenk für die „Arme" und übersetzt „Armmuffen". Wir nehmen für den Pl. קנות keine Bedeutungsänderung an (GesK § 87m) und beziehen das Pronomen auf die den Ästen jeweils zugehörigen „Knospen", über denen sie hervorgehen (V. 35).

37[a] Wörtlich: „dass er (der Leuchter) an seiner Vorderseite Schein gebe" (vgl. GesL 917).

39[a] Ein כִּכָּר („Talent" nach dem Griechischen) entspricht 3000 Schekel (à ca. 11,4 g), also etwa 34 kg (BRL 93).

39[b] Sam und Syr schließen „alle Geräte" mit „und" (ואת) an (vgl. Ex 37,24).

Synchrone Analyse

Tisch Tisch und Leuchter sollen vor der „Abtrennung", im vorderen, „das Heilige" genannten Raum (vgl. Ex 26,31–35) der Wohnung platziert werden. Der Räucheraltar, der ebenfalls hier stehen soll, kommt erst in Ex 30,1–10 hinzu.

Wie die Lade soll der Tisch aus Akazienholz geschreinert und mit feinem Gold überzogen werden. Auch die Dimensionen von 2 × 1 × 1,5 Ellen (0,90 × 0,45 × 0,675 m) entsprechen etwa denen der Lade. Die schmale „Randleiste", ein umlaufendes Schmuckband, ist wohl an oder auf dem Rand der Tischplatte angebracht. Die umlaufende Leiste (מסגרת von סגר „einschließen") darunter ist breiter vorzustellen (etwa 7–8 cm). Sie dient der Stabilisierung, wir nennen sie deshalb „Verstrebung"[34]. Nach V. 25 ist die „Verstrebung" ebenfalls mit einer goldenen Randleiste versehen. Vergleichbar konstruiert war wohl ein altägyptischer Tisch aus dem 16./17. Jh. v. Chr.[35] Wie die Lade soll auch der Tisch tragbar sein, weswegen er mit goldenen Ringen ausgestattet sein soll.

Gefäße Die Gefäße, deren Herstellung in V. 29 geboten wird, sollen aus reinem Gold gefertigt werden. Sie gehören zum Inneren der Wohnung und zum dort geübten

---

34 Vgl. FRITZ, Tempel, 140.

35 Vgl. FISCHER, Art. Möbel, Abb. 14. Analog war wohl auch der Tisch aus dem herodianischen Tempel konstruiert, der auf dem Titusbogen in Rom zu sehen ist (vgl. HACHLILI, The Menorah, 8).

Synchrone Analyse

Kult[36], anders als die Gefäße und Geräte des Brandopferaltars, die aus Bronze gefertigt werden (Ex 27,3).

In den „Schüsseln" (קערות) wird gewöhnlich mit Öl gemischtes „Feinmehl" als „Speiseopfer" (מנחה minḥâ, vgl. Lev 2,1f.; Num 7,13) dargebracht; manche meinen auch, dass diese Gefäße das Schaubrot aufgenommen haben. Mit Hilfe der „Löffel" (כף, eigentlich: „hohle Hand") wurde Räucherwerk geopfert. Die „Schalen" (מנקיות) und „Kannen"[37] (קשות) werden für die Darbringung von Flüssigkeiten („Trankopfer") verwendet.

> Diese Utensilien deuten an, dass der Tisch und das auf ihm liegende „Schaubrot" (V. 30) auch als (vegetabiles) „Speiseopfer" (minḥâ) zur Versorgung der Gottheit verstanden werden kann. Dafür spricht auch eine Notiz in Lev 24,5–9. Allerdings ist in Lev 24,5 eben nicht von „Schaubrot" die Rede. Dies weist darauf hin, dass für das Brot (Sg.) nach Ex 25 der Opfercharakter nicht im Vordergrund steht.

Das „Schaubrot" gehört gewissermaßen zum sakralen Inventar, so dass es Teil der Anweisung zum Bau sein kann (V. 30). Dementsprechend erzählt Ex 40,23, Mose habe den Tisch mit dem Brot vor Jhwh bereitet. Wie bereits angemerkt (vgl. Textanm. 30ª), ist die Wiedergabe „Schaubrot" für לחם פנים irreführend; wörtlich bedeutet die Wendung „Angesichts-Brot". Dabei steht „Angesicht" hier für das Angesicht Gottes und damit – wie in Ex 33,14.20 – für dessen Präsenz. Wie Lade und *kappōrät* sowie auch – wie wir sehen werden – der Leuchter, repräsentieren der Tisch und das Brot, ja selbst die Düfte von Salböl und Räucherwerk (Ex 30,22–38) in erster Linie die Gegenwart Gottes.

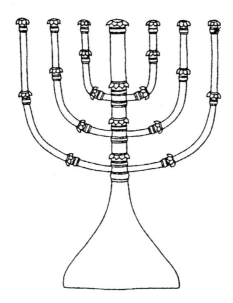

Abb. 7: Rekonstruktion des Leuchter-Typus.[38]

---

36 Vgl. zum Folgenden Propp, Exodus 19–40, 395f.
37 So KBL³ 1073.
38 Der Typus der Abb. ist in der Auslegungsliteratur nahezu ubiquitär vertreten (Abb. aus Keel, Geschichte 2, 925 nach Hachlili, The Menorah, 15; vgl. auch Propp, Exodus 19–40, 398).

210   Ex 25,23–40: Im Heiligen: Der Schaubrottisch und der Leuchter

Leuchter Der Leuchter, die Menorah (מנורה *menôrâ*), ist seit der Spätantike ein Nationalsymbol des Judentums. Heute bildet sie das Wappen des Staates Israel. Ex 25,31–40 lenkt zunächst alle Aufmerksamkeit auf die Machart dieses Sakralgegenstandes. Das Materialgewicht von einem Talent Gold, was etwa 34 kg entspricht (vgl. Textanm. 39[a]), impliziert ein Objekt beachtlicher Größe.[39] Der Leuchter soll eine „getriebene Arbeit" (מִקְשָׁה, vgl. dazu Ex 25,3) aus feinem Gold sein. Dabei soll er aus *vielen* einzelnen Teilen bestehen und (gleichwohl) aus *einem* Stück sein (V. 31). Es gibt eine Fülle von Rekonstruktionen, die auf archäologischen und kunstgeschichtlichen Beispielen beruhen (vgl. oben Abb. 7). Die Frage ist u. E. aber, ob solche Rekonstrukte die literarische Vorstellung „einzufangen" vermögen. Der Schlüssel zur literarischen Vorstellung ist u. E. die Pflanzenmetaphorik, die die Beschreibung des Leuchters[40] ganz überwiegend prägt. (Neuzeitliche Übersetzungen bevorzugen Metaphern des Körpers wie „Fuß" oder „Arm", die im hebräischen Text auch, aber u. E. in zweiter Linie präsent sind.)

Pflanzen-Metaphorik

Das Lexem יָרֵךְ, das wir mit „Fuß" wiedergeben, bedeutet die Hüfte (Gen 32,26), bei Tieren die „Keule" (Ez 24,4).[41] Technisch ist dazu wohl an eine verbreiterte, schwere Basis zu denken, die im Deutschen (körpermetaphorisch) „Fuß" genannt wird. Das hebräische Lexem קָנֶה (wir übersetzen mit „Stamm") hat die Grundbedeutung „Rohr" und fächert sich in viele spezielle Bedeutungen auf, z. B.: Schilfrohr oder Stengel (Jes 19,6), der (geknickte) Rohrstab oder das Würzrohr (Ex 30,23, vgl. dazu die Auslegung; Jes 42,3), die Röhre des Oberarmknochens (Hi 31,22). Zusammengenommen ergibt diese Metaphorik für das Zentralstück des Leuchters die Vorstellung eines unten verdickten Stengels oder Stamms.[42] Die Teile des Leuchters, die im Deutschen meist körpermetaphorisch als Seiten„arme" verstanden werden, werden im Hebräischen mit dem (mask.) Plural קָנִים von קָנֶה, „Stengel/Stamm" bezeichnet (V. 32f.). Pflanzenmetaphorisch werden sie am besten als (Seiten-)Triebe oder Äste zu verstehen sein. Daraus ergibt sich zunächst die Vorstellung einer Staude bzw. eines Baumes mit sechs Seitenästen und dem Haupttrieb in der Mitte. Somit ist der Leuchter „siebenarmig".

Aus den Ästen sowie dem Haupttrieb gehen mehrere גְבִעִים hervor. גָבִיעַ wird in Gen 44,12.16f. ein Trinkgefäß genannt, wir übersetzen mit „Kelch". Dazu werden zwei Präzisierungen gegeben (V. 31.33f.): Die „Kelche" sollen „wie Mandelblüten" sein und aus כפתור und פרח bestehen.[43] כפתור ist zunächst der Name für die Insel Kreta (z. B. Am 9,7). Es meint hier ein Teil „nach kretischer Art", nach Am 9,1 und Zeph 2,14 wohl ein (Säulen-)Kapitell. Kapitelle sind häufig mit Pflanzenmotiven wie Blättern, Blüten und Knospen versehen. פרח ist in Num 17,23 explizit die (einzelne) Mandelblüte, in Jes 18,5 die Blüte des Weinstocks. Die drei Termini beschreiben also die Mandelblüte insgesamt (Abb.). Je drei Blütenkelche sollen aus den sechs Seitentrieben hervorgehen und vier aus dem mittleren Trieb. Mit insgesamt 22 „Kelchen" ist der Leuchter also fast schon mit Blüten „übersät".

---

39 Nach Rashi (RASHI, 259) war der Leuchter 18 Handbreiten (etwa 1,40 – 1,50 m) hoch, was ein bequemes Entzünden und Löschen der Lichter erlauben würde.

40 Vgl. dazu auch MEYERS, Tabernacle Menorah, 17–34.

41 Vgl. GesL 498.

42 Vgl. PROPP, Exodus, 19–40, 398.

43 Vgl. BAENTSCH, Exodus, z. St.

Synchrone Analyse

Abb. 8: Mandelblüten.[44]

Diese Metaphorik lässt den Leuchter vor dem inneren Auge der Leserinnen und Leser als Baum, und zwar genauer als blühenden Mandelbaum erscheinen, was dem Leuchter ein elegantes, heiteres Erscheinungsbild verleiht. An den Spitzen seiner sieben Triebe soll der Leuchter je eine Öllampe tragen, die den Raum vor ihm erleuchten (V. 37). Wenn die Triebe des Leuchters in Längsrichtung des Raumes stehend gedacht sind, erhellen die Flämmchen der Lampen den Mittelgang des „Heiligen", wenn sie quer stehen, die „Abtrennung" mit ihren Keruben (vgl. Ex 26,31). Dazu spiegeln sie sich im goldenen Überzug der Holzvertäfelung (vgl. Ex 26,29) des „Heiligen". Wie die Geräte des Tisches sind auch die des Leuchters (V. 38) aus „feinem Gold".

Durch seine Baumgestalt repräsentiert der Leuchter den „Lebensbaum" (Gen 2,9; Gen 3,22.24; Spr 3,18; 11,30 u. ö.; vgl. auch Hld 7,6–10). Das Motiv geht zurück auf eine reiche und vielgestaltige Tradition heiliger Bäume im Alten Orient und in Ägypten.[45] Im Alten Testament ist „der hl. Baum ... mit dem Gottesgarten verbunden, er ist auch konkret ein Symbol des Tempel- und Palastbereichs ..." und er steht „für die geordnete Welt (Kosmos) und das durch diese Ordnung ermöglichte Leben"[46]. In der Deutung der fünften Vision des Sacharja (Sach 4,1–14) schließlich steht der goldene Leuchter mit den sieben Lampen und die sieben mal sieben Brennstellen für „JHWHS Epiphanie"[47]. In

---

44 Aus Pabst, Köhler's Medizinal-Pflanzen, Gera 1887, entnommen aus: https://commons.wiki media.org/wiki/File:Prunus_dulcis_-_K%C3%B6hler%E2%80%93s_Medizinal-Pflanzen-250.jpg.
45 Vgl. Schroer, Art. Lebensbaum, 602f. mit Literatur.
46 Schroer, Art. Lebensbaum, 603.
47 Lux, Sacharja 1–8, 376.

der späteren jüdischen Auslegung hat der Leuchter mannigfache Ausdeutungen erfahren.[48]

Abschließend (V. 40) verweist Jhwh den Mose auf die *tabnît* (Ex 25,8f.), die ihm nach wie vor vor Augen gestellt ist. Wir Leserinnen und Leser sind auf den überlieferten Text und dessen Auslegungen gewiesen, sowie auf die Plan-Fiktionen, die sich daraus ergeben.[49]

Diachrone Analyse

DtrG	HE	PK	TK
	25,23–39	25,40	

Plan und Berg · In Ex 25,40 wird zum zweiten Mal auf einen Plan verwiesen, der dem Mose gezeigt wird. Hier kommt nun eine weitere Auffälligkeit hinzu: der Berg. Der erscheint in den Heiligtumstexten sonst nur noch in 26,30 und 27,8b, auch dort jeweils in Kombination mit dem Motiv einer visuellen Instruktion Moses. Die sieben Gottesreden der Heiligtumserzählung sind eigentlich nicht lokalisiert und werden nur durch die von der P-Komposition eingefügten Verbindungsstücke Ex 24,15–18 und 31,18 auf den Berg versetzt. Diese Lokalisierung fehlt markanterweise in Ex 40,1, der Redeeinleitung zu jener Gottesrede, die die Aufstellung des Zeltheiligtums anordnet. D. h., dort wurde die Anpassung an das Gottesberg-Szenario nicht vorgenommen.

Ex 26,1–37: Die Wohnung

26,1–6: Innere Decke – Wohnung im engeren Sinn · 1 Die Wohnung[a] sollst du aus zehn Stoffbahnen[b] machen. Aus [c]gezwirntem Leinen, aus blauem und rotem Purpur und Karmesin (mit) Keruben als Kunstweberarbeit[c] sollst du sie machen. 2 Die Länge (jeweils) einer Bahn beträgt achtundzwanzig Ellen und die Breite (jeweils) einer Bahn vier Ellen: Gleiche Maße sollen alle Bahnen haben. 3 (Je) fünf Bahnen sollen zusammengefügt sein, eine an die andere, und (noch einmal je) fünf Bahnen sollen aneinandergefügt sein, eine an die andere. 4 Dann sollst du Schlaufen von blauem Purpur am Rand der einen Bahn anbringen, (die sich) am Ende des Gebindes[a] (befindet). Ebenso sollst du mit dem Rand der äußeren Bahn verfahren, (die sich) am zweiten Gebinde befindet. 5 Fünfzig Schlaufen sollst du an der einen Bahn anbringen und fünfzig Schlaufen sollst du

---

48 Die Kabbalah etwa sieht ihn als „sephirotischen Baum", der die zehn Eigenschaften Gottes verkörpert, vgl. Krochmalnik, Exodus im Judentum, 126f.

49 Vgl. dazu die Auslegung zu Ex 25,8f.

Ex 26,1–37: Die Wohnung

am Ende der Bahn anbringen, die sich am zweiten Gebinde befindet. Gegenüber liegen[a] sollen sich die Schlaufen, eine der anderen. 6 Dann sollst du fünfzig goldene Haken machen, so dass du die Bahnen, eine mit der anderen, mittels der Haken verbinden kannst und es *eine* Wohnung wird.

7 Dann sollst du Zeltbahnen aus Ziegenhaar als [a]Zelt über der Wohnung[a] anfertigen, elf Zeltbahnen sollst du anfertigen. 8 Die Länge (jeweils) einer Zeltbahn beträgt dreißig Ellen und die Breite (jeweils) einer Bahn vier Ellen. Gleiches Maß sollen die elf Bahnen haben.

26,7–13:
Äußere Decke
– Zelt über
der Wohnung

9 Dann sollst du fünf Zeltbahnen zu einem Stück[a] verbinden und sechs Bahnen als ein (weiteres) Stück und die sechste Bahn doppelt legen vorne am Zelt[b]. 10 Und du sollst fünfzig Schlaufen am Rand der einen Bahn anbringen, außen an dem einen Gebinde, und fünfzig Schlaufen am Rand der Bahn des zweiten Gebindes. 11 Und du sollst fünfzig Haken aus Bronze machen und die Haken an den Schlaufen anbringen und das Zelt zusammenbinden, so dass es eines ist.

12[a] Und den überschüssigen Überhang an den Bahnen des Zeltes, die Hälfte der überschüssigen Bahn, sollst du überhängen lassen über die Rückseite der Wohnung. 13 Und einen Überschuss von beidseits einer Elle (gibt es) an der Längsseite der Bahnen des Zeltes. Es soll ein Überhang sein an den beiden Seiten der Wohnung, um sie[a] zu bedecken.

14 Dann sollst du eine Überdecke für das Zelt aus roten Widderhäuten anfertigen und eine Überdecke aus (Ziegen-)Häuten[a] darüber.

26,14:
Überdecken

15 Dann sollst du die Holzteile[a] für die Wohnung machen, (aus) Akazienholz, (die) aufrecht stehen. 16 Zehn Ellen sei das Holzteil lang, und eineinhalb Ellen breit das einzelne Holzteil. 17 Zwei Zapfen[a] sollen zu jedem einzelnen Holzteil gehören; eines sei mit dem anderen verbunden, so sollst du mit allen Holzteilen der Wohnung verfahren.

26,15–25:
Holzteile

18 Und du sollst die Holzteile für die Wohnung machen, (nämlich) zwanzig Holzteile für die Südwand, nach Süden[a] hin; 19 und vierzig silberne Sockel[a] sollst du anbringen unter den zwanzig Holzteilen, je zwei Sockel unter jedem Holzteil für die beiden Zapfen. 20 Und (auch) für die zweite Wand der Wohnung an der Nordseite[a] [sollst du] zwanzig Holzteile [herstellen] 21 und deren vierzig silberne Sockel, je zwei Sockel unter jedem Holzteil. 22 Für die Westseite der Wohnung sollst du sechs Holzteile machen. 23 Und zwei Holzteile sollst du machen für die Ecken der Wohnung an den beiden Seiten. 24 Sie sollen Zwillinge[a] sein unten, und gleichermaßen sollen sie Zwillinge[b] sein oben, zum (jeweils?) ersten Ring[c]. So soll es für beide sein. Für die beiden [rückseitigen] Ecken sollen sie sein. 25 Es sollen acht Holzteile sein, und ihre silbernen Sockel sollen sechzehn Sockel sein, zwei Sockel unter je einem Holzteil.

26 Dann sollst du Querhölzer[a] aus Akazienholz anfertigen, fünf für die Holzteile der einen (Längs-)Wand der Wohnung 27 und fünf Querhölzer für die Holzteile der zweiten (Längs-)Wand der Wohnung und fünf Querhölzer für die Holzteile der Wand der Wohnung an der westlichen Seite. 28 Das mittlere Querholz in der Mitte der Holzteile (soll) von einem Ende zum anderen verlaufen. 29 Und die Holzteile sollst du mit Gold überziehen und ihre Ringe sollst du aus Gold anferti-

26,26–29:
Querhölzer

214 Ex 26,1–37: Die Wohnung

gen als Halterungen für die Querhölzer, auch sollst du die Querhölzer mit Gold überziehen.

26,30:
Errichtung

30 Dann sollst du die Wohnung errichten in der Art und Weise[a], wie sie dir auf dem Berg gezeigt wurde.

26,31–33:
Abtrennung

31 Dann sollst du eine Abtrennung[a] machen aus blauem und rotem Purpur, aus Karmesin und gezwirntem Leinen. Als Kunstweberarbeit soll man sie herstellen, (mit) Keruben. 32 Und du sollst sie an vier Pfosten aus Akazienholz mit Goldüberzug anbringen, und ihre Gabeln[a] (sollen) aus Gold sein, auf vier silbernen Sockeln (sollen sie stehen). 33 Und du sollst die Abtrennung unter den Haken[a] aufstellen. Und bringe dort, hinter die Abtrennung, die Lade des Gesetzes hinein, so dass die Abtrennung für euch scheide zwischen dem Heiligen und dem Allerheiligsten.

26,34–35:
Einrichtung
der Wohnung

34[a] Und du sollst das Sühnmal auf die Lade des Gesetzes stellen im Allerheiligsten 35 und den Tisch außerhalb der Abtrennung aufstellen und den Leuchter gegenüber dem Tisch an die Südseite der Wohnung. Den Tisch sollst du an die Nordseite stellen.

26,36–37:
Eingang

36 Dann sollst du einen Vorhang für den Eingang des Zeltes machen aus blauem und rotem Purpur, aus Karmesin und gezwirntem Leinen als Buntweberarbeit. 37 Dann sollst du für den Vorhang fünf Pfosten aus Akazienholz anfertigen und sie mit Gold überziehen. Auch ihre Gabeln seien aus Gold. Dann sollst du für sie fünf bronzene Sockel gießen.

Anmerkungen zu Text und Übersetzung

1[a] LXX gibt המשכן mit ἡ σκηνή „das Zelt" wieder (so auch V. 6). Zur Terminologie und den Konzepten für das Heiligtums-„Gebäude" vgl. die Auslegung.

1[b] Zur Terminologie der Textilien vgl. die Auslegung von V. 1.

1[c-c] Zu den Textilien vgl. die Textanm. 25,4[abc], zu den verschiedenen Macharten und ihrer Bedeutung für das Heiligtum vgl. die Auslegung und den Exkurs „Web- und Stoffarten".

4[a] Mit GesL, 322, fassen wir das fem. Pt. חֹבֶרֶת (< חבר „verbunden sein") als Substantiv auf, es entspricht damit der Form מַחְבֶּרֶת (so bereits hier der Sam) in V. 4b.5. Es bezeichnet jeweils eines der beiden aus fünf Decken zusammengesetzten Stücke; wir übersetzen mit „Gebinde".

5[a] Andere Deutung des Hi. Pt. fem. מקבילת „einander entsprechen", „ineinandergreifen" (GesL 1143). Technisch geht es wohl darum, dass die Schlaufen an den jeweiligen Gebinden im gleichen Abstand angebracht sind, so dass sie durch die Haken (siehe V. 6) gut verbunden werden können.

7[a-a] Nachdem die LXX in V. 1 „Wohnung" bereits mit „Zelt" wiedergegeben hat, interpretiert sie hier die Funktion der Ziegenhaardecke als „Schutz (σκέπη) über dem Zelt (σκηνή)".

9[a] לבד, wörtlich: „gesondert".

9[b] Es wird nicht klar, ob die elfte Bahn um die Hälfte zurückgeschlagen oder als Ganze über die zehnte Bahn gelegt werden soll.

12[a] Die V. 12f. haben keine Entsprechung im Ausführungsbericht.

13[a] Gemeint ist die Wohnung.

14[a] Zu „Ziegenhäuten" und „Widderhäuten" vgl. Textanm. 25,5[a].

15[a] Außer in den Heiligtumstexten (mehrfach in Ex 26 und 36 sowie 35,11; 39,33; 40,18; Num 3,36; 4,31) kommt das Nomen קרש (qäräš, Pl. qᵉrāšîm) im AT nur noch in Ez 27,6 vor, wo es „Schiffsdeck" bedeuten könnte (GesL 1197); es ist also praktisch ein Spezial-

Anmerkungen zu Text und Übersetzung

215

terminus der Heiligtumstexte und aus diesem Kontext heraus zu deuten (zu möglichen Analogien in altorientalischen Texten vgl. neuerdings FLEMING, Mari's Large Public Tent).

17ᵃ Der hebräische Terminus יד „Hand bzw. Hände" ist hier metaphorisch als technischer Begriff gebraucht, den wir mit „Zapfen" wiedergeben. Nach V. 19 dienen die ידות dazu, die „Holzteile" mit den silbernen „Sockeln" zu verbinden. Das lässt an zwei Zapfen an der Unterseite der Holzteile denken, die die Holzteile wie Hände in ihrem jeweiligen Sockel halten. Anders PROPP, Exodus 19–40, 411–413 mit Abb. 10.

18ᵃ LXX: „nach Norden".

19ᵃ Das Lexem אדן meint einen in der Architektur „Sockelplinthe" genannten „Fundamentkörper", der hier entsprechend der Form der „Holzteile" quaderförmig zu denken ist (PELZL, *'aedaen, 44f.).

20ᵃ LXX: „nach Süden".

24ᵃ Das Lexem ת(ו)אמים bedeutet „Zwillinge" (vgl. z. B. Gen 25,24; 38,27), hier wird ihm von manchen auch die Bedeutung „doppelt" oder „zweifach" zugeschrieben (DILLMANN, Exodus, 323). Es ist aber wohl metaphorisch gebraucht und damit ein „nicht mehr verständlicher Terminus der Handwerkssprache" (BAENTSCH, Exodus, 232; vgl. auch Ex 36,29).

24ᵇ Mit Sam, LXX, Tg und dem Apparat der BHS (vgl. auch NOTH, Exodus, 171; anders CASSUTO, Exodus, 356) lesen wir auch hier das Nomen תאמים statt תמים („ganz, vollständig").

24ᶜ Mit dem „einen (oder auch: ersten) Ring" wird auf die goldenen Ringe verwiesen, in die die Querhölzer eingehängt sind (V. 29).

26ᵃ Das Nomen בריח bezeichnet sonst vor allem Riegel zum Verschließen von Toren (vgl. etwa Dtn 3,5; Ri 16,3). Hier haben die בריחים die Funktion, die Holzwände der Wohnung horizontal zu stabilisieren.

30ᵃ Zu dieser Wiedergabe von משפט vgl. GesL 760. LXX: „entsprechend dem Bild (εἶδος)" (vgl. Ex 25,9LXX).

31ᵃ Das Lexem פרכת, pārokät, bezeichnet im AT ganz überwiegend dieses Bauelement (vgl. Ex 27,21; 30,6; 36,35; 40,3; Lev 16,2.12.15; Num 4,5 u. ö.) und wird meist mit „Vorhang" wiedergegeben. Das Einrichtungsteil trennt den rückwärtigen Raum der Wohnung, das „Allerheiligste", vom vorderen Raum, dem „Heiligen" (vgl. V. 33). Allerdings besteht im hebräischen Text eine terminologische Differenz zu dem „Vorhang" am Eingang der Wohnung (V. 36), der „מסך" māsāk genannt wird. Dem entsprechen Unterschiede in der Machart und der Funktion. Die pārokät vor dem Allerheiligsten ist Kunstweberarbeit (vgl. Textanm. 1ᶜ), d. h., in sie sind Keruben eingewebt; dem māsāk als „Buntweberarbeit" fehlen diese figürlichen Darstellungen. Dies impliziert eine unterschiedliche Stellung der beiden Bauelemente im sakralen Raumkonzept der Wohnung. Die pārokät bildet die letzte Barriere zum Ort unmittelbarer kultischer Gegenwart Gottes über der Lade. Möglicherweise schwingen in dem Wort pārokät Bedeutungen ähnlicher akkadischer Wörter mit: einerseits „parakku ... Kultsockel; Heiligtum ... Cella" und andererseits „das Nomen pariktu ‚Quergelegtes, Absperrung'" (GANE/MILGROM, Art. פָּרֹכֶת pārokæt, 755). Wir geben pārokät mit „Abtrennung" wieder. Die pārokät wird – anders als im Baubericht 1 Kön 6–8 – in 2 Chr 3,14 auf den Tempel übertragen und in Sir 50,5 vorausgesetzt. In Synagogen bezeichnet פרכת den Vorhang der „Lade", hinter dem die Tora-Rolle aufbewahrt wird. In Klosterkirchen trennt der „Lettner" den Bereich der Ordensleute vom Gottesdienstraum der anderen Gläubigen. In orthodoxen Kirchen ist vor dem Altarraum eine annähernd raumhohe Bilderwand (Ikonostase) platziert.

32ᵃ PROPP, Exodus 19–40, 418 hat vorgeschlagen, das Lexem וו, wāw, mit „Y-bracket" zu übersetzen. Der Vorschlag geht von einer Entsprechung mit dem Buchstaben waw aus, der in den meisten althebräischen Schriftformen nach oben in eine Gabelung ausläuft. Sie sind auf die Pfosten aufgesetzt und dienen als Halterungen, entweder für Querstangen (vgl. zu Ex 27,11) oder unmittelbar für den Vorhang. Vgl. antike Darstellungen, auf denen Zeltstangen zu sehen sind, die nach oben in gabelartige Formen auslaufen (Staubli, Art. Zelt, Abb. 1,2 und 9). Wir übersetzen „Gabel".

33ª Gemeint sind die „Haken", die die beiden Gebinde der inneren Decken zusammenhalten (s. o. zu V. 6f.). Zur Bedeutung der Haken und ihrer Position über der „Abtrennung" für die Einteilung der Wohnung und deren Proportionen vgl. die Auslegung.

34ª Die V. 34–35 haben wie die V. 12f. im Ausführungsbericht kein Äquivalent.

Synchrone Analyse

„Wohnung" und „Zelt der Begegnung"

Der Begriff „Wohnung" (משכן) ist, wenn er – wie in der Überschrift dieser Auslegung – auf das Ganze des projektierten Gebäudes angewandt wird, ein „pars pro toto". Im engeren Sinn ist damit eine prächtige Decke aus zehn Zeltbahnen gemeint (Ex 26,1–6), über die eine weitere, äußere (Zelt-)Decke aus Ziegenhaarwolle (V. 7–13) sowie Tierhäute gebreitet sein sollen (V. 14). Die „Prachtdecke" wird als erste genannt und ausdrücklich als „die Wohnung" (המשכן) bestimmt (Ex 26,1). Durch ihre Machart, ihre Ausstattung und ihre Lage im Inneren des Gebäudes signalisiert auch sie die Gegenwart Jhwhs oder anders gesagt: seine Einwohnung im Heiligtum. Die anderen Teile der Wohnung werden meist durch ihre Lage zu dieser „Wohnung im engeren Sinne" bestimmt. Um keine begriffliche Verwirrung aufkommen zu lassen, werden wir im Folgenden den Begriff „Wohnung/משכן" ohne Zusatz für das Gebäude des Sinaiheiligtums verwenden; dies entspricht auch dem Sprachgebrauch im weiteren Kontext (vgl. Ex 26,26.30; 27,9; 35,11; 39,32; 40,2.17 u. ö.). Die Prachtdecke (Ex 26,1–6) werden wir als „Wohnung im engeren Sinn" oder „innere Decke" bezeichnen.

Zelt der Begegnung

Das Gebäude des Heiligtums interferiert im weiteren Folgekontext (ab Ex 27,21, häufiger in Ex 29f.) mit der Bezeichnung „Zelt der Begegnung" (אהל מועד, vgl. dazu Textanm. 25,22ª) und dann auch, vor allem in Ex 29, mit den Ortsbezeichnungen „Eingang des Zeltes der Begegnung" (פתח אהל מועד, Ex 29,4.11.32.42), „vor dem Begegnungszelt" (לפני אהל מועד Ex 29,10; Lev 3,8; 9,5) oder noch einfacher „vor Jhwh" (in Kombination mit „Eingang des Begegnungszeltes", Ex 29,42; Lev 4,4).[50]

Wohnen und Begegnen

Generell gesagt vertreten die beiden Wortfamilien „wohnen/Wohnung" (שכן/משכן) und „sich (zu einer Begegnung) begeben/Begegnung" (מועד/יעד) zwei Perspektiven auf das Heiligtum. „Wohnung" ist das Heiligtum für Jhwh (vgl. schon Ex 25,9). Die „Begegnung" mit Jhwh ermöglicht das Heiligtum für Menschen. Mose (vgl. Ex 25,22) und selten Aaron (Lev 16,2) begegnen Gott im Allerheiligsten, die gewöhnlichen Priester kommen Gott beim alltäglichen Kult im „Heiligen" bereits weniger nahe (Ex 27,20f.). Der Begegnungsraum für die Israeliten ist der „Eingang des Zeltes der Begegnung" (z. B. Lev 1,3.5), also der Bereich des Hofes (vgl. unten zu Ex 27,1–19), bis zum bronzenen (Brandopfer-)Altar.

Ein funktionales Ganzes wird das Sinaiheiligtum erst als „Wohnung" *und* als „Zelt der Begegnung" zusammen; erst wenn Jhwh den Israeliten und ihren Repräsentanten in seiner irdischen Wohnung „begegnet", hat Jhwh unter den Israeliten Wohnung genommen (vgl. Ex 25,8; Ex 29,43–45).

---

50 Vgl. die Planskizze zu Ex 25,8f., die Auslegung von Ex 29 und den Überblick bei Utz-schneider, Heiligtum, 124–127.

Synchrone Analyse

Der Aufriss von Ex 26,1–37 entspricht den Bauelementen der Wohnung:

Aufriss von 26,1–37

- 26,1–6: Die innere Decke – die „Wohnung" im engeren Sinn (המשכן)
- 26,7–13: Die äußere Decke – das „Zelt über der Wohnung" (אהל על המשכן)
- 26,14: Tierhäute als „Überdecken für das Zelt" (מכסה לאהל)
- 26,15–29: Der Holzeinbau
    - 26,15–25: Die aufrecht stehenden Holzteile (qᵉrašîm) für die Wohnung (הקרשים למשכן ... עמדים)
    - 26,26–29: Die Querhölzer für die Holzteile der Wände der Wohnung (לקרשי בריחם ... צלע המשכן...)
- 26,30–37: Errichtung und Einrichtung der Wohnung
    - 26,31–33: Die „Abtrennung" (פרכת) für die Einteilung in „Heiliges" und „Allerheiligstes"
    - 26,34: Aufstellung von Lade und Sühnmal im Allerheiligsten
    - 26,35: Aufstellung von Tisch und Leuchter im Heiligen
    - 26,36–37: Der „Vorhang am Eingang des Zeltes" (מסך לפתח האהל)

Insgesamt ist das Gebäude ein „mixtum compositum", ein Mischgebilde, „aus einem Zelt auf der einen Seite und einem festen Bau auf der anderen Seite."[51]

Die innere Decke (V. 1–6), also die Wohnung im engeren Sinn, soll aus zehn Zelt- oder Stoffbahnen (יריעה bzw. Pl. יריעות) bestehen. Der Terminus kann in Parallele zu „Zelt" stehen (Jer 4,20; 10,20; Hab 3,7). Das Zelt als Raum wird durch „Ausspannen" der Zeltbahnen gebildet (Jes 54,2).[52] Der Stoff soll aus wertvollen, farbigen Woll-Garnen, gemischt mit Garn aus besonders feinem und haltbarem Leinen, gewebt sein (vgl. die Textanm. 25,4ᵃᵇᶜ). In den Stoff eingearbeitet sein sollen Darstellungen von Keruben. Für diese komplexe Webtechnik steht der Begriff „Kunstweberarbeit". Die Stoff- und die Webarten sind Bedeutungsträger der Kulttheologie des Sinaiheiligtums. Sie signalisieren „Heiligkeit".

Innere Decke

Exkurs: Zu den Web- und Stoffarten des Sinaiheiligtums

In den Heiligtumstexten werden drei Webtechniken unterschieden.[53] Der מעשה חשב, „Kunstweberarbeit" (Ex 26,1.31; Ex 28,6.15; Ex 36,8.35; 39,3.8), erlaubt figürliche Darstellungen – die Keruben – auf oder in textilem Material.[54] Der מעשה רקם, die „Buntweberarbeit" (Ex 26,36; 27,16; 28,39; 36,37; 38,18; 39,29), kommt vor allem bei den Vorhängen zur Anwendung, das zugehörige Nomen רקמה wird im Zusammenhang mit dem Brautgewand einer Königin (Ps 45,15) bzw. dem Ornat von Königen (Ez 26,16) gebraucht. Im Unterschied zur Kunstweberarbeit werden bei Buntweberarbeiten keine figürlichen Darstellungen erwähnt. So wird man an farbige Muster zu denken haben. Der Terminus מעשה ארג, „Weberarbeit", wird in den Heiligtumstexten für nicht gemusterte, einfachere Stoffe bzw. Applikationen gebraucht (Ex 28,32; 39,27). Außerhalb der Heiligtumstexte ist ארג der gewöhnliche terminus für „weben" bzw. „Weber" (z. B. Ri 16,13). Die in

---

51 NOTH, Exodus, 172. Die LXX versteht die „Wohnung" als „Zelt" (vgl. die Textanm. 1ᵃ, 7ᵃ⁻ᵃ). Der Begriff משכן hat, soweit wir sehen, kein Äquivalent in der LXX; sie gibt ihn, wie אהל, durchgehend mit σκηνή wieder. Dem entspricht, dass JHWH im Sinaiheiligtum nicht wohnt (שכן), sondern erscheint (Ex 25,8LXX) oder angerufen wird (Ex 29,45LXX).

52 Vgl. die Bilder in STAUBLI, Art. Zelt.

53 Vgl. dazu BENDER, Textilien, 64–66.

54 BENDER, Textilien, 65.

Kunst- und Buntwebertechnik hergestellten Gewebe sind aus den farbigen Wollgarnen (vgl. zu Ex 25,4) und dem Leinenzwirn gemischt.

Nach Lev 19,19 sind Mischgewebe (כלאים) für den alltäglichen Gebrauch untersagt, in der Atmosphäre der Heiligkeit in der „Wohnung" und für die Gewänder des Hohepriesters hingegen vorgeschrieben, ja ein „Kennzeichen von Heiligkeit"[55]. Die Mischgewebe samt ihren figürlichen Darstellungen und ihrer Farbgebung sind für das Heiligtum reserviert und heben es aus der profanen Sphäre heraus. Die Stoffe der inneren Decke und der „Abtrennung" sind „Kunstweberarbeit". Mit ihren eingewebten Keruben bilden sie den Kubus des Allerheiligsten (vgl. unten zu Ex 26,31–33) und umschließen die Lade und die *kapporät* mit ihren Kerubendarstellungen. Die Vorhänge an den Eingängen zur Wohnung (26,36) bzw. in der Umfriedung des Hofes (27,16) sind Buntweberarbeit, d. h., auch sie signalisieren noch Heiligkeit, aber in einer geringeren Intensität als die innere Decke und die „Abtrennung".

Aus den Angaben der V. 1–6 lassen sich Maße und Konstruktion der inneren Decke erschließen. Zehn Stoffbahnen mit je vier Ellen Breite ergeben zusammengenäht vierzig Ellen (18 m); die Breite beträgt durchgehend achtundzwanzig Ellen (ca. 12,6 m).

Freilich soll die Decke nicht durchgehend verbunden sein. Vielmehr sollen zunächst jeweils fünf Bahnen zu je einem Gebinde vereinigt werden, das 20 Ellen breit und 28 Ellen lang ist. Die Verbindung zwischen beiden Gebinden erfolgt mit ausgesucht wertvollen Materialien: je fünfzig blau-purpurnen Schleifen an jedem Gebinde und ebenso vielen goldenen Haken. Damit wird signalisiert, dass diese Verbindungsstelle im Ganzen der „Wohnung" eine hervorgehobene Bedeutung haben wird. In der Tat geht aus V. 33 hervor, dass die „Abtrennung" „unter den Haken" platziert werden soll. Die Verbindungslinie in der inneren Decke markiert also die Grenze zwischen „Heiligem" und „Allerheiligstem" (vgl. auch unten).

Äußere Decke Die äußere Decke (V. 7–13) wird ganz ähnlich beschrieben und soll grundsätzlich analog zur inneren konstruiert sein. Sie besteht wie gewöhnliche Zelte aus Ziegenhaarwolle. Dabei bestimmt V. 7 die Funktion dieser Decke ausdrücklich als „Zelt" über der „Wohnung", funktional also wohl als eine „Schutzdecke". Dafür spricht auch die Zahl der Zeltbahnen: Es sollen elf statt zehn sein. Die äußere Decke soll vierundvierzig auf dreißig Ellen groß sein, also über die innere Decke hinaushängen. Auch die äußere Decke soll in zwei Gebinde aufgeteilt sein, die durch Schlaufen und (bronzene) Haken zusammengehalten werden. Die einfacheren Materialien, Bronze und Wollstoff aus Ziegenhaar, signalisieren den Übergang zur profanen, nicht-heiligen Welt.

Häute Die „roten Widderhäute für das Zelt" und die „(Ziegen-)Häute darüber" (V. 14) sollen übereinander liegen und dem Schutz der beiden Stoffdecken dienen. In der Rotfärbung der Widderhäute scheint die Farbigkeit der inneren Decke noch einmal auf, während die Ziegenhäute nur noch für den Schutz des Heiligtums da sind. Auf der Wanderung werden die Häute dann auch die heiligen Geräte, also Lade, Tisch und Leuchter bedecken (Lev 4,6.8–10.14).

---

55   „Hallmark of holiness", HARAN, Temples, 160.

Synchrone Analyse 219

Der Holzeinbau (V. 15–29) soll sich aus *q^erašîm* zusammensetzen. Wir geben diesen   Holzeinbau
Architekturbegriff mit „Holzteile" wieder, weil aus dem Text nicht eindeutig hervorgeht, welche Form die *q^erašîm* haben.

Sie sollen aus Akazienholz und mit Gold überzogen sein. Ihre Höhe wird mit zehn Ellen und ihre Breite mit 1,5 Ellen (4,5 × 0,675 m) angegeben, auch wird ausdrücklich gesagt, dass sie aufrecht stehen sollen. Dazu dienen zwei „Zapfen" (vgl. Textanm. 17^a) an ihrer Unterseite, mittels derer jedes Holzteil mit zwei silbernen „Sockeln" (vgl. V. 19 mit Textanm. 19^a, V. 21.25) verbunden werden soll, so dass die Holzteile standfest sind.

Es fehlt aber die Maßangabe für die Tiefe der Holzteile. Dies führt bereits in den antiken Versionen zu unterschiedlichen Vorstellungen von der Form der *q^erašîm* und in der Konsequenz auch der Form des Bauwerks überhaupt. Die LXX gibt den Text mit στῦλοι τῇ σκηνῇ „Säulen für das Zelt" wieder. D. h., dass die Holzteile rund sind und die Funktion von Zeltstangen haben.[56] Die Targume geben *q^erašim mit* לוחא (entsprechend hebräisch לוח „Tafel") und die Vulgata mit „tabula" wieder, was eher an dünne „Bretter" denken lässt. Ähnlich vielfältig sind die Deutungen in der modernen Exegese.[57] Manche denken an massive Säulen oder Bohlen,[58] andere stellen sich gerüstartige Rahmen vor,[59] die meisten rechnen mit flacheren „Brettern".[60]

Der Holzeinbau als Ganzer wird dann in den V. 18–29 beschrieben. Die südliche Seite (פאה נגבה תימנה) soll sich aus zwanzig Holzteilen mit den erwähnten Sockeln zusammensetzen, ist also dreißig Ellen (13,5 m) lang. Analog soll die nördliche Seite aufgebaut sein (V. 20f.). Für die Westseite, also die Rückseite, ist zunächst von sechs Holzteilen die Rede (V. 22), dazu kommen aber noch zwei weitere Teile „für die Ecken der Wohnung an ihren beiden Flanken" (V. 23). V. 24 beschreibt diese beiden Eckteile und wohl auch deren Stellung zu den Wänden mit dem nicht mehr verständlichen Fachterminus „Zwillinge" (vgl. Textanm. 24^{ab}). So bleibt der Exegese nichts anderes übrig, als möglichst intelligent zu raten.[61] Wir meinen, die Zwillingseigenschaft bezieht sich auf das Verhältnis der Eckteile zu den Holzteilen der beiden Seitenwände. Die beiden Eckteile sollen die gleiche Form haben wie jene und bündig mit diesen abschließen. Wenn die Eckteile die Seitenwände überlappen, besteht die Rückwand aus acht Holzteilen. Wenn dagegen die Seitenwände die Eckteile einschließen, ist die Rückwand aus sechs ganzen Holzteilen sowie den beiden Eckteilen zusammengesetzt, wobei die letzteren teilweise durch die anschließenden Seitenwände überdeckt sind.

---

56 Diese Bedeutung verbindet Cassuto, Exodus, 354, auch mit dem hebräischen Terminus עמדים „aufrecht stehend".

57 Vgl. zum Ganzen Homan, Tents, 137–151.

58 So z. B. Rashi, 264; Jacob, Exodus, 788; Pelzl, Zeltheiligtum, 381; vgl. neuerdings auch Albertz, Exodus 19–40, 177.

59 Propp, Exodus 19–40, 412f.

60 So schon Josephus (Ant. III.6.3.), der 4 Finger Tiefe (0,08 m) vermutet. So geben auch die meisten deutschsprachigen Übersetzungen und Kommentare קרשים mit „Bretter", die englischsprachigen mit „boards" wieder.

61 Entsprechend vielfältig sind die Vorschläge (vgl. Houtman, Exodus 3, 341f.).

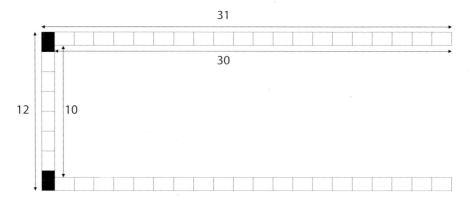

Abb. 9: Rekonstruktion des Holzeinbaus in der „Wohnung"[62]

Grundriss des Holzeinbaues
Da auch die Tiefe der Holzteile und damit deren „Dicke" nicht bekannt ist, heißt es noch einmal: intelligent raten. Eine architektonisch und kulttheologisch bestechende Lösung bietet die Annahme, dass die Holzteile eine Elle (0,45 m) tief sind.[63] Wenn dann je eine Elle der Eckteile (der „Zwillinge") der westlichen Rückwand von der Stirn der Längswände überdeckt wird, beträgt die Breite des Holzeinbaus im Innenmaß genau zehn Ellen[64] (vgl. Abb.). Somit wäre die Wohnung genauso hoch wie breit, nämlich 10 × 10 Ellen. Dies hat – wir greifen vor – zur Folge, dass das Allerheiligste (V. 31-33) einen idealen Kubus von 10 × 10 × 10 Ellen bildet (vgl. weiter unten zu V. 32-33).

Querhölzer
Schließlich sollen für jede der drei Wände fünf vergoldete Querhölzer (V. 26f.) angefertigt und in goldene Ringe eingehängt werden (V. 29), die offenbar an den Holzteilen angebracht sind. Dabei soll das jeweils mittlere Querholz über die gesamte Länge („von einem Ende zum anderen", V. 28) der drei Wände verlaufen.

Errichtung
In V. 30 gibt Gott die Anweisung, die Wohnung zu errichten, und zwar „in der Art und Weise, wie sie dir auf dem Berg gezeigt wurde". Was Mose unmittelbar sehen kann (vgl. zu 25,9), bleibt uns verborgen. Offenbar werden die Zeltelemente (Decken und Überdecken) mit dem Holzeinbau verbunden.

Die Mehrzahl der Ausleger stellt sich vor, dass die Decken-Gebinde und Überdecken über diese Wände geworfen und verspannt werden sollen (so auch Ex 40,19).

Für die innere Aufteilung der Wohnung gibt die innere Decke den Ausschlag, und zwar in der Längsrichtung des hölzernen Baukörpers. Die Länge der Decke

---

62 Unsere Darstellung ist angelehnt an Figure 28 in HOMAN, Tents, 164, die aber nicht maßstäblich ist.
63 Allerdings können die Holzteile mit diesen Maßen kaum mehr „Bretter" genannt werden. ALBERTZ, Exodus 19–40, 177, hat ausgerechnet, dass ein solches Teil ca. 1,3 Tonnen wiegen würde. U. E. zeigen die Rechnungen vor allem, dass die sinaitischen Heiligtumstexte letztlich ästhetisch und (kult-)theologisch denken.
64 6 × 1,5 Ellen + 2 × 0,5 Ellen = 10 Ellen.

Synchrone Analyse

beträgt vierzig Ellen (V. 2f.). Da der Eingang einen eigenen „Vorhang" (מָסָךְ, V. 36) erhalten soll, ist anzunehmen, dass die innere Decke am Eingang nicht überhängt, sondern nur über der Rückwand. Bei dreißig Ellen Innenraum-Tiefe liegt die Verbindungsstelle der beiden Gebinde also zehn Ellen vor der Rückwand. Genau hier soll die „Abtrennung" zu stehen kommen, „die zwischen dem Heiligen und dem Allerheiligsten scheidet" (V. 33).

So ergibt sich – wie gesagt– das räumliche Maß von 10 × 10 × 10 Ellen, also ein idealer Kubus, für das Allerheiligste. Da die „Abtrennung" wie die innere Decke Kunstweberarbeit mit Kerubendarstellungen sein soll (V. 31), werden Lade und Sühnmal von vier Seiten sowie von oben durch die kostbaren Stoffe mit den Keruben umgeben. Somit ist der Raum unüberbietbar als Ort der Gegenwart JHWHS, als seine Wohnung, markiert.[65]

Das Allerheiligste

Im vorderen Raum, dem „Heiligen", sollen Tisch und Leuchter aufgestellt werden (V. 35); der Räucheraltar wird in Ex 30,1–10 nachgetragen. Auch dieser Raum ist von Kunstweberarbeit umgeben, der Vorhang am östlichen Eingang[66] ist „nur" eine Buntweberarbeit (V. 36). Dies und die bronzenen Sockel der Vorhangsäulen (V. 37) signalisieren, dass die Heiligkeit abnimmt. Die Grundmaße des „Heiligen" sind zwanzig Ellen in der Länge und zehn Ellen in der Breite, d. h. das „Allerheiligste" mit den Grundmaßen 10 × 10 Ellen steht zum „Heiligen" im Verhältnis 1:2.[67]

Das Heilige

Insgesamt hat der Grundriss der Wohnung – gemessen an den Innenseiten des Holzeinbaus – 30 × 10 Ellen Länge und Breite bei einer Höhe von 10 Ellen.

Grundriss

Diese Maße sind exakt halb so groß wie in 1 Kön 6,2.20 der Grundriss des salomonischen Tempels (60 × 20 × 20 Ellen). Auch der Tempel ist in zwei Räume, die „Tempelhalle" (1 Kön 6,17) und den „Debir" (1 Kön 6,16), gegliedert.[68] Ex 26 nimmt offensichtlich auf den salomonischen Tempel Bezug. Nur - in welchem Sinne?

Wohnung und Tempel

Die Eigenart des Mischgebildes aus Zelt und Haus (vgl. oben) könnte dazu einen Hinweis geben. Die Keruben der inneren Decke werden durch den Holzeinbau an drei Seiten verdeckt.[69] Die Autoren haben dies in Kauf genommen, um den festen Bau ins Zelt zu integrieren. M. a. W. sie haben den Bezug zum Salomonischen Tempel bewusst hergestellt, mindestens so wichtig war es ihnen aber auch,

---

65 Dabei spielt offenbar keine Rolle, dass die inneren Decken außerhalb der Seitenwände herabhängen und somit von innen unsichtbar sind. Wichtiger ist, dass sie - wie die *pārokät* – von außen eine Barriere bilden. Dementsprechend wird die Lade auch beim Transport von der *pārokät* bedeckt (Num 4,5).

66 Zur Orientierung des Sinaiheiligtums vgl. GROSS, Augustins Rekonstruktion.

67 Zum Raumkonzept der Wohnung und des Sinaiheiligtums vgl. UTZSCHNEIDER, Tabernacle, 279–289.292–294; DERS., Himmlischer Raum, 23–33; neuerdings EDERER, Begegnung, 226–237.

68 Es lassen sich noch weitere Analogien finden: Der Eingang liegt an der Ostseite (Ez 8,16). Der „Debir" ist ein Holzeinbau und beherbergt die Lade. Die Seitenwände des Tempels sind, analog zum Holzeinbau der Wohnung, mit (Zedern-)Holz getäfelt und mit Gold überzogen. Und ähnlich wie die Wohnung mit figürlichen Darstellungen erfüllt ist, sind „alle Wände des Hauses mit Schnitzwerk von Keruben, Palmen und Blumen" dekoriert (1 Kön 6,29).

69 Man hat auch Zelt und Holzeinbau literarkritisch separieren wollen und den Mischcharakter der Wohnung Redaktionen zugeschrieben (vgl. etwa FRITZ, Tempel, 119f.163).

die Erinnerung ans Zelt zu erhalten: ja, sie lassen das Zelt den festen Bau überwölben.

Der Holzeinbau der Wohnung integriert – vorausdeutend – den Jerusalemer Tempel. Durch dessen Überbauung durch das Zelt aber wird implizit deutlich, dass das JHWH-Heiligtum kein fester Tempel und kein königliches Heiligtum sein muss und auch nicht an den Zion bzw. Jerusalem gebunden ist.[70]

Diachrone Analyse

DtrG	HE	PK	TK
	26 (ohne V. 30)	26,30	

Zu Ex 26,30 siehe die diachronen Auslegungen zu Ex 25,9 und 25,40.

Ex 27,1–21: Der Hof: Altar und Einfriedung

27,1–8: (Brandopfer-)Altar

1 Dann sollst du den Altar[a] aus Akazienholz machen, fünf Ellen lang und fünf Ellen breit. Quadratisch soll der Altar sein. Und drei Ellen soll seine Höhe betragen. 2 Dann sollst du seine Hörner an seinen vier Ecken anbringen. Aus einem Stück mit ihm sollen seine Hörner sein[a], und du sollst ihn mit Bronze überziehen. 3 Dann sollst du ihm Töpfe für seine Fettasche[a] machen sowie seine Schaufeln, seine Schalen[b], seine Gabeln und seine Pfannen.[c] Alle[d] seine Geräte sollst du aus Bronze herstellen.

4 Dann sollst du für ihn ein Gitter[a], ein Netzwerk aus Bronze, machen und über dem Netzwerk vier bronzene Ringe anbringen, über seinen vier Ecken. 5 Dann sollst du es[a] unter dem Sims[b] des Altars, von unten her, anbringen, und das Netzwerk[c] soll bis zur halben Höhe des Altars reichen. 6 Dann sollst du Stangen für den Altar machen, Stangen aus Akazienholz, und sie mit Bronze überziehen. 7 Seine Stangen werden in die Ringe eingeführt sein, so dass sich die Stangen an beiden Seiten des Altars befinden, wenn man ihn trägt. 8 Als Hohlkörper von Platten[a] sollst du ihn anfertigen, wie man (es) dir gezeigt hat auf dem Berg, so sollen sie[b] es machen.

27,9–19: Einfriedung

9 Dann sollst du die Einfriedung der Wohnung machen: für die Südseite[a], nach Süden hin, die Behänge[b] für die Einfriedung aus gezwirntem Leinen, einhundert Ellen lang für die eine Seite, 10 und seine zwanzig Pfosten und deren zwanzig Sockel aus Bronze, die Gabeln[a] der Pfosten und ihre Verbindungen[b] aus Silber.

---

70 Im frühnachexilischen Milieu Jerusalems war ein Neubau des zerstörten Salomo-Tempels eine durchaus aktuelle Frage, vgl. die Einleitungen zur Sinaiperikope.

Anmerkungen zu Text und Übersetzung 223

11 Und so (sollen) auch an der Nordseite[a], an der Längsseite, Behänge (sein), hundert (Ellen) lang und ihre zwanzig Pfosten[b] und deren zwanzig Sockel aus Bronze, die Gabeln der Pfosten und ihre Verbindungen aus Silber. 12 Und die Breitseite der Einfriedung, zur Westseite[a] hin (soll) Behänge von fünfzig Ellen (Länge umfassen), ihre Pfosten (sollen) zehn (an der Zahl sein) und deren Sockel zehn. 13 Auch die Breitseite der Einfriedung zur Ostseite hin, gen (Sonnen-)Aufgang, (soll) fünfzig Ellen (messen), 14 und zwar fünfzehn Ellen Behänge nach der (einen) Seite, ihre drei Pfosten und deren drei Sockel, 15 und nach der anderen Seite fünfzehn Ellen Behänge, ihre drei Pfosten und deren drei Sockel. 16 (Dazu sollst du) für das Tor der Einfriedung einen Vorhang (machen), zwanzig Ellen (lang), aus blauem und rotem Purpur und Karmesin und gezwirntem Leinen, als Buntweberarbeit, ihre[a] vier Pfosten und ihre vier Sockel. 17 Alle Pfosten der Einfriedung ringsum sind mit (Verbindungen aus) Silber verbunden. Ihre Gabeln sind aus Silber und ihre Sockel aus Bronze.

18 Die Länge der Einfriedung beträgt je einhundert Ellen[a], die Breite je fünfzig (Ellen) und die Höhe fünf Ellenvon gezwirntem Leinen und ihren Sockeln aus Bronze.

19 Und[a] alles Gerät der Wohnung für jegliche Arbeit damit[b], nämlich alle ihre Zeltpflöcke und die Pflöcke der Einfriedung, (sollen) aus Bronze sein.

20 Du aber, du wirst den Israeliten befehlen, dass sie dir reines, gestoßenes Olivenöl[a] für die Beleuchtung bringen, um die ständige Lampe aufzusetzen. 21 Im Zelt der Begegnung außen vor der Abtrennung, die vor dem Gesetz ist, soll Aaron und seine Söhne sie herrichten vom Abend bis zum Morgen vor Jhwh. Eine ewige Ordnung für ihre Generationen, die der Israeliten, ist es.

27,20–21:
Beleuchtung

Anmerkungen zu Text und Übersetzung

1[a] Der bestimmte Artikel fehlt im Sam und in der LXX. Vielleicht soll damit dem Umstand Rechnung getragen werden, dass zu diesem Altar noch der Räucheraltar hinzukommen wird. In der Ausführungserzählung wird der Altar ausdrücklich „Brandopferaltar" genannt (Ex 38,1), nachdem zuvor die Herstellung des Räucheraltars beschrieben wurde (Ex 37,25–28).

2[a] Wörtlich: „Von ihm sollen sie sein." Vgl. die ähnliche Formulierung für die Keruben der *kapporät* in Ex 25,19.

3[a] דִּשְּׁנוֹ ist Infinitiv Pi'el, also Verbalform, und wird meist mit „von Fettasche reinigen" (GesL 262) wiedergegeben und dazu als Pi'el privativum erklärt (Baentsch, Exodus, 234; Propp, Exodus 19–40, 422). Dies wäre eine Sonderbedeutung; lexikalisch näher liegt u. E. die Wiedergabe „einfetten". Wir lesen die Form לְדַשְּׁנוֹ von der Nominalform דֶּשֶׁן, „fettige Asche", (GesL 262) her, deren Entfernung in Lev 6,3f. beschrieben ist (vgl. auch Num 4,13).

3[b] מזרק von זרק „sprengen" nach GesL 655 (vgl. auch Propp, Exodus 19–40, 422), „Sprengschale", vielleicht für Blut, um es an den Altar zu applizieren. Vgl. auch Num 4,14.

3[c] Die LXX (vgl. auch Ex 38,22–24) entwickelt ab hier ein Bild des Altars, das von dem des MT beträchtlich abweicht. Sie gibt den ersten Satz von V. 3 wie folgt wieder: „und du sollst eine Girlande für die Opferstätte machen und ihre Überdeckung, ihre Schüsseln, ihre Fleischgabeln und ihre Räucherpfanne (Sing.!) ..." (Übersetzung LXX.D; vgl. dazu Heger, Biblical Altar Laws, 196f.). Siehe weiter Textanm. 4[a].

224 Ex 27,1–21: Der Hof: Altar und Einfriedung

3^d ל vor Akkusativobjekt, vgl. GesK § 117n.

4^a Das Lexem מִכְבָּר kommt nur in den Beschreibungen für den Bronzealtar des Sinaiheiligtums vor (35,16; 38,4f.30; 39,39). Wahrscheinlich ist es etymologisch und semantisch mit dem Wort כברה, „Netz", verwandt. In diesem Sinne wird es auch durch רֶשֶׁת, „Netz, Netzwerk", erläutert. In der LXX steht an seiner Stelle ἐσχάρα „Feuerstelle, Opferherd", LXX.D: „Feuergestell", das mit ἔργῳ δικτυωτῷ (LXX.D: „aus Gitterwerk") erläutert wird; LXX denkt sich den Altar wohl an der Oberseite mit einer Art Pfanne oder „Grill" (so HOUTMAN, Exodus 3, 444) ausgestattet (vgl. weiter die Textanmerkungen zum folgenden Vers).

5^a Im MT bezieht sich das Pronomen F. Sg. auf das „Netzwerk"; LXX hat stattdessen ein Pronomen M. Pl., das sich auf die Ringe (δακτυλίους, V. 4) bezieht.

5^b Das Lexem כַּרְכֹּב kommt nur hier und im Ausführungsbericht (Ex 38,4) vor. GesL 570 und die meisten Kommentare (etwa ALBERTZ, Exodus 19–40, 181) übersetzen mit „Rand", „Einfassung" oder „Gesims" (BAENTSCH, Exodus, z. St.). LXX setzt wiederum ἐσχάρα „Opferherd" an dessen Stelle.

5^c LXX hat statt הָרֶשֶׁת „Netzwerk" wiederum ἐσχάρα. Zur Vorstellung der LXX vgl. die Auslegung.

8^a Wörtlich: „ein Hohles von Platten" (Genitivus epexegeticus, GesL 771).

8^b Die Referenz des Pronomens ist formal unklar, in der Sache bezieht es sich auf die Israeliten bzw. ihre „Handwerker" (vgl. Ex 25,10; 35f.). LXX glättet: „so sollst du es machen".

9^a LXX: „die Seite nach Libyen hin", d. h. (von Alexandria aus gedacht) nach Westen, vgl. auch Textanm. 11^a, 12^a. LXX dreht den Hof (nicht die „Wohnung"!) um 90 Grad in eine Süd-Nord-Orientierung (vgl. WEVERS, Notes, 434).

9^b Das Wort קֶלַע kommt – außer in einem unsicheren Beleg in 1 Kön 6,34 – nur in diesem Zusammenhang (Ex 27,9; 35,17; 38,9; 39,40 u. ö.) vor. Seine Grundbedeutung könnte „Segel" sein (NOTH, Exodus, 176; PROPP, Exodus 19–40, 425; vgl. JASTROW, 1380).

10^a Zur Wiedergabe „Gabeln" vgl. Textanm. 26,32^a.

10^b Zu חֲשֻׁקִים vgl. GesL 407 und PROPP, Exodus 19–40, 425. Die Verbindungen sind als Querstangen denkbar, die auf den Y-förmigen Halterungen, den „Gabeln", aufliegen. Ornamentalen Charakter haben die Querverbindungen der Zeltpfosten des königlichen Zeltes Sanheribs (vgl. HOMAN, Tents, Tafel 14 und Textanm. 26,32^a).

11^a LXX: „nach Osten", vgl. Textanm. 9^a.

11^b Mit Sam und LXX lesen wir עמודיהם, „ihre (scil. der Behänge) Pfosten" (vgl. Apparat der BHS), entsprechend V. 12.13–16.

12^a MT wörtlich: „zum Meer hin". LXX hat ebenfalls die Richtung „gegen das Meer", was hier, aus der Perspektive Alexandrias aber „nach Norden" bedeutet. Vgl. die Textanm. 9^a und 11^a.

16^a Das Pluralsuffix orientiert sich an den entsprechenden Suffixen in den V. 11f. und 14f., die sich auf die „Behänge" beziehen; möglicherweise ist vorausgesetzt, dass der Vorhang zum Hof nicht aus einem Stück gearbeitet ist, sondern aus einzelnen Behängen besteht (vgl. Ex 38,18).

18^a Mit LXX (und analog zur Breitenangabe) ist מאה במאה zu lesen und „je hundert" zu übersetzen, vgl. App. der BHS und ALBERTZ, Exodus 19–40, 170, Anm. 3.

19^a Die Partikel ל an כל כלי ist hier wörtlich mit „was ... anbetrifft" wiederzugeben (vgl. GesK 480; BAENTSCH, Exodus, 236).

19^b Wörtlich: „alle Geräte (oder: alles Gerät) der Wohnung in jeder seiner Arbeit". Mit עבדה sind sonst alle Verrichtungen in und mit den Ausstattungsgegenständen des Heiligtums gemeint (vgl. zu Ex 30,12; 35,5f. u. ö.), hier aber die Werkzeuge und Gerätschaften (LXX: τὰ ἐργαλεῖα), die für die Aufstellung des Heiligtums notwendig sind. (Alle Gerätschaften der Wohnung können schon deshalb nicht gemeint sein, weil die meisten nicht aus Bronze sind.) Das Suffix mask. Sing. an עבדה beziehen wir auf כלי und geben es sinngemäß mit „damit" wieder.

Synchrone Analyse

20ᵃ „Reines, gestoßenes Olivenöl (זית זך כתית)" ist die beste, weil reinste Sorte des Olivenöls. Die Oliven werden von Hand zerstoßen und das so gewonnene Öl durch einen Presskorb gefiltert. Vgl. mMenachot 8,4 und HIEKE, Levitikus 16–27, 944f., zu Lev 24,2 mit weiteren Einzelheiten.

Synchrone Analyse

Von den beiden Beziehungsweisen des Sinaiheiligtums, dem „Wohnen JHWHS" und dem „Begegnen der Israeliten" (vgl. die Einleitung zu Ex 26), hat die Letztere im „Hof" ihren Ort. Unabdingbar ist hier der Brandopferaltar (V. 1–8). In Ex 30,17–21 wird ein bronzenes Becken für die rituelle Waschung der Priester ergänzt (vgl. dort).

> Das hebräische Wort חָצֵר, ḥāṣēr, meint die Einfriedung (so vor allem in Ex 27,9–19, s. u.) und den umfriedeten Bereich, den Hof[71]. Von Höfen ist – wenn auch selten[72] – im Zusammenhang mit Privathäusern (2 Sam 17,18; Neh 8,16) die Rede. Höfe haben auch königliche Paläste. Sie gehören zum Empfangsbereich, in dem der König „Hof hält" (Jer 36,20; Est 1,5). Ein Hof oder mehrere Höfe haben meist auch die biblisch bezeugten Heiligtümer (vgl. dazu unten).

Der Altar ist ein nach unten und oben offener, quadratischer, mit Bronzeblech überzogener Kasten aus Akazienholz. V. 8 charakterisiert ihn abschließend als einen „Hohlkörper von Platten". Er soll fünf Ellen (2,25 m) im Geviert[73] messen und drei Ellen (1,35 m) hoch sein. An seinen vier Ecken soll er mit „Hörnern", also sich oben verjüngenden Aufsätzen, ausgestattet sein (V. 2).

27,1–8: Altar

Die „Hörner des Altars"

Die Vorstellung eines Altars mit aus dem Material herausgearbeiteten, hörnerartigen Erhebungen an den vier Ecken ist in Israel archäologisch ab dem 10. Jh. belegt. Allerdings sind diese Altäre aus Stein und in ihrer Mehrzahl klein; sie werden daher als Räucheraltäre gedeutet.[74] Literarisch belegt ist ein Hörneraltar sonst nur in Ez 43,13–17. Man kann vermuten, dass im zweiten Tempel ein solcher Altar in Gebrauch war. Erwähnt werden Altarhörner allerdings häufiger (Am 3,14; Jer 17,1; Ps 118,27). Ihre Berührung schützt des Mordes Verdächtigte (1 Kön 1,50; 2,28) im Zweifel vor der Blutrache; in priesterlichen Texten ist das Bestreichen der Hörner mit Opferblut ein Reinigungsritus im Zusammenhang mit Sündopfern (Lev 4,18 u. ö.), der Priesterweihe (Lev 8,15) und der Sühne für Altar und Volk (Lev 9,9).

Die Symbolik der Hörner als solche hat zahlreiche Deutungen erfahren[75]. Sie gelten als Symbole göttlicher Autorität, Kraft und Gegenwart. Daran partizipiert

---

71 Vgl. GesL, 386f.

72 Umso reichlicher sind wir aus der Archäologie über den Hof im sog. Vierraumhaus, dem vorherrschenden eisenzeitlichen Haustypus, informiert. Hier spielte sich das Leben der Familie ab. Vgl. FRITZ, Art. Haus, NBL I, 53–57.

73 Dies entspricht in etwa dem steinernen Altar des eisen(II)zeitlichen Heiligtums (4,5 × 4,5 Ellen) in der judäischen Festungsstadt Arad (FRITZ, Tempel, 43).

74 Vgl. BRL², 8f., vor allem Abb. 2.6.8 und ZWICKEL, Art. Altarhörner.

75 Vgl. dazu HEGER, Biblical Altar Laws, 207f.; ZWICKEL, Räucherkult, 125; vgl. die Auslegung zu Ex 34,30.

auch der Altar. Vielleicht signalisiert die Vierzahl auch Ganzheit und Vollkommenheit.[76]

Die V. 3–7 sind der Detailausstattung des Altars gewidmet. Die dazugehörigen Gerätschaften sind sämtlich aus Bronze zu gießen. Insbesondere die „Töpfe für die Fettasche" lassen erschließen, dass der Altar dazu dienen soll, tierische Opfermaterie, wie das (Ganz-)Brandopfer (Lev 1; עֹלָה) oder das „(Gemeinschafts-)Schlachtopfer" (Lev 3; 7,11–38, זֶבַח שְׁלָמִים), zu verbrennen.

In den V. 4–5 wird ein besonderes Ausstattungsteil beschrieben, das im Alten Testament einmalig ist: Die Rede ist von einem „netzartigen" (מַעֲשֵׂה רֶשֶׁת) „Gitter" (מִכְבָּר), das den Kasten von unten bis in halber Höhe umschließt. Die vier Transportringe sollen daran angebracht sein. Weiteres zur Funktion wird nicht erwähnt.

Klar ist die Funktion der Tragstangen (V. 7). Im abschließenden V. 8 wird abermals auf das Vorbild verwiesen, das Mose auf dem Berg zu Gesicht bekommen habe. Die Beschreibung hat immer schon die Frage geweckt, wie diese Konstruktion als *Brand*opferaltar funktionieren kann.

> Wie sollen in diesem hölzernen Kasten, auch wenn er mit dem – ziemlich weichen – Metall Bronze überzogen ist, größere Teile an tierischer Opfermaterie verbrannt werden, ohne dass das Metall schmilzt und die ganze Konstruktion in Flammen aufgeht?[77] In der jüdischen Tradition gibt es dazu die Theorie, der Kasten sei mit Erde gefüllt gewesen. Sie findet sich bereits im TgPsJ zu Ex 27,8 (לחין מלי עפרא), sie wird von Rashi aufgegriffen und von modernen Kommentaren geteilt.[78] Sie entspricht in etwa auch dem Altargesetz des Bundesbuches, das einen Altar aus unbehauenen Steinen vorschreibt (Ex 20,25f, vgl. die Auslegung dort).

Freilich steht die reale Funktionstüchtigkeit des Altars nicht im Vordergrund. Auch hier geht es um den narrativen Kontext der Sinai- und Wanderungserzählung und die „Topographie der Heiligkeit". Ersteres ist durch die Tragvorrichtungen gegeben, Letzteres durch die Materialien: Akazienholz als Grundmaterial des Heiligtums, Bronze für „periphere" Standorte im heiligen Bezirk. Nach Lev 1–7 werden tierische Opfer von Priestern und Laien gemeinsam dargebracht; d. h., der Altar ist für nichtpriesterliche Israeliten zugänglich („Eingang des Begegnungszeltes" פֶּתַח אֹהֶל מוֹעֵד, vgl. etwa Lev 1,3.5; 3,2 u. ö.).

Undeutlich ist, ob der Brandopferaltar Vorbilder oder Analogien in den Bautexten zum Jerusalemer Heiligtum hat. Am nächsten kommt ihm der Bronzealtar, der in 2 Chr 4,2 und 7,7 erwähnt wird. Er ist mit 20 × 20 × 10 Ellen ungleich größer. 1 Kön 8,64 erwähnt beiläufig einen „bronzenen Altar". Alle anderen Brandopferaltäre sind in Jerusalem (vgl. 2 Kön 16,14 über Ez 43,13–17, Esr 3,2–5 bis 1 Makk 4,47 und mMid 3,1–4).

27,9–19: Einfriedung Ist in den Heiligtumstexten nur ein Hof (V. 9–19) vorgesehen, so ist für das Umfeld des salomonischen Tempels von drei Höfen die Rede.[79] „Die Erwähnung mehrerer Tempelvorhöfe (2 Kön 21,5; Ez 8,16; 9,7; 10,3.5) dürfte ... nachexilische Verhältnisse widerspiegeln."[80] Zwei konzentrisch angeordnete Vorhöfe, den inne-

---

76 HEGER, Biblical Altar Laws, 211f., 231.

77 Vgl. auch ZWICKEL, Tempel, 162.

78 RASHI, 269; ALBERTZ, Exodus 19–40, 181.

79 Großer Hof: 1 Kön 7,12; Palasthof: Jer 36,20; Innerer Hof: 1 Kön 6,36; Ez 8,16 u. ö.; vgl. zum Folgenden ZWICKEL, Tempel, 157–160; HAMP, Art. חָצֵר ḥāṣer, 140–147.

80 So ZWICKEL, Tempel, 157, vgl. HOUTMAN, Exodus 3, 458.

Synchrone Analyse

ren mit dem Brandopferaltar für Priester und den äußeren für „Laien", sieht der sog. Verfassungsentwurf des Ezechielbuches vor (Ez 40,5–37; 42,1–19). In den Psalmen sind die Höfe des Heiligtums öffentliche und zugleich sakrale Orte. In ihnen versammelt sich das Volk zu offiziellen Angelegenheiten (Jer 19,14; 26,2; 36,10), Menschen wallfahrten dorthin (Ps 84,3.11) und feiern Gottesdienst (Ps 100,4). Das Sinaiheiligtum indessen kennt nur den einen Hof, der Priestern und „Laien" gemeinsam ist. Er soll durch die Einfriedung abgegrenzt sein. Wie für die Wände der Wohnung (Ex 26,15–25) werden zunächst die südliche (V. 9f.) und die nördliche (V. 11) Längsseite, dann die rückwärtige westliche Seite (V. 12) und die östliche Eingangsseite (V. 13–16) beschrieben. Beide Längsseiten sollen einhundert Ellen (45 m) lang sein. Die Seiten werden aus „Behängen" (vgl. Textanm. 9[b]) gebildet, die aus „gezwirntem Leinen" (vgl. Textanm. 25,4[c] sowie die Auslegung zu 26,1) gewebt sein sollen. Weitere Einzelheiten werden nicht genannt.

Für die Haltevorrichtungen der Behänge an den Längsseiten sollen Reihen aus zwanzig bronzenen Pfosten (עמודים, LXX: στῦλοι „Säulen") gebildet werden, die auf ebenfalls bronzenen Sockeln stehen. Oben werden Y-förmige „Gabeln" aus Silber (vgl. Textanm. 26,32[a]) aufgesetzt, die durch silberne Stangen verbunden werden (vgl. Textanm. 10[b]). Die West- bzw. Rückseite des Hofes soll fünfzig Ellen (22,5 m) lang sein, also halb so lang wie die Längsseiten (V. 12). Die ebenso lange Ostseite wird in drei Abschnitte unterteilt. Links und rechts außen werden Behänge aus gezwirntem Leinen von je fünfzehn Ellen Länge und drei Pfosten platziert (V. 14f.). In der Mitte bildet ein Vorhang (מסך, vgl. Ex 26,36) den Eingang, wörtlich: das Tor (שער), des Hofes (V. 16). Er wird aus blauer und roter Purpurwolle, Karmesin-Wolle sowie gezwirntem Leinen gewebt, und zwar wie der Vorhang der Wohnung als „Buntweberarbeit", also ohne Kerubenfiguren. Gehalten sein soll er von vier Pfosten.

Die V. 17f. eröffnen dann einen Blick auf die Einfriedung als Ganze: Summarisch genannt werden die Pfosten, ihre „Gabeln" und „Verbindungen" sowie deren Materialien Bronze und Silber. V. 18 wiederholt die Längen- und Breitenmaße der Seiten (100 × 50 Ellen entspricht 45 × 22,5) und trägt die Höhe der Einfriedung als Ganzer nach; sie soll mit 5 Ellen (2,25 m) halb so hoch sein wie die Wohnung.

V. 19 erweitert den Gesichtskreis auf die Werkzeuge und Gerätschaften, die für die Herstellung und Aufstellung „der Wohnung" und „des Hofes", also des Heiligtums als Ganzes, notwendig sind (בכל עבדתו כל כלי המשכן). Das Wort יָתֵד *yāted* meint den Pflock, an dem die Abspannseile der Zeltbahnen (Ex 35,18; vgl. 38,31; Num 3,37; Ri 4,21f.; Jes 54,2 u. ö.) befestigt sind.

Die Stellung des Hofes in der „Topographie der Heiligkeit" und seine kulttheologische Bedeutung lässt sich an den Materialien, deren Farbgebung sowie den Proportionen der ganzen Anlage erkennen. *Das Heiligtum als Ganzes*

Die rechteckigen Grundrisse von Wohnung (10 × 30 Ellen) und Hof (100 × 50 Ellen) legen es nahe, den Eingang der Wohnung in der Mitte der Längserstreckung des Hofes anzunehmen. Die Wohnung kommt dann in der westlichen Hälfte des Hofes zu stehen, mit 20 Ellen Abstand zur Seite und nach hinten. Der Brandopferaltar könnte die östliche Hälfte des Hofes wiederum in zwei Hälften teilen, eine vordere, die als Bereich für die nichtpriesterlichen Israeliten (פתח אהל מועד) dient, und eine hintere, zur Wohnung hin gelegene, die den Priestern vorbehalten ist. Dazu passt die Platzierung des Beckens für die priesterlichen Waschungen „zwi- *Proportionen* schen Begegnungszelt und Altar" (30,18). (Vgl. die Skizzen in der Auslegung zu Ex 25,9.)

Bemerkenswert sind auch die Höhenverhältnisse. Die über 2 m hohe Einfriedung wird von der doppelt so hohen Firsthöhe der Wohnung bereits von außen sichtbar überragt. Beim Betreten des Hofes fällt die Wohnung als markanter Baukörper mit nahezu quadratischem Vertikalschnitt (10 x 10 Ellen im Innenmaß; 12 x 10 Ellen im Außenmaß) ins Auge. Die massiven Bohlen des Holzeinbaus verleihen ihm zusätzliche Schwere, zu der die weit ausgespannten Zeltplanen (vgl. V. 19) kontrastieren. Das Heiligtum vereinigt die Festigkeit und Dauerhaftigkeit von (Gottes-)Berg oder Tempel mit der Leichtigkeit und Beweglichkeit des mitgehenden Zeltheiligtums.[81]

Materialien

Die einfarbig hellen, rein leinenen „Behänge" der Einfriedung sind gegenüber den farbigen Mischgeweben der Wohnung (vgl. zu Ex 26,1) ein Grenzsignal vom Heiligen zum Profanen. Dabei ergibt sich vom farbigen Torvorhang über den Brandopferaltar zum gleichgestalteten Vorhang der Wohnung eine Blickachse auf das Heilige, bzw. den Heiligen hin. Die Achse lässt ein Gefälle der Heiligkeit erkennen, das von außen nach innen gesehen zunimmt und von innen nach außen abnimmt.

Ex 27,20–21: Zum Gottesdienst im „Zelt der Begegnung" bereit

Die V. 20f. fallen mehrfach aus dem Rahmen der Bauanleitung: a.) Sie fordern, ähnlich wie Ex 25,6, die Israeliten auf, besonders rußarm verbrennendes Olivenöl (vgl. Textanm. 20ª) zur Beleuchtung des „Heiligen" zu beschaffen. Anders als in Ex 25,1–7 scheint die Gabe nicht freiwillig zu sein. b.) Sie zitieren fast wörtlich Lev 24,2f. c.) Sie setzen damit Aaron und seine Söhne als künftige Priester voraus, die den täglichen Dienst im Heiligen der Wohnung („vor der Abtrennung") versehen und dort „eine Lampe" entzünden, die über Nacht brennen soll.

Ex 27,20f. vermeidet das Wort מנורה „Menorah" und verwendet מאור „Leuchte, Beleuchtung". Das heißt freilich nicht, dass hier von einer weiteren Lampe im Heiligtum die Rede ist. Das Aufsetzen von Lampen (העלה נרות) ist in 25,37 auf die Menorah bezogen, in 35,14 ist von den Lampen der Menorah die Rede und auch Lev 24,4 verbindet die Lampe(n) mit der Menorah. U. E. ist somit der allnächtliche Dienst der Priester an der Menorah gemeint. Auffällig sind die Stichwortverbindungen zum Schöpfungstext in Gen 1. Die beiden „Leuchten" (מארת) an der Himmelsfeste (Gen 1,14f.), also Sonne und Mond, scheiden zwischen Tag und Nacht und dienen zur Bestimmung regelmäßiger Zeittakte und (Fest-)Zeiten. Diese Schöpfungsordnung könnte mit dem Dienst an der Leuchte im „Heiligen" rituell nachvollzogen werden.[82]

Im Duktus der neunten Erzählphase signalisieren die Verse, dass nach Vollendung der Einfriedung das Heiligtum nun grundsätzlich bereit sein wird für den Kult. Sie leiten damit zu den nächsten Abschnitten über, deren Thema der Ornat

---

81 Diesen Zusammenhang stellt auch die preisgekrönte „Neue Synagoge" zu Dresden (2001) architektonisch dar. Das Innere des Gebetsraums ist von leicht wirkenden, goldmetallenen Vorhängen eingehüllt, die von massiven Sandsteinmauern umgeben sind. Vgl. https://www.freundeskreis-synagoge-dresden.de/neue-synagoge (abgerufen am 30. 1. 2020).

82 Vgl. EDERER, Begegnung, 51–60, dazu und zu weiteren Bezügen zwischen Ex 27,20f. und Gen 1.

Diachrone Analyse · 229

der Priester (Ex 28)[83] und deren Weihe (Ex 29) ist. Dazu passt, dass hier erstmals der Begriff אהל מועד *'ohel mô'ed* „Begegnungszelt" für das Heiligtum erscheint (vgl. die Einleitung zur Auslegung von Ex 26,1–37). Er impliziert, dass – abgesehen von Mose (25,22) – auch in der Wohnung Priester Jhwh bzw. seiner „Herrlichkeit" begegnen ebenso wie Priester und Nicht-Priester im Hof beim Opfer und im Segen. In solennen Worten wird Jhwh dies zum Abschluss der Anweisungen zur Priesterweihe ankündigen (Ex 29,42–46 und Lev 9,22–24).

Diachrone Analyse

DtrG	HE	PK	TK
	27,1–18 (ohne 8b)	27,8b	
	27,19	27,20–21	

Ex 27,8b ist der letzte Verweis auf eine visuelle Instruktion Moses. Zwar wird der „Plan" hier nicht genannt, dafür aber der Berg, der in den Heiligtumstexten sonst nur im Zusammenhang mit dem „Plan" erwähnt wird (Ex 25,40; 26,30). Zu den Details siehe oben die diachrone Auslegung von 25,9 und 25,40. Die Besonderheiten von Ex 27,20–21 hat die synchrone Auslegung dargelegt, zur diachronen Einordnung siehe unten zu Ex 30,34–38 (Räucherwerk).

Ex 28,1–43: Die heiligen Kleider: Der Priester als Repräsentant des Volkes vor Jhwh

1 Du aber, lass zu dir herantreten Aaron, deinen Bruder, und mit ihm seine Söhne aus der Mitte der Israeliten, dass er für mich Priester sei[a], Aaron, (sowie) Nadab und Abihu, Eleasar und Itamar, die Söhne Aarons.
2 Dann sollst du heilige Kleider[a] machen für Aaron, deinen Bruder, zur Ehre und als Schmuck. 3 Und reden sollst du mit allen Kunstverständigen[a], die ich mit dem Geist der Weisheit erfüllt habe, dass sie die Kleider Aarons machen, ihn zu heiligen, damit er Priester für mich sein kann. 4 Dies sind die Kleider, die sie machen sollen: Brusttasche und Priesterschurz und Obergewand und ein anliegendes[a] Untergewand, Turban und Gürtel. Sie sollen die heiligen Kleider für Aaron, deinen Bruder, und für seine Söhne machen, dass er[b] für mich Priester sei.
5 Und sie[a] sollen auch das Gold und den blauen und den roten Purpur und das Karmesin und das feine Leinen entgegennehmen.
6 Zunächst sollen sie den Priesterschurz machen aus Gold, blauem und rotem Purpur, Karmesin und gezwirntem Leinen, eine Kunstweberarbeit. 7 Zwei (mit

28,6–14: Priesterschurz (Efod)

---

83 Wie V. 20 wird auch Ex 28,1 mit der direkten Anrede an Mose „Du aber ..." eröffnet.

ihm) verbundene Schulterträger[a] soll er haben, an seinen beiden Ecken soll er (mit ihnen) verbunden sein[b]. 8 Und die Schärpe daran, zum Anlegen des Priesterschurzes[a], sei von derselben Machart, aus einem Stück mit ihm: aus Gold, blauem und rotem Purpur, Karmesin und gezwirntem Leinen.

9 Dann sollst du zwei Schohamsteine[a] nehmen und darauf die Namen der Söhne Israels[b] gravieren, 10 sechs ihrer Namen auf den einen Stein und die Namen der sechs übrigen auf den anderen Stein entsprechend (der Reihenfolge) ihrer Geburt. 11 Als Steinschneiderarbeit, als Siegelgravur, sollst du die Steine gravieren gemäß[a] der Namen der Söhne Israels. Mit Goldfassungen[b] sollst du sie versehen. 12 Dann sollst du die beiden Steine auf den Schulterträgern des Priesterschurzes anbringen als Steine der Erinnerung hinsichtlich[a] der Israeliten, damit Aaron ihre Namen vor Jhwh auf seinen beiden Schulterstücken trage zur Erinnerung. 13 [a]Dann sollst du Goldfassungen anfertigen 14 und zwei Ketten aus reinem Gold. Gedreht sollst du sie anfertigen (in der) Machart einer Schnur. Dann sollst du die Kettenschnüre an den Fassungen anbringen.[a]

28,15–30: Brusttasche (Choschän)

15 Dann sollst du eine Brusttasche des Rechts[a] machen. Als Kunstweberarbeit nach der Machart des Priesterschurzes sollst du sie anfertigen. Aus Gold, blauem und rotem Purpur, Karmesin und gezwirntem Leinen sollst du sie machen. 16 Quadratisch soll sie sein, doppelt gelegt, eine Spanne[a] lang und eine Spanne breit.

17[a] Dann sollst du sie mit einem (Edel-)Steinbesatz versehen, vier Reihen mit Steinen (in jeder) Reihe[b]:

Karneol, Chrysolith, Malachit: die erste Reihe;

18 die zweite Reihe: Jade (?), Lapislazuli, Jaspis;

19 die dritte Reihe: Bernstein, Achat, Amethyst;

20 die vierte Reihe: Topas, Schoham, Onyx.

In Gold gefasst sollen sie sein, wenn sie eingesetzt sind.

21 Die Steine aber sollen, gemäß der Namen der Söhne Israels, zwölf an der Zahl sein entsprechend ihrer Namen. Siegelgravuren (sollen es sein), eine jede mit je einem Namen, entsprechend den zwölf Stämmen.

22 Dann sollst du auf der Brusttasche gedrehte Ketten[a] anbringen, nach Machart einer Schnur aus reinem Gold. 23 [a]Dann sollst du für die Brusttasche zwei goldene Ringe machen und die beiden Ringe an den beiden Ecken der Brusttasche anbringen 24 und du sollst zwei Goldschnüre an den beiden Ringen anbringen an den Ecken der Brusttasche. 25 Die beiden Enden der beiden Goldschnüre sollst du an den Fassungen[a] befestigen und sie an den Schulterträgern des Priesterschurzes anbringen an seiner Vorderseite. 26 Dann sollst du zwei (weitere) goldene Ringe machen und an die beiden Ecken der Brusttasche an ihrem Saum setzen, der dem Priesterschurz gegenüberliegt zur Innenseite hin. 27 Und dann sollst du (noch weitere) zwei goldene Ringe machen und sie an den beiden Schulterträgern des Priesterschurzes anbringen, unten an seiner Vorderseite dicht an seinem Verbindungsstück oberhalb der Schärpe des Priesterschurzes, 28 damit man die Brusttasche von ihren Ringen (aus) an die Ringe des Priesterschurzes binde mittels einer Schnur aus blauem Purpur, so dass sie oberhalb der Schärpe

Anmerkungen zu Text und Übersetzung

des Priesterschurzes sei, und die Brusttasche soll sich nicht vom Priesterschurz lösen.

29 Aaron soll die Namen der Söhne Israels auf der Brusttasche des Rechts auf seinem Herzen tragen, wenn er ins Heilige hineingeht, immerwährend zur Erinnerung vor JHWH. 30 ᵃDann sollst du die Urim und die Tummim in die Brusttasche des Rechts legen.ᵃ Sie sollen auf dem Herzen Aarons sein, wenn er hineingeht vor JHWH, und Aaron soll das Recht der Israeliten auf seinem Herzen tragen immerwährend vor JHWH.

31 Dann sollst du das Obergewand zum Priesterschurz machen, ganz aus blauem Purpur. 32 Es soll eine Öffnung für seinen Kopf in seiner Mitte haben, eine Borte sei rings um seine Öffnung als Weberarbeit. Seine Öffnung sei wie die eines Panzerhemdsᵃ, sie soll nicht einreißen. 33 Dann sollst du an seinen Säumen Granatäpfel anbringen aus blauem und rotem Purpur und Karmesin, an seinen Säumen ringsum, und goldene Glöckchen mitten unter ihnen: 34 Immer abwechselnd ein goldenes Glöckchen und ein Granatapfel seien rings an den Säumen des Obergewands. 35 Aaron soll es zum Dienst überziehenᵃ, damit sein Klang hörbar sei, wenn er in das Heilige hineingeht und wenn er herausgeht, damit er nicht stirbt.

28,31–35: Obergewand (Mᵉʿil)

36 Dann sollst du eine Blüte aus reinem Gold machen und auf sie als Siegelgravur eingravieren: ‚Heilig für JHWH'. 37 Dann sollst du sie an einer Schnur aus blauem Purpur befestigen. Sie soll sich am Turban befinden, an der Vorderseite des Turbans soll sie sich befinden. 38 Sie (die Blüte) soll an der Stirn Aarons sein, und Aaron soll die Verfehlung an den heiligen Dingen tragen,die die Israeliten geweiht haben hinsichtlich aller ihrer heiligen Gaben.Und sie sei dauernd auf seiner Stirn, dass Wohlgefallen für sie sei vor JHWH.

28,36–38: „Blüte" und Sühne

39 Du sollst das feinleinene Hemd weben und einen feinleinenen Turban anfertigen. Und einen Gürtel sollst du machen als Buntweberarbeit. 40 Auch den Söhnen Aarons sollst du Hemden anfertigen und ihnen Gürtel machen. Auch Kopfbedeckungen sollst du ihnen machen zur Ehre und als Schmuck.

28,39: Hemd, Turban und Gürtel

41 Kleide damit ein Aaron, deinen Bruder, und seine Söhne mit ihm, salbe sie, fülle ihre Hände und heilige sie, dass sie Priester seien für mich.

28,41: Investitur

42 Auch mache ihnen leinene Hosen, um die Haut der Scham zu bedecken. Von den Hüften bis zu den Schenkeln sollen sie reichen. 43 Aaron und seine Söhne sollen sie anhaben, wenn sie ins Begegnungszelt hineingehen oder wenn sie zum Altar treten zum Dienst im Heiligtum, damit sie nicht Verfehlung (auf sich) laden und sterben.
Eine ewige Ordnung sei es für ihn und seine Nachkommen.

28,42–43: Hosen

Anmerkungen zu Text und Übersetzung

1ᵃ   Wörtlich: „für sein Priestersein für mich". Die formelhafte Wendung erscheint in den Sinaitexten wieder in Ex 28,3f.41; 29,1.44; 30,30; 31,10 (LXX); 40,13.15; Lev 7,35 u. ö.

2ᵃ   Die Fügung בגדי קדש bedeutet wörtlich „Kleider von Heiligkeit". Die Ausführungserzählung hat בגדי הקדש, versieht קדש also mit dem Artikel, was wörtlich dann „Klei-

232 Ex 28,1–43: Die heiligen Kleider: Der Priester als Repräsentant des Volkes vor Jhwh

der für das Heilige bzw. das Heiligtum" (Ex 39,1b) bedeutet, wir übersetzen „Heiligtumskleider".

3ᵃ   Zur Übersetzung „Kunstverständige" vgl. zu Ex 31,6 und die Auslegungen von 31,1–6 und 35,25 – 36,7.

4ᵃ   Das Lexem תשבץ ist Hapaxlegomenon. Die Übersetzungen schwanken zwischen „gewirkt", „gewürfelt" oder „gesäumt". Eine Form der zugrundeliegenden Wurzel שבץ erscheint in Ex 28,11.13.20 und bezieht sich dort auf die Fassung von Edelsteinen. U. a. darauf beruhen die Vorschläge von Houtman, Exodus 3, 475, und Bender, Textilien, 66f., das Adjektiv auf die „enganliegende" Form des Kleidungsstücks zu beziehen (Bender, Textilien, 67, ähnlich schon Vg: „lineam strictam").

4ᵇ   Sam und LXX geben das Personalpronomen der 3. Pers. sg. nicht wieder, beziehen also die Söhne Aarons ein: „um Priester zu sein für mich."

5ᵃ   Subjekt sind die „Kunstverständigen". Wir vermuten einen Bezug auf eine entsprechende Formulierung im Ausführungsbericht (Ex 36,3), so dass der Sinn hier ist: „Sie sind es (auch), die ... entgegennehmen sollen/werden."

7ᵃ   כתף heißt zunächst einfach „Schulter" als Körperteil von Menschen (Ez 29,18) oder Tieren (Jes 30,6; Ez 24,4), kann dann auch metaphorisch auf Gegenstände übertragen werden und etwa als architektonische Bezeichnung (vgl. GesL 581) dienen: „Seite" (vgl. Ex 27,14f.: die beidseits des Tores angebrachten „Behänge") oder „Seitenwand" (Ez 40,40: äußere Seitenwand des Torhauses).

7ᵇ   Mit Sam lesen wir yiqtol Puʿal der Wurzel חבר statt wᵉqatal Puʿal des MT (vgl. Propp, Exodus 19–40, 434; Albertz, Exodus 19–40, 186).

8ᵃ   Wörtlich: „die Schärpe seines Anlegens des Priesterschurzes, die an ihm (scil. dem Priesterschurz) ist." Das Nomen אפדה wird vom (seinerseits denominalen) Verbum אפד abgeleitet, das „den Efod anlegen" bedeutet (Ex 29,5; Lev 8,7).

9ᵃ   Vgl. schon Textanm. 25,7ᵃ⁻ᵃ; es handelt sich nach neueren Auslegungen entweder um den sehr wertvollen Smaragd (so auch die LXX) oder um den einfacheren rötlichen Karneol. Karneole sind als Namenssiegel in Judäa belegt (Keel, Jerusalem 2, 937).

9b   בני ישראל ist sonst Volksbezeichnung „die Israeliten", hier jedoch können nur die zwölf Söhne Israel/Jakobs gemeint sein.

11ᵃ   Vgl. zu dieser Wiedergabe der Präposition על Dillmann, Exodus, 334.

11ᵇ   Zur Übersetzung vgl. GesL 749 und Textanm. 4ᵃ.

12ᵃ   Wir geben die Präposition ל hier so neutral wie möglich wieder, weil nicht ohne Weiteres klar ist, wer sich woran bzw. an wen erinnern soll. Vgl. die Auslegung zu V. 12 und V. 29.

13/14ᵃ⁻ᵃ Übersetzung und Interpretation von V. 13f. sind unsicher. „Coming up with a well-founded interpretation is impossible" (Houtman, Exodus 3, 489). Im Ausführungsbericht Ex 39,4–6 hat der Passus kein Gegenstück. In LXX ist von ἀσπιδίσκη (LXX.D „Zierscheiben") anstelle der „Goldfassungen" die Rede.

15ᵃ   Zur Übersetzung von משפט חשן mit „Brusttasche des Rechts" vgl. die Auslegung. LXX gibt die Fügung mit λογεῖον τῶν κρίσεων, „Orakel der Rechtsentscheide" wieder; vgl. dazu Wevers, Notes, 451, und die Auslegung.

16ᵃ   1 Spanne = ½ Elle (ca. 22,5 cm).

17ᵃ   Zu den Edelsteinen vgl. den Exkurs unten.

17ᵇ   Die Wiederholung von טור hat distributiven Sinn: „pro Reihe".

22ᵃ   Die Form שרשת des MT ist wohl ein Schreibfehler für שרשרת („Ketten", so in V. 14; vgl. BHS).

23ᵃ   Für die V. 23–29 (MT) bietet die LXX eine abweichende, kürzere Überlieferung. V. 23 (LXX) gibt V. 29 (MT) wieder, V. 24–25 (LXX) fasst V. 23–28 (MT) zusammen. Im Weiteren entsprechen sich V. 26–39 (LXX) und V. 30–43 (MT).

25ᵃ   Die „Fassungen" des Priesterschurzes V. 11?

Synchrone Analyse

30[a-a]	Sam: „Du sollst die Urim und die Tummim *machen* und die Urim und die Tummim *auf* die Brusttasche des Rechts legen." LXX: „Und du sollst auf das Orakel der Rechtsentscheidung ‚die Erleuchtung' und ‚die Wahrheit' legen ..."; beide Textzeugen vermuten die „Urim" und „Tummim" *auf,* nicht *in* der Tasche bzw. dem Orakel(instrument) (LXX, vgl. zu V. 15).
32[a]	Gedacht ist wohl an ein Kleidungsstück aus Leder (BRL[2] 248).
35[a]	Wörtlich: „Es (scil. das Obergewand) sei auf Aaron."

Synchrone Analyse

Wie das Heiligtum der Ort der Gegenwart Gottes „*in* ihrer Mitte" (בתוכם, Ex 25,8) werden soll, so sollen die künftigen Priester „*aus* der Mitte der Israeliten" (מתוך בני ישראל, Ex 28,1) hervorgehen, und zwar in Gestalt des Mose-Bruders Aaron und seiner Söhne.[84] JHWHs Rede greift damit auf die Exodus- und Wanderungserzählung zurück, in der Aaron an der Seite seines Bruders Mose zunehmend eine führende Rolle gespielt hat (vgl. nur Ex 7–10; Ex 16f.). In der Genealogie von Ex 6,23–25 ist die hervorgehobene Stellung Aarons und seiner Nachkommen vorgezeichnet. Nun empfängt Mose von JHWH Anweisungen, wie bei der Einsetzung der Aaroniden ins Priesteramt zu verfahren ist. Dazu entwerfen Ex 28 und Ex 29 eine Handlungsabfolge.

Während Ex 29 die Einsetzungsriten entwirft, ist Ex 28 der Herstellung des Ornats, der „heiligen Kleider", gewidmet als bildhafter Ausdruck einer Theologie des Priesteramtes: Der Hohepriester (die Bezeichnung kommt erst in Lev 21,10–15 vor) repräsentiert die Israeliten im Heiligtum, in nächster Nähe zur Gegenwart Gottes. Das Priesteramt ist von Beginn an auf Aaron als *den* Priester und seine männliche Nachkommenschaft „zugeschnitten".

Auf den Vorverweis auf den Ritus der Einsetzung in Ex 28,1 folgt in 28,2–5 die summarische Einleitung zur Herstellung der Amtskleidungen Aarons und seiner Söhne. Dann wird die Herstellung der einzelnen Stücke beschrieben, beginnend mit den körperferneren, also dem Heiligtum und Gott zugewandten Stücken:

28,6–14: der Priesterschurz (אפוד 'efôd)
28,15–30: die „Brusttasche des Rechts" (חשן משפט ḥošän mišpāṭ)
28,31–35: das Übergewand des Priesterschurzes (מעיל האפוד me'îl hā'efod)
28,36–38: die „Blüte" (ציץ ṣîṣ), die am Turban (V. 39) anzubringen ist
28,39: das „feinleinene Hemd" (שש כתנת ketonet šeš), der Turban (מצנפת miṣnäfät) und der Gürtel (אבנט 'abneṭ)

Kurz abgehandelt werden die Kleider der Söhne Aarons in 28,40. Ex 28,41 verweist dann schon auf die Investitur als Teil des Einsetzungsrituals und damit auf 29,5f. voraus. Ein merkwürdiger „Patchwork"-Nachtrag folgt in 28,42f. Er schreibt vor,

---

84 Nach Rainer Albertz und anderen ist damit eine „Korrektur der ... Vorstellung" eingeleitet, dass „ganz Israel ein ‚Königreich von Priestern' sein solle (Ex 19,6)" (ALBERTZ, Exodus 19–40, 193). Wie bereits in den Auslegungen zu Ex 19,6 und Ex 24,1–11 gesagt, sehen wir keinen Gegensatz von „allgemeinem Priestertum" und institutionellem Priestertum am Heiligtum. Vgl. auch unten zu Ex 28,9–14.

234 Ex 28,1–43: Die heiligen Kleider: Der Priester als Repräsentant des Volkes vor Jhwh

den Söhnen grob-leinene „Unterhosen" (מכנסי בד) anzufertigen, die während des Dienstes im Heiligtum die Scham bedecken sollen.

28,1–5: Einleitung
Betont, mit der Anrede „du aber", wendet sich die Rede an Mose (V. 1). Er soll Aaron und seine Söhne „herantreten lassen" (קרב Hi.). Der Terminus steht auch anderwärts im Zusammenhang sakraler Auswahlverfahren (1 Sam 10,21, vgl. Jos 7,16; Jer 30,21) oder steht für die „Darbringung" von Opfern und Gaben am Heiligtum (vgl. Lev 1,2f.10 u. ö.). So kann man das Herantreten Aarons und seiner Söhne auch als deren Übereignung ans Heiligtum verstehen.

Dann folgt die Aufforderung, „heilige Kleider" herzustellen, die Mose weitergeben soll an „Kunstverständige ..., die ich mit dem Geist der Weisheit erfüllt habe." Wer damit konkret gemeint ist, wird sich im weiteren Verlauf erschließen (vgl. zur Berufung der Kunsthandwerker Ex 31,1–11, zur Gänze erst in der Ausführungserzählung, insbesondere in Ex 35f.). An den Aufträgen wird aber schon deutlich, welch hohe Anforderung an das kunsthandwerkliche Können gestellt ist. In V. 4 schließt sich eine Liste mit den Stücken des hohepriesterlichen Ornats an. Sie nennt erst die „Brusttasche" und dann den „Priesterschurz". Die umgekehrte Reihenfolge in den Einzelanweisungen (vgl. Ex 28,6–15) ist wohl „technisch" bedingt, weil die Brusttasche am Priesterschurz befestigt ist und ihn in diesem Sinne voraussetzt. Kulttheologisch gesehen ist die „Brusttasche des Rechts" das gewichtigere Stück.

28,6–14: Priesterschurz (Efod)
Der „Priesterschurz" wird hebräisch אֵפוֹד, 'efôd genannt. Das Lexem bezeichnet im Alten Testament unterschiedliche Gegenstände.[85]

> Der 'efôd bad wird meist als ein leinener Lendenschutz verstanden.[86] Samuel habe ihn als Priester-Eleve im Heiligtum von Silo (1 Sam 2,18) getragen. David war mit ihm angetan, als er vor der Lade (2 Sam 6,14) tanzte. Das Lexem kommt etymologisch und semantisch dem ägyptischen Wort jfd nahe, das ein Stück (Leinen-)Tuch meint und möglicherweise auf den Schurz ägyptischer Priester hinweist. Spezifischer ist die Verwendung des Begriffs in der priesterlichen Mantik. Nach 1 Sam 23,6.9; 30,7 dient der Efod der Befragung Gottes. David erwartet eine binäre Ja/Nein-Antwort. Das legt nahe, dass der Efod ein Orakelinstrument war oder beinhaltet hat, etwa ein Staborakel (vgl. Hos 3,4). Die ursprünglichen Formen und Funktionen des Efod sind nicht mehr sicher erkennbar.

Aarons Efod wird genau beschrieben. Er soll zwei Schulterstücke oder -träger haben.[87] Auch ein „Gurt" oder eine „Schärpe", die zum Anlegen des Efod dient und aus einem Stück mit ihm gearbeitet sein soll, werden erwähnt. Aarons Efod ist also wohl als Schurz vorzustellen, der vertikal über zwei Schulterträger und horizontal mit einem Gürtel an seinem Träger befestigt ist.[88]

Die sakrale Qualität und die Funktion des Priesterschurzes erschließen sich aus seinen Materialien und seiner Ausstattung. Wie die innere Decke der „Wohnung" (Ex 26,1–6) und die „Abtrennung" (Ex 26,31–35), also die textilen Umhüllun-

---

85 Vgl. Utzschneider, Art. Ephod, 1351f.; Keel, Jerusalem 2, 936f.; Bender, Textilien, 211–220.

86 Anders Bender, Textilien, 216–218: Der Efod als Tuch schützt vor Berührung mit sakralen Gegenständen.

87 Vgl. die Darstellung eines ägyptischen Priesterschurzes bei Keel, Jerusalem 2, 938, Abb. 581.

88 Vgl. Bender, Textilien, 237; Abb. 12c und 13.

Synchrone Analyse

gen des Allerheiligsten, soll er eine „Kunstweberarbeit" sein, ein Mischgewebe aus blauen und roten Purpurgarnen, aus karmesinrotem Garn und festem Leinen. Anders als die Kunstweber-Tuche der Wohnung soll in ihn auch Gold, wohl Goldfäden, eingearbeitet sein (Ex 39,3).[89] Damit passt sich der Priesterschurz den heiligen Geräten an. Kurz: der Efod macht sinnfällig, dass der Priester ein Teil der heiligen Sphäre werden soll.

Es folgen zwei gewichtige Accessoires. In zwei Edelsteine (vgl. Textanm. 9[a]) sollen je sechs Namen der zwölf Söhne des Stammvaters Jakob/Israel eingeschnitten werden, für die Steine sollen Fassungen mit zu Schnüren gedrehten Kettchen aus reinem Gold angefertigt werden. Sie dienen auch zur Befestigung der „Brusttasche" (vgl. V. 25). Die Edelsteine müssen eine beachtliche Größe haben und der Steinschneider ein Meister sein, wenn er sechs Namen darauf unterbringen soll.[90] Nicht weniger anspruchsvoll und filigran sind die Goldschmiedearbeiten (vgl. zu Ex 39,3).

Die Edelsteine sollen „Steine der Erinnerung hinsichtlich der Israeliten" sein (vgl. Textanm. 12[a] und die Auslegung zu V. 29).

Was aber heißt es für den Priester, der diese Steine, die ja nichts anderes sind als Namenssiegel, trägt?[91] Ein Namensiegel trägt der Eigner oder die Eignerin am Leib, es ist mit seinem oder ihrem Namen und dem Namen des Vaters versehen und nur mit diesem. Er oder sie führt das Siegel als Identitätszeichen. Man kennzeichnet damit Briefverschlüsse und weist sich als Absender aus. Man stempelt damit Vorratskrüge und gibt sich so als Eigentümer ihres Inhalts zu erkennen, oder „besiegelt" Geschäfte (vgl. Jer 32,10). Die Namenssiegel im hohepriesterlichen Ornat unterscheiden sich von den gewöhnlichen Siegeln vor allem dadurch, dass ihr Träger nicht ihr Eigner ist. Nicht sein Name ist darauf eingraviert, sondern die Namen der Söhne Israels. Mit den beiden Steinen trägt Aaron also nicht seine, sondern die kollektive Identität der „Söhne Israels" auf den Schultern.

Mit den Namen der *Söhne* des Stammvaters Jakob/Israel verweisen die beiden Steine wohl auf die Liste in Ex 1,1–4 (vgl. auch Gen 35,23–26 bzw. 46,8–24) zurück, die die Jakobssöhne aufführt, und damit auf das heilsgeschichtliche Narrativ von Erzeltern und Exoduserzählung, auf das sich ganz Israel beruft und mit dem es sich identifiziert.[92]

Man hat die Namenssiegel des hohepriesterlichen Ornats mit *yh(w)d*-Siegeln verglichen, die die persischen Statthalter in Juda („Yehud") geführt haben. Sie trugen den Provinznamen „Juda" („Yehud"), den Namen und bisweilen den Titel des jeweiligen Statthalters. Diese Siegel standen „stellvertretend für die staatliche Macht"[93] verkörpert in dem jeweiligen Träger. Die Namenssiegel des hohepriesterlichen Ornats identifizieren den Priester aber gerade nicht als Herrschaftsträger. Sie lauten nicht auf seinen Namen oder Titel, sondern auf die Namen der Stämme,

Namenssiegel

---

89 Vgl. HARAN, Temples, 167.

90 Zur Technik des Siegelschneidens vgl. ZWICKEL, Arbeitsvorgänge, 8–11. In Namenssiegel waren gewöhnlich in zwei Reihen bzw. „Registern" der Name des Eigners und sein Vatersname eingraviert.

91 Vgl. zum Folgenden WELTEN, Art. Siegel und Stempel.

92 Vgl. EDERER, Begegnung, 96.

93 Vgl. ZWICKEL, Die Bedeutung des hohenpriesterlichen Brustschildes; ders., Edelsteine, 45–47 (mit Abb.).

236   Ex 28,1–43: Die heiligen Kleider: Der Priester als Repräsentant des Volkes vor Jhwh

die ganz Israel bilden. In dessen Namen steht der Priester vor Gott. Dies kann u. E. als eine Interpretation der Verheißung für das „Volk von Priestern" (Ex 19,6) gelesen werden.

28,15–30: Brusttasche des Rechts (Choschän)

Das Lexem חֹשֶׁן ḥošän bezeichnet *dieses* Stück des Ornats Aarons und kommt fast nur in den Sinaitexten (Ex 25,7; 28; 29,5; 35,9.27; 39; Lev 8,8; Sir 45,10) vor. Bedeutung und Übersetzung können nur aus der Beschreibung in Ex 28,15–30 bzw. 39,8–21 und/oder aus kulturgeschichtlichen Analogien abgeleitet werden.

Die Beschreibungen von Form und Funktion legen die Wiedergabe mit „Brusttasche" nahe: Der Stoff ist „doppelt gelegt" (V. 16), Aaron soll Urim und Tummim „hineinlegen" (V. 30), er soll die Tasche „auf dem Herzen" tragen (V. 29). Die wertvolle Ausstattung der Vorderseite, die Maße und die Lage „auf dem Herzen" erinnern an ein „Brustschild" bzw. „Pektorale", „wie es v. a. von königlichen und (später) nicht-königlichen Personen in Ägypten zur Demonstration bes.(onderer) Amtsautorität und Dignität mitgeführt werden konnte."[94]

Die Bezeichnung ḥošän „Brusttasche" ist durch das Nomen מִשְׁפָּט mišpāṭ erweitert und näher bestimmt. Wörtlich wäre die Fügung mit „Tasche von Recht" wiederzugeben. *mišpāṭ* kann einzelne Rechtssätze bzw. ein Korpus von Rechtssätzen (Ex 24,3) bezeichnen (vgl. z. B. Ex 21,1), es kann „Gericht" bedeuten, die Gerichtsverhandlung oder das Urteil bezeichnen (z. B. 1 Kön 3,28 das Urteil des Königs Salomo im Fall der beiden Frauen, die um die Mutterrechte an einem Kind streiten). Es meint aber auch den Inbegriff der (von Gott gegebenen) Rechtsnormen und das daran orientierte Verhalten (vgl. etwa Gen 18,19; Am 5,7; Mi 6,8). In diesem letzteren Sinne wird der Begriff in Ex 15,25, dem programmatischen Eröffnungstext der Wanderungserzählung, gebraucht (vgl. die Auslegung dazu): „Dort legte er ihm (scil. Israel) Ordnung und Recht auf und dort prüfte er es." Welche Konnotation mit der „Brusttasche des Rechts" zur Geltung kommt, wird bei V. 30 zu entfalten sein.

Materialien und grundsätzlich auch die Machart der Brusttasche entsprechen weitgehend denen des Efod. Wie dieser soll sie eine Kunstweberarbeit mit eingearbeitetem Gold sein. Mit zwölf (nicht nur mit zwei) Edelsteinen soll die Vorderseite der Brusttasche auf einer Fläche von 22,5 × 22,5 cm in vier Reihen mit je drei Steinen besetzt sein.

Die Edelsteine der Brusttasche (28,17–20)

Die Identifikation der Edelsteine ist unsicher, wie ein Blick in die Übersetzungen und Kommentare zeigt. Wir folgen hier weitgehend Wolfgang Zwickel.[95] V. 17: Das Lexem אֹדֶם verweist auf אָדַם, „rot". Der wohl am meisten verbreitete rötliche Schmuckstein der Antike ist der Karneol. Der „Chrysolith" (פטדה) ist ein hellgrüner Stein. Der „Malachit" (ברקת), ein grünlich-bläulicher Stein, „findet sich häufig im Umfeld der antiken Kupferabbaustätten". V. 18: LXX und Vg geben נפך mit „Kohle" wieder. Es ist also wohl ein dunkler Stein, vielleicht ein Feuerstein oder ein schwarz-grüner Jade. ספיר ist ein bläulicher Stein und mit „Lapislazuli" wiederzugeben (vgl. schon zu Ex 24,10). Mit יהלם ist wohl grüner Jaspis gemeint. V. 19: Der *läšäm* wird mit guten Gründen als Bernstein gedeutet;[96] Zwickel schlägt gelblichen Feuerstein vor.[97] שבו wird als der vielfach gemus-

---

94   Görg, Art. Brustschild, 340.
95   Zwickel, Edelsteine, 50–70.
96   So neuerdings Albrecht, Bernstein, 13–26.
97   Zwickel, Edelsteine, 59.

Synchrone Analyse　　　　　　　　　　　　　　　　　　　　　　　　　237

terte Achat gedeutet. Mit אחלמה ist wohl der rötliche Amethyst gemeint. V. 20: Das Lexem תרשיש verweist wahrscheinlich auf das phönikische Tartessos in Südspanien; daher stammt der „gelbe Topas". Zum Schohamstein vgl. die Textanm. 25,7[a–a]. Von ישפה leitet sich unser „Jaspis" her, die antiken Übersetzungen geben das Wort mit „Onyx" (LXX: ὀνύχιον) wieder, dem schließen wir uns an. Zwickel denkt eher an „einen farbigen (blauen?) ... Chalzedon"[98].

Wie in die beiden Steine des Efod sollen in die zwölf Steine der Brusttasche die Namen der „Söhne Israels" eingraviert sein. Der Priester wird jeden der Stammväter vor Gott tragen und damit das ganze Volk in der Sphäre der Heiligkeit vertreten. Für die Anordnung der Steine resp. der Stämme in vier Dreiergruppen gibt es, so Benno Jacob, „nur Ein (sic!) Vorbild: so lagerten die zwölf Stämme um das Heiligtum Nu 2,2ff. ..." Dementsprechend seien die Reihen nicht, wie üblich, untereinander zu denken, sondern als „die vier Seiten eines in der Mitte offenen Quadrates. Der choschen ist ein Abbild des israelitischen Lagers um das Heiligtum mit der edut ..."[99]

So haben diese Anweisungen zur Ausstattung der Brusttasche ein hohes Gewicht für das Verhältnis des Priesters und der Priesterschaft zum Volk einerseits und zu Gott andererseits. Der Priester repräsentiert das Volk im Heiligtum mit einer Art spiritueller Prokura, wenn man die rechtliche Funktion (vgl. dazu oben zu V. 9–13) der Namenssteine im kultischen Kontext als Metaphern versteht.

In den V. 22–28 geht es dann in großer Ausführlichkeit darum, wie die Brustta   28,22–28
sche am Priesterschurz zu befestigen ist (V. 28). Für die vier Ecken der Brusttasche sollen vier goldene Ringe gegossen werden (V. 23.26). Deren Gegenstücke am Priesterschurz sind Goldfassungen an den Schulterstücken oben (V. 25) und zwei Ringe unten am Gürtel des Priesterschurzes. Die Verbindungen oben bilden schnurartig gedrehte Goldketten. Die unteren Ringe werden mittels einer Schnur aus blauem Purpurgarn verbunden.

Den Höhepunkt der Beschreibung der Brusttasche bilden die V. 29f. V.29 bestimmt den Zweck des Edelsteinbesatzes mit den Namen der Stämme. Wie die Edelsteine des Efod (vgl. V. 12, vgl. oben) dienen sie der Erinnerung (זכרון). In V. 12 ist von den beiden „Erinnerungssteinen" die Rede, die Aaron „vor Jhwh ... zur Erinnerung tragen" soll. V. 29 präzisiert noch einmal: (Jedes Mal,) wenn er ins Heilige hineingeht, soll er „die Namen der Israeliten vor Jhwh tragen zur Erinnerung, immerwährend".

Das Motiv der Erinnerung spielt im Buch Exodus in unterschiedlichen Zusammenhän   Erinnerung
gen eine Rolle. Mit dem Stichwort זכרון wird in Ex 12,14 das Päsachgeschehen in Ägypten als Erinnerung für die Päsachfeier proklamiert. In Ex 13,8f. werden Arm und Stirnbänder, die späteren „Tefillin", als materielle Erinnerungszeichen an das Exodusgeschehen und die damit verbundene Massotfeier erklärt.[100] In Ex 17,14 ist von einem Buch die Rede, in dem die Erinnerung an den Sieg über die Amalekiter aufbewahrt werden soll. In Ex 16,32–34 erscheint zwar das Stichwort זכרון nicht. Die Rede ist von einem Krug voll Manna, der „vor Jhwh zur Aufbewahrung für eure Nachkommen" (לפני יהוה למשמרת לדרתיכם) gestellt werden soll. Auch dieses Requisit

---

98 Zwickel, Edelsteine, 62.
99 Jacob, Exodus, 907.
100 Vgl. Utzschneider/Oswald, Exodus 1–15, 278.

dient der Erinnerung. Stets ist das Subjekt der Erinnerung die Nachkommenschaft der Exodus- bzw. Wüstengeneration. Anders in Ex 28.

Wenn sich das Erinnern im „Heiligen" ereignen soll, können die Israeliten nicht dessen Subjekte sein. Die Erinnerungssteine gelten Jhwh. *Er* möge sich durch sie erinnern. Die Aufforderung an Jhwh, sich zu erinnern oder zu gedenken (beides mit זכר), ist im Alten Testament vor allem ein Gebetsmotiv. Einzelne oder auch das Volk klagen vor Gott, er möge ihrer Not gedenken bzw. sich daran erinnern und das Unheil abwenden (Ps 9,13; 25,6; 74,2.18; 89,48.51 u. ö.). Oder umgekehrt: Er möge ihrer Sünden nicht (mehr) gedenken (Ps 25,7; Jes 43,18). Es ist denkbar, dass das Priesterornat die priesterliche Funktion der Fürbitte[101] in den Siegelsteinen gleichsam materialisiert. Näher liegt u. E. eine Anspielung an Ex 2,24 und Ex 6,5: Gott hat zugesagt, die Klage der versklavten Israeliten zu hören und sich des Bundes mit den Vätern zu erinnern. Eine letzte mögliche Deutung ist die Erinnerung an die Beiträge der Israeliten zum Bau der Wohnung. Die Steine hätten demnach die Funktion einer Stifterinschrift.[102]

28,30: 'urim und tummim

V. 30 erschließt die Ergänzung durch den Begriff משפט *mišpāṭ*. Wir haben ihn mit „Recht" wiedergegeben. Der Begriff hat freilich, wie gesagt, eine ganze Reihe von Konnotationen. Eine klingt an in den Requisiten *'urim und tummim*, die in die Tasche gelegt werden sollen. Sie erscheinen im hebräischen Text determiniert (הָאוּרִים bzw. הַתֻּמִּים), d. h. sie werden als bekannt vorausgesetzt und müssen auch nicht eigens hergestellt werden (vgl. Textanm. 30[a–a]). Die alttestamentlichen Belege für beide Begriffe (Lev 8,8; Num 27,21; Dtn 33,8f.; Esr 2,63 = Neh 7,65) bzw. das Lexem *'urim* alleine legen nahe, dass sie als Requisiten induktiver priesterlicher Mantik und (sakral-)rechtlicher Entscheide dienten. Materiell sind sie als Orakelstäbe („Lose") zu Ja/Nein-Antworten oder als Steinorakel vorstellbar.[103] Die „Brusttasche des Rechts" kann dann als „Brusttasche des (Rechts-)Entscheids" verstanden werden und wurde im weiteren Kontext auch so verstanden (vgl. Num 27,21). Gleichwohl sollte die „Brusttasche des Rechts" nicht auf die Funktion einer Orakeltasche reduziert werden, wie es die Wiedergabe der LXX, λογεῖον τῶν κρίσεων, also „Orakel der Rechtsentscheide" suggerieren könnte.

Aaron soll mit *'urim* und *tummim* „das Recht der Israeliten auf seinem Herzen tragen vor Jhwh immerwährend" (V. 30b). Auch das kann als „Rechtsentscheid für die Israeliten" verstanden werden. Die Redeweise legt u. E. aber eine andere Interpretation nahe.[104] Wie oben angedeutet kann משפט *mišpāṭ* wie צדקה *ṣedaqâ* auch das „Richtige, Angemessene' (Ex 26,30; 1 Kön 18,28; Jes 28,25f.), die ‚Ordnung' (Gen 40,13; 1 Kön 5,8 ...)"[105] bedeuten. Somit repräsentiert Aaron durch sein Pektorale nicht nur die Israeliten, er bringt auch „die Gemäßheit, die Richtigkeit der Israeliten"[106] vor Gott.[107] In dieser Hinsicht kann der Choschän als Gegenstück zu

---

101 Vgl. Albertz, Exodus 19–40, 198.

102 Vgl. dazu Utzschneider, Heiligtum, 168–171 mit weiterem Material; Keel, Brusttasche, 386; Dohmen, Exodus 19–40, 268.

103 Vgl. den Exkurs bei Albertz, Exodus 19–40, 201f.

104 Vgl. zum Folgenden Utzschneider, Tabernacle, 288.

105 Liedke, Art. שפט *špṭ* richten, 1005.

106 Keel, Brusttasche, 384.

107 Vgl. das Motiv des „Darbringens der Ma'at", „die im ägyptischen Kult das der Weltordnung Gemäße darstellt". Keel, Brusttasche, 383.

Synchrone Analyse 239

der *ʿedut*, den göttlichen Gesetzen in der Lade, verstanden werden.[108] In der *ʿedut* kommt der Rechts- und Ordnungswille Jhwhs zum Ausdruck. Mit der „Brusttasche des Rechts" bringt Aaron den Willen und den Anspruch des Volkes zum Ausdruck, diesen göttlichen Ordnungen zu entsprechen.

Das Lexem מעיל *meʿîl* ist im Alten Testament mehrfach belegt.[109] Hier bezeichnet das Wort ein Kleidungsstück, das nach V. 32 über den Kopf, also nach Art eines Ponchos, *übergezogen* (V. 35) wird. Es ist wohl „an den Seiten unter Auslassung von Öffnungen für die Arme zusammengenäht"[110] und soll durch einen Gürtel (V. 39) zusammengehalten werden. Die Wiedergabe mit „Obergewand" impliziert, dass Aaron darunter noch ein langes Hemd trägt (V. 39). Das Obergewand soll – vergleichsweise einfach – aus blauer Purpurwolle gewebt sein, die Borte der Kopf-Öffnung eine einfache Weberarbeit. Besondere Accessoires sind die „Granatäpfel" – kleine runde Stoffbällchen – und die Glöckchen, die alternierend am unteren Saum des Gewands anzubringen sind. Die Granatäpfel unterscheiden sich vom Obergewand durch ihre Machart mit blauer und roter Purpurwolle sowie Karmesin. Die Glöckchen haben „apotropäische" Funktion; sie sollen Aaron vor Gefahren der Gottesnähe schützen (vgl. schon Ex 19,20–25).

28,31–35: Obergewand (Meʿîl)

Mit ציץ *ṣîṣ* ist ein Diadem in Form einer Blüte oder Blume gemeint, die mit einer Schnur von blauem Purpur am Turban zu befestigen ist (V. 37). In Ex 39,30 und Lev 8,9 ist צִיץ הַזָּהָב „goldene Blüte" mit dem Wort נֵזֶר *nezär* kombiniert, in Ex 29,6 steht anstelle von „Blume" nur נֵזֶר *nezär*. Dieser Begriff steht bisweilen im Zusammenhang mit dem Königtum (2 Sam 1,10; 2 Kön 11,12; Ps 89,40) und wird meist mit „Krone" o. ä. wiedergegeben. Er bedeutet aber wahrscheinlich genuin „Weihe" oder „Weihung" (Lev 21,12; Num 6,4f.) und damit die besondere Qualität eines „Geweihten" (נזיר „Nasiräer"). Dazu passt die Gravur „Heilig für Jhwh" auf der „Blüte" in Ex 28,36. Mithin ist das Diadem als materielles Zeichen des „Geweiht-seins", der „Heiligkeit", Aarons zu verstehen. Ps 132,18 stellt einen Zusammenhang zwischen „Blume" und „Weihung" her. Mit Bezug auf den König heißt es dort: „auf ihm wird seine Weihung blühen." Institutionengeschichtlich bemerkenswert ist, dass der Hohepriester der Sinaitexte mit einem königlichen Attribut ausgestattet ist.

28,36–43: Die „Blüte" und weitere Teile des Ornats

Die „Blüte" hat noch eine weitere Funktion. Aaron wird (und muss) „die Verfehlung (עָוֹן, *ʿāwon*) an den heiligen Dingen tragen, die die Israeliten geweiht haben hinsichtlich aller ihrer heiligen Gaben" (V. 38). Diese entsteht durch makelbehaftete Weihe- und Opfergaben (vgl. etwa Lev 22,17–25; Mal 1,6–11) oder Fehler im Ritus (vgl. etwa Lev 22,14–16). Die Last dieser Schuld nimmt der Hohepriester qua Amt auf sich (nach Lev 10,16; etwas anders Num 18,1) und trägt sie (נשׂא). Er entlastet damit die eigentlich Verantwortlichen im Volk und erwirkt bei Jhwh Sühne und Wohlgefallen für die Israeliten und auch für sich. Denn: „Wer *ʿāwon* trägt, ist an sich dem Untergang geweiht".[111] Eben davor bewahrt den Priester die „Blüte" mit ihrer Aufschrift „Heilig für Jhwh".[112]

---

108 Auch Jacob, Exodus, 909 versteht die urim und tummim als „Korrelat der edut". „...so müssen sie gleichfalls etwas *Geschriebenes* sein" (Kursiv im Original).

109 Vgl. dazu ausführlich Bender, Textilien, 113–117.

110 Bender, Textilien, 115f.

111 Koch, Art. עָוֹן *ʿāwon*, 1174.

112 Vgl. Koch, Art. עָוֹן *ʿāwon*, 1175, und V. 43.

240 Ex 28,1–43: Die heiligen Kleider: Der Priester als Repräsentant des Volkes vor Jhwh

V. 39 vervollständigt den Ornat Aarons durch die weniger bedeutungsschweren Teile, was sich auch in den einfacheren, aber nicht groben Materialien widerspiegelt: das Hemd unter dem Obergewand, den Turban (מצנפת, von צנף „umwinden") und schließlich den Gürtel, der vermutlich unter dem Obergewand zu tragen ist.

Gürtel
Der Gürtel gehört ebenfalls zur Ausstattung der Söhne Aarons (V. 40). Er ist auch als Würdezeichen eines hohen Beamten belegt (Jes 22,21). Dies legt nahe, dass er als Abzeichen priesterlicher Würde eine längere Tradition hat. Ansonsten sollen für die Priester minderen Ranges Hemden und Kopfbedeckungen angefertigt werden. Die Formel „zur Ehre und zum Schmuck" bildet eine Inklusion zu V. 2.

V. 41 blickt auf die Investitur in Ex 29,5f. voraus, die V. 42f. tragen die Herstellung einer Art Unterhose (מכנסים) nach. Sie soll aus einfachem Leinen sein und „die Haut ihrer Scham (בשׂר ערוה) bedecken". Die Scham ist ein Tabubereich, dessen „Aufdeckung" unrein und damit kultunfähig macht (vgl. Lev 18; Ez 44,18). V. 43 sieht diese Gefahr jederzeit gegeben, wenn die Priester den heiligen Bezirk betreten. Somit wird die Anweisung als „ewige Ordnung" (חקת עולם, vgl. Ex 27,21) für Aaron und seine Nachkommenschaft bekräftigt.

Diachrone Analyse

DtrG	HE	PK	TK
	28,1–41		
	28,42–43		

An den Anweisungen zu den Beinkleidern Ex 28,42–43 ist wiederum die Positionierung erklärungsbedürftig. Im Ausführungsteil stehen Leibröcke, Kopfbedeckungen, Beinkleider und Gürtel zusammen (39,27–29), im Anordnungsteil stehen die Hosen jedoch nach der Einleitung zu den Anweisungen zur Priesterweihe (28,41b). Der Grund liegt in der Umstandsbestimmung „wenn sie in das Zelt der Begegnung hineingehen" (28,43a), die erst angemessen ist, nachdem die Anweisung zur Priesterweihe (28,41b) erfolgt ist. Man kann erwägen, ob die Aufsprengung der Anweisungen 28,39–40 und 28,42–43 sekundär erfolgte. Da sie aber einer durchgängig feststellbaren Logik folgt, ist dies eher unwahrscheinlich.

Synthese

Die diachrone Analyse weist das Kapitel der Heiligtumserzählung (HE) zu und betont damit den engen Zusammenhang der Priesterkleidung mit der Ausstattung der „Wohnung" (Ex 26). Dies entspricht auch dem Befund der synchronen Analyse. Durch seinen Ornat wird Aaron dem Innern der Wohnung „anverwandelt".

Auf den Edelsteinen von Efod und Choschän sind die Namen der Stämme Israels eingraviert und daraus ergibt sich eine markante Aufgabenbeschreibung für die aaronidischen Priester: Sie vertreten das Volk vor Jhwh im Heiligtum. Gemäß den Heiligtumstexten (aber auch der Opfertora, Lev 1–7) hat der Priester-

Synthese 241

dienst keine herrschaftliche, sondern eine dienende Funktion. Daran knüpfen sich aber zwei Fragen. Wie verhält sich das aaronidische Priestertum zum allgemeinen Priestertum Israels nach Ex 19,6; 24,8? Und wie verhält sich die an anderen Stellen erkennbare Herrschaftsfunktion der Priester dazu?

(1.) In der Tat sind Aaron und seine Nachfolger mit besonderer Heiligkeit begabt. Diese wird aber in den Heiligtumstexten nirgendwo als Gegensatz zum Priestertum des Volkes gesehen. Das geschieht erst in Num 16, wo die Parole „Alle sind heilig" (16,3) brüsk zurückgewiesen und die Sonderstellung der Aaroniden zementiert wird. Nach Ex 28 ist das aaronidische Priestertum Ausdruck und Repräsentanz des allgemeinen Priestertums der Israeliten. Beide unterscheiden sich dem Grade, nicht aber dem Wesen nach.

(2.) Aaron und seinen Nachfolgern werden schon in den Heiligtumstexten Insignien der Macht zuerkannt, etwa das Diadem als (auch) königliches Würdezeichen oder die Salbung, doch von Rechten und Pflichten, die über kultische Aufgaben hinausgehen, verlautet nichts. Das kommt erst in Texten wie Lev 10,8–10, Num 25,6–15 oder Jos 13–19 hinzu. Historisch ist klar nachweisbar, dass die Jerusalemer Hohepriester im 4. Jahrhundert v. Chr. ihre herrscherliche Stellung immer weiter ausgebaut haben und schließlich in Personalunion auch das Statthalteramt innehatten.[113] Diese Entwicklung liegt jedoch allenfalls in der Fluchtlinie der Heiligtumstexte und ist in ihnen noch nicht ausgeführt.

Ex 29,1–46: Die Einsetzung der aaronidischen Priesterschaft

1 Und so sollst du mit ihnen verfahren, um sie zu heiligen, damit sie Priester für mich seien:

Nimm einen Jungstier, ein Stück Großvieh und zwei makellose Widder, 2 ungesäuertes Brot und ungesäuerte, mit Öl angerührte Kuchen sowie ungesäuerte, mit Öl bestrichene Fladen. Mit feinem Weizenmehl sollst du sie zubereiten.[a] 3 Dann sollst du sie in einen Korb legen und in dem Korb sollst du sie darbringen, und auch den Stier sowie die beiden Widder.

29,1b–3: Vorbereitung der Opfergaben

4 Und Aaron und seine Söhne sollst du zum Eingang des Begegnungszeltes herantreten lassen. Dann sollst du sie mit Wasser waschen 5 und die Kleider nehmen und Aaron mit dem Hemd, dem Obergewand zum Priesterschurz, dem Priesterschurz und der Brusttasche bekleiden und ihn[a] mittels der Schärpe des Priesterschurzes anlegen. 6 Dann sollst du den Turban auf sein Haupt setzen und das heilige Diadem[a] auf dem Turban befestigen.

29,4–7: Investitur und Salbung

7 Dann sollst du das Salböl nehmen und es über sein Haupt gießen und ihn salben. 8 Und auch seine Söhne lass herantreten. Dann sollst du sie mit Hemden bekleiden 9 und mit einem Gürtel gürten, Aaron[a] und seine Söhne, und sie mit den Kopfbede-

---

113 Oswald, Ethnarch.

242 Ex 29,1–46: Die Einsetzung der aaronidischen Priesterschaft

ckungen bedecken. So sei ihnen die Priesterschaft als eine ewige Ordnung übertragen, und du sollst die Hand Aarons und die Hand seiner Söhne füllen.

29,10–14: Sündopfer

10 Dann sollst du den Jungstier vor das Begegnungszelt bringen, und Aaron und seine Söhne sollen ihre Hände auf den Kopf des Stieres stemmen. 11 Dann sollst du den Jungstier schlachten vor Jhwh, am Eingang des Begegnungszeltes, 12 und (etwas) vom Blut des Jungstieres nehmen und über die Hörner des Altars streichen mit deinem Finger. Alles (übrige) Blut sollst du an den Sockel des Altars gießen. 13 Dann sollst du all das Fett nehmen, das die Eingeweide bedeckt, den Auswuchs[a] über der Leber und die beiden Nieren sowie das Fett, das auf ihnen ist, und auf dem Altar in Rauch aufgehen lassen[b]. 14 Das Fleisch des Jungstieres, seine Haut und seinen Kot sollst du mit Feuer verbrennen außerhalb des Lagers. Ein Sündopfer ist es.

29,15–18: (Ganz-)Brandopfer

15 Und den ersten Widder sollst du nehmen. Dann sollen Aaron und seine Söhne ihre Hände auf den Kopf des Widders stemmen, 16 und du sollst den Widder schlachten, sein Blut nehmen und es ringsum über den Altar sprengen. 17 Und den Widder sollst du in seine Teile zerlegen. Dann sollst du seine Innereien und seine Unterschenkel waschen und (sie) auf seine (anderen) Teile und seinen Kopf legen. 18 Dann sollst du den Widder ganz in Rauch aufgehen lassen auf dem Altar. Ein Brandopfer für Jhwh ist es, ein beruhigender Geruch, eine Feuergabe[a] für Jhwh ist es.

29,19–25: Handfüllungsopfer für die Priester

19 Dann sollst du den zweiten Widder nehmen, und Aaron und seine Söhne sollen ihre Hände auf den Kopf des Widders stemmen. 20 Dann sollst du den Widder schlachten und (etwas) von seinem Blut nehmen und es ans Ohrläppchen Aarons und ans Ohrläppchen seiner Söhne, (jeweils) das rechte, an den rechten Daumen ihrer Hand sowie an die rechte große Zehe ihres Fußes streichen und [a]das Blut ringsum über den Altar sprengen[a].

21 [a]Dann sollst du von dem Blut, das auf dem Altar ist, nehmen und von dem Öl der Salbung und es auf Aaron und seine Kleider sowie auf die Söhne und die Kleider der Söhne sprengen und ihn und seine Kleider sowie seine Söhne und die Kleider seiner Söhne damit heiligen[b].[a] 22 Dann sollst du vom Widder nehmen das Fett, den Fettschwanz und das Fett, das die Eingeweide bedeckt, den Auswuchs der Leber, die beiden Nieren, das Fett, das auf ihnen ist, und die rechte Keule – es ist ja der Widder der Handfüllung – 23 sowie auch je ein Rundfladenbrot, ein Ölkuchenbrot und einen Fladen aus dem Korb der ungesäuerten Brote, der vor Jhwh steht, 24 und all das sollst du auf die (geöffneten) Hände Aarons und auf die (geöffneten) Hände seiner Söhne legen und es schwingen lassen als Schwingopfer[a]. 25 Dann sollst du es von ihren Händen nehmen und auf dem Altar verbrennen über dem Brandopfer zum beruhigenden Geruch vor Jhwh. Eine Feuergabe für Jhwh ist es.

29,26–28: Priesteranteile

26 Dann sollst du die Brust vom Widder der Handfüllung nehmen, der für Aaron ist, und sie schwingen lassen als Schwingopfer für Jhwh. Sie sei dein Anteil.

27 Dann sollst du die Brust des Schwingopfers heiligen und die Keule der Abgabe, die geschwungen oder die erhoben wurde vom Widder der Handfüllung, und zwar von dem für Aaron und von dem für seine Söhne. 28 Es[a] soll Aaron und seinen Söhnen zustehen als ewiges Anrecht von den Israeliten. Eine Abgabe ist

Anmerkungen zu Text und Übersetzung 243

es. Eine Abgabe soll es sein der Israeliten von ihren Schlacht-Mahlopfern, ihrer Opfergabe für Jhwh.

29 Die heiligen Kleider, die Aaron gehören, sollen auf seine Nachkommen nach ihm übergehen, damit man sie darin salbt[a] und in ihnen ihre Hände füllt. 30 Sieben Tage lang soll sie der Priester anziehen, (der) nach ihm (kommt) von seinen Söhnen, wenn er ins Begegnungszelt hineingeht, um im Heiligtum zu dienen.

29,29–30: Aarons Nachfolge

31 Den Widder der Handfüllung[a] aber sollst du nehmen und sein Fleisch kochen an heiligem Ort. 32 Dann sollen Aaron und seine Söhne das Fleisch des Widders essen und das Brot, das in dem Korb am Eingang des Begegnungszeltes ist. 33 Dann sollen sie die Stücke[a] essen, durch die Sühnung erwirkt wurde für ihre Handfüllung, um sie zu heiligen. Ein Unbefugter[b] indessen darf nicht (davon) essen, denn sie sind heilig. 34 Und wenn etwas übrig bleibt vom Fleisch der Handfüllung und vom Brot bis zum Morgen, so sollst du den Überrest mit Feuer verbrennen. Er soll nicht gegessen werden, denn er ist heilig.

29,31–34: Opfermahl

35 Dann sollst du mit Aaron und seinen Söhnen genauso verfahren, wie ich es dir geboten habe. Sieben Tage lang sollst du ihre Hände füllen. 36 Den Sündopferstier sollst du täglich zur Sühnehandlung darbringen und du sollst (so) den Altar entsündigen mittels deines Sühnehandelns auf ihm und du sollst ihn salben, um ihn zu heiligen. 37 Sieben Tage sollst du die Sühne auf dem Altar vollziehen und ihn heiligen. So wird der Altar hochheilig sein. Alles, was den Altar berührt, wird heilig sein.

29,35–37: Sieben Tage

38 Und dies ist es, was du auf dem Altar darbringen[a] sollst: zwei einjährige Lämmer jeden Tag, immerwährend. 39 Das eine Lamm sollst du am Morgen darbringen[a] und das zweite Lamm in der Abenddämmerung[b] 40 und ein Issaron[a] Feinmehl vermengt mit einem Viertel Hin[b] gestoßenen Öls und als Trankopfer ein Viertel Hin Wein, (zusätzlich) zu dem einen Lamm. 41 Und das zweite Lamm sollst du in der Abenddämmerung darbringen; wie mit dem Speiseopfer am Morgen und wie mit dem zugehörigen[a] Trankopfer sollst du es damit[b] halten, zum beruhigenden Duft, (es ist) eine Feuergabe für Jhwh. 42a Ein immerwährendes Brandopfer (soll es sein) für eure Nachkommen am Eingang des Begegnungszeltes, vor Jhwh.

29,38–42a: Tägliches Opfer (Tamid)

42b Eben[a] dorthin werde ich mich zu euch begeben[b], um zu dir zu reden.[c] 43 Und ich werde mich dorthin zu den Israeliten begeben und (es) wird geheiligt werden[a] durch meine Herrlichkeit. 44 Das Zelt der Begegnung und den Altar werde ich heiligen und auch Aaron und seine Söhne werde ich heiligen, dass sie Priester seien für mich.

29,42b–46: Begegnung

45 Und ich werde inmitten der Israeliten Wohnung nehmen[a] und ich werde für sie Gott sein. 46 Sie werden erkennen, dass ich Jhwh, ihr Gott, bin, der sie aus dem Land Ägypten herausgeführt hat, um in ihrer Mitte zu wohnen. Ich bin Jhwh, ihr Gott.

Anmerkungen zu Text und Übersetzung

2[a]   Die Gebäcksorten unterscheiden sich durch ihre Form. Mit לחם werden runde Brotfladen bezeichnet; חלות (von חלל, durchbohren) sind Rundfladen mit einem Loch in der Mitte. In Lev 2,7 u. ö. werden sie unter den Opfergaben des vegetabilen „Speiseopfers"

(מנחה, *minḥâ*) aufgeführt. Der Teig soll grundsätzlich ungesäuert (Lev 2,11), aus feinem Mehl und mit Öl vermengt bzw. bestrichen sein. Von einem „Korb" als Darbringungsmittel (V. 3) ist in Dtn 26,4 die Rede.

5[a] Gemeint ist der Priesterschurz (vgl. Ex 28,8), der in enger Verbindung zur Brusttasche gesehen wird. Anders die LXX.

6[a] Vgl. die Auslegung zu Ex 28,36.

9[a] Mit der Nennung Aarons in der Parenthese wird nachgetragen, dass auch zu seiner Kleidung ein Gürtel gehört (Ex 28,39). Anders die LXX.

13[a] Die יתרת (wörtlich etwa „das Übrige") bezeichnet ein (Fett-)Gewebe über der Leber. Manche bestimmen es genauer als „lobus caudatus" (vgl. MILGROM, Leviticus 1–16, 208; ähnlich GesL 517).

13[b] Vgl. Textanm. 18[a].

18[a] In den priesterlichen Opfertexten wird die Verbrennung im Opfervollzug (קטר Hi.) strikt von der profanen Verbrennung (שׂרף, vgl. V. 14) unterschieden. Die Wiedergabe von קטר Hi. mit „in Rauch aufgehen lassen" deutet an, dass die Verbrennung des Opfertieres dieses nicht zerstört, sondern gewissermaßen transformiert und im Rauch vor JHWH aufsteigen lässt sowie ggf. von diesem als „beruhigender Geruch" oder „Feuergabe" akzeptiert wird. Vgl. EBERHARDT, Studien, 40–48.295.

20[a-a] Nicht in LXX, vgl. Textanm. 21[b]. Möglicherweise möchte MT berücksichtigt wissen, dass das Blut am Altar bereits zur Salbung (V. 21) gebraucht wird.

21[a-a] In Sam folgt V. 21 des MT erst nach V. 28. Dies entspricht dem Ablauf in Lev 8 (vgl. Lev 8,30).

21[b] LXX setzt hier die Wiedergabe des in V. 20[a-a] fehlenden Satzes ein.

24[a] In der Sache stellt die תנופה die symbolische Übereignung des jeweiligen Opfergutes an JHWH dar (vgl. MILGROM, Leviticus 1–16, 464f.). Die in deutschsprachigen Übersetzungen gängige, auf traditionellen rabbinischen Vorstellungen beruhende Wiedergabe „Schwingopfer" stellt „ein Hin- und Herbewegen der dargebotenen Speisen auf den Händen" vor Augen und „deutet das Auftragen der Speisen an" (NOTH, Exodus, 190). Es könnte auch wie in ägyptischen Darstellungen eine Elevation, also eine vertikale Bewegung, sein (vgl. MILGROM, Leviticus 1–16, 469–471 mit Abb., und PROPP, Exodus 19–40, 463). Dabei kommt die תנופה der תרומה nahe, die in älteren deutschsprachigen Übersetzungen mit „Hebopfer" wiedergegeben wird, aber auch einfach „Abgabe" bedeutet (vgl. Ex 25,2).

28[a] Gemeint sind Brust und Keule des Widders (so Lev 7,34).

29[a] Wörtlich: „zur Salbung darin".

31[a] Kurz für: „den Widder des Handfüllungsopfers".

33[a] Wörtlich: „... sie ..." Das Personalpronomen der 3. Pers. pl. steht kollektiv für die verzehrbaren Teile der Opfermaterien.

33[b] Der Begriff זר wird meist als „Fremder/Nicht-Israelit" verstanden; in kultischen Texten wird er auch für Nicht-Priester (vgl. Ex 30,33; Lev 22,10.12f.; Num 1,51 u. ö.) oder für illegitime Kultobjekte (Lev 10,1 „fremdes Feuer") gebraucht.

38[a] Wörtlich: „machen" (עשׂה).

39[a] Wie 38[a].

39[b] Zur Übersetzung vgl. Textanm. 12,6[a] in UTZSCHNEIDER/OSWALD, Exodus 1–15, 247.

40[a] Ein Trockenhohlmaß, ca. 2 Liter; vgl. BRL[2] 205f.

40[b] Ein Flüssigkeitsmaß, ca. 5 Liter; BRL[2] 205f.

41[a] Wörtlich: „ihrem (fem.!) Trankopfer", Übersetzung nach BAENTSCH, Exodus, 258. Der Bezug des fem. Personalpronomens ist hier ebenso unklar wie bei der unmittelbar folgenden Präposition ל. Das Lamm kommt nicht in Frage, da כבשׂ maskulin ist. Vielleicht sind die Pronomina vorweisend mit Bezug auf אשׁה „Feuergabe" oder עלה „Brandopfer" (V. 42) gebraucht. Denkbar ist auch, dass sie sich auf den Vorgang als Ganzen beziehen (GesK § 135p). In diesem Sinne übersetzen wir.

Synchrone Analyse 245

41^b Siehe Textanm. 41^a.

42^a Der Relativsatz mit der Partikel אשר und dem Ortsadverb שמה „dorthin" (vgl. etwa Ex 18,5; 20,21; 30,6 u. ö.) schließt einerseits eng an den Vorsatz V. 42a an, indem er die Handlung („werde ich mich zu euch begeben") an dem im Vorsatz genannten Ort („am Eingang des Begegnungszeltes vor Jhwh") lokalisiert. Andererseits ist er als Ich-Rede Jhwhs inkohäsiv zum Vorsatz, in dem Jhwh in der dritten Person erscheint. Weiterhin wird die Verheißung Jhwhs „ich werde mich zu euch begeben" in V. 43 wieder aufgenommen und die Ich-Rede fortgeführt. Deshalb gehört V. 42b sinngemäß eher zu V. 43–46 (vgl. die Auslegung).

42^b Zu יעד vgl. Textanm. 25,22^a.

42^c LXX gibt den Satz abweichend wieder: ἐν οἷς γνωσθήσομαί σοι ἐκεῖθεν ὥστε λαλῆσαί σοι, „von wo aus ich mich dir zu erkennen geben werde, um mit dir zu sprechen", und deckt damit eine vielsagende Inkohäsion des MT zu, der als Gegenüber der Begegnung „euch", also die Israeliten, und das Gegenüber der Gottesrede mit „zu dir", d. h. Mose, anspricht. Außerdem deutet LXX die Verbform אִוָּעֵד, der die Wurzel יעד zugrunde liegt, von der Wurzel ידע „kennen, wissen" her.

43^a Die Form וְנִקְדַּשׁ im MT und im Sam ist wᵉqatal Nifʿal 3. Pers. sg., sie kann passivisch oder reflexiv wiedergegeben werden. Allerdings fehlt dafür ein explizites Subjekt. Die reflexive Wiedergabe des Verbs in der 3. Person („er wird sich heiligen") ergibt keinen Sinn. Für Passiv („wird geheiligt werden") kommt u. E. am ehesten das „Zelt der Begegnung" in Frage. Es erscheint im vorhergehenden Satz sinngemäß im Ortsadverb שמה. So versteht unsere Übersetzung den Text (so auch Rashi, 285); in der Übersetzung ist der Bezug zum „Zelt der Begegnung" mit „es" angedeutet. Ederer, Begegnung, 253f., fokussiert die Heiligung lokal auf den Eingang des Zeltes der Begegnung und in der Sache auf den Tamid-Vollzug. LXX liest καὶ ἁγιασθήσομαι ἐν δόξῃ μου und setzt somit das Verb in der 1. Pers. sg. voraus. Dies ermöglicht die reflexive Wiedergabe „Ich werde mich durch meine Herrlichkeit als heilig erweisen" (so auch Dohmen, Exodus 19–40, 273). Vg substituiert den Altar als Subjekt und liest den Satz damit als Rückverweis auf V. 37 (vgl. Propp, Exodus 19–40, 473; Albertz, Exodus 19–40, 212).

45^a Wie schon in Ex 25,8 vermeidet LXX das Motiv der Einwohnung Gottes im Heiligtum und gibt V. 45a daher abweichend wieder: καὶ ἐπικληθήσομαι ἐν τοῖς υἱοῖς Ισραηλ „und ich werde angerufen werden bei den Israeliten." Erst in Ex 40,35 (ὅτι ἐπεσκίαζεν ἐπ' αὐτὴν ἡ νεφέλη) erscheint das Einwohnungsmotiv, allerdings auf die Wolke bezogen.

Synchrone Analyse

Die Einsetzung der Priester soll in zwei Akten vor sich gehen (vgl. dazu schon die Einleitung zu Ex 28). *Der erste Akt* umfasst die eigentliche Einsetzung (V. 4–9), *der zweite Akt* eine Serie von Opfern (V. 10–34). Die beiden Akte werden als ein Ganzes, eben als die „Handfüllung", verstanden und sollen eine Woche lang jeden Tag wiederholt werden (V. 35–37). Lev 8 erzählt die Ausführung der bis hierher übermittelten Anweisungen.

In Ex 29 folgt noch ein *doppelter Schluss*. Zunächst blickt die Rede auf die Zeit nach der Einsetzung der Priester voraus und bestimmt als „immerwährende Pflicht" der Israeliten (V. 38–42a), je ein Brandopfer am Morgen und am Abend (עלה תמיד), kurz das „Tamid", darzubringen. Den Abschluss bildet eine Verheißung (V. 42b–46), in der Jhwh – nun in solenner Ich-Rede – auf das Heiligtum als seine Wohnung zurückkommt (V. 45f.; vgl. Ex 25,9), in der er Mose (Ex 25,22) und den Israeliten begegnen wird.

Vorberei-
tungen

Jhwh eröffnet seine Rede mit „Dies ist's, was Jhwh geboten hat", einer Formel, mit der sonst Mose auf Gottesgebote verweist (Ex 14,12; 16,16.32; 35,4; Lev 8,5; 9,6; 17,2 u. ö.). Inhaltlich bringt V. 1 noch einmal auf den Begriff, worum es bei der Einsetzung geht: Mose soll Aaron und seine Söhne „heiligen" (קדשׁ Pi.), also für ihren Dienst in der Nähe Gottes, der Sphäre des Heiligen, bereit machen (vgl. die Auslegung zu Ex 19,1–8a mit Exkurs „Heiligkeit und Heiligung").

In V. 1b–3 fordert Jhwh Mose in der gewohnten „Du-Anrede" dazu auf, die Opfertiere, einen jungen Stier (פר), zwei einwandfreie Widder sowie Gebäck aus ungesäuertem Teig (also *maṣṣôt*) „darzubringen", d. h. in den Bereich des Heiligtums zu bringen. Opfertiere und Gaben aus Mehl und Öl (vgl. Textanm. 2ª) finden sich in den Opfergesetzen von Lev 1–7 wieder, in denen die Gaben von den Israeliten darzubringen sind: der junge Stier für das Sündopfer (Ex 29,10; vgl. Lev 4,3), der Widder für das Brandopfer (Ex 29,15 / Lev 1,10: Schaf) sowie Widder und pflanzliche Opfergaben für das Schlacht-Mahlopfer (Ex 29,19–25.31–34 / Lev 3,9f.; 6,7; 7,11–14). In der großen Linie der Sinai-Erzählung verweisen die Opfer bei der Priestereinsetzung auf die späteren Opfer der Israeliten. Sie haben, wie die Bau- und Herstellungsanleitungen, die auf dem Heiligtums*modell (tabnît)* im Sinne von Ex 25,9 (vgl. die Auslegung dazu) beruhen, modellhaften Charakter.

Erster Akt (29,4–9): Waschung, Investitur, Salbung

Der erste Akt umfasst die Waschung Aarons und seiner Söhne (V. 4), ihre Investitur (V. 5f.), die Salbung Aarons (V. 7) sowie die Investitur seiner Söhne (V. 8).

Waschung

Waschungen mit Wasser haben im Kult generell hohe Bedeutung. Sie sollen sicherstellen, dass die Betreffenden der Heiligkeit des Kultortes „vor Jhwh" entsprechen, d. h. „rein" sind[114]. Dies betrifft Laien (Ps 26,6), wenn sie an bestimmten Krankheiten leiden (vgl. nur die „Reinheitstora" Lev 14,8f.; 15), besonders aber die Priester (Ex 30,17–21; 38,8; 1 Kön 7,23–38). Die Waschung vor der Investitur (vgl. Lev 8,6) ist wohl als Ganzwaschung vorzustellen; in der gleichen Weise soll Aaron vor den Riten des „Großen Versöhnungstages" seinen Körper (בשׂר) waschen (Lev 16,4.24).

Investitur

Wesentlicher Teil der Weihehandlung ist die Einkleidung („Investitur") Aarons und seiner Söhne. In Ex 29,5f. werden die Amtskleider Aarons, also *des* Priesters, der später der Hohepriester genannt werden wird, Stück um Stück wiederholt, diesmal in der Abfolge des Einkleidungsaktes. Die Stoffe seiner Überkleider, also des *Me'il*, des Priesterschurzes und der Brusttasche, entsprechen in Material und Farbe der inneren Decke der Wohnung (Ex 26,1–6) und bewirken allein schon dadurch eine „Anverwandlung" ihres Trägers an die Sphäre Gottes. Die Namenssiegel (vgl. zu Ex 28,6–14 bzw. 15–30) weisen ihn als Repräsentanten des Volkes Israel aus. Das Blütendiadem schließlich zeigt, dass er die Verfehlungen dieses Volkes „trägt" und Gottes Wohlgefallen erwirkt (vgl. zu Ex 28,36–38).

Salbung

Der Ritus der Salbung ist im Alten Testament in erster Linie für Könige bezeugt. Sie wird in göttlichem Auftrag meist von Propheten (1 Sam 10,1; 16,3; 2 Kön 9,2.6 u. ö.) oder einem Priester (1 Kön 1,34.39 u. ö.) ausgeführt. In Ps 89,21 ist

---

114 Vgl. dazu Zobel, Art. רחץ *rāḥaṣ*, 486–488.

Synchrone Analyse

JHWH selbst das Subjekt der Salbung. Die Salbung eines Thronprätendenten begründet seine Würde als König.

Die Salbung von Priestern ist vor allem in den Sinaitexten bezeugt, allerdings nicht einheitlich. Nach Ex 29,7 bzw. 29,29 und Lev 8,12 sollen Aaron und seine Nachfolger gesalbt werden. Nach Ex 28,41; 30,30; Lev 7,36 u. a. soll die Salbung Aaron *und* seinen Söhnen zuteilwerden. Das Hauptinteresse freilich liegt auf Aaron. Er, bzw. der künftige (Hohe-)Priester, trägt den Würdetitel „der gesalbte Priester" (vgl. Lev 4,3.5 u. ö.). Neben dem Diadem (vgl. oben die Auslegung zu Ex 28,34–36) und möglicherweise der Brusttasche als Pektorale gehört die Salbung zu den Zeichen der Priesterwürde und hat somit eine ähnliche Funktion wie die Königssalbung. Historisch kann man annehmen, dass „auch der Akt der Salbung als Amtsweihe nach dem Ende des Königtums vom König auf den nachexilischen Hohepriester übertragen worden ist, weil dieser die kultischen Funktionen des Königs mit zu übernehmen hatte"[115]. Vieles spricht auch dafür, dass die späteren Hohepriester königliche Würde und Macht beanspruchten.[116] Für Aaron in der Konzeption von Ex 28f. gilt dies u. E. aber gerade nicht. Er und seine Söhne dienen dem Heiligtum und dem Opferkult als Repräsentanten des Volkes Israel vor JHWH.

Aaron und seinen Söhnen wird das Priesteramt als „ewige Ordnung" übertragen. Gott fährt fort (V. 9): „... und du sollst die Hand Aarons und die Hand seiner Söhne füllen." Diese Bestimmung schließt den ersten Akt der Einsetzung ab und leitet zum zweiten über. Das „Füllen der Hand" (מִלֵּא יָד) ist ein idiomatischer Ausdruck für die rituelle Ordination von Priestern (vgl. neben den Sinaitexten Lev 8,33; 16,32; 21,10 auch Ri 17,5.12; 1 Kön 13,33; Ez 43,26). Die Handfüllung schließt also die vorhergegangenen Riten ein.[117] Mit der Handfüllung in diesem Sinne ist die Übertragung von „Kraft" verbunden. Sie setzt die Priesterfunktion des Betreffenden „in Kraft", und er wird gestärkt, sie anzunehmen und auszuüben. Zugleich verweist der Ausdruck auf die Anrechte, die die Priesterschaft an gewissen Opfergaben hat. Diese sind Teil des Unterhaltsbeitrages, den die Besucher des Heiligtums zu leisten haben. Im zweiten Akt wird davon die Rede sein.

Ewiges Priesteramt und Handfüllung

Zweiter Akt (29,10–37): Die Einsetzungsopfer

Anlässlich der Einsetzung sollen geopfert werden ein junger Stier als Sündopfer (Ex 29,10–14), ein Widder zum Brandopfer (V. 15–18) sowie ein weiterer Widder mit Cerealien als „Handfüllungsopfer" (V. 19–25). Das Opfermahl Aarons und seiner Söhne (V. 31–34) gehört dazu. Die Ausführung erzählt Lev 8,14–32. Dazu kommen Bestimmungen für die künftige Ausübung des Priesteramtes. Die V. 26–28 betreffen die Anteile an den Opfertieren, die den Priestern künftig zustehen werden. Ein weiterer kurzer Passus regelt die Sukzession im Priesteramt (V. 29f.).

---

115 NOTH, Exodus, 188; anders MILGROM, Leviticus 1–16, 554; vgl. auch ALBERTZ, Exodus 19–40, 217.243f., der die unterschiedlichen Konzepte der Salbung – Aaron exklusiv vs. Aaron und Söhne – zwei verschiedenen Redaktionsschichten zuweist.

116 Vgl. schon oben die Auslegung zu Ex 28,6–14 und die Synthese zu Ex 28, vgl. dazu OSWALD, Ethnarch, insbesondere 316.

117 Vgl. auch die altorientalischen Belege bei MILGROM, Leviticus 1–16, 539 und ALBERTZ, Exodus 19–40, 218).

29,10–14: Sündopfer	Die erste der Opferhandlungen wird als חַטָּאת, ḥaṭṭā't, also als „Sündopfer", bezeichnet. Die Beschreibung hält sich im Großen und Ganzen an die Riten der „Opfertora" in Lev 4. Anstelle des „gesalbten Priesters" bringt hier aber Mose das Tier dar (V. 10a). Wie „gewöhnliche" Israeliten „stemmen" dann Aaron und seine Söhne dem Tier „ihre Hände auf" (V. 10b), d. h. sie identifizieren das Tier als *ihre* Opfergabe[118] (wiewohl der eigentliche Besitzer und „Opferherr" im Unklaren bleiben). Anders als in Lev 4 nehmen die Schlachtung nicht die Aaroniden als „Opferherren" vor, sondern Mose (V. 11). In den V. 12–14 nimmt Mose dann wieder die Rolle des Priesters wahr, indem er etwas vom Blut des Opfertiers an die Hörner des Brandopferaltars appliziert, die Fettteile des Tieres in Rauch aufgehen lässt (קטר Hifʿil) und dafür sorgt, dass die anderen Überreste des Tieres vor dem Heiligtum verbrannt (שׂרף) werden (V. 14 / Lev 4,11f.; vgl. Textanm. 13[b] und 18[a]).

Erst in V. 36 wird erklärt, dass die Darbringung des Sündopferstiers eine Sühnehandlung für den Brandopferaltar ist (vgl. unten zu V. 36f.; Lev 8,15; 16,18f. und Ez 43,18–27). Dafür kann auch sprechen, dass der Blutritus an *diesem* Altar vollzogen wird. Wie ist das zu verstehen?

Das Lexem חַטָּאת, ḥaṭṭā't (V. 14), meint zunächst „Sünde" oder „Vergehen", die von Personen begangen werden und Gesetzen oder Regeln widersprechen. Insoweit diese von Gott sanktioniert sind, sind es auch „Sünden gegen Gott" (vgl. z. B. Gen 50,17; Ex 10,17; 32,30; Jes 30,1; Am 5,12; Ps 51). Das Wort kann aber auch den Opferritus bezeichnen. In Lev 4 wird er gefordert, wenn jemand gegen göttliche Gebote (מצות) „aus Versehen" (בשגגה) verstoßen, also „gesündigt" und dergestalt „Schuld" auf sich oder andere „geladen hat" (אשם). In Ex 29,10–14.36 und in Lev 8,15 gilt der Ritus aber dem Altar. Er sei zu „entsündigen" (חטא Piʿel), zu „sühnen" (כפר Piʿel) und zu „heiligen" (קדש Piʿel).

Menschliche Sünden und die Verunreinigung der Kultstätten hängen zusammen. Verdichtet zu einer „ḥaṭṭā't-Sphäre"[119] verunreinigen sie das Heiligtum, das dann – wie die sündigen Menschen – der Reinigung bzw. Sühne bedarf.[120] Durch das bei der Priesterweihe vollzogene ḥaṭṭā't-Opfer wird der Altar „geheiligt", d. h. der menschlichen Sündensphäre entzogen und „hoch-heilig" (Ex 29,37).

29,15–18: Brandopfer	Die Darbringung des ersten Widders wird als עֹלָה ʿolâ „Brandopfer" (vgl. V. 18) bezeichnet. Der Ablauf folgt den Brandopfergesetzen in Lev 1 mit den Modifikationen, die bereits für das Sündopfer zu verzeichnen waren: Mose bringt in der Rolle des Priesters das Tier dar, in der Rolle von Laien stemmen ihm Aaron und seine Söhne die Hände auf. Alles Weitere, die Schlachtung und insbesondere die vollständige Verbrennung des Tieres auf dem Altar (V. 18), vollzieht Mose in der Rolle des Priesters. Die Funktion dieses Opfers im Kontext der Priestereinsetzung wird nicht weiter erklärt. Der Terminus „Feuer*gabe*" (vgl. Textanm. 18[a]) deutet an,

---

118 Vgl. zu diesem Verständnis RENDTORFF, Leviticus 1,1–10,20, 32–48, insbesondere 43f.

119 KOCH, Art. חָטָא ḥāṭā', 866.

120 Anders Jacob Milgrom (MILGROM, Leviticus 1–16, 253–261), der das ḥaṭṭā't-Opfer als Reinigungsopfer („purification offering") versteht. Die damit verbundenen Applikationen des Opferblutes müssten als ein Reinigungsritus mit dem Opferblut als „ritual detergent" (254) verstanden werden. Rainer Albertz vermutet eine kultgeschichtliche Entwicklung des ḥaṭṭā't-Opfers von einem Reinigungsritus für das Heiligtum zu einem Sühneritus menschlicher Sünden (Vgl. ALBERTZ, KPR, 141). Vgl. den Überblick bei EBERHARDT, Studien, 230–250.261–273.

Synchrone Analyse 249

worum es geht: Das Opfer wird JHWH ganz übereignet. So sollen die angehenden Priester mit ihrer Gabe dartun, dass sie Gott die Ehre geben[121] wie alle anderen Israeliten auch.

Das „Handfüllungsopfer" ist aus mehreren Elementen zusammengesetzt und gegenüber Lev 3; 6; 7 entsprechend modifiziert. „Handfüllungsopfer" nennen wir es, da das Opfertier „Widder der Handfüllung" genannt wird. Außerdem wird es auch als „Feuergabe für JHWH" bezeichnet (V. 25). Es handelt sich um ein tierisches „Schlacht-Mahlopfer" (זבח שלמים, vgl. Lev 3). Entsprechend Lev 7,11–14 ist es um ein vegetabiles Opfer („Speiseopfer") ergänzt. Dazu kommt ein „Schwingopfer" (תנופה, vgl. Textanm. 24ᵃ und Lev 7,28–34) und schließlich das Opfermahl (V. 31–34).

Aaron und seine Söhne sollen bei ihrer Einsetzung also wohl so etwas wie einen „crash-Kurs" für den Opferkult im Heiligtum durchlaufen. Zunächst sind sie als Laien dabei, während Mose als Priester handelt. Erst beim Opfermahl wechseln Aaron und seine Söhne in eine exklusive Priesterrolle.

Nach den vorbereitenden Ritualen (Darbringung, Handaufstemmung, Schlachtung) appliziert Mose eine geringe Menge des Opferblutes ans rechte Ohrläppchen, den rechten Daumen und die rechte große Zehe Aarons bzw. seiner Söhne (V. 20). Auch hier hat der Blutritus reinigende und sühnende Funktion. Durch ihn werden die angehenden Priester der hochheiligen Sphäre anverwandelt. In V. 21 wird dieser Ritualschritt auf die Kleider der Priester ausgedehnt. Dazu soll auch das Salböl (vgl. schon V. 7, dort soll allerdings nur Aaron gesalbt werden) angewandt werden.

In den V. 22–25 weicht das Ritual signifikant von den Grundtypen in Lev 3 und 7 ab. Die in Ex 29,22 genannten Fettteile sind in Übereinstimmung mit dem Grundtypus zur kultischen Verbrennung als „Feuergabe für JHWH" (V. 25) bestimmt. Die rechte Keule (V. 22) (zusammen mit anderen Fleischteilen) ist in Mahlopfern typischerweise ein Anteil für die Priester (Lev 7,28–34), ebenso wie, nach Lev 7,11–14, die Brote und Kuchen. Im „Handfüllungsopfer" soll Mose all diese Gaben Aaron und seinen Söhnen „in die Hände legen". Sie sollen sie vor JHWH „schwingen" (vgl. Textanm. 24ᵃ) und ihm damit zueignen, bevor sie auf dem Altar in Rauch aufgehen. Das führt den künftigen Priestern vor Augen, dass ihre Anteile an den Opfern eigentlich JHWH zustehen und dass sie diese ihm verdanken.

V. 26 lenkt zunächst auf die Typik des Mahlopfer-Rituals zurück. Von den nicht verbrannten Fleischteilen des Opfertiers soll Aaron die Brust nehmen und vor JHWH schwingen. Sie soll Mose gehören, dem damit seine Funktion als Priester in *diesem* Opfervollzug vergolten wird.

In V. 27f. wird Mose aufgefordert, Brust und Keule für „heilig zu erklären" (vgl. Lev 7,34), um sie damit als „ewiges Anrecht" (חק עולם) der Priester zu kennzeichnen. Erstmals wahrnehmen sollen Aaron und seine Söhne dieses Recht bereits am Ende ihrer Einsetzungszeremonie beim Opfermahl, von dem in den V. 31–34 die Rede sein wird.

Die V. 29f. skizzieren eine Nachfolgeregelung für Aaron. Seine Amtskleidung soll auf den Nachfolger aus der Reihe seiner Söhne übergehen, der die ganze, in Ex 29 vorgesehene Zeremonie ebenfalls durchlaufen wird, und zwar, wie es im Vorgriff auf V. 35–37 heißt, sieben Tage lang. Von der ersten Nachfolge Aarons erzählt Num 20,22–29 dann aber ganz anders.

29,19–28.31–34: Handfüllungsopfer

29,26: Priesteranteil für Mose

29,27–28: Anteile für Aaron und seine Söhne

29,29–30: Sukzession des „gesalbten Priesters"

---

121 Vgl. ALBERTZ, Exodus 19–40, 220.

29,31–34: Opfermahl	Die V. 31–34 nehmen den Handlungsfaden des Handfüllungsopfer-Rituals wieder auf und ergänzen es um den Schlussakt, das „Opfermahl". Dazu soll Mose ein letztes Mal als Priester agieren und die Fleischstücke, die den Priestern zustehen (Lev 7,34), kochen.[122] Aaron und seine Söhne sollen diese sowie die Brotkuchen und -fladen essen und damit bereits das priesterliche Privileg wahrnehmen. Durch die „Sühnung", die ihnen durch das Handfüllungsopfer zuteil geworden ist, sind sie für die priesterlichen Handlungen am Altar befähigt. Für „Unbefugte", also „Laien" (vgl. Textanm. 33[b]), ist der unmittelbare Umgang mit Heiligem, das den Priestern vorbehalten ist, verboten, ja ein Sakrileg.

Die Bestimmung, Reste des Opfermahls sofort zu verbrennen (V. 34), gilt grundsätzlich auch für Laien (so Lev 7,15; Lev 19,7 gibt noch einen weiteren Tag zu). Opferfeiern vor Jhwh und Alltag, heiliges Mahl und profanes Essen sollen nicht vermischt werden. Die Bestimmung findet sich ähnlich schon für das Päsachmahl (Ex 12,10), und noch die Abendmahlsparänese des Paulus hat damit zu tun (1 Kor 11,17–33).

29,35–37: Handfüllung und Altar- weihe – sieben Tage	Es wird nicht ausdrücklich gesagt, dass der gesamte Ritus von der Investitur über die drei Opfer bis hin zum Mahl an jedem der sieben Tage vollständig wiederholt werden soll. Der Ausführungsbericht in Lev 8,33–35 spricht aber dafür. Besonderen Wert legt Jhwh auf die „Heiligung" des Altars (V. 36f.; vgl. auch Ex 30,26–29; Lev 8,10f.). V. 37 hebt noch einmal hervor, dass die Altarweihe über sieben Tage zu wiederholen sei, und bestimmt den Zweck dieser Rituale. Sie bewirken, dass der Altar hochheilig (קֹדֶשׁ קָדָשִׁים) wird und „alles, was ihn berührt, heilig wird".

Das tägliche Opfer (29,38–42a)

Tägliche Opfer (תָּמִיד / Tamid) werden im Alten Testament in verschiedenen Formen erwähnt bzw. vorausgesetzt, dabei werden vor allem verschiedene Tageszeiten genannt (vgl. Num 28,3–8; 1 Kön 18,29.36; 2 Kön 3,20; 16,15; Ez 46,13–15; Esr 9,4; Neh 10,34). Dieser Vielfalt gegenüber ist das tägliche Opfer in Ex 29,38–42a (vgl. Num 28,3–8) systematisiert, zusammengefasst und ergänzt. Es soll morgens und abends jeweils ein Lamm als Brandopfer und ein vegetabiles Opfer aus Mehl und Öl dargebracht werden. Als „Feuergabe" an Jhwh soll das Opfertier wohl ganz verbrannt werden. Hinzu kommt eine Libation („Trankopfer") mit Wein. Die Grundidee ist wohl: „Die Speise Gottes wird von Trank begleitet."[123] Die Erstausführung des täglichen Opfers durch Mose wird wahrscheinlich in Ex 40,29 erzählt.

Der Schlusssatz leitet zur folgenden Verheißung über. Das Brandopfer soll „am Eingang des Begegnungszeltes" dargebracht werden, also an einem Ort, zu und an dem sich die Gemeinde versammelt (Lev 8,3). Das Opfer an diesem Platz ist öffentlich zugänglich und damit, das ist wohl der sachliche Anknüpfungspunkt für V. 42b, auch *eine* der Gelegenheiten[124] für die künftigen Begegnungen zwischen Jhwh und den Israeliten.

---

122 Anders in der Ausführungserzählung; dort „kochen" bereits die Aaroniden (Lev 8,31).
123 Lang, Art. Trankopfer, 912.
124 Anders neuerdings Ederer, Begegnung, 249. Er will „das Tamid als Kultvollzug und die in ihm gelingende Konstitution eines Begegnungsraumes ... als *das* zentrale Geschehen" erweisen, „auf das hin das Heiligtum ausgerichtet ist."

Begegnung (29,42b–46)

Im Schlussabschnitt von Ex 29 spricht Jhwh mit Ausnahme einer, allerdings gewichtigen, Nebenbemerkung in V. 42b (vgl. unten) die Israeliten direkt und in der Ich-Form an. Inhaltlich greift die Rede nun weit hinaus und lässt in markanten „theologischen" Schlaglichtern die Grundthemen der Sinaiperikope und der Exoduserzählung anklingen:

- Die Wahrnehmung Gottes durch die Israeliten (vgl. Ex 16,6f.; 24,17; Lev 9).
- Das Reden Gottes mit Mose (vgl. Ex 19,18; 20,19; 25,22; 33,7–11 u. ö.).
- Heiligkeit Gottes und Israels (Ex 19,5f.10–15.22).
- Das Wohnen Jhwhs bei oder unter den Israeliten (Ex 24,16; 25,9; 40,35).
- Erkenntnis und Namen Jhwhs (Ex 3,14; 6,2–8).
- Die Erfahrung der Herausführung aus Ägypten.

Das „Oberthema" freilich ist das der „Begegnung". Die Wurzel יעד scheint in den V. 42–44 viermal auf, zweimal als Verbum und zweimal in der Bezeichnung אהל מועד „Zelt der Begegnung" für das Heiligtum (vgl. die Textanm. 25,22[a] sowie 42[a]). **Begegnung**

V. 42b klingt sprachlich und sachlich uneben: „Eben dorthin werde ich mich zu *euch* begeben, um mit *dir* zu reden."[125] Indessen liegt darin – synchron gelesen[126] – eine Pointe. In der vorderen Sinaiperikope war das Reden Gottes für das Volk eine ambivalente, ja nicht zu ertragende „Begegnung", so dass es die Aufgabe des Mose war und ist, mit Gott zu reden und die Worte Jhwhs den Israeliten zu übermitteln (Ex 20). In Ex 25,22 holt Jhwh die Mittleraufgabe des Mose vom Gottesberg ins Allerheiligste der Wohnung, auf „die Lade des Gesetzes". Ex 29,42b hält daran fest, dass Jhwh mit Mose redet, überblendet dies aber durch die Verheißung, er werde den Israeliten am Zelteingang begegnen.[127]

Nach V. 43f. geschieht *diese* Begegnung durch ein besonderes Medium, durch „meine Herrlichkeit". Auf der Wanderung erschien die „Herrlichkeit Jhwhs" (כבוד) von der Wüste her „als Wolke" (Ex 16,10; vgl. Ex 13,21f.; Num 10,11). Im Rahmen der zweiten Bergtheophanie bot sich der Anblick des *kābôd* dar „wie verzehrendes Feuer auf dem Gipfel des Berges" (Ex 24,17; vgl. Ex 3,6). Wiederum als Wolke wird die Herrlichkeit Jhwhs erscheinen, wenn Jhwh im Heiligtum Wohnung nimmt (Ex 40,34–38). Bei der „Weihe" des Heiligtums wird der *kābôd* mit dem Feuer assoziiert sein, das das Brandopfer und die Fettstücke verzehrt (Lev 9,22f.). **Herrlichkeit Jhwhs**

Auch im weiteren Verlauf der Wanderung wird der *kābôd* am Heiligtum erscheinen (Num 14,10; 20,6), als Wolke (Num 17,7) oder als Feuer (Num 16,19+35; Dtn 5,23f.). Dabei agiert die „Herrlichkeit" auch als Werkzeug göttlichen Gerichts. Der *kābôd* ist denn auch die Quelle der Heiligung für das „Zelt der Begegnung" (V. 43b; vgl. dazu Textanm. 43[a]). Über die Heiligung des Zeltes der Begegnung wird Gott seine Heiligkeit auf den Altar und Priester ausdehnen. V. 44 fasst damit noch **Heiligung**

---

125 Wie LXX (vgl. Textanm. 42[c]) lesen manche Kommentare (etwa Baentsch, Exodus, 258) und Auslegungen (Janowski, Sühne, 318) auch statt „euch" (לכם) „dir" (לך).

126 Anders die diachrone Lesart (vgl. die Synthese).

127 Auch in Ex 33,7–11 sind Gottesbegegnung und Gottesrede kombiniert. Die Begegnung bleibt aber eine zwischen Gott und Mose (V. 11); das Volk sieht nur aus der Distanz zu (V. 8). Vgl. weiter die diachrone Analyse und die Auslegung zu Ex 33,7–11.

einmal kurz und fokussiert auf das Thema der Begegnung zusammen, was in Ex 28f. in aller Ausführlichkeit bestimmt wurde und in Lev 8f. erzählt werden wird.

Bemerkenswert ist die Abfolge von V. 43 zu V. 44. Das Begegnungszelt dient in erster Linie der Begegnung Jʜᴡʜs mit den Israeliten. Priesterschaft und Altar, also das ganze Kultwesen ist nachgeordnet. Damit nähert sich Ex 29 wie schon Ex 28 der Idee eines „Königreichs von Priestern" (Ex 19,6) an.

Die V. 45–46 schließen das Thema der Begegnung im Heiligtum an die Gotteserfahrungen an, die den Israeliten seit dem Exodus und am Sinai widerfahren sind. Der Passus erinnert stilistisch und thematisch an die Gottesrede Ex 6,2–8. Wie diese ist er eine Ich-Rede. In ihr sind prägende theologische Motive und Formeln verbunden, die in Ex 6, in der Plagenerzählung und last but not least in der Dekalogrede erscheinen: Dies sind die Selbstvorstellungsformel „Ich bin Jʜᴡʜ, ihr bzw. euer Gott" (vgl. Ex 6,2.6.8; Ex 20,2), das Exodusmotiv „... der sie bzw. euch aus dem Land Ägypten herausgeführt hat" (Ex 6,6f.; Ex 20,2) und die „Erkenntnisformel" („damit sie erkennen, dass ich ihr Gott bin").[128] Als neuer Faden in dieses Patchwork eingewoben findet sich zweimal das Motiv des Wohnens Gottes inmitten der Israeliten.

Diachrone Analyse

DtrG	HE	PK	TK
	29,1–37		
	29,38–42a		29,42b
	29,43–46		

Priesterweihe Die Anweisungen zur Priesterweihe verknüpfen diesen einmaligen Akt mit Handlungsanweisungen für den späteren Kultdienst (Ex 29,27–28.29–30; 29,38–42a) und Zweckbestimmungen (29,43–46). Diese Elemente können keine Entsprechung im Ausführungsteil haben, und daher sind diese Überschüsse literarkritisch nicht relevant.

29,42b Klärungsbedarf besteht für Ex 29,42b, dessen schwierige textgrammatische Einbindung die synchrone Auslegung herausgearbeitet hat. Der erste Halbsatz „Eben dorthin werde ich mich zu euch begeben" (42bα) bildet mit 43a „Und ich werde mich dorthin zu den Israeliten begeben" eine unmotivierte Doppelung. Der zweite Halbsatz „um zu dir zu reden" (42bβ) gibt eine zweite Zweckbestimmung. Der Ort, an dem Jʜᴡʜ zu Mose gemäß 29,42b spricht, ist, anders als im priesterlichen Text, keineswegs das Sühnmal über der Lade, sondern „der Eingang des Begegnungszeltes". Die Einfügung betont in Opposition zur P-Komposition, dass Jʜᴡʜ nicht in der Abgeschiedenheit des Allerheiligsten, sondern in aller Öffentlichkeit mit Mose redet. Dies ist die Auffassung der Tora-Komposition, wie sie etwa auch in Ex 33,9 oder 19,9.19b zum Ausdruck kommt.

---

128 Die Erkenntnisformel findet sich in Ex 6,7 und in der Plagenerzählung (Ex 7,17; 8,6.18; 9,14.29; 10,2; 11,7); vgl. dazu Uᴛᴢsᴄʜɴᴇɪᴅᴇʀ/Osᴡᴀʟᴅ, Exodus 1–15, 164–168.200f.

Synthese

In Ex 29 bilden die V. 42b und 43 eine klassische Doppelung, die die diachrone Analyse ebenso klassisch literarhistorisch löst und auf zwei Kompositionsschichten, die P- und die Tora-Komposition, aufteilt. Nach der einen spricht Gott im Allerheiligsten exklusiv zu Mose, nach der anderen öffentlich zu Mose und den Israeliten. Die synchrone Analyse nimmt beide Konzeptionen wahr und verbindet sie miteinander. Wenn Jhwh sich zu Mose begibt, um (zunächst) exklusiv zu ihm zu sprechen, zielt dies letztlich auch auf die Israeliten ab. Ein Musterfall dafür ist auch das Modell des Heiligtums, das Jhwh exklusiv dem Mose zeigt, um es dann von den Israeliten ausführen zu lassen.

Ex 30,1–10: Der goldene Räucheraltar

1 Dann sollst du einen Räucheraltar für Räucherwerk machen, aus Akazienholz sollst du ihn machen. 2 Eine Elle lang, eine Elle breit, (also) quadratisch, soll er sein und zwei Ellen hoch. Seine Hörner (sollen) aus einem Stück[a] mit ihm (sein). 3 Dann sollst du ihn mit reinem Gold überziehen, seine Oberfläche[a], seine (Seiten-)Wände ringsum und seine Hörner. Dann sollst du für ihn eine goldene Randleiste[b] um ihn herum anfertigen 4 und zwei goldene Ringe sollst du für ihn unter seiner Randleiste anbringen, beidseits an seinen beiden Seitenwänden sollst du sie anbringen, und es sollen Halterungen für Stangen (angebracht) sein, um ihn damit tragen zu können. 5 Dann sollst du die Stangen aus Akazienholz machen und sie mit Gold überziehen. 6 Dann sollst du ihn vor die Abtrennung[a] stellen, die über der Lade des Gesetzes [b]vor dem Sühnmal[b] ist, [c]wohin ich mich zu dir begeben werde.[c]

7 Dann soll Aaron auf ihm wohlriechendes Räucherwerk räuchern. Morgen für Morgen, wenn er die Lampen herrichtet, soll er räuchern, 8 und wenn Aaron die Lampen in der Abenddämmerung aufsetzt, soll er es (ebenfalls) räuchern. Ein immerwährendes Rauchopfer ist es vor Jhwh von Generation zu Generation bei euch. 9 Ihr sollt auf ihm kein fremdes Räucherwerk darbringen und (auch kein) Brandopfer oder Speiseopfer. Auch ein Trankopfer sollt ihr darauf nicht ausgießen. 10 Aaron soll auf seinen Hörnern einmal im Jahr die Sühne vollziehen. Vom Blut des Sündopfers der Sühnung soll er einmal im Jahr die Sühne auf ihm vollziehen von Generation zu Generation bei euch. Hochheilig ist er vor Jhwh."

Räucherwerk

Anmerkungen zu Text und Übersetzung

2[a]   Zur Übersetzung vgl. die Textanm. 25,31[b].

3[a]   Wörtlich: „sein Dach", archäologische Beispiele lassen ebene oder leicht konkav gewölbte Oberflächen erkennen (vgl. Zwickel, Räucherkult, 129–135); LXX: ἐσχάρα „Feuerstelle, Opferherd" wie 27,4f.

254 Ex 30,1–10: Der goldene Räucheraltar

3[b] Eine solche Randleiste (זר) soll auch an der Lade (25,11) und am Schaubrottisch (25,24f.) angebracht sein.
6[a] Vgl. Ex 26,31–35.
6[b-b] Fehlt im Sam und in der LXX.
6[c-c] LXX: „wo ich mich dir zu erkennen geben werde" wie Ex 25,22; 29,42; 30,36.

Synchrone Analyse

Gliederung Der erste Teil (V. 1–6) leitet zur Anfertigung und Aufstellung des goldenen Räucheraltars an. Er greift dazu exakt den Stil auf, in dem in Ex 25,10 – 27,19 die Herstellung von Lade, Tisch, Leuchter, Wohnung usf. entworfen ist. Der zweite Teil (V. 7–10) formuliert Regeln für künftige kultische Handlungen am Räucheraltar und knüpft damit an Ex 27,21 sowie, in der Sache, an das Tamid-Brandopfergesetz in Ex 29,38–42a an.

Im Kontext kommt dieser Abschnitt überraschend. Warum wird die Herstellung des Räucheraltars nicht zusammen mit den anderen Inventarien beschrieben? Auch wäre die solenne Verheißung am Ende von Ex 29 ein passender Schluss der Jhwh-Rede gewesen. Indessen setzt V. 7–10 die Investitur der Priester (Ex 29) voraus.

Vorbilder Religionsgeschichtlich gesehen ist das Räucheropfer von jeher ein Bestandteil des Kultes an israelitischen Heiligtümern gewesen. Räucheropfer wurden in zweierlei Weise durchgeführt: in kleinen tragbaren „Räucherpfannen" (heb. מחתה, vgl. z. B. Lev 10,1; 16,12), die auch im Privatkult beliebt waren, und auf kleinen steinernen Opferaltären.[129]

Auf letztere Vorbilder greifen wohl auch die sinaitischen Heiligtumstexte zurück. Nach Wolfgang Zwickel entspricht die Bauvorschrift in V. 2 „in allen wesentlichen Teilen der Form vorexilischer Räucheraltäre".[130]

Mit Akazienholz und Goldüberzug (V. 3) hätte der Räucheraltar ein ähnliches technisches Problem wie der Bronzealtar: Das weiche Metall würde schnell schmelzen und das Holz wäre leicht entflammbar (vgl. zu Ex 27,1–7). Möglicherweise sollte das Räucherwerk auf Räucherpfannen entzündet und diese auf der „Oberfläche" abgestellt werden.[131]

Position V. 6 ist wohl so zu verstehen, dass der Räucheraltar mittig vor der „Abtrennung" positioniert sein soll, die das „Heilige" vom „Allerheiligsten" trennt (vgl. die Planskizze zu Ex 25,8f.). Wie beiläufig erinnert der Text hier daran, dass Jhwh sich dorthin zu Mose „begeben" wolle (Rückverweis auf Ex 25,22 und 29,42f.).

Priesterlicher Dienst V. 7f. richtet sich zunächst an Aaron, also den Hohepriester. Er soll – analog zum täglichen Brandopfer (Ex 29,38–42a) – morgens und abends ein *tāmîd*-Rauchopfer auf dem Altar im Inneren der Wohnung darbringen, und zwar wenn er morgens die Lampen „herrichtet" (reinigt) bzw. sie abends wieder aufsetzt (entzündet; vgl. Ex 25,37). V. 9 richtet sich an alle, die mit dem Dienst am Räucheraltar zu tun haben könnten, auch und gerade an solche, die dies unbefugt, regelwidrig oder in frevelhafter Absicht tun. Der Ausdruck „fremdes Feuer" spielt auf die

---

129 Vgl. Zwickel, Räucherkult, sowie Haran, Temples, 230–245.
130 Zwickel, Räucherkult, 299.
131 Vgl. Houtman, Exodus 3, 556.

Erzählung von den Aaronsöhnen Nadab und Abihu an, die dies mit ihrem Leben bezahlen (Lev 10,1). V. 10 schließlich verweist auf einen der Sühneriten des Versöhnungstages (Lev 16,11–14) und dehnt die Blutzeremonie, die dort dem Sühnmal gilt, auf den Räucheraltar aus.

Diachrone Analyse

DtrG	HE	PK	TK
	30,1–10		

Obwohl der Räucheraltar zum Inventar der „Wohnung" gehört und seine Herstellung dem Bauplan nach im Abschnitt über deren Inventar 25,10–40 angeordnet werden müsste, steht die Anordnung hier in 30,1–10, weil sie mit einer Anweisung für den Priesterdienst verbunden ist (30,7–10). Diese Positionierung deutet daher nicht auf einen Nachtrag oder eine separate Quelle, sondern folgt dem Aufbauprinzip der Heiligtumserzählung.

Zweite Rede: Ex 30,11–16: Volkszählung und Abgabe für JHWH

11 Da redete JHWH zu Mose: 12 „Wenn du die Israeliten zählst[a], soweit sie gemustert werden[b], sollen sie, jeder einzelne, ein Lösegeld[c] für sein Leben geben, wenn sie gezählt werden, damit keine Plage bei ihnen (ausbreche), wenn man sie registriert. 13 Dies (ist es, was) sie geben sollen: Jeder, der gemustert ist,[a] einen halben Schekel nach dem Schekel des Heiligtums, (bei) zwanzig Gera der Schekel[b], einen halben Schekel als Abgabe für JHWH. 14 Jeder, der registriert wird, ab zwanzig Jahren und darüber, soll die Abgabe für JHWH geben. 15 Der Reiche soll nicht mehr (geben) und der Arme nicht weniger als einen halben Schekel, wenn ihr die Abgabe für JHWH entrichtet, um euer Leben auszulösen.
16 Du sollst das Sühnegeld von den Israeliten nehmen und es für den Dienst im Begegnungszelt verwenden. Dies geschehe für die Israeliten als Erinnerung vor JHWH, um Sühne zu erwirken für euer Leben."

Anmerkungen zu Text und Übersetzung

12[a] Wörtlich „das Haupt (= die Kopfzahl) der Israeliten erheben"; als Terminus für Volkszählungen auch in Num 1,2; 26,2.

12[b] Wir lesen die Form פְּקֻדִים als Partizip pass. Pl. masc. von פקד (so JACOB, Exodus, 826; HOUTMAN, Exodus 3, 565); andere sehen in der Pluralform ein Abstraktnomen „Musterungen" (so etwa PROPP, Exodus 19–40, 476). Nach Num 1,2f.44 werden sie „zu ihrer

256 Zweite Rede: Ex 30,11–16: Volkszählung und Abgabe für Jhwh

Heeresabteilung" gemustert. Das Alter wird wie in V. 14 mit zwanzig (und darüber) angegeben, mit dem die Volljährigkeit beginnt. Die Fügung לפקדיהם bedeutet demnach wörtlich „in Hinsicht auf ihre Gemusterten". Die Übersetzung folgt Baentsch, Exodus, 261.

12ᶜ כֹּפֶר ist ein Rechtsbegriff und stammt aus dem „privaten Schadensersatzrecht Altisraels" (Janowski, Sühne, 173). Die Wendung כֹּפֶר נַפְשׁוֹ (vgl. Ex 21,30; Num 35,31) meint „die Auslösung des individuellen Lebens aus einer Situation, in der es um Leben und Tod des Einzelnen und der Gemeinschaft geht" (Janowski, Sühne, 162).

13ᵃ Wörtlich etwa: „Der zu den Gemusterten hinübergeht ..." Möglicherweise steht ein Zählverfahren vor Augen, in dem die zu Zählenden persönlich vorbeidefilieren (vgl. Propp, Exodus 19–40, 477f.).

13ᵇ Das Schekelgewicht (Silber) wird auf 11,4 Gramm geschätzt (BRL² 93). Mit dem „Schekel des Heiligtums" ist wohl ein vom jeweiligen Heiligtum bzw. Tempel gehüteter Standardgewichtsstein gemeint. Die Unterteilung des Schekels in 20 Gera, also Gewichtssteinchen von etwa 0,55g, erleichtert ggf. die Feststellung eines Halbschekelgewichts, das 10 Gera entspricht (Propp, Exodus 19–40, 478).

Synchrone Analyse

Die ergän-
zenden Reden

Mit der Redeeinleitung in Ex 30,11 beginnt die Reihe der sechs kürzeren Gottesreden nach der umfangreichen „Grundsatzrede" von Ex 25,1 – 30,10. Sie erscheinen wegen ihrer Kürze, aber auch in der Sache als Ergänzungen. Auch in literargeschichtlicher (diachroner) Hinsicht werden sie oft so eingeschätzt (anders in diesem Kommentar).

Ex 30,11–17 gibt als einzige Rede nicht eine Anweisung zur Herstellung, sondern behandelt einen Eventualfall (V. 12). „Wenn du die Kopfzahl der Israeliten erhebst ...", mit diesen Worten wendet sich die Rede an Mose und damit auch die Israeliten.

Noch vor dem Zweck der Zählung kommt die Gefährdung zur Sprache, die eine solche Zählung heraufbeschwört. Sie kann einen „Schlag" (נגף) provozieren. Jhwh selbst hat einen solchen Schlag geführt bei der Tötung der Erstgeborenen der Ägypter (Ex 12,13). Ein Schlag wird erfolgen, wenn sich Unbefugte dem Heiligtum nähern (Num 8,19). Hier nun wird der Urheber des Schlages nicht ausdrücklich genannt, Ursache ist aber wohl eine Art „Majestätsbeleidigung". Als eine solche gilt ein Zensus, weil er über die Gezählten eine Macht zu erlangen sucht, die eigentlich Gott zusteht (vgl. 2 Sam 24).[132] Der Schlag sei freilich durch die Zahlung eines Lösegeldes (vgl. dazu Textanm. 12ᶜ) abzuwenden, das von jedem zu entrichten sei, der *registriert wird* (nicht etwa von der Instanz, die die Zählung angeordnet hat).

Abgabe für
Jhwh

Diesem „Lösegeld" verleiht der Text in einer kühnen Wendung einen spezifischen Zweck: Es soll als „Abgabe für Jhwh" (תרומה ליהוה, V. 13–15) dienen. So werden in den Heiligtumstexten sonst freiwillige Materialspenden zum Bau der Wohnung bzw. des Zelts der Begegnung bezeichnet (Ex 25,2f.; 35,5.21.24). Auch das Gold und das Silber, das der Perserkönig den heimkehrenden Israeliten mitgibt, wird als „freiwillige Gabe für Jhwh" (Esr 8,25–28) deklariert. Diese Abgabe ist aber nach Art und in der Höhe genau spezifiziert und wird jedem wehrfähigen, also volljährigen Israeliten (vgl. Num 1,2f.45f.), gleichviel ob arm oder reich, auferlegt.

---

132 Vgl. etwa Propp, Exodus 19–40, 534f.

Silber von einem halben Schekel Gewicht (ca. 5,7 Gramm) soll ein jeder geben. Es handelt sich m. a. W. um eine Steuer. Freilich ist die Abgabe fallweise an einen Zensus gebunden, dessen Häufigkeit offen bleibt.

Von einer jährlichen Abgabe in Höhe von einem Drittel Schekel (nicht einem halben) ist in Neh 10,33–34 die Rede. Priester, Leviten, Obere und das Volk von Jerusalem erlegen sich diese Abgabe für den Opferdienst „am Haus unseres Gottes" (עבדת בית אלהינו, Neh 10,34) auf. In Ex 30,12.14–16 ist der primäre Zweck der Abgabe die Auslösung des bedrohten Lebens der Gezählten. Der materielle Ertrag wird dann dem Heiligtum und „dem Dienst (עבדה) im Begegnungszelt" (V. 16) zugeführt. Freilich ist mit dem „Dienst" (עבדה), zu dem die Abgabe verwendet werden soll, anders als in Neh 10,34, nicht der Opferdienst[133] gemeint. Sie soll vielmehr zur Herstellung und zum Bau des Heiligtums beitragen (vgl. Ex 35,21.24; 36,1.3; 39,32 und v. a. die „Schluss-Abrechnung" über die Materialabgaben für das Heiligtum Ex 38,21–31).

Eine noch weitergehende Deutung der Abgabe fügt der Schlusssatz von V. 16 hinzu: Wie die Edelsteine auf dem Priesterschurz bzw. der Brusttasche Aarons (vgl. Ex 28,29) erinnert sie Jhwh an die Israeliten als Stifter des Heiligtums. Und wie die „Blüte" am hohepriesterlichen Kopfbund (Ex 28,36–38) bewirkt die Gabe Sühne bei Jhwh.

Sühnegabe

Diachrone Analyse

DtrG	HE	PK	TK
		30,11–16	

Der vorliegende Abschnitt fällt schon durch seine Thematik aus dem Rahmen der Heiligtumserzählung. Mit der Erstellung des Heiligtums und seiner Geräte ist er nur über den Allgemeinbegriff „Dienst" (30,16) verbunden. Eine Entsprechung in der Ausführungserzählung gibt es nicht, lediglich im Rechenschaftsbericht 38,21–31; 39,1a wird auf die Lösegeldabgabe angespielt. Aber der gehört ebenfalls nicht zur Heiligtumserzählung. Der Abschnitt ist mehrfach mit der weiteren Pentateucherzählung und mit weiteren Texten des Alten Testaments verknüpft, insbesondere mit den Volkszählungskapiteln Num 1; 26, die der P-Komposition angehören.

Lösegeld-Abgabe

Synthese

Die göttliche Anordnung, eine Pflichtabgabe von einem halben Schekel Silber von jedem erwachsenen Israeliten zu erheben, wird in Ex 30,11–16 weder mit dem Heiligtumsbau noch mit dem späteren Opferkult ausdrücklich in Verbindung gebracht. Erst die „Abrechnung" im Ausführungsteil (Ex 38,25–28) macht aus der Silberabgabe eine Materialspende für den Heiligtumsbau, ohne zu klären, wie sich das zur Freiwilligkeit verhält, auf die die Heiligtumstexte sonst so großen Wert

---

133 So auch Jacob, Exodus, 828, der vor allem auf Belege im Numeribuch verweist (z. B. Num 4,23.30; 8,19; 18,31).

legen. Diese Spannungen legen den Schluss nahe, dass der Abschnitt nicht genuin zur Heiligtumserzählung gehörte. Im weiteren Sinn ist er durch das Sühnemotiv mit der Kulttheologie der Heiligtumstexte verbunden. Näher liegt der Bezug zu den priesterlichen Texten in Num 1 und Num 26, die von Volkszählungen unter den Israeliten berichten, ohne wiederum diese mit dem Heiligtumsbau in Verbindung zu bringen. In der Folgezeit wurde Ex 30,11–16 als Begründung für die Institution der jährlichen Tempelsteuer verstanden, so zuerst wohl in 2 Chr 24,5f. (vgl. auch Josephus Ant. 3,196; mSchekalim 2,4).[134]

Dritte Rede: Ex 30,17–21: Das bronzene Becken für die Waschungen der Priester

17 Da redete JHWH zu Mose: 18 „Dann sollst du ein bronzenes Becken und sein bronzenes Gestell anfertigen zum Waschen und es zwischen Begegnungszelt und dem Altar aufstellen und Wasser hineingeben, 19 damit Aaron und seine Söhne aus ihm ihre Hände und ihre Füße[a] waschen. 20 Wenn sie ins Begegnungszelt hineingehen, sollen sie sich mit Wasser waschen, damit sie nicht sterben. Oder wenn sie sich dem Altar zum Dienst nähern, um eine Feuergabe für JHWH in Rauch aufgehen zu lassen, 21 dann sollen sie ihre Hände und ihre Füße waschen, damit sie nicht sterben.
Das soll für sie eine immerwährende Ordnung sein, für ihn und seine Nachkommen von Generation zu Generation."

Anmerkungen zu Text und Übersetzung

19[a] LXX ergänzt „und ihre Füße mit Wasser", ebenso in V. 21.

Synchrone Analyse

Auch die zweite Ergänzungsrede (die dritte insgesamt) unterscheidet sich deutlich von der großen Eingangsrede. Die Herstellung des „Beckens" und seines „Gestells" wird lapidar angeordnet. Bis auf die Materialangabe „aus Bronze" fehlen alle weiteren Beschreibungen. Das Becken soll zwischen „Begegnungszelt", also wohl dem Eingang der Wohnung, und dem (Brandopfer-)Altar stehen.

Möglicherweise setzt der Text die detaillierten Beschreibungen voraus, die das erste Königebuch für Gestelle und Becken des salomonischen Tempels gibt (1 Kön

---

134 So HOUTMAN, Exodus 3, 565. Zur späteren Tempelsteuer vgl. CHANCEY, Art. Temple Tax, 1294; NIEHR, Abgaben, 151. ALBERTZ, Exodus 19–40, 240f., vermutet, dass bereits im 4. Jh. eine Tempelsteuer eingeführt wurde, die in Ex 30,11–17 ihre Begründung finden konnte.

7,27–28).[135] Die zehn Gestelle sind dort mit Rädern versehen und reich mit Tierfiguren ausgestattet. Zusammen mit den Becken bildeten sie also eine Art Kesselwagen. Dazu kam im salomonischen Tempel ein „Meer" genanntes Bassin von 10 Ellen (4,5 m) Durchmesser und 5 Ellen (2,25 m) Tiefe (1 Kön 7,23–26), das von zwölf monumentalen Rinderfiguren getragen wurde und wie eine Lotusblüte geformt war.[136] Becken und Gestell nach Ex 30,18 stehen dazu in Kontrast nicht nur wegen der Schlichtheit, in der sie beschrieben werden,[137] sondern auch wegen der strikten Funktionalität des Beckens für den Dienst der Priester. Im Fokus stehen Waschung und Reinheit. Dies geht auch aus der Position des Beckens zwischen Altar und Zelt hervor: Es dient der Waschung vor Betreten des Heiligen, aber auch vor dem Dienst am Brandopferaltar. Dabei genügt es für gewöhnlich (eine Ausnahme gilt für Aaron am Jom Kippur, vgl. zu Ex 29,4), wenn sie ihre Hände und ihre Füße mit dem Wasser waschen, das im Becken bereitsteht. (Es ist wohl nicht daran gedacht, dass Hände oder Füße *im* Becken gewaschen werden.)

Zweimal wird den Priestern eingeschärft: Wer sich in körperlich unreinem Zustand der Sphäre der göttlichen Heiligkeit nähert, muss mit tödlichen Konsequenzen rechnen. Abschließend wird dies als „immerwährende Ordnung" (חקת עולם bzw. חק) deklariert.

Diachrone Analyse

DtrG	HE	PK	TK
	30,17–21		

Wie bei der Anordnung zum Bau des Räucheraltars (30,1–10) sind die Zweckbestimmungen für den Kultdienst in V. 19–21 der Grund für die Nachstellung von 30,17–21. Diese entspricht der Kompositionslogik der Heiligtumserzählung.

Becken

Vierte Rede: Ex 30,22–33: Herstellung und Gebrauch des heiligen Salböls

22 Da redete Jhwh zu Mose: 23 „Und du, nimm du dir wohlriechende Substanzen[a]: beste Tropfenmyrrhe[b] fünfhundert (Schekel), und wohlriechenden Zimt[c], halb so viel, zweihundertfünfzig (Schekel), und Würzgras[d], zweihundertfünfzig Schekel, 24

---

135 Vgl. zum folgenden Keel, Geschichte 1, 320–330, mit Abb.
136 Nach Keel, Geschichte 1, 327, bildeten das „Meer" und die zehn Kesselwagen „eine symbolische Einheit" als Abbild des mythischen Stromes (verkörpert im „Meer") und seiner Nebenströme (dargestellt in den Kesselwagen), die „die Gottesstadt erfreuen, das Heiligtum der Wohnungen des Höchsten" (Ps 46,5).
137 Albertz, Exodus 19–40, 242, sieht eine „königskritische(n) Ausrichtung".

260 Vierte Rede: Ex 30,22–33: Herstellung und Gebrauch des heiligen Salböls

und Kassia[a] fünfhundert (Schekel) entsprechend dem Schekel des Heiligtums, sowie ein Hin[b] Olivenöl. 25 Dann sollst du daraus heiliges Salböl herstellen, eine Salbenmischung in der Machart des Salbenmischers. Heiliges Salböl soll es sein.

26 Du sollst damit salben das Zelt der Begegnung und die Lade des Gesetzes, 27 und den Tisch und alle seine Geräte, und den Leuchter und alle seine Geräte, und den Räucheraltar 28 und den Brandopferaltar und alle seine Geräte sowie das Becken und sein Gestell. 29 Du sollst sie heiligen, damit sie hochheilig seien. Jeder, der sie berührt, wird heilig. 30 Auch Aaron und seine Söhne sollst du salben, damit du sie heiligst für den Priesterdienst für mich.

31 Zu den Israeliten indessen sollst du reden: ‚Heiliges Salböl ist dies für mich von Generation zu Generation bei euch. 32 Auf einen (gewöhnlichen) menschlichen Körper darf es nicht geschmiert[a] werden, und nach seiner Zubereitungsart dürft ihr kein anderes herstellen. Es ist heilig. Heilig soll es für euch sein. 33 Ein jeder, der etwas wie es mischt und davon einem Unbefugten gibt, soll aus seiner Sippe ausgeschlossen werden.'"

Anmerkungen zu Text und Übersetzung

23[a] בֶּשֶׂם bzw. בֹּשֶׂם kann allgemein „Duft, Wohlgeruch" (vgl. V. 23 die Zusammensetzung „wohlriechender Zimt") bedeuten. Weitere Bedeutungen sind: der Balsamstrauch (*Commiphora gileadensis*, vgl. Zohary, Pflanzen, 198f.), aus dem ein Duftstoff gewonnen wird (Hld 5,1; 8,14), oder (im Plural) wohlriechende Substanzen (Luther: „Spezereien"), vgl. GesL 182.

23[b] Zur Übersetzung vgl. GesL 258. Myrrhe als ein Grundstoff des Salböls ist Harz von Bäumen der Gattung *Commiphora*, die vor allem auf der arabischen Halbinsel und in Äthiopien gedeihen. „Es findet sich 1. als geronnener Saft (hebr. mōr d.rôr) und 2. flüssig als M.(yrrhe)öl" (Feliks, Art. Myrrhe, 1263f., vgl. auch Zohary, Pflanzen, 200). Der Duftstoff wird außerhalb der Heiligtumstexte vor allem als Aphrodisiakum erwähnt (Ps 45,9; Spr 7,17; Hld 5,1.5.13 u. ö.; Est 2,12).

23[c] קנמון, *qinnamon* (Spr 7,17; Hld 4,14) wird aus der Rinde des in Asien heimischen Zimtbaumes gewonnen (vgl. Zohary, Pflanzen, 202).

23[d] קנה meint eigentlich Halm oder (Schilf-) Rohr (vgl. etwa Gen 41,5; Jes 19,6 und in Ex 25,31–36 den Exkurs zur Pflanzenmetaphorik in der Beschreibung der Menorah). Die Fügung קנה בשם bedeutet also „wohlriechendes Rohr" oder „Duftgras" und keine bestimmte Pflanze. Für kosmetische Zwecke kommen mehrere botanische Arten in Frage, es ist „aber müßig, darüber zu spekulieren, welche der … Arten gemeint war" (Zohary, Pflanzen, 196).

24[a] Die Bezeichnung קדה ist nicht sicher zu identifizieren. Zohary, Pflanzen, 203, nimmt an, dass sie den sog. „Chinesischen Zimt" (*Cinnamomum cassia*) meint.

24[b] Der Rauminhalt des Flüssigkeitsmaßes wird zwischen ca. 3 und 7 Liter angegeben (BHH 1164).

32[a] Für die Anwendung von kosmetischem Öl auf normaler menschlicher Haut wird ein anderes Verbum (סוך) gebraucht als für die sakrale Salbung (משׁח).

Synchrone Analyse

Die vierte Rede wendet sich betont an Mose, der mit „und du", im hebräischen Text einem vorangestellten separaten Personalpronomen, angesprochen wird. An-

Synchrone Analyse

scheinend geht der Auftrag (zumindest zunächst) an ihn ganz persönlich. Die Rede kann in drei Teile gegliedert werden: Am Anfang (V. 23–25) steht ein Rezept zur Herstellung des Salböls. Die V. 26–30 bestimmen über seine Anwendung. Der letzte Teil (V. 31–33) schärft ein, dass der Gebrauch dieses Öls strikt auf den heiligen Bereich eingeschränkt bleibt.

Die Kunst, aus „wohlriechenden Substanzen" (vgl. Textanm. 23ª) Kosmetika herzustellen, war im Alten Israel und seiner Umwelt weit verbreitet.[138] Für Israel ist dies auch archäologisch belegt.[139] Die Duftpflanzen wachsen zum Teil im Lande, etwa der Balsamstrauch oder das „Würzgras". Zum Teil handelt es sich um Importware (Myrrhe von der arabischen Halbinsel oder aus Äthiopien, Zimt und „Kassia" aus Asien). Eindrucksvoll sind die Mengen: Aus 1500 Schekel (etwa 17 kg) Pflanzenmaterial wurden die Aromastoffe durch Dampfdestillation gewonnen und in etwa 3 kg Öl gelöst.[140] Salböle waren Güter des gehobenen Bedarfs, je nach Zusammensetzung auch Luxusgüter (vgl. Am 6,6). Sie wurden zum Schutz und zur Reinigung der Haut gebraucht[141] (vgl. Lk 10,34), auch um unangenehme Gerüche zu vertreiben. Als Quelle von Wohlbefinden und Freude waren sie beliebt, ja sprichwörtlich (Spr 27,9; Koh 9,8; Ps 23,5; Hld 1,3; Joh 12,3). Auch ihre erotisch anregende Wirkung spielte eine Rolle (Hld 4,10; Est 2,12).

30,23–25: Rezept

Die Heiligtumstexte wollen den Gebrauch des nach ihrem Rezept hergestellten heiligen Salböls strikt aufs Heiligtum beschränkt wissen, weshalb wohl auch Mose der (zunächst) einzige sakrale „Salbenmischer" sein soll. Mit dem Öl soll er das „Zelt der Begegnung" mit allen seinen sakralen Einrichtungen sowie Aaron und seine Söhne salben (vgl. zur Priestersalbung die Auslegung von Ex 29,4–7). Das Heiligtum mit seiner gesamten Einrichtung und den Priestern wird so in eine Aura exklusiver Reinheit und Heiligkeit gehüllt, die die Präsenz Gottes repräsentiert.[142]

30,26–30: Anwendung

Die Schlussverse 31–33 ziehen eine strikte Grenze zur profanen Welt und ihren Kosmetika. Das nach göttlichem Rezept und durch Mose hergestellte Salböl ist ein strenges Reservat des Heiligtums. Wer heiliges Öl für einen Zweck außerhalb des Heiligtums missbraucht (V. 33) oder an „Unbefugte" weitergibt, wird aus seinem Sippenverband ausgestoßen und hat damit sein Leben, zumindest sein soziales Leben, verwirkt. Diese Regel soll, so hebt dieser Abschnitt der Rede gleich zu Anfang hervor, „von Generation zu Generation" (V. 31) gelten. Auch nach Mose soll das Öl für das Heiligtum und den gesalbten Priester (vgl. Lev 16,32; Num 3,3; 35,25) nach dem Rezept der Gründungszeit hergestellt werden.

30,31–33: Restriktion

Zur diachronen Analyse siehe den folgenden Abschnitt.

---

138 Vgl. PASZTHORY, Salben, 10–18; insbesondere 29.

139 In der Oase En Gedi am Westufer des Toten Meeres wurde eine Produktionsstätte aus der späten Königszeit (7.–6. Jh. v. Chr.) entdeckt. In ihrer Umgebung gedeiht der Balsamstrauch. Vgl. KEEL/KÜCHLER, Orte und Landschaften 2, 418–423.

140 Vgl. ZOHARY, Pflanzen, 196.

141 Vgl. PASZTHORY, Salben, 11f.

142 Auch darin steht das Alte Testament in den Traditionen der Umwelt, namentlich Ägyptens, vgl. etwa TUAT III/5, 996, und PASZTHORY, Salben, 12f.

Fünfte Rede: Ex 30,34–38: Herstellung und Gebrauch des heiligen Räucherwerks

34 Da sprach[a] JHWH zu Mose: „Nimm dir wohlriechende Substanzen: Storaxharz[b], Räucherklaue[c] und Galbanum[d]. Wohlriechende Substanzen und reiner Weihrauch[e], von jedem soll es gleich viel sein. 35 Dann sollst du daraus Räucherwerk herstellen, eine Mischung in der Machart des Salbenmischers, gesalzen, rein, heilig.

36 Dann sollst du etwas davon ganz fein zerreiben und es vor das Gesetz im Begegnungszelt bringen, wohin ich mich zu dir begeben[a] werde. Hochheilig soll es für euch sein.

37 Und das Räucherwerk, das du bereitest, sollt ihr in (dieser) seiner Zubereitungsart für euch nicht herstellen. Es sei dir heilig vor JHWH. 38 Ein jeder, der etwas dergleichen herstellt, um daran zu riechen, soll ausgeschlossen werden aus seiner Sippe."

Anmerkungen zu Text und Übersetzung

34[a] Die Einleitung wird hier (vgl. auch Ex 31,12) mit ויאמר statt wie bisher stets mit וידבר ... לאמר יהוה gebildet (anders Sam). Möglicherweise nimmt ויאמר die Wurzel אמר aus der Redeeinleitung לאמר des V. 22 inhaltlich auf und bringt so den engen sachlichen Zusammenhang mit der vorhergehenden Rede zum Ausdruck. (Für Kombinationen von דבר mit אמר insbesondere im Sinne von „rede ... und sprich" vgl. Lev 1,2; 18,2; 23,2.10, ferner Ex 6,2.)

34[b] Das Lexem leitet sich vom Verbum נטף „tropfen, triefen" her. Als Nomen bezeichnet es das Harz bzw. den Gummi des Storaxbaumes (*Liquidambar orientalis*, nicht des Styraxbaumes wie in GesL 812 vermerkt), der in biblischer Zeit wohl auch in Gilead wuchs (vgl. dazu ZOHARY, Pflanzen, 192).

34[c] שחלת ist ein Hapaxlegomenon, das an ein arabisches Wort für Schale anklingt (vgl. HOUTMAN, Exodus 1, 169f.). Wahrscheinlich ist damit ein Stoff gemeint, der aus Schalen einer Muschel gewonnen wurde, die im Roten Meer und im Indischen Ozean vorkommt, und der als Geruchsstoff und Arzneimittel verwendet wurde. LXX gibt das Wort mit ὄνυξ „Kralle, Nagel" wieder, daher die deutsche Übersetzung „Räucherklaue" (vgl. schon DILLMANN, Exodus, 361).

34[d] Das Wort חלבנה bezeichnet wahrscheinlich ein Gummiharz, das aus dem milchigen (חלב!) Saft der mit dem Fenchel verwandten *Ferula gummosa* gewonnen wird (vgl. ZOHARY, Pflanzen, 201).

34[e] Das Weihrauchharz wird aus den Blättern und dem Stamm des Weihrauchstrauches (*Boswellia sacra*) gewonnen, der vor allem in Arabien und Ostafrika vorkommt, vgl. ZOHARY, Pflanzen, 197.

36[a] LXX: „... werde ich mich dir zu erkennen geben ..." wie in Ex 25,22; 29,42; 30,6.

Synchrone Analyse

Wie die vorige Anweisung zum Salböl enthält auch die vorliegende drei Elemente: das Rezept (V. 34 bis V. 36aα), den Ort seiner Anwendung (V. 36aβ.b) und Bestimmungen, die seinen Gebrauch einschränken (V. 37f.). Der enge sachliche Zusammenhang der zwei Reden drückt sich möglicherweise schon darin aus, dass die

Diachrone Analyse   263

letztere mit „Und Jhwh sprach" (ויאמר) etwa im Sinne von „und er sagte (dann noch) ..." eingeleitet ist (vgl. dazu Textanm. 34ᵃ).

Das Rezept (V. 34f.) ordnet an, Mose solle „wohlriechende Substanzen" (סַמִּים *sammîm*) nehmen. Wir geben das hebräische Wort in V. 34 mit dem gleichen Wort wieder wie בְּשָׂמִים *beśāmîm* in V. 23. In der Tat scheinen sie hier bedeutungsgleich zu sein.[143] Allerdings kommt סַמִּים *sammîm* sonst in den Heiligtumstexten nur noch in der Verbindung קטרת הסמים, „wohlriechendes Räucherwerk", vor (vgl. etwa 25,6; 30,7; 37,29; 40,27; Lev 16,12 u. ö.).

Die סַמִּים *sammîm* genannten Substanzen sind die drei Duftstoffe „Storaxharz", „Räucherklaue" und „Galbanum" sowie das Harz des Weihrauchstrauches (für Näheres vgl. Textanm. 34ᵇ⁻ᵉ). Das Weihrauchharz soll Mose mit den drei Duftstoffen im Verhältnis 1:1 vermischen und das Ganze dann fein zerreiben. Das Rezept ist nicht weniger exotisch als das des Salböls und wohl auch ähnlich kompliziert zu verarbeiten.

Das Räucherwerk ist dem Räucheraltar (Ex 30,7; 39,38) bzw. dem Inneren der Wohnung (Lev 4,7; 16,12) vorbehalten. Dem entspricht auch die Bestimmung in V. 36aβb, nach der das Räucherwerk „vor das Gesetz" gebracht werden soll, „wohin ich mich zu euch begeben werde". Der Rauch soll wohl das Innere der Wohnung insgesamt einhüllen, also auch das Allerheiligste – so, wenn Aaron am Jom Kippur vor Lade und Sühnmal (*kapporät*) tritt: „Nicht zu jeder Zeit soll er (Aaron) hineingehen ins Heiligtum hinter die Abtrennung, damit er nicht stirbt, denn in der Wolke erscheine ich über der *kapporät*. ... Er soll das Räucherwerk auf das Feuer vor Jhwh bringen, und die Wolke des Räucherwerks soll das Sühnmal bedecken ... " (Lev 16,2.13). Die Wolke des Räucherwerks bildet eine Art schützenden Paravent vor der unmittelbaren Gegenwart Jhwhs im Kult (vgl. auch Ex 40). Zugleich erinnert sie an die mitgehende Wolke am Schilfmeer und bei der Wanderung (Ex 13,21; 14,24) sowie auf dem Gottesberg (Ex 19,9.16; 24,15).[144]

Die beiden Schlussverse V. 37f. schließen den profanen Gebrauch kategorisch aus.

Seitenrandnotizen:
30,34–35: Rezept
30,36: Anwendung
30,37–38: Restriktion

Diachrone Analyse

DtrG	HE	PK	TK
	30,22–33	27,20–21	
	30,34–38		

Die drei Verbrauchsmaterialien Beleuchtungsöl (Ex 27,20–21), Salböl (30,22–33) und Räucherwerk (30,34–38) stehen in einem engen Zusammenhang und sind daher diachron gemeinsam zu analysieren. In den aufzählenden Passagen erscheinen sie immer direkt hintereinander (25,6; 35,8; 35,14–15a; 35,28; 39,37–38a). Aber in der Abschlussinstruktion 31,1–11 werden nur Salböl und Räucherwerk genannt, weil das Beleuchtungsöl nicht exklusiv für das Heiligtum hergestellt werden muss. Aus diesem Grund fehlt das Beleuchtungsöl auch im Ausführungsbericht 37,29.

Seitenrandnotiz:
Verbrauchsmaterialien

---

143 GesL 182, vgl. Textanm. 23ᵃ und GesL 891.
144 Vgl. dazu Utzschneider, Inszenierung, 326.

| Salböl, Räucherwerk | Die Anweisungen zum Salböl (Ex 30,22–33) und zum Räucherwerk (30,34–38) stehen erst nach denen zum Priesterdienst, weil sie Zweckbestimmungen für die Weihe und den Kultdienst enthalten. Sie bestehen aus drei Teilen: den Rezepturen, den Gebrauchsanweisungen und den Exklusivitätsklauseln. All diese fehlen im summarischen Ausführungsbericht 37,29, was aber wiederum der Logik der Heiligtumserzählung entspricht. Auf Grund der geforderten Exklusivität wird Mose nur hier angewiesen, die Materialien selbst beizubringen (30,23; 30,34) und das Salböl und Räucherwerk selbst herzustellen. Die fehlende Detaillierung im Ausführungsbericht (37,29) und die engmaschigen Redeeinleitungen (30,22.34) sind also keine Indizien für diachrone Uneinheitlichkeit. |

Im Unterschied dazu verwendete man beim Beleuchtungsöl (Ex 27,20–21) für die Detailinstruktion einen Auszug aus Lev 24,1–4 (Ex 27,20–21 und Lev 24,2–3 sind nahezu wortgleich). Stehen geblieben sind kleinere Abweichungen in der Wortwahl, so spricht Ex 27,20 wie Lev 24,2 von einer „ständigen Lampe" (נֵר תָּמִיד), die übrigen Heiligtumstexte dagegen von „(seinen) Lampen" (25,37; 35,14; 39,37; 40,25). Daraus lässt sich folgern, dass die Detailanweisung 27,20–21 nachträglich eingefügt wurde, und zwar in zweifacher Hinsicht an „falscher" Stelle: zu spät im Blick auf die Herstellung des Leuchters in 25,31–40 und, wegen der Gebrauchsanweisungen, zu früh im Blick auf die Einführung der Priesterschaft (Ex 28–29). Die Positionierung des Abschnitts entspricht also nicht der sonst erkennbaren Logik der Heiligtumserzählung. Dies und die Abhängigkeit von Lev 24,1–4 weist auf die P-Komposition hin.

Synthese

Die diachrone Analyse betrachtet die drei Passagen über die Verbrauchsmaterialien gemeinsam. Die Argumente für die Zugehörigkeit der Abschnitte über das Salböl (30,22–33) und das Räucherwerk (30,34–38) zur Heiligtumserzählung (HE) ergänzen sich, wohingegen im Vergleich zu diesen die Andersartigkeit des Abschnitts zum Beleuchtungsöl (Ex 27,20–21, vgl. dort) klar hervortritt. Außerdem fehlt das Beleuchtungsöl im Ausführungsbericht. So gewinnt dessen Herkunft aus der P-Komposition Plausibilität.

Bei den Ölen handelt es sich um zwei unterschiedliche Substanzen mit unterschiedlichen, sich ergänzenden Funktionen. Als Öl, das die Priester zur Beleuchtung der Wohnung verwenden sollen, genügt „reines gestoßenes Olivenöl" (27,20), während das Öl, mit dem Priester und Heiligtum gesalbt werden, mit Duftstoffen anzureichern und exklusiv für diesen Zweck herzustellen ist.

Sechste Rede: Ex 31,1–11: Berufung der Handwerker

1 Da redete Jhwh zu Mose: 2 „Siehe: Ich habe namentlich berufen Bezalel, den Sohn Uris, den Sohn Hurs, zugehörig dem Stamm Juda, 3 und habe ihn erfüllt mit göttlichem Geist, mit Weisheit, Einsicht, Wissen und jeglicher Kunstfertigkeit[a],

Synchrone Analyse 265

4 um Pläne zu entwerfen, um (Arbeiten) in Gold, Silber und Bronze auszuführen[a] und 5 [a]Arbeiten am Edelsteinbesatz[a] sowie Holzarbeiten auszuführen in jeglicher Technik. 6 Ich, siehe ich habe ihm beigegeben Oholiab, den Sohn Ahisamachs, zugehörig dem Stamm Dan. Auch ins Herz von allerlei Kunstverständigen[a] habe ich Weisheit gegeben, so dass sie alles anfertigen können, was ich dir geboten habe:
7 das Begegnungszelt und die Lade für das Gesetz, das Sühnmal, das auf ihr ist[a],
8 und den Tisch und seine Geräte, den reinen Leuchter[a] und alle seine Geräte und den Räucheraltar[b]
9 und den Brandopferaltar und alle seine Geräte sowie das Becken und sein Gestell, 10 die gewirkten Kleider und die heiligen Kleider für Aaron, den Priester, sowie die Kleider seiner Söhne für ihren Priesterdienst 11 sowie das Salböl und die wohlriechenden Substanzen fürs Heiligtum.
Ganz so, wie ich dir es geboten habe, sollen sie es machen."[145]

Anmerkungen zu Text und Übersetzung

3[a] Wörtlich: „Arbeit" (מלאכה); zum Bedeutungsspektrum des Begriffs vgl. Textanm. 35,21[b].
4[a] LXX fügt hier, entsprechend Ex 25,4, ein: „und den blauen, roten und gesponnenen scharlachroten (Stoff) und das feine gesponnene Leinen" (Übersetzung LXX.D).
5[a–a] Wörtlich: „Stein(schneider)arbeiten bezüglich der Besätze". Der sachliche Zusammenhang sind die Edelsteinarbeiten für den Priesterschurz (Efod) und die Brusttasche (Choschän), vgl. Ex 28,17.
6[a] חכם־לב bzw. im Pl. חכמי־לב: wörtl. „Herzensweise(r)" bzw. „Herzensweise"; vgl. weiter die Auslegung.
7[a] Die LXX fügt hinzu: „τὴν διασκευὴν τῆς σκηνῆς (sowie am Beginn von V. 8) καὶ τὰ θυσιαστήρια" also: „die Einrichtung des Zeltes und die (Brandopfer-)Altäre".
8[a] Mit dem Attribut „rein" (טהור) an „Leuchter" (vgl. Ex 39,37; Lev 24,4) wird sowohl dessen Beschaffenheit (aus reinem Gold) vergegenwärtigt als auch daran erinnert, dass „reines gestoßenes Olivenöl" die Beleuchtung des Heiligen liefern soll (vgl. Jacob, Exodus, 843).
8[b] Der Räucheraltar fehlt in der LXX.

Synchrone Analyse

Die sechste und vorletzte Rede benennt zunächst (V. 2–6) Bezalel und Oholiab, zwei besonders berufene und begabte Kunsthandwerker, und stellt ihnen „kunstverständige" Israeliten zur Seite. Der zweite Abschnitt (V. 7–11a) zählt (fast) alle Teile der künftigen Anlage in der Reihenfolge ihrer Herstellung (Ex 36,8 – 39,31) auf. Die Rede schließt mit einer formelhaften Bemerkung „Ganz so, wie ich es dir geboten habe, sollen sie es machen" (vgl. ähnliche Formeln in Ex 27,8; 35,10; 38,22; 39,32.42f.; 40,16 u. ö.).

---

145 Die Reihenfolge der Arbeiten und der hergestellten Teile (V. 7–11) entspricht nicht der in Ex 25–28, sondern der in Ex 35–39.

Sowohl die beiden Handwerker als auch die „Kunstverständigen" (חכמי־לב, vgl. Textanm. 6ª) unter den Israeliten werden hier erstmals genannt.[146] Sie sind nicht einfach handwerkliche Spezialisten. Vielmehr sind die beiden Handwerker von Jhwh „berufen" (V. 2) und mit allen nötigen Kenntnissen, mit Weisheit und sogar göttlichem Geist „begabt" (V. 3). Auch die „kunstverständigen" Israeliten sind mit besonderer Weisheit begabt.

חכם bzw. חכמה „weise" bzw. „Weisheit" sind im Hebräischen – anders als im Deutschen – keineswegs nur Bezeichnungen für intellektuelle oder spirituelle Eigenschaften. חכם, weise, kann im Hebräischen jede Person genannt werden, die etwas weiß und aufgrund dieses Wissens sich zurechtfinden oder kompetent handeln kann. Dies erstreckt sich auch auf Handwerker (vgl. Jes 3,3) und besonders auf sakrale Kunsthandwerker (Ex 35,35; 1 Kön 7,1f.),[147] die beim Bau und der Ausstattung von Heiligtümern tätig werden. Ihre besondere Legitimation verdanken sie der Begabung mit *göttlicher* Weisheit. In Mesopotamien stehen sie in besonderer Beziehung zum Weisheitsgott Ea, was sie zur Herstellung von Kultbildern befähigt.[148]

Kunstverständige Die beiden Handwerker und die „Kunstverständigen" vertreten in den Heiligtumstexten die Israeliten, an die Jhwh den Auftrag zum Bau des Heiligtums gewissermaßen in letzter Instanz ergehen ließ (Ex 25,2.8f.10). Besonderen Wert legt die Rede darauf, dass die Handwerker und die Kunstverständigen aus der Mitte des Volkes Israel hervorgehen, wie schon die Abgabe der Materialien eine Stiftung des Volkes (und nicht etwa eines Herrschers) sein sollte (vgl. schon zu Ex 25,2; 28,29f.).

Für Bezalel und Oholiab erschließt sich dies aus dem Vergleich mit dem phönizischen Bronzeschmied Hiram von Tyrus, den König Salomo für sein Tempelprojekt engagiert hat (1 Kön 7,13f.). Auch er ist „erfüllt mit Weisheit, Einsicht, Wissen und jeglicher Kunstfertigkeit", aber eben nicht „mit göttlichem Geist" begabt, geschweige denn „berufen" (vgl. Ex 31,2f. mit 1 Kön 7,14aβ). Hiram von Tyrus trägt einen tyrischen Königsnamen, hat einen tyrischen Vater und ist der Sohn einer Mutter aus dem Stamm Naphtali. Bezalel aus dem Stamm Juda und Oholiab aus dem Stamm Dan repräsentieren die beiden Stämme, die nachmals in den am weitesten südlich und am höchsten nördlich gelegenen Gebieten des Landes siedeln werden.

Die hebräische Bezeichnung für die Kunstverständigen, חכמי לב, klingt deutlich an die Begriffe an, mit denen die Israeliten als freiwillige Spenderinnen und Spender umschrieben werden. Nach Ex 25,2 soll „von jeder Person, die von Herzen dazu bereit ist", die Abgabe erhoben werden. Und in Ex 35,5.22 wird dieser Personenkreis weit geöffnet. Er umfasst dann ausdrücklich Männer und Frauen. „(כל) נדיב לב)", „jeder bzw. jede, der bzw. die von Herzen dazu bereit ist", kurz: „jeder bzw. jede Freiwillige" gehört dazu. Dies spricht dafür, dass mit den „Kunstverständigen" und den „Freiwilligen" unter den Israeliten, auf die die Heiligtum-

---

146 Allerdings haben sie in den Anweisungsreden wohl schon sprachliche Spuren hinterlassen. Wie in den Textanm. Ex 27,8[b] und 28,5[a] angemerkt, sind als Bezugsgrößen zu den Pronomina der 3. Pers. pl. die Handwerker bzw. die „Kunstverständigen" unter den Israeliten hinzuzudenken.

147 Vgl. Müller, Art. חָכַם *ḥāḵam*, 936.

148 Vgl. Berlejung, Handwerker, 146–149. Ein polemisch-ironisches Echo im Blick auf Hersteller von Götterbildern ist Jes 40,20; Jer 10,9.

stexte sowohl als Stifter wie als Mit-Erbauer des Heiligtums setzen, eine Art ideales Gesellschaftsbild Israels verbunden ist. (Darauf werden wir in der Auslegung von Ex 35f. ausführlicher zu sprechen kommen.)

Die zusammenfassende Aufzählung der Bau- und Einrichtungsteile des Heiligtums in den V. 7–11a hält sich, wie gesagt, an die Reihenfolge des Ausführungsteils. Diese Reihenfolge folgt u. E. nicht nur der Sachlogik des Bauens, sondern entwirft den sakralen Raum aus der Perspektive der Israeliten (vgl. dazu auch die Auslegung zu Ex 36,8 – 39,43).[149]

Diachrone Analyse

DtrG	HE	PK	TK
	31,1–11		

Die Szenen, die von den Kunsthandwerkern handeln, sind aufeinander abgestimmt komponiert und zeigen nur wenige, diachron durchweg irrelevante Abweichungen. In 31,1–11 unterrichtet Gott den Mose über die Berufung dieser Personen, in 35,30–35 Mose die Israeliten. Sie treten außerhalb der Heiligtumstexte nicht auf, aber sind im Ausführungsteil als Subjekte durchweg gegenwärtig (vgl. 37,1). Im Übrigen zeigt sich auch an diesem Abschnitt, dass bei der Formulierung der Anweisungen die Ausführungserzählung bereits im Blick war. Literargeschichtlich sind diese Abschnitte daher der selbstständigen Heiligtumserzählung zuzuordnen.

Siebte Rede: Ex 31,12–17: Die Heiligkeit der Sabbatruhe

12 Da sprach JHWH zu Mose: „13 Und du, rede du zu den Israeliten: ‚Meine Sabbate jedoch[a] sollt ihr halten, denn ein Zeichen ist es[b] zwischen mir und euch von Generation zu Generation, damit ihr wisst, dass ich, JHWH, es bin, der euch heiligt. 14 Halten sollt ihr den Sabbat, ja, heilig sei er euch. Wer ihn entweiht, wird gewiss sterben, denn jeder, der an ihm eine Arbeit verrichtet, der soll ausgeschlossen werden aus der Mitte seiner Sippe. 15 Sechs Tage kann man Arbeit verrichten[a], aber am siebten Tag ist Sabbat, ein Ruhetag[b], (der) heilig (ist) für JHWH. Jeder, der Arbeit verrichtet am Sabbattag, soll gewiss sterben.‘ 16 Und halten sollen die Israeliten den Sabbat, indem sie ihn feiern[a] von Generation zu Generation, als eine Verpflichtung[b] für ewig.[c] 17 Zwischen mir und zwischen den Israeliten ist er ein Zeichen für ewig. Denn in sechs Tagen hat JHWH den Himmel und die Erde gemacht, am siebten Tag hat er geruht und Atem geholt."

---

149 Vgl. auch UTZSCHNEIDER, Himmlischer Raum, 31f.; ders., Tabernacle, 292–294.

Anmerkungen zu Text und Übersetzung

13ᵃ Zur Wiedergabe von אַךְ vgl. die Auslegung.

13ᵇ Das Pronomen fem. sg. הִוא bezieht sich nicht auf den Plur. „Sabbate", sondern referiert unpersönlich auf den Sachverhalt des „Haltens der Sabbate" (vgl. GRÜNWALDT, Exil und Identität, 173). Nicht der Sabbat als solcher ist das „Zeichen", sondern die Sabbatobservanz; sie ist es auch, durch die JHWH die Israeliten „heiligt".

15ᵃ מלאכה ist feminin und verlangt als Subjekt eine ebensolche Verbform (vgl. Ex 35,2). יֵעָשֶׂה „soll verrichtet werden" ist aber Nifʻal 3. Pers. masc. sg. Wir lesen Qal 3. Pers. masc. sg. יַעֲשֶׂה und setzen das unpersönliche Subjekt „man" voraus. LXX hat die Wiedergabe „sollst du Arbeiten verrichten" und setzt somit die hebräische Form תַּעֲשֶׂה voraus.

15ᵇ Vgl. zu dieser Wiedergabe von שבתון Textanm. 16,23ᵇ.

16ᵃ Wörtl: „machen" (עשׂה) parallel zu „Arbeit verrichten" (עשׂה מלאכה).

16ᵇ Wir geben ברית hier mit „Verpflichtung", nicht mit „Bund" wieder. ברית bezieht sich adverbiell auf das Feiern („machen") des Sabbats bzw. allgemeiner das Halten des entsprechenden Gebotes. Dies ist Gegenstand des Bundes („Bundesverpflichtung", so etwa NOTH, Exodus, z. St.), aber nicht dieser selbst.

16ᶜ Die Satzeinteilung unserer Übersetzung folgt der Akzentuierung des MT, der hier durch einen soph passuq das Satzende markiert. Die LXX der Göttinger Ausgabe (mit ihr auch Vg und LXX.D) nimmt die in V. 17 folgenden Worte ביני ובין בני ישׂראל noch zum vorhergehenden Satz (vgl. dazu auch WEVERS, Notes, 514f.), was auch für den Gesamtzusammenhang erhebliche Folgen hat, vgl. LXX.D: „Und die Israeliten sollen den Sabbat halten, dass sie es (all) ihre Generationen hindurch tun, eine ewige Verfügung (ist dies) zwischen mir und den Israeliten; es ist ein ewiges Zeichen, dass der Herr in sechs Tagen Himmel und Erde gemacht hat und am siebten Tag aufgehört und sich ausgeruht hat."

Synchrone Analyse

Die Redeeinleitung in V. 12 ist, wie die der fünften Rede zum Räucherwerk (Ex 30,34), mit der Verbform ויאמר „und er sagte" gebildet, die auch hier einen engen Zusammenhang mit der vorhergehenden Rede signalisiert (siehe unten). In V. 13 folgt dann der Auftrag JHWHs an Mose, den Israeliten seine Rede zu übermitteln. Diese wird in den V. 13aβ–15 zitiert, dabei spricht JHWH in den V. 13f. die Israeliten direkt in der 2. Pers. Pl. an. In den V. 16f. erscheinen die Israeliten dann wieder in der dritten Person. Dies spricht dafür, ab hier wieder Mose als Adressaten der Gottesrede anzunehmen.

Das Thema beider Redeteile ist das Sabbatgebot. Es wird sprachlich elaboriert und mit mannigfachen intertextuellen Bezügen thematisiert, so dass man den Abschnitt als „kleines ‚Sabbat-Kompendium'"[150] bezeichnet hat.

Leitwörter   Ein Set von Leitwörtern und ineinander geschachtelten Chiasmen prägt den Text:

„Sabbat(e) halten"	V. 13/14/16
„ein Zeichen zwischen mir und euch / den Israeliten"	V. 13/17

---

150 KÖCKERT, Leben in Gottes Gegenwart, 99, Anm. 108; vgl. auch GRÜNWALDT, Exil und Identität, 178.

Synchrone Analyse

„ich, Jhwh, ... der euch heiligt / (Sabbat) heilig für euch /
(Sabbat) heilig für Jhwh"   V. 13/14/15
(Jeder, der Arbeit verrichtet, wird) „gewiss sterben"   V. 14/15
„Sechs Tage ... Arbeit verrichten, am siebten Tag ist Sabbat /
in sechs Tagen hat Jhwh Himmel und Erde gemacht, am sieb-
ten Tag geruht"   V. 15/17

Zugleich signalisieren die Leitwörter intertextuelle Bezüge,[151] und zwar

— zu Ezechiel mit dem Sabbat als Zeichen für Jhwh, der Israel heiligt (Ez
  20,12f.20 / Ex 31,13.17),
— zur priesterlichen Sintfluterzählung (Gen 9,12) bzw. zu Gen 17,7f.11f. mit dem
  Bogen in den Wolken bzw. der Beschneidung,
— zur Sabbaterzählung Ex 16,23–30 („heilig für Jhwh"; Ex 16,23 / 31,15, vgl. Ex
  35,2),
— zu den Sabbatgeboten mit der Formel מלאכה עשׂה und dem Ruhetagsgebot (Ex
  20,9f.; 23,12; 31,14f.; 35,2; Lev 23,3), dem 6/7-Tage-Schema und dessen Bezug
  zum Schöpfungstext (Gen 2,2f. / Ex 20,9–11; 31,14f.; 35,2) sowie der Sabbathei-
  ligung durch die Israeliten (Ex 20,8.11; Ex 31,14).

Intertextuelle Bezüge

Die Wendung „den Sabbat feiern/machen" ([את יום]השבת עשׂה) findet sich nur noch
im Dekalog des Deuteronomiums (Dtn 5,15); und das „Atemholen" Gottes (Ex
31,17) nimmt einen Topos auf, der im Bundesbuch von Mensch und Tier gesagt
wird (Ex 23,12).

In der Schlussrede kommt das Sabbatthema mithin in einem breiten Spektrum
zur Sprache. Dies wirft die Frage auf, in welche Beziehung der Sabbat zum Heiligtum und zu seinem Bau gebracht wird.

Die Rede stellt zwar keinen ausdrücklichen Bezug zwischen beiden Themen
her. Neben der außergewöhnlichen Redeeinleitung *wayyomär* „und er sagte", die
einen Zusammenhang mit der vorhergehenden Rede signalisiert, deutet aber auch
das winzige Wörtchen אַךְ *'ak* am Beginn der Botschaft einen solchen an (V. 13).
Die Partikel kann auch restriktiv-einschränkend („jedoch") gelesen werden.[152] Versteht man sie so,[153] dann liegt ein Bezug zur Berufung und Ertüchtigung der
ausführenden Kunsthandwerker nahe. Sie werden ans Werk gehen und dabei alle
Begabungen, mit denen Jhwh sie ausgestattet hat, einsetzen. Es gibt nur eine Einschränkung: eben das Sabbatgebot.

Dazu fügt sich, dass zentrale Stichwörter des Sabbatgebotes und der Heilig-
tumstexte übereinstimmen. Mit „Arbeit" (מלאכה) wird einerseits das Arbeitsruhe-
gebot gebildet, andererseits die Tätigkeit der Ausführenden bezeichnet (Ex 31,3.5;
Ex 35f. passim). Auch die Stichwörter „heiligen" bzw. „heilig" sind für das Heilig-
tum und die Sabbat-Heiligung zentral. Das Heiligtum ist durch eine Sphäre der
Heiligkeit umgeben, wer sich ihm nähert, muss sich „heiligen". Der Sabbat ist
Jhwh heilig; wenn Israel ihn „heiligt" (Ex 20,8), ist es ein Zeichen dafür, dass
Jhwh die Israeliten heiligt (vgl. V. 13; vgl. Ez 20,12.20). Die Strafandrohungen zum
Sabbatgebot hier (vgl. Num 15,32–35) entsprechen denen für die Verletzung der
Heiligkeit der Gottesnähe.

Sabbatobser-vanz und Heiligtum

---

151 Ausführlich bei Grünwaldt, Exil und Identität, 173–185.
152 Vgl. dazu GesL 52.
153 Vgl. schon Rashi, 292.

Benno Jacob hat bemerkt, dass „der Sabbat ... das höhere Heiligtum (ist), vor dem Arbeit zur Herstellung eines anderen zu ruhen hat"[154]. Dafür könnte auch Lev 19,30 sprechen, wo die Sabbatobservanz vor der Ehrfurcht vor dem Heiligtum rangiert: „Meine Sabbate sollt ihr halten und mein Heiligtum fürchten. Ich bin JHWH." Ob eine solche Abstufung im Sinne der Heiligtumstexte ist, lassen wir dahingestellt. Historisch plausibel scheint uns, dass die Hoch- bzw. Höherschätzung des Sabbats in Relation zum Heiligtum im Sinne der Leserinnen und Leser fern des Heiligtums in der jüdischen Gola gewesen ist.

Diachrone Analyse

DtrG	HE	PK	TK
		31,12–17	

Die Anweisungen zur Einhaltung der Sabbatruhe (Ex 31,12–17) unterscheiden sich literarisch deutlich von den Anweisungen zum eigentlichen Heiligtumsbau. Sie nehmen nur in sehr allgemeiner Weise über das Stichwort $m^e l\bar{a}'k\bar{a}h$ „Arbeit" auf den Bau des Heiligtums Bezug, greifen aber durchweg auf Gen 2,2–3, Ex 20,8–11 und weitere Texte der P-Komposition zurück.

Synthese

In der Auslegung des Textes, insbesondere seinen intertextuellen Bezügen, sind sich synchrone und diachrone Analyse weitgehend einig. Wie auch sonst zu beobachten, bewertet die synchrone Analyse den Bezug zu den unmittelbaren Kotexten höher als die diachrone. Erstere bezieht das Sabbatgebot auf die Arbeiten am Heiligtum, während letztere den Passus im Horizont der Sabbattexte der P-Komposition auslegt.

Episode 3: Ex 31,18: Gott übergibt Mose die Tafeln

18 Da gab er Mose, als er aufgehört hatte mit ihm zu reden auf dem Berg Sinai, zwei Gesetzestafeln, Steintafeln, beschrieben mit dem Finger Gottes[a].

Anmerkung zu Text und Übersetzung

18[a] TgN umschreibt: „.... mit dem Finger der Macht vor JHWH." Vielleicht ist auch MT eher im Sinne von „mit göttlichem Finger" zu verstehen.

---

154 JACOB, Exodus, 844.

Synchrone Analyse

Der Vers erklärt die Reihe der Gottesreden an Mose ausdrücklich als abgeschlossen und signalisiert dabei eine neue Szene. Stumm übergibt Jhwh dem Mose die Tafeln, wie er es in Ex 24,12 angekündigt hatte. Damit schließt sich auch der äußere Ring im Story-Verlauf der neunten Erzählphase, den die Auftaktszene 24,12–15a eröffnet hat.

Diachrone Analyse

DtrG	HE	PK	TK
		31,18	

Wie Ex 24,15–18aα gehört 31,18 zu den Verbindungsstücken, mit deren Hilfe die Gesetzestafeln P-Kompositoren die ihnen vorliegende Erzählung des DtrG mit der Heiligtumserzählung verbunden haben. Nur aus diesen beiden Stücken sowie 25,40; 26,30; 27,8 wird ersichtlich, dass sich Mose auf dem Berg, der hier den für die P-Komposition typischen Namen „Sinai" trägt, aufgehalten hat. Ebenso typisch für die P-Komposition ist der Ausdruck „Tafeln des Gesetzes" (vgl. 32,15aβb; 34,29), während in der Heiligtumserzählung immer nur vom „Gesetz" (עדות) die Rede ist.

Zehnte Erzählphase: Ex 32,1 – 34,35: Das „Goldene Kalb" und die erneuerte Gottesgemeinschaft

Episode 1: Ex 32,1–6: Die Israeliten und Aaron machen einen Gott: das Goldene Kalb

1 Das Volk wurde inne[a], dass sich Moses Abstieg vom Berg verzögerte[b]. Da versammelte sich das Volk gegen[c] Aaron, und sie sprachen zu ihm: „Auf, mach uns einen Gott[d], der vor uns hergehe. Denn der da, Mose[e], der Mann, der uns aus Ägypten heraufgeführt[f] hat – wir wissen nicht, was ihm geschehen ist." 2 Da sprach zu ihnen Aaron: „Reißt die goldenen Ohrringe ab, die an den Ohren eurer Frauen, eurer Söhne und eurer Töchter sind, und bringt (sie)[a] zu mir." 3 Da riss sich das ganze Volk die goldenen Ohrringe ab, die an ihren Ohren waren, und brachten (sie) zu Aaron. 4 Er nahm (sie) aus ihren Händen entgegen und [a]verschnürte es (das Gold) in einem Beutel[a] und machte daraus ein Goldenes Kalb[b]. Da sagten sie[c]: „Dies ist dein Gott, Israel, der dich aus dem Lande Ägypten heraufgeführt hat." 5 Da sah Aaron (dies) und baute einen Altar vor ihm, und Aaron rief aus und sprach: „Ein Fest für Jhwh ist morgen."
6 Da standen sie frühmorgens auf, opferten Brandopfer und brachten Schlachtopfer dar, und das Volk ließ sich nieder, um zu essen und zu trinken. Dann standen sie auf, um sich zu vergnügen[a].

Anmerkungen zu Text und Übersetzung

1[a]   Wörtlich: „sah".

1[b]   So GesL 134; wörtlich: „Mose säumte, vom Berg herabzusteigen."

1[c]   נקהל, „sich versammeln", mit der Präposition על, „auf, gegen", hat oft die Konnotation des Bedrohlichen (Num 16,3; 17,7; ähnlich Ex 17,3; vgl. EHRLICH, Randglossen, 389).

1[d]   Das Wort אלהים, das durch die Formel „אשר ילכו לפנינו" näher bestimmt wird, ist formal eine Pluralform, was sich auch in der Plural-Verbform ילכו (vgl. auch die entsprechenden Formen in V. 4.8.23) des Relativsatzes ausdrückt. אלהים kann allerdings „als Singular oder Plural gebraucht werden" (MEYER, Grammatik, § 94, 3d) und also mit „Götter" oder „Gott" wiedergegeben werden, wobei jeweils der Sinn im Kontext über den Numerus entscheidet. Die pluralischen Verbformen können, ebenso wie das pluralische Demonstrativpronomen אלה in V. 4, als tatsächlicher Plural oder als (formaler) „Plural mit Singularbedeutung" (so GesL 61; vgl. GBH § 150f) aufgefasst werden (vgl. u. a. Gen 20,13; 1 Sam 4,8; 2 Sam 7,23, s. auch HOUTMAN, Exodus 3, 633; ALBERTZ, Exodus 19–40, 269, Anm. 12; vgl. zur Forschungsgeschichte HAHN, Kalb, 305–313). Vgl. weiter die Auslegung.

1[e]   Die Konstruktion זה משה (Ex 32,1.23), *Demonstrativum + Eigenname*, wird grammatisch unterschiedlich erklärt (vgl. HOUTMAN, Exodus 3, 633). Syntaktisch fassen wir „Mose" mit GesK § 126aa als Apposition zum Demonstrativum auf, das semantisch eine distanzierende, ja abwertende Note erhält im Sinne von „der da" (lat. iste) oder sinngemäß „der, wie hieß er noch gleich, Mose da ..." (vgl. auch JOOSTEN, *zeh Mošeh*, 412–415).

Synchrone Analyse

1^f LXX hat hier sowie in Ex 32,4.7.23 das Äquivalent für יצא Hi., „herausgeführt", in V. 7 möglicherweise unter dem Einfluss von Dtn 9,12 (vgl. auch 1 Kön 12,28; Propp, Exodus 19–40, 541f.).

2^a Die Akkusativobjekte der transitiven Verben „bringen" (בוא Hi.) bzw. „nehmen" (לקח) in den V. 2f. und 4 werden nicht genannt. Es ist unklar, ob es um die Ohrringe geht oder um deren Material, das Gold (זהב). Wir nehmen an, dass die Ringe Objekt sind, bis sie Aaron aus den Händen des Volkes entgegennimmt (V. 4aα), weshalb wir bis dorthin „sie" ergänzen. In V. 4a erscheint dann ein Pronomen in der 3. Pers. sg. (אתו), das wir nun auf das Material „Gold" beziehen.

4^a–a Die Verbform וַיָּצַר setzt eine Verbalwurzel צור voraus. Wir gehen von der Wurzel צור₁ aus, die mit „zusammenschnüren, einbinden" wiedergegeben wird (GesL 1110f.). Sie erscheint öfter im Zusammenhang mit dem Sammeln, Aufbewahren und Transfer von Silber bzw. Geld (Dtn 14,25; 2 Kön 5,23; 12,11). Als Objekt dazu steht das Nomen חֶרֶט. Es ist sonst nur in Jes 8,1 belegt und bedeutet dort „Griffel", also ein hartes, spitzes Instrument, das in unserem Zusammenhang weniger als „Meißel" (so GesL 396) denn als „Stichel" (Childs, Exodus, 553: „engraving tool"; vgl. Hahn, Kalb, 151) vorzustellen ist. Dazu würde die Verbform וַיָּצַר passen, wenn sie von der Wurzel צור₃ abgeleitet ist, die „formen", „bilden" (aber nicht „gießen") bedeutet (vgl. GesL 1111; Dohmen, Bilderverbot, 73), so dass zu übersetzen wäre „und er formte es (das Gold) mit einem Griffel/Stichel", was aber eine technisch schwierige Vorstellung ist. Alternativ dazu wird vorgeschlagen, das Objekt חֶרֶט in der Vokalisation חָרִיט zu lesen, was dann wie in 2 Kön 5,23 mit „Beutel" wiederzugeben wäre. Wir schließen uns diesem Vorschlag an. Zu den zahlreichen anderen Vorschlägen vgl. Hahn, Kalb, 144–159; Houtman, Exodus 3, 636–638.

4^b In der Wortverbindung עגל מסכה bezeichnet עגל *'ēḡæl* die Gestalt des Götterbildes als „Kalb" oder eher „Jungstier" (vgl. etwa Jes 11,6; Jer 31,18; zum Stier als Götterbild s. die Auslegung). Das Lexem מסכה *massekāh* bezieht sich auf das Material bzw. seine Verarbeitungsart. Die Lexika und die Mehrzahl der Ausleger leiten es von der Wurzel נסך mit der Bedeutung „ausgießen" ab und geben es mit „Gussbild" (vgl. etwa GesL 702), in der Zusammensetzung mit „Kalb" mit „gegossenes Kalb" (Albertz, Exodus 19–40, 260) wieder. Christoph Dohmen leitet das Lexem von einer kanaanäischen Wurzel her, die „schmieden" bedeutet (vgl. Dohmen, Art. נָסַךְ *nāsak*, 488–490, vgl. Jes 40,19; 44,10). Jedenfalls bezeichnet מסכה eine metallene Schmiedearbeit (ähnlich neuerdings Uehlinger, Art. Götterbild, 890: „Skulptur in/mit Schmiedearbeit"; vgl. Schroer, Bilder, 312). עגל מסכה wäre demnach mit „Jungstierfigur in (Gold-)Schmiedearbeit" zu umschreiben. Dohmen, Exodus 19–40, 296, gibt מסכה עגל vereinfacht mit „Goldenes Kalb" wieder. Dem schließen wir uns an.

4^c LXX^B: „Da sagte er:" (vgl. Wevers, Notes, 519; LXX.D). Nach LXX^B bleibt Aaron Subjekt bis V. 6a, d. h., er ist es auch, der die Opfer darbringt. Damit wird Aaron die Priesterrolle zugeschrieben, außerdem wird ihm die Sünde der Idolatrie angelastet (anders Dohmen, Exodus 19–40, 300). Nach MT spricht das Volk das entscheidende Wort, mit dem es das „Goldene Kalb" als Gott Israels apostrophiert, es bringt auch die Opfer dar und hält das Opfermahl. Dies kontrastiert mit der Zustimmung des Volkes zum Bundesangebot Gottes in Ex 19,8 sowie zur Gesetzesproklamation in Ex 24,3.

6^a Vgl. zu Ex 32,18.

Synchrone Analyse

Die Episode ist in drei Abschnitte gegliedert:

Auftakt: 32,1a: Mose bleibt aus
Szene 1: 32,1b–5: Das Goldene Kalb, ein „Gott, der vor uns hergehe"
Szene 2: 32,6: Die Israeliten opfern und feiern ein Fest

274   Episode 1: Ex 32,1–6: Die Israeliten und Aaron machen einen Gott: das Goldene Kalb

Der Prozess der Wahrnehmung, von dem in V. 1a erzählt wird, umfasst wohl eine längere Zeitspanne. Allmählich wird den Israeliten bewusst, dass Mose wochenlang nicht vom Berg zurückkommt, wo er seit seinem Aufstieg (24,18) verschwunden ist. Daraufhin wenden sie sich an Aaron. Er wurde in 24,14 zum Vertreter Moses ernannt, ist aber noch nicht Priester (vgl. auch zu V. 4–6).

Antityp und Prototyp Die Episode insgesamt nimmt, nur wenig überspitzt gesagt, mit jedem Wort auf engere und weitere Kontexte Bezug bzw. setzt sie voraus. Es wird sich zeigen, dass die Episode sowohl als Antityp wie als Prototyp, als Gegenbild der legitimen und als Vorbild der illegitimen Gottesverehrung konzipiert ist. Antityp ist sie in ihren Bezügen auf die Wanderungs- und die Sinaiperikope, insbesondere Ex 24,1–8 und die sinaitischen Heiligtumstexte Ex 25–40. Im Vergleich und im Kontrast dazu zeigt sie exemplarisch, was legitime Gottesverehrung *nicht* sein kann, und auch, dass und wodurch diese gefährdet wird.[1] Prototyp ist sie für die „Sünde Jerobeams", also den Kult um die beiden Stierbilder, den Jerobeam ben Nebat, der erste König des Nordreichs, in Bethel und Dan gestiftet haben soll (1 Kön 12,26–33). Im Geschichtsentwurf der Königebücher wurde diese Sünde zur Ersturbache des Untergangs der Staaten Israels (vgl. dazu unten).

32,1b: „Mach uns einen Gott" Die Story vom Goldenen Kalb beginnt mit einer „Versammlung" (קהל), zu der sich das Volk (עם) aus eigenem Antrieb zusammenfindet. Dabei wendet es sich konfrontativ an Aaron (vgl. Textanm. 1ᶜ), und auch über den abwesenden Mose sprechen sie nicht gerade respektvoll, wiewohl sie dabei seine göttliche Beauftragung (Ex 3,8) anklingen lassen: „.... der da, Mose, der uns aus Ägyptenland heraufgeführt hat." Das positive Gegenstück zu dieser Anfangssituation findet sich in 35,1, wo Mose die „Gemeinde der Israeliten" (עדת בני ישראל) versammelt, um ihr die Anweisungen Jhwhs zur Herstellung des Heiligtums zu übermitteln, „damit sie sie ausführen" (עשׂה).

Hier hingegen fordert das Volk den Aaron auf, etwas herzustellen (עשׂה), nämlich „einen Gott" (אלהים, vgl. Textanm. 1ᵈ und die weitere Auslegung), der „vor uns hergehe". Einen göttlichen Begleiter hat Israel eigentlich schon, Jhwh nämlich, der während der Wanderung als Wolken- oder Feuersäule zur Wegweisung vorausging (13,21), oder den „Boten Jhwhs", der beim Schilfmeerwunder rettend zur Stelle war (14,19) und weiterhin sein wird (vgl. 23,23). Nun also soll Aaron zu diesem Zweck einen *Gott machen*. (Häufig wird hier „Götter" übersetzt, was grammatisch korrekt ist und auch sachlich vertretbar, vgl. Textanm. 1ᵈ.)

Kultbild Unabhängig von der Frage nach Ein- oder Mehrzahl ist hier eine spezifische Bedeutung des hebräischen Allgemeinbegriffs אלהים „Gott" aufgerufen. Ein „machbarer" Gott ist ein Gottesbild, ein Kultbild.[2] Gewiss ist der „Bilderkult" in der Religionsgeschichte Israels und seiner Umwelt nicht auf die Verehrung von Bildern als solchen zu reduzieren. Man betete nicht das Artefakt an; für Gläubige vertreten Kultbilder die göttlichen Wesen, mit denen sie verbunden sind, und sie verweisen auf sie.[3]

Der Gott und sein Kultbild sind also keineswegs identisch. Im Alten Testament freilich wird Kultbildern dies bisweilen und in polemischer Absicht unterstellt. Aus dieser polemischen Pointe resultiert auch die antitypische Eigenschaft der Erzählung vom Goldenen Kalb, genauer gesagt: vom (Jung-)Stier (עֵגֶל).

---

1   Martin LUTHER hat diese Antitypik auf die einprägsame Formel gebracht: „„.. ubi deus ecclesiam edificat, ibi satan capellam", also: „Wo Gott eine Kirche baut, setzt der Satan eine Kapelle daneben" (Predigt zu Ex 32 am 23. Dezember 1526, 4. Advent, WA 16, 618b).
2   Vgl. Ex 20,23; Lev 19,4; Jes 44,10.15.17 und BERLEJUNG, Bilder, 311.
3   So BERLEJUNG, Bilder, 8f.

Synchrone Analyse

Exkurs: Gott und Stier im Alten Israel[4]

Gott und Stier sind in der Religionsgeschichte der Levante auf unterschiedliche Weise assoziiert. In den mythischen Texten aus der syrischen Stadt Ugarit wird dem Götterkönig El vielfach die Bezeichnung „Stier" (tr, hebr. שׁוֹר) beigelegt.[5] Die Stiermetapher drückt die Stärke des Gottes aus. Mit dem Ruf „Siehe, deine Götter, Israel, die dich aus dem Land Ägypten heraufgeführt haben" stellt König Jerobeam I. ben Nebat den Israeliten zwei Kultbilder in Gestalt von „Jungstieren" (עֵגֶל) vor (1 Kön 12,28). Er will damit, so stellt es 1 Kön 12,26–33 dar, nach der Teilung des Davidsreiches dem Nordreich Israel zwei neue Kultzentren geben, in Bet'el im Süden und in Dan im Norden. Es ist selbstverständlich kein Zufall, dass die Israeliten in Ex 32,4 das Goldene Kalb (fast) wortgleich begrüßen (siehe dazu gleich).

Religionsgeschichtlich noch gewichtiger sind die reichen ikonographischen Belege, die Stiere und Stierfiguren mit Göttern und ihrem Kult assoziieren. Die Wettergötter Syriens, Mesopotamiens und Kleinasiens werden nicht selten mit Stierhörnern dargestellt; ein verbreiteter Bildtypus auf Siegeldarstellungen zeigt den Stier als Begleit- oder Postamenttier eines menschengestaltigen Gottes. Insbesondere aus der Bronzezeit sind auf dem späteren Gebiet Israels auch Stierstatuetten in nicht geringer Zahl archäologisch belegt, die als Votivgaben, aber auch als Kultbilder fungiert haben. Eines dieser Kultbilder wurde in einem Heiligtum im Norden des samarischen Berglandes gefunden[6] (siehe Abb.!). Es stammt aus der Spätbronzezeit (ca. 1400–1100 v. Chr.), war aber wohl noch bis in israelitische Zeit in Gebrauch.

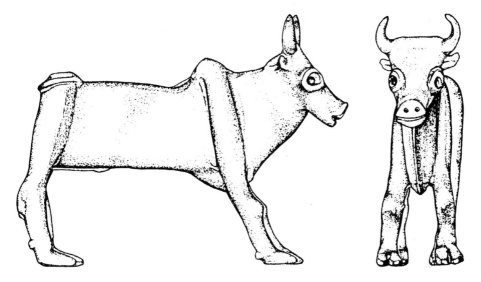

Abb. 10: Stierstatuette aus einem Heiligtum im samarischen Hochland, Mitte bis Ende 2. Jt.[7]

---

4   Vgl. zum Exkurs: Koenen, Art. Stierbilder, mit zahlreichen Abbildungen; Uehlinger, Exodus, 42–77.
5   Vgl. im sog. Baal-Zyklus, z. B. KTU 1.4.IV, Zeilen 1.38.47 (TUAT III/6, 1157–1160).
6   Vgl. dazu Koenen, Art. Bull Site. Die Statuette ist 12,4 cm hoch und 17,5 cm lang. Abb. aus BIBEL+ORIENT Museum online: www.bible-orient-museum.ch/bodo/details.php?bomid=9801.
7   Aus Keel, Othmar / Uehlinger, Christoph, Göttinnen, Götter und Gottessymbole. Neue Erkenntnisse zur Religionsgeschichte Kanaans und Israels aufgrund bislang unerschlossener ikonographischer Quellen (QD 134), Freiburg u.a.: Herder 1992, 135, Abb. 142.

276 Episode 1: Ex 32,1–6: Die Israeliten und Aaron machen einen Gott: das Goldene Kalb

All dies macht es wahrscheinlich, dass im Staatskult des Nordreiches der Jungstier mit Jhwh, dem Gott des Exodus, assoziiert war und entsprechende Kultbilder verehrt wurden. Zumindest für eine gewisse Zeit war dies unbestritten so. Dies sollte sich frühestens gegen Ende des 8. Jh.s v. Chr. und in der Folgezeit ändern. Im Zusammenhang mit dem Einfall der Assyrer konstatiert das Hoseabuch das Versagen und das Ende des Reichskultes: „Verworfen ist dein Jungstier, Samaria, mein Zorn ist gegen sie entbrannt" (Hos 8,5). Jhwh, der Exodusgott, und sein Stierbild werden „entkoppelt"[8]: Der „Jungstier" von Bet'el, also des „Gott-Hauses", wird samt seinem Heiligtum als „Kalbszeug des Frevel-Hauses" (עגלות בית און, Hos 10,5) delegitimiert und das Kultbild als Handwerkermachwerk (Hos 8,6) sowie als „Holz-Gott"[9](Hos 10,6) entzaubert.

Nun soll ja auch der positive Gegentyp des Goldenen Kalbs, das Sinaiheiligtum, ein „Mach-Werk" sein: „Sie sollen mir ein Heiligtum *machen* (ועשׂו) ... genauso sollt ihr (es) *machen*" (Ex 25,8f.). So lautet der Auftrag. Unzählige Male noch wiederholt Jhwh in seinen Reden das „mache" oder „sie sollen machen". Strukturell entspricht dies den Gepflogenheiten in der Umwelt Israels: Im Auftrag eines Gottes veranlasst der König (hier: Mose in königlicher Rolle) die Herstellung oder Renovierung eines Kultbildes. Das Goldene Kalb hingegen soll ohne jeden göttlichen Auftrag gemacht werden.

32,2: Ohrringe   Einen weiteren Aspekt der Antitypik bringt Aaron ins Spiel (V. 2). Harsch fordert er seinerseits: Sie sollen ihren Frauen, Söhnen und Töchtern die goldenen Ohrringe „abreißen" (פרק Pi.). Das hebräische Verbum bezeichnet Akte von roher Gewalt (Ez 19,12: einen Weinstock ausreißen), ja Urgewalt (1 Kön 19,11: ein Wind, der Berge zerreißt). Den Kontrast dazu bildet die Aufforderung zur „Abgabe" für das Sinaiheiligtum (Ex 25,1–7; 35,4–19), vor allem aber die Reaktion der Gemeinde: Sie, die Männer und Frauen der Gemeinde, werden alle ihre goldenen Gegenstände – nicht nur die Ohrringe – von Herzen freiwillig und reichlich als Weihegabe zu Mose bringen (35,20–23).

Auch die Wahl der Ohrringe als Material ist nicht zufällig: „Ohrringe" (נזמים) gelten einerseits als Zeichen besonderen, in gewisser Weise obszönen Reichtums (Jes 3,18–22; Spr 11,22), andererseits sind sie auch mit der Verehrung fremder Götter assoziiert (Gen 35,4; Hos 2,15).[10] Auch ein Bezug zu Ex 33,6 ist möglich. Dort heißt es, die Israeliten hätten „ihre Schmuckstücke" (עדים) abgelegt, was als ein Zeichen ihrer (beginnenden) Abkehr von der Sünde mit dem Goldenen Kalb gewertet wird.

32,3–4:   Die V. 3f. beschreiben zunächst die Herstellung des Kalbs und sind dabei an
Goldenes Kalb   technischen Einzelheiten (anders als die Heiligtumstexte) ziemlich uninteressiert. Sie vermelden, wie das Volk der Aufforderung Aarons Folge leistet. Tatsächlich „reißen sie sich" die Ohrringe ab – nicht achtend der mutmaßlichen Schmerzen, was sich vielleicht als Indiz für die Faszination deuten lässt, die die bevorstehende Sünde auf sie ausübt. Aaron nimmt die Preziosen entgegen, verschließt das Gold,

---

8   Vgl. Uehlinger, Exodus, 63.

9   So die Übersetzung von Jeremias, Hosea, 127. Das setzt voraus, dass das Kultbild als Holzkern mit einem Überzug aus Edelmetall gearbeitet ist. Auch für das „Goldene Kalb" kann diese Machart angenommen werden.

10   Dohmen, Exodus 19–40, 295, sieht sie auch in einer Relation zum Heiligtum in Bet'el (vgl. dazu unten).

Synchrone Analyse

auf das es nun nur noch ankommt, zunächst in einen Beutel (vgl. Textanm. 4ᵃ⁻ᵃ). Dann, so fährt der Text lapidar fort, „machte er daraus", also aus dem Gold, ein עגל מסכה, wörtlich: „eine Jungstierfigur in (Gold-)Schmiedearbeit", vereinfacht gesagt: ein „Goldenes Kalb" (vgl. Textanm. 4ᵇ). Wie das genauer vorzustellen ist, sagt der Text u. E. nicht, wiewohl es dazu eine Fülle von Vermutungen gibt.[11] Aaron agiert jedenfalls als Antitypus zu den vom Geist Gottes inspirierten Handwerkern des Sinaiheiligtums, namentlich Bezalel (Ex 31,2f.; 35,30f.).

Die Rolle des Auftraggebers aber hat sich das Volk genommen und es nimmt sie auch jetzt wieder wahr, indem es das fertige Werk als das identifiziert und proklamiert, was es nach *seinem* Willen sein soll – als Gott: „Dies ist dein Gott, Israel, der dich aus dem Lande Ägypten heraufgeführt hat." Der Text zitiert hier aus der Erzählung von den beiden goldenen Stierbildern (1 Kön 12,26–33, vgl. den obigen Exkurs).[12] König Jerobeam habe die Kultbilder dem Volk vorgestellt mit den Worten: „Siehe, deine Götter, Israel, die dich aus dem Land Ägypten heraufgeführt haben" (1 Kön 12,28). Die nahezu wortgleiche Proklamation Aarons in Ex 32,4 ist als Vorweis auf die Jerobeamgeschichte lesbar. Von dort her erschließt sich dann auch die grammatische Unbestimmtheit zwischen dem Singular „Gott" und dem Plural „Götter" in V. 1 (vgl. Textanm. 1ᵈ). Die Figur des „Goldenen Kalbs" in Ex 32 steht für *einen* „Gott" bzw. ein Götterbild, während die „Götter" auf die Stierbilder des von Jerobeam etablierten Nordreichkultes verweisen, mit denen nicht nur Jʜwʜ, sondern auch andere Götter assoziiert sein können (vgl. oben Exkurs).

Die Kälber Jerobeams

Damit rücken das Alleinverehrungsgebot des Dekalogs sowie die Bilderverbote der Sinaiperikope unausgesprochen ins Blickfeld. Das erste Gebot haben wir ganz in diesem Sinne mit Plural wiedergegeben: „Du sollst keine anderen Götter haben mir ins Angesicht" (Ex 20,3, vgl. Textanm. 20,3ᵃ). Von den diversen Formulierungen des Bilderverbots (Ex 20,4f.; 34,17; vgl. Lev 19,4) kommt Ex 20,23b im Bundesbuch der Erzählung am nächsten: „Götter aus Gold sollt ihr euch nicht machen."

Bilderverbot

Wird Ex 32,1–6 als Vorverweis auf 1 Kön 12 gelesen, so mutiert die antitypische zu einer prototypischen Erzählung.[13] Was im Hoseabuch (vgl. obigen Exkurs) erstmals in Frage gestellt, in den Königebüchern als „Sünde Jerobeams" (2 Kön 17,21–23) beurteilt und als Ursache der späteren Zerstörung des Nordreichs gesehen wird, ist hier vorgezeichnet. Dabei gibt es signifikante Unterschiede. Wurden die Israeliten von Jerobeam zur Sünde „verführt" (vgl. 2 Kön 17,21; 15,24 u. ö.), so hat hier das Volk selbst die Initiative ergriffen. Auch hält Ex 32–34 insgesamt die Möglichkeit der Umkehr und der Begnadigung offen (vgl. unten zu 32,11–14).

V. 5 wird durch einen raffinierten Perspektivenwechsel eröffnet. Einen Moment lang lässt der Text durch die Augen Aarons auf das Geschehen blicken: „Und Aaron sah ..." *Was* Aaron sah, bleibt ungesagt. Vielmehr wechselt die Perspektive sofort wieder: „Und er (Aaron) baute einen Altar und rief aus und sprach: ‚Ein Fest für Jʜwʜ ist morgen!'" So sehen sich die Leser aufgefordert, Aarons Motive zu hinterfragen und zu bewerten. Hatte Aaron etwa resigniert, „weil er sah, dass das Werk des Verführers gelungen war" und er „keine Worte (hatte), um sie ganz

32,5: Altar

---

11 Vgl. oben Anm. 486 und Textanm. 4ᵃ⁻ᵃ.

12 Zur Frage der Historizität der Religionspolitik Jerobeams I. ben Nebats und der Stierbilder vgl. Kɴᴀᴜꜰ, 1 Könige 1–14, 372–375.

13 Vgl. dazu etwa Aᴜʀᴇʟɪᴜs, Fürbitter, 79f.

278   Episode 1: Ex 32,1–6: Die Israeliten und Aaron machen einen Gott: das Goldene Kalb

abzuweisen"[14]? Oder war ihm „daran gelegen, die religiöse Begeisterung des Volkes in die richtigen Bahnen zu lenken"[15]? Ging es um die „Ehrenrettung"[16] des künftigen Priesters?

Unter den Gesichtspunkten von Antitypik und Prototypik sind die Handlungen Aarons zwiespältig. Von Ex 24 her gesehen scheint er als Vertreter des Mose zu agieren (24,14). Wie dieser baut er einen Altar. Einen Altar wird aber auch Jerobeam bauen (1 Kön 12,31.34). Dazu ruft der König sein Volk zu einem „Fest für die Israeliten" (חג לבני ישראל), das aber nicht kanonisch legitimiert ist (1 Kön 12,33). Aaron ruft immerhin zu einem „Fest für Jhwh" (חג ליהוה) zusammen und erhebt damit zumindest nominell den Anspruch, ein legitimes Fest zu initiieren (vgl. z. B. Ex 12,14; Lev 23,41). Einen kanonischen Termin dafür hat aber auch er nicht.

32,6: Fest-
freude

V. 6 schließlich zeigt das Volk opfernd und in priesterlicher Funktion. Von einer priesterlichen Rolle Aarons hingegen verlautet auch hier nichts (anders in der LXX und im Falle Jerobeams). Wie vormals die jungen Israeliten am Gottesberg (Ex 24,5) „opferten sie (scil. das Volk) Brandopfer" (ויעלו עלת) und brachten „Schlachtopfer" dar. Dann aber fügt der Text hinzu: „Sie ließen sich nieder, um zu essen und zu trinken und standen auf, um sich zu vergnügen." Was hier mehr angedeutet als beschrieben wird, werden wir noch einmal aus der Perspektive des Mose sehen (Ex 32,17–19). Erst das Bild, das Mose dabei wahrnimmt, wird zu dem typischen „Tanz ums Goldene Kalb". „Essen und Trinken" in V. 6 gehört dagegen genuin zum Ritus des Schlachtopfers (vgl. Dtn 12,7.18); auch im Zusammenhang mit dem Opfer am Gottesberg haben die Ältesten Israels zusammen mit Aaron und seinen Söhnen gegessen und getrunken (Ex 24,11).

Zu einem Fest gehört, dass man dabei „fröhlich" ist (mit שׂמח, vgl. Lev 23,40; Dtn 12,7; 16,14; 1 Kön 4,20). Die Israeliten „stehen auf, um sich zu vergnügen" (hebr. צחק Pi.[17]). Ob die Israeliten dabei über die Stränge der akzeptablen Festfreude schlagen, soll hier nicht weiter erörtert werden. Mose jedenfalls hat es, wie wir gleich sehen werden, so empfunden.

Diachrone Analyse

DtrG	PK	TK
32,1–6		

Die erste Episode der zehnten Erzählphase (Ex 32,1–6) ist literarisch einheitlich, begründet werden muss lediglich, warum sie in das DtrG gehört. Die Zuordnung ergibt sich aus dem Thema des Kultbilderverbotes, das im Dtn eine prominente Stellung einnimmt (vgl. Dtn 4,9–31). Auch die entsprechenden Stellen in Ex 20,4; 20,22b–23 sind dtr Erweiterungen der EG-Erzählung. Wegen der negativen Rolle

---

14   RASHI, 294.
15   ALBERTZ, Exodus 19–40, 271.
16   DOHMEN, Exodus 19–40, 299.
17   Mehr zu צחק bzw. seiner Nebenform שׂחק in der Auslegung zu V. 19f.

Aarons kann die Erzählung nicht aus aaronidisch-priesterlichen Kreisen stammen, zumal auch kein priesterlicher Sprachgebrauch feststellbar ist.

Weiter ist signifikant, dass eine Volksversammlung den illegitimen Beschluss fällt (32,1). Dass der öffentliche Kult in die Verantwortung der Volksversammlung fällt, sagt auch schon die EG-Erzählung (Ex 20,3.5; 20,24–26; 23,13–19*), das DtrG baut diese Konzeption noch weiter aus (Ex 20,4 ‖ Dtn 5,8; Ex 20,23; Dtn 12,2–16,17*, vgl. Ex 34,17–26). *Versammlung*

Literaturgeschichtlich interessant ist der sog. Kultruf Ex 32,4b (vgl. 8b), der nahezu wortgleich auch in der vor-dtr Erzählung von der „Sünde Jerobeams" 1 Kön 12,26–33* vorkommt. Das Problem ist dort die Konkurrenz zwischen den Kultorten Bet'el und Jerusalem, um das Bilderverbot geht es dezidiert nicht. Das ist erst in der dtr Adaption in Ex 32 der Fall. Jetzt ist es ganz Israel, das einen Verstoß begeht, und der besteht neben dem illegitimen Fest – das verbindet beide Erzählungen – im Verstoß gegen das Kultbilderverbot. Daran wird sichtbar, dass die Deuteronomisten mutmaßlich die ersten waren, die ein Kultbildverbot propagiert haben. *Kultruf*

Synthese

Die Erzählung vom Goldenen Kalb adaptiert die vor-dtr Überlieferung von der „Sünde Jerobeams". Der dtr Bezugsrahmen, in dem die Erzählung im Exodusbuch steht, gibt dieser Überlieferung eine neue Ausrichtung in zweifacher Hinsicht: Erstens besteht die „Sünde" nicht mehr (nur) in der Einrichtung eines illegitimen Kultes im Nordreich Israels, sondern sie ist ein exemplarischer Verstoß gegen das soeben verkündete Bilderverbot und damit nach dtr Verständnis ein Bruch des Bundes. Und zweitens wird sie nicht von einem bestimmten historischen Herrscher begangen, sondern vom Volk Israel als Ganzem in einer vor-, ja überhistorischen Epoche.

Im Jetzttext, den die synchrone Auslegung betrachtet, ist die Erzählung noch weiter vernetzt und theologisch verallgemeinert. Die Forderung nach einem „Gott, der vor uns hergehe" (32,1), lässt zusammen mit der nun Aaron zugeschriebenen Prädikation „dein Gott, der dich aus Ägypten heraufgeführt hat" (1 Kön 12,28; Ex 32,4) die Herstellung des Goldenen Kalbs zu einem Bruchpunkt der Heilsgeschichte werden. Mit dem Kultbild ist Jhwh als Gott des Exodus *und* seine Verheißung für eine heilvolle Zukunft Israels in Frage gestellt. Dabei geht es nicht nur um die Bildlosigkeit der Gottesverehrung. In der Kritik steht eine allein von Menschen erdachte und gemachte Gottesverehrung – ganz im Gegensatz zum Sinaiheiligtum, das zwar auch von Menschen gemacht wird, aber von Gott konzipiert und verordnet worden ist. Insofern ist die Erzählung vom Goldenen Kalb ein Anti-Feuerbach, längst bevor dieser in seiner Schrift zum „Wesen des Christenthums" (1841) erklärte, dass „dem Menschen in Gott nur seine eigene Thätigkeit Gegenstand"[18] sei.

---

18 Feuerbach, Wesen, 35, im Original teils gesperrt.

Episode 2: Ex 32,7–14: Auf dem Gottesberg: Jhwhs Zorn über Israels Sünde und seine Reue

7 Da redete Jhwh zu Mose: „Auf, steige hinab, denn verdorben[a] hat es dein Volk, das du aus dem Lande Ägypten heraufgeführt hast. 8 Sie sind schnell abgewichen von dem Weg, den ich[a] ihnen geboten habe. Sie haben sich ein goldenes Kalb gemacht, sind vor ihm niedergefallen, haben ihm geopfert und gesagt: ‚Dies ist dein Gott, Israel, der dich aus dem Lande Ägypten heraufgeführt hat.'"
9 [a]Und Jhwh sprach zu Mose: „Ich habe dies Volk gesehen, und siehe: ein halsstarriges Volk ist es![a] 10 Jetzt aber lass mich, dass mein Zorn über sie entbrenne, und dass ich sie fertigmache und ich dich zu einem großen Volk mache." 11 Da besänftigte Mose Jhwh, seinen Gott, und sprach: „Warum, Jhwh, entbrennt dein Zorn über dein Volk, das du aus dem Lande Ägypten herausgeführt hast mit großer Kraft und starker Hand[a]? 12 Warum soll Ägypten sprechen: ‚Ins Unheil hat er sie herausgeführt, um sie zu töten in den Bergen und sie zu vertilgen vom Erdboden?' Wende dich doch ab von deiner Zornesglut und lass dich des Unheils für dein Volk gereuen. 13 Erinnere dich Abrahams, Isaaks und Israels[a], deiner Knechte, denen du bei dir selbst geschworen hast, als du ihnen zusagtest: ‚Mehren will ich eure Nachkommenschaft wie die Sterne des Himmels, und dieses ganze Land, von dem ich gesagt habe, ich werde es euren Nachkommen geben – sie sollen es für ewig besitzen.'"
14 Da reute Jhwh das Unheil, das seinem Volk anzutun er versprochen hatte.[a]

Anmerkungen zu Text und Übersetzung

7[a] LXX: „gesetzlos gehandelt".
8[a] LXX: „du".
9[a–a] V. 9, der sich wörtlich so auch in Dtn 9,13 findet, fehlt vollständig in LXX.
11[a] Mit זרוע „Arm" formulieren die QumranHs 4QpaleoExod[m] („mit starkem Arm"), Sam („mit ausgestrecktem Arm") sowie LXX („mit hoch erhobenem Arm"), wohl unter dem Einfluss von Dtn 9,29.
13[a] Sam und LXX: „Jakobs" wie Dtn 9,27.
14[a]: LXX unterlegt dem Satz einen ganz anderen Sinn: „Und der Herr wurde gnädig gegenüber dem Frevel, den – wie er sagte – sein Volk begangen hatte."

Synchrone Analyse

Die Episode überblendet das Fest um das Goldene Kalb mit einer Szene auf dem Gottesberg. Mose hat gerade die beschriebenen Gesetzestafeln aus der Hand Jhwhs empfangen, da „platzt" die Kunde von der Herstellung und der Verehrung des Goldenen Kalbs „herein". Der Text sagt nicht, auf welche Weise Jhwh diese Kunde empfangen hat, aber er scheint von den Vorgängen im Lager der Israeliten bestens unterrichtet. Dies geht jedenfalls aus dem Dialog zwischen Gott und Mose hervor,

Synchrone Analyse   281

der die Episode von V. 7–13 ausfüllt, bis sie in V. 14 mit einer kurzen Erzählnotiz
endet.

Der Dialogteil lässt sich in zwei größere Abschnitte gliedern, die jeweils als   **Gliederung**
JHWH-Rede eingeleitet sind. Im ersten Abschnitt (V. 7f.) schickt JHWH den Mose
vom Gottesberg hinab, beschreibt ihm das Geschehen im Lager und be- bzw. verur-
teilt es. In den V. 9–13 folgt als zweiter Abschnitt der eigentliche Dialog. JHWH
kündigt im Zorn die Vernichtung des Volkes an, worauf Mose ihn zu besänftigen
sucht (V. 11–13). Er argumentiert mit der Häme der Ägypter, die entstünde, wenn
Gott das Volk, das er erst hergeführt hat, nun der Vernichtung preisgibt. V. 13
verweist auf den Schwur der Landverheißung, den JHWH den Erzvätern gegeben
hat. V. 14 vermerkt schließlich, dass JHWH über das „Unheil", das er seinem Volk
angedroht hat, Reue empfindet – zumindest fürs Erste.

JHWH schickt Mose vom Berg hinunter zu seinem – wohlgemerkt: Moses – Volk   **32,7**
und gibt ihm ein starkes Wort dazu mit: Sie haben's verdorben (V. 7)! שׁחת Pi. mit
Objekt bedeutet, „etwas von Grund auf zu zerstören, zu vernichten", z. B. die Erde
durch die Flut (Gen 9,11), die sündigen Städte Sodom und Gomorrha (Gen 13,10;
19,13) oder das Auge eines Sklaven durch einen Schlag (Ex 21,26). Seltener erscheint das Lexem wie hier ohne explizites Objekt (vgl. Dtn 9,12; 2 Sam 1,14; Hos
9,9). Auch dann signalisiert es Verderben. Durch die Herstellung und Verehrung
des Kultbildes haben die Israeliten das Verhältnis zu JHWH verdorben. Dazu kann
einem alles in den Sinn kommen, was sich seit den Verheißungen an Mose zugetragen hat: die Rettungstaten am Schilfmeer und in der Wüste sowie der Bundesschluss (Ex 24) aufgrund der Gabe des Gesetzes. Dessen Mahnmal, ja Ikone (vgl.
zu Ex 32,15–20) sollten die Tafeln sein, die er Mose gerade übergeben hatte. Ist all
dies nun verdorben?

JHWHs Rede erweckt diesen Eindruck. Er spricht nicht mehr von „meinem",
sondern von „deinem" Volk. Mose habe es „heraufgeführt aus dem Lande Ägypten". In allen solennen Gottesworten ist aber doch JHWH derjenige, der Israel he-
raufführt. Soll das alles nicht mehr gelten? Man denkt an das harte Urteil Gottes
im Hoseabuch: „Nicht mein Volk!" (Hos 1,9). Gottes erstes Wort scheint von Ent-
täuschung und Zorn bestimmt. Hier spricht der „eifrige", der „leidenschaftliche"
Gott (vgl. die Auslegungen zu Ex 20,5; 34,14).

Bereits im nächsten Satz, in V. 8, wird Gottes Anklage sachlicher und spezifi-   **32,8**
scher auf die Situation bezogen. Die Formulierung „Sie sind vom Weg abgewichen,
den ich ihnen geboten habe" (vgl. Dtn 9,12.16; 11,28; 31,29) erinnert an die
„Rechtsgrundlage", das soeben verkündete Gesetz. Es folgen die inkriminierten
Sachverhalte. Die Israeliten haben: (1.) ein „geschmiedetes" Stierbild angefertigt
(מסכה, Ex 34,17), (2.) sich vor ihm niedergeworfen (השתחוה, 20,5; 34,14), (3.) ihm
geopfert (זבח, 22,19) und schließlich (4.) das Stierbild als Gott des Exodus proklamiert. Zu letzterem Anklagepunkt zitiert JHWH die entsprechende Formel aus 32,4
und rekurriert auf das Alleinverehrungsgebot des Dekalogs.

Die JHWH-Rede des zweiten Abschnitts (V. 9f.) eröffnet den eigentlichen Dialog   **32,9–10: JHWHs**
mit Mose. JHWH scheint gewillt, mit dem Volk abzuschließen, das alles verdorben   **Urteil**
hat. „Ich habe dies Volk gesehen" meint hier so viel wie: Ich kenne sie hinlänglich
(vgl. Gen 7,1), und zwar als „halsstarrig". Ähnlich drücken sich das Jeremiabuch
(Jer 7,26; 17,23; 19,15) und das Gebet Nehemias (Neh 9,16f.) aus. Ein steifer Hals
oder Nacken ist da die Metapher für hartnäckige Widerständigkeit in Hinsicht auf
Gottes Wort und Gebot. Darauf wendet sich JHWH an Mose und wehrt vorausschau-

end dessen Widerspruch ab („Lass mich ...") – vielleicht will Jhwh eine solche Intervention gerade provozieren.[19] Jetzt aber ist Gott fertig mit seinem Volk und will es „fertigmachen". Beide Bedeutungsnuancen enthält das Verbum כלה. Die übliche Wiedergabe in unserem Zusammenhang mit „vernichten" oder „vertilgen" scheint uns aber zu einlinig gewaltsam. Da er fertig ist mit diesem Volk, hält er Ausschau nach einem neuen, und sein Auge fällt wieder auf Mose. Könnte dieser nicht wie Abraham (Gen 12,2; 18,18) oder Jakob (Gen 46,3) ein geeigneter Stammvater für ein großes Volk sein?[20]

32,11–12: Moses Fürbitte
Genau hier interveniert Mose, wie von Gott vorausgesehen (V. 11f.). Spürt Mose dabei das Dilemma, einerseits Diener Jhwhs und andererseits Repräsentant Israels zu sein? Jedenfalls fühlt er sich verpflichtet, den Zornessturm seines Herrn zu „besänftigen" (V. 11a). Im profanen Gebrauch steht das Pi. des Verbums חלה₂ für Situationen, in denen niedrig Gestellte oder Abhängige, durchaus auch mit Geschenken, Gunst oder Gnade von höher Gestellten (Ps 45,13; Ijob 11,19; Spr 19,6) suchen. Mose führt Jhwh vor Augen, dass er einen Ruf zu verlieren hat, und erinnert an Versprechen und Verpflichtungen, die auch ein Gott nicht einfach übergehen kann.

In V. 11b erinnert er Jhwh an „die große Kraft und die starke Hand", mit der Jhwh sein Volk aus Ägypten geführt hatte. „Warum" ist er nun so zornig? Die Befreiung des Volkes aus der Fron sollte doch Pharao und die Ägypter erkennen lassen, dass Jhwh der Herr ist (Ex 7,17; 8,18; vgl. 14,25) und sich sein Ruf unter den Völkern der Erde verbreitet (9,16; vgl. 15,11–16). „Warum" (V.12) sollten nun die Ägypter sagen können: „Ins Unheil hat er sie aus dem Land Ägypten herausgeführt ..."? Die beiden „Warum-Fragen" sind einerseits Teil der Argumentation: Noch kann Jhwh darauf reagieren und seinen Zorn zügeln. Andererseits aber rufen sie den Gedanken an die Klagelieder wach,[21] die sich erheben würden, wenn Jhwh das Unheil Wirklichkeit werden ließe.

Mose schließt in V. 12b mit dem Appell an Jhwh, von seinem Zorn Abstand zu nehmen (שׁוב מחרון אפך) und sich des Unheils (רע) „gereuen zu lassen" (נחם Ni.), das er seinem Volk zugedacht hat. In der Formulierung klingt zunächst 2 Kön 23,26 an, wo die deuteronomistischen Geschichtstheologen urteilen, dass Jhwh seinen Zorn über die Gottlosigkeit des „Ketzerkönigs" Manasse auch durch den frommen Wandel des Königs Josia gerade *nicht* zurückgenommen hat. Im Gegensatz dazu stellt der Prophet in Joël 2,14 dem bedrohten Jerusalem in Aussicht, dass Jhwh im letzten Moment umkehren (שׁוב) und „es sich gereuen lassen wird." In Jona 3,9f. vertrauen die Bewohner von Ninive, die sich einer Unheilsweissagung Jonas gegenübersehen, auf Gottes Umkehr und Reue. Hier bringt Mose den Gedanken der Sündenvergebung ins Spiel und damit den Plot der Episode insgesamt gleichsam ins Rollen.

32,13: Väterschwur
Noch bevor wir erfahren, ob Mose bei Jhwh damit eine Reaktion auslöst, platziert er ein weiteres Argument (V. 13). Gegen Jhwhs Impuls, Mose zum Stammvater eines neuen Gottesvolkes zu machen, fordert er Jhwh auf, sich an die Schwüre und

---

19 Childs, Exodus, 567: „God himself leaves the door open for intercession. He allows himself to be persuaded."

20 Schon in Ex 1–3 scheinen gelegentlich Motive auf, die Mose und die Erzväter assoziieren (vgl. dazu Utzschneider/Oswald, Exodus 1–15, 100f.116).

21 Vgl. dazu Aurelius, Fürbitter, 96.

Verheißungen zu erinnern (זכר), die er den Stammvätern des jetzigen Gottesvolkes gegeben hat (Gen 22,16f.; 24,7; 26,2–4, vgl. 12,7; 15,18). Als der Hilfeschrei der unterdrückten Israeliten zu Jhwh dringt, hat sich dieser seiner Verheißungen an die Erzväter (seines „Bundes" mit ihnen, Ex 2,24; 6,5) erinnert (זכר). Diese Erinnerung war die „Initialzündung" für den Exodus. Die Erinnerung an die Erzväter, die Schwüre und Verheißungen, mit denen Jhwh deren Nachkommen als sein Volk designiert hat, hatte er selbst gestiftet, ja mit seiner Identität verbunden. Ein stärkeres Argument hätte Mose kaum finden können.

Und es verfehlt seine Wirkung nicht. Die abschließende Erzählnotiz (V. 14) hält fest, Jhwh habe das Unheil, das er seinem Volk angedroht hat, „gereut". Das hebräische Verbum נחם *niḥam* Ni., das man, insbesondere wenn Gott das Subjekt ist, mit „reuen" oder „gereuen lassen" wiedergibt, meint, genauer besehen, „Selbstbeherrschung" üben (vgl. auch Am 7,3.6).[22] Die „Reue Gottes" bedeutet noch nicht endgültige Vergebung, sondern sie zügelt den akuten Zorn Gottes und gibt Gelegenheit zur Umkehr (vgl. dazu Joël 2,14; Jona 3,5; besonders aber Jer 18,7f.). 32,14: Reue Gottes

Für den Plot der Erzählung Ex 32–34 ist die „Reue Gottes" als Aufschub gewährende Selbstbeherrschung essenziell. Sie bildet das Spannungsmoment der Erzählung: Wird es gelingen, den Aufschub zu nutzen und die Gnade Gottes herbeizuführen – und wenn ja: auf welche Weise? Oder bricht am Ende doch ein Desaster über das sündige Volk herein? Durch die Erzählnotiz in V. 14 ist dies noch nicht entschieden.[23]

Die Lösung wird weniger einer aktiven Umkehr des Volkes als vielmehr der hartnäckigen Überredungskunst zu verdanken sein, mit der Mose seinem Gott gegenübertritt, wie die drei folgenden Gesprächsgänge (32,31 – 33,6; 33,12–17. 18–23) zeigen – auch oder gerade weil das Volk „halsstarrig" ist (Ex 34,9) und wohl auch bleibt.

So gewinnt die Episode die Funktion eines vorausdeutenden Auftakts für die gesamte Erzählphase Ex 32–34. Sie bedient sich dazu eines Stilmittels, das wir bereits in der Exoduserzählung (Ex 3–4; 6,2–8) und in Ex 16,4f. beobachten konnten (vgl. 4,21–23; 16,4f.22f.): eines exklusiven Dialogs zwischen Jhwh und Mose bzw. einer exklusiven Anrede an Mose, in denen Entwicklungen der Story auf der menschlichen Ebene vorweggenommen oder vorausgedeutet werden. 32,7–14 als Auftakt

Diachrone Analyse

DtrG	PK	TK
32,7–8		32,9–14

In Ex 32,7–8 informiert Gott Mose und fordert ihn auf, wieder hinabzugehen, was dieser in 32,15aα dann auch tut. Dazwischen steht in 32,9–14 die erste Fürbitteszene der Erzählung vom Goldenen Kalb, die zweite folgt in 32,30–33. Diese beiden Erste Fürbitte Moses

---

22 Jeremias, Reue Gottes, insbesondere 46f., vgl. Aurelius, Fürbitter, 95.

23 Anders in der Fassung der LXX, vgl. Textanm. 14[a].

Szenen unterscheiden sich erheblich. Die zweite Fürbitteszene nimmt ganz konkret auf das Goldene Kalb Bezug und gehört daher in die Erzählung des DtrG. Die erste handelt dagegen ganz allgemein von der Halsstarrigkeit Israels, ohne das Kalb auch nur zu erwähnen. Dieser Dialog könnte auch an anderer Stelle des Pentateuchs stehen, und tatsächlich ist die Fürbitte Moses in Num 14,11–25 ganz ähnlich. Literargeschichtlich signifikant ist die Aussage, Gott habe das Land den Erzvätern in Form eines Schwurs zugesprochen. Die Verheißungsreden der Vätergeschichte sind aber gar nicht in Schwurform gehalten und verzichten zudem darauf, die Erzväter zu einer Trias zusammenzufassen. Die summarische Reinterpretation als Schwur findet sich dagegen in einigen nachpriesterlichen Stellen im Buch Genesis (Gen 22,16–18; 24,7; 26,3bβ–5), sodann in Ex 6,8 (PK); 32,13; 33,1 (TK) und mehrfach im Deuteronomium (mit der Erzvätertrias jeweils als späte Ergänzung).

Aktualisierung   Die Tora-Komposition fördert mit der Allgemeinheit der Fürbitte die immer wieder zu leistende Aneignung für spätere Adressaten. Das einmalige Vergehen wird umgedeutet zur steten Haltung („halsstarrig"). Die Betroffenen sind alle Israeliten von den Erzvätern bis zu den späteren Nachkommen. Und die abschließende Vergebung (32,14) kann auch für jede andere Verfehlung Israels gelten.

Synthese

Zu den methodischen Prämissen der diachronen Analyse gehört es, von stringenten Handlungslinien auf literargeschichtlich zusammengehörige Texteinheiten zu schließen. Unter dieser Voraussetzung ist es plausibel, die himmlische Rede Jhwhs, mit der er Mose die Sünde des Goldenen Kalbs mitteilt (V. 7f.), mit der zweiten Fürbitte des Mose in Ex 32,30–35 – und nicht mit 32,9–14! – zu einer Linie zusammenzunehmen.

Im Dialogteil V. 9–14 lässt Jhwh dann seinem Zorn über das „halsstarrige Volk" freien Lauf bis dahin, dass er es der Vernichtung preisgeben will (V. 10f.). Dabei nennt er das Goldene Kalb nicht mehr und sagt auch nicht, was ihn zu diesem generellen Verdikt veranlasst. Die Rede lässt also eine Leerstelle, die sich durch die Sünde der Apostasie aus dem unmittelbaren Kontext nur zu einem Teil füllen lässt. Der Vorwurf der „Halsstarrigkeit", also der fortgesetzten Widersetzlichkeit, setzt eine Vorgeschichte negativer Beispiele voraus, die Lesern und Leserinnen bekannt sein sollte. Demgegenüber setzt Moses Replik eine positive Vorgeschichte voraus, vom Exodus (V. 11f.) bis zu den Erzvätern (V. 13). So führt er Jhwh vor Augen, dass er aus dieser Vorgeschichte nicht schadlos „aussteigen" kann. Zumindest die Reue Gottes, also einen Aufschub, kann Mose damit erwirken (V. 14).

Die V. 9–14 erweitern den Blickwinkel auf die ganze Geschichte Jhwhs mit seinem Volk und setzen entsprechende Textkenntnisse voraus. Literargeschichtlich legt dies die Zuschreibung der V. 9–14 an die Tora-Komposition nahe. Als letzte fassbare Kompositionsschicht vor dem Jetzttext überblickt sie naturgemäß ein breites Textspektrum, liest dieses als „ihren" Jetzttext und bringt diese Lektüre produktiv ein. Das heißt, dass die „synchrone" Jetzttext-Lektüre des Exodusbuches bereits in dessen Entstehungszeit einsetzt. Bei literargeschichtlich späten Texten nähern sich diachrone und synchrone Exegese an.

Anmerkungen zu Text und Übersetzung

Episode 3: Ex 32,15–29: Vom Berg ins Lager der Israeliten: Moses Zorn und Reaktionen

15 Da wandte sich Mose um und stieg vom Berg herab, die beiden Gesetzestafeln (waren) in seiner Hand:

Tafeln, beschrieben von ihren beiden Seiten,
vorne und hinten[a] waren sie beschrieben.
16 Und die Tafeln, Gottes Werk waren sie,
und die Schrift, Gottes Schrift war es, graviert auf die Tafeln.

17 Da hörte Josua das Lärmen des Volkes[a] und er sprach zu Mose: „Kriegsgesang[b] ist im Lager." 18 Der sprach:

[a]„Nicht Triumphgesang,
nicht Klagegesang,
Gegröle ist es, was ich höre."[a]

19 Als er aber dem Lager nähergekommen war, sah er das Kalb und Tänze. Da entbrannte der Zorn des Mose und er warf die Tafeln aus seiner Hand[a] und zerbrach sie unten am Berg. 20 Da nahm er das Kalb, das sie gemacht hatten, und verbrannte (es)[a] mit Feuer, zerstieß (es), bis (es) kleingemahlen war, streute (es) aufs Wasser und gab (es) den Israeliten zu trinken.

21 Da sprach Mose zu Aaron: „Was hat dir dies Volk angetan, dass du (so) große Sünde über es gebracht hast?" 22 Da sprach Aaron: „Der Zorn meines Herrn entbrenne nicht. Du kennst doch das Volk, dass es dem Bösen zugeneigt ist[a]. 23 Sie sprachen zu mir: ‚Mach uns einen Gott[a], der vor uns herziehe, denn der da, Mose, der Mann, der uns aus dem Lande Ägypten heraufgeführt hat – wir wissen nicht, was ihm geschehen ist.' 24 Da sprach ich zu ihnen: ‚Wer Gold hat – reißt (es) ab!' Da gaben sie (es) mir und ich warf es ins Feuer und dieses Kalb kam heraus." 25 Da sah Mose, dass das Volk zügellos[a] war, denn Aaron hatte es zügellos werden lassen, zum Gespött bei ihren Widersachern.

26 Da stellte sich Mose ins Tor des Lagers und sprach: „Wer für Jнwн ist – zu mir!" Da versammelten sich zu ihm alle Leviten. 27 Er sprach zu ihnen: „So spricht Jнwн, der Gott Israels: ‚Gürtet ein jeder sein Schwert an seine Seite, geht hin und her, von einem Tor zum andern im Lager und bringt um ein jeder seinen Bruder und ein jeder seinen Nächsten und ein jeder seinen Verwandten.'" 28 Da taten die Leviten nach dem Wort des Mose, und es fielen aus dem Volk an jenem Tag an die dreitausend Mann. 29 Und Mose sprach: „Füllt[a] heute eure Hand für Jнwн – ja, ein jeder unter Einsatz[b] seines Sohnes oder seines Bruders –, und zwar um heute Segen über euch zu bringen."

Anmerkungen zu Text und Übersetzung

15[a] Wörtlich: „von hier und von hier."
17[a] Wörtlich: „die Stimme (קול) des Volkes als Lärm."
17[b] Wörtlich: „Stimme von Krieg."

18a-a Wörtlich: „Nicht ist es Stimme des Singens von Stärke, / nicht ist es Stimme des Singens von Schwäche, / Stimme starken Singens ist es, was *ich* höre." Der kunstvoll gestaltete Drei-Zeiler greift das Leitwort קול („Stimme", „sound") aus V. 17 auf und verbindet es mit dem Lexem עֲנוֹת, das wir als Infinitiv Qal der Wurzel ענה4 „singen" verstehen. Die „Gesänge" werden durch גבורה „Stärke" und חלושה „Schwäche" näher bestimmt. In der dritten Zeile erscheint wieder der Konsonantentext ענות, den der MT als Infinitiv Pi'el עַנּוֹת interpretiert. Wir schlagen vor, das Pi'el hier in „pluralisierender" Bedeutung zu verstehen (vgl. GBH § 52d, 144), d. h., Mose hört die Israeliten mehr oder weniger wild durcheinander singen, kurz: er hört sie „grölen"; vgl. die ausführliche Diskussion bei PROPP, Exodus 19–40, 556–557. Die offene Semantik des Dreizeilers wird in den Auslegungen meist von den Kontexten her konkretisiert. Eine Möglichkeit knüpft an Josuas Stichwort „Kriegsgesang" (V. 17) an und deutet die beiden ersten Zeilen militärisch als Siegeslieder bzw. als Klagelieder der Besiegten. Die dritte Zeile wird dann von V. 19 her gedeutet und ausgestaltet, z. B. als „partying" (HOUTMAN, Exodus 3, 654), „Geschrei von Ausschweifung" (DOHMEN, Exodus 19–40, 290) oder „Reigen-Gesänge" (ALBERTZ, Exodus 19–40, 262). LXX stellt sich eine bacchantische Geräuschkulisse vor (LXX.D: „weinselige Lieder"). Wir verzichten hier auf eine nähere Bestimmung, denn der Witz ist gerade, dass Mose und Josua noch nichts Bestimmtes hören, geschweige denn sehen.

19a Das Qere sowie LXX und Sam haben „aus seinen Händen" (vgl. Dtn 9,17 „in beide Hände").

20a Möglicherweise soll durch das Fehlen der Pronomina für das Objekt „Kalb" (anders LXX und Sam) eine Art „Telegrammstil" erzielt werden, der die sich überstürzende und bestürzende Handlungsweise des Mose sprachlich „veranschaulicht".

22a בְּרָע bedeutet wörtl. „in Bösem" bzw. „Unheil", also „im Bösen / im Unheil ist es". Unsere Wiedergabe „dem Bösen zugeneigt" folgt einem Vorschlag in GesL 1251. LXX interpretiert die etwas blasse Formulierung des MT im Sinne der Story (Ex 32,1): „... du kennst die Aggressivität (ὅρμημα, zur Wiedergabe vgl. LEH 446) dieses Volkes." Der Apparat der BHS sowie NOTH, Exodus, 199, ALBERTZ, Exodus 19–40, 263, legen ihrer Wiedergabe mit „verwildert" die akustisch und graphisch ähnliche Form פָּרוּעַ (Part. Pass. Qal) des Sam zugrunde. Das Wort erscheint auch in V. 25; vgl. weiter die Textanm. dort.

23a Zur Wiedergabe von אלהים mit Singular bzw. Plural vgl. Textanm. 32,1d und die Auslegung zu Ex 32,1.

25a Das Verbum פרע bedeutet im Qal akt. „freilassen"; in Lev 10,6; 13,45 u. ö. wird damit das frei fallende Haupthaar bezeichnet. GesL 1080 schlägt „jemanden tun lassen, was er will" vor, mit dem Pt. pass. Qal פָּרוּעַ kann somit jemand bezeichnet werden, der in den Stand gesetzt ist, zu tun, was er will. Wir geben das Wort als Adjektiv mit „zügellos" wieder.

29a Im MT ist die Wurzel מלא als Qal Imp. pl. vokalisiert, möglich ist auch eine Vokalisierung als Pi'el Perf. 3. Pers. pl. „sie haben gefüllt". LXX setzt eine 2. Pers. masc. pl. Perf. „ihr habt gefüllt" voraus, die auch in neueren Kommentaren übernommen wird (ALBERTZ, Exodus 19–40, 263, Anm. 4). Wir bleiben beim MT, auch wenn der Imperativ nicht recht in den Zeitablauf der Handlung passt.

29b Die Präposition ב gibt hier den „Preis" an (GesL 120). Söhne und Brüder, genauer gesagt: ihre Tötung, ist der Preis, den die Leviten für den Segen zu entrichten haben.

Synchrone Analyse

Die Episode im Kontext
Die Episode ist durch ihren Schauplatz im Lager sowie die textinterne Zeiteinteilung – in V. 30 beginnt ein neuer Tag – begrenzt. In der Sache ist der Abschnitt

Synchrone Analyse 287

vielfach in die Kontexte verwoben. V. 15aα „Da wandte sich Mose um und stieg vom Berg herab" korrespondiert mit Jhwhs Aufforderung in V. 7: „Auf, steig hinab." Der Vermerk „die beiden Gesetzestafeln in seiner Hand" (V. 15aβ) greift auf 31,18 und 24,12–14 zurück.

In der Episode selbst blendet die Erzählung vom Gottesberg ins Lager der Israeliten, also auf die menschliche Handlungsebene, zurück und setzt dabei die Episode 32,1–6 unmittelbar fort. „Der da, Mose", an dessen Namen sich die Israeliten kaum zu erinnern vorgaben, steigt vom Gottesberg herab. Die Feierszenerie, die er am Fuß des Berges vorfindet, ist die Fortsetzung der in 32,6 geschilderten.

Wir teilen die Episode – relativ kleinräumig – in vier Szenen auf: Gliederung

Szene 1: 32,15–18: Mose und Josua steigen vom Berg herab
Szene 2: 32,19–20: Mose zerstört Tafeln und Kalb
Szene 3: 32,21–25: Aarons Erklärung
Szene 4: 32,26–29: Das Massaker der Leviten

Die Szenen werden vor allem durch die jeweils handelnden Personen bestimmt. In der ersten Szene sind es Mose und Josua. Die zweite Szene zeigt Mose in einem Wutausbruch im Lager der Israeliten. In der dritten Szene spricht Mose mit Aaron. In der vierten und letzten Szene treten dann neue Akteure auf: „alle Leviten". Aufgrund eines Gotteswortes fordert sie Mose auf, im Lager ein Massaker anzurichten, was diese umgehend durch die Tötung von „dreitausend Mann" in die Tat umsetzen.

Die erste Szene (V. 15–18) zeigt zunächst Mose allein, wie er vom Gottesberg herabsteigt, mit den beiden Gesetzestafeln (לחת העדת, vgl. 31,18) in seiner Hand. Der Text nimmt dann die Gelegenheit wahr, eine Beschreibung der Tafeln einzufügen (V. 15b–16). Sie ist aus drei Nominalsatzgruppen zusammengesetzt, an deren Anfang jeweils (in einer Art „casus pendens"-Stellung) das Nomen steht, das dann näher bestimmt wird: „Tafeln ... und die Tafeln ... und die Schrift." Das kleine Stück kann als Vierzeiler gelesen werden, der durch Chiasmen („beschrieben ... beschrieben" / „Tafeln ... die Tafeln") poetisch strukturiert ist. Die Tafeln werden als ein Artefakt göttlicher Herkunft, als ein Gottes-Werk (מעשׂה אלהים), bestimmt. Dazu gehört, dass sie – anders als Stelen menschlicher Herkunft – von beiden Seiten beschrieben waren, so wie die Schriftrolle, die der Prophet Ezechiel von Gott erhält, um sie sich buchstäblich einzuverleiben, „auf der Vorder- und der Rückseite" beschrieben gewesen sein soll (Ez 2,10). Auch hier erfahren wir nicht, welcher Text auf den Tafeln geschrieben stand, als „Gottes-Werk" in „Gottes-Schrift" repräsentieren sie ihren Urheber. Sie sind so etwas wie eine „Schriftikone" (dazu gleich mehr).

32,15–16:
Tafeln

Die Beschreibung der „Gesetzestafeln" (לחת העדת) als Gottes-Werk bildet nicht nur einen Gegensatz zum Kultbild des Kalbs als Menschen-Werk, sondern stellt auch einen Bezug her zur „Wohnung" bzw. dem „Zelt der Begegnung" der Gottesreden in Ex 25–31. Diese werden zwar auch von Menschen hergestellt, aber nach göttlichem Plan und göttlicher Anleitung. Die Tafeln hingegen sind ohne Einschränkung Gottes Werk, das sein geschriebenes Gesetz repräsentieren wird.

Als deutliches Zeichen, dass Mose die Grenze vom göttlichen in den menschlichen Bereich überschritten hat, taucht unvermittelt Josua wieder auf (V. 17), der nicht mit auf den Gottesberg gestiegen war (24,13). Beide nähern sich dem Lager. Und – dies scheint uns ein erzählerisches Kabinettstück zu sein – sie *hören* es,

32,17–18:
Josua

288 Episode 3: Ex 32,15–29: Moses Zorn

noch bevor sie es sehen. So bleibt zunächst unklar, *was* sich dort zuträgt. Aber *dass* etwas im Gange ist, ist unüberhörbar. Josua, als gelernter Soldat (Ex 17,10.13), tippt auf Kriegslärm. Mose aber hält sich bedeckt (V. 18). Er schließt einen freudigen Anlass ebenso aus wie einen traurigen, und einen militärischen implizit auch. Er hört sie nur grölen, wild durcheinander singen (vgl. Textanm. 18[a–a]), wodurch er mehr die Stimmung und (Un-)Kultur des Volkes beschreibt, nicht aber die Vorgänge. Mose klärt Josua nicht darüber auf, was er auf dem Berg von Jʜᴡʜ darüber erfahren hat. Uns LeserInnen lässt er im Unklaren darüber, ob er sein Wissen vom Berg mitgebracht hat oder nicht.[24]

32,19: Tanz ums Kalb   Mit den V. 19–20 ist nun endlich die Szene komplett, die als „Tanz ums Goldene Kalb" ins allgemeine kulturelle Gedächtnis und in die Kunstgeschichte eingegangen ist. Nun „sieht" auch Mose (von Josua ist nicht mehr die Rede), nämlich „das Kalb und Tänze".

Als Mose eintrifft, ist die Feier, die Aaron als „Fest für Jʜᴡʜ" (32,5) deklariert hatte, in vollem Gange, mit Gesängen (ענות) und Tänzen (מחול/מחלה). Im Grunde war das wohl ein Fest, wie es immer wieder einmal, auch Jʜᴡʜ zu Ehren, gefeiert wurde.

> Mit den drei hebräischen Lexemen צחק, ענה und מחול werden Festszenen in unterschiedlichen Kontexten beschrieben. Sie erscheinen in „drum-dance-song"-Szenen[25] wie der Mirjam-Szene nach dem Schilfmeerwunder (Ex 15,20), aber auch bei den Festen der jungen Frauen in den Weinbergen (Ri 11,34; 21,21) oder Festen am Zions-Heiligtum (vgl. z. B. 2 Sam 6,5.21). Mit dem Lexem צחק/ש, dessen Grundbedeutung „lachen" ist (Gen 18,12), können darüber hinaus weitere „Vergnügungen" angedeutet werden, so etwa derbe Späße (Ri 16,25.27) oder Wettkämpfe (2 Sam 2,14). Auch erotische Konnotationen sind damit verbunden (vgl. Gen 26,8; 39,17).

Das Problem ist nicht das Fest, sondern der Anlass, das „Kalb". In den Augen Moses feiern die Israeliten den Abfall von Jʜᴡʜ, und so lässt sich seine „Zornesaufwallung ... als Ausdruck seiner Fassungslosigkeit verstehen, wie das Volk zur gleichen Zeit, während er oben auf dem Berg nur unter größtem Einsatz dessen Vernichtung hat abwenden können, hier im Lager sorglos um das Goldene Kalb herumhüpfte"[26].

32,19–20: Tafeln und Kalb   Man kann es als intuitive Zorneshandlungen verstehen, wenn Mose die Tafeln hinwirft, so dass sie zu Bruch gehen (V. 19), und unmittelbar danach auch das Kalb vernichtet (V. 20). Wenn aber beide Zerstörungen so in einem Atemzug erzählt werden, liegt es u. E. nahe, sie auch zusammen zu sehen und zu erklären. Tafeln und Kalb sind als Repräsentanzen zu verstehen, sie haben beide ikonischen Charakter. Nach gemeinorientalischem Verständnis vertritt ein Kultbild (vgl. oben zu Ex 32,1) den dargestellten Gott. Die Tafeln repräsentieren das geschriebene Gesetz Jhwhs. Sie verweisen so auf die ʿedut in der Lade der Wohnung (vgl. die Auslegung zu 25,16) und das „Buch des Bundes" (24,7). Die Zerstörung der Tafeln geschieht „unten am Berg", also exakt dort, wo Mose und das Volk den Bundesschluss gefeiert hatten (24,4–8).

---

24 Zwischen Ex 32,7–14 und 32,15–19 besteht kein Widerspruch in der zeitlichen Abfolge der Story, anders als etwa Bᴀᴇɴᴛsᴄʜ, Exodus, 268, meint: „Die vv. 7.8 nehmen den Inhalt von v. 15–19a vorweg, sind also auszuscheiden; damit fallen auch die vv. 9–14." Vgl. auch Oᴛᴛo, Deuteronomium 4,44–11,32, 955.

25 Vgl. dazu Uᴛᴢsᴄʜɴᴇɪᴅᴇʀ/Osᴡᴀʟᴅ, Exodus 1–15, 337f. mit Lit.

26 Aʟʙᴇʀᴛᴢ, Exodus 19–40, 277.

Synchrone Analyse 289

Man kann die Tafeln mit einem Ausdruck des Bildtheoretikers Hans Belting als eine „Ikone des Wortes‘" bezeichnen, „die dem Bildgedächtnis das Schriftgedächtnis entgegensetzt"[27]. So handelt es sich um einen zweifachen Ikonoklasmus, bei dem Mose zuerst die Tafeln und dann das Kultbild zerstört. Das Zerbrechen der göttlichen Schriftikone zeigt symbolhaft an, was Jhwh zuvor im Dialog mit Mose zum Ausdruck gebracht hat: Das Verhältnis Jhwhs zu seinem Volk ist zutiefst gestört.[28] Der Ikonoklasmus des Jungstierbildes führt die Illegitimität des selbstgemachten Gottes vor Augen.[29]

Darüber hinaus zwingt Mose die Israeliten, das Wasser mit dem Staub des zermahlenen Jungstiers zu trinken. Auch das dient zunächst der vollständigen Vernichtung des Kultbildes, kann aber zugleich eine Drohung gegen das Volk sein. Einen ähnlichen Zusammenhang stellt Jer 9,12–14 her: „Weil sie mein Gesetz (תורה) verlassen haben, ... werde ich sie mit giftigem Wasser tränken" (vgl. Ex 32,8 und Jer 8,14). Merkwürdig ist freilich, dass über eine konkrete Straf-Wirkung des Trankes hier nichts gesagt wird. Geht er spurlos am Volk vorbei?

Hier kann u. E. ein Seitenblick auf Num 5,11–31 weiterführen.[30] Der Text entwirft ein (aus heutiger Sicht abstoßendes) Ritual zur Überführung einer des Ehebruchs verdächtigten Frau (Ordal). Sie bekommt ein „bitteres, fluchbringendes Wasser" zu trinken, das sie – aufgrund eines vom Priester ausgesprochenen Fluchs – nur dann unfruchtbar macht,[31] wenn sie „schuldig" ist. M. a. W.: Das Wasser bringt einen Fluch zur Wirkung, wenn die Bedingung dafür gegeben ist.[32] Übertragen auf Ex 32,19f. kann dies so gedeutet werden: Die Israeliten stehen durch den Trank unter einem göttlichen Fluch, dessen strafende Wirkung aber dank der „Reue Gottes" (vgl. zu 32,14) noch gehemmt ist.

Um die Frage der Schuld dreht sich auch der Dialog zwischen Mose und Aaron in der dritten Szene (V. 21–25). Mose eröffnet die Unterredung mit der hintersinnigen Frage: „Was hat das Volk dir angetan ...?" Sie gibt Aaron die Gelegenheit, das Geschehen zu erklären und u. U. auch „mildernde Umstände" für sich geltend zu machen.[33] Dieser versucht zunächst, Mose mit der unterwürfig wirkenden Anrede „mein Herr" für sich einzunehmen und einem weiteren Zornesausbruch vorzubeugen. Mit seiner Einleitung „Du kennst doch dies Volk ..." appelliert er an eine Vorerfahrung, von der

32,21–25: Dialog mit Aaron

---

27 Belting, Bild, 513. Belting bezieht den Begriff u. a. konkret auf einen Altar von 1537, der auf den beiden Seitenflügeln die Worte des Dekalogs, auf der zentralen Tafel die Abendmahlsworte zeigt. Zu fragen wäre, ob nicht auch die Schriftdarstellungen des Dekalogs auf dem Vorhang („Parochet") vieler Toraschreine schrift-ikonischen Charakter haben.

28 Im Gestus erinnert das Zerbrechen der Tafeln an den Krug, den Jeremia zerbrechen soll (Jer 19,10).

29 Zu ähnlichen altorientalischen Vorstellungen vgl. Propp, Exodus 19–40, 558f., sowie die umfassende Darstellung der Quellen aus der Umwelt bei Begg, Destruction, 208–251.

30 Nach Ansicht anderer Kommentare sind die beiden Vorgänge nicht vergleichbar (so etwa Dohmen, Exodus 19–40, 308; anders Begg, Destruction, 233).

31 Vgl. Seebass, Numeri, 140f.

32 Begg, Destruction, 230, macht auf einen bedingten Fluch in einem Vasallenvertrag des neuassyrischen Königs Assarhaddon aufmerksam: „So möge Ea ... euch tödliches Wasser zu trinken geben und euch füllen mit Wassersucht" (TUAT I/2, 172).

33 In ähnlicher Form befragt der kanaanäische König Abimelech Abraham, der sich dann seinerseits – mehr oder minder überzeugend – erklärt (Gen 20,9–13).

er vielleicht annimmt, er, Mose, habe sie mit ihm gemeinsam: eine gewisse Neigung des Volkes zum Bösen (vgl. Textanm. 22a). Was er damit konkret meint, bleibt offen: Will Aaron an die gemeinsamen „Murr-Erfahrungen" (Ex 15–17) erinnern? Oder will der Erzähler auf ein Wortspiel hinaus? Das hebräische רַע bedeutet einerseits „das Böse, die böse Tat" (z. B. Dtn 4,25) und „Bosheit" als Haltung (z. B. Ps 7,10), aber auch das „Unheil", das Jhwh dem sündigen Volk antun könnte (Ex 32,12.14). Die Neigung zum Bösen zieht Unheil nach sich.

Dann gibt Aaron so detailgetreu wie treuherzig wieder, wie das Volk ihn aufgefordert hat, ihnen „einen Gott" zu machen, „der vor uns herziehe" (V. 23). Als es dann aber um seinen Anteil am Geschehen geht, wird sein Bericht wortkarg. Das Volk habe ihm das Gold gegeben, er habe es ins Feuer geworfen und „heraus kam (יצא) der Jungstier" (V. 24). Man hat darüber nachgedacht, ob sich hier nicht eine Idee altorientalischer Bildertheologie wiederfinden lässt, derzufolge die Entstehung eines Kultbildes eine Art Geburtsvorgang ist.[34] Im Duktus der Rede allerdings scheint uns klar, dass Aaron seine Rolle herunterspielen und die Verantwortung dem Volk aufbürden will. Nicht er hat das Goldene Kalb gemacht (32,4), sondern das Feuer. Dass er den Altar gebaut und zum Fest aufgerufen hat (32,5), das Mose so in Rage gebracht hat – davon schweigt er.

Auf den Vorhalt des Mose, „dass du so große Sünde über es gebracht hast" (V. 21), ist Aaron nicht eingegangen. So bleibt es dem Erzähler überlassen, das Fazit zu ziehen: Ja, das Volk ist „zügellos", es tut, was es will (vgl. Textanm. 25a). Das konnte aber nur geschehen, weil es Aaron so weit hat kommen lassen. Im Gespräch mit Jhwh hat sich Mose um den guten Ruf Gottes Sorgen gemacht (vgl. 32,12). Nun hat das Volk sein eigenes Renommee aufs Spiel gesetzt (vgl. etwa Ps 79,4) – und Aaron hat es (zumindest) nicht gehindert.

Ob dies auch einen Schatten auf Aarons künftige Priesterschaft wirft? Dies zu beurteilen, bleibt den Lesern überlassen. Einmal mehr jedoch zeigt sich, dass die biblische Literatur auch ihre herausragenden Figuren nicht idealisiert.

32,26–29:
Leviten-
Massaker

Die vierte und letzte Szene bietet ein ziemlich grausiges Finale – und sie steht quer zum übergreifenden Plot der Erzählphase, der auf einen Gnadenerweis Jhwhs hintendiert. Derselbe Mose, der Jhwh zum Aufschub des Gerichts bewegen konnte (32,12), stellt sich nun ins Tor des Lagers der Israeliten, also an einen stark frequentierten Ort, und erlässt einen Aufruf: „Wer für Jhwh ist – zu mir!" Es scheint immer noch Anhänger des Kultbildes zu geben, möglicherweise liegt Aufruhr in der Luft.[35]

Dem Aufruf folgt eine Gruppe, die sich so als besonders Jhwh-nahe erweisen soll: die, ja *alle* Leviten. Von ihnen war in diesem Sinne bisher noch nicht die Rede. Im Exodusbuch sind die „Söhne Levis" die Familie, der Aaron und Mose entstammen und aus der das künftige Priestergeschlecht hervorgehen soll (Ex 6,20–25); im Buch Numeri werden Leviten als kultische Funktionsträger[36] zu Diensten am Heiligtum herangezogen (vgl. etwa Num 4). Hier sind sie nichts dergleichen, sondern die gewalttätigen Vollstrecker eines Jhwh-Befehls (V. 27). Es wird nicht gesagt, wann und wo Jhwh diesen Befehl ausgesprochen hat; an Rigorosität aber sucht er seinesgleichen. Sie sollen kreuz und quer durchs Lager streifen, und

---

34 Albertz, Exodus 19–40, 278 Anm. 25.

35 Das vermutet Jacob, Exodus, 941.

36 Zu den Leviten und ihren vielfältigen Funktionen und „Images" vgl. Labahn, Art. Levi/Leviten.

Diachrone Analyse   291

jeder soll jeden umbringen, den er trifft. Ohne zu zögern, führen die Leviten den Befehl aus. Am Ende liegen 3000 Mann tot am Boden (V. 28). Waren unbelehrbare Götzendiener und Rädelsführer die Opfer, oder wird das Exempel wahllos an „Brüdern" und „Nachbarn" statuiert? Der Text sagt nichts darüber.[37]

Was aber qualifiziert oder motiviert die Leviten zu dieser Gewalttat für JHWH? Einiges lässt sich der biblischen Literatur dazu entnehmen. Der Stammvater der Leviten hatte ein Massaker an friedfertigen Bewohnern der Stadt Sichem mitverantwortet (Gen 34); im „Jakob-Segen" wird er aber dafür getadelt (Gen 49,5). Der Mose-Segen hebt die JHWH-Treue der Leviten hervor; auch Gesetzesobservanz und priesterliche Funktionen werden ihnen zugeschrieben (Dtn 33,9f.). Verkörpern sie den Typus des religiösen Eiferers, der auch über Leichen geht?

Handfüllung

Ein besonderes Licht auf die Motivation wirft der Schlusssatz der Szene (V. 29). Mose habe die Leviten aufgefordert (vgl. Textanm. 29ᵃ): „Füllt heute eure Hände für JHWH ..." (מלאו ידכם היום ליהוה). Die „Handfüllung" ist uns in Ex 28f. als Teil der Einsetzungshandlung für Aaron und seine Söhne als Priester begegnet (28,41 u. ö.). Allerdings erscheint das Verbum מלא „füllen" im dortigen Zusammenhang als Pi'el-Form und vor allem füllen sich die angehenden Priester ihre Hände nicht selbst. Es ist Mose, der diese Handlung an ihnen vornimmt. Eine formelle Einsetzungshandlung an den Leviten ist in V. 29 also nicht gemeint.

Leviten in der Chronik

Sprachlich wie sachlich näher liegen zwei Textstellen aus den Chronikbüchern. In 1 Chr 29,5 fordert König David „Freiwillige" dazu auf, ihre „Hand heute für JHWH zu füllen" und wie er, der König, Gold und Silber für den Tempelbau zu spenden. In 2 Chr 29,31f. bescheinigt König Hiskija den Leviten, die ihren Dienst als Tempelsänger verrichten, sie hätten ihre „Hand für JHWH gefüllt", und fordert sie auf, zusammen mit anderen „Freiwilligen" Opfertiere für Brand- und Schlachtopfer zu bringen. Die Wendung steht metaphorisch für die Bereitschaft, sich JHWH zu verpflichten und dann auch „der daraus resultierenden Freude teilhaftig (zu) werden"[38]. Womit aber sollen die Leviten ihre Hand für JHWH füllen? Horribile dictu: mit dem Leben ihres Sohnes oder Bruders (vgl. Textanm. 29ᵇ). Für sie soll daraus, so schließt dieser fürchterliche Satz, „Segen" erwachsen.[39]

Diachrone Analyse

DtrG	PK	TK
32,15aα.17–19abα.20	32,15aβb–16.19bβ	
32,21–24		32,25.26–29

---

37 Der Befehl erinnert an Dtn 13,7–10, wo hypothetisch gefordert wird, auch nächste Verwandte, wenn sie zum Götzendienst auffordern, „zu Tode zu bringen". Nach Eckart Otto ist die Forderung nach bedingungsloser Loyalität eine „subversive Rezeption des assyrischen Loyalitätseides", vgl. OTTO, Gesetz, 132.

38 JAPHET, 2 Chronik, 378.

39 Die Tradition der Leviten als besondere Segensträger reicht weit in die nachalttestamentliche Literatur hinein, vgl. z. B. TestXII.Lev 8,16 und LABAHN, Art. Levi/Leviten, 6.1.

Überblick	Dieser Abschnitt enthält im Wesentlichen die Weiterführung der dtr Erzählung vom Goldenen Kalb: Moses Abstieg (32,15aα.17–18) → Zerstörung des Kalbes (32,19abα.20) → Auseinandersetzung mit Aaron (32,21–24). Auszuscheiden sind u. E. der Schlusssatz der Auseinandersetzung Moses mit Aaron (32,25), die Leviten-Episode (32,26–29) und die zwei kurzen Abschnitte mit den Tafeln (32,15aβb–16 und 32,19bβ). Um mit den letzteren zu beginnen: Sie sind als priesterliche Erweiterungen der dtr Grunderzählung anzusehen.

Exkurs: Die Tafeln im Deuteronomium

In der Nacherzählung der Erzählung vom Goldenen Kalb in Dtn 9,7 – 10,10 spielen die Tafeln eine große Rolle. Doch dieser Rückblick enthält viele Bezugnahmen auf priesterliche und nach-priesterliche Elemente von Ex 32–34: Die Fürbitte Moses Dtn 9,25–29 setzt Ex 32,9–14 (TK) voraus; die Beschriftung der zweiten Tafeln durch Gott Dtn 10,1–4 setzt Ex 34,1–4 (PK) voraus; die Rede Dtn 9,6.13 greift Ex 32,9; 33,3.5; 34,9 (alle TK) auf; der Erzväterschwur Dtn 9,5.27 geht mit Ex 32,13; 33,1 (TK) einher; Dtn 10,6–9 setzt die priesterlichen Texte des Numeribuches voraus.

Die Darstellung in Dtn 9,7 – 10,10 hat zudem einige Besonderheiten: den Ausdruck „Tafeln des Bundes“, der nur in Dtn 9,9.11.15 verwendet wird, sowie die Vorstellung, die Tafeln seien in die Lade gelegt worden (10,5). Im gesamten DtrG werden niemals Tafeln in der Lade erwähnt (vgl. etwa Num 10,28b–36; Jos 3–4), die sporadischen Erwähnungen in Dtn 4,13b; 5,22b sind punktuelle spätere Einfügungen. Im DtrG könnten die Tafeln auch gar nicht als Symbole des Bundes fungieren, denn der wird auf Basis des dtn Gesetzes geschlossen und dieses wird nicht auf die Tafeln, sondern in ein Dokument (ספר) geschrieben (Dtn 31,24; vgl. auch Ex 24,4.7 DtrG).

Das heißt für Dtn 9,7 – 10,10, dass entweder eine sehr knappe dtr Grunderzählung später mehrfach erweitert wurde oder aber – und das scheint viel wahrscheinlicher –, dass das Ganze eine nach-dtr und nachpriesterliche Einfügung ist.[40]

Die Tafeln im Exodusbuch	Wenn es um die Tafeln geht, ist stets Gott der Schreiber: Ex 24,12; 31,18; 32,15aβb–16; 34,1; aber auch Dtn 4,13b; 5,22b; 9,10; 10,4. Eindeutig priesterlicher Abkunft sind Ex 31,18; 32,15aβb–16; 34,29 mit dem Terminus עֵדֻת *'edût*, mit dem die priesterlichen Autoren das Gesetz bezeichnen. Zur priesterlichen Abkunft dieser Stellen sowie von Ex 34,1–4 und 34,28b vgl. die jeweiligen diachronen Analysen. Nach dtr Vorstellung schreibt Mose die Gesetze auf (Ex 24,4.7, vgl. auch Dtn 31,9.24), und zwar in ein Dokument (ספר). Nach priesterlicher Vorstellung hingegen schreibt Gott selbst, und zwar auf die Tafeln. Was Gott auf die Tafeln schreibt, wird in der P-Komposition an keiner Stelle präzisiert. Die Tafeln und die *'edût* repräsentieren die Gesetzgebung als Ganze.
Symbole des Bundesbruchs?	Das heißt für den Textzusammenhang im Exodusbuch, dass in der dtr Erzählung Mose das Kalb zerstört (Ex 32,20). Erst in der P-Komposition zerstört Mose das Kalb *und* die Tafeln (32,19–20).[41] Dass sich das DtrG auf die Zerstörung des Kalbes beschränkt, ist nur konsequent, denn nach dessen Darstellung wird der Bund durch das Schreiben des „Bundesbuches“ (ספר הברית) dokumentiert (Ex 24,4.7). Sekundär mag man das Verschwinden des Bundesbuches nach 24,7 als

---

40 Dtr Grunderzählungen vermuten Veijola, Das 5. Buch Mose, 221–226; Otto, Deuteronomium 4,44–11,32, 943–954.

41 Zur Spätdatierung der Tafeln vgl. etwa Levin, Der Jahwist, 369; Konkel, Sünde, 110. 249–251.

Synthese

weiteres literarisches Mittel interpretieren, mit dem der Bundesbruch zum Ausdruck gebracht wird. Aber die Zerstörung der Tafeln kann im DtrG den Bundesbruch nicht symbolisieren, da diese beim Bundesschluss 24,4–8 überhaupt keine Rolle spielen.

Die dtr Erzählung setzt sich fort im Streitgespräch zwischen Mose und Aaron (32,21–24). Das abschließende Urteil Moses über das Volk (32,25) erinnert an 32,9 TK, auch das Hapaxlegomenon שמצה („Gespött") deutet auf späte Entstehung (vgl. Hi 4,12; 26,14). Der Vers stammt daher wahrscheinlich von der Tora-Komposition und wurde als Übergang zur Leviten-Episode 32,26–29 eingefügt. *32,21–25: Dialog mit Aaron*

Die Leviten-Episode scheint auf den ersten Blick Teil des DtrG zu sein. Denn gemäß Dtn 18,1–8 sind die Leviten mit dem Priesterdienst betraut, und die Aufforderung „Füllt eure Hand" könnte als Einsetzung verstanden werden. Allerdings hat die synchrone Auslegung aufgezeigt, dass die Szene keine formelle Einsetzung erzählt und im Umfeld der Chronikbücher zu verorten ist. Weiter ist auffällig, dass, wie schon in der Fürbittenszene Ex 32,9–14, auch hier das Kalb nicht erwähnt wird. War dort die „Halsstarrigkeit" des Volkes der Anlass, ist es in V. 25 dessen „Zügellosigkeit". Zudem scheint die folgende Fürbittenszene nichts von der Strafaktion V. 28 zu wissen, vielmehr steht die Sünde des Volkes noch ungeahndet im Raum (32,30). *32,26–29: Leviten*

Zusammengenommen sprechen diese Beobachtungen für eine nachpriesterliche Abfassung.[42] Rainer Albertz spricht von einer „chronistischen Ergänzung", die ausgehend von Dtn 33,8–11 die Leviten hervorheben will.[43] Auch die Beobachtung, dass die Leviten hier kein Priester-, sondern ein Exekutivamt ausüben, spricht für diese Ansetzung. Denn in den Chronikbüchern werden die Leviten „in profane Machtstrukturen ... integriert"[44] und übernehmen neben anderen Funktionen am Tempel auch die von „Aufsehern" (פקידים, 2 Chr 31,13). Wie man sich das vorstellen kann, zeigt die Szene Jer 20,1–2, in der ein gewisser Paschhur als „Oberaufseher im Tempel" (פקיד נגיד בבית יהוה) gegen Jeremia vorgeht. *Leviten in der Chronik*

In gewisser Weise vergleichbar ist auch die spätpriesterliche Erzählung von der Bewährung des Aaron-Enkels Pinchas (Num 25,6–15), der gegen die eigenen Volksgenossen vorgeht. Auch er übt in Num 25,6–15 und dann in Jos 22,7–34 eher ein politisches Amt aus. Spinnt man diesen Gedanken weiter, lassen sich Ex 32,26–29 und Num 25,6–15 als Erzählungen verstehen, die im einen Fall den Leviten und im andern den Aaroniden politische Kompetenz zusprechen. Historisch gesprochen: Diese jüngeren Erzählungen widerspiegeln die Entwicklung des Jerusalemer Tempels zum politischen Zentrum Judäas im 4. Jahrhundert. *Politische Ämter*

Synthese

Wie schon für Ex 24,12 und Ex 31,18 schreibt die diachrone Analyse in Ex 32,15f. die von Gott mit dem Dekalog beschrifteten Tafeln der P-Komposition zu. Davon

---

42 Die in UTZSCHNEIDER/OSWALD, Exodus 1–15, 48, vorgenommene Zuordnung zum DtrG wird hiermit korrigiert.

43 ALBERTZ, Exodus 19–40, 279–280.

44 LABAHN, Art. Levi/Leviten, 5.4.1.

zu unterscheiden ist die dtr Konzeption, nach der Mose die Gesetze in einem Dokument aufzeichnet und dann verliest (Ex 24,4.7).

In der Sache allerdings sind beide Vorstellungen nicht unvereinbar, sondern ergänzen sich. In beiden Konzeptionen geht es um die Repräsentanz Jhwhs in seinem Wort. Die priesterliche Vorstellung von den Gesetzes-Tafeln vergegenwärtigt diesen Aspekt visuell in einer Schriftikone (vgl. die synchrone Auslegung zu 32,15f.). Die dtr Konzeption legt den Schwerpunkt auf die Aufzeichnung und die rituelle Verlesung der Gesetze. Bis heute sind im jüdischen wie im christlichen Gottesdienst die visuelle und die auditive Repräsentanz des Gotteswortes üblich. In der Synagoge wird die Schrift etwa durch die stilisierte Dekalog-Aufschrift auf der „Parochet" vergegenständlicht. Christliche Entsprechungen sind die monumentale Altarbibel oder die Elevation des Evangelienbuches.

Strukturell ähnlich verhält es sich mit den Motiven des Zerbrechens des Kultbildes bzw. der Tafeln, die die diachrone Analyse auf das DtrG und die P-Komposition verteilt. Die Vernichtung des Goldenen Kalbes nimmt dem Volk das Symbol seiner illegitimen Gottesverehrung, das Zerbrechen der Tafeln zeigt an, dass die legitime Gottesverehrung gestört ist.

In der Sicht der synchronen Analyse steht die grausige Schlussszene (Ex 32,26–29) quer zum Duktus der Episode, in der Mose ansonsten beharrlich auf die Vergebung hinarbeitet. Dagegen agieren die Leviten hier in einer Weise, die für moderne Leserinnen und Leser fatale Ähnlichkeit mit religiös motivierten oder konnotierten Gewaltakten hat, wie sie noch heute Schrecken verbreiten. Dies zeigt warnend, dass *auch* Religionen (allerdings nicht nur monotheistischen) Gewaltpotenziale innewohnen.

Die diachrone Analyse blickt dagegen historisch distanziert auf die Szene. Als institutionellen Hintergrund kann man annehmen, dass die Leviten auch die Funktion einer Tempelpolizei ausübten.

Exkurs: Religiöser Fanatismus und die Toleranz Gottes

Es verwundert nicht, dass das „Massaker der Leviten" in der modernen Diskussion um religiösen Fanatismus als abschreckendes und typisches Beispiel gilt. Dabei wird freilich übersehen, dass im Ursprungskontext nicht nur ein religiöses, sondern auch staatliches Handeln im Blick ist. Auf moderne Kontexte übertragen: Terror ist nicht nur eine religiöse, sondern immer auch eine politische Möglichkeit. Die moderne Kritik fokussiert sich allerdings bisweilen ziemlich einseitig auf den „religiösen Fanatismus". Für den Philosophen Peter Sloterdijk ist „[i]n der fiktiven Urszene am Fuß des Gottesberges ... der Motivzusammenhang zwischen dem Bundesbruch und dem standrechtlich vollzogenen Strafgericht mit archetypischer Wucht exponiert und für Übertragungen in beliebig weit entfernte Kontexte bereitgestellt"[45]. Er leitet daraus eine generelle Kritik an den drei „theogenen Kollektiven", d. h. Christentum, Islam und Judentum, ab. Ähnlich hält auch Jan Assmann dafür, dass „der Gedanke des bedingungslosen Einsatzes ... für Gott und Bund zum Begriff der Treue gehört, die den Kern des Monotheismus ausmacht". Dabei gehe es „um die Ehre eines beleidigten Gottes, und da gibt es – bis heute – keine Toleranz."[46] Diese Position kann manche religiöse Überlieferung und noch mehr geschichtliche Erfahrungen geltend machen. Hier aber übersehen die Kritiker den Plot der Erzählung, der der Szene Ex 32,26–29 widerstrebt und auf eine Reue

---

45 Sloterdijk, Schatten, 36.
46 Assmann, Exodus, 370.

Synthese   295

Gottes zuläuft, die dauerhaftes Erbarmen und Vergebung verheißt (Ex 34,6–9). Auch andere Spitzenaussagen des Alten Testaments wissen davon, dass Gott die Untreue und den Widerstand von Menschen erträgt und trägt (Hos 11,1–11; Jes 52,13 – 53,12). Nicht zuletzt repräsentiert auch das Kreuz Jesu die „Toleranz" Gottes gegenüber dem „Sünder".

Episode 4: Ex 32,30 – 33,6: Dialoge um Sünde und Heimsuchung

30 Am nächsten Tag sprach Mose zum Volk: „Ihr habt eine große Sünde gesün-   Szene 1
digt. Nun aber will ich zu Jhwh hinaufsteigen. Vielleicht kann ich Sühne für eure Sünde erwirken."

31 Da kehrte Mose zu Jhwh zurück und sprach: „Ach, eine große Sünde gesündigt   Szene 2
hat dieses Volk und sich einen Gott aus Gold gemacht. 32 Jetzt aber – wollest du doch ihre Sünde vergeben[a]! Wenn aber nicht, dann tilge (auch) mich aus deinem Buch, das du geschrieben hast." 33 Da sprach Jhwh zu Mose: „Wer gegen mich gesündigt hat, den werde ich aus meinem Buch tilgen. 34 Und nun geh, führe das Volk, wohin ich dir aufgetragen habe. Siehe, mein Bote wird vor dir hergehen. Aber am Tag, an dem ich heimsuche[a], werde ich an ihnen ihre Sünde heimsuchen." 35 Und Jhwh schlug das Volk, weil sie das Kalb gemacht hatten, das Aaron gemacht hatte.[a]

33,1 Da sprach Jhwh zu Mose: „Auf, geh hinauf von hier, du und dein Volk, das   Szene 3
du heraufgeführt hast aus dem Land Ägypten, in das Land, das ich Abraham, Isaak und Jakob zugeschworen habe mit den Worten: ‚Ich will es deinen Nach-kommen[a] geben.' 2 Und ich werde einen Boten vor dir her senden und ich werde den Kanaanäer, den Amoriter und den Hethiter und den Perisiter und den Hiwwiter und den Jebusiter vertreiben. 3 (Geh hinauf)[a] in ein Land, das von Milch und Honig fließt. Aber ich will nicht in deiner Mitte hinaufziehen, denn ein halsstarriges Volk bist du, damit ich dich auf dem Weg nicht verzehre." 4 Da hörte das Volk diese schlechte Nachricht und sie trugen Trauer; [a]niemand hatte seinen Schmuck angelegt[a].

5 [a]Jhwh sprach zu Mose: „Sprich doch zu den Israeliten: ‚Ihr seid ein halsstarriges   Szene 4
Volk! Einen Moment (nur), wenn ich in deiner Mitte hinaufziehen würde, würde ich dich vernichten. Jetzt aber lege deinen Schmuck ab, [b]dann will ich zusehen, was ich für dich tun kann[b].'"[a] 6 Da entledigten sich die Israeliten ihres Schmucks vom Berg Horeb an.

Anmerkungen zu Text und Übersetzung

32,32[a] In MT liegt ein Wunschsatz mit der Partikel אם vor (vgl. GesK § 151e). Sam und LXX fassen den Satz konditional auf und ergänzen „שׂא" bzw. ἄφες: „wenn du ihre Sünde vergeben willst, vergib!"

296 Episode 4: Ex 32,30 – 33,6: Dialoge um Sünde und Heimsuchung

34ᵃ   Wörtlich: „Und am Tag meines Heimsuchens (wird es sein) ...“ Anders als in der Formel des Dekalogs (vgl. Textanm. 20,5ᵇ) überwiegt hier der Strafaspekt der Wurzel פקד; deshalb geben wir sie hier mit „heimsuchen“ wieder.

35ᵃ   LXX lastet die Herstellung des Kalbs allein Aaron an: „Und der Herr schlug das Volk wegen der Herstellung des Kalbes, das Aaron gemacht hatte.“

33,1ᵃ   Wörtlich: „deinem Samen“.

3ᵃ   V. 3a ist kein vollständiger Satz. Die Wortverbindung „in ein Land“ in V. 3 nimmt den Ausdruck „in das Land“ aus V. 1 wieder auf. Entsprechend kann der unvollständige Satz mit dem Imperativ aus V. 1 „geh hinauf“ ergänzt werden (vgl. etwa Houtman, Exodus 3, 688; Albertz, Exodus 19–40, 288).

4ᵃ⁻ᵃ   Der Satz „niemand hatte ...“ hat in LXX kein Äquivalent, wohl um eine Kollision mit V. 6 zu vermeiden.

5ᵃ⁻ᵃ   V. 5 lautet in LXX: „Und der Herr sagte zu den Israeliten: Ihr seid ein halsstarriges Volk: Passt auf, dass ich nicht einen weiteren Schlag gegen euch führen werde und euch völlig auslöschen werde; legt jetzt also eure prachtvollen Gewänder und euren Schmuck ab; und ich werde dir zeigen, was ich mit dir machen werde“ (LXX.D). Die Drohung mit einem „weiteren Schlag“ (πληγή) schließt zunächst an Ex 32,35 an (Wevers, Notes, 542), möglicherweise verweist sie auf das Massaker an den 3000 (32,26–29) oder sie stellt ein vollständiges Vernichtungsgericht in Aussicht.

5ᵇ⁻ᵇ   Übersetzung nach Noth, Exodus, 207.

Synchrone Analyse

Die Episode besteht aus vier Szenen, in denen kurze Erzählelemente und dialogische Redeteile kombiniert sind.

> Szene 1: 32,30: Sühne für die große Sünde?
> Szene 2: 32,31–35: Heimsuchung für die Sünde
> Szene 3: 33,1–4: Schlechte Nachricht von Jhwh
> Szene 4: 33,5–6: Das Gericht – abwendbar?

32,30: Sühne? Die Eröffnungsszene wird durch die Zeitangabe „Am nächsten Morgen“ gebildet, die die Kurzansprache des Mose an das Volk einleitet. Noch einmal hält er diesem seine große Sünde vor; kündigt aber auch an, er wolle zu Jhwh „hinaufsteigen“, um bei diesem „Sühne zu erwirken“. Die Wortverbindung כפר בעד „Sühne erwirken für etwas bzw. jemanden“ findet sich sonst immer im Kontext von Heiligtum und Opfer, charakteristischerweise am Jom Kippur durch und für „Aaron“ und „sein Haus“ (Lev 16,6.11) und auch „für das Volk“ (Lev 16,24).[47] Es ist nicht klar erkennbar, worauf hier der Akzent liegt. Am ehesten soll das Ausmaß der Sünde in den Blick kommen: Wie am Jom Kippur geht es um die Verfehlung des *ganzen* Volkes. Vielleicht soll auch – mit einer gewissen Reserve gegenüber der Sühnopfertheorie – gesagt werden, dass zu einer gültigen Sühne weder Priester noch Opfer benötigt werden.

32,31–35: Fürbitte Die zweite Szene schließt durch die einleitende Erzählnotiz, Mose sei zu Jhwh zurückgekehrt (V. 31), an die Bergszenerie in Ex 31,18 / 32,7–14 an. Dann eröffnet Mose den Dialog mit Jhwh (V. 31b–34) mit dem Bekenntnis der Sünde des Volkes:

---

47   So auch Lev 9,7; vgl. Ez 45,17: der „Fürst“ für das Haus Israel. Die Formulierung „für jemandes Sünde“ ist hier einmalig.

Synchrone Analyse | 297

„... sie haben sich einen Gott aus Gold gemacht" und der Bitte um Vergebung für die Sünde des Volkes (אם תשא חטאתם). Jhwh entspricht dieser Bitte nicht, er trägt Mose nur auf, das Volk zu „führen, wohin ich dir aufgetragen habe". Er werde „ihre Sünde an ihnen heimsuchen" (vgl. Textanm. 34[a]).[48] Die Szene schließt mit einer Erzählnotiz: Jhwh habe das Volk geschlagen, weil „sie das Kalb gemacht haben" (V. 35). Worin dieser „Schlag" bestand und wann und durch wen er geführt wurde, bleibt ungesagt.

Ähnlich wie in der himmlischen Szene Ex 32,10 geht es zunächst um eine mögliche Sonderrolle des Mose gegenüber dem Volk. Mose besteht darauf, in mögliche Strafen einbezogen zu werden. Aus Gottes „Buch"[49] getilgt zu werden, heißt, in Gottes Gedächtnis nicht mehr präsent zu sein. Wenn Jhwh sein Volk künftig ignorieren will, dann auch ihn, Mose. Jhwh weist diesen Gedanken ab. Nur wer gesündigt hat, muss mit dieser Sanktion rechnen. Und dann erinnert Jhwh Mose an seine Pflicht: Nach wie vor soll er das Volk führen. Etwas unvermittelt bringt Jhwh den göttlichen Boten (vgl. 23,20) wieder ins Spiel. Jhwh besteht aber darauf, die Sünde eines unbestimmten Tages an „ihnen heimzusuchen" (V. 34).

32,31–34: Rolle Moses

Man kann annehmen, dass die in V. 35 überraschend einsetzende Erzählhandlung „und Jhwh schlug das Volk" der Drohung mehr oder weniger unmittelbar gefolgt ist, und sich darunter „eine begrenzte Krankheit oder Seuche"[50] vorstellen. Vom Standpunkt eines späteren Erzählers aus können darunter auch Fernwirkungen dieser Sünde verstanden werden, etwa das gewaltsame Ende des Nordreichs[51] (vgl. dazu oben den Exkurs „Gott und Stier im Alten Israel"). Beide Sichtweisen schließen sich nicht aus. Die erstere hat einen fiktional-narrativen, die letztere einen historischen Bezug. Theologisch indessen verweisen die Ankündigung der „Heimsuchung" (V. 34b) und die Erzählung von ihrem Eintreten auf das „Prinzip", das Jhwh in Ex 34,6f. formulieren wird: Als gnädiger Gott wird Jhwh Sünde vergeben, aber in einem gewissen Rahmen an den daran Beteiligten „heimsuchen".

32,35

Die dritte Szene wird durch eine Redeeinleitung eröffnet. Jhwh fordert Mose auf, zusammen mit seinem (Moses) Volk in das versprochene Land zu gehen (V. 1f.). Unvermittelt wendet sich Jhwh dann ans Volk („... ein halsstarriges Volk bist *du* ...", V. 3), er werde nicht „in *deiner* Mitte" mit ihm hinaufziehen, damit „ich *dich* auf dem Weg nicht verzehre" (V. 3). In V. 4 wechselt der Text wieder in den Erzählmodus. Das Volk habe die „schlechte Nachricht" gehört und getrauert, wohl als Zeichen dafür[52] habe es seinen Schmuck nicht angelegt. Ob es die Gottesrede direkt oder durch Vermittlung des Mose vernommen hat, bleibt ebenso offen wie der Ort der Szene.

33,1–4: Überblick

---

48 Das antagonistische Begriffspaar „Sünden tragen (נשׂא), d. h. vergeben" vs. „Sünden heimsuchen bzw. dafür zur Verantwortung ziehen (פקד)" findet sich auch in der „Gnadenrede" (vgl. Ex 34,7).

49 Der Text spielt dazu auf „das Motiv vom ‚Buch des Lebens' an, in dem bei Gott alle lebendigen Menschen (Ps 69,29) samt ihren Taten (Ps 139,16; Mal 3,16; Dan 7,10), insbesondere die Gerechten (Neh 13,14; Jes 4,3; Dan 12,1; Luk 10,20; Phil 4,3; Offb 20,12.15), aufgeschrieben sind." Albertz, Exodus 19–40, 281.

50 Albertz, Exodus 19–40, 282.

51 So etwa Noth, Exodus, 207.

52 Anders Dohmen, Exodus 19–40, 334; vgl. weiter dazu unten.

33,1–3a: Auftrag und Verheißung	Jhwh bekräftigt also seinen Auftrag an Mose (vgl. schon Ex 32,34), mit dem Volk „von hier hinaufzugehen in das Land". Er nennt das Volk allerdings nicht wie sonst (3,7f.; 6,7; 7,16 u. ö.) „mein Volk", sondern wie in 32,7 „dein (Moses) Volk" und markiert damit ein weiteres Mal den Bruch, den das Gottesverhältnis Israels durch das Goldene Kalb erfahren hat. Zugleich besteht Jhwh aber darauf, dass *er* es war, der dem Volk die Verheißung des Landes gegeben und ihm den Weg dorthin bis hierher gebahnt hat. Die V. 1b.2 und 3a greifen die bekannten Formeln auf, mit denen diese Gottesgabe und ihre Vorzüge beschrieben wurden: *Er* hat das Land den Vätern zugeschworen, *er* wird einen Boten vor dem Volk hersenden, *er* wird die Vorbewohner vertreiben und dem Land überreiche Fruchtbarkeit sichern. Dass Jhwh all dies zur Sprache bringt, hat einerseits einen Beigeschmack von Trauer und Wehmut und klingt andererseits nach einer göttlichen Selbstrechtfertigung nicht vor Mose, sondern vor dem Volk.

Folgerichtig wechselt Jhwh nun auch in eine Anrede an das Volk. Er werde *nicht* in seiner, des Volkes, Mitte hinaufziehen. Sollte er diese Drohung wahr machen, so droht die Verheißung hinfällig zu werden. Das Volk hätte dann feindlichen Angriffen auf dem Weg nichts mehr entgegenzusetzen (vgl. Num 14,39–45; Dtn 1,42–44).[53] Mehr noch: Jhwh selbst würde sich gegen das Volk wenden und es „verzehren" (אכל), so wie „das Feuer von Jhwh" ausgehen und die frevelhaften Söhne Aarons „verzehren" wird, die die Sphäre göttlicher Heiligkeit verletzt haben (Lev 10,1f.). Ebenso hinfällig wäre auch das „Zelt der Begegnung" als Wohnung Gottes „in ihrer Mitte", wie es in dem „Plan" vorgesehen war, den Jhwh dem Mose auf dem Gottesberg vorgelegt hat (Ex 25,8f.).

Dass das Volk die „schlechte Nachricht" (הדבר הרע הזה) überhaupt „hört" (V. 4), setzt eine Veränderung der Situation voraus. Entweder lässt die Erzählung einfach aus, dass Mose die Nachricht übermittelte (so wie es V. 5 andeutet). Oder das Volk „hört mit" wie in der ersten Bergtheophanie (Ex 19f). Die Reaktion des Volkes ist Trauer. Zum Zeichen dafür legt es den Schmuck nicht an und erwartet das Unheil, von dem Jhwh geredet hat.

Die vierte Szene leitet Jhwh mit der Aufforderung an Mose ein, dem Volk zu übermitteln, dass es ein halsstarriges Volk sei, dass er es, würde er „in deiner Mitte" hinaufgehen, augenblicklich vernichten würde. Dann aber nimmt er das Stichwort „Schmuck" auf. Würde sich das Volk seines Schmucks entledigen, so könnte er zusehen (wörtlich: erkennen), was er für es (wörtlich: „in Bezug auf es") tun könnte. Das Volk reagiert unverzüglich und entledigt sich seines Schmucks. Man kann die Szene als Dublette zur vorgehenden ansehen (vgl. die diachrone Auslegung). Sie bringt aber noch einen, für den Fortgang der Story neuen, ja entscheidenden Gesichtspunkt zur Sprache: Jhwh lässt durchblicken, dass ihn die Umkehr der Israeliten seinerseits umstimmen und er von dem vorgesehenen Gericht Abstand nehmen könnte.

Formal und motivisch bilden die vier Szenen ein für die Literatur der Sinaiperikope typisches „Patchwork" (vgl. die Einleitung zur Sinaiperikope). D. h., auch wenn sie teils inkohärent scheinen und sind, so sind sie doch auch thematisch und narrativ zu einer Art „story" verbunden.

(marginalia: 33,3b–4: Schlechte Nachricht; 33,5–6: Das Gericht – abwendbar?; Patchwork und Story)

---

53 Die Vorstellung von der Gegenwart Gottes inmitten des Volkes ist uns bereits in Ex 17,7 begegnet. Sie ist traditionsgeschichtlich in der Jerusalemer Zionstheologie beheimatet (vgl. die Auslegung zu Ex 17,7).

Thema sind die Folgen der „großen Sünde", von der Ex 32 erzählt hat, und die Frage, ob sie abwendbar sind (Szene 1). Nur Szene 2 benennt die Herstellung des „Gottes aus Gold" (V. 31) als die Sünde. Gott lehnt Vergebung ab. Die Erzählnotiz (V. 35) gibt zu verstehen, dass die Herstellung das Kalbes einen Schlag JHWHS nach sich gezogen hat (vgl. dazu gleich).

In den folgenden beiden Szenen ist vom Goldenen Kalb nicht mehr die Rede. Der Fokus verlagert sich auf die bevorstehende Wanderung mit dem Ziel des von JHWH versprochenen Landes. Eben darin aber bleibt das Kalb präsent, wenn nicht als Kultbild im Sinne der entsprechenden Verbote, so doch als der „Gott, der vor uns hergehe" (Ex 32,1), bzw. der (vermeintliche) „Gott, der dich aus dem Land Ägypten herausgeführt hat" (32,4). An den Exodus hatte JHWH auch schon in der himmlischen Szene (32,8) erinnert und das Verhalten des Volkes mit dem Stichwort „halsstarrig" (32,8f.) kommentiert. Das Goldene Kalb ist der Gipfel dieser halsstarrigen Verleugnung der Taten JHWHS und deren Realsymbol.

Zweimal droht JHWH damit, dass er „nicht in deiner Mitte hinaufziehen" wird (33,3.5). Die Israeliten reagieren bestürzt auf diese „schlechte Nachricht" und tragen Trauer, was die hebräische Erzählung (nicht die LXX) dahingehend ergänzt, sie hätten ihren Schmuck nicht angelegt. Daraus erwächst in der vierten Szene die Perspektive, dass JHWH es sich anders überlegen könnte (33,5f.). Wird hier auf die „Reue Gottes" angespielt, von der schon in 32,14 die Rede war?

Im Zusammenhang gelesen verbindet die vier Szenen eine lose Story. Die Vergebung, die Mose erwirken wollte, wurde zwar nicht gewährt, aber es zeichnet sich eine Perspektive auf eine Umkehr des Volkes von seiner „halsstarrigen" Haltung und ein Umdenken JHWHS ab. Damit ist der Bogen der Handlung jedenfalls nicht eingebrochen.

Diachrone Analyse

DtrG	PK	TK
32,30.31–34, ohne 34aβ		32,34aβ
32,35		33,1–4.5–6

Die vorliegende Episode ist in diachroner Hinsicht eine der schwierigsten im Exodusbuch. Die beiden ersten Szenen (32,30.31–35) enthalten die schon erwähnte zweite Fürbitte des Mose, die im Rahmen des DtrG die erste und auch einzige ist. Am Ende der Gottesrede kündigt Gott an: „Siehe, mein Bote wird vor dir hergehen" (32,34aβ). Das ist eine fast wörtliche Wiederholung dessen, was Gott in Ex 23,23a DtrG schon einmal angekündigt hat. Gleichwohl gibt es Probleme: Der kurze Satz 32,34aβ wirkt eher wie eine Glosse, denn der Folgesatz 34b handelt von etwas ganz Anderem. Anders ist dies in 33,2, wo der Bote abermals angekündigt wird, nun aber nahtlos mit dem Kontext verbunden und mit einer Funktionsbestimmung versehen ist. Schließlich ist die Fortsetzung des dtr Erzählfadens zu bedenken, der – als vorläufige Arbeitshypothese – in 33,12–17 zu finden ist. Dort erhebt Mose gegenüber Gott den Einwand: „Aber du hast mich nicht erkennen lassen, wen du mit mir senden willst" (33,12aβ). Daraufhin sichert Gott zu, dass sein,

Überblick

Gottes, Angesicht mit Mose und dem Volk bis in das Land gehen wird. Es scheint, als ob der Passus 33,12–17 die Diskussion, ob Gott in der Mitte Israels gehen werde (33,1–6), gar nicht kennen würde.

Dtr Erzählfaden

Die Arbeitshypothese lässt sich somit verfeinern: Die dtr Erzählung vom Goldenen Kalb findet nach der Fürbitte Moses 32,30–34 (ohne die Botenankündigung 34aβ) ihren Abschluss in 32,35: Gott schlägt Israel wegen des Kalbes. Daran schließt sich im DtrG die Szene 33,12–17 an, in der Gott seine fortdauernde Präsenz beim Volk zusagt.

Tora-Komposition

Folglich wurden die dazwischenliegenden Abschnitte Ex 33,1–6 und 33,7–11 später eingefügt. Da nirgendwo priesterliche Sprache oder Interessenlage zu finden ist, ist die nachpriesterliche Tora-Komposition der erste Kandidat. Dafür sprechen folgende Beobachtungen:

- Die häufige Redeeinleitung „Und Jhwh redete zu Mose" (33,1) kommt nie in vorpriesterlichen Texten vor.
- Die Landverheißung als Erzväterschwur Ex 33,1 ist eine späte Reinterpretation, vgl. dazu die Auslegung von 32,9–14.
- Die Weigerung Jhwhs, in der Mitte Israels ins Land zu ziehen (33,3.5), widerspricht zum einen 33,12–17 DtrG (s. o.) und bereitet zum anderen die Schilderung des Zeltes außerhalb des Lagers vor (33,7–11), die ebenfalls zur Tora-Komposition gehört (s. dort).
- Die Charakterisierung Israels als „halsstarriges Volk" (33,3.5) findet sich auch in 32,9 TK.
- Die Rede vom „Ablegen des Schmucks" (33,4.5.6) steht in einem gewissen Widerspruch zu 32,3.24 DtrG, wonach der Schmuck zum Bau des Goldenen Kalbs verwendet wurde.
- Der Bote hat in Ex 33,1–3 eine andere Funktion als in 23,23 DtrG. Hier erscheint er als Ersatz für Jhwh, in 23,23 dagegen als Garant für Jhwhs Gegenwart.

Doppelungen

Zu klären bleibt dann noch die inhaltliche Parallelität von 33,1–4 und 33,5–6. Der Hauptunterschied zwischen den beiden Abschnitten ist die Kommunikationsstruktur. In 33,5–6 fungiert Mose als Mittler wie in der EG-Erzählung, aber auch im DtrG. In 33,1–4 gilt dagegen die Kommunikationsstruktur der Tora-Komposition: Gott redet mit Mose und das Volk hört dabei zu (vgl. 19,9.19b und 33,7–11). Die Redundanz hat also den Grund, das Anliegen auf beiderlei Weisen zu kommunizieren. Derartige Redundanzen sind oft Zeugnis davon, dass mehr als eine Hand am Werk war. Möglich ist daher, dass zunächst 33,5–6 und später 33,1–4 sowie die Glosse 32,34aβ verfasst wurden.

Aktualisierungen

Am gesamten Passus wurde offensichtlich noch lange gefeilt. Aber warum war das hier verhandelte Anliegen so wichtig für diese späten Bearbeiter? Der Doppeldialog 33,1–4.5–6 verallgemeinert wie schon 32,9–14 und 32,25–29 die Verfehlung Israels – das Goldene Kalb kommt auch hier nicht vor. Weiter radikalisiert der Passus die Folgen der Sünde Israels: Gott will Israel vernichten und wird nicht in der Mitte des Volkes weiterziehen. Das geht weit über die Beeinträchtigungen hinaus, die Israel in der dtr Grunderzählung erleiden muss (32,35). Daher sind auch die positiven Konsequenzen im Diskurs der Tora-Komposition weiterreichend: Jhwh wird eine neue Art seiner Präsenz inaugurieren, nämlich in einem Zelt außerhalb des Lagers der Israeliten (33,7–11).

Synthese

Die Episode ist durch mancherlei Brüche der Handlung und der Argumentationen geprägt. Die diachrone Analyse erklärt diese als mehrstimmigen Diskurs der beteiligten Kompositoren. Aus Sicht der synchronen Analyse haben die Textelemente, die nach den Kriterien der Literarkritik in Widerspruch stehen (33,3.5 zu 33,12–17) oder als „Doppelung" (33,1–4/5–6) angesehen werden können, narrative und darin dann auch theologische Funktionen. In 33,3.5 kündigt Jhwh zum Erschrecken des Volkes an, er werde bzw. könne nicht „in deiner Mitte hinaufziehen"; in 33,12–17 wird er dann durchblicken lassen, dass dies doch möglich sein wird. Und so besteht – wenn auch abnehmend – die Spannung fort, ob der in der Reue Gottes erzielte Aufschub (32,14) des Vernichtungsgerichts von Dauer sein wird oder nicht. Auch in 33,5f. lässt Gott einen Moment lang erkennen, dass er Gnade walten lassen und das Gericht abwenden oder wenigstens abmildern könnte.

Episode 5: Ex 33,7 – 34,4aα: Moses Dialoge mit Jhwh um die Gottes-Gegenwart

7 Mose aber nahm fortan[a] ein Zelt[b] und schlug es für sich außerhalb des Lagers auf, entfernt vom Lager, und nannte es (fortan) „Zelt der Begegnung". [c]Und jeder, der Jhwh aufsuchen wollte[c], ging hinaus zum Begegnungszelt, das außerhalb des Lagers war. 8 Und (jedes Mal)[a] wenn Mose zum Zelt[b] hinausging, stand das ganze Volk auf, und jeder stellte sich in den Eingang seines Zeltes und blickte Mose nach, bis er in das Zelt hineinging. 9 Und (jedes Mal) wenn Mose in das Zelt hineinging, kam die Wolkensäule herab und stand am Eingang des Zeltes und sprach[a] mit Mose. 10 Und das ganze Volk sah die Wolkensäule am Eingang des Zeltes stehen, und das ganze Volk stand auf, und jeder warf sich am Eingang seines Zeltes nieder. 11 Und Jhwh redete (dann) zu Mose von Angesicht zu Angesicht, wie ein Mann zu seinem Freund spricht, dann kehrte er (Mose) (immer wieder) zum Lager zurück. Sein Diener aber, Josua, Sohn des Nun, ein junger Mann, wich nicht aus dem Zelt.

Zelt der Begegnung

12 Da sprach Mose zu Jhwh: „Siehe, du (bist es,) der zu mir spricht: ‚Führe dies Volk hinauf!' Aber du, du lässt mich nicht wissen, wen du mit mir sendest. Und du warst es (doch), der gesagt hat: ‚Ich kenne dich mit Namen'[a], und auch: ‚Du hast Gnade gefunden in meinen Augen.' 13 [a]Und nun, wenn ich denn Gnade in deinen Augen gefunden habe, lass mich doch deine Wege[b] wissen, damit ich weiß, ob ich (weiterhin) Gnade finden werde in deinen Augen; und nimm wahr, dass dein Volk dies Volk ist.[a]" 14 Und er sprach: „[a]Mein Angesicht wird mitgehen[a], und ich werde dich zur Ruhe bringen."
15 Da sprach er zu ihm: „[a]Wenn dein Angesicht (doch) nicht (mit-)geht, führe uns nicht[a] von hier hinauf! 16 Wodurch soll denn sonst erkannt werden, dass ich Gnade in deinen Augen gefunden habe, ich und dein Volk, wenn nicht dadurch,

Dialogszene 1

302 Episode 5: Ex 33,7 – 34,4aα: Moses Dialoge mit Jhwh um die Gottes-Gegenwart

dass du mit uns gehst und [a]wir unterschieden sind[a], ich und dein Volk, gegenüber jedem (anderen) Volk, das auf Erden ist." 17 Da sprach Jhwh zu Mose: „Auch
dies, was du gesagt hast, werde ich tun. Ja, du hast Gnade in meinen Augen
gefunden und ich kenne dich mit Namen."

Dialogszene 2 18 Da sprach er: „Lass mich doch deine Herrlichkeit sehen!" 19 Und er sprach:
„[a]Ich werde all meine Güte an deinem Angesicht vorübergehen lassen und den
Namen Jhwh vor dir ausrufen.[a]

> Und ich werde gnädig sein, dem ich gnädig sein werde,
> und mich erbarmen, dessen ich mich erbarmen werde."

20 Und er sprach: „Du kannst mein Angesicht nicht sehen, denn der Mensch kann
mich[a] nicht sehen und am Leben bleiben." 21 Da sprach Jhwh: „Siehe, ein Ort ist bei
mir, da stelle dich auf den Felsen, 22 und wenn meine Herrlichkeit vorübergeht, werde ich dich in die Felskluft stellen und meine Hand über dich halten, bis ich vorübergegangen bin. 23 Dann werde ich meine Hand wegdrehen, so dass du meine Rückseite sehen kannst. Mein Angesicht aber kann man nicht sehen."

Szene 3 34,1 Da sprach Jhwh zu Mose: „Haue dir zwei Steintafeln wie die früheren,[a] und
ich werde auf die Tafeln die Worte schreiben, die auf den früheren Tafeln waren,
die du zerbrochen hast. 2 Sei dann bereit zum Morgen und steige am Morgen
hinauf zum Berg Sinai und stelle dich hin zu mir dort, auf dem Gipfel des Berges.
3 Niemand aber soll mit dir hinaufsteigen, auch soll niemand sichtbar sein auf
dem ganzen Berg, auch das Kleinvieh und die Rinder sollen nicht weiden in der
Umgebung dieses Berges."
4aα Da haute er sich zurecht zwei Steintafeln wie die früheren.

Anmerkungen zu Text und Übersetzung

33,7[a] Mit den Grammatiken (GesK §§ 107e; 112e; GBH § 113e) und vielen Kommentaren
(RASHI, 298; DILLMANN, Exodus, 383; DOZEMAN, Exodus, 715; anders z. B. PROPP, Exodus
19–40, 599, und neuerdings DOHMEN, Exodus 19–40, 318.320.336, sowie ALBERTZ, Schlüsseltext, 16–21) verstehen wir die w[e]-x-yiqtol-Formation ומשה יקח als Iterativ der Vergangenheit, der durch die w[e]qatal-Formationen der Folgesätze fortgesetzt wird. Damit
werden die in 33,7–11 beschriebenen Handlungen und Vorgänge als sich wiederholende Sachverhalte bezeichnet. In der Tat geht aus Num 11,16; 12,4; Dtn 31,14f. explizit
hervor, dass dieses „Zelt der Begegnung" auch in weiteren Stationen der Wanderung
in Funktion gedacht war. Da diese Handlungen an diesem Punkt der Erzählung zum
ersten Mal erwähnt werden, können sie hier als erstmalig einsetzend verstanden
werden. Dies deutet die Übersetzung von BUBER/ROSENZWEIG, 246, durch das Zeitadverb
„fortan" an. M. a. W.: Das in Ex 33,7–11 geschilderte Setting ist nicht einmalig, sondern
impliziert eine futurische Komponente, einen „Vorgriff auf Späteres" (BLUM, Studien,
62), ist u. E. aber weder als reines „Zukunftsprogramm" (ALBERTZ, Schlüsseltext, 19;
vgl. ALBERTZ, Exodus 19–40, 293f.) noch als nicht realisierter „Potentialis" (DOHMEN,
Exodus 19–40, 320, vgl. 336.339) aufzufassen.

7[b] Der Artikel am Nomen אהל „Zelt" hat keinen Bezug im Vorkontext, auf den er (anaphorisch) zurückverweist, auch nicht das „Zelt der Begegnung" in Ex 25–31, denn so wird
es Mose ja allererst benennen. Solche determinierten Formen des Nomens אהל ohne
anaphorischen Bezug kommen in der Hebräischen Bibel bisweilen vor (Gen 18,1–6; Ex
18,7; 2 Sam 16,22); sie bezeichnen dann das Zelt der Person, von der gerade die Rede
ist. Ausdrücklich als solches wird es erst im Folgesatz („schlug es ... für sich auf")

Synchrone Analyse 303

bestimmt. M. a. W., „Das Zelt" wird durch die Funktion, die ihm dort zugeschrieben wird, zu Moses Zelt.

7[c-c] Die Konstruktionen mit והיה + x-yiqtol bzw. in den V. 8f. והיה + (כ)+ Infinitiv bezeichnen einen „generellen Sachverhalt" (vgl. BARTELMUS, HYH, 219f.).

8[a] Vgl. 7[c-c].

8[b] LXX[A] ergänzt „außerhalb des Lagers", um den Unterschied zum Begegnungszelt des Sinaiheiligtums *im* Lager zu betonen.

9[a] Syntaktisch ist das Subjekt des Redens die Wolkensäule (im Hebräischen maskulin!), inhaltlich kann nur Gott gemeint sein. Vgl. dazu die Auslegung.

12[a] LXX umschreibt: Οἶδά σε παρὰ πάντας „ich kenne dich besser als alle" (LXX.D); so auch V. 17.

13[a-a] LXX spielt hier schon das Thema des nächsten Dialoges (V. 18–23) ein. Mose will JHWH sehen: „Wenn ich also Gefallen vor dir gefunden habe, so zeige dich mir. Klar will ich dich wahrnehmen, damit ich Gnade finde vor dir und damit ich erkenne, dass dieses große Volk dein Volk ist" (LXX.D).

13[b] MT vokalisiert die Singularform דרכך „deinen Weg" als Plural דְּרָכֶ֫ךָ „deine Wege" (vgl. unsere Übersetzung). Beide Varianten sind hier sinnvoll. Der Singular meint meist den konkreten Weg, den jemand geht (Gen 38,16; Ex 4,24; 13,17 u. ö.), so auch in Ex 23,20; 33,3 für den Weg, den der Bote geht, während der Plural „Wege" bzw. weniger häufig auch der Singular „JHWHS bzw. Gottes Weg" oft übertragenen Sinn annimmt. So ist damit häufig gemeint, dass die Israeliten sich an seine Gebote halten (Dtn 8,6; 11,22; 26,17 u. ö.). Schließlich sind „Gottes Wege" bisweilen die Pläne, die Gott mit Menschen hat, bzw. die Geschicke, die er ihnen zugedacht hat (Dtn 32,4; Jes 55,8f.; Ez 18,25.29; Ps 18,31; 25,4).

14[a-a] LXX: „Ich selbst werde dir vorangehen."

15[a-a] LXX: „Wenn du nicht selbst mitgehst, führe mich nicht."

16[a-a] LXX: Und wir werden gepriesen werden."

19[a-a] LXX: „Ich werde vor dir in meiner Herrlichkeit (δόξα) vorüberziehen und ich werde mich nennen bei meinem Namen ‚Herr' (Κύριος) vor dir" (LXX.D).

20[a] LXX: „mein Angesicht".

34,1[a] LXX ergänzt hier nach Ex 24,12: „und steige zu mir hinauf auf den Berg."

Synchrone Analyse

Zunächst die Gliederung der Episode im Überblick:

> Beschreibung: 33,7–11: Das Zelt der Begegnung
> Dialogszene 1: 33,12–17: JHWHS Angesicht zieht mit
> Dialogszene 2: 33,18–23: Mose begehrt JHWH zu sehen
> Szene 3: 34,1–4aα: Vorbereitungen

Die Episode setzt ein mit der Beschreibung eines „Zeltes der Begegnung außerhalb des Lagers" (33,7–11). Schon durch seine sprachliche Eigenart (vgl. Textanm. 7[a]) sticht dieses Eröffnungsstück heraus. An den Erzählfaden des Kontextes (32,35; 33,4.5) ist der Abschnitt nicht ohne Weiteres anschließbar – zumindest nicht auf den ersten Blick.

Überblick

Die beiden Dialogstücke 33,12–17 und 33,18–23 scheinen thematisch in sich und zueinander nicht einheitlich. Der erste Dialog kreist in zwei Gesprächsgängen (V. 12–14.15–17) um die Frage, ob und wie der begonnene Weg weitergegangen werden kann. Für Mose ist dabei unabdingbar, dass JHWHS „Angesicht" mitgeht.

304   Episode 5: Ex 33,7 – 34,4aα: Moses Dialoge mit Jhwh um die Gottes-Gegenwart

Der zweite Dialog (V. 18–23) hat ein ganz anderes Thema: Mose will Jhwhs Herrlichkeit sehen. Es geht um Moses persönliche, gewissermaßen „private"[54] Gottesschau. Jhwh antwortet Mose in drei kurzen Repliken (V. 19.20.21–23). Darin lehnt er Moses Ansinnen nicht rundweg ab. Sein Angesicht aber könne Mose, wie jeder andere Mensch, keinesfalls sehen (V. 23).

Leitwort „Angesicht"   Die drei ersten Abschnitte der Episode sind nicht offensichtlich kohärent, aber durch ein gemeinsames Leitwort verbunden, Jhwhs „Angesicht" פנים pānîm. Die Episode hat also wohl doch ein übergreifendes Thema: die „Gegenwart Gottes unter Israel und den Menschen".

Mit der abschließenden Gottesrede (34,1–4a) wird der Erzählfaden aus 32,1–24 wieder aufgenommen. Mose soll Ersatz schaffen für die zerstörten Gesetzestafeln und am nächsten Morgen auf den Berg Sinai steigen.

Ort und Zeit   An welchem Ort und in welchem Zeitrahmen sind die Dialoge bzw. die Jhwh-Rede dieser Episode vorzustellen? Die vorangehende Episode (32,30 – 33,6) ist auf dem Gottesberg lokalisiert. Die Gottesrede, die die nun auszulegende Episode abschließt, fordert Mose auf, am nächsten Morgen zum Berg Sinai *hinaufzusteigen* (34,2). Da nirgendwo ein Abstieg Moses erwähnt wurde, kann die gegenwärtige Episode also nur im menschlichen Bereich, im Lager der Israeliten oder in dessen Nähe, ihren Ort haben. Hier kommt nun u. E. die Beschreibung des „Zeltes der Begegnung außerhalb des Lagers" ins Spiel. Es befindet sich in einiger Entfernung, aber noch in Sichtweite des Lagers, und es etabliert ein kommunikatives Setting, das dem der beiden Dialoge (V. 12–17 / 18–23) exakt entspricht. Jhwh und Mose sind dort unter sich. So liegt es nahe, dass die Dialoge ebenda stattfinden.[55]

33,7–11 im Pentateuch   Ex 33,7–11 ist, wie gesagt, keine Story, also keine Folge einmaliger Handlungen und Sachverhalte. Vielmehr beschreibt der Abschnitt sich wiederholende Vorgänge in der Vergangenheit (vgl. Textanm. 7[ab]). In der Tat wird dieses Zelt in späteren Erzähltexten gelegentlich wieder erwähnt (Num 11,16f.; 12,4; Dtn 31,14f.); vorausgesetzt ist das Zelt möglicherweise auch in Ex 34,34f. Offensichtlich hat das Zelt in den genannten Erzählstücken etwa die gleichen Funktionen, die ihm auch schon in Ex 33,7–11 zugeschrieben werden,[56] so dass es hier mit seiner Ersterwähnung in einen größeren Erzählbogen eintritt. Wir haben deshalb mit Buber/Rosenzweig den Beginn von V. 7 übersetzt: „Mose aber nahm *fortan* ein Zelt und schlug es für sich außerhalb des Lagers auf ..." U. E. spricht nichts dagegen, das „Zelt der Begegnung außerhalb des Lagers" auch als Setting für die Dialoge anzunehmen, zumal damit auch die Frage beantwortet ist, wie Mose vom Gottesberg wieder herunterkommt, auf den er zu Beginn der vorausgehenden Episode gestiegen ist.

Das „Zelt der Begegnung" (33,7–11)

33,7   Das Zelt, das uns V. 7 vorstellt, ist eng mit der Person des Mose und vor allem mit seiner Funktion als Mittler zwischen Jhwh und dem Volk verbunden. Der bestimmte Artikel – „*das* Zelt" – könnte daraufhin weisen, dass es der Text als Moses persönliche Behausung verstanden wissen will (vgl. Ex 18,7). Vor allem aber wird

---

54   Vgl. Albertz, Exodus 19–40, 298.
55   Vgl. Dozeman, Exodus, 18–23; anders Albertz, Schlüsseltext, 18f.
56   Vgl. den detaillierten Überblick bei Blum, Studien, 76.

Synchrone Analyse   305

das Zelt durch seine künftigen Funktionen bestimmt. Es ist einerseits ein Ort der Kommunikation zwischen Jhwh und Mose, andererseits fungiert in ihm Mose als Mittler zwischen Gott und Volk.

Nach V. 7 kann sich dem Zelt jeder Israelit nähern (ohne es zu betreten), der ein Anliegen hat, zu dem er Jhwh „aufsuchen" (בקשׁ Pi.) will. „Jhwh" bzw. „Gott" und „sein Angesicht aufsuchen" meint, Gott an einer heiligen Stätte, nicht zuletzt am Tempel, aufzusuchen, um ihn um Hilfe zu bitten (Sach 8,21f.; Ps 27,8f.; Esr 8,23), um ihn anzubeten (Hos 3,5) oder auch Opfer darzubringen (Hos 5,6). Es können aber auch spezifischere Bedeutungen damit verbunden werden. Man kann Gott (oder Totengeister und Wahrsager) aufsuchen, um ein Orakel oder einen Rat in einer bestimmten Angelegenheit zu erbitten (vgl. Ex 18,15; Lev 19,31; 1 Sam 21,1). Man kann Gott bzw. eine heilige Stätte auch aufsuchen, um Rat in Hinsicht auf Recht und Tora zu erlangen (vgl. Mal 2,7; Ps 24,1–6; Spr 29,26).[57]

Dass das Zelt eine heilige Stätte ist, zeigt die Reaktion des Volkes auf die **33,8–10** Gegenwart Gottes. Jedes Mal, wenn Mose sich zum Zelt begibt und in es hineingeht, „steigt" Jhwh wie in der ersten Bergtheophanie „herab" (ירד, Ex 19,11.18.20) und bleibt als Wolkensäule (vgl. 13,21f.; 14,19f. u. ö.) am Eingang des Zeltes stehen. Wie während der zweiten Bergtheophanie blickt das Volk aus der Distanz auf Mose und die Gotteserscheinung (24,17f.). Nur Mose darf sich nähern.

Aus der Perspektive des Volkes kann es so aussehen, als würde die Wolkensäule **33,11: Mose** reden (vgl. Textanm. 9[a]). Für Mose ist es jedoch selbstverständlich Jhwh, der zu ihm redet, und zwar von „Angesicht zu Angesicht" (פנים אל-/בפנים). Der Ausdruck kann mit dem Verbum „sehen" verbunden sein, so wenn Jakob die unheimliche Begegnung mit dem Mann am Fluss Jabbok kommentiert: „Ich habe Gott von Angesicht zu Angesicht gesehen" (ראיתי, Gen 32,31; vgl. Ri 6,22; 13,22f.). Wenn der Ausdruck mit dem Verbum „reden" (דבר) verbunden ist (vgl. Dtn 5,4; Num 12,8), kommt darin die Nähe und Eindringlichkeit der Kommunikation zwischen Gott und Mose zum Ausdruck. Noch verstärkt wird die Beschreibung durch den Zusatz „wie mit einem Freund (רע)". Das Wort bezeichnet eine Person, zu der eine – im Vergleich zu anderen Menschen – ganz besondere, bisweilen intime Beziehung besteht: den Angehörigen derselben (Volks-)Gruppe (Jer 22,13), den Nachbarn (Ex 11,2), den Freund (Dtn 13,7), ja den Geliebten (Hld 5,16).[58] Die Kommunikation zwischen Jhwh und Mose ist also sehr unmittelbar gedacht. Dies wird sich bestätigen, wenn sich Mose in den folgenden beiden Dialogen Jhwh gegenüber ziemlich weit vorwagen wird.

Schließlich ist in V. 11b von Moses Diener Josua als einer Art Wachmann des **33,11: Josua** Zeltes die Rede. Er begleitet Mose – überall dort, wo Aaron *nicht* dabei ist. In Dtn 31 erscheint er wieder im Zelt der Begegnung, nun aber auf ausdrückliche Aufforderung Jhwhs (Dtn 31,14). An Moses statt soll er die Israeliten vollends ins Land führen.

Exkurs: Die zwei „Zelte der Begegnung"

Wie aber verhält sich nun das „Zelt der Begegnung außerhalb des Lagers" zu dem „Zelt der Begegnung", dessen Modell und Bauanleitung Mose gerade auf dem Gottesberg von Jhwh gezeigt und dargelegt wurde (Ex 25,1 – 31,17)?

---

57 Vgl. dazu Wagner, Art. בַּקָּשָׁה בִּקֵּשׁ, 765.
58 Vgl. GesL 1252f.

Es handelt sich – aus synchroner Perspektive – um zwei Zelte. Für beide gilt, dass die Gegenwart Gottes durch eine Wolke bzw. eine Wolkensäule über oder vor dem Zelt angedeutet wird (vgl. 40,34.38). Das Zelt im Lager aber hat Jhwh als seine (ständige) Wohnung (משכן) „inmitten der Israeliten" (25,8; vgl. 29,45) definiert, während er im Zelt außerhalb des Lagers nur fallweise und zur Kommunikation mit Mose anwesend ist.

Gemeinsam ist beiden Zelten, dass sie zwischen das Volk und die unmittelbare Gegenwart Gottes Distanz legen. Das Zelt außerhalb des Lagers gewährt denen Annäherung, die ein Anliegen vorzubringen haben. Das Zelt der Begegnung im Lager ist ein Heiligtum, das vom Allerheiligsten aus in Zonen abnehmender Heiligkeit gegliedert ist. Zum Innersten haben nur Mose und bisweilen der Hohepriester Zutritt, das Innere der Wohnung dürfen nur Priester betreten, während Laien ihre Opfergaben an den Altar vor der Wohnung (aber nicht weiter) bringen dürfen. Das „Zelt der Begegnung" im Inneren des Lagers setzt eine gegliederte Priesterschaft voraus. Im Zelt außerhalb des Lagers steht nur Mose unmittelbar vor Gott.

Das innere Zelt der Begegnung ist ein priesterliches Heiligtum, das vor allem dem heiligenden Opferkult dient. Das äußere Zelt ist ein Ort, an dem Mose Gottesworte und Gesetze übermittelt und die Letzteren auslegt. Diese beiden Konzeptionen stehen sich in den beiden Zelten gegenüber. In synchroner Perspektive müssen sie nicht harmonisiert werden und sie sollten auch nicht gegeneinander ausgespielt werden. Man hat vorgeschlagen, dass sie zwei religionsgeschichtliche Typen heiliger Orte repräsentieren.[59] Cum grano salis könnte man sagen: Das Zelt im Lager entspricht der Kirche oder Kathedrale im Zentrum einer Siedlung, das Zelt außerhalb hat Entsprechungen in Behausungen geistbegabter Einzelner, zu denen man pilgert.

Dialogszene 1: 33,12–17: Jhwh zieht mit

33,12–14: Erster Gesprächsgang

Der Dialog umfasst zwei Gesprächsgänge. Im ersten (V. 12–14) nimmt Mose zunächst Stichwörter aus der vorhergehenden Episode (32,34; 33,1) auf und hält sie in einer bisweilen provozierenden Diktion Jhwh vor: Immer wieder fordere er, Jhwh, ihn auf, „dies Volk hinaufzuführen", lasse ihn aber nicht wissen (ידע Hi.), wen er mit ihm sende. Der Einwand überrascht. Hatte Jhwh nicht gerade wieder die Begleitung durch seinen Boten zugesagt (33,2, vgl. schon 23,20.23)? Mose fährt fort: Jhwh habe ihm doch Zusicherungen seiner besonderen Huld gegeben: „Ich kenne dich (ידע Qal) mit Namen!" und „Du hast Gnade in meinen Augen gefunden!" Man kann einen leicht vorwurfsvollen, mindestens einen zweifelnden Unterton mithören: Wirst du, Gott, diese Zusicherungen auch einhalten?

33,12: Zwei Zitate

Die beiden „Zitate" sind in den Mose-Erzählungen nirgendwo belegt. Von Hause aus gehören sie in den Kontext der „höfischen Etikette".[60] Untergebene können Gnade in den Augen ihres Königs finden (Gen 47,25; 2 Sam 14,22; 16,4; 1 Kön 11,19 u. ö.). Die Formel kann auch das Verhältnis zu Gott beschreiben, so in der Flutgeschichte sowie vor allem in den Abraham- und Jakobserzählungen (Gen 6,8; 18,3; 19,19; vgl. Gen 33,10). Auch das Motiv des Kennens ist im Zusammenhang mit Königen und ihrer göttlichen Erwählung belegt. So wird das Verhältnis Moses

---

59 Israel Knohl hat dazu auf Victor Turners Theorie der „anti-structure" aufmerksam gemacht, die mit den exzentrischen „heiligen Orten" verbunden ist (Knohl, Two Aspects, 75 und Turner, The Center out There, 191–230).

60 Vgl. dazu Hartenstein, Angesicht, 169f.

Synchrone Analyse

zu Jhwh wie das eines hochrangigen Dieners zu seinem König dargestellt. Besonders aufschlussreich ist die Analogie zu David: Wie dieser beruft sich Mose mit dem Stichwort „kennen" (ידע) auf die besondere Gunst, die Jhwh ihm erwiesen hat. David spricht aber auch von einer besonderen Einsicht, die Gott ihm verliehen hat (vgl. 2 Sam 7,20f.). Im Weiteren hält Mose Jhwh vor, er habe ihn nicht wirklich seinen „Weg" bzw. seine „Wege" (vgl. Textanm. 13^{b}) erkennen lassen (ידע Hi.). Damit ist wohl beides gemeint: wie es weitergehen soll auf dem (konkreten) Weg ins verheißene Land und welche Pläne und Gedanken Jhwh darüber hinaus für Israel und Mose hegt. Nur wenn Gott ihm dies erschließe, könne er, Mose, wissen (ידע Qal) und sicher sein, dass Jhwh ihm wirklich wohlgesonnen ist. Mit diesem argumentativen „Schachzug" erinnert Mose Jhwh an gegebene Zusagen und fordert sie ein.

Mit einer kurzen, aber inhaltsschweren Aufforderung (V. 13b) setzt Mose noch einen drauf: „Nimm wahr (wörtlich: ‚sieh!'), dass dein Volk dies Volk ist (עמך הגוי הזה)!" Der Satz spielt mit den beiden Lexemen, die die Hebräische Bibel für „Volk" gebraucht.

Das Wort עם 'am steht häufig für das Volk Israel als Gottesvolk, so schon in der Ur-Verheißung am brennenden Dornbusch (Ex 3,7f.). Eben daran hat Mose auch noch unter dem ersten Eindruck der Sünde mit dem Goldenen Kalb erinnert (32,10–13). גוי goy wird im Plural vielfach für fremde, nicht-israelitische Völker gebraucht (vgl. nur Ex 34,10), im Singular aber auch für die Israeliten als Adressaten der göttlichen Verheißung (vgl. Ex 19,6; Dtn 4,6; Jos 3,17; Jer 31,36 u. ö.). Nun aber begnügt sich Mose nicht mit der bloßen Erinnerung, er aktualisiert sie. Das Demonstrativpronomen זה in der Wendung „dies Volk" (הגוי הזה) zeigt auf die Israeliten, die hier und jetzt im Lager ausharren. Sie mögen zur Sünde geneigt und „halsstarrig" (Ex 32,9; 33,3; 34,9) sein, aber sie und kein anderes Volk sind – right or wrong – „dein Volk". Du hast sie dir doch selbst aus den vielen Völkern erwählt als dein Eigentum und ein גוי קדוש, ein heiliges Volk (19,5f.).

Die Antwort Jhwhs erfolgt prompt und lapidar (V. 14). Ja, sein Angesicht werde mitgehen und ja, er werde ihn, Mose, zur Ruhe bringen. Das „Angesicht Jhwhs" ist hier anders konnotiert als in der Beschreibung des „Zeltes der Begegnung" (33,11). Hier entstammt es der „Kriegstopik"[61]. Die Gottheit sagte einem Heer im Kriegsfall Beistand dergestalt zu, dass die Feinde vor Gottes Angesicht zurückweichen, ja umkommen (vgl. etwa Ps 9,4.20; 68,2f. u. ö.). Gelegentlich kann auch Jhwhs Schutz für Israel beim Auszug und bei der Wanderung auf die Wirkung seines Angesichts zurückgeführt werden (Dtn 4,37, vgl. auch Ex 14,24, wo der „Blick" Jhwhs die Ägypter in Schrecken versetzt). Das „Angesicht Jhwhs" kann aber auch unter Israeliten Verwirrung und Untergang hervorrufen (vgl. Klgl 4,16): „Das Mitziehen des Angesichts in Ex 33 muß ... ambivalent gedeutet werden."[62]

Die „Ruheformel" verheißt oft den Beistand Gottes gegen die Feinde beim Einzug ins Land (vgl. Dtn 12,10; 25,19; Jos 21,44 u. ö.). Diese Zusage gilt für gewöhnlich den Israeliten. Hier sichert sie Jhwh ausdrücklich nur Mose zu („ich werde dich zur Ruhe bringen"), aber „dies Volk", auf das Mose ihn so dringlich hingewiesen hat, erwähnt er nicht. Mose scheint Zweifel zu hegen, ob die Antwort Jhwhs

'am und *goy*

33,14: Erste Zusage Jhwhs

---

61 Hartenstein, Angesicht, 170.
62 Hartenstein, Angesicht 171 (kursiv im Original).

auch für das Volk, Jhwhs Volk, gilt. Und so setzt er zu einem zweiten Gesprächsgang an (V. 15–17).

33,15–17: Zweiter Gesprächsgang Mose greift Jhwhs Zusage auf und zieht sie zugleich in Zweifel: Was, wenn sein Angesicht etwa doch nicht mitzieht? Wäre es dann vielleicht sogar besser, wenn die Wanderung ins Land abgesagt würde? Mose formuliert dieses radikale Gedankenexperiment so, dass die Landnahme möglich und wünschenswert bleibt unter der Bedingung, dass Jhwh selbst mitgeht, nicht nur der Bote oder Mose allein – wenn er „*uns*", also Mose *und* das Volk, hinaufführt, wie er es im Übrigen am Dornbusch zugesagt hatte (Ex 3,8).

33,16: Mose und Volk In V. 16 verknüpft Mose sein Verhältnis zu Jhwh noch einmal (vgl. 32,32) mit dem Geschick des Volkes. Nur wenn die Zusage des Mitgehens auch für das Volk gelte, sei zu erkennen, dass er, Mose, bei Jhwh „Gnade gefunden" hat. Nur wenn es einen Unterschied gibt zwischen Mose und dem Gottesvolk einerseits und jedem anderen Volk der Erde andererseits, kann Mose sich weiterhin in Gottes Gunst stehend wissen. Mit dem Motiv des „Unterschieds" (פלה Hi. bzw. Ni.) greift Mose auf die Plagen-Erzählung zurück (8,18; 9,4; 11,7) und erinnert daran, dass Jhwh seinem Volk in besonderer Weise zur Seite gestanden hat.

33,17: Zweite Zusage Jhwhs Wieder antwortet Jhwh lapidar (V. 17). Ja, er werde tun, was Mose von ihm soeben gefordert hat. Weiter ins Detail geht Jhwh erneut nicht, wieder wird das Volk nicht ausdrücklich erwähnt. Jhwh wiederholt die Zusicherungen, die ihm Mose eingangs (V. 12) vorgehalten hat, in umgekehrter Reihenfolge. Diese chiastische Inklusion schließt den Dialog formal und thematisch ab. Fazit: Jhwh bindet sich ausdrücklich nur an Mose. Mose indessen bindet sein Geschick an das des Volkes. Eine Beziehung Jhwhs zum Volk ist hier nur über den Mittler Mose denkbar.

Dialogszene 2: 33,18–23: Mose begehrt, Jhwh zu sehen

33,18: Moses Bitte Der Dialog besteht nicht aus Reden und Gegenreden. Ermutigt durch die Gnadenzusagen, die soeben an ihn ergangen sind, fordert Mose Jhwh heraus mit *einer* lapidaren Bitte: „Lass mich doch deine Herrlichkeit sehen!" (V. 18). Darauf reagiert Gott in drei, jeweils neu eingeleiteten Repliken (V. 19.20.21–23), in denen er die Möglichkeiten und Grenzen aufzeigt, ihn in seiner Gegenwart wahrzunehmen. Zugleich bereitet er die dritte Bergtheophanie vor und erläutert sie.

Es mutet merkwürdig an, dass Mose die „Herrlichkeit" (כבוד) Jhwhs sehen will (V. 18). Sie ist auf der Wanderung (Ex 16,10) sowie im Verlauf der zweiten Bergtheophanie (24,16f.) bereits erschienen. Allerdings waren diese Erscheinungen durch Naturerscheinungen, die „Wolke" bzw. das „fressende Feuer", vermittelt. Hier aber spricht Mose von „deiner Herrlichkeit" ohne alle Attribute und Begleiterscheinungen.[63] Es scheint, dass Mose „mehr" sehen will, als er sagt.[64] Vielleicht ist die Frage nach der Herrlichkeit Jhwhs so etwas wie ein Euphemismus für „Jhwh in seiner Herrlichkeit"[65], und Mose will eigentlich sagen: „Bitte lass *dich* sehen, und zwar nur für mich!"

---

63   So in den Sinaitexten nur noch in Ex 29,43.

64   So Schwienhorst-Schönberger, Sehen im Nicht-Sehen, 108.

65   So Dillmann, Exodus, 385.

Synchrone Analyse 309

In der ersten Replik nimmt Jhwh den Wunsch des Mose nach Sichtbarkeit auf und konterkariert ihn zugleich. Gott wird etwas vor Moses Angesicht „vorbeiziehen lassen" (עבר Hi.). עבר Qal „vorbeigehen oder -ziehen" ist mit Jhwh als Subjekt ein Theophanie-Begriff, der uns in der dritten Bergtheophanie wieder begegnen wird (Ex 34,6; vgl. Ex 12,13; 1 Kön 19,11). Es wird aber nicht Jhwh selbst sein, der an ihm vorübergeht. Vielmehr will er „meine Güte" (טוּבִי) an Mose vorbeiziehen lassen. „Güte" (neben טוב auch טובה) kann konkret das „Beste" an Früchten (Gen 45,18; Dtn 6,11; Neh 9,25) oder andere göttliche Segensgaben (Jer 31,12; Ps 65,12) bezeichnen oder auch Gottes Geschichtstaten meinen (Ex 18,9). In einigen Psalmen wird die Güte Jhwhs assoziiert mit dem Erbarmen (רחמים) und der Gnade (חסד), die er Sündern erweist (Ps 25,6–8; 145,7–9). Mose wird diese erbarmende Güte nicht wirklich sehen, aber er wird von ihr aus dem Mund Jhwhs hören. Im Rückgriff auf die Offenbarung des Jhwh-Namens[66] gibt Jhwh seinem Namen eine weitere Interpretation. Zu dem Deutesatz

33,19: Replik 1

> „Ich werde sein, der ich sein werde" (Ex 3,14),

der die Unverfügbarkeit der Gottheit Jhwhs und die Zukunftsoffenheit seines Handelns hervorhebt, hinzu treten die beiden Sätze

> „Und ich werde gnädig sein, dem ich gnädig sein werde,
> und mich erbarmen, dessen ich mich erbarmen werde" (33,19b).

Indem Jhwh nun seinen Namen mit „Gnade" und „Erbarmen" verbindet, macht er diese Eigenschaften zu Merkmalen seiner Identität. Die sogenannte „Gnadenrede" in 34,6f. wird dies gleich weiter ausführen.

In der zweiten Replik antwortet Jhwh unumwunden und direkt auf Moses Ansinnen – und weist es ab: Nein, du kannst mein Angesicht nicht sehen, ebenso wenig wie irgendein anderer Mensch mich sehen und dabei überleben kann. In den Sinaitexten (und nicht nur dort) ist immer wieder von der Todesgefahr die Rede, die von einer allzu großen Nähe zu Gott ausgehen kann (Ex 3,6; 19,13.21).

33,20: Replik 2

Aber hatte Mose nicht soeben darum gebeten, Jhwhs Angesicht möge ihn und das Volk auf dem Weg ins Land begleiten – und von ihm eine Zusage erhalten (V. 13f.)? Heißt das nicht, dass Jhwhs Angesicht Beistand und Schutz gewährt auf dem Weg statt Vernichtung und Tod? Ist nicht mehrfach davon die Rede, dass Menschen Gott von Angesicht gesehen haben, ohne zu sterben, so Jakob nach dem Kampf mit dem „Mann" (Gen 32,31) oder Gideon (Ri 6,22)? Wenn Beter oder Wallfahrer das Heiligtum vor Augen hatten, konnte dies in der freudigen Erwartung geschehen, Jhwhs Freundlichkeit (Ps 27,4) zu schauen (חזה), sein „Gutes" (Ps 27,13), sein Angesicht zu sehen (Ps 42,3; vgl. Jes 1,12, jeweils ראה) oder seine „Kraft und seine Herrlichkeit zu sehen" (Ps 63,3, חזה und ראה). Vermutlich geht die Rede vom „Sehen Gottes" auf diesen Kontext der kultischen Gottesbegegnungen im Heiligtum zurück. Beter erwarten, die Freundlichkeit, die Kraft und die Herrlichkeit Gottes zu sehen. Sie können aber nicht erwarten, Gottes *ganz* ansichtig zu werden. Was sie wahrnehmen, sind Eigenschaften oder Wirkungen seiner Gegenwart. Jakob, Gideon oder Simsons Eltern sehen eben nicht Jhwh, sondern ein Numen oder

Jhwhs Angesicht sehen

---

66 Vgl. dazu Utzschneider/Oswald, Exodus 1–15, 128f.

den „Boten", also Repräsentanten an Gottes statt. Das gilt auch für die Gottesbegegnungen des Mose. Zum Auftakt der Berufungsvision sieht Mose den brennenden Dornbusch. Dass in der „Feuerflamme der Bote Jhwhs erscheint" (Ex 3,2f.), wissen nur die Leser. Erst als sich Jhwh ihm vorstellt, verhüllt Mose sein Angesicht, „aus Furcht, zu Gott hinzusehen" (3,6).[67] Auch im Gespräch „von Angesicht zu Angesicht" (33,11) ist Jhwh nur im Reden präsent. Kurz: Jhwh wird nie ganz, sondern nur in Teilen, in Begleiterscheinungen, in Wirkungen wahrgenommen. Hier aber geht es Mose ums Ganze, um die frontale Sicht auf das „Angesicht" Gottes.[68] Jhwh weist die Bitte zurück, ihm eine volle Anschauung seiner selbst zu gewähren. So setzt er dem Begehren des Mose nach einer grenzenlosen Gotteserfahrung Grenzen, ausgerechnet in einem Moment, in dem ihn Gott gleich noch einmal und exklusiv in seine Nähe rufen wird.

Bemerkenswert und außergewöhnlich ist, dass Jhwh seine Weigerung mit dem Verweis auf *den* Menschen (האדם) begründet. Neben der Implikation, dass auch Mose nur ein Mensch ist, legt der Bezug auf „den Menschen" nahe, den Text auf einer allgemeineren, theologischen Ebene zu verstehen. Wir kommen darauf gleich zurück.

33,21–23: Replik 3 Im Schlusssatz seiner dritten und letzten Antwort bekräftigt Jhwh den Grundsatz in der allgemeingültigen Form, in der er ihn dem Mose soeben entgegengehalten hat: „Mein Angesicht kann man nicht sehen" (V. 23; vgl. V. 20). Zuvor aber kommt Gott auf Moses Bitte zurück, Jhwhs Herrlichkeit zu sehen. Dabei wird die Grenze denkbar weit in die Nähe Gottes vorgeschoben. Der „Ort" (מקום), den Jhwh für die Begegnung bestimmt, ist nicht der „Ort Jhwhs" selbst, also etwa sein himmlischer Palast (vgl. etwa Hos 5,15; Mi 1,3; 1 Kön 8,30), sondern ein Ort „bei mir", also ein Ort nahe, aber nicht unmittelbar bei Gott. „Der Fels" (הצור), auf den ihn Jhwh dort stellen wird, lässt an den „Felsen am Horeb" denken, „über" dem Jhwh schon einmal vor Mose getreten ist (Ex 17,6). In Ex 34,2 (vgl. auch Elia in 1 Kön 19,11) beordert ihn Jhwh „vor mich" auf den Gipfel des Berges. All diese Ortsangaben verdeutlichen noch einmal die außerordentliche Nähe zu Gott, derer Mose gewürdigt wird.

Selbst Moses anfänglichen Wunsch, die „Herrlichkeit" zu sehen, greift Jhwh auf – und zeigt genau daran die Grenze der Gottesschau auf. Die „Herrlichkeit" wird nicht in der Art Wohnung nehmen, in der sie sich auf dem Berg niedergelassen hatte (Ex 24,16) und wie sie die „Wohnung" ausfüllen wird (40,35). Vielmehr „zieht sie vorüber" (עבר, vgl. 12,13).

> Die Erzählung von der Gottesbegegnung Elias malt die Vorstellung des Vorbeiziehens Gottes aus (1 Kön 19,11–13). Gott zieht an Elia vorbei und schickt einen starken Wind, ein Erdbeben und ein Feuer voraus, also die traditionellen Begleiterscheinungen Gottes auch am Sinai. Ausdrücklich hält der Text fest, dass Gott jeweils nicht darin war. Erst in einer „Stimme verschwebenden Schweigens" (19,12 nach Buber/Rosenzweig) ist Gott dann nahe.

---

67 Vgl. Utzschneider/Oswald, Exodus 1–15, 113f.

68 In der Körper- und Raumauffassung des Alten Testaments bedeutet פנים *pānîm* nicht nur das menschliche Gesicht, sondern auch die „Vorderseite", z. B. eines Gebäudes (Ex 26,9; Ez 41,14), oder die „Oberfläche", etwa der Erde (Gen 2,6; 7,3). Vgl. dazu Wagner, Körper, 123f. und GesL 1061.

Synchrone Analyse 311

Gott ist nicht festzuhalten, oder ohne Bild gesagt: Gotteserfahrung ist transitorisch und wandelbar.

Zu seinem Schutz muss Mose sich gefallen lassen, in eine Felsspalte gestellt und von Gottes eigener Hand abgeschirmt zu werden. Erst nach dem Vorbeizug der Herrlichkeit gibt Jhwh den Blick frei, so dass Mose Gottes „Rückseite" (אחור) sehen kann. אחור *'āḥôr* kann wie פנים *pānîm* zur Lagebeschreibung und als Architekturterminus gebraucht werden (Ex 26,12; 1 Kön 7,25). U. E. bilden *pānîm* und *'āḥôr* im Sinne von „Gesicht, Vorderansicht" sowie „Rückseite, Rückansicht" hier ein Wortspiel zweier Körpermetaphern, die verdeutlichen, dass Mose einerseits eine große Nähe zu Gott gewährt wird und ihm andererseits eine volle Begegnung mit Jhwh verwehrt bleibt.

Vorder- und Rückseite Gottes

Zu Recht hat man die dialektisch-metaphorische Rede von Gottes Vorder- und Rückseite, seinem Gesicht und seiner Rückansicht, in 33,18–23 als biblisches Beispiel einer „negativen Theologie" in Anspruch genommen. Offenbarsein und Verborgenheit Gottes sind untrennbar verbunden.[69]

Szene 3 (*Jhwh-Rede*): 34,1–4aα: Vorbereitung

Mit der Gottesrede, die die letzte Szene dieser Episode bildet, biegt der Text wieder auf die Storylinie von Ex 32–34 ein. Der Auftrag Jhwhs, neue Tafeln zu fertigen, weist auf 32,19 zurück. Davon, dass Jhwh die Tafeln beschreibt, ist bereits in 24,12 und 31,18 die Rede. Als „Gottes Werk" werden sie in der Erzählung von Moses Abstieg gewürdigt, der mitten in das Bacchanal führt, das die Israeliten um das Goldene Kalb feiern (32,15f.).

Neue Tafeln

Das Verbum für Moses Steinmetzarbeit an den neuen Tafeln (פסל) liegt dem Begriff פֶּסֶל *päsäl* zugrunde, der im Bilderverbot des Dekalogs erscheint und auch sonst *nur* als Kultbilder verehrte Rundplastiken bezeichnet (vgl. Textanm. 20,4ª). Die antitypische Verwendung der Begrifflichkeit unterstreicht, dass die neuen, von Mose verfertigten Steintafeln als „Schriftikonen" (vgl. die Auslegung zu 32,19f.) an die Stelle des von Aaron verfertigten und jedes anderen Kultbildes treten sollen.

pāsal

Für den Aufstieg des Mose ist die Rede mit Motiven gestaltet, die sich in anderen Texten der Sinaiperikope finden, insbesondere in Ex 19 und 24,12–14. Auch die erste Bergtheophanie beginnt am Morgen (19,16). Dazu „bereit sein" soll nun nur Mose allein und nicht auch das Volk (19,11.15). Wie in 19,20 wird der Ort als „Berg Sinai" und als „Gipfel des Berges" bezeichnet. Schon auf dem Weg dorthin ist Mose, anders als beim Aufstieg zur zweiten Bergtheophanie (24,13), ganz allein. Und selbstverständlich soll sich nur er, ohne jede Begleitung (V. 3), zu Jhwh hinstellen (V. 2). Die rigiden Bestimmungen, mit denen Mensch und Vieh bei der ersten Bergtheophanie ferngehalten wurden (19,13.21), sind hier noch einmal verschärft. Niemand soll auch nur „sichtbar" sein, und selbst das Weidevieh soll aus der Umgebung des Berges verschwunden sein. Mose allein soll und wird das Privileg haben, vor Jhwh zu stehen.

Intratextualität

---

69 Vgl. Stolina, Art. Negative Theologie, insbesondere Sp. 171 und 173. Nicht unmittelbar im Text angelegt ist u. E. die Deutung als „Indirektheit der Offenbarung", nach der es zur Erkenntnis Gottes „erst im Rückblick auf sein Handeln in der Geschichte" kommt, so Pannenberg, Systematische Theologie, 267f.; ähnlich Dohmen, Exodus 19–40, 352.

312 Episode 5: Ex 33,7 – 34,4aα: Moses Dialoge mit Jhwh um die Gottes-Gegenwart

Diachrone Analyse

DtrG	PK	TK
		33,7–11
33,12–17		33,18–23
	34,1–4aα	

33,7–11: Auswärtiges Zelt
Das in 33,7–11 plötzlich erscheinende auswärtige „Zelt der Begegnung" ist auffällig, da das Verhältnis dieses Zeltes zum priesterlichen Kultzelt im Innern des Lagers nirgendwo explizit geklärt wird. Da das priesterliche Zelt erst in Ex 40 errichtet wird, kann man an ein zweites Zelt denken. Doch die identische Benennung als „Zelt der Begegnung" und die Gestaltung als Hintergrundschilderung iterierender Handlungen legt aus diachroner Perspektive den Schluss nahe, dass hier keine alternative Erzählung vorliegt, sondern ein Metatext über *die eine* Erzählung über *das eine* Zelt. Das wiederum bedeutet, dass der Passus im Blick auf die bereits vorliegende priesterliche Fassung der Heiligtumstexte verfasst wurde und somit nachpriesterlicher Provenienz ist. Dazu fügt sich, dass die Einführung des auswärtigen Zeltes in der Tora-Komposition vorbereitet wird, und zwar durch den zweifachen Hinweis, dass Jhwh nicht in der Mitte des Volkes in das Land ziehen werde (33,3.5).

Die metatextuelle Gestaltung als Hintergrundschilderung ermöglicht es der Tora-Komposition, die vorgegebene priesterliche Zeltkonzeption zu neutralisieren. Noch bevor das Zelt überhaupt steht, wird bereits erläutert, wie es im ständigen Gebrauch war. Auch wenn im Folgenden, etwa in Num 2, erzählt wird, dass das Zelt inmitten des Lagers stand, so stellt Ex 33,7a doch vorab fest, dass es Mose immer wieder außerhalb des Lagers aufzuschlagen pflegte. Es handelt sich also – aus Sicht der Tora-Komposition – um zwei konkurrierende Konzeptionen des einen Zeltes.

Tora-Komposition
In der P-Komposition ist alles auf die Priesterdynastie der Aaroniden zugeschnitten, und eine Funktion Moses ist es, die Aaroniden in ihr Amt einzuführen und das ihnen gewidmete Heiligtum zu errichten. Am auswärtigen Zelt hingegen ist nur Mose tätig, Josua wird zwar erwähnt (33,11b), aber nicht zum Nachfolger Moses eingesetzt. Das ist typisch für die Tora-Komposition, dergemäß Mose einzigartig ist (Ex 14,31; 19,9a; Num 11,25; 12; Dtn 31,14f.23; 34,10–12), insbesondere seine analogielos enge Kommunikation mit Jhwh wird mehrfach hervorgehoben (Ex 19,9a; 33,11a; Num 12,8; Dtn 34,10). Diese Betonung der Einzigartigkeit Moses wird am besten verständlich, wenn man sie zugleich auf die Tora bezieht: Mose steht metonymisch für die Tora. Seine Einmaligkeit realisiert sich in der Welt der Adressaten in der unangefochtenen Geltung der Tora.

Zeugenschaft des Volkes
Wie zuvor am Berg (19,9a.19b) redet Gott nun regelmäßig am auswärtigen Zelt mit Mose (33,8–9) und das Volk ist immer wieder Zeuge (33,10a). Damit ist sichergestellt, dass alles, was Mose sagt, nachweislich von Gott kommt, oder anders ausgedrückt: Die Tora stammt von Gott. Wegweisung für das Volk erfolgt nicht durch priesterlich-kultische Vermittlung, sondern durch Hören der Tora (vgl. Neh 8).

33,12–17: Mitgehen Jhwhs
Im folgenden Abschnitt (33,12–17) wird die in 32,34aα erstmals angeschnittene Frage nach dem Weiterzug des Volkes in das verheißene Land wieder aufgegriffen. Jetzt geht es darum, ob und inwiefern Mose und das Volk die Gunst Jhwhs gefunden haben und dies auch weiterhin erhoffen können. Das Thema wird in 34,5–9 noch einmal aufgegriffen werden, dort aber in der für die Tora-Komposition typi-

Synthese   313

schen allgemeinen Weise. Hier wird es jedoch im direkten Bezug auf den Plot verhandelt und konstituiert daher den grundlegenden Erzählfaden des DtrG.[70]

Der diachrone Status von Ex 33,18–23 ergibt sich aus dem von 34,5–9 und wird daher dort verhandelt.   *33,18–23*

Der letzte Abschnitt (34,1–4aα) ist die Fortsetzung der Erzählung in der P-Komposition mit allen für diese typischen Elementen: Bergname „Sinai", Präsenz Jhwhs auf dem Gipfel, Absperrung des Berges, Gott als Schreiber der Tafeln.   *34, 1–4aα: Neue Tafeln*

Synthese

Nur wenige Stellen im Buch Exodus werden so nuancenreich diskutiert und unterschiedlich ausgelegt wie die zum „Zelt der Begegnung" in Ex 33,7–11 und dessen Verhältnis zum „Zelt der Begegnung", von dem in den Heiligtumstexten (Ex 25–31; 35–40) die Rede ist. Dabei hängt viel von den jeweiligen methodischen Voraussetzungen und Erkenntnisinteressen ab. Das ist in diesem Kommentar mit seiner zweifachen Auslegungsperspektive nicht anders.

Synchron gesehen existieren die beiden Zelte bis ins Buch Numeri hinein schiedlich-friedlich nebeneinander. Anders die diachrone Analyse: Das Zelt der P-Komposition beansprucht den weit größeren Anteil an der Erzählung. Das Zelt der Tora-Komposition schiebt sich aber wie ein bestimmendes Vorzeichen vor das priesterliche Zelt.

Die synchrone Analyse rechnet damit, dass Mose das Zelt „für sich" (Ex 33,7) – erstmals und später mehrfach wieder – außerhalb des Lagers errichtet und dort die folgenden Dialoge mit Jhwh führt, bis dieser ihn wieder auf den Berg beordert (Ex 34,2.4). Das priesterliche Zelt bleibt davon unberührt.

Der Tora-Komposition der diachronen Analyse aber geht es darum, „die vorgegebene priesterliche Zeltkonzeption zu neutralisieren". Sie bringt damit ihr zentrales Anliegen zum Ausdruck, dass Wegweisung für das Volk nicht durch priesterlich-kultische Vermittlung, sondern durch Hören der Tora erfolgt. Die Tora aber ist personalisiert in Mose und seiner Kommunikation mit Gott.

Die bleibende Differenz zur synchronen Analyse besteht in dem scharfen Gegensatz, den die diachrone Analyse zwischen P- und Tora-Komposition zeichnet: In synchroner Lesart sind es *zwei* Zelte und *zwei* Konzeptionen, in diachroner Lesart *ein* Zelt und *zwei* Konzeptionen.

Episode 6: Ex 34,4aβ–28: Auf dem Gottesberg an einem neuen Tag: Neuer Name, neuer Bund, neue Tafeln

Wir gliedern die Episode in zwei Szenen, die beide auf dem Gottesberg lokalisiert sind und in denen ausschließlich Jhwh und Mose auftreten.

---

70 Zur Auffassung, dass Ex 33,12–17 die Fortsetzung der Erzählung vom Goldenen Kalb bildet, vgl. Köckert, Wie kam, 24 mit Anm. 45.

314   Szene 1: Ex 34,4aβ–9: Neuer Name: „… der Schuld, Frevel und Sünde wegnimmt …"

Szene 1: 34,4aβ–9: Neuer Name: „der Schuld, Frevel und Sünde wegnimmt"
Szene 2: 34,10–28: Bundesworte, Bundesschluss und neue Tafeln

Die Eröffnung der ersten Szene bilden der Aufstieg Moses zum Gipfel des Gottesberges sowie der Herabstieg Jhwhs zur dritten und letzten „Bergtheophanie" (34,4aβ–5). Es folgt die „Gnadenrede" Jhwhs, in der er seinen Namen mit Attributen der Gnade verbindet, wenngleich mit der Einschränkung, er werde „Schuld, Frevel und Sünde … nicht einfach ungestraft lassen" (V. 7). Mose greift die Vergebungszusage auf und verbindet sie mit erneuten Bitten.

In der zweiten Szene beantwortet Jhwh diese Bitten nicht direkt. Er trägt eine Reihe von gesetzlichen Bestimmungen zur rechten Gottesverehrung vor. Als „Bundesworte" macht er sie zur Grundlage eines neuen Bundes, den er mit Mose und den Israeliten schließt, wobei die Letzteren (anders als in Ex 24,8) nicht anwesend sind. Wie in 24,3f. die „Worte und Rechtssätze", so schreibt Mose nun die „Bundesworte" (34,11–26) auf die neuen Tafeln und braucht dazu wie für die Entgegennahme der Anleitung zum Bau des Sinaiheiligtums vierzig Tage und Nächte (vgl. 24,18). Im Verhältnis der beiden Szenen manifestiert sich eine Spannung zwischen Gnade und Gesetz, vielleicht ist das Verhältnis beider Größen – theologisch betrachtet – das Thema der gesamten Episode.

Szene 1: Ex 34,4aβ–9: Neuer Name: „… der Schuld, Frevel und Sünde wegnimmt …"

4aβγb Da stand Mose früh am Morgen auf und stieg auf den Berg Sinai, wie ihm Jhwh befohlen hatte, und er brachte[a] beide Steintafeln in seiner Hand. 5 Da stieg Jhwh in der Wolke herab, und er[a] stellte dort sich bei ihm hin und rief den Namen Jhwh an. 6 Da ging Jhwh vor ihm[a] vorüber und Jhwh rief[b]:
„Jhwh[c], barmherziger und gnädiger Gott, langsam zum Zorn und reich an Huld und Treue, 7 der Huld bewahrt für Tausende (Generationen), der Schuld, Übertretung und Sünde vergibt[a], (diese) aber nicht einfach ungestraft lässt[b], der die Nachkommen für die Schuld der Väter zur Verantwortung zieht[c] (bis) in dritter und vierter (Generation)."
8 Da neigte sich Mose eilends zur Erde und warf sich nieder 9 und sprach: „Wenn ich Gnade in deinen Augen gefunden habe, Herr, dann gehe doch der Herr in unserer Mitte. Auch wenn[a] es ein halsstarriges Volk ist, wirst du (doch) unser schuldhaftes Tun[b] und unsere Sünde vergeben und uns zu deinem Erbteil machen."

Anmerkungen zu Text und Übersetzung

4[a]   Die Wurzel לקח hat die Grundbedeutung „nehmen"; sie kann aber auch in den Bedeutungen „holen" bzw. „bringen" (so GesL 614; vgl. Gen 18,5; 42,16) verwendet werden, die hier inhaltlich passender sind.

5ª   Für die beiden Verben ויקרא („und er rief") in V. 5b und V. 6aα ist das jeweilige Subjekt nicht eindeutig bestimmbar, es kann jeweils Jhwh oder Mose sein. Zu entscheiden ist das Problem nur durch inhaltliche Erwägungen, insbesondere aufgrund der Bezüge auf den Dialog 33,18–23 (zur Auslegungsgeschichte vgl. Houtman, Exodus 3, 707f.). *Formal* wäre an dieser Stelle der Bezug auf Jhwh im vorausgehenden Satz entscheidend, so dass Jhwh bzw. die Wolke als Subjekt zu verstehen wäre (so etwa Jacob, Exodus, 966). Allerdings ist dies schwer mit der Szene zu vereinbaren, in der Jhwh an Moses Angesicht vorübergeht (V. 6). Für Mose als Subjekt spricht, vor allem in synchroner Perspektive, dass Jhwh ihn in 33,21 und 34,2 aufgefordert hatte, sich „dort", auf dem Gipfel des Berges nämlich, bei ihm hinzustellen. Die Wortverbindung קרא בשם wird häufig für die betende Anrufung Jhwhs oder auch eines anderen Gottes durch einen Menschen gebraucht (z. B. Gen 4,26; 12,8; 1 Kön 18,24). Auch deshalb liegt hier Mose als Subjekt nahe (vgl. weiter Textanm. 6ᵇ).

6ª   Wörtlich: „gegen(über) seinem Gesicht/seiner Vorderseite", vgl. GesL 1063.

6ᵇ   Auch hier wird bisweilen Mose als Subjekt angenommen (so schon Vg und TgN, vgl. Propp, Exodus 19–40, 609), da die folgende „Gnadenrede" der V. 6ayb.7 (vgl. dazu die Auslegung) als hymnisches Gebet im Munde von Menschen belegt ist. U. E. leitet der Satz aber die angekündigte Selbstproklamation Jhwhs ein; vgl. Ex 33,19; Num 14,18 und die folgende Textanmerkung.

6ᶜ   Die zweifache Nennung des Jhwh-Namens kann syntaktisch unterschiedlich verbunden werden. (1.) Der erste Name kann als explizites Subjekt zum Vorsatz gezogen werden: „Und Jhwh rief: Jhwh ..."" (so etwa Houtman, Exodus 3, 707; vgl. Textanm. 6ᵇ). (2.) Die beiden Namen können als Nominalsatz verstanden werden, der mithin eine Identitätsaussage, eine Art göttlicher Selbstdefinition, trifft: „Jhwh ist Jhwh" (so z. B. Cassuto, Exodus, 439; Jacob, Exodus, 967; Dohmen, Exodus 19–40, 321). (3.) Der doppelte Name kann als Intensivierung verstanden werden (vgl. Gen 22,11; 46,2; Ex 3,4, vgl. die massoretischen Akzente und z. B. Childs, Exodus, 602; Albertz, Exodus 19–40, 310f.). Eine Gebetsanrede mit dem zweifachen Gottesnamen „Jah, Jahwe" findet sich auch in der Inschrift B aus Chirbet Bet Layy, einer „Bittformel" (vgl. HAE I, 247f.). Unter syntaktischen Kriterien ist die Frage u. E. nicht zu entscheiden. In der Übersetzung haben wir die Möglichkeit (1.) gewählt, ohne die anderen Möglichkeiten auszuschließen.

7ª   Wörtlich: „(weg-)trägt".

7ᵇ   Das Verbum נקה heißt im Ni. „frei sein / rein sein" (von Schuld oder Verpflichtung, vgl. etwa Num 5,31, von Strafe Ex 21,19 u. ö.); im Pi. mit מן bedeutet es „lossprechen von etwas" oder „ungestraft lassen". Für gewöhnlich bezieht sich dies auf eine Person als Objekt (so z. B. im Namensmissbrauchsverbot Ex 20,7). In diesem Sinn setzt auch LXX ἔνοχον „einen Schuldigen" als Objekt hinzu. Anders in Joël 4,21, wo das Verbum נקה im Pi. das durch fremde Völker vergossene Blut der Judäer als Objekt hat.

7ᶜ   Zur Übersetzung vgl. Textanm. 20,5ᵇ.

9ª   Zu כי als Einleitung eines Konzessivsatzes vgl. GesL 540.

9ᵇ   Die Wiedergabe des Plurals von עון zielt auf den Tat-Aspekt der Schuld ab (vgl. die Auslegung zu V. 7).

Synchrone Analyse

Die Episode erzählt die dritte Erscheinung Jhwhs auf dem Gottesberg (nach Ex 19,16–18 / 20,18; 24,15b–18). Verglichen mit den vorhergehenden Theophanien ist sie unspektakulär. Von den erschreckenden Naturerscheinungen wie Rauch, Donner und Feuer ist nur noch „die Wolke" geblieben, in der bzw. als die Jhwh auf den Berg herabfährt. Entsprechend den Ankündigungen (33,19.21; 34,2) stellt sich

34,4aβ–5: Theophanie

316 Szene 1: Ex 34,4aβ–9: Neuer Name: „... der Schuld, Frevel und Sünde wegnimmt ...“

Mose auf dem Berg „bei ihm“ hin und ruft „den Namen Jʜᴡʜs“ an (V. 5). Was ist damit gemeint?

Namen Jʜᴡʜs anrufen

Der Ausdruck „den Namen Jʜᴡʜs anrufen“ קרא בשם יהוה lässt sich ganz wörtlich übersetzen mit „Rufen mittels des Namens ‚Jʜᴡʜ‘“. Er wird in unterschiedlichen Zusammenhängen für die Anrufung Jʜᴡʜs im Gebet gebraucht (z. B. Gen 4,26; 12,8; 1 Kön 18,24; Zeph 3,9; Ps 105,1). Dabei ist wohl vorausgesetzt, dass der Name „Jʜᴡʜ“ tatsächlich gesprochen oder gerufen wurde (vgl. etwa Jes 12,4f.; Ps 118,5; für die Anrufung des Gottes Baal: 1 Kön 18,24f.). Der Ruf kann ein Lobpreis sein (Jes 12,2) oder, sehr oft, ein Hilferuf. Die Anrufung Gottes führt in seine Nähe (Jes 55,6; Ps 145,18), ja sie kann seine Gegenwart herbeiführen (Jes 64,1).

34,6

Auf den Gebetsruf des Mose hin geht Jʜᴡʜ vor Mose vorüber (V. 6). Die Erzählung bleibt vage, was Moses visuelle Wahrnehmungen betrifft. Konkret ist nur von der Wolke die Rede. Liest man V. 6 von 33,18–23 her, so bekommt Mose Gott selbst nicht zu Gesicht, allenfalls so etwas wie die „Rückseite“ seiner Herrlichkeit (33,23). Seine „Güte“, die Jʜᴡʜ nach 33,19 vorübergehen lassen will, ist als sichtbare Größe schwer vorstellbar, und so verbindet Jʜᴡʜ ihr Erscheinen bereits in 33,19 mit der Ausrufung, der Proklamation seines Namens (V. 19f.). Eben dies geschieht auch hier. Auf den Gebetsruf des Mose in V. 5 antwortet Jʜᴡʜ seinerseits mit der Ausrufung seines Namens „Jʜᴡʜ“, an die sich die Gottesrede anschließt, die in der neueren Exegese als „Gnadenformel“[71], als Bekenntnis[72] oder, wohl zutreffender, als „Gnadenrede“[73] bezeichnet wird (V. 6ayb–7). Mose wird darauf seinerseits mit einer Proskynese und zwei Bitten antworten (V. 8f.). Die dritte Bergtheophanie ist eher ein betendes Zwiegespräch, exklusiv zwischen Jʜᴡʜ und Mose, als ein Spektakel für die Augen und Ohren des Volkes wie die beiden vorangehenden Bergtheophanien.

34,6ay–7: Gnadenrede

Die Gottesrede in V. 6ay–7 ist weder ein abgeschlossener Satz, noch besteht sie (mit einer Ausnahme, auf die gleich einzugehen sein wird) aus ganzen Sätzen. Vielmehr ruft Jʜᴡʜ seinen Namen aus, schließt daran die Bezeichnung „El“ („Gott“) an und fährt in nominalen Wortgruppen fort, nämlich mit zwei Paaren von Adjektiven sowie drei mit attributiven Partizipien gebildeten Fügungen. In die Reihe dieser Fügungen ist an vorletzter Stelle ein wᵉ-x-yiqtol-Verbalsatz eingefügt, der sie wie eine Art Einwurf unterbricht. Somit lässt sich die Struktur der Gnadenrede als ganze so darstellen:

	Jhwh	יהוה
	Gott	אל
Adjektivpaar	barmherzig und gnädig,	רחום וחנון
Adjektivpaar	langsam zum Zorn und reich an Huld und Treue,	ארך אפים ורב חסד ואמת
Partizip	der Huld bewahrt den Tausenden,	נצר חסד לאלפים

---

71 Vgl. dazu unten den Exkurs „Die Gnadenformel“.

72 Vgl. Sᴄʜᴀʀʙᴇʀᴛ, Formgeschichte, 130–150 passim; Dᴜʀʜᴀᴍ, Exodus, 454.

73 So Fʀᴀɴᴢ, Der barmherzige, 111. Wir unterscheiden die „Gnadenrede“ (V. 6f.) von der „Gnadenformel“, die nur die adjektivischen Prädikationen in V. 6b umfasst.

Partizip	der wegnimmt Schuld, Frevel und Sünde,	נשׂא עון ופשע וחטאה
Verbalsatz	(diese) gewiss nicht ungestraft lässt,	ונקה לא ינקה
Partizip	der zur Verantwortung zieht die Nachkommen für die Schuld der Väter (bis) in dritter und vierter (Generation).	פקד עון אבות על בנים ועל בני בנים על שׁלשׁים ועל רבעים

Wie lässt sich dieses einzigartige Sprachgebilde verstehen? Zunächst ist die Rede in poetischem Stil gehalten, mit Alliterationen und einprägsamem Sprechrhythmus. Eingeleitet wird sie mit dem gleichen Verbum קרא wie der vorangehende Gebetsruf des Mose.[74]

Die Rede selbst beginnt JHWH mit „JHWH", also mit seinem eigenen Namen. Daran schließt eine Reihe von Selbstbezeichnungen an, die man auch als Erweiterungen des Namens ansehen kann.[75] Unmittelbar auf den Namen folgt die Bezeichnung אל *'el*, wörtlich übersetzt: „(ein) Gott". In Hos 11,9 bezeichnet sich JHWH als *'el* im Gegensatz zum (männlichen) Menschen (אישׁ). Mit Bezug auf JHWH wird *'el* nicht selten mit Adjektiven oder anderen Näherbestimmungen verbunden, so kann von JHWH als „höchster Gott" (Gen 14,18), als „lebendiger Gott" (Hos 2,1) oder als „Gott der Herrlichkeit" (Ps 29,3) die Rede sein. Im Kontext der Sinaitexte gehört die Selbstbezeichnung אל קנא „eifriger Gott" im Dekalog (Ex 20,5) in diese Reihe, worauf zurückzukommen sein wird. Versteht man die Gnadenrede nach diesem Muster, so führt JHWH in den Adjektiven und Partizipien seine Eigenschaft als Gott weiter aus. Diese Prädikationen sind in zwei Gruppen angeordnet. Die Adjektivpaare drücken Eigenschaften und Handlungsmotivationen JHWHs aus, von denen Mose und durch ihn auch die Israeliten Kenntnis haben sollen. Mit den partizipialen Fügungen bringt Gott seine Handlungsabsichten zum Ausdruck.

Selbstbezeichnungen

Sowohl die Eigenschaften wie die Intentionen, die JHWH zu Bestandteilen seines Namens gemacht hat, sind keine abstrakten theologischen „Ideen", sondern eng mit dem narrativen Kontext der Sinaitexte verbunden, sie erwachsen sozusagen aus den Erfahrungen, die JHWH mit den Israeliten, mit Mose, aber auch mit sich selbst gemacht hat.

Die Gnadenrede und ihre Kontexte

Das erste Adjektivpaar, „barmherzig" (רחום) und „gnädig" (חנון), greift im Duktus der Erzählung die Ankündigung der Namensproklamation in Ex 33,19 auf: „Und ich werde gnädig sein, dem ich gnädig sein werde (חנן *ḥnn*), und mich erbarmen, dessen ich mich erbarmen werde" (רחם *rḥm*).

Barmherzig und gnädig

Die Wurzel *ḥnn* erscheint im Dialog 33,12–17 in Gestalt des Nomens *ḥen*, das wir mit „Gnade" wiedergegeben haben. Zweimal hat Mose in Frage gestellt, ob er und das Volk in JHWHs Augen wirklich „Gnade gefunden" haben, und er hat Gott

---

74 Im Talmud findet sich die Vorstellung, dass auch Gott „betet" (vgl. dazu GRÖZINGER, Denken, Bd. 1, 243f. und bBer 7a).

75 William Propp plädiert dafür, „Ex 34,6–7 as one long divine name" zu lesen, und verweist dazu auf die Namen des königlichen Kindes (Jes 9,5) und der Jesaja-Söhne (Jes 7,3; 8,3), vgl. PROPP, Exodus 19–40, 609.

318 Szene 1: Ex 34,4aβ–9: Neuer Name: „... der Schuld, Frevel und Sünde wegnimmt ...“

dazu gedrängt, er möge ihn und das Volk auf dem Weg weiterhin begleiten. Die Antworten Jhwhs waren noch nicht eindeutig. Nun verpflichtet Jhwh sich gleichsam mit seinem Namen, seine Gunst nicht nur Mose, sondern auch (wieder) dem Volk zuzuwenden. Das Attribut „gnädig“ greift noch weiter zurück. Im Dekalog am Ende des Kultbild- und Fremdgöttergebots hatte Jhwh eine ganz andere Selbstbezeichnung gewählt: 'el qanna „eifriger Gott“, der Verletzungen seines Anspruchs auf Alleinverehrung mit wütender Eifersucht quittieren kann (vgl. Ex 20,3f.). Dies ist hier zurückgenommen – allerdings nicht ganz, wie wir gleich sehen werden.

An erster Stelle des Adjektivpaares schreibt sich Jhwh die Eigenschaft zu, „barmherzig“ (רחום raḥûm) zu sein. Anders als für „gnädig“ (ḥanûn) finden sich dafür im Kontext keine Stichwortverbindungen. Die Wurzel rḥm hat ein anderes Bedeutungsfeld als der Wortstamm ḥnn. Stand der Letztere vor allem für den Gunst- und Gnadenerweis im höfischen Kontext (vgl. oben zu 33,12), so ist mit Ersterem „die Konnotation der elterlichen Beziehung zu ihren Kindern“[76] verbunden. Für das Verhältnis Jhwhs zu seinem Volk spielt dieser Zusammenhang in der Metaphorik von Hos 1–2 eine Rolle. Jhwh vergleicht dort die Beziehung zu Israel mit einer Liebes- und Ehebeziehung. Die Untreue der Frau „Israel“ durch die Verehrung fremder Götter markiert Jhwh durch die Benennung eines Kindes mit dem Symbolnamen lo'-ruḥāmā „Nicht-Erbarmen“ (Hos 1,6) als Zeichen drohenden Gerichts. Die Umkehr Israels bewirkt indessen, das Jhwh sich der lo'-ruḥāmā wieder „erbarmt“ (Hos 2,25, ähnlich Jes 49,15). Ob „barmherzig“ in der Gnadenrede auf Hos 1f. unmittelbar anspielt, kann dahingestellt bleiben. Wir vermuten, dass der Text hier das Adjektivpaar als Teil der geprägten Gnadenformel und ihres Bedeutungsfeldes (s. dazu gleich) einspielt, zu der auch das folgende Adjektivpaar gehört.

Langsam zum Zorn   Der Ausdruck „langsam zum Zorn“ (ארך־אפים) gehört wiederum in den höfischen Bereich. „Königszorn bedeutet Todesboten, ein weiser Mann besänftigt ihn“ (Spr 16,14). In einer derartigen Rolle sah sich Mose bereits in seinem Gespräch mit Jhwh auf dem Gottesberg, als er sich anschickte, wieder ins Lager hinabzusteigen. Während man im Lager das Kultbild feierte, musste Mose den Zorn Jhwhs nach allen Regeln der Überredungskunst besänftigen, um ihn von der Vernichtung des Volkes abzuhalten (Ex 32,9–14). Jetzt macht Jhwh sich die Langmut als Handlungsmaxime zu eigen.

Güte und Treue   Huld bzw. Güte und Treue wird unter Menschen erwiesen, wenn man ein Versprechen erbittet (Gen 24,49; 47,29) oder zusagt (Jos 2,14). Es geht um Zuverlässigkeit im Handeln. Die Wortverbindung ist besonders in den Psalmen anzutreffen, z. B. in Ps 25,10: „Alle Pfade Jhwhs sind Güte und Treue denen, die seinen Bund und seine Gesetze (עדתיו) bewahren.“ Die Mehrzahl der Belege sind Gebete, wenn Menschen in Not an Gottes „Güte und Treue“ appellieren oder sie bezeugen, wenn ihre Bitten erhört sind (vgl. Ps 40,11f.; 57,4; 61,8; 117,2; 138,2).

Gnadenformel   Beide Adjektivpaare zusammen bilden die „Gnadenformel“, die mit Jhwh als Subjekt in der 3. Person oder 2. Person (z. B. „Jhwh ist ein gnädiger und barmherziger Gott ...“) und bisweilen leicht modifiziertem Wortlaut formuliert ist. Sie findet sich in Dtn 7,9–11; Ps 86,15; 103,8; 145,8; Joël 2,13; Jona 4,2; Mi 7,18; Nah 1,2–3; Neh 9,17.31.

---

76 Franz, Der barmherzige, 117.

Synchrone Analyse

Die „Gnadenformel"

In Ps 86,15 steht die Formel im Zusammenhang mit einer Bitte um Beistand gegen Feinde; Ps 103 ist ein Hymnus, der u. a. Gottes Bereitschaft zur Sündenvergebung preist. V. 7 nimmt ausdrücklich auf Mose Bezug, bevor V. 8 die Gnadenformel zitiert. Auch in Ps 145 gehört sie in den Kontext eines hymnischen Lobpreises. Neh 9 ist als Gebet im Rahmen eines Bußfastens gestaltet, das die Leviten zusammen mit der Gemeinde beten (V. 1–5). Den größten Teil des Gebets (Neh 9,6–37) nimmt ein Geschichtsrückblick ein, der die Geschichte Israels als Heils- und Sünden- und Vergebungsgeschichte aufblättert und im Zusammenhang mit der Sünde des Goldenen Kalbes auch die „Gnadenformel" erwähnt (V. 17f.). In V. 31 schließt der Rückblick mit dem Résumé: „Nach deinen vielen Erweisen von Erbarmen hast du nicht ein Ende mit ihnen gemacht, sondern sie nicht verlassen: Denn ein gnädiger und barmherziger Gott bist du." Die beiden Belege in Joël 2 und Jona 4 stehen ebenfalls im Kontext ritueller Bußfeiern. In Joël 2 ruft der Prophet die Gemeinde zu aufrichtiger Buße und begründet den Aufruf mit der Gnadenformel (V. 13). Der Prophet Jona kommentiert die Buße der Einwohner von Ninive verdrießlich mit der Gnadenformel (Jona 4,2f.). Er, Jona, habe doch schon immer gewusst, dass Gott gnädig und barmherzig ist. Warum habe er ihn dann überhaupt zu der Bußpredigt nach Ninive geschickt?

Die Gnadenformel wird also meist von Gläubigen als Gebet gebraucht – sei es um Hilfe, sei es um Vergebung oder sei es im Lobpreis. *Nur* in Ex 34,6 bezieht sie Jhwh auf sich selbst und macht sie zu einem Bestandteil seines Namens. So nimmt er die Anliegen der Gläubigen in seinen Namen auf (vgl. oben zur Einleitung der Gnadenrede mit קרא) und macht sie sich zu eigen. Es fragt sich, ob die Namensteile „barmherzig und gnädig" so etwas wie eine vorlaufende Generalabsolution aller Sünden ausdrücken, lutherisch gesprochen: eine Gerechtigkeit „ohne des Gesetzes Werke".[77]

Damit setzt sich der zweite Abschnitt der Gnadenrede in Ex 34,7 und im Grun- 34,7 de genommen der ganze Rest der Episode auseinander. Mit V. 7 setzt die Reihe der drei in Partizipien ausgedrückten Prädikationen ein, mit denen Jhwh seine Handlungsabsichten kundtut. Er wolle

> „Huld bewahren ...",
> „Schuld ... vergeben ...",
> freilich „(Schuld ...) nicht ungestraft lassen" (Verbalsatz!),
> Söhne „für die Schuld der Väter ... zur Verantwortung ziehen".

Dieser Teil der Gnadenrede enthält ein Dilemma. Einerseits will Gott Huld bewahren und Schuld vergeben. Dabei aber hält er – sprachlich durch den Verbalsatz markiert – inne, als müsste er beides noch einmal überdenken: Schuld kann nicht einfach ungestraft bleiben. So ergänzt er seinen Namen – nun wieder im Partizip formuliert: Er ist auch ein Gott, der für Schuld „zur Verantwortung" zieht.

Auch dieser Teil des neuen göttlichen Namens nimmt Motive und Vorgänge der Sinaiperikope auf, insbesondere aus der Dekalogrede.

---

77 Spieckermann, Barmherzig, 10, meint, dass in V. 7 der am „Finale deuteronomistischer Theologie mitwirkende Theologe ... die Bewahrung von Jahwes Gnadenreichtum für die Tausende ‚ohne des Gesetzes Werke' verkündete ..."

320 Szene 1: Ex 34,4aβ–9: Neuer Name: „… der Schuld, Frevel und Sünde wegnimmt …"

Gunst bewahren Das Verbum נצר, das wir mit „bewahren" wiedergegeben haben, meint zunächst „ein Auge haben" auf etwas Wertvolles. Ein Besitzer wacht über seinen Obstbaum (Spr 27,18), eine Stadt hat Wachttürme (Nah 2,2). Jhwh „hütet" Israel „wie seinen Augapfel" (Dtn 32,10). „Bewahren" sollen Menschen besonders die Gebote und „Wege" Gottes (Ps 105,45; 119,33). Die Gnade oder die Gunst, die Jhwh hier „bewahren" will, gilt „den Tausenden". Aber welchen und warum? In synchroner Perspektive ist dieser Vorsatz als verkürztes und verändertes Zitat aus Ex 20,6 zu lesen. Er, der „eifrige Gott, … wird Gunst erweisen" den „Tausenden, die mich lieben und meine Gebote halten (שמר)". Wenn hier nun in einer einmaligen Wortverbindung von „Gunst bewahren" die Rede ist, dann meint das wohl zunächst: Gott wird das Versprechen des Dekalogs wahren, *er* wird ihm verpflichtet bleiben. Damit muss hier nicht mehr weiter ausgeführt werden, wer die „Tausende" sind, es sind eben die, von denen schon im Dekalog die Rede war. Dabei aber lässt die Gnadenrede die Einschränkung auf „die, die ihn lieben und seine Gebote halten" weg. Will Gott auch denen Gunst erweisen, die ihn nicht durchweg lieben und seine Gebote halten? Es würde die Wandlung vom „eifrigen" zum „gnädigen" Gott unterstreichen.

Sünden vergeben Auf dieser Linie liegt auch die Prädikation, der zufolge er „Schuld, Übertretung und Sünde vergibt". Hier sind in einem Atemzug die drei wichtigsten Begriffe des Alten Testaments genannt, die so etwas wie „Sünde" bedeuten. (In dieser Zusammenstellung kommen sie, wenn wir recht sehen, überhaupt nur hier vor.) Sie überschneiden sich in ihren Bedeutungen, es lassen sich aber jeweils Schwerpunkte angeben. Das Wort „Schuld (עון)" bezeichnet Taten gegen bestehende Verbote, Gebote oder Sitten bzw. die Folgen, die den Tätern daraus erwachsen können. Mit „Übertretung" geben wir das hebräische פשע wieder, es kann den Aufruhr gegen ein Königshaus bezeichnen (1 Kön 12,1), meist aber die Auflehnung (Am 3,14) gegen Gott oder auch seine Tora (Hos 8,1). חטאה ist der häufigste Begriff und wird zumeist, so auch in unserer Übersetzung, mit dem Allgemeinbegriff „Sünde" wiedergegeben. Er meint die Verfehlung, das Vergehen gegenüber Menschen oder Gott und gegen diesbezügliche Ge- bzw. Verbote.[78] Auf die Einzelheiten kommt es hier nicht an, sondern gerade auf die Summierung. Gott will *jedwede Sünde* „vergeben". Der einschlägige hebräische Begriff dafür, נשא *nāśa'*, meint eigentlich „tragen, aufheben". Sünde und vor allem Schuld, auch und gerade im ganz materiellen Sinn, verschwinden durch die Vergebung nicht einfach aus der Welt. Sie können nur „aufgehoben" werden im doppelten Sinn des Wortes, entweder indem der Verursacher die Schuld begleicht oder eine Sanktion auf sich nimmt oder indem ein anderer, nicht zuletzt Gott selbst, „sie auf sich nimmt" (vgl. den „Sündenbock" in Lev 16,21f.). Gott macht die Sünde zwar nicht ungeschehen, aber er wendet ihre Folgen für den Verursacher ab.[79] Auch dieses Handlungskonzept verweist innerhalb der Sinaierzählung zurück. Bezüglich des Boten, den er als Begleiter auf dem Weg angekündigt hat und der seinen Namen in sich tragen sollte, ermahnte Jhwh das Volk: „Hüte dich vor ihm, lehne dich nicht gegen ihn auf, denn er wird eure Auflehnung (לפשעכם לא ישא) nicht vergeben" (Ex 23,21). Davon hat sich Jhwh mit seinem neuen Namen schroff distanziert. So sollte eigentlich der Bitte Moses

---

78 Vgl. die kurze Zusammenfassung in Köhler, Theologie, 158–160, und die Auslegung zu Ex 29,10–14.

79 Vgl. dazu Freedman/Willoughby, Art. נָשָׂא *nāśā*, 637f.

Synchrone Analyse

321

nach dem Sünden-Desaster des Goldenen Kalbes, „vergib doch ihre Sünde" (אם
תשׂא חטאתם, 32,32), nichts mehr entgegenstehen.

Doch bringt Jhwh genau hier den Einwand vor, der ihn in das oben angedeute- „nicht unge-
te Dilemma bringt: „... (diese) aber gewiss nicht ungestraft lässt." Das reguläre straft lassen"
Objekt des Satzes sind u. a. die im Vorkontext genannten Sünden, also die Sünde
in jedwedem Sinn (vgl. Textanm. 7^b). Anders als im Nachsatz zum Namensmissbrauchsverbot in Ex 20,7 / Dtn 5,11 ist hier nicht (jedenfalls nicht eindeutig) eine
Person, ein Täter, gemeint, sondern die Tat. Bei allem Willen, sie *den Tätern* zu
vergeben, wird er sie, die Tat, nicht „ohne Strafe lassen", einfach „frei ausgehen"
oder auf sich beruhen lassen. Sünde bleibt Sünde, auch wenn der Täter von deren
Folgen und Sanktionen entlastet sein mag.

Auch die letzte Prädikation, in der sich Jhwh als einen erklärt, der „heimsu- „der zur
chen wird" bzw. der „zur Verantwortung ziehen wird", verweist zunächst zurück Verantwor-
auf den Dekalog, genauer: auf den Nachsatz zum Verbot der Kultbildverehrung tung zieht"
(Ex 20,5b). Dort spricht der „eifrige Gott". Anders als in der Gnadenrede steht im
Dekalog das „Heimsuchen" (פקד) noch an erster Stelle und der Gunsterweis an
zweiter (20,6). Der „barmherzige und gnädige Gott" zieht für seine Namen die
Bewahrung der Gunst und die Vergebung dem „Heimsuchen" vor. Auch in Ex 32
hatte Jhwh dem vorsichtigen Wunsch des Mose, „du mögest doch ihre Sünde vergeben" (V. 32), noch die harte Aussage entgegengehalten: „... am Tag, an dem ich
heimsuche, werde ich *an ihnen* ihre Sünde heimsuchen" (V. 34). Die Täterpersonen
werden hier ausdrücklich identifiziert: die Israeliten, die das Goldene Kalb verehrt
haben. Etwas genereller ist da die Dekalogformulierung in Ex 20,5, aber auch sie
personalisiert die Richtung der Heimsuchung auf „die, die mich hassen" (Ex 20,5).
Die Gnadenrede verzichtet darauf und vermeidet die spaltende Klassifizierung der
Menschen in solche, die Gott lieben (Ex 20,6) und solche, die ihn hassen, in „Gute"
und „Böse".

Aber auch der „gnädige Gott" lässt die Frage des Dekalogs nicht auf sich beru-
hen, welche Folgen (auch vergebene) Schuld hat. Auch der gnädige Gott zieht die
Nachkommen bis in die dritte und vierte Generation zur Verantwortung für die
Schuld der Väter, allerdings unter geänderten Vorzeichen.

Der Text führt nicht weiter aus, was es bedeutet, als Nachgeborene Verantwortung zu übernehmen. (Im Ezechielbuch, Ez 18,1–4, wird dies übrigens ausgeschlossen.) Prüft Gott die nachfolgenden Generationen, „ob die Sünden der einen Generation bei den Nachgeborenen wieder begegnen"[80], oder sollen „die schlimmen
Folgen der Sünden ihrer Väter ... auf drei bis vier Generationen begrenzt sein"[81]?
Rainer Albertz hat für die Exilszeit nachgerechnet: Von der Generation der Väter,
die die Sündenstrafe des Exils durch ihren Ungehorsam verursacht hat, bis zu den
beiden Folgegenerationen (das „erste und zweite Glied") seien je Generation etwa
25 Jahre zu veranschlagen, also insgesamt etwa 75 Jahre. Dies ergibt die Zeitspanne
von 615–540 v. Chr.[82]

---

80 Dohmen, Exodus 19–40, 355.
81 So Albertz, Exodus 19–40, 313.
82 Vgl. Albertz, Exodus 19–40, 313, Anm. 9. Eine andere Deutung hat Franz, Der barmher-
    zige, 146–151: „Gott hat Geduld. Er schlägt die Sünder nicht auf der Stelle tot. Er wird
    maximal vier volle Generationen verstreichen lassen, bis er die Schuld einer Familie
    dieser wieder zurechnet" (150). Vgl. auch Schenker, Versöhnung, 87f.

322 Szene 1: Ex 34,4aβ–9: Neuer Name: „... der Schuld, Frevel und Sünde wegnimmt ..."

Überträgt man diese Rechnung auf die heutigen Nach-Holocaust-Generationen in Deutschland, so stehen diese (gerade) noch in der Verantwortung für die Sünden ihrer Väter und Großväter. Fraglos aber werden diese Verantwortung noch viele weitere Generationen zu tragen haben, auch wenn längst keine individuell zurechenbare Schuld und vielleicht auch gar keine genealogische Verbindung mehr besteht. Sie werden sich prüfen lassen müssen, ob die Sünde der Vorväter bei ihnen weiter virulent ist. So gesehen ist das biblische Maß, das die Verantwortung auf drei Generationen von Nachgeborenen begrenzt, ein Ausdruck von Gunst, sündentheologisch gesprochen: von Gnade.[83]

34,8–9: Moses Bitten Nach dieser monumentalen theologischen Selbst-Darstellung Jʜᴡʜs geht Mose erst einmal in Ehrfurcht in die Knie (V. 8). Im Gebet freilich findet er seine Fassung alsbald wieder (V. 9). Erkennbar ist er bestrebt, die Situation nach der Gnadenproklamation zu nutzen. Noch einmal legt er dem gnädigen Gott zwei Bitten vor. Die erste Bitte knüpft an 33,12–17 an: Dass Jʜᴡʜ doch inmitten Israels vorangehen möge. Eben dies aber hatte Jʜᴡʜ zuvor noch ausdrücklich abgelehnt (33,3.5). Die zweite Bitte beginnt mit einem Zugeständnis: Ja, es ist ein halsstarriges Volk (vgl. zu 32,9; 33,5) und bleibt es wohl auch. Nun aber, wenn Gott sich selbst gerecht werden wolle, dann „wirst du unser schuldhaftes Tun und unsere Sünden verzeihen und uns zu deinem Erbteil machen". Mose knüpft damit an die Vergebungsbitte von 32,32 an, erweitert und modifiziert sie aber ganz erheblich. Mose begnügt sich nicht mit der Vergebung etwa nur der einen Sünde, ähnlich wie Jʜᴡʜ in V. 7 bedient er sich einer Mehrzahl von Sündenbegriffen. Das Verbum סלח „verzeihen" scheint nicht nur zu implizieren, dass die Schuld (von Gott) getragen und aufgehoben wird, sondern dass sie tatsächlich „ab-getragen" ist, ungeschehen gemacht ist. Der Terminus wird bei der kultischen Sühne durch das Sünd- bzw. Schuldopfer gebraucht (Lev 4,20; 5,10 u. ö.). Mose hatte den Sühneterminus כפר Pi. gebraucht, als er sich anschickte, zu Gott emporzusteigen, um „für eure Sünde Sühne zu erwirken" (vgl. Ex 32,30). In Jer 50,20 ist ausdrücklich davon die Rede, dass „verzeihen" (סלח) heißt, dass die „Schuld nicht mehr da ist" und die „Sünde nicht mehr auffindbar" (vgl. auch Jer 31,34).

Schließlich soll diese verstärkte Vergebung einschließen, dass Israel zum „Erbteil Jʜᴡʜs" wird. Dies blickt auf die Existenz des Volkes im Land voraus. Der hebräische Begriff für Erbteil (נחלה) meint eigentlich den vererbbaren Familienbesitz an Grund und Boden sowie an weiterem Vermögen. Auf Jʜᴡʜ bezogen besagt die Metapher, dass Israel als Volk dauerhafter Besitz Jʜᴡʜs ist (z. B. Dtn 4,20). Im Grunde erinnert Mose damit an die Verheißung, die Jʜᴡʜ zum Auftakt der Sinaierzählung gegeben hat. Das Volk werde ihm „zu eigen sein, allen Völkern voran" (Ex 19,5). Da Jʜᴡʜ diese Verheißung mit der Bedingung verknüpft hat, dass „sie auf meine Stimme hören und meinen Bund bewahren", ist darin ein Verweis auf die nächste Szene und ihren Schluss impliziert, also die Gabe der Bundesworte und den Bundesschluss. Sollten Mose, oder besser: die Leser, erwarten, Jʜᴡʜ werde

---

83 Die jüdische Auslegung (so bereits im Talmud bRHSh 17b) und Theologie haben aus der Gnadenrede eine Lehre von den Attributen („Middot") Gottes entwickelt. Meist werden aus Ex 34,6f. dreizehn Middot erhoben. In der Liturgie werden sie in den „Selichot", den Bittgebeten um Verzeihung, u. a. im Rahmen des Morgengebets zum Jom Kippur, gebetet. Dabei wird der „negative" Schluss ab „aber nicht einfach ungestraft lässt" weggelassen (vgl. Tʀᴇᴘᴘ, Gottesdienst, 134–136).

Synthese 323

zur Verzeihungsbitte einfach „Ja und Amen" sagen, werden sie, wenn nicht rundweg enttäuscht, so doch darauf verwiesen, dass nicht nur Jʜwʜ sich neu bestimmt, sondern dass auch für das Volk ein neuer Anfang in Gestalt eines neuen Bundes ansteht. Erst in Num 14,18f. kommt Jʜwʜ ausdrücklich auf die Gnadenrede zurück.

Diachrone Analyse

DtrG	PK	TK
	34,4aβγb	34,5–9

Die Aktionen Moses in V. 4aβγb bieten zusammen mit V. 4aα die Ausführung des in Ex 34,1–3 Angeordneten und gehören daher zur P-Komposition. Die anschließende Theophanieszene (34,5–9) hat mit den Tafeln aber gar nichts zu tun. Hier wird die einzigartige Nähe von Gott und Mose anschaulich, die ein wesentliches Element der Tora-Komposition darstellt (vgl. Ex 19,9a; 33,11a; Num 12,8; Dtn 34,10).

Diese große Nähe bereitete einem oder einer Gruppe von Tradenten der Tora offenbar Unbehagen, denn sie fügten im Vorkontext eine Korrektur ein. Das ist der vorhin übersprungene Abschnitt 33,18–23. Während in der Theophanieschilderung ausdrücklich gesagt wird, dass Gott vor dem Angesicht Moses vorübergegangen sei (34,6aα₁), wird vorab erklärt: Jʜwʜ wird lediglich seine Güte (טוב) vorüberziehen lassen, denn Jʜwʜs Angesicht darf nicht gesehen werden (33,23b). Korrektur der Theophanie

Im Rahmen der Tora-Komposition wäre eine solche Einschränkung eigentlich nicht zu erwarten. Tatsächlich bezeichnet „Tora-Komposition" aber eine Mehrzahl von nachpriesterlichen Einfügungen, deren Gemeinsamkeit neben der Relativchronologie in ihrem Blick auf Mose und die Tora im Ganzen besteht. In der Abschlussphase der Tora muss es eine Diskussion über die Frage gegeben haben, wie nahe Gott Mose, aber auch anderen Menschen, gekommen ist: Obwohl nach Ex 3,6 Gott selbst anwesend war, erschien ihm nach 3,2a TK im Dornbusch lediglich der Bote Jʜwʜs. Obwohl nach Ex 3,15 Mose den Namen des Gottes Israels mitgeteilt bekommt, muss er sich nach 3,14 TK mit einer tautologischen Nichtantwort begnügen – ein sprachlicher Kunstgriff, den diese späten Tradenten in 33,19b abermals angewandt haben. Und obwohl nach Ex 24,9–11 TK Mose und alle seine Begleiter der größten Nähe zu Gott teilhaftig wurden, war es nach 24,1–2 TK nur Mose – alle anderen mussten auf Distanz bleiben. Die beiden hier zur Debatte stehenden Abschnitte 33,18–23 und 34,5–9 sind die letzten Beiträge zu dieser vielstimmigen Debatte. Tora-Komposition als Sammelbegriff

Synthese

Die Frage der Wahrnehmbarkeit Gottes mit menschlichen Sinnen ist eines der durchgehenden Themen der Sinaiperikope. Aus synchroner Perspektive liegt es nahe, Ex 34,6 im Sinne von Ex 33,18–23 zu lesen: Mose hat Jʜwʜ auf dem Gottesberg nicht *gesehen*.

Die diachrone Analyse dreht das Verhältnis von Ex 33,18–23 und Ex 34,6 literarge-schichtlich um. Ex 33,18–23 wurde der dritten Bergtheophanie nachträglich voran-gestellt, um auszuschließen, dass Mose dabei etwa das Angesicht Jhwhs gesehen habe. Darin schlägt sich eine Diskussion unter den Verfassern der Tora-Kompositi-on nieder, die der Frage galt, „wie nahe Gott Mose, aber auch anderen Menschen, gekommen ist". Letztlich ist die Frage des Sehens hier aber nicht die entscheiden-de, denn die dritte Bergtheophanie als Ganze ereignet sich weniger visuell als vielmehr in Rede und Gegenrede zwischen Mose und Gott. Theologisch gesagt: Von Seiten Gottes ereignet sie sich im Wort, von Seiten Moses im Gebet.

Szene 2: Ex 34,10–28: Verkündung der Bundesworte und erneuter Bundesschluss

Ankündi-gungen
10 Da sprach er[a]: „Siehe, ich bin dabei, einen Bund[b] zu schließen: Vor deinem ganzen Volk will ich Wunder tun, wie sie bisher nicht geschaffen worden sind auf der ganzen Erde und unter allen Nationen. Und das ganze Volk, in dessen Mitte du bist, soll das Tun Jhwhs sehen. Denn furchterregend ist, was ich tun werde bei dir.

Bündnisverbot
11 Bewahre, was ich dir hiermit gebiete! Siehe, ich werde vor dir vertreiben den Amoriter, Kanaaniter, Hethiter, Perisiter, Hiwwiter und Jebusiter.[a] 12 Hüte dich, damit du keinen Bund schließt mit dem Bewohner des Landes, in das du kom-men wirst, damit er nicht zum Fallstrick wird in deiner Mitte! 13 Vielmehr sollt ihr ihre Altäre niederreißen, ihre Mazzeben zerschlagen und seine[a] Kultpfähle abschneiden.[b] 14 Denn du sollst dich nicht vor einem anderen Gott niederwer-fen, denn Jhwh – ‚Eifrig' ist sein Name –, ein eifriger Gott ist er; 15 damit du keinen Bund schließt mit dem Bewohner des Landes, denn wenn sie ihren Göt-tern nachbuhlen und ihren Göttern opfern, wird er dich einladen und du wirst von seinem Schlachtopfer essen. 16 Und du wirst von seinen Töchtern für deine Söhne (Frauen) nehmen, und wenn dann seine Töchter ihren Göttern nachbuh-len, werden sie deine Söhne dazu bringen, ihren Göttern nachzubuhlen.[a]

Kultbildverbot
17 Geschmiedete[a] Götter sollst du dir nicht machen.

Wallfahrtsfeste und Ruhetag
18 Das Fest der ungesäuerten Brote sollst du halten. Sieben Tage sollst du unge-säuerte Brote essen – wie[a] ich dir geboten habe – zur festen Zeit im Ährenmonat, denn im Ährenmonat[b] bist du aus Ägypten ausgezogen. 19 Jeder Mutterschoß-Durchbrecher gehört mir, und zwar all dein männliches[a] Vieh, der Durchbrecher von Rind und Schaf. 20 Den Durchbrecher vom Esel aber sollst du mit einem Schaf auslösen. Wenn du (ihn) aber nicht auslösen willst, dann brich ihm das Genick! Jeden Erstgeborenen deiner Söhne[a] sollst du auslösen. Und sie sollen mein Angesicht nicht leer-händig sehen.[b] 21 Sechs Tage magst du arbeiten, aber am siebten Tag sollst du ruhen, (auch) in (der Zeit des) Pflügens und in der Ernte sollst du ruhen. 22 Und auch das Fest der Wochen, der Erstlinge der Weizenernte, sollst du für dich[a] feiern und das Fest des Einbringens um die Wende des Jahres.

Synchrone Analyse   325

23 Dreimal im Jahr soll all dein Männliches das Angesicht des Herrn Jʜᴡʜ, des   Drei Wall-
Gottes Israels, sehen.[a] 24 Wenn ich Nationen vor dir enteignen und dein Gebiet   fahrten
erweitern werde, dann wird niemand dein Land begehren, wenn du dreimal im
Jahr hinaufziehst, um das Angesicht Jʜᴡʜs, deines Gottes, zu sehen.
25 Du sollst ein blutiges Schlachtopfer für mich nicht auf Gesäuertem schlachten.   Kultvor-
Und das Schlachtopfer des Päsachfestes darf nicht über Nacht bleiben bis zum Mor-   schriften
gen. 26 Das Beste der Erstlinge deines Erdbodens sollst du in das Haus Jʜᴡʜs, deines
Gottes, bringen. Du sollst ein Kitz, das in der Milch seiner Mutter ist, nicht kochen."
27 Da sprach Jʜᴡʜ zu Mose: „Schreib dir diese Worte auf! Denn gemäß diesen   Bundesschluss
Worten schließe ich einen Bund mit dir und mit Israel." 28 Und er war dort bei
Jʜᴡʜ vierzig Tage und vierzig Nächte. Brot aß er nicht, und Wasser trank er nicht.
Und er schrieb auf die Tafeln die Worte des Bundes, die zehn Worte.

Anmerkungen zu Text und Übersetzung

10[a] LXX und 2QExod[b] ergänzen Sprecher und Adressaten: „Und der Herr sprach zu Mose".
Doch die Unbestimmtheit des Adressaten im MT ist wohl gewollt.

10[b] Einige LXX-Manuskripte ergänzen „mit dir", aber wiederum ist die Unbestimmtheit
des MT vorzuziehen.

11[a] Einige Manuskripte und Versionen ordnen die Fremdvölker anders an, einige fügen die
Girgaschiter hinzu.

13[a] Auffällig ist das singularische Suffix „seine" an „Kultpfähle" im MT und in 4QpaleoE-
xod[m] nach „ihre Altäre" und „ihre Mazzeben". Einige hebr. Manuskripte, Sam, LXX,
Syr und Tg gleichen an: „ihre Kultpfähle".

13[b] LXX ergänzt „und die Schnitzbilder ihrer Götter sollt ihr im Feuer verbrennen", vgl.
Dtn 7,5.25 und Dtn 12,3.

16[a] LXX erweitert wieder nach Dtn 7,3–4.

17[a] Zur Übersetzung von מסכה siehe Textanm. 32,4[b].

18[a] Viele Handschriften haben statt der Relativpartikel אשר die zu erwartende Konjunktion
כאשר, die Versionen setzen sie voraus. Und so wurde auch hier übersetzt.

18[b] Sam hat statt „im Ährenmonat" nur „in ihm" wie Ex 23,15.

19[a] MT תזכר ist unübersetzbar. Wahrscheinlich liegt eine Verschreibung aus הזכר „das
Männliche" vor, vgl. Dtn 15,19.

20[a] Sam stellt klar: וכל בכור אדם בבניך „und alle menschliche Erstgeburt unter deinen Söhnen". Hebräisch בן „Sohn" kann sich auf menschliche und/oder tierische Nachkommen
beziehen. Diese Unbestimmtheit führt bisweilen zu Unklarheiten; siehe die Auslegung
zu 22,28b–29.

20[b] Zur Vokalisation und zum Verständnis von יראו s. Textanm. 23,15[b], dasselbe gilt für
34,23.24.

22[a] LXX hat „für mich" in Anlehnung an Ex 23,14.

23[a] Vgl. dazu die Textanm. 23,15[b] und 23,17[a].

Synchrone Analyse

Die zweite Szene der Episode 6 ist wie folgt zu gliedern:

     Erzählung: 34,10: Ankündigung des Bundes
     Gesetze: 34,11–26: Bundesworte

326 Szene 2: Ex 34,10–28: Verkündung der Bundesworte und erneuter Bundesschluss

> 34,11–16: Kein Bund mit den Völkern
> 34,17: Kultbildverbot
> 34,18–24: Wallfahrtsfeste und Ruhetag
> 34,25–26: Kultvorschriften
> Erzählung: 34,27–28: Bundesschluss

34,10: Erzählung

Mose und Jhwh befinden sich in 34,10 nach wie vor auf dem Berg. Nun ergreift Gott erneut das Wort, wobei der Sprecherwechsel nicht explizit markiert ist, aber aus dem Inhalt der Rede hervorgeht. Jhwh antwortet auf die Bitte Moses nicht mit einer Vergebungszusage wie etwa in Num 14,20, sondern durch die Neukonstitution des Verhältnisses im Bundesschluss. Darin ist dann auch die Vergebung der Sünde impliziert.

Ankündigungen

Wie jeder Bund, so ist auch dieser zweiseitig, und V. 10 nennt zunächst die Bundesverpflichtungen Gottes: Jhwh wird „Wunder tun, wie sie bisher nicht geschaffen worden sind ...". Um welche Wunder es sich handelt, lässt die Rede offen. Die Verheißung hat nicht ein bestimmtes Ereignis im Blick, sondern die Zukunft der Geschichte Jhwhs mit Mose und Israel im Ganzen. Dem entspricht, dass auch die Bundesverpflichtungen des Volkes zeitlich und örtlich nicht begrenzt sind: „Bewahre, was ich dir hiermit gebiete!" (Ex 34,11a).

Im Übergang von V. 10 zu V. 11 wechselt der Adressat der Gottesrede von Mose zu Israel. Das ist kommunikativ anspruchsvoll, da nicht explizit markiert, aber in der Sache unvermeidlich. Da das Volk auf dem Berg nicht anwesend ist, spricht Gott allein mit Mose, die Gebote betreffen aber selbstverständlich das Volk.

Bündnisverbot

Der erste Abschnitt der Bundesworte (Ex 34,11–16) befasst sich mit den Fremdvölkern. Die initiale Aufforderung „Hüte dich" (השמר לך) wird zweimal mit dem verneinten Finalsatz „damit du keinen Bund schließt mit dem Bewohner des Landes" (V. 12aα.15a) weitergeführt. Das Bündnisverbot findet sich noch in Ex 23,32; Dtn 7,2 und Ri 2,2 und ist eine Präventivmaßnahme, die den Bruch des Bundes mit Jhwh verhindern soll. Als Alternative wird geboten, die Kultobjekte dieser Völker zu zerstören, aufgezählt werden Altäre, Mazzeben und Kultpfähle (vgl. Dtn 7,5; 12,3; Ri 2,2). Anschließend folgt das Verbot, sich vor einem anderen Gott niederzuwerfen, das so auch im Dekalog sowie an vielen weiteren Stellen ähnlich formuliert wird. Den Abschluss bildet der Verweis auf eine zentrale Eigenschaft Gottes: „ein eifriger Gott ist er" (V. 14b). Diese Aussage findet sich auch im Dekalog (Ex 20,5b; Dtn 5,9b) sowie in Dtn 4,24; 6,15 und setzt gegenüber der vorangehenden „Gnadenrede" einen anderen Akzent.

Hatte der erste Argumentationsgang die Kultobjekte der Völker im Blick, geht es im zweiten (V. 15–16) um die Kultteilnehmer. Ein Bund mit den Fremdvölkern hätte die Kultgemeinschaft mit ihnen zur Folge. Diese würde zu Mischehen führen und diese schließlich zum Abfall der Israeliten zu den Göttern ihrer nichtisraelitischen Ehepartner.

34,17: Kultbildverbot

An zentraler Position zwischen dem Bündnisverbot und dem Festkalender ist das Kultbildverbot postiert. Es greift mit der Formulierung „in Schmiedearbeit" direkt auf 32,4a zurück. Sachlich entspricht das Verbot Ex 20,4 ‖ Dtn 5,8 sowie Ex 20,23 und Dtn 4,15–28.

34,18–23: Festkalender männlichen

Der Festkalender in 34,18–23 beginnt wie die anderen (Ex 23,14–17; Lev 23; Dtn 16,1–17) mit dem Frühjahrsfest, das hier „Fest der ungesäuerten Brote" heißt. Wie in Ex 23,15 wird es auf den Ährenmonat festgelegt. Vor dem Verbot, leerhändig, d. h. ohne Abgaben oder Opfertiere zu erscheinen, eingeschoben ist die Anweisung zur Ablieferung der Erstgeburt von Rind und Schaf, die offensichtlich

Diachrone Analyse

anlässlich dieses Festes zum Heiligtum gebracht wurden. Das Ruhetagsgebot (V. 21) ist hier wie in Ex 23,12 ein reines Arbeitsschutzgesetz und kein Sabbatgebot. Der Zusatz, die Arbeitsruhe auch in der Erntezeit einzuhalten, ist der Grund, warum das Gesetz hier unmittelbar vor dem „Wochenfest" steht. Dieses Sommerfest, das im Bundesbuch „Fest der Ernte" (23,16a) heißt, findet zur Zeit der Weizenernte statt. Als drittes Fest folgt das Herbstfest, das hier wie in Ex 23,16b „Fest des Einbringens" heißt (und nicht „Laubhüttenfest" wie in Lev 23,34; Dtn 16,13).

Die V. 23–24 bilden den Abschluss des Festkalenders. Wie in Ex 23,17 ist die Teilnahme an den drei aufgeführten Wallfahrtsfesten für jeden Israeliten verpflichtend. V. 24 fügt an, dass Befürchtungen, Haus und Hof könnten während der Abwesenheit von Fremden in Besitz genommmen werden, unbegründet sind. **Dreimal im Jahr**

Die Anordnungen der V. 25–26 sind fast wortgleich mit den das Bundesbuch abschließenden Versen 23,18–19: Verbot von Gesäuertem am Opfer, Frist zum Verzehr des Opfers, Erstlingsabgabe an das Heiligtum, Verbot, ein noch von der Mutter trinkendes Kitz zu opfern. **34,25–26: Kultvorschriften**

Die einzige markante Abweichung findet sich in Ex 34,25b. Der springende Punkt ist der Bezug auf das Päsachfest, das es im Bundesbuch nicht gibt und das hier an unerwarteter Stelle auftaucht. Da aber Ex 34,23 ausdrücklich von drei Wallfahrtsfesten spricht, kann es sich beim Päsachfest hier nicht um ein eigenständiges Fest handeln. Die Bundesworte setzen also wie Lev 23,5–7 und Dtn 16,1–8 ein kombiniertes Massot-Päsach-Fest voraus, das in Ex 34,18 als Massotfest bezeichnet wird. **Päsach**

Nach Abschluss der Gebotsmitteilung wird die Erzählung mit einer weiteren Gottesrede fortgesetzt. In V. 27b erfolgt in der Gottesrede und zugleich durch sie der Bundesschluss, wobei die qatal-Form כרתי den deklarativen Sprechakt anzeigt. Dass Mose und Israel als Bundespartner genannt werden, ist der Situation auf dem Berg geschuldet: Kommunikationspartner ist allein Mose, Bundespartner natürlich Israel. Wie schon in Ex 24,18b, bleibt Mose auch dieses Mal vierzig Tage bei Gott auf dem Berg. Abschließend (V. 28b) kommt Mose der Aufforderung Gottes nach und schreibt die Gebote, die hier „Bundesworte" genannt werden, auf. Zwei Details verwundern: Zum einen ist es ungewöhnlich, dass Mose die Bundesworte auf die Tafeln schreibt, da es sonst exklusiv Jhwh ist, der die Tafeln beschreibt (vgl. 24,12; 31,18; 32,16; 34,1). Zum anderen werden die Bundesworte in einer Nachbemerkung als „die zehn Worte" bezeichnet, was nicht zur Gebotsreihe 34,11–26 passt. Vielmehr liegt hier wie in Dtn 4,13; 5,22b; 10,3 ein Verweis auf den Dekalog vor. **34,27–28: Bundesschluss**

Der kurze Satz V. 28b ist somit in zweierlei Hinsicht zweideutig. Gott und/ oder Mose schreiben die Bundesworte und/oder den Dekalog auf. An diesem Punkt in der Erzählung, dem letzten Bundesschluss und der letzten Gesetzesniederschrift der Sinaiperikope, werden noch einmal alle relevanten Subjekte (Gott und Mose) und Objekte (Bundesworte und Dekalog) genannt.

Diachrone Analyse

DtrG	PK	TK
34,10–28a 34,28bα* („Und er schrieb die Bundesworte auf")	34,28bα* („auf die Tafeln")	34,28bβ („die zehn Worte")

34,10–28: Bundesworte	Die Erzählung vom erneuten Bundesschluss samt den Bundesworten ist seit langem Gegenstand von ausgedehnten Diskussionen. War es bis in die 1970er-Jahre üblich, Ex 34,10–28 als Traditionsgut aus vorstaatlicher Zeit zu verstehen und/oder mit der jahwistischen Quelle in Verbindung zu bringen,[84] so ist das Pendel in jüngerer Zeit in die andere Richtung ausgeschlagen: Der Passus gilt als ein sehr junges Stück, als schriftgelehrtes Kompilat, das aus mehreren Quellen, allen voran aus dem Bundesbuch und aus dem Dtn, schöpft.[85] Die folgende Auslegung schließt an diese neueren Auslegungen an und verzichtet darauf, noch einmal zu wiederholen, warum hier kein altes Textstück vorliegen kann.
Einheitlichkeit von 34,10–28	Zur Debatte steht sodann die literarische Einheitlichkeit des Abschnitts. Neben nur schwer nachvollziehbaren Vorschlägen, 34,10–28 auf drei oder mehr Schichten aufzuteilen,[86] wurde vor allem erwogen, die Bundesworte (34,11–26) als sekundäre Einfügung zu verstehen.[87] Anlass dafür ist der abrupte Wechsel der Anrede ab 34,11. Dabei ist dieser Wechsel in der Sache erwartbar, da Jhwh hier wie in Ex 32–34 insgesamt nur mit Mose redet, die Gesetze jedoch hier wie auch sonst an Israel gerichtet sind. Es fehlt lediglich eine überleitende Aufforderung wie etwa „So sollst du zu den Israeliten sagen" (Ex 20,22a). Zudem wären die Ankündigung „Siehe, ich bin dabei, einen Bund zu schließen" (34,10aα) und die Aussage „… gemäß diesen Worten schließe ich …" (34,27b) ohne die Bundesworte gegenstandslos.
Bundesbruch und Bundes- schluss	Der Bundesschluss kann also nicht ohne die Bundesworte erzählt worden sein. Zudem verlangt der zuvor eingetretene Bundesbruch einen erneuten Bundesschluss, denn sonst wäre die Geschichte Gottes mit Israel und damit auch die Erzählung in Ex 33 zu Ende. Die Erzählung vom Goldenen Kalb und die Erzählung vom erneuten Bundesschluss mitsamt den Bundesworten müssen mithin Teil *einer* literarischen Komposition gewesen sein.
Bundesworte als Teil des DtrG	Als literargeschichtlicher Anker der Bundesworte kann die dtr Literatur angenommen werden: „Schon immer war aufgefallen, daß es keine rechtliche Bestimmung in Ex 34 gibt, die nicht eine Parallele im Bundesbuch oder im Dtn oder im Dekalog hat."[88] Das heißt aber nicht, dass jede Abweichung von dtr Sprachmustern diachron signifikant ist. Ex 34,10–28 ist trotz seiner Vernetzung eine Eigenschöpfung und deshalb haben die vielfach durchgeführten, minutiösen Sprachvergleiche auch nur einen beschränkten Wert. Ein Text kann und muss auch dann als deuteronomistisch bezeichnet werden, wenn er trotz terminologischer Abweichungen auf der Linie des Deuteronomismus liegt. Das ist bei den Bundesworten der Fall: Ihre Wortwahl zeigt Eigentümlichkeiten, die aber überwiegend kontextuell erklärbar sind, ihre konzeptionellen Grundlagen sind jedoch uneingeschränkt deuteronomistisch. Im Einzelnen:

Das Wort ברא („schaffen") in 34,10: Im Pentateuch kommt ברא fast nur in priesterlichen Texten vor, aber es findet sich andernorts mehr als 30-mal im AT. Es handelt sich um ein gebräuchliches hebräisches Wort, das auch jedem Deuteronomisten zur Verfügung

---

84 Zur Forschungsgeschichte siehe Blum, Privilegrecht, 158–164; Konkel, Sünde, 13–26; Gesundheit, Three Times a Year, 12–13.40–42.

85 Blum, Privilegrecht, 164–176; Köckert, Wie kam, 24–27; Gesundheit, Three Times a Year, 36–43; Albertz, Exodus 19–40, 305–308.316–321.

86 Konkel, Sünde, 312–313.

87 Blum, Privilegrecht, 166–167; Albertz, Exodus 19–40, 306–307.

88 Köckert, Wie kam, 24; vgl. auch Gesundheit, Three Times a Year, 14–36.

Diachrone Analyse   329

stand (vgl. Dtn 4,32). Zur Annahme einer priesterlichen Einfügung besteht keine Notwendigkeit, nicht zuletzt weil der Vers auch sonst kein priesterliches Gepräge aufweist.

Das Wort גרש („vertreiben") in 34,11 wird überwiegend in jüngeren Texten gebraucht, kommt aber auch in der älteren Exoduserzählung (Ex 6,1) und im DtrG (Ex 12,39) vor. Zur Bezeichnung der Vertreibung der Fremdvölker findet es sich im DtrG in Ex 23,28.29.30.31 und in Ri 2,3. Es ist nicht auszuschließen, dass die Bundesworte von einem jüngeren Vertreter des Deuteronomismus verfasst wurden, falls man hier diachron differenzieren will.[89]

Die singularische Wendung ישׁב הארץ („der Bewohner des Landes") in 34,12.15: Der Singular wird im DtrG gelegentlich verwendet, wenn die beigeordneten Gentilicia im Singular stehen (Ri 11,21; 2 Sam 5,6, vgl. Gen 34,30; 50,11).

Der Singular אל אחר („anderer Gott") in 34,14 ist hier eine Attraktion an die Formulierung אל קנא („eifernder Gott"), die unmittelbar folgt.[90]

Anders als in Dtn 16,1–8 ist in Ex 34,18–20 nicht vom Päsachfest die Rede. Allerdings kennen auch die Bundesworte das Päsach, und zwar in typisch dtr Weise als Wallfahrtsfest (חג הפסח), und stellen dafür auch eine Regelung bereit (34,25b). Da es auch nach Ex 34,23 nur drei Wallfahrtsfeste pro Jahr gibt, muss in 34,18–20 und 34,25b jeweils das kombinierte Massot-Päsachfest gemeint sein. Viel wichtiger für das dtr Verständnis des Massotfestes ist ohnehin die Kombination mit der Erstgeburtsabgabe (vgl. Ex 13,3–7.11–16; Dtn 15,19 – 16,8 und die Auslegung in Band I dieses Kommentars[91]), die in Ex 34,18–20 sehr deutlich formuliert wird.

Der Ausdruck פטר רחם („Mutterschoß-Durchbrecher") dient in 34,19 zur Bezeichnung der Erstgeburt, während Dtn 15,19 den alternativen Ausdruck בְּכוֹר „Erstgeburt" verwendet. פטר רחם steht häufig in priesterlichen Texten (Ex 13,2; Num 3,12; 18,15), wenn zunächst alle Lebewesen genannt werden und anschließend zwischen jenen, die zum Heiligtum gebracht werden, und solchen, die ausgelöst werden, differenziert wird. In Dtn 15,19 ist jedoch nur von den Tieren die Rede, die als Erstlingsabgabe an das Heiligtum gebracht werden. Im Übrigen wird פטר רחם auch in Ex 13,11–13 DtrG verwendet.

Das Fehlen der Bezeichnung „Sabbat" in 34,21: Damit passen sich die Bundesworte dem Bundesbuch an, das in Ex 23,12 ebenfalls so formuliert.

Das Herbstfest wird nicht wie in Dtn 16,13 als „Laubhüttenfest" (חג הסכת) bezeichnet, sondern wie in Ex 23,16b als „Fest des Einbringens" (חג האסיף). Auch hier wurde die Formulierung aus dem Bundesbuch übernommen.

Im Ganzen betrachtet behandeln die Bundesworte drei Zentralanliegen des Dtn: das Bündnisverbot mit den Völkern des Landes, die Ausrichtung auf das Zentralheiligtum und dazwischen das Kultbilderverbot. Lediglich in der Sprache weichen sie gelegentlich von den dtr Sprachkonventionen ab, doch nötigt keine dieser Abweichungen zur Annahme einer priesterlichen oder nachpriesterlichen Überarbeitung.

Bundesworte und Bundesbuch

Das Verhältnis der Festbestimmungen der Bundesworte zur Kultordnung des Bundesbuches ist als gegenseitige Angleichung zu beschreiben. Die Kultordnung des Bundesbuches wurde in Ex 20,22–23 und in 23,13–19 im dtr Sinne erweitert. Umgekehrt wurde in einigen Fällen die Wortwahl des Bundesbuches in die Bundesworte übernommen. Die anderen Abweichungen von den dtr Standardformulierungen bewegen sich im Rahmen der zu erwartenden Varianz, denn das DtrG wurde (wie auch die P- und die Tora-Komposition) über viele Jahre hinweg von einer Mehrzahl von Schreibern abgefasst.

---

89 BLUM, Privilegrecht, 171; ALBERTZ, Exodus 19–40, 308.
90 Vgl. KÖCKERT, Wie kam, 22–23.
91 UTZSCHNEIDER/OSWALD, Exodus 1–15, 276–279.

330 Szene 2: Ex 34,10–28: Verkündung der Bundesworte und erneuter Bundesschluss

34,27–28: Bundesschluss Bleibt noch der hintere erzählerische Rahmen zu klären. Zunächst ordnet Jhwh das an, was man im Rahmen des DtrG auch erwartet: Mose soll die Bundesworte aufschreiben (vgl. Ex 24,4.7; Dtn 31,9.24). Das nachgestellte „und mit Israel" in V. 27b hat immer wieder Anlass zu Literarkritik gegeben. Ursprünglich habe Gott den Bund nur mit Mose geschlossen, erst sekundär sei Israel als Bundespartner angefügt worden.[92] Nun hat aber Andreas Michel gezeigt, dass diese Wortstellung den Regeln der „gespaltenen Koordination" im Hebräischen folgt und kein Hinweis auf einen Nachtrag ist.[93] Damit ist auch die unsinnige theologische Vorstellung eines Bundes ohne Israel aus der Welt.

Wer schreibt was? Abschließend erfolgt die Umsetzung des in 34,27a Angeordneten: „Und er schrieb auf die Tafeln die Bundesworte, die zehn Worte" (28b). Das Subjekt kann im Anschluss an 34,28a eigentlich nur Mose sein, aber die Nennung der Tafeln verweist auf die priesterlichen Abschnitte, in denen stets Gott die Tafeln beschreibt (s. o. die diachrone Auslegung von Episode 3). Klärungsbedürftig ist weiter der angehängte Hinweis auf den Dekalog. Das steht im Widerspruch zum unmittelbaren Vorkontext, wo die Bundesworte mitgeteilt werden. Zwei Fragen sind also klärungsbedürftig: Wer schreibt worauf? Und: Was wird geschrieben?

Literargeschichte Im Rahmen des DtrG lautete V. 28b „Und er (Mose) schrieb die Bundesworte auf" und entsprach damit der Anordnung 34,27a. Die P-Komposition hat ihrer Auffassung entsprechend „auf die Tafeln" hinzugefügt. Damit geht der Wechsel des logischen Subjekts zu Gott einher. Die auch syntaktisch als Anhang markierte Erläuterung „die zehn Worte" ist dagegen eine späte Glosse, die analog zu Dtn 4,13; 5,22b und 10,3 den Inhalt der Tafeln auf den Dekalog beschränkt wissen will.

34,10–28* im DtrG Gemäß dem DtrG handelt es sich beim Abfall zum Goldenen Kalb um einen Bundesbruch, der zum einen durch die Vergebung Gottes und zum andern durch einen erneuten Bundesschluss wieder geheilt wird. Doch der erneuerte Bund unterscheidet sich in markanter Weise von dem zuvor gebrochenen: Die Funktion, die in Ex 24,4–8 das Bundesbuch innehatte, nehmen jetzt die Bundesworte ein, die aber nichts anderes sind als eine Zusammenstellung der wichtigsten Regeln des Dtn. Der erneute Bundesschluss erklärt in proleptischer Manier das Dtn zur Grundlage des Bundes.[94] Dieser verfassungsrechtliche Vorgang ist so etwas wie die *raison d'être* des DtrG und wird deshalb noch ein weiteres Mal erzählt. Gemäß Dtn 5,22a hat Jhwh am Gottesberg zunächst nur den Dekalog verkündet. Nach dem Rückzug des Volkes sagt dann Gott zu Mose: „... ich will jedes Gebot und die Ordnungen und die Rechtssätze zu dir reden, die du sie lehren sollst ..." (Dtn 5,31a), womit das Gesetzbuch des Dtn gemeint ist. Das Bundesbuch wird hier einfach ignoriert. Was in Dtn 5 durch Verschweigen erreicht wird, gelingt in Ex 34,10–28 durch die explizite Ablösung: die Ersetzung des Bundesbuches durch das Gesetzbuch des Dtn.

---

92 Etwa Noth, Exodus, 219, weitere Belege bei Michel, Koordination, 52.
93 Michel, Koordination, 52.
94 Ausführlich begründet in Oswald, Covenants, 59–73.

Synthese | 331

Synthese

Die Bundesworte zeigen in synchroner Hinsicht zahlreiche Vernetzungen mit den anderen Gesetzeskorpora des Pentateuch. Aus diachroner Sicht fällt jedoch die deutliche Schwerpunktbildung bei deuteronomistischen oder – nach Ansicht mancher Ausleger – spätdeuteronomistischen Texten auf, und diese ist ein starker Beleg für die dtr Abkunft der Bundesworte.

Die synchrone Vieldeutigkeit von V. 28b wird diachron aufgelöst. Im DtrG schreibt Mose die Bundesworte auf ein nicht näher bestimmtes Medium. Die P-Komposition setzt dafür die Tafeln ein und insinuiert damit Gott als Schreiber. Für die Tora-Komposition schreibt Gott den Dekalog auf die Tafeln. Im Jetzttext haben die verschiedenen Gesetzeskorpora und Gebotsreihen die gleiche Geltung und deshalb können darin Bundesworte und Dekalog patchworkartig nebeneinanderstehen.

Episode 7: Ex 34,29–35: Mose als Mittler mit göttlicher Autorität

29 Als Mose vom Berg Sinai herabstieg – [a]wobei beim Abstieg vom Berg die Gesetzestafeln in der Hand des Mose waren, Mose aber nicht wusste, dass die Haut seines Angesichts glänzte[b] dadurch, dass er mit ihm geredet hatte[a] –, 30 sahen[a] Aaron und alle Israeliten den Mose, und siehe: die Haut seines Angesichts glänzte. Da fürchteten sie sich, sich ihm zu nähern.

31 Da rief Mose ihnen zu, und Aaron und alle Oberhäupter in der Gemeinde wandten sich ihm zu, und Mose redete mit ihnen. 32 Und nachdem alle Israeliten herzugetreten waren, gebot er ihnen alles, was Jhwh auf dem Berg Sinai zu ihm geredet hatte. 33 Und Mose hörte auf, mit ihnen zu reden, und legte eine Decke[a] auf sein Gesicht.

34 (Jedes Mal) Wenn Mose vor Jhwh hineinging[a], um mit ihm zu reden, nahm er die Decke ab, bis er (wieder) herausging. Und (wenn) er herauskam und den Israeliten sagte, was (ihm) aufgetragen war, 35 sahen die Israeliten das Gesicht des Mose, dass die Haut des Gesichts Moses glänzte, dann legte Mose die Decke wieder auf sein Gesicht, bis er hineinging, [a]um mit ihm zu reden[a].

Anmerkungen zu Text und Übersetzung

29[a-a] Der Nominalsatz מן ההר ... ושׁני לחת sowie der w[e]-x-qatal-Verbalsatz ומשׁה לא ידע samt dem Objektsatz כי קרן... bilden eine Reihe von Umstandsangaben, die die Erzähleinleitung ויהי ברדת... vom eigentlichen Erzählbeginn in V. 30 וירא אהרן וכל בני ישׂראל... formal trennt.

29[b] Das Verbum קָרַן ist vom Nomen קֶרֶן abgeleitet, dessen Grundbedeutung „Horn" ist, und das davon ausgehend mehrere konkrete und übertragene Bedeutungen angenommen hat (vgl. GesL 1194f.). Konkret kann es u. a. das Horn eines Tieres (z. B. Gen

22,13; als Gefäß genutzt: 1 Sam 16,1) oder hornförmige Bauteile an Altären (Ex 27,2, s. dort) bezeichnen. Im übertragenen Sinne steht „Horn" bzw. „Hörner" für Kraft oder Macht, etwa des Königs (Ps 132,17), und kann auch auf Götter bzw. Gott (2 Sam 22,3: „Mein Gott ist ... das Horn meines Heils") übertragen werden. In Mythologie und Ikonographie Mesopotamiens, Ägyptens und Kanaans sind „Hörner" häufige Attribute von Göttern (vgl. dazu KEDAR-KOPFSTEIN, Art. קֶרֶן, 182f.). Auf unseren Text übertragen bedeutet das zunächst, dass Moses Gesichtshaut in irgendeiner Weise durch die Begegnung mit Gott gezeichnet und ausgezeichnet ist. Für den Bildgehalt haben sich zwei Deutungen herausgebildet. Eine Deutung ist wörtlich: Mose kommt mit Hörnern als Zeichen seiner von Gott verliehenen Autorität vom Berg herab. So hat es Vg verstanden, die „quod cornuta esset facies sua ...", also „dass sein Gesicht gehörnt war ..." übersetzt – mit Folgen in der europäischen Kunstgeschichte, u. a. der berühmten Mose-Statue Michelangelos im Petersdom zu Rom. Für diese Deutung plädieren neuerdings auch KEDAR-KOPFSTEIN (s. o.) und JAROŠ, Strahlende Haut, 275–280. Allerdings scheint uns die Vorstellung einer gehörnten Gesichts*haut* (עוֹר פָּנָיו) des Mose schwer nachzuvollziehen. Die andere Linie der Deutung wird von LXX, NT (2 Kor 3,7f.) sowie TgN und TgPsJ bezeugt und versteht die Erscheinung auf Moses Haut als „Abglanz" der göttlichen „doxa" (LXX: δεδόξασται ἡ ὄψις τοῦ χρώματος τοῦ προσώπου αὐτοῦ ...), also der Lichterscheinung (hebr. כבוד), die mit JHWHS Gegenwart verbunden sein kann (vgl. Ex 24,15f.; 33,18 und die Auslegungen dazu). Dafür spricht ein nicht völlig eindeutiger Beleg im Habakuk-Psalm (Hab 3,4; vgl. dazu PROPP, Exodus 19–40, 619–623) sowie u. E. vor allem die Reaktion des Mose, der sich nach seinen Begegnungen mit Gott eine Decke übers Gesicht legt, weil sich die Israeliten vor dem Abglanz fürchten (V. 30), wie sie sich vor der Stimme Gottes gefürchtet hatten (Ex 20,18).

30ᵃ Wörtlich: „da sah".

33ᵃ מסוה ist ein Hapaxlegomenon in der Hebräischen Bibel, es wird vom (in MT nicht belegten) Verbum סוה* abgeleitet. Damit verwandt ist das Nomen סות „Gewand, Kleid" (Gen 49,11, vgl. dazu ausführlich OSWALD, Veiling, 450f.). LXX gibt es mit κάλυμμα wieder, das hebr. מסך „Vorhang/Behang" (vgl. Ex 27,16 u. ö.) entspricht.

34ᵃ Die Syntax der V. 34f. (wᵉ-x-yiqtol, fortgeführt durch wᵉqatal) entspricht der von Ex 33,7–11 (vgl. Textanm. 33,7ᵃ), d. h. die Handlungen werden als Handlungen in der Vergangenheit verstanden, die sich ab dem Erzählzeitpunkt wiederholen („Iterative").

35ᵃ⁻ᵃ Vg: „si quando loquebatur ad eos", „wenn er mit ihnen redete".

Synchrone Analyse

Gliederung   Die Episode ist in zwei Abschnitte gegliedert:

> Erzählszene: 34,29–33: Mose kehrt „glänzenden Angesichts" zurück
> Beschreibung: 34,34–35: Mose als Mittler

In V. 29 setzt die Erzählung neu ein (vgl. Textanm. 29ᵃ⁻ᵃ). Durch das Tafelmotiv wird die anschließende Szene in den Erzählbogen der Sinaiperikope eingefügt und dieser weitergeführt: Ein weiteres und letztes Mal steigt Mose mit den Gesetzestafeln in der Hand vom Gottesberg herab (Ex 31,18; 32,15f.). So schafft er die Voraussetzung dafür, dass die neuen Tafeln (32,19; 34,4) ihren Platz im Heiligtum einnehmen (40,20f.) und das Exodusbuch seinen Abschluss finden kann. Die kleine Episode ist ein tragender Pfeiler des Erzählbogens der Sinaiperikope.

34,29–32:   In einem gewissen Kontrast dazu steht, dass die Episode ihren Plot mit Hilfe
Moses glän-   eines Motivs entwickelt, das nicht nur in der Sinaiperikope neu und einmalig ist,
zendes Antlitz

Synchrone Analyse

sondern auch sonst in der hebräischen Bibel seinesgleichen sucht: das strahlende Antlitz des Mose (Wurzel קרן; vgl. dazu Textanm. 29[b]), mit dem er, ohne sich dessen bewusst zu sein, vom Berg herabkommt. Allenfalls im sogenannten Habakukpsalm (Hab 3) findet sich eine Parallele. Dort wird eine Erscheinung Gottes geschildert, von der es u. a. heißt:

> Den Himmel bedeckt seine Hoheit
> und sein Ruhm füllt die Erde.
> Und ein Glänzen wie das Licht (האור) ist da,
> (zwei) Strahlen (קרנים), ausgehend von seiner Hand, gehören zu ihm (Hab 3,3b–4a[95]).

Gott wird hier als „das Licht" schlechthin beschrieben, von dem Strahlen ausgehen, die mit seiner „Kraft" assoziiert sind. Wenn Ex 34,29–33 an diese Gottes-Vorstellung anknüpft, so ist Moses Gesicht durch die Begegnung mit Gott im wörtlichen Sinn gezeichnet.

In den engeren Ko-Texten in Ex 33–34 ist die Theophanie mit unterschiedlichen visuellen Eindrücken verbunden. Mose verlangt die „Herrlichkeit" (כבוד) zu *sehen* (33,18)[96]; das Ansinnen indessen, sein „Angesicht" zu sehen, lehnt Jhwh von vornherein ab. Auch die „Herrlichkeit" hat Mose nicht zu Gesicht bekommen, denn in der Bergtheophanie erscheint Jhwh, so wie in den anderen Theophanien der Sinaiperikope auch, in der „Wolke" (34,5), allerdings nur in dieser. Der Fokus in Ex 34,6f. liegt nicht auf solchen visuellen Manifestationen, sondern auf dem Hören der Namensproklamation und auf Moses Gebetsantwort.

In 34,29–35 werden die visuelle und die auditive Theophanie wieder „vereint", wenn der Glanz auf Moses Gesicht auf „sein (Jhwhs) Reden mit ihm" zurückgeführt wird (V. 29). Erst im Nachhinein wird die Eigenschaft und Autorität des Mose als „Träger" des göttlichen Wortes sichtbar gemacht. Die Israeliten reagieren darauf ähnlich wie einst in der Dekalog-Theophanie (20,19f.): Sie bleiben auf Abstand, ja sie wenden sich ab.

Wie in Zeitlupe beschreibt die Erzählung dann, wie die Israeliten ihre Scheu überwinden. Auf den Anruf des Mose hin wenden sich zunächst Aaron und die Häupter der „Gemeinde" (עדה) dem Mose wieder zu. Während Mose den Repräsentanten des Volkes gut (?) zuredet[97] (was er sagt, bleibt offen, V. 31), wagen sich dann auch die Israeliten heran, und nun erst spricht Mose mit der Autorität, die ihm der Glanz ins Gesicht geschrieben hat: „Er gebot ihnen alles, was Jhwh auf dem Berg Sinai zu ihm geredet hatte." Auch hier bleibt ungesagt, welches der Gottesworte und -gebote Mose im Einzelnen übermittelt. Sind es die „Zehn Worte", die nach V. 28 den Inhalt der Tafeln bilden, sind es die „Bundesworte" (34,10–26) oder die Serie der sieben Reden zum künftigen Heiligtum (Ex 25–31) oder alle zusammen? Vielleicht kann man die offene Formulierung als Hinweis verstehen, dass die Vermittlung des Gotteswortes an Israel nicht auf bestimmte Schriftstücke und deren Inhalt eingrenzbar ist, sondern auch die „mündliche Tora" umfasst.

---

95 Übersetzung nach Dietrich, Habakuk, 162.
96 Als Lichterscheinung wird der *kābôd* vor allem unter Verweis auf die mesopotamische Vorstellung des Schreckensglanzes der Götter (*melammu*) interpretiert (Weinfeld, Art. כָּבוֹד *kābôd*, 23–40.28f.). In den Sinaitexten ist der *kābôd* mit der Wolke und mit Feuer (Ex 24,16f.; 40,34) assoziiert. Auch dies deutet auf eine Lichterscheinung hin.
97 So Albertz, Exodus 19–40, 305.

34,33: Die Decke	Die Erzählszene schließt damit, dass Mose sein strahlendes Gesicht mit einer „Decke" (vgl. Textanm. 33ᵃ) verhüllt. Manche nehmen an, die göttliche Aura solle dadurch vor Profanierung bewahrt werden.[98] Jedenfalls signalisiert das Auflegen der Decke das (jeweilige) Ende des autoritativen Redens des Mose. Ob die Erzählung insinuiert, Mose sei für den Rest seines Lebens mit verdecktem Gesicht herumgelaufen,[99] lassen wir dahingestellt.

Unverkennbar ist, dass Mose sein Prestige nicht nur wiedergewonnen, sondern über die Maßen gesteigert hat. Anfangs der Erzählphase hatten die Israeliten ihn „abgeschrieben", sich kaum mehr seines Namens erinnert (Ex 32,1) und sich der Verehrung des Goldenen Kalbes hingegeben. Nun treten sie ihm in aller Ehrfurcht gegenüber, fast so, als begegneten sie Gott. Sinnfälliger lässt sich kaum darstellen, dass die gestörte Ordnung wiederhergestellt wird.

34,34–35 Die „Hintergrundbeschreibung" in den abschließenden Versen hält fest, dass es dabei auch bleiben soll. Sie setzt voraus, dass Mose weitere Unterredungen mit Gott hat. Die Fügung „vor Jhwh hineingehen" bedeutet, dass Mose in ein Heiligtum hineingeht. Nur in welches? In das „Begegnungszelt" außerhalb des Lagers (33,7–11)[100] oder in das Zelt der Begegnung im Lager,[101] das freilich erst noch hergestellt und errichtet werden wird? Auch wenn die Fügung „vor Jhwh" im Kontext der Sinaiperikope nur im Zusammenhang mit dem Zelt der Begegnung im Lager und seinem (Opfer-)Kult erscheint (vgl. erstmals Ex 27,21; 28,12; 29,11 u. ö.; Lev 1–9 passim), so ist es doch ein allgemein gebräuchlicher Ausdruck (z. B. 2 Kön 19,15; Sach 3,1; Ps 95,6; 102,1), der nicht zwingend auf ein bestimmtes Heiligtum einzuschränken ist. Somit kann die Ortsvorstellung auch auf das Zelt außerhalb des Lagers (Ex 33,7–11) bezogen werden. Die Leser haben es als bestehende heilige Stätte kennengelernt, in die Mose „hineingeht" (33,9), um sich mit Jhwh zu unterreden. Ebenso möglich ist der Bezug auf das Heiligtum im Lager, in dessen Allerheiligstem Jhwh von den Keruben herab zu Mose sprechen und ihm so mitteilen wird, was dieser den Israeliten aufzutragen hat (25,22). In synchroner Lesart ist eine alternative Entscheidung zwischen den beiden Möglichkeiten weder nötig noch sinnvoll.

Überhaupt geht es hier nicht in erster Linie um den Ort der „Offenbarung", sondern um Mose und seinen bleibenden Charakter als autoritativer Vermittler göttlicher Worte. Zeichenhaft für diese bleibende Funktion des Mose stehen die Decke und ihre Handhabung. Wenn Mose mit Jhwh kommuniziert, nimmt er sie ab und setzt sich so dem göttlichen Glanz aus, der sich seinem Angesicht mitteilt. Mit diesem (erneuerten?) Glanz im Gesicht wird er dann vor die Israeliten treten und ihnen die göttlichen Aufträge und Gebote übermitteln und auslegen. Danach wird Mose sein Angesicht je und je wieder verhüllen.

---

98 Weitere Vorschläge vgl. Oswald, Veiling, 455. Zur Interpretation, die Paulus in einem Midrasch zu Ex 34 der „Decke" gegeben hat (2 Kor 3,3–17), vgl. Crüsemann, Wahrheitsraum, 179–185.

99 So etwa Propp, Exodus 19–40, 618.

100 So z. B. Dozeman, Exodus, 751.

101 So Oswald, Veiling, 453; vgl. die diachrone Auslegung.

Synthese 335

Diachrone Analyse

DtrG	PK	TK
	34,29–35	

Die letzte Episode dieser Erzählphase weist unzweifelhaft priesterliche Formulierungen auf, wobei manche Ausleger diese als sekundäre Zusätze verstehen,[102] nämlich: der Name „Sinai" für den Berg (34,29.32), die „Gesetzestafeln" (34,29), die Anführerrolle Aarons (34,30f.), die „Häupter (in) der Gemeinde" (34,31; vgl. 16,22; Num 16,2 und passim) und die Fügung „vor Jhwh" (לפני יהוה).[103] Es ist aber unmöglich, alle genannten Elemente als sekundär auszuscheiden, so dass die Episode in ihrer Gänze zur P-Komposition zu rechnen ist. Dafür spricht auch, dass Mose das Lager nicht verlässt, bevor er (in das Zelt) hineingeht.

Die P-Kompositoren legen an dieser Stelle ihre Kommunikationstheorie dar. Danach spricht Gott zunächst auf dem Berg Sinai (34,29–32) und später regelmäßig im Zeltheiligtum (34,34–35) mit Mose, und zwar jeweils allein und ohne Zeugen. Das glänzende Gesicht ist der sichtbare Beweis dafür, dass Gott tatsächlich mit Mose kommuniziert hat.[104] Im älteren DtrG ist ein solcher Beweis unnötig, da Gott im Dekalog direkt zum Volk redet und dieses daher weiß, dass Gott am Berg ist. Ebenso unnötig ist ein solcher Beweis in der jüngeren Tora-Komposition, denn darin spricht Gott ganz offen am Eingang des (auswärtigen) Zeltes mit Mose, und das Volk ist Zeuge des Gesprächs.

Drei Kommunikationsweisen

Synthese

Der markante Unterschied zwischen der synchronen und der diachronen Auslegung ist die Lokalisierung des Zeltes. Die diachrone Auslegung weist diese Passage der P-Komposition zu und vereindeutigt damit auch die Lokalisierung: Es ist das innere Zelt. Die synchrone Auslegung unterlässt eine solche selektive Kontextualisierung und lässt die Frage offen, um welches Zelt es sich handelt.

Dass die Episode der Legitimation Moses dient, vereint wiederum beide Auslegungsperspektiven. Dabei schreibt der diachrone Zugang diese Legitimation der Interessenlage einer bestimmten Gruppe, den Aaroniden, zu. Der synchrone Zugang versteht demgegenüber die Legitimation Moses nicht als Kontroverse zweier Lager, sondern als Präzisierung seiner Rolle: Die Episode erzählt, wie Mose seinen Mittlerdienst zwischen Gott und Volk vom Gottesberg herab in den irdischen Bereich holt und dort institutionalisiert.

---

102 Dozeman, Exodus, 753; Albertz, Exodus 19–40, 303.
103 Propp, Exodus 19–40, 142; Oswald, Veiling, 451.
104 Ausführlich begründet in Oswald, Veiling, 449–457.

Elfte Erzählphase: Ex 35,1 – 40,38: Stiftung, Herstellung und Errichtung des Heiligtums

Vorbemerkungen

In der letzten Erzählphase des Exodusbuches wird der „Plan" für das Heiligtum realisiert, den Jhwh dem Mose auf dem Gottesberg gezeigt (Ex 25,9) und dann in sieben Reden (25,1 – 31,17) erläutert hat. Dabei lehnt sich die Erzählung über weite Strecken wörtlich an die Gottesreden an. Die z. T. sehr spezielle Terminologie wird übernommen, die Syntax der Bauanleitungen wird strukturtreu in Erzählsyntax umgesetzt.[1] Trotz der sehr weitgehenden Übereinstimmungen ist die elfte Erzählphase nicht einfach ein als Bericht umgestalteter Abklatsch der neunten. Die drei Episoden, in die wir die Erzählphase gliedern, greifen wesentliche Motive des Vorkontextes auf, fügen ihnen neue Gesichtspunkte hinzu und runden so das Exodusbuch als Ganzes ab.

In *Episode 1* (Ex 35,1 – 36,7) initiiert Mose die Stiftung der Materialien und beauftragt zwei Kunsthandwerker sowie kunstverständige Israeliten mit den Arbeiten am Heiligtum. Die Israeliten erweisen sich als großzügige Stifter ebenso wie als fleißige und solidarische Mitarbeiter. So entwirft die Episode ein Gemeinschaftsideal der „Gemeinde der Israeliten".

Episode 2 (Ex 36,8 – 39,43) berichtet in der Hauptsache von den Arbeiten an der Wohnung, ihren Einrichtungen sowie den Priesterkleidern. Allerdings erscheinen die Teile des Heiligtums sowohl im MT als auch in der LXX in jeweils eigener Reihenfolge, die von der Anordnung abweicht, die Jhwh in den Reden vorgegeben hatte (zur Reihenfolge im Ausführungsbericht der LXX vgl. den Exkurs in der Auslegung zu 36,8–38). Im MT geht es nicht so sehr darum, die Bauteile allererst in „eine systematische Ordnung"[2] zu bringen. Vielmehr kommt ein gegenüber den Gottesreden anderes Raumkonzept, eine neue Perspektive auf das Ensemble des Heiligtums ins Spiel (vgl. weiter dazu unten).

In *Episode 3* (Ex 40,1–38) schließlich sind abgesehen von den Schlussversen 40,36–38 Jhwh und Mose die alleinigen Akteure. Noch einmal empfängt Mose aus Jhwhs Mund Anweisungen (40,1–16) und führt sie aus (40,17–33). Mose soll das Heiligtum errichten, einrichten und es salben; desgleichen soll er Aaron und seine Söhne waschen, einkleiden, salben und heiligen. Als Mose damit fertig ist, lässt sich Jhwh in Gestalt von Wolke und Herrlichkeit in und auf der Wohnung nieder (V. 34f.). Es ist nun seine, Jhwhs, Wohnung, wie er es in 25,8 gewünscht und in 29,42–46 bekräftigt hat. Künftig wird Jhwh den Israeliten nicht mehr nur in weiter Ferne oder Mose allein erscheinen, sondern inmitten der Israeliten, nicht zuletzt, um sie auf ihrer Wanderung zu leiten.

---

1   Vgl. dazu oben die „Vorbemerkungen" zu Episode 2 der neunten Erzählphase sowie Utzschneider, Tabernacle, 293, und Utzschneider, Heiligtum, 194–196.

2   Noth, Exodus, 221.

Episode 1: Ex 35,1 – 36,7: Die Gemeinde der Israeliten stiftet das Heiligtum

1 Da versammelte Mose die ganze Gemeinde der Israeliten und sprach zu ihnen: Sabbat
„Dies sind die Worte, die JHWH geboten hat, sie zu tun: 2 ‚Sechs Tage mag Arbeit
verrichtet werden. Aber am siebten Tag – er sei euch heilig – ist Sabbat, ein
Ruhetag für JHWH.Jeder, der an ihm Arbeit verrichtet, soll sterben. 3 Ihr sollt kein
Feuer entzünden in keinem eurer Wohnsitze am Sabbattag.ᵃ‘"

4 Da sprach Mose zur ganzen Gemeinde der Israeliten: „Das ist es, was JHWH Auftrag
geboten hat: 5 ‚Erhebt bei euch eine Abgabe für JHWH! Jeder Freiwillige bringe
sie, die Abgabe für JHWH: Gold und Silber und Bronze, 6 und blauer und roter
Purpur und Karmesin und feines Leinen und Ziegenhaar, 7 und rot gefärbte Widderfelle und Tachasch-Leder und Akazienholz, 8 ᵃund Lampenöl und wohlriechende Stoffe für das Salböl und für das wohlriechende Räucherwerkᵃ, 9 und Schoham-
steineᵃ und Steine des Besatzes am Priesterschurz und an der Brusttasche.
10 Und alle Kunstverständigenᵃ unter euch sollen kommen und alles anfertigen,
was JHWH geboten hat:
11 die Wohnung und ihr Zelt und ihre Überdecken, ihre Haken, ihre Holzteile,
ihre Querhölzer, ihre Pfosten und ihre Sockel; 12 die Lade und ihre Stangen und
das Sühnmal und den Abtrennungsvorhang;ᵃ 13 den Tisch und seine Stangen
und all seine Geräte und das Schaubrot 14 und den Leuchter für die Beleuchtung
und seine Geräte und seine Lampen und das Lampenöl 15 und den Räucheraltar
und seine Stangen und das Salböl und das wohlriechende Räucherwerkᵃ und
den Türvorhang für die Tür der Wohnung; 16 den Brandopferaltar und sein bronzenes Gitter, seine Stangen und all seine Geräte; das Becken und sein Gestell,
17 die Behänge des Hofes und seine Pfosten und seine Sockel und den Vorhang
des Hoftors, 18 ᵃdie Zeltpflöcke der Wohnung und die Zeltpflöcke des Hofes
und ihre Seileᵃ, 19 und die gewirkten Kleider zum Dienst im Heiligtum und die
Heiligtumskleider für Aaron, den Priester, und die Kleider seiner Söhne für den
Priesterdienst.'"

20 Da ging die ganze Gemeinde der Israeliten von Mose weg, 21 und alle kamen, Stiftung
ᵃdie dazu willens warenᵃ. Ein jeder, den sein Geist dazu willig machte, brachte(n)
die Abgabe für JHWH für die Arbeit am Begegnungszelt und für jedweden Dienstᵇ
in ihm und für die heiligen Kleider. 22 Da kamen die Männer zusammen mit den
Frauen. Alle brachten sie aus freiem Willen Spangen und Ohrringe und Fingerrin-
ge und Halsbänder, alle goldenen Gegenstände, jede Person, die eine goldene
Weihegabeᵃ für JHWH schwingen wollte, 23 und jede Person, bei der sich blauer
und roter Purpur und Karmesin und feines Leinen und rot gefärbte Widderhäute
und Tachasch-Leder fand, brachte (es). 24 Jede Person, die eine Abgabe an Silber
und Bronze entrichtete, brachte (sie) als Abgabe für JHWH dar, und jede Person,
bei der sich Akazienholz für jegliche Arbeit für den (Heiligtums-)Dienst fand,
brachte (es). 25 Und jede kunstverständige Frau spann mit ihren Händen und
brachte das Garn, blauen und roten Purpur, Karmesin und feines Leinen. 26 Und

jede Frau, die dazu willens war, ªweil sie sich auf die Kunst verstandª, spann das Ziegenhaar. 27 Und die Oberhäupter brachten die Schohamsteine und die Steine des Besatzes am Priesterschurz und an der Brusttasche 28 und die wohlriechenden Stoffe und das Öl für Beleuchtung und für das Salböl und für wohlriechendes Räucherwerk. 29 Jeder Mann und (jede) Frau, die willens waren, aus freien Stücken zu jedweder Arbeit beizusteuern, die auszuführen Jhwh durch Mose geboten hatte, (also) die Israeliten,ª brachten eine freiwillige Gabe für Jhwh.

Kunsthand-
werker

30 Da sprach Mose zu den Israeliten: „Seht, Jhwh hat Bezalel, den Sohn Uris, den Sohn Hurs, zugehörig dem Stamm Juda, namentlich berufen. 31 Er hat ihn erfüllt mit göttlichem Geist, mit Weisheit, Einsicht, Wissen und jeglicher Kunstfertigkeit, 32 um Pläne zu entwerfen, um (Arbeiten) in Gold, Silber und Bronze auszuführen 33 und um Arbeiten am Edelsteinbesatz sowie Holzarbeiten auszuführen in jeglicher Arbeitstechnik; 34 und auch zu lehren hat er ihm in sein Herz gegeben, ihm und Oholiab, dem Sohn Ahisamachs, zugehörig dem Stamm Dan. 35 Er hat sie mit ªWeisheit und Verstandª erfüllt, um jegliche Handwerksarbeit, Kunstweber- und Buntweberarbeit an blauem und rotem Purpur und Karmesin sowie an feinem Leinen auszuführen, (sie, die)ᵇ jegliche Arbeit ausführen und Pläne entwerfen. 36,1 Und ausführenª werden (es) Bezalel und Oholiab und jeder Kunstverständige, denen Jhwh Weisheit und Einsicht verliehen hat, so dass sie wissen, wie jegliche Arbeit für den Dienst im Heiligtum auszuführen ist, ganz wie Jhwh geboten hat."

Arbeitsbeginn

2 Da rief Mose Bezalel und Oholiab und alle Kunstverständigen, denen Jhwh Weisheit und Verstand gegeben hat, alle, die dazu willens waren, die Arbeit anzugehenª, um sie auszuführen. 3 Und sie nahmen von Mose die gesamte Abgabe entgegen, die die Israeliten gebracht hatten für die Arbeit, den Dienst am Heiligtum, um ihn auszuführen. Man brachte ihm aber weiterhin freiwillige Spenden Morgen für Morgen. 4 Da kamen alle Kunstverständigen, die jegliche Arbeit am Heiligtum ausführten, jeder einzelne von seiner Arbeit, die er gerade machte, 5 und sie sprachen zu Mose: „Das Volk bringt mehr als genug für die Arbeit an dem Werk, das auszuführen Jhwh geboten hat." 6 Da gebot Mose: „Man soll einen Aufruf im Lager ergehen lassen: ‚Niemand, weder Mann noch Frau, führe noch irgendeine Arbeit aus für die Abgabe für das Heiligtum.'" Da hielt man das Volk von weiteren Lieferungen ab. 7 Die (vom Volk geleistete) Arbeit war genug für das ganze Werk, das zu tun war, ja, es war noch übrig.

Anmerkungen zu Text und Übersetzung

35,2–9: Vgl. auch die Textanm. zu Ex 25,2–7.
3ª   In LXX ist angefügt: „Ich bin der Herr."
8ª⁻ª   Der V. fehlt in LXX, vgl. aber Textanm. 12ª.
9ª   LXX: λίθους σαρδίου „Sardersteine".
10ª   Vgl. zur Bedeutung von חכם־לב Textanm. 31,6ª sowie die Auslegung.
12ª   LXX führt hier ergänzend auf: „und die Segel des Hofes und seine Säulen (vgl. V. 17) und die Smaragdsteine (entspricht hebr. „Schohamsteine") und das Räucherwerk und das Salböl."

Synchrone Analyse 339

15[a]   Im Ausführungsbericht der LXX werden der Räucheraltar und sein Equipment, anders als in Ex 30,1–11LXX, nicht erwähnt; vgl. aber Textanm. 12[a].

18[a–a] V. 18 hat in LXX keine Entsprechung.

21[a–a] Wörtlich: „die ihr Herz erhoben hatte", vgl. 35,26.29; 36,2.

21[b]   Der Begriff מלאכה hat ein breites Bedeutungsspektrum, das etwa „Arbeit" (z. B. Ex 20,10; 35,2), eine „(Handwerks-)Technik bzw. Arbeit" (31,5) oder das Produkt einer Arbeit, ein „Werk" (vgl. die Wiedergabe in 36,5), umfasst. Nicht weniger breit gestreut sind die Bedeutungen von עבדה, das ebenfalls einfach „Arbeit" im Sinne einer Tätigkeit bedeuten kann (vgl. Ex 36,5). Im Exodusbuch ist es auch ein spezifisches Leitwort, das den (Fron-)Dienst für den Pharao (1,12–14) einerseits und Dienst für Jhwh andererseits bedeutet. In diesem Sinne ist עבדת הקדש „Dienst am Heiligtum bzw. am Heiligen" (Ex 36,1.4f.; vgl. auch 30,16; 39,32; Num 7,2–9). Mit „Dienst im, am bzw. für das Heiligtum" können, neben den eigentlichen Kulthandlungen, jegliche Verrichtungen im Heiligtum, gewissermaßen dessen „Betrieb", gemeint sein.

22[a]   תנופה (vgl. Textanm. 29,24[a] und die Auslegung) wird meist wiedergegeben mit „Schwing- oder Hebopfer", das per Elevation dargebracht wird. Da hier keine Opfermaterie dargebracht wird, liegt die Übersetzung „Weihegabe" nahe (vgl. GesL 1448; Albertz, Exodus 19–40, 326).

26[a–a] בחכמה, wörtlich: „mittels (ihrer) Weisheit / (ihres) Könnens".

29[a]   Wir fassen „die Israeliten", die syntaktisch als zweites Subjekt neben „jeder Mann und (jede) Frau" erscheinen, als Apposition zum ersten Subjekt auf. M. a. W.: Männer und Frauen, d. h. (praktisch) „alle Israeliten", beteiligten sich am Bau des Heiligtums.

35[a–a] Wörtlich חכמת לב „Herzensweisheit"; diese Wiedergabe erweckt im Deutschen andere Assoziationen, als sie mit der hebräischen Wortverbindung intendiert sind, da לב „Herz" im Hebräischen eher in den Bereich des Verstandes und des Willens verweist.

35[b]   Wörtlich: „jede Arbeit Ausführende und Pläne Entwerfende". Wir beziehen die beiden Partizipialfügungen zurück auf die beiden Handwerker, die in V. 34 genannt werden und in V. 35a als Objekte erscheinen: „er hat sie (אתם) erfüllt...". Sie werden in V. 35b im Hinblick auf ihre Fähigkeiten noch einmal hervorgehoben.

36,1[a] MT: Singular, LXX: Präteritum: καὶ ἐποίησεν.

2[a]   לקרבה ist eine Femininform des Infinitivs + ל.

Synchrone Analyse

Die Episode ist in vier Szenen mit der Abfolge *Rede - Erzählung - Rede - Erzählung*   Übersicht gegliedert:

> Szene 1: 35,1–19: Der Stiftungsauftrag (Moserede)
> Szene 2: 35,20–29: Die Gemeinde als Stifterin (Erzählung)
> Szene 3: 35,30 – 36,1: Berufung der Handwerker (Mose-Rede)
> Szene 4: 36,2–7: Zuviel des Guten (Erzählung)

Die Szene zeigt Mose vor der „Gemeinde (עדה) der Israeliten" (35,1). Er erinnert   35,1–19: an das Sabbatgebot (35,2–3; vgl. 31,11–17) und ruft zur „Abgabe für Jhwh" auf, die   Szene 1 die Materialien entsprechend 25,2–7 umfasst (35,4–9). Dabei spricht er besonders alle „Freiwilligen" an; die „Abgabe" soll keine Pflicht, sondern eine freiwillige Stiftung sein. An den Aufruf schließt Mose eine geraffte Übersicht über die einzelnen „Gewerke" des „Bauvorhabens" an (35,10–19), die sich an der Gottesrede 25,10 – 30,10 orientiert.

Die Versammlung der „Gemeinde der Israeliten" (V. 1) ist als ein kontrastreiches „déjà-vu" jener Versammlung gestaltet, bei der sich dieses Volk „gegen Aaron versammelte" (קהל על Ni.), um von ihm „einen Gott" zu fordern, „der vor uns hergehe", weil man nicht wisse, was mit „diesem Mose da" geschehen ist (Ex 32,1). Für das „Goldene Kalb" brachten die Israeliten goldene Schmuckstücke herbei, die sie ihren Frauen und jungen Leuten von den Ohren „rissen" (32,2).

Hier nun versammelt sich die Gemeinde der Israeliten nicht eigenmächtig, vielmehr ruft Mose sie zusammen (קהל Hi.), um ihr „die Worte" mitzuteilen, die Jhwh geboten hat. Über Mose und seine Autorität bestehen keine Zweifel mehr. Das Volk wird ein anderes sein: ebenso zivilisiert wie engagiert, selbstbewusst und dem Gebot Jhwhs verpflichtet.

Das erste der „Worte", die Mose übermittelt, (V. 2) knüpft an die letzte der Reden auf dem Gottesberg an (Ex 31,12–17): Sie schließt die Folge der Reden mit dem Gebot, nach sechs Tagen jeweils am siebenten Tag keinerlei Arbeit zu tun, mithin den Sabbat zu halten. Was Jhwh in dieser höchst elaborierten Rede ausgeführt hatte, fasst Mose nun in zwei Sätzen zusammen (V. 2). Obwohl er das Heiligtum zunächst nicht erwähnt, legt doch die Stellung des Gebotes vor dem Aufruf zur Arbeit am Heiligtum nahe, dass es sich eben darauf bezieht. Die Gemeinde wird gleich dem Aufruf zur Arbeit mit wahrem Feuereifer folgen. Das Sabbatgebot erinnert im Kontrast dazu daran, dass das Heiligtum nicht in erster Linie als Errungenschaft der Hingabe, des handwerklichen Könnens und des künstlerischen Ingeniums der Gemeinde, kurz: als Denkmal ihrer Arbeit aufgefasst werden sollte. Es wird ein Ort der Heiligkeit Gottes sein, dem der Sabbat als heilige Zeit Gottes zumindest gleich zu achten ist.

Etwas unvermittelt folgt in V. 3 die im Alten Testament nur hier belegte Bestimmung, die Israeliten dürften an ihren „Wohnsitzen" (מושב) am Sabbat kein Feuer anzünden. Das Wort bedeutet in der Regel eine feste Bleibe im Lande (vgl. etwa Lev 23,3.14.21; Num 15,2). Die Bestimmung hat also wohl keinen direkten Bezug zur Arbeit am Heiligtum, die im (Zelt-)Lager in der Wüste ihren Ort hat, sondern liest sich wie eine etwas versprengte Ergänzung zu den Sabbatgeboten, deren Horizont vor allem die künftige Existenz im Lande ist.

Die weiteren „Worte", die Mose den Israeliten in dieser Episode übermittelt, beziehen sich auf die Stiftung der Materialien für das Heiligtum (35,4–10) und auf dessen Fertigung (35,11–19). Die Moserede stellt dazu – in praktisch wörtlicher Übereinstimmung mit der Gottesrede (25,1–7) – noch einmal die „Abgabe" zusammen, die die Israeliten erbringen sollen (vgl. die Auslegungen zu 25,2–7; 28; 31).

Kompakter, aber nicht weniger anspruchsvoll ist dann die Reihe der Dinge, die sie, genauer: die „Kunstverständigen unter euch" (vgl. die Auslegung zu 31,6 und unten), zu verfertigen haben (35,11–19). Die Liste liest sich wie das „Leistungsverzeichnis" eines modernen Bauvertrages und führt die zu erbringenden Leistungen in der Reihenfolge auf, in der sie (dem MT zufolge) dann angefertigt werden: das Gebäude (die „Wohnung"), Brandopferaltar, Becken und Hof) im und um das Heiligtum sowie die Priesterkleider. Jedem der Gewerke wird eine Auswahl an Bauteilen hinzugefügt.

Im Erzählzusammenhang der Episode sollen weder die Aufzählung der zu stiftenden Materialien noch das „Leistungsverzeichnis" ein Bild des zu errichtenden Heiligtums und seiner kunstvoll-reichen Gestaltung vermitteln. Es geht vielmehr darum, der Gemeinde und dem Leser die Dimension des Projekts vor Augen zu

Synchrone Analyse | 341

führen. Die Leser sollen sich fragen: Wie werden die Israeliten darauf reagieren? Werden sie zurückweichen, gar dagegen aufbegehren, oder werden sie sich der Aufgabe stellen und sich und ihr Verhältnis zu Jhwh dabei gewissermaßen neu erfinden? Davon erzählen die drei weiteren Szenen der Episode.

Die Szene erzählt von der überwältigenden Resonanz, die die Rede des Mose bei der „ganzen Gemeinde der Israeliten", bei „Männern und Frauen", einfachen Israeliten und Oberhäuptern hervorgerufen hat. Sie alle bringen aus freiem Antrieb die erbetenen Materialien, wertvolle und weniger wertvolle. Dazu „ziehen sie" zunächst „von Mose aus", d. h. die Volksversammlung löst sich alsbald, ohne Diskussion oder gar Widerrede auf (V. 20). Als Individuen oder als Gruppen bringen sie dann (V. 21) die „Abgabe für Jhwh" zugunsten der Arbeiten am Begegnungszelt und für die Kleider des Heiligtums: Jeden und jede, die da zurückkommt, hat „sein bzw. ihr Herz erhoben" (נשׂא לבו, in der Übersetzung: „die dazu willens waren") und „sein bzw. ihr Geist willig gemacht" (נדבה רוחו). So fassen die V. 20f. den Handlungsbogen der Szene vorab zusammen.

35,20–29: Szene 2

Die folgenden V. 22–28 erzählen dann im Einzelnen, wer mit welchem Teil der „Abgabe" kommt. Zuerst bringen „Männer mit ihren Frauen" ihre Gabe (V. 22). Sie alle handeln dabei נדיב לב. Unsere Übersetzung „aus freiem Willen" bringt nur einen Aspekt des hebräischen Nomens נדיב *nādîb* zum Ausdruck (vgl. Textanm. 25,2[c]). Der *nādîb* ist „der Vornehme, der zur Führungsschicht seines Volkes gehört"[3]. Angehörige dieser Schicht zeichnet, jedenfalls im Ideal, nicht nur eine großmütige „Gesinnung" und ein entsprechender Stifterwille aus. Sie verfügen auch über die nötigen materiellen Ressourcen.[4] Dementsprechend ist die Gabe dieser Männer und Frauen nicht einfach eine Abgabe (תרומה), sondern ein „Schwingopfer" bzw. eine Weihegabe (תנופה), die Jhwh in besonderer Weise dargebracht wird (vgl. Textanm. 22[a]). Sie umfasst Schmuckgegenstände aus Gold (כלי זהב), die ihrer Form nach („Spangen, Ohrringe" usw.) aufgezählt werden. Signifikant ist dabei der Kontrast zu Ex 32,2f. Das Gold für den Götzen haben sich die Israeliten seinerzeit von den Ohren „gerissen" (32,2f.). Das Edelmetall zum Bau des legitimen Heiligtums indessen wird feierlich dargebracht.

An das Gold schließen sich weitere Gaben an: mit blauem und rotem Purpur bzw. Karmesin gefärbte Wolle, feines Leinen und Tierhäute (V. 23, vgl. dazu die Textanm. 25,4[abc] und 25,5[a]). Insbesondere die gefärbte Purpurwolle, eine kompliziert herzustellende Importware, steht dem Gold an Wert nicht nach, das feine Leinen bzw. das feine Leder kommen ihm nahe. Dies lässt darauf schließen, dass diejenigen, bei denen sich diese Kostbarkeiten „fanden", zur gleichen Schicht der großzügigen und potenten Stifter gerechnet wurden, von denen auch das Gold kam. Vielleicht als etwas weniger wohlhabend angesehen wurden jene, denen die Gaben von Silber und Bronze sowie Akazienholz zugeschrieben werden (V. 24).

In V. 25f. folgt eine andere Gruppe von Stifterpersönlichkeiten: Frauen, die die Kunst des Spinnens beherrschen. Sie werden in zwei Gruppen eingeteilt, diejenigen, die kunstverständig genug sind, die wertvolle Farbwolle und das feine Leinen zu Garnen zu spinnen (V. 25), und diejenigen, die die gröbere Ziegenwolle verar-

Frauen

---

3 Conrad, Art. נדב *ndb*, 242.

4 Wie man sich eine reichlich ausgestattete Stiftung für das Heiligtum vorgestellt hat, vermag Esr 8,24–28 zu vermitteln. Die freiwillige Gabe (נדבה, Esr 8,28, vgl. unten V. 29) habe 650 Zentner Silber und 100 Zentner Gold umfasst.

beiten. Bekanntlich ist Spinnen, ebenso wie die Weberei, ein (Kunst-)Handwerk, das überall in der antiken Welt meist von Frauen – und zwar aller Schichten – ausgeübt wurde (vgl. den biblischen locus classicus dazu in Spr 31,10–31, insbesondere die V. 13.19–25).[5]

Stammesoberhäupter

Eine dritte und letzte Gruppe von Stiftern sind die נשאים, also die Stammesoberhäupter (vgl. Lev 4,22; Num 7,2 u. ö.), sie bringen die exquisiten Materialien, die Edelsteine (vgl. den Exkurs zu 28,17–20) sowie die Öle und Räuchersubstanzen (V. 27f.; vgl. die Auslegungen zu 30,22–38).

Abb. 11: Der König als Tempelstifter; Relief aus dem Hathortempel in Dendera (1. Jh. v. Chr.).[6]

---

5 Vgl. dazu UTZSCHNEIDER, Realia, 67–80.
6 Aus KEEL, Bildsymbolik, 248–258, hier Abb. 367; die Zeichnung gibt ein Relief aus dem aus römischer Zeit stammenden Hathortempel im oberägyptischen Dendera wieder.

Synchrone Analyse 343

Insgesamt zeigt die Darstellung eine „Gemeinde der Israeliten", die von einem gewissen großzügigen Wohlstand einerseits und Solidarität unter den sozialen Gruppen andererseits geprägt ist. Dies schließt die Führungsschicht ein. Die Israeliten als Stifter des Heiligtums nehmen eine Stellung ein, die – wie schon mehrfach bemerkt – in den altorientalischen und ägyptischen Ideologien den Königen zukam (vgl. Abb. und die Auslegung zu 25,1–9). Sie waren Stifter und Erhalter der Heiligtümer, so wie Salomo und die Davidsdynastie für den ersten Jhwh-Tempel in Jerusalem.

Nicht erwähnt werden die (aaronidischen) Priester. Anders als in einer „Priesterherrschaft" zu erwarten wäre, sind sie bei der Heiligtumsgründung außen vor.[7]

Priester?

V. 29 hebt am Schluss dieser Szene die Legitimität des künftigen „Bürger-Tempels" hervor. Die Männer und Frauen haben nicht nur wertvolle Baustoffe gespendet, sondern eine *nᵉdābāh* (נדבה) dargebracht. Das Wort beruht auf der gleichen Verbalwurzel *ndb* wie auch das Nomen נדיב *nādîb*. *nᵉdābāh* bezeichnet nicht nur eine freiwillige Gabe, es ist auch ein Opferterminus (vgl. Am 4,5; Lev 7,16; 22,21.23; Dtn 16,10; Ez 46,12), der „private Opfer" bezeichnen kann, „die von einzelnen außerhalb des regulären Opferdienstes dargebracht werden"[8]. Vorausgesetzt sei dabei stets, „daß dies an großen Heiligtümern mit einem hochentwickelten Kultbetrieb geschieht"[9]. Die Stifterinnen und Stifter, also die ganze Gemeinde der Israeliten, hat – cum grano salis – mit dem Kult bereits begonnen, noch bevor das Heiligtum überhaupt steht.

Bürger-Tempel

Mit der dritten Szene, einer weiteren Moserede, kommt die eigentliche Herstellungs- und Bauphase des Heiligtums ein weiteres Stück näher. Es geht nun um die Ausführenden und ihre Legitimation. Mose kommt dazu auf die entsprechende Gottesrede 31,1–11 zurück, er gibt einen Abschnitt (31,1–6a) nahezu im Wortlaut wieder. Allerdings ergänzt und erweitert er die Kompetenzen Bezalels und Oholiabs: Gott habe sie mit der Fähigkeit des „Lehrens" ausgestattet. Damit wird die Möglichkeit eröffnet, auch weitere Israeliten an der Berufung der beiden hervorgehobenen Kunsthandwerker teilhaben zu lassen und zur Mitarbeit zu befähigen. So wird nicht nur die Stiftung, sondern auch die Herstellung des Heiligtums als Gemeinschaftsaufgabe konkretisiert.

35,30 – 36,1: Szene 3

Darüber hinaus hält Mose fest (V. 35), dass die beiden Kunsthandwerker auch in den drei Webtechniken, der Kunst- und Buntwebkunst sowie der gewöhnlichen Webtechnik (vgl. dazu den Exkurs „Zu den Web- und Stoffarten des Sinaiheiligtums"), bewandert sind und damit kreativ umgehen können („Pläne entwerfen"). Im Schlusssatz (36,1) bekräftigt Mose, dass sich „*jeder* Kunstverständige" – ebenso wie die beiden Kunsthandwerker – von JHWH mit „Weisheit und Einsicht" begabt und zu den Arbeiten am Heiligtum entsprechend Jhwhs Gebot befähigt wissen darf.

Die vierte Szene fügt der von Engagement, Eifer und Ernst geprägten Stimmung der Episode einen Schuss Komik hinzu. Die beiden berufenen Handwerker und die Kunstverständigen wollen sich nun endlich an die Arbeit machen, zu der sie „ihr Herz erhob". Dafür übergibt ihnen Mose dann auch all die kostbaren

36,2–7: Szene 4

---

7   Eine sehr viel gewichtigere Rolle spielt ein Priester in Hag 1,14 und Sach 3, wo der Hohepriester Josua zusammen mit dem Davididen und Statthalter Serubbabel als Initiator des Tempelneubaus gilt.

8   Conrad, Joachim, Art. נדב *ndb*, 239.

9   Conrad, Joachim, Art. נדב *ndb*, 239.

344   Episode 1: Ex 35,1 – 36,7: Die Gemeinde der Israeliten stiftet das Heiligtum

Materialien, die er von der Gemeinde empfangen hatte. Dem Beginn der Arbeit steht scheinbar nichts mehr im Weg. Aber weder Mose noch die Handwerker haben mit dem Stiftereifer der Israeliten gerechnet. Morgen für Morgen werden sie mit neuem Material regelrecht zugeschüttet. Da sieht sich Mose gezwungen, dem Spendenstrom Einhalt zu gebieten. Jetzt erst kann die Arbeit beginnen.

Adressaten   Man fragt sich, auf wen die kleine Geschichte gemünzt war. Die Haggaischrift überliefert einen Aufruf, den der Prophet in Jhwhs Namen an die Bewohner Judas/ Jerusalems richtet, Holz für den Neubau des zerstörten salomonischen Tempels bereitzustellen. Die Adressaten sind weit weniger bereitwillig als die Gemeinde am Sinai (Hag 1,2–14). In den kargen Zeiten der babylonischen und persischen Oberhoheit im 6. und 5. Jahrhundert v. Chr. ist es verständlich, wenn die Menschen nicht in erster Linie an den kostspieligen Bau eines Heiligtums denken konnten oder wollten. Da konnte die Spendenfreude der sinaitischen Gemeinde den Judäern im Lande oder an den Exilsorten im Zweistromland oder Ägypten als leuchtendes Beispiel vorgehalten werden.

Diachrone Analyse

DtrG	HE	PK	TK
		35,1–3	
	35,4–19.20–29		
	35,30 – 36,1; 36,2–7		

Sabbat   Die erste Moserede (Ex 35,1–3) bietet das Gegenstück zur Gottesrede am Ende des Anordnungsteils (31,12–17). Beide behandeln das Thema des Sabbats, aber weichen im Wortlaut weit voneinander ab. Zwar hat V. 2 einige wörtliche Übereinstimmungen mit 31,15, aber aufs Ganze gesehen teilt die Sabbatrede das Grundprinzip der Heiligtumserzählung nicht, die korrespondierenden Abschnitte in weitgehend wörtlicher Entsprechung zu formulieren. Wie für 31,12–17 gilt auch hier: Die Anordnungen enthalten keinen konkreten Bezug zu den Arbeiten am Heiligtum, die Verbindung wird allein über den Begriff „Arbeit" und durch die Juxtaposition hergestellt. Alle Beobachtungen sprechen für die P-Komposition.

Die weiteren Reden und Szenen mit den Anordnungen zu den Spenden, zum Bau des Heiligtums und zu den Kunsthandwerkern sowie deren Ausführung greifen auf die Gottesreden 25,1–9 und 31,1–11 zurück und sind elementarer Teil der Heiligtumserzählung.

Synthese

Mose stellt in seinem Auftakt-Statement zur Sabbatruhe keinen ausdrücklichen Bezug zum Heiligtumsbau her. Somit ist 35,1–3 in der Tat nicht „nahtlos" mit dem näheren Kotext verbunden. Die diachrone Auslegung weist 35,1–3 deshalb der P-Komposition zu, der auch schon 31,12–17 und das Sabbatgebot im Dekalog zuzuschreiben waren. Die synchrone Auslegung ist gerade an Sinnzusammenhängen interessiert, die das Textpatchwork über literarkritisch auffällige „Nähte" hinweg hervorbringt. Dementsprechend legt sie das Sabbatgebot in 35,1–3 als eine Art Vorspruch zur „Arbeit" der Israeliten am Heiligtum aus.

Episode 2: Ex 36,8 – 39,43: Die Kunstverständigen führen die Arbeiten aus und übergeben sie an Mose

Vorbemerkung zur synchronen Analyse

Die Episode führt die Erzählung von der Ausführung des göttlichen Plans weiter. Die Leser schauen den Werkleuten und Kunsthandwerkern über die Schulter, wie diese aus edlen Metallen und Hölzern, wertvollen Stoffen und Edelsteinen die Bau- und Einrichtungsgegenstände entstehen lassen. Genau und farbig beschrieben wird jeder Arbeitsschritt an jedwedem Werkstück der Wohnung und des Priesterornats, der Lade, der Altäre und all der anderen sakralen Gegenstände, deren Materialien, Maße, Macharten und Stückzahlen. Auch eine Abrechnung über die verwendeten Edelmetalle und deren Gewichte wird hinzugefügt (Ex 38,21 – 39,1a).

Die Erzählung hält sich in alledem weitgehend an die Vorgaben der Gottesrede. Wie aber die angefertigten Bauteile zusammengehören, welchen Platz die sakralen Einrichtungsgegenstände im Heiligtum einnehmen sollen und welche Funktionen sie dann im künftigen priesterlichen Kult haben werden, darüber vermeidet die Erzählung, anders noch als die Gottesrede, jede Angabe.

Es soll offenbar Mose allein vorbehalten bleiben, das Heiligtum zu errichten und einzurichten (Ex 40), die Priesterschaft einzusetzen (Lev 8) und, zusammen mit dem Priester Aaron, den ersten Gottesdienst am neuen Heiligtum zu feiern (Lev 9). Somit endet die Episode mit der Übergabe des Werkes (מלאכה bzw. עבדה) an Mose (Ex 39,32–43). Nachdem die Israeliten ihr Werk vor Mose gebracht haben, nimmt der es in Augenschein und segnet dann die Israeliten. Damit wird auch klar, worauf die Erzählung hinauswollte: Durch Augenschein hat sich Mose davon überzeugt, dass sie es „ausgeführt (wörtlich: ‚gemacht') haben, wie Jhwh es Mose geboten hatte, so haben sie es ausgeführt/gemacht" (Ex 39,43). Eben dies, die Entsprechung des göttlichen Plans zu seiner Ausführung durch die Gemeinde der Israeliten (soweit sie Jhwh dazu bestimmt hatte), sollen die Leser bzw. Hörer durch die vorangegangenen Schilderungen nachvollziehen und bejahen können.

Vorbemerkung zur diachronen Analyse

Zur Darstellung der Diachronie der zweiten Episode (Ex 36,8 – 39,43) kann auf die Einleitung zur Sinaiperikope verwiesen werden. Daraus ergibt sich, dass die folgenden Abschnitte in die Heiligtumserzählung gehören, mit Ausnahme der Glosse 38,8b und der Abrechnung der Edelmetalle (38,21 – 39,1a), die beide Teil der P-Komposition sind. Daher steht die diachrone Analyse samt der Synthese ganz am Ende der Episode, nach der synchronen Analyse von 39,32–43.

346   Ex 36,8–38 (26,1–37; 37,1–6LXX): Die Wohnung

Ex 36,8–38 (26,1–37; 37,1–6LXX): Die Wohnung

Wohnung (innere Decke) 8 Da machten alle Kunstverständigen unter den Arbeitern die Wohnung (aus) zehn Stoffbahnen, aus gezwirntem Leinen, aus blauem und rotem Purpur und Karmesin (mit) Keruben, als Kunstweberarbeit machten sie[a] sie. 9 Die Länge (jeweils) einer Bahn betrug achtundzwanzig Ellen und die Breite (jeweils) einer Bahn vier Ellen. Alle Bahnen hatten gleiche Maße. 10 Dann fügten sie je fünf Bahnen zusammen, eine an die andere, und noch (einmal) fünf Bahnen fügten sie aneinander, eine an die andere. 11 Dann brachten sie Schlaufen von blauem Purpur an den Rand der einen Bahn an, am Ende des Gebindes. Ebenso verfuhren sie am Rand der äußeren Decke, die sich am zweiten Gebinde befindet. 12 Fünfzig Schlaufen brachten sie an der einen Bahn an und fünfzig Schlaufen brachten sie am Rand der Bahn an, die sich am zweiten Gebinde befand. Eine Schlaufe lag der anderen gegenüber. 13 Dann machten sie fünfzig goldene Haken und verbanden die eine Decke mit der anderen mittels der Haken. Und es war eine Wohnung.

Zelt (äußere Decke) 14 Dann fertigten sie Zeltbahnen aus Ziegenhaar für das Zelt über der Wohnung an. Elf Zeltbahnen fertigten sie an. 15 Die Länge (jeweils) einer Bahn betrug dreißig Ellen und vier Ellen die Breite (jeweils) einer Bahn. Gleiches Maß hatten die elf Bahnen. 16 Dann verbanden sie fünf Bahnen zu einem Stück und sechs Bahnen zu (einem weiteren) Stück. 17 Dann brachten sie fünfzig Schlaufen am Rand der äußeren Bahn am Gebinde an und fünfzig Schlaufen am Rand der Bahn des zweiten Gebindes. 18 Dann machten sie fünfzig Haken aus Bronze, um das Zelt zusammenzubinden, dass es eines sei.

(Über-)Decken 19 Dann fertigten sie eine Überdecke für das Zelt aus roten Widderhäuten an und eine Überdecke aus (Ziegen-) Häuten darüber.

Holzteile 20 Dann machten sie die Holzteile für die Wohnung aus Akazienholz, aufrecht stehend (waren sie). 21 Zehn Ellen lang war das Holzteil, und eineinhalb Ellen breit das einzelne Holzteil. 22 Zwei Zapfen gehörten zu jedem einzelnen Holzteil, eines war mit dem anderen verbunden, so verfuhren sie mit jedem Holzteil der Wohnung. 23 Sie machten die Holzteile für die Wohnung, (nämlich) zwanzig Holzteile für die Südseite, nach Süden hin; 24 und vierzig Sockel fertigten sie an unter den zwanzig Holzteilen, je zwei Sockel unter jedem Holzteil für die beiden Zapfen. 25 Und (auch) für die zweite Wand der Wohnung an der Nordseite machten sie zwanzig Holzteile 26 und deren vierzig silberne Sockel, je zwei unter jedem Holzteil. 27 Und für die Westseite der Wohnung machten sie sechs Holzteile; 28 und zwei Holzteile machten sie für die Ecken der Wohnung an den beiden Seiten. 29 Und sie waren Zwillinge unten und gleichermaßen Zwillinge nach oben hin zum (jeweils?) ersten Ring. So machten sie es bei ihnen beiden für die beiden Ecken. 30 Und es waren acht Holzteile und ihre sechzehn silbernen Sockel, zwei Sockel unter jedem Holzteil.

Querhölzer 31 Dann fertigten sie Querhölzer aus Akazienholz an, je fünf für die Holzteile der einen Wand der Wohnung 32 und fünf Querhölzer für die Holzteile der zweiten Wand der Wohnung und fünf Querhölzer für die Holzteile der Wohnung an der westlichen Seite. 33 Dann fertigten sie das mittlere Querholz an, dass es in der Mitte der Holzteile von einem Ende zum anderen verläuft. 34 Und die Holzteile

Synchrone Analyse

überzogen sie mit Gold und sie fertigten ihre goldenen Ringe für sie an als Halterungen für die Querhölzer und sie überzogen die Querhölzer mit Gold.

35 Dann machten sie eine Abtrennung aus blauem und rotem Purpur, Karmesin Abtrennung
und gezwirntem Leinen. Als Kunstweberarbeit stellen sie sie her (mit) Keruben.

36 Und sie machten für sie vier Pfosten aus Akazienholz und überzogen sie mit Gold und (auch) ihre Gabeln waren aus Gold. Und sie gossen für sie vier silberne Sockel.

37 Dann machten sie einen Vorhang für den Eingang des Zeltes aus blauem und Vorhang
rotem Purpur, Karmesin und gezwirntem Leinen als Buntweberarbeit 38 und seine fünf Pfosten und deren Gabeln. Und sie gossen ihre Köpfe und Verbindungen aus Gold und ihre fünf Sockel aus Bronze.

Anmerkungen zu Text und Übersetzung

8ᵃ   Dem Sinn nach beziehen sich alle weiteren Formen der 3. Person Singular dieses Abschnitts auf das handelnde Subjekt כָּל־חֲכַם־לֵב, wörtlich: „ein jeder Kunstverständige". Dieses Subjekt ist formal ein Singular, wird aber durch das einleitende Verb וַיַּעֲשׂוּ als pluralische Größe wiedergegeben. Das Verbum עשׂה des Folgesatzes und alle weiteren Singular-Prädikate orientieren sich (genau umgekehrt) an der Singularform des Subjekts (Kollektiv-Singular). Entscheidend für das Verständnis und die Wiedergabe ist der Sinnzusammenhang des Abschnitts. An der „Wohnung" arbeiten alle „kunstverständigen" Israeliten mit (vgl. die Auslegung). Deshalb geben wir das Subjekt hier und für alle weiteren Singular-Prädikate dieses Abschnitts – wie in der freilich wesentlich kürzeren LXX-Version (Ex 37,1–6LXX) – pluralisch mit „sie" wieder. Im nächsten Abschnitt wird der mit göttlichem Geist begabte Künstler Bezalel explizit als Subjekt eingeführt (Ex 37,1). Er allein macht das sakrale Inventar, das Gott besonders nahe ist.

Synchrone Analyse

Der Abschnitt erzählt, dass und wie „alle Kunstverständigen" die Einzelteile der 36,8–38:
„Wohnung", also des zentralen Gebäudes im Heiligtum, herstellen. Die Darstellung Wohnung
hält sich an die Anweisungen, die Mose auf dem Berg von Jʜᴡʜ entgegengenommen hat (Ex 26,1–37). Nichtsdestoweniger verfolgt die Episode eine eigenständige Agenda. Peinlich vermeidet sie es, irgendeine der Passagen des Anordnungsteiles wiederzugeben, die über den Grundriss, die sakrale Inneneinrichtung oder die Funktion der Wohnung Aufschluss geben. Das Gebäude des Heiligtums zu *errichten* (vgl. 26,30), ist allein Mose befähigt und befugt. So fehlt neben scheinbar nebensächlichen Details wie der Faltung des vorderen Teils der Ziegenhaardecke (vgl. 26,9) oder deren Überhang am hinteren Teil (vgl. 26,12) insbesondere die Position der „Abtrennung" im Raum, die in 26,33–35 beschrieben ist. Auch die Platzierung der sakralen Einrichtungsgegenstände (26,34f.) spielt bei der Herstellung keine Rolle. Offenbar brauchen die „Kunstfertigen" keine Vorstellung von der Gestalt des Heiligtums.

Um so mehr fällt ins Gewicht, dass es „alle Kunstfertigen" sind, die bereits Königliche
im Vorfeld durch ihre Spendenfreude und nun mit Tatkraft und handwerklicher Rollen
Expertise die Voraussetzungen dafür schaffen. Aus 36,1–8 ist klar, dass „alle Kunstfertigen" nicht nur die beiden berufenen Handwerker, sondern auch alle jene Israeliten umfasst, die handwerkliches Können mitbringen oder sich von Bezalel und

Oholiab anlernen ließen (35,34). Sie *alle* tun, was man – handelte es sich nicht um ein transportables Heiligtum – den ersten Spatenstich nennen könnte, und machen sich dann an die Arbeit.

In der mesopotamischen wie in der ägyptischen Theologie übernehmen die Könige im Angesicht des Gottes bzw. der Göttin diese Aufgaben und leiten daraus auch den Anspruch ab, oberste Priester des jeweiligen Heiligtums zu sein. Der Anspruch der Israeliten ist bescheidener. Zusammen mit Mose, der den göttlichen Plan kennt und letztlich auch „zu Stande bringt" (Ex 40), nehmen sie die königliche Aufgabe wahr (vgl. die Abb. und die Auslegungen zu 25,1–9 und 35,22–28), das Heiligtum zu stiften *und* zu erbauen. Wiederum spielen die Priester keine Rolle.

Abb. 12: Der König als Tempelbauer; Relief aus dem Hathortempel in Dendera (1. Jh. v. Chr.).[10]

---

10 Aus KEEL, Bildsymbolik, 248–258; hier Abb. 369.

Synchrone Analyse   349

Die hervorgehobene Rolle der Gemeinde wirkt sich auch auf die Perspektive aus, in der die Ausführungserzählung des MT den Raum des Heiligtums wahrnimmt. Dieses Raumkonzept unterscheidet sich signifikant von dem der Gottesrede in Ex 25,10 – 27,21.[11] Die Gottesrede konzipiert das Heiligtum vom innersten Bereich nach außen, von der Lade im „Allerheiligsten" über die Sakralgegenstände des äußeren Raums des „Heiligen", also Tisch, Leuchter und (später) den Räucheraltar. Erst dann folgen die Wohnung und der Hof mit dem Bronzealtar. Es ist dies die Perspektive Gottes, aus der die erste Anordnungsrede das Heiligtum projiziert hat.

Raumkonzept und Perspektive

Die hebräische Ausführungserzählung in der Fassung des MT setzt mit der Wohnung ein, die betont als Werk „aller Kunstfertigen" dargestellt wird. Erst danach erzählt sie von der Herstellung des sakralen Inventars, die sie dem berufenen Handwerker Bezalel zuschreibt (37,1 – 38,20, siehe dazu gleich). Damit dominiert die Perspektive der Israeliten. Wenn sie sich dem Heiligtum nähern werden, wird die Ansicht der „Wohnung" bzw. des „Zeltes der Begegnung" dominieren, in dessen äußerem Bereich (פתח האהל) vor dem Brandopferaltar sie sich als Gemeinde versammeln werden (vgl. Lev 9,22–24). Die wertvollen sakralen Gegenstände, die Bezalel aus Akazienholz und Gold machen wird, bleiben ihrem Blick entzogen. Die „Wohnung" beglaubigt ipso facto die Eigenschaft der Israeliten als Stifter und (Mit-)Erbauer und nicht zuletzt ihre Treue zu JHWHs Wort.

Exkurs: Zum Ausführungsbericht der Septuaginta[12]

Die in der LXX überlieferte Version beginnt ihre Ausführungserzählung nicht mit der Anfertigung der Wohnung, sondern mit den „Gewänder(n) des Heiligtums, die für Aaron, den Priester sind" (36,9–40LXX). In der Version des MT bildet der Priesterornat den Schluss der Ausführungserzählung (39,1–31). Nun kann man gewiss mehrere Gründe für diese Position der Gewänder im Aufriss der LXX erwägen.[13] Ihre Voranstellung spricht u. E. aber dafür, dass die LXX die Rolle der aaronidischen Priesterschaft im Heiligtum von Anfang an mehr in den Fokus rücken will als die massoretische Version. Dafür mag schon das Detail sprechen, dass die LXX anders als die Parallelstelle im MT (Ex 39,1b) Aaron ausdrücklich als „den Priester" bezeichnet. Die LXX beschließt den Abschnitt zum Zelt und zum Hof mit einer kurzen, aber feierlichen Beschreibung der Funktion des Heiligtums (Ex 37,19LXX). Dies sei die „Anordnung (σύνταξις) für das Zelt des Zeugnisses, wie sie Mose befohlen worden ist, damit *der Dienst der Leviten durch* (im Sinne von: *unter Leitung von") Itamar, den Sohn des Priesters Aaron, stattfinde."*[14] Die LXX

---

11 Vgl. dazu UTZSCHNEIDER, Himmlischer Raum, 31f. und UTZSCHNEIDER, Tabernacle, 292–294.

12 Die LXX bietet zum gesamten Ausführungsbericht einen z. T. wesentlich kürzeren Wortlaut sowie eine abweichende Reihenfolge. Übersichten zu den Überlieferungen des MT und der LXX finden sich z. B. in der Textanmerkung b zu Ex 36,8 der BHS sowie in UTZSCHNEIDER, Tabernacle, 270f. Der Befund wird – grob gesprochen – auf zweierlei Weise interpretiert: Die Abweichungen werden auf den griechischen Übersetzer oder aber darauf zurückgeführt, dass die hebräische Vorlage der LXX-Version eine gegenüber dem MT ältere Überlieferung bewahrt hat. Zur Diskussion vgl. SCHAPER, Exodos, 258–277, und neuerdings LO SARDO, Post-Priestly Additions. Wir legen sowohl der synchronen wie der diachronen Auslegung den MT zugrunde.

13 ALBERTZ, Exodus 19–40, 343, meint, die Priesterkleider stehen am Anfang, „weil in ihnen sowohl textile Werkstoffe wie auch Metall (Gold) verarbeitet werden."

14 Vgl. dazu WEVERS, Notes, 615f.

350 | Ex 37,1–9 (25,10–22; 38,1–9LXX): Die Lade und das Sühnmal

spielt wohl darauf an, dass die levitischen Geschlechter unter der Leitung der Aaron-söhne Eleasar und Itamar auf der Wanderung den Transport der Teile des Heiligtums übernehmen sollen (vgl. besonders Num 4,21–33). Auch wenn dabei nicht an einen „Gottesdienst" im engeren Sinn gedacht ist, so setzt der Text hier doch ein dezidiert priesterliches Verständnis des Heiligtums voraus, das so in der massoretischen Version nicht vorliegt.

Ex 37,1 – 38,20: Die sakralen Gegenstände in der Wohnung

Bezalel Ex 37,1 beginnt mit einem Wechsel des handelnden Subjekts. Statt „alle Kunstver-ständigen" wird ausdrücklich „Bezalel" genannt. Er ist es, der „…. die Lade aus Akazienholz machte … und sie mit reinem Gold überzog …". Bleibt man syntaktisch strikt am Wortlaut der Erzählung, so ist er der Ausführende auch der weiteren Stücke des sakralen Inventars, des Tisches (37,10–16), des Leuchters (37,17–24), des Räucheraltars (37,25–28), des Räucherwerks und der Öle (37,29), des bronzenen Brandopferaltars (38,1–7), des bronzenen Beckens (38,8) und schließlich auch der leinenen Behänge des Hofes (38,9). Bezalels Expertise ist in erster Linie die Bear-beitung der Metalle Gold, Silber und Bronze (31,4f.; 35,32). Damit ist er besonders prädestiniert für die filigranen Goldarbeiten an Lade, Sühnmal, Tisch, Leuchter und Räucheraltar. Auch der bronzene Brandopferaltar sowie das Becken fallen in sein Fach. Ausschlaggebend für die hervorgehobene Nennung Bezalels ist wohl etwas anderes: Er gilt als von Jhwh berufen und mit göttlichem Geist begabt (31,2f.; 35,30 – für Oholiab gilt dieses nicht im gleichen Maß). Die in Gold gearbeiteten Sakralgegenstände werden die Gegenwart Gottes bzw. seine Nähe in den für „Lai-en" nicht zugänglichen Räumlichkeiten repräsentieren. Dafür braucht es auch ei-nen göttlich besonders begabten und berufenen Künstler.

Raumkonzept und Perspek-tive Die Reihenfolge der sakralen Gegenstände führt nun vom innersten, heiligsten Bereich nach außen, sie führt aus dem „Allerheiligsten" bis ans Tor der „Einfrie-dung", die den „Wohnbezirk" Gottes bzw. seinen Erscheinungsraum von den Quar-tieren der Israeliten trennt. Die beiden gegenläufigen Perspektiven, die von außen nach innen, die in Ex 36 dominiert, und die von innen nach außen in Ex 37, konstituieren den Raum der „Begegnung", in den sich Jhwh und die Gemeinde der Israeliten jeweils von ihrer Seite „begeben" (יעד, vgl. zu Ex 25,22 und 29,42f.).

Ex 37,1–9 (25,10–22; 38,1–9LXX): Die Lade und das Sühnmal

Lade 1 Da machte Bezalel die Lade aus Akazienholz[a], zweieinhalb Ellen lang und ein-einhalb Ellen breit und eineinhalb Ellen hoch. 2 Dann überzog er sie mit reinem

Synchrone Analyse 351

Gold von innen und von außen. Dann fertigte er eine goldene Randleiste um sie herum an 3 und goss für sie vier goldene Ringe an ihren vier Füßen, und zwar zwei Ringe an ihrer einen Seite und zwei Ringe an ihrer anderen Seite. 4 Dann machte er Stangen aus Akazienholz und überzog sie mit Gold. 5 Dann steckte er die Stangen in die Ringe an den Seiten der Lade, so dass man die Lade tragen kann.

6 Dann machte er ein Sühnmal aus reinem Gold, eineinhalb Ellen lang und ein-   Sühnmal
einhalb Ellen breit. 7 Dann fertigte er zwei goldene Keruben an. Als getriebene Arbeit führte er sie aus von den beiden Enden des Sühnmals her, 8 und zwar den einen Kerub von dem einem Ende her und den anderen Kerub von dem anderen Ende her. Aus dem Sühnmal arbeitete er die Keruben heraus von seinen beiden Enden her. 9 Die Keruben breiteten ihre Flügel nach oben aus, dabei bedeckten sie mit ihren Flügeln das Sühnmal, und ihre Gesichter waren eines zum anderen (gerichtet), zum Sühnmal hin waren die Gesichter der Keruben (gerichtet).

Anmerkungen zu Text und Übersetzung

37,1ᵃ „Akazienholz" hat in LXX kein Äquivalent (Ex 38,1LXX, anders im Anweisungsteil: ξύλον ἄσηπτον), die sakrale Einrichtung des „Zeltes" soll nach LXX nur aus Gold sein (vgl. auch zu Ex 38,9LXX).

Synchrone Analyse

Die Erzählung hält sich hinsichtlich Gestalt, Materialien und Maßen weitgehend an den Wortlaut der entsprechenden Passage in den Gottesreden. Allerdings werden auch hier alle Angaben übergangen, die Jhwh zur Funktion der Lade mitgeteilt hat: dass sie die 'edut aufnehmen wird (vgl. 25,16.21; 40,20f.) und dass Jhwh vom Sühnmal herab mit Mose sprechen wird. Die Weisung, die Tragestangen nicht zu entfernen (vgl. 25,15), kann hier unterbleiben. Alles, was mit der Errichtung und dem späteren „Betrieb" des Heiligtums zu tun hat, ist Moses Sache.

Auch sonst ist die Erzählung keine „sklavische" Umsetzung der Anordnungsrede. So gibt die Erzählung die beiden Sätze aus 25,11a „Du sollst sie mit reinem Gold überziehen. Innen und außen sollst du sie überziehen" geglättet in einem Satz wieder.

Ex 37,10–16 (25,23–30; 38,9–12LXX): Der Tisch

10 Da machte er den Tisch aus Akazienholzᵃ, zwei Ellen lang und eine Elle breit und eineinhalb Ellen hoch, 11 und überzog ihn mit reinem Gold. Dann brachte er eine goldene Randleiste um (ihn) herum an 12 und fertigte für ihn eine umlaufende Verstrebung von einer Handbreite um (ihn) herum an. 13 Dann goss er für

352 Ex 37,17–24 (25,31–40; 38,13–17LXX): Der Leuchter

ihn vier goldene Ringe und brachte die Ringe an den vier Ecken an, die an seinen vier (Tisch-)Beinen sind. 14 Dicht an der Verstrebung waren die Ringe angebracht als Halterungen für die Stangen, um den Tisch tragen zu können. 15 Dann machte er die Stangen aus Akazienholz und überzog sie mit Gold, um den Tisch tragen zu können.

16 Dann fertigte er die Geräte an, die auf dem Tisch sind, seine Schüsseln und seine Löffel und seine Schalen und die Kannen, mit denen das Trankopfer dargebracht wird[a], aus reinem Gold.

Anmerkungen zu Text und Übersetzung

10[a] „Akazienholz" fehlt in Ex 38,9LXX; die Ausführungserzählung der LXX will auch den Tisch aus reinem Gold hergestellt wissen.

16[a] Die Version der LXX nennt an zweiter Stelle der Geräte „Räucherpfannen" (θυίσκη LXX). Obwohl die LXX hier den Räucheraltar nicht erwähnt, rechnet sie doch mit Räucheropfern.

Synchrone Analyse

Wie für die Lade (Ex 37,3) lässt die Erzählung Bezalel die Ringe nicht „machen" (anders 25,26), sondern „gießen" (37,13). Die Geräte erscheinen in geänderter Reihenfolge: Es heißt nun „seine Schüsseln und Löffel und seine Schalen und die Kannen" statt „seine Schüsseln und seine Löffel und seine Kannen und seine Schalen" wie in 25,29. Vielleicht sollten so „die schalenartigen Geräte" zusammengerückt werden.[15] Die Funktion des Tisches als Träger der „Schaubrote" (vgl. 25,30 und die Auslegung dazu) wird nicht erwähnt.

Ex 37,17–24 (25,31–40; 38,13–17LXX): Der Leuchter

17 Dann machte er den Leuchter aus reinem Gold. Als getriebene Arbeit machte er den Leuchter. Sein Fuß und sein Stamm, seine Kelche, seine Knospen und seine Blüten waren aus einem Stück mit ihm. 18 Und sechs Äste gingen aus seinen Seiten hervor, drei Äste aus der einen Seite und drei Äste aus der anderen Seite. 19 Drei Kelche wie Mandelblüten, Knospe und Blüte, waren an jeweils einem Ast. So war es für die sechs Äste, die aus dem Leuchter hervorgehen. 20 Und an dem Leuchter waren vier Kelche wie Mandelblüten, seine Knospen und seine Blüten. 21 Und je eine Knospe war unter je zwei Ästen, für die sechs Äste, die von ihm ausgingen. 22 Ihre Knospen und ihre Äste waren aus einem Stück mit ihm. Er war ganz und gar ein Stück getriebener Arbeit aus reinem

---

15 ALBERTZ, Exodus 19–40, 348.

Gold. 23 Da machte er seine sieben Lampen und seine Dochtscheren und seine Feuerschalen aus reinem Gold. 24 Aus einem Talent reinem Gold machte er ihn und alle seine Geräte.

Synchrone Analyse

Der Text setzt den entsprechenden Teil der Anweisungsrede nahezu Wort für Wort in Erzählung um. Wie zu erwarten, werden die Anweisung zum Aufsetzen der Lampen (25,37b) und die Erinnerung an die *tabnît*, das himmlische Modell (25,40; vgl. 25,9), nicht aufgenommen.

Ex 37,25–28 (Ex 30,1–10): Der Räucheraltar

25[a] Dann machte er den Räucheraltar aus Akazienholz, eine Elle lang, eine Elle breit, also quadratisch, und zwei Ellen hoch. Seine Hörner waren aus einem Stück mit ihm. 26 Dann überzog er ihn mit reinem Gold, seine Oberfläche und seine (Seiten-)Wände ringsum und seine Hörner. Dann fertigte er für ihn eine goldene Randleiste ringsum an, 27 und zwei goldene Ringe fertigte er für ihn an unter seiner Randleiste beidseits an seinen beiden Seitenwänden als Halterungen für Stangen, um ihn tragen zu können. 28 Dann machte er die Stangen aus Akazienholz und überzog sie mit Gold.

Anmerkungen zu Text und Übersetzung

25[a] Der Räucheraltar wird in der LXX-Version des Ausführungsberichts nicht erwähnt. Hingegen kommt er im Anordnungsteil der LXX sehr wohl vor.

Synchrone Analyse

Die Erzählung gibt die Angabe zum Standort des goldenen Räucheraltars vor der „Abtrennung" (Ex 30,6; 40,26) nicht wieder. Vorgenommen werden einige stilistische Straffungen (vgl. etwa Ex 37,25 mit 30,1f. und 37,27 mit 30,4). Wie in den Anordnungsreden entspricht die Nennung des Räucheraltars in der Reihenfolge der sakralen Gegenstände auch hier nicht seiner künftigen Position in der Wohnung.

Ex 37,29 (30,25.35; 38,25LXX): Salböl und Räucherwerk

29 Dann machte er das heilige Salböl und reines, wohlriechendes Räucherwerk, (in der) Machart des Salbenmischers.

Synchrone Analyse

Der Text erzählt in zwei kurzen Sätzen, was die vierte und fünfte Rede des Anordnungsteils zur Herstellung des Salböls (30,22–33) und des Räucherwerks (30,34–38) ausführlich entfaltet haben. Dabei schließt der Text zwar an den Räucheraltar an, sagt aber nicht, dass das Räucherwerk auf diesem dargebracht werden kann oder soll.

Ex 38,1–7 (27,1–8; 38,22–24LXX): Der Brandopferaltar

1 Dann machte er den Brandopferaltar aus Akazienholz, fünf Ellen lang und fünf Ellen breit, quadratisch, und drei Ellen hoch. 2 Und er machte seine Hörner an seinen vier Ecken. Aus einem Stück mit ihm waren seine Hörner, und er überzog ihn mit Bronze.
3 Dann machte er alle Geräte für den Altar, die Töpfe und die Schaufeln und die Schalen, die Gabeln und die Pfannen. Alle seine Geräte machte er aus Bronze.
4 Dann machte er für den Altar ein Gitter, ein Netzwerk aus Bronze, unter seinem Sims, von unten her bis zur Hälfte (seiner Höhe). 5 Dann goss er vier Ringe an den vier Ecken für das Gitter aus Bronze als Halterungen für die Stangen. 6 Dann machte er die Stangen aus Akazienholz und überzog sie mit Bronze, 7 und führte die Stangen in die Ringe an den Seiten des Altars ein, dass man ihn damit tragen konnte. Als Hohlkörper von Platten fertigte er ihn an.

Synchrone Analyse

Im Vergleich zur Gottesrede (Ex 27,1–8) sind folgende Unterschiede in der Sache bemerkenswert: Der Altar wird nun ausdrücklich „Brandopferaltar" (מזבח העלה, anders 27,1) genannt. Er wird damit vom Räucheraltar unterschieden. In V. 3 werden „die Töpfe" aufgeführt, ohne ihre Funktion im Opfervorgang („für seine Fettasche", vgl. 27,3) zu erwähnen. Aus der Gottesrede nicht übernommen wird auch hier der Hinweis auf den Plan, der Mose auf dem Berg gezeigt wurde (27,8a).

Synchrone Analyse 355

Ex 38,8 (30,17–21; 38,26LXX): Das Becken

8 Und er fertigte das bronzene Becken an und sein bronzenes Gestell [a]aus den Spiegeln der diensttuenden (Frauen), die am Eingang des Begegnungszeltes Dienst taten.[a]

Anmerkungen zu Text und Übersetzung

8[a–a] V.8b ist eine altbekannte „crux interpretum", die schon in den antiken Versionen vielerlei Übersetzungsvorschläge und (ergänzende) Interpretationen hervorgerufen hat (vgl. etwa DOHMEN, Exodus 19–40, 396f.). Keine davon ist u. E. überzeugend. Das Nomen מַרְאֹת ist ein Fem. Pl. von מַרְאָה, das wiederum von der Verbalwurzel ראה „sehen" abgeleitet ist. Häufig bedeutet es „(prophetische) Vision", z. B. Num 12,6; 1 Sam 3,15; Ez 1,1; 8,3. Hier wird es von vielen mit „Spiegel" übersetzt, wofür es im MT keinen weiteren Beleg gibt. Allerdings ist diese Bedeutung für den Qumrantext 1QM 5,5 sehr wahrscheinlich, und auch LXX hat das Wort so verstanden: „... aus den Spiegeln der fastenden Frauen ..." (LXX.D). Es würde auch handwerklich in den Kontext passen, da in der Antike Spiegel aus poliertem Metall gefertigt wurden (BRL[2], 309), das dann für das Becken „weiterverwendet" worden wäre. Das Verbum צבא bedeutet in der Mehrzahl der Belege „Heeresdienst leisten, kämpfen" (Num 31,7; Jes 29,7 u. ö.), es kann auch „kultisch Dienst leisten" bedeuten (Num 4,23; 8,24). Wie LXX auf „fasten" kommt, ist sprachlich nicht nachvollziehbar, aber „ingenious" (WEVERS, Notes, 631). Von „Frauen" (צבאת ist ein Partizip fem. Pl. von צבא), die am Zelt der Begegnung „Dienst leisten", ist auch noch in 1 Sam 2,22 die Rede; allerdings bleibt unklar, welcher Art diese Dienstleistung(en) gewesen sein könnte(n). Für Ex 38,8 ist auch zu bedenken, dass das „Zelt der Begegnung" noch gar nicht existiert. Die Dienstleistung der Frauen müsste also in der Zukunft liegen (so LXX!).
Eine weitere Möglichkeit der Übersetzung und des Verständnisses von Ex 38,8b sei hier zur Diskussion gestellt. Sie bleibt bei der gesicherten Bedeutung von מַרְאָה „prophetische Vision". Die Anordnung zur Anfertigung des Beckens ist erst 30,17–21 ergangen, also lange nach den Anweisungen zum Bau (25,10 - 27,21) und somit möglicherweise ohne Einsicht in die himmlischen „Plan"-Visionen des Heiligtums (25,8.40; 27,8), weshalb sie einer besonderen Begründung bedarf. Dafür postuliert der Text weitere „Visionen". Daraus ergibt sich für 38,8b die Übersetzung: „... gemäß den Visionen für die Dienstpflichten, zu denen sie (scil. die Aaroniden) dienstverpflichtet sind, am Eingang des Begegnungszeltes." Ohne diese alternative Möglichkeit auszuschließen, geben wir den Text in der weitgehend akzeptierten Übersetzung „aus den Spiegeln der diensttuenden (Frauen)" wieder.

Synchrone Analyse

Die Ausführungserzählung in Ex 38,8a entspricht hier nahezu wörtlich der Herstellungsanweisung in der Gottesrede in 30,18. Sie bricht allerdings vor dem letzten Wort in 30,18a („zum Waschen") ab und übergeht damit die Angaben zur Funktion des Beckens und zu seiner Position „zwischen Altar und Begegnungszelt" (30,18b–21). Stattdessen folgt die nicht sicher erklärbare Bemerkung (vgl. Textanm. 8[a–a]) über die Herkunft des Materials, aus dem das Becken gefertigt sei. Dass der Text hier nichts Genaueres zur Funktion und Position verlauten lässt, ist nicht weiter überraschend. Er folgt der großen Linie, nach der Mose das Heiligtum letztlich errichtet und erst danach der priesterliche Dienst seinen Anfang nimmt.

In den Ausführungserzählungen geht es um die Rolle der Gemeinde und um die Großzügigkeit der „Freiwilligen". Vielleicht lässt sich der „Dienst" der Frauen in diesem Zusammenhang verstehen. Metallene polierte (Bronze-)Spiegel, wie man sie aus Ägypten oder dem griechisch-italischen Bereich kennt, waren Produkte gehobenen Kunsthandwerks und Accessoires einer luxuriösen Kosmetik.[16] Wenn Frauen sich von ihren Spiegeln zugunsten des Waschbeckens im Heiligtum trennen, dann setzt dies ebenso selbstlose und großzügige Spenderinnen voraus, wie sie in 35,22 erwähnt werden. Vielleicht wird von dieser zusätzlichen Materialspende erzählt, weil das Becken in der Abrechnung nicht unter den aus Bronze gefertigten Gegenständen aufgeführt ist (vgl. 38,29–31).[17]

Ex 38,9–20 (27,9–19; 37,7–18LXX): Die Einfriedung (der Hof)

9 Dann machte er die Einfriedung: für die Südseite, nach Süden hin, die Behänge für die Einfriedung aus gezwirntem Leinen auf hundert Ellen (Länge), 10 ihre zwanzig Pfosten und deren zwanzig Sockel aus Bronze, die Gabeln der Pfosten und ihre Verbindungen aus Silber, 11 und zur Nordseite (Behänge auf) hundert Ellen (Länge), deren zwanzig Pfosten und deren zwanzig Sockel aus Bronze, die Gabeln der Pfosten und ihre Verbindungen aus Silber, 12 und zur Westseite fünfzig Ellen Behänge, deren zehn Pfosten und deren zehn Sockel, die Gabeln der Pfosten und Verbindungen aus Silber, 13 und zur Ostseite, gen (Sonnen-)Aufgang, fünfzig Ellen (lang), 14 fünfzehn Ellen Behänge nach der einen Seite (mit) ihren drei Pfosten und ihren drei Sockel(n) 15 und nach der anderen Seite hin – zu beiden Seiten des Hoftores – fünfzehn Ellen Behänge, ihre drei Pfosten und ihre drei Sockel.
16 Alle Behänge des Hofes ringsherum waren von gezwirntem Leinen 17 und die Sockel für die Pfosten aus Bronze, die Gabeln der Pfosten und ihre Verbindungen aus Silber und der Überzug ihrer Köpfe aus Silber sie aber hatten silberne Verbindungen, alle Pfosten des Hofes.
18 Und der Vorhang für das Tor des Hofes war eine Buntweberarbeit aus blauem und rotem Purpur und Karmesin und gezwirntem Leinen, zwanzig Ellen lang und ᵃseine Höhe entsprechend der Breiteᵃ fünf Ellen genauso wie die Behänge des Hofes, 19 und ihre vier Pfosten und ihre vier Sockel waren aus Bronze, ihre Gabeln aus Silber und die Köpfe sowie die Verbindungen (ebenfalls) aus Silber. 20 Alle Pflöcke für die Wohnung und den Hof ringsherum waren aus Bronze.

---

16 Vgl. BRL 309f.; für Ägypten: ERMAN/RANKE, Ägypten, 260.
17 So DURHAM, Exodus, 487. Eher abwegig scheinen die Vermutungen, die Spiegel stünden für illegitime Kulte oder die auf 1 Sam 2,22 beruhende Annahme, mit den Frauen seien sexuelle Konnotationen verbunden (vgl. DOZEMAN, Exodus, 668f. mit Literatur).

Synchrone Analyse 357

Anmerkungen zu Text und Übersetzung

18[a] In der Fügung קומה ברחב חמשׁ gibt die Präposition ב an רחב eine Entsprechung an (vgl. GesL 119), wörtlich also: „seine (scil. des Vorhangs) Höhe (war) gemäß der Breite fünf (Ellen)."

Synchrone Analyse

Mit der Herstellung der Einfriedung des Hofes ist das Ensemble des Heiligtums für seine Errichtung durch Mose bereit. Die Erzählung hält sich wiederum weitgehend an die entsprechende Gottesrede in Ex 27,9–19.[18] Sie modifiziert sie einerseits wohl, um der Errichtung des Heiligtums durch Mose nicht vorzugreifen, andererseits hält sie fest, wo die Handwerker über die Vorgabe der Gottesrede hinausgehen.

Erstere Intention könnte in den V. 12 und 13 dazu geführt haben, die Angaben „Und die Breitseite der Einfriedung ..." aus 27,12.13 nicht zu übernehmen, mit denen die Orientierung des Heiligtums als Ganzes präzisiert wird. In diesen Zusammenhang gehört auch, dass 27,18 mit den Gesamtmaßen der Einfriedung nicht übernommen wird. Stattdessen begnügt sich die Erzählung damit, in 38,16f. die Bauteile und deren Materialien noch einmal im Zusammenhang aufzuführen.

Präzisierungen finden sich in 38,17f. Die Handwerker bringen silberne „Köpfe" an den Metallteilen, also den Pfosten, Halterungen und Verbindungsstücken, an. In 38,18 wird en passant mitgeteilt, dass die Behänge der Einfriedung mit 5×5 Ellen quadratisch zu denken sind und dass der Vorhang am Hoftor aus Behängen in denselben Maßen ausgeführt wurde – freilich mit den ungleich wertvolleren Mischgeweben und in „Buntweberarbeit".

Ex 38,21 – 39,1a (39,1–8LXX): Der Rechenschaftsbericht zur Verwendung der Edelmetalle

21[a] Dies ist die Abrechnung für die Wohnung, die Wohnung des Gesetzes, die auf Anordnung des Mose als levitischer Dienst durch Itamar, den Sohn Aarons, des Priesters, erstellt wurde. 22 Bezalel, der Sohn Uris, der Sohn Hurs vom Stamm Juda, hatte all das angefertigt, was JHWH dem Mose geboten hatte, 23 und mit ihm Oholiab, der Sohn Ahisamachs vom Stamm Dan, als Handwerker, Kunst- und Buntweber in blauem und rotem Purpur und Karmesin und Leinen.

---

18 Dies gilt auch für die LXX-Version dieses Teils (37,7–18LXX), was angesichts der erheblich kürzeren Erzählung zum „Zelt des Zeugnisses" (37,1–6LXX) auffällt. Dies könnte dafür sprechen, dass die Reduktion des „Zeltes des Zeugnisses" auf eine reine Zeltkonstruktion eine bewusste Modifikation der Vorgabe der Gottesrede in Ex 26 darstellt.

	24 Das gesamte Gold, das verarbeitet wurde bei der Arbeit an jedwedem Gewerk des Heiligtums – es war das Gold aus der Weihegabe: neunundzwanzig Talente und siebenhundertdreißig Schekel nach dem Schekel des Heiligtums.

Gold 24 Das gesamte Gold, das verarbeitet wurde bei der Arbeit an jedwedem Gewerk des Heiligtums – es war das Gold aus der Weihegabe: neunundzwanzig Talente und siebenhundertdreißig Schekel nach dem Schekel des Heiligtums.

Silber 25 Das Silber der Gemusterten der Gemeinde: einhundert Talente und eintausendsiebenhundertfünfundsiebzig Schekel nach dem Schekel des Heiligtums, 26 (d. h.) ein Beka pro Kopf, ein halber Schekel, nach dem Schekel des Heiligtums, für jeden, der zu den Registrierten von zwanzig Jahren und darüber gehörte, (ergibt) sechshundertdreitausendfünfhundertfünfzig (Köpfe). 27 Einhundert Talente des Silbers waren (bestimmt) für den Guss der Sockel des Heiligtums und der Sockel der Abtrennung. Einhundert Sockel auf einhundert Talente (entsprechen) ein Talent pro Sockel. 28 Aus den eintausendsiebenhundertfünfundsiebzig (Schekel) machte er die Gabeln für die Pfosten, goss ihre Köpfe und verband sie[a] (untereinander).

Bronze 29 Die Bronze aus der Weihegabe: siebzig Talente und zweitausendvierhundert Schekel. 30 Und er machte daraus die Sockel des Eingangs des Begegnungszeltes, den Bronzealtar und dessen bronzenes Gitter und alle Geräte des Altars 31 sowie die Sockel des Hofes ringsum und die Sockel des Hoftores und alle Pflöcke der Wohnung und alle Pflöcke des Hofes ringsum.

Kleider 39,1a Und aus dem blauem und dem roten Purpur und dem Karmesin hatten sie die gewirkten Kleider für den Dienst im Heiligtum gemacht.

Anmerkungen zu Text und Übersetzung

21[a] LXX schließt die V. 21–23 an die Herstellungserzählung von Zelt und Hof an (37,19–21LXX, vgl. oben den Exkurs: Zum Ausführungsbericht der Septuaginta).

28[a] Das Pronomen bezieht sich auf die „Pfosten"; vgl. 38,19.

Synchrone Analyse

Der Abschnitt stellt, seiner Form nach, eine Mischung aus einer Liste mit erläuternden, bisweilen erzählenden Nebenbemerkungen dar (V. 24–31). Aufgelistet sind die Abgaben an Gold, Silber und Bronze, die die Israeliten geleistet haben.[19] Die Nebenbemerkungen betreffen die Art der Abgabe und ihre Herkunft, Angaben zu den Gewichtseinheiten sowie zur Verwendung. Dazu kommt eine umfangreiche, ebenfalls mit weiteren Erläuterungen versehene Überschrift (V. 21–23) und eine Nachbemerkung zu den Priestergewändern, die man auch zur folgenden Perikope hinzunehmen kann. Im Überblick lässt sich die Perikope so darstellen:

---

19 Eine ähnliche Liste findet sich in Esr 8,26–27 im Rahmen der „Esra-Memoiren". Sie führt die „Abgabe", bestehend aus Edelmetallen, bzw. daraus hergestellten Geräten, auf, die „der (persische) König, seine Ratgeber und Beamten und ganz Israel" für das „Haus unseres Gottes" bereitgestellt haben. Esra übergibt die „Abgabe" Priestern und Leviten zum Transport nach Jerusalem.

Synchrone Analyse 359

38,21–23	„Dies ist die Abrechnung ...“	
38,24	„Das gesamte Gold ... aus der Weihegabe: ...“	29 Talente, 730 Schekel
38,25–28	„Das Silber der Gemusterten der Gemeinde: ...“	100 Talente, 1775 Schekel
38,29–31	„Die Bronze aus der Weihegabe: ...“	70 Talente, 2400 Schekel
39,1a	Blauer und roter Purpur, Karmesin	

Das Hauptstichwort der Überschrift ist das Nomen פקודים, das wir mit „Abrech-   **38,21**
nung“ wiedergeben. Es ist von פקד abgeleitet, mit der Grundbedeutung „genau
beobachten“[20] oder auch „kontrollieren, überprüfen“[21]. Beobachtet oder überprüft
werden Umfang und Art sowie die Verwendung der Edelmetalle, am Rande auch
der wertvollen Mischgewebe, die die Israeliten für die Herstellung der Wohnung
aufgewandt haben (V. 22f.). Den Auftrag zu dieser Rechnungsprüfung hat Mose
selbst gegeben, und zwar dem Aaronsohn Itamar, der die Abrechnung als „Leviten-
Dienst“ (עבדת הלוים) zu erstellen hat. Die Formulierung deutet an, dass der Priester
Itamar hier im Vorgriff und gleichsam stellvertretend tätig wurde.

Der „Leviten-Dienst“ wird eigentlich erst im Nachgang der Volkszählung in Num   **Leviten**
1 eingeführt.[22] Konkreter wird der „Dienst der Leviten“ in Num 4 beschrieben. Dort
werden Levitengeschlechter zum Transport des Heiligtums eingeteilt, den sie „unter
der Leitung Itamars, des Sohnes Aarons, des Priesters“ (Num 4,28.33) zu leisten haben.
Da die Leviten in Ex 38 noch nicht als „clerus minor“ eingeführt sind, hat der Priester
ihre Funktionen einstweilen selbst zu übernehmen.[23]

Die Arbeitsbereiche von Bezalel bzw. Oholiab sind in Metall für Ersteren und
Textilien für Letzteren aufgeteilt, eine Unterscheidung, die Mose gerade nicht ge-
troffen hatte (vgl. 35,35). Andererseits werden in der Ausführungserzählung selbst
die meisten Arbeiten, die hauptsächlich in Metall auszuführen waren, dem Bezalel
zugeschrieben (vgl. oben zu 37,1 – 38,20).

In der Abrechnung wird das Gold, wie zu erwarten, zuerst aufgeführt (V. 24), und   **38,24: Gold**
zwar als „Weihegabe“ (תנופה, vgl. Textanm. 35,22ᵃ). Die Abrechnung zeigt, dass den
Israeliten ein nicht geringer Reichtum zugetraut wurde: Umgerechnet entsprechen
die 29 Talente[24] und 730 Schekel einem Gewicht von knapp einer Tonne.

Noch erheblich höher ist das Gewicht des Silbers, es soll etwa 3440 kg betragen   **38,25–28:**
haben. Anders als 35,24 ist das Silber hier aber keine freiwillige Abgabe (תרומה,   **Silber**
vgl. 25,2), sondern der Ertrag der Steuer, die Jhwh den „Gemusterten der Gemeinde“ auferlegt hatte (30,11–16, vgl. die Auslegung dazu). Diese „Abgabe“ ist eine
Sühneleistung für die Volkszählung, die erst Num 1 erzählt wird. Das Hauptaugen-
merk liegt hier aber auf der Berechnung in V. 26. Sie bezieht die Menge des Silbers
von 100 Talenten und 1775 Schekel (Ex 38,25f., vgl. schon 12,37) auf die in Num

---

20 André, Art. פָּקַד pāqad, 709.

21 Josef Scharbert nach Schottroff, Art. פקד pqd, 467.

22 N. b. die Begrifflichkeit „Wohnung des Gesetzes“ und die Wurzel פקד in Num 1,50 und
    Ex 38,21!

23 Dieses Verständnis findet sich vor allem in der P-Komposition, aber auch in der Chro-
    nik, wo die Leviten mit Verwaltungsaufgaben am Tempel beauftragt sind (vgl. etwa
    1 Chr 9,26f.; 23,28; Labahn, Art. Levi/Leviten).

24 Ein Talent entspricht 3000 Schekel; 1 Schekel entspricht 11,4 g; vgl. Textanm. 25,39ᵃ.

1,46 genannte Gesamtzahl der Israeliten von 603550 Köpfen.[25] Bei 3000 Schekel pro Talent hatte die Abgabe einen Ertrag von 301775 Schekel, d. h. jeder steuerpflichtige Israelit (Ex 30,14) hat ein Beka, d. h. einen halben Schekel, beigetragen, genauso, wie es Jhwh in seiner Rede vorgegeben hatte (30,13f.). Damit haben wirklich alle Israeliten bzw. alle Familienoberhäupter ihren Beitrag geleistet und sind mithin Stifter des Heiligtums. In den V. 27–29 wird dann genau aufgeschlüsselt, für welche Bauteile das Silber verwendet wurde. Die Genauigkeit dieses Verwendungsnachweises reagiert wohl auf Erfahrungen, dass Heiligtumsabgaben in falsche Taschen wandern können (vgl. z. B. 2 Kön 12,7–13).

38,29–31: Bronze Die „Weihegabe"[26] an Bronze (V. 29) fällt mit 70 Talenten und 2400 Schekeln, die 2420 kg entsprechen, hinter die Silberabgabe zurück. Die Verwendungen werden entsprechend den Ausführungserzählungen ohne das Becken angegeben (vgl. dazu oben zu 38,8).

39,1a: Mischgewebe Ganz summarisch und eher schon zum folgenden Abschnitt gehörend, wird auf die Mischgewebe und ihre Verwendung für den „Dienst im Heiligtum" verwiesen (39,1a).

Ex 39,1b–31 (28,6–42; 36,8–40LXX): Die Priesterkleider

1b Da machten sie die Heiligtumskleider[a] Aarons, wie Jhwh dem Mose geboten hatte.

Priesterschurz 2 Da machte er[a] den Priesterschurz aus Gold, blauem und rotem Purpur, Karmesin und gezwirntem Leinen. 3 Dann hämmerten sie die Goldplatten, und er schnitt (daraus) Fäden, um sie in den roten und in den blauen Purpur(stoff) und in den karmesin (gefärbten Stoff) sowie in das Leinen einzuarbeiten, eine Kunstweberarbeit. 4 Schulterträger machten sie für ihn, verbundene, an seinen beiden Ecken[a] verbunden, 5 und die Schärpe zum Anlegen des Priesterschurzes, die an ihm war, aus einem Stück war sie, von derselben Machart, aus Gold, blauem und rotem Purpur, Karmesin und gezwirntem Leinen, wie Jhwh dem Mose geboten hatte. 6 Dann [a]fassten sie die Schohamsteine in Goldfassungen[a], graviert mit Siegelgravuren mit den[b] Namen der Israeliten (waren sie). 7 Dann setzte er sie auf die Schulterträger des Priesterschurzes als Erinnerungssteine der Israeliten[a], wie Jhwh dem Mose geboten hatte.

Brusttasche 8 Dann machte er die Brusttasche als Kunstweberarbeit nach der Machart des Priesterschurzes: aus Gold, blauem und rotem Purpur, Karmesin und gezwirntem Leinen. 9 Sie war quadratisch, doppelt gelegt machten sie die Brusttasche, eine Spanne lang und eine Spanne breit, doppelt gelegt. 10 Dann versahen sie sie mit vier Reihen (Edel-)Steinbesatz: eine Reihe (mit) Karneol, Chrysolith, Malachit: die erste Reihe; 11 die zweite Reihe: Jade, Lapislazuli, Jaspis; 12 die dritte Reihe: Bernstein, Achat,

---

25 Zugrunde liegt dabei die Relation 603550 Halbschekel = 301775 Schekel = 100 Talente + 1775 Schekel.

26 Die Begriffe תנופה bzw. תרומה können austauschbar gebraucht werden (vgl. Textanm. 29,24[a]).

Anmerkungen zu Text und Übersetzung 361

Amethyst; 13 die vierte Reihe: Topas, Schoham, Onyx. Mit Goldfassungen versehen[a] waren sie in ihrem Besatz. 14 Die Steine entsprachen (ihrer Anzahl nach) den Namen der Söhne Israels: Es waren zwölf entsprechend (der Zahl) ihrer Namen, es waren Siegelgravuren, eine jede mit ihrem Namen entsprechend den zwölf Stämmen. 15 Dann brachten sie auf der Brusttasche gedrehte Ketten an, nach Machart einer Schnur, aus reinem Gold. 16 Dann machten sie zwei goldene Fassungen und zwei goldene Ringe und brachten die beiden Ringe an den beiden Ecken der Brusttasche an. 17 Dann brachten sie die beiden Goldschnüre an den beiden Ringen an den Ecken der Brusttasche an. 18 Die beiden (anderen) Enden der beiden Schnüre befestigten sie an den beiden Fassungen und brachten diese an den Schulterträgern des Priesterschurzes an seiner Vorderseite an. 19 Dann machten sie zwei (weitere) goldene Ringe und setzten sie an die beiden Ecken der Brusttasche an ihren Saum, der dem Priesterschurz gegenüberliegt zur Innenseite hin. 20 Dann machten sie (noch) zwei (weitere) goldene Ringe und brachten sie an den beiden Schulterträgern des Priesterschurzes an, unten an seiner Vorderseite dicht an seinem Verbindungsstück oberhalb der Schärpe des Priesterschurzes. 21 Dann banden sie die Brusttasche von ihren Ringen aus an die Ringe des Priesterschurzes mittels einer Schnur aus blauem Purpur, so dass sie oberhalb der Schärpe des Priesterschurzes war und die Brusttasche sich nicht vom Priesterschurz löste, wie Jhwh dem Mose geboten hatte.[a]

22 Dann machte er das Obergewand zum Priesterschurz als Weberarbeit ganz aus blauem Purpur. 23 Und die Öffnung des Obergewandes war in seiner Mitte wie die Öffnung eines Panzerhemdes. Eine Borte (lief) rings um seine Öffnung, sie konnte nicht einreißen.

Obergewand

24 An den Säumen des Obergewandes brachten sie Granatäpfel aus blauem und rotem Purpur und Karmesin, gezwirntem[a], an. 25 Dann machten sie Glöckchen aus reinem Gold und brachten die Glöckchen inmitten der Granatäpfel an, (und zwar) an den Säumen des Obergewandes ringsherum zwischen die Granatäpfel, 26 immer abwechselnd ein Glöckchen und ein Granatapfel an den Säumen des Obergewandes ringsum für den Dienst, wie Jhwh dem Mose geboten hatte.

27 Dann machten sie leinene Hemden als Weberarbeit für Aaron und seine Söhne 28 und den leinenen Turban[a] und Schmuckhüte[b] aus Leinen, Hosen aus Leinen, (und zwar) gezwirntem Leinen[c], 29 sowie den Gürtel aus gezwirntem Leinen, blauem und rotem Purpur, Karmesin, eine Buntweberarbeit, wie Jhwh dem Mose geboten hatte.

Hemden, Kopfbedeckungen und Gürtel

30 Dann machten sie die Blüte, die heilige Weihung[a] aus reinem Gold, und schrieben darauf einen Schriftzug in Siegelgravur: „Heilig für Jhwh". 31 Dann versahen sie sie mit einer Schnur aus blauem Purpur, um sie am Turban von oben zu befestigen, wie Jhwh dem Mose geboten hatte.

Blüte

Anmerkungen zu Text und Übersetzung

39,1[a] Siehe Textanm. Ex 28,2[a].

2[a] Sam: „Da machten sie"; ebenso 3. Pers. pl. in V. 3 „und sie schnitten"; sowie V. 8 „da machten sie" und V. 22. Zum Wechsel zwischen 3. Pers. pl. und sg. siehe die Auslegung zu V. 3.

4ᵃ	Das mask. Pronomen bezieht sich auf den אפד. Die Träger sollen mit den Ecken des Schurzes verbunden sein (vgl. Ex 28,7).
6ᵃ⁻ᵃ	Wörtlich: „machten ... eingefasst in."
6ᵇ	Wörtlich: „entsprechend der Namen ...".
7ᵃ	Vgl. Textanm. 28,12ᵃ.
13ᵃ	Wörtlich: „umgeben".
21ᵃ	Die Vorschriften Ex 28,29f., denen zufolge Aaron „die Brusttasche des Rechts" tragen soll, wenn er das Heiligtum betritt, und „Urim und Tummim" in die Brusttasche legen soll, fehlen in MT. Sam ergänzt V. 21 mit einer zusätzlichen Schlusspassage (vgl. schon zu Ex 28,30): „und sie machten Urim und Tummim, wie Jʜᴡʜ dem Mose geboten hatte."
24ᵃ	Ex 28,33: „und aus Karmesin". Möglicherweise ist der Text hier nicht in Ordnung. Als „gezwirnt" (משזר) wird in Karmesin gefärbter Stoff sonst nicht bezeichnet, sondern „Leinen" (שש). Sam ergänzt in diesem Sinne: ושש משזר.
28ᵃ	Nach Ex 28,39 sind der Gürtel sowie der leinene Kopfbund (מצנפת) Aaron vorbehalten, hier werden Aaron als künftiger Hohepriester und seine Söhne, also die einfachen Priester, summarisch behandelt.
28ᵇ	Das zu פארי gehörige Verbum bedeutet „schmücken", „verherrlichen" (GesL 1035), die Fügung מגבעת פארי geben wir mit „Schmuckhüte" wieder. Nach Jes 3,20 gehören פארים zur modischen Kleidung feiner Jerusalemer Damen; vgl. Ex 28,40: „Kopfbedeckungen zu Ehre und Schmuck".
28ᶜ	Hier konkurrieren zwei Begriffe für Leinen; der wohl einfachere Stoff בד wird zu שש משזר aufgewertet.
30ᵃ	Vgl. die Auslegung zu Ex 28,36–43.

Synchrone Analyse

Mit der Herstellung des Priesterornats geht die Ausführungserzählung ihrem Ende entgegen. Wie oben gesagt (vgl. die Auslegung zu 36,8–38) nehmen wir an, dass der MT, anders als die LXX-Überlieferung, die Rolle der Priester bzw. des Priesters Aaron für die Anfänge des Heiligtums nicht in den Vordergrund stellen will. Die Protagonisten sind die Israeliten als Stifter und Stifterinnen und, zusammen mit den beiden Kunsthandwerkern, als ausführende „Kunstverständige" sowie Mose als Mittler der göttlichen Gründungsinitiative.

Wer macht was? Dabei will die Erzählung wohl den Eindruck vermitteln, dass die kunstverständigen Israeliten und die Kunsthandwerker sich die Arbeiten am Ornat aufteilten. Über den gesamten Abschnitt hinweg wechseln die Subjekte von der dritten Person Plural zur dritten Person Singular und zurück (bspw. in 39,1–4),[27] ohne dass „die Kunstverständigen" identifiziert würden oder einer der beiden Kunsthandwerker, etwa Oholiab, benannt würde, anders als z. B. in 37,1. Eine Systematik ist schwer zu entdecken. Vielleicht führt „er" die komplizierteren, und „sie" führen die einfacheren Arbeiten aus, oder „er" nimmt die Arbeit an neuen Werkstücken auf, die „sie" dann weiterführen (vgl. V. 2.7.22: „er", aber 6.27.30: „sie"). Kurz: Ähnlich wie bei der Herstellung der Wohnung[28] sind beide, „Kunstverständige" und „Handwerker", gemeinsam die Ausführenden.

---

27 Weitere Subjektwechsel in V. 7.10.22.27.

28 Auch in Ex 36,8 wechselt der Subjektnumerus von „sie", wobei „alle Kunstverständigen" explizit genannt sind, in die dritte Person Singular, die wir als Kollektivsingular verstanden und mit „sie" wiedergegeben haben (vgl. Textanmerkungᵃ zu Ex 36,8).

Ex 39,32–43 (Ex 39,11.13–23LXX): Vollendung der Arbeiten 363

Von Aaron ist nur einmal in dem einleitenden Satz die Rede: „Da machten sie die Heiligtumskleider Aarons ...“ (39,1b). Alle weiteren Angaben zur Funktion der Kleider in
Aarons Amtsführung lässt die Erzählung weg: dass die Kleider Aaron und seine Söhne
heiligen sollen (28,3.41), dass Aaron mit den Schohamsteinen auf dem Priesterschurz
die Namen der Israeliten vor Jhwh tragen soll (28,12), dass er mit der Brusttasche des
Rechts bzw. der Entscheidung (28,29f.) „Urim und Tummim“ und damit „das Recht
der Israeliten auf seinem Herzen tragen soll“, dass er mit dem Diadem, der „Blüte“,
das Wohlgefallen Jhwhs für die Israeliten ungeachtet ihrer Verfehlungen erwirken soll
(28,38) – all diese gewichtigen Funktionen aus Ex 28, die im Priester und seinem Ornat
verkörpert sein werden, werden nicht erwähnt.

Auslassungen

Allerdings gehen sie auch nicht völlig unter. Sie sind implizit in der Entsprechungsformel „wie Jhwh dem Mose geboten hatte“ präsent. Die Formel erscheint hier
siebenmal, meist dort, wo die Ausführungserzählung in Ex 39 gegenüber der Gottesrede in Ex 28 die gerade erwähnten Leerstellen gelassen hat.[29] Leser, die „zurückblät-
tern“, um zu sehen, was Jhwh eigentlich geboten hat, werden dort eben diese funktio-
nalen Beschreibungen finden. Wie wir zu Ex 28 und 29 gezeigt haben, kommt dem
aaronidischen Priester in den Heiligtumstexten keine Amts- oder Herrschaftstheolo-
gie eigenen Rechts zu. Er dient im Heiligtum als Repräsentant des Volkes.

Entspre-
chungsfor-
meln

Hinsichtlich der Gestaltung der Gewänder hält sich die Ausführungserzählung an
die Gottesrede, nimmt aber einige Veränderungen vor. Die Herstellung des Priesterschurzes ist erheblich gekürzt, insbesondere was die Namensgravuren betrifft (vgl.
28,9f.). Andererseits ist die Beschreibung um einen Passus ergänzt, der sich der Fertigung der Goldfäden widmet (39,3). Hier lässt sich die Arbeitsteilung zwischen „Kunstverständigen“ und Kunsthandwerkern plausibel nachvollziehen:[30] *Sie* hämmern“ das
Blattgold zurecht, aus dem „*er* die Fäden schneidet“ und mit den Mischgeweben in
das Leinen einarbeitet. Bei Hemden, Kopfbedeckungen und Gürtel differenziert die
Erzählung nicht mehr zwischen Aaron und seinen Söhnen und auf die „Unterhosen“
verzichtet sie ganz (vgl. 39,27–29 mit 28,39f.42f.). Die „Blüte“ bzw. „Weihung“ stellt sie
an den Schluss (vgl. 39,30 mit 28,36–38 und die Auslegung dazu).

Ausführung

Ex 39,32–43 (Ex 39,11.13–23LXX): Vollendung der Arbeiten und Übergabe des Werks an Mose

32 Da ward die gesamte Arbeit an der Wohnung des Begegnungszeltes vollendet. Und die Israeliten führten (es) ganz so aus, wie Jhwh dem Mose geboten
hatte, so hatten sie (es) ausgeführt.[a]
33 Dann brachten sie die Wohnung zu Mose, das Zelt und alle ihre[a] Geräte, ihre
Haken, ihre Holzteile, ihre Querhölzer und ihre Pfosten und ihre Sockel, 34 die

Übergabe an
Mose

---

29 Ex 39,1 / 28,3; 39,5.6 / 28,12; 39,21 / 28,15.29f.; 39,28 / 28,35; 39,29 / 28,41.43; 39,31 /
28,38. In der elften Erzählphase erscheint die Formel vor Ex 39 in kürzerer Form in Ex
35,1.4 (Mose-Rede).10; 36,1 (Mose-Rede).5; 38,2.
30 Vgl. Albertz, Exodus 19–40, 362.

364 Ex 39,32–43 (Ex 39,11.13–23LXX): Vollendung der Arbeiten

Überdecke aus roten Widderhäuten und die Überdecke aus Tachasch-Häuten, den abtrennenden Vorhang; 35 die Lade des Gesetzes und ihre Stangen und das Sühnmal; 36 den Tisch und seine Geräte und das Schaubrot; 37 den reinen Leuchter[a] und seine Lampen, die Lampenreihe[b] und alle seine Geräte und das Lampenöl; 38 und den goldenen Altar und das Salböl und das wohlriechende Räucherwerk und den Vorhang für den Eingang zum Zelt; 39 den bronzenen Altar und sein bronzenes Gitter, seine Stangen und seine Geräte, das Becken und sein Gestell; 40 die Behänge des Hofes und seine Pfosten und seine Sockel und den Vorhang für das Hoftor, seine Seile und seine Zeltpflöcke und alle Geräte des Dienstes in der Wohnung für das Zelt der Begegnung; 41 und die gewirkten Kleider für den Dienst im Heiligtum, die heiligen Kleider für Aaron, den Priester, und die Kleider seiner Söhne für den Priesterdienst.

Segen 42 Ganz wie Jhwh es dem Mose geboten hatte, so hatten die Israeliten alle Arbeit ausgeführt. 43 Da besah Mose das ganze Werk, und siehe, sie hatten es ausgeführt, wie Jhwh es dem Mose geboten hatte, so hatten sie es ausgeführt. Da segnete sie Mose.

Anmerkungen zu Text und Übersetzung

32a Die LXX kommt hier noch einmal auf die Priestergewänder zurück, deren Herstellung sie an den Anfang ihrer Ausführungserzählung gestellt hatte (Ex 36,8–40LXX), und betont in diesem Zusammenhang den priesterlichen Charakter des künftigen Heiligtums: „Und aus den Resten des blauen und roten und scharlachroten Stoffes machten sie gottesdienstliche Gewänder für Aaron, damit er in diesen seinen Dienst verrichte" (Ex 39,13LXX, Übersetzung nach LXX.D).

33[a] Der Begriff משכן hat in den Heiligtumstexten grundsätzlich zwei Bedeutungen, er meint – im engeren Sinn – die innerste „Prachtdecke" des „Gebäudes" und im weiteren Sinn das Gebäude selbst (vgl. Einleitung zu Ex 26). Hier werden die beiden Bedeutungen wohl nicht unterschieden. Die Personalpronomina „Geräte", „Haken", „Holzteile", „Querhölzer", „Pfosten" und „Sockel" beziehen sich auf „Wohnung" (anders Albertz, Exodus 19–40, 372).

37[a] Vgl. Textanmerkung [a] zu Ex 31,8.

37[b] Vielleicht bezieht sich der Ausdruck auf die Anordnung der Lampen, von der in Ex 25,37 die Rede ist (Albertz, Exodus 19–40, 372).

Synchrone Analyse

39,32: Vollendung — Wie in der *Einleitung* bereits kurz skizziert, bildet dieser Abschnitt den narrativen Schlussstein. Die Erzählszene wird durch ein Fazit der Episode insgesamt eingeleitet (Ex 39,32). Formell wird festgestellt, dass alle Arbeiten an der „*Wohnung des Begegnungszeltes*" vollendet sind (כלה). Erstmals erscheint dabei die unmittelbare Fügung der Begriffe „Wohnung" (משכן) und „Zelt der Begegnung" (אהל מועד, vgl. dann 39,40; 40,2.6.29; ferner Num 3,25; 4,25; 1 Chr 6,17). Die Begriffskombination fasst die beiden Hauptfunktionen des Heiligtums als *Wohnung* Gottes inmitten des Volkes *und* als Raum für die kultische *Begegnung* von Gott und Volk zusammen (vgl. die Einleitung zu Ex 26 sowie die Auslegungen zu 25,8 und 29,42–46).

Synchrone Analyse

Vollendungsformeln, also Notizen über die Vollendung eines Bauvorhabens, finden sich vielfach in Inschriften (neu-)assyrischer und babylonischer Herrscher[31] und auch in den Berichten über Salomos Tempel- und Palastbau. Der Bericht über den, wir würden sagen, „Rohbau" des Jerusalemer Tempelhauses schließt zweifach mit der Formel „und er baute das Haus und vollendete es" (ויבן את הבית ויכלהו, 1 Kön 6,9.14). Die Vollendung des Innenausbaus stellt der Bericht so fest: „... und im elften Jahr im Monat Bul, das ist der achte Monat, vollendete er (כלה) den Tempel in jeder Hinsicht und nach allen Vorgaben (לכל דבריו ולכל משפטו)" (1 Kön 6,38).[32] Die Arbeiten sind gelungen und angemessen. Die Maßstäbe für die Angemessenheit werden nicht weiter konkretisiert. In Ex 39 ist der Maßstab klar: Das Werk ist gelungen, wenn und weil „die Israeliten ausgeführt hatten, was JHWH dem Mose geboten hatte". Eben dies bescheinigt die Entsprechungsformel in V. 32b, die in den Schlussversen 42f., jeweils etwas modifiziert, noch zweimal wiederholt wird und so eine markante Inklusion um den ganzen Abschnitt bildet.[33]

Vollendungsformeln

Der *Mittelteil 39,33–41* erzählt, dass die Israeliten die fertigen Teile des Heiligtums samt dem Priesterornat zu Mose bringen (בוא Hi.). Man kann diesen Abschnitt als nüchternes Verzeichnis verstehen. Man kann ihn aber auch ganz anders lesen, wenn man die Liste mit den Materialien und Zahlen anreichert, die aus den Vorkontexten bekannt sind. So gesehen wirkt die Szene durch die schiere Menge an Menschen und Material, sie weitet sich zu einer „Massenszene". Die Israeliten, die gerade auf „603550" Köpfe beziffert wurden (38,26), bringen das fertige Werk zu Mose: zunächst die Wohnung, d. h. die farbige Prachtdecke und das Zelt darüber sowie die Überdecken, die sechsundvierzig goldglänzenden „Holzteile", einhundert silberne Sockel, dann die „Lade des Gesetzes" mit den Tragestangen und dem Sühnmal, Tisch und Brote, Leuchter, den Altar, jeweils golden oder goldüberzogen; für den Außenbereich den Bronzealtar, das bronzene Becken, die Behänge der Einfriedung, noch einmal Sockel und zuletzt die golddurchwirkten, edelsteinbesetzten Heiligtumskleider. So ersteht aus der nüchternen Liste das Bild einer gold- und silberblitzenden, farbgesättigten Prozession, vor der Salomos Weihegabentransport (1 Kön 7,51) nahezu ärmlich erscheint. Die „ganze Gemeinde der Israeliten" (Ex 35,1) hat all die Abgaben erbracht und das Werk angefertigt.

39,33–41: Übergabe an Mose

Die *Schlussszene V. 42f.* wiederholt betont („*Ganz wie* JHWH dem Mose geboten hatte ...") die Entsprechungsformel aus V. 32b. Den Erzählfaden nimmt V. 43 wieder auf. Die Prozession der Israeliten breitet die Teile des Heiligtums vor Mose aus. Der nimmt sie in Augenschein und ist schließlich überzeugt: Ja, das Werk entspricht den Geboten JHWHs. Er bringt dies in einer Geste zum Ausdruck: „Er segnete sie." Der Text überliefert dazu keine Worte. Das macht den Segen mehrfach deutbar.

39,42–43: Segen

Ein möglicher Bezugspunkt ist die Erzählung vom Goldenen Kalb. Durch dessen Herstellung und Verehrung stand das Volk unter einem bedingten Fluch, dessen sichtbares Zeichen das Wasser mit dem Staub des zermahlenen Kalbes war,

---

31 Vgl. die Beispiele bei HUROWITZ, I have built, 235–241.
32 Übersetzung nach KNAUF, 1 Kön 1–14, 192.
33 Weitere Vollendungsformeln finden sich in 1 Kön 7,1.40.51. Der Beleg 1 Kön 7,51 konstatiert den Abschluss der gesamten Bautätigkeit des Königs mit einer Formel, die an Ex 39,32.42f. anklingt: „So wurde das gesamte Werk, das der König ausführte, das Haus JHWHs, vollendet (שלם statt כלה)."

das Mose den Israeliten zu trinken gegeben hatte (Ex 32,19f., vgl. die Auslegung dazu). Der Segen des Mose hebt diesen Fluch nun auf, wie schon die Herstellung des Sinaiheiligtums von Beginn an als Kontrast zur Herstellung des Goldenen Kalbes erzählt wurde (vgl. die Auslegung zu 35,1).

Der zweite Bezugspunkt ist die Heiligtumsweihe, die in Lev 9 erzählt wird. Der Höhepunkt ist ein gemeinsamer Segen, den Mose und Aaron, Letzterer nun in der vollen Funktion des Priesters, dem Volk spenden (Lev 9,23f.). Vielleicht ist der Segen bei der Übergabe der Teile ein „Vorgeschmack"[34] auf den Segen, der vom Heiligtum ausgehen wird.

Heiligtumsbau und Schöpfung

Ein viel beachteter Bezug[35] besteht zwischen der Szene der Übergabe und dem Ende des priesterschriftlichen Schöpfungstextes Gen 1,31 – 2,4a. Die Verbindung lässt sich an den Stichworten „sehen" (ראה) des Gemachten, „das Werk/die Arbeit vollenden" (כלה מלאכה/עבדה) und „segnen" erkennen und beruht inhaltlich auf situativen Ähnlichkeiten beider Szenen.

> Am Ende seines sechstägigen Schöpfungswerkes „sah Gott auf alles, was er gemacht hat", und erachtete es als sehr gut (Gen 1,31), so wie Mose nach der Übergabe *des Werkes* bestätigt *sieht*, dass „sie es gemacht hatten, wie Jhwh geboten hat". In Gen 2,1f. wird zunächst festgestellt: „... der Himmel und die Erde und ihr ganzes (Sternen-)Heer wurden *vollendet*, und Gott hat am siebten Tag sein Werk *vollendet* und an dem siebten Tag von *dem ganzen Werk*, das er getan hat, ausgeruht." Unser Text stellt fest, dass die ganze *Arbeit* an der Wohnung des Begegnungszeltes „*vollendet*" sei. Schließlich habe Gott „den siebten Tag *gesegnet* und ihn geheiligt, denn an ihm ruhte er von seiner Arbeit".

Der Vergleich zwischen Schöpfungs- und Bautext deutet darauf hin, dass eine heilsgeschichtliche Beziehung zwischen der göttlichen Weltschöpfung und dem Heiligtumsbau besteht. Zwar könne man nicht sagen, dass „am Sinai der Urzustand der Schöpfungswoche wiederhergestellt und die Schöpfung ‚vollendet' wird"[36]. Im Kontext der priesterlichen Komposition sei es indessen doch angemessen, „von einer Art ‚Neuschöpfung' (im übrigen nicht für die ‚Menschheit', sondern für Israel!) zu reden, deren Durchführung an Israel delegiert wird."[37]

Die Ähnlichkeit als solche beruht wohl eher auf einer Übertragung baulicher Vorstellungen auf das Schöpferhandeln Gottes als umgekehrt.[38] Als Schöpfer wird Gott häufig mit einem Architekten oder Baumeister verglichen (Gen 2,2; Am 9,5f.; Ps 78,69; 102,26; 104,2–9). Die Heiligtumstexte sind dadurch gekennzeichnet, dass das „Werk" nicht von *einem* Architekten, Baumeister oder Handwerker vollbracht wurde – anders als die Schöpfung, die nur *einen* Schöpfer hat. Planung und Ausführung des Werks sind geteilt. Es folgt einem göttlichen Plan (תבנית), die Ausführung aber liegt in Menschenhand.

Mitarbeiter Gottes

In dieser Arbeitsteilung nehmen die Israeliten als Stifter und Mitwirkende, Mose eingeschlossen, eine Rolle wahr, die im alten Israel und seiner Umwelt dem König oblag (vgl. oben zu 36,8–38; 25,1–9). Sie sind gleichsam Mitarbeiter Gottes.

---

34 ALBERTZ, Exodus 19–40, 373.
35 Vgl. dazu neuerdings JANOWSKI, Sinai, 11–37 mit Lit.
36 Vgl. JANOWSKI, Sinai, 20.
37 So BLUM, Komposition, 311, vgl. ALBERTZ, Exodus, 19–40, 373f.
38 Vgl. HUROWITZ, I have built, 242.

Ein Deutungsrahmen dafür ist die Theorie der „Gottebenbildlichkeit". Ihr zufolge hat Gott den Menschen bzw. die Menschheit „als unser Bild, wie ein uns vergleichbares Bild" (בצלמנו כדמותנו, Gen 1,26f.[39]) geschaffen. Die Vorstellung, der König repräsentiere den Reichsgott und seine Macht so, wie ein Kultbild den Gott in „Realpräsenz" vertritt, überträgt der Schöpfungstext auf den Menschen und dessen Stellung. Indem Gott ihm die Rolle des Königs als seinem Stellvertreter zumisst, legt er ihm das sogenannte „dominium terrae" bei, also die Herrschaft über die Werke seiner Schöpfung und die Fürsorge für sie, insbesondere die Tiere (Gen 1,26; Ps 8,7–9). Die königlichen Rollen, die die Israeliten in der Ausführung des Heiligtumsplanes übernehmen (vgl. zu Ex 36,8–38), sind hingegen nicht herrscherlich, sondern zugleich dienend und partnerschaftlich. Einerseits führen sie den Plan und Auftrag Gottes freiwillig und getreulich aus, andererseits bliebe Gott ohne ihre Mitarbeit ohne irdische Wohnung.

Zunächst gilt dies nur für die Israeliten, das Gottesvolk. Es lässt sich aber auf das Verhältnis von Gott und Mensch verallgemeinern. Kein Geringerer als Martin Buber deutet dies in seiner Auslegung von Ex 39 an: „... da aber wird *der Mensch* berufen, ‚Gottes Genosse am Werk der Schöpfung' (ein talmudisches Wort, aber ein biblischer Begriff) zu werden."[40]

Diachrone Analyse

DtrG	HE	PK	TK
	36,8 – 39,43 (ohne die PK-Abschnitte)	38,8b 38,21 – 39,1a	

Wir beschränken uns im Folgenden auf die zwei Abschnitte, die nicht zur Heiligtumserzählung gehören. Was 38,8b betrifft, so sind die Übersetzungsprobleme in der Textanmerkung ausführlich dargestellt worden. Gleichviel, ob man den Versteil als Hinweis auf Spiegel von Frauen oder als Hinweis auf Visionen versteht, in beiden Fällen gehört er nicht zur Heiligtumserzählung. Er hat in beiden Fällen auch kein Äquivalent in der Anordnung 30,17–21. Übersetzt man „Visionen", stehen die kurzen Hinweise auf einen dem Mose gezeigten Plan (25,9.40 PK) im Hintergrund. Sollte dagegen von den Spiegeln der diensttuenden Frauen die Rede sein, handelt es sich um eine Glosse, die eine Verbindung zu 1 Sam 2,22b herstellen will. In beiden Fällen ist die P-Komposition der *terminus a quo* der Abfassung. 38,8b

Die Abrechnung der Edelmetalle (38,21 – 39,1a) setzt die Volkszählung (Num 1,1–46), die Einsetzung der Leviten (Num 1,47–51) und die des Aaronsohnes Itamar (Num 4,28.33) voraus. Darin gleicht dieser Abschnitt dem über die Volkszählungsabgabe Ex 30,11–16, auf den er auch Bezug nimmt (vgl. 38,26 mit 30,13). Beide Abschnitte nehmen also Elemente aus der priesterlichen Pentateucherzählung auf und gehören daher in die P-Komposition. 38,21 – 39,1a

---

39 Übersetzung nach GERTZ, Genesis, 28, wörtlich: „als unser Bild, wie ein uns Ähnliches."
40 BUBER, Mensch, 42 (Hervorhebung von H. U.).

Synthese

Die sehr umfangreiche zweite Episode (36,8 – 39,43) besteht aus einer langen Folge von Erzählsätzen mit gelegentlich eingefügten, kurzen Erläuterungen. Dieser literarischen Gleichförmigkeit entspricht die diachrone Einheitlichkeit: Die Abschnitte gehören im Wesentlichen zur Heiligtumserzählung. Anders liegt der Fall nur beim Abschnitt 38,21 – 39,1a, der ein narrativ gerahmtes Verzeichnis darstellt und auf Grund seiner literarischen Bezüge in die P-Komposition gehört. Diachrone Schichtung und literarische Eigenschaften kongruieren hier.

Beide Auslegungsperspektiven reflektieren die Entsprechungen und Abweichungen von Gottesreden und Ausführungserzählung. In synchroner Perspektive zeigen die Abweichungen, dass die Ausführungserzählung ein eigenes Raumkonzept des Sinaiheiligtums entwickelt. Da diese Abweichungen aber zur Konzeption der Heiligtumserzählung gehören, sind sie literarkritisch nicht signifikant. Die Inkohärenzen von 38,8b und 38,21 – 39,1a haben demgegenüber jeweils eigene konzeptionelle Gründe.

Episode 3: Ex 40: Mose errichtet das Zelt der Begegnung, und JHWH nimmt in ihm Wohnung

Szene 1

1 Da sprach JHWH zu Mose: 2 „Am Tag des ersten Monats[a], am (Tag) eins des Monats, sollst du die Wohnung des Begegnungszeltes errichten.

3 Dann sollst du dort die Lade des Gesetzes aufstellen und vor der Lade mit der Abtrennung[a] verhüllen. 4 Dann sollst du den Tisch hineinbringen und seine Bestückung[a] zurichten. Dann sollst du den Leuchter hineinbringen und seine Lampen aufsetzen. 5 Dann sollst du den goldenen Räucheraltar vor die Lade des Gesetzes bringen und den Vorhang für den Eingang der Wohnung aufstellen. 6 Dann sollst du den Brandopferaltar vor den Eingang der Wohnung des Begegnungszeltes bringen 7 [a]und das Becken zwischen das Begegnungszelt und den Altar stellen und Wasser hineingießen[a]. 8 Dann sollst du die Einfriedung ringsum aufstellen und den Vorhang des Tors der Einfriedung anbringen.

9 Dann sollst du das Salböl nehmen und die Wohnung und alles, was darinnen ist, salben und sie und alle ihre Geräte heiligen, damit sie heilig sei; 10 und du sollst den Brandopferaltar und alle seine Geräte salben, damit du den Altar heiligst. Hochheilig wird der Altar sein. 11 Dann sollst du das Becken und sein Gestell salben, damit du es heiligst.

12 Dann sollst du Aaron und seine Söhne an den Eingang des Begegnungszeltes herantreten lassen und sie mit Wasser waschen. 13 Dann sollst du Aaron mit den heiligen Kleidern bekleiden und ihn salben, damit du ihn heiligst und er Priester sei für mich. 14 Auch seine Söhne sollst du herantreten lassen und sie mit Hemden bekleiden 15 und sie salben, wie du ihren Vater gesalbt hast, damit sie mir Priester seien. Es geschehe, damit ihre Salbung ihnen ewige Priesterschaft verleihe von Generation zu Generation."

Anmerkungen zu Text und Übersetzung

16 Und Mose tat ganz, wie Jhwh ihm geboten hatte, so tat er.

17 Im ersten Monat des zweiten Jahres[a] am Ersten des Monats, als die Wohnung[b] errichtet wurde,[c] 18 da errichtete Mose die Wohnung und setzte ihre Sockel und stellte ihre Holzteile auf und brachte ihre Querhölzer an und stellte ihre Pfosten auf. 19 Dann breitete er das Zelt über die Wohnung aus und legte die Überdecke des Zeltes von oben her darüber, wie Jhwh dem Mose geboten hatte. 20 Dann nahm er das Gesetz und legte es in die Lade und brachte die Stangen an der Lade an [a]und setzte das Sühnmal oben auf die Lade[a]. 21 Dann brachte er die Lade in die Wohnung und stellte den abtrennenden Vorhang auf und verhüllte die Lade des Gesetzes, wie Jhwh dem Mose geboten hatte. 22 Dann stellte er den Tisch ins Begegnungszelt an die Nordseite der Wohnung außerhalb der Abtrennung 23 und richtete auf ihm die Reihe der Brote vor Jhwh zu, wie Jhwh dem Mose geboten hatte. 24 Dann stellte er den Leuchter im Begegnungszelt auf gegenüber dem Tisch an der Südseite der Wohnung und setzte die Lampen auf vor Jhwh, wie Jhwh dem Mose geboten hatte. 26 Dann stellte er den goldenen Altar im Begegnungszelt vor der Abtrennung auf 27 und räucherte auf ihm wohlriechendes Räucherwerk, wie Jhwh dem Mose geboten hatte. 28 Dann stellte er den Vorhang für den Eingang der Wohnung auf. 29 Und den Brandopferaltar stellte er an den Eingang der Wohnung des Begegnungszeltes und opferte auf ihm Brandopfer und Speiseopfer, wie Jhwh dem Mose geboten hatte. 30 Dann stellte er das Becken zwischen dem Zelt der Begegnung und dem Altar auf und goss Wasser zur Waschung hinein, 31 damit sich Mose sowie Aaron und seine Söhne ihre Hände und Füße daraus waschen. 32 Wenn sie ins Begegnungszelt hineingehen und an den Altar herantreten, sollen sie sich waschen, wie Jhwh dem Mose geboten hatte. 33 Dann stellte er die Einfriedung rings um die Wohnung und den Altar auf und brachte den Vorhang zum Tor der Einfriedung an. So vollendete Mose das ganze Werk.

34 Dann bedeckte die Wolke das Begegnungszelt, [a]und die Herrlichkeit Jhwhs erfüllte die Wohnung[a]. 35 Mose aber konnte nicht ins Begegnungszelt hineingehen, [a]denn die Wolke hatte auf ihm Wohnung genommen[a], und die Herrlichkeit Jhwhs hatte die Wohnung erfüllt.

36 Jedes Mal, wenn sich die Wolke von der Wohnung erhob, brachen die Israeliten auf während ihrer gesamten Wanderung. 37 Wenn sich die Wolke nicht erhob, brachen sie nicht auf bis zu dem Tag, an dem sie sich erhob. 38 Denn die Wolke Jhwhs war auf der Wohnung am Tag, und Feuer war auf ihr des Nachts vor den Augen des ganzen Hauses Israel während ihrer gesamten Wanderung.

Szene 2

Szene 3

Anmerkungen zu Text und Übersetzung

40,2[a] Das Nomen חדשׁ bedeutet „Neumondtag", an dem die Mondsichel gerade wieder sichtbar wird und der als Festtag galt (vgl. Am 8,5; Ez 46,1; bisweilen auch die ersten Tage danach, 1 Sam 20,34: „der zweite Tag des Neumonds"); dieser Tag ist zugleich auch der erste Tag des Monats, weswegen חדשׁ auch und häufiger „Monat" (vgl. nur Ex 12,2) bedeutet. In der Fügung יום־החדשׁ הראשׁון kann die Näherbestimmung הראשׁון auf den Ausdruck יום־החדשׁ bezogen werden, so dass „am ersten Monatstag" zu übersetzen wäre, wobei offenbleibt, welcher Monat gemeint ist; bezieht man „der erste" auf „der Monat", hieße es „[ein] Tag des ersten Monats", offen bleibt, welcher „Tag des ersten Monats" gemeint ist. Daher klärt die folgende Fügung „am (Tag) eins des Monats": gemeint ist der Neujahrstag.

3ᵃ   Sam will die Lade mit dem Sühnmal (כפרת) bedecken statt mit der Abtrennung (פרכת) verhüllen.

4ᵃ   Gemeint sind die „Schaubrote" (s. u. V. 22f.).

7ᵃ⁻ᵃ   LXX erwähnt das Becken hier und in den V. 7.11.30f. nicht; vgl. 38,27LXX und Wevers, Notes, 631f.

17ᵃ   Sam bzw. LXX ergänzen „als sie aus Ägypten auszogen" bzw. „als sie Ägypten verließen".

17ᵇ   משכן wird hier im weiteren Sinn gebraucht, meint also das Gebäude des Heiligtums. Anders wieder in V. 19, wo die innere „Prachtdecke" gemeint ist (vgl. die Auslegung zu Ex 26).

17ᶜ   Die Syntax des Satzes folgt einem breit belegten Muster: Datumsangabe (mit oder ohne ויהי) + Umstandsangaben zum Datum mit asyndetisch angeschlossener qatal-Verbform, gefolgt vom Beginn der eigentlichen Erzählhandlung (V.18) mit wayyiqtol (vgl. Gen 8,13; Ex 12,41–43; Lev 9,1 und Bartelmus, HYH, 213f.).

20ᵃ⁻ᵃ Fehlt in LXX.

34ᵃ⁻ᵃ LXX: „das Zelt des Zeugnisses ward erfüllt von der Herrlichkeit des Herrn."

35ᵃ⁻ᵃ LXX: „weid die Wolke es überschattete (ἐπεσκίαζεν)", vgl. die Textanm. 24,16ᵃ, 25,8ᵇ, 29,45ᵃ.

Synchrone Analyse

Ex 40 erzählt von der Errichtung der „Wohnung des Zeltes der Begegnung" und davon, wie Jhwh als Wolke und Herrlichkeit darin Wohnung nimmt. Damit kommt der Geschehensbogen zum Abschluss, der von dem Gebot Jhwhs „sie sollen mir ein Heiligtum machen, damit ich in ihrer Mitte wohne", über den Plan, den Jhwh dem Mose auf dem Gottesberg zeigt (Ex 25,8f.), bis zu dessen Ausführung durch „die Freiwilligen" und „Kunstverständigen" der Gemeinde reicht.

Ex 40 ist leicht in drei Szenen zu gliedern:

Szene 1: 40,1–16: Auftrag zur Errichtung und Weihe (Jhwh-Rede)
Szene 2: 40,17–33: Errichtung und Beginn des Kultes (Erzählung)
Szene 3: 40,34–38: Jhwh nimmt Wohnung

Im Kleinformat realisiert das Kapitel die Struktur von göttlicher Anordnung und menschlicher Ausführung, die die Heiligtumstexte im Ganzen prägt.

40,1–16: Szene 1   Zu Beginn seiner Rede nennt Jhwh das Datum (V. 2), zu dem Mose die „Wohnung des Begegnungszeltes" errichten soll: am Neujahrstag (vgl. Textanm.ᵃ zu V. 2). Allerdings sagt Gott nicht ausdrücklich dazu, in welchem Jahr. Er muss es Mose gegenüber auch nicht. Dieser soll einfach am nächstfolgenden Neujahrstag mit der Errichtung beginnen. Zu Beginn der zweiten Szene wird das Datum dann – an die Leser gewandt – etwas präziser bezeichnet. Mose habe „im ersten Monat *des zweiten Jahres* am (Tag) eins des Monats" (V. 17) begonnen. Auch diese Angabe wird erst aussagekräftig, wenn sie im Zusammenhang der übergreifenden Chronologie des Exodusbuches gelesen wird. In Ex 19,1 wurde die Ankunft der Israeliten auf den „dritten Monat nach dem Auszug der Israeliten aus dem Land Ägypten" terminiert. In Ex 12,1f. wiederum wird der Auszug selbst auf einen Neujahrsmonat im Frühjahr gelegt,[41] von dem aus dann auch der Einzug der Jakobssöhne nach Ägyp-

---

41   Vgl. Utzschneider/Oswald, Exodus 1–15, 249.

Synchrone Analyse

ten terminiert wird (Ex 12,40f.), und zwar um weitere 430 Jahre zurück. Das Zelt der Begegnung wird demnach am Neujahrstag des Jahres 2 nach dem Auszug errichtet.

In den V. 3–8 ordnet die Rede die Aufstellung der „Wohnung des Begegnungszeltes" und deren Einrichtung in einem knappen „Telegrammstil" an, wobei sie verstreute Aussagen aus den Reden vom Gottesberg oder den Ausführungserzählungen sachgemäß zusammenstellt.[42] Sie nennt, ohne ins Detail zu gehen, die Hauptstücke des sakralen Inventars des Begegnungszeltes und ordnet sie räumlich an der Mittelachse des Heiligtums entlang an: Wie in den Anordnungsreden führt die Perspektive von innen nach außen. So entwirft Gott das Heiligtum noch einmal als Ganzes aus seiner Perspektive.

Sodann (V. 9–15) beauftragt Jhwh den Mose, das Heiligtum und alles, was in ihm ist, ebenso wie die Priester zu „heiligen" – die sakrale Einrichtung durch die Salbung, Aaron und seine Söhne durch den Ritus der Priestereinsetzung, der aus Waschung, Investitur und Salbung besteht. Auch dies hatte Jhwh schon einmal angeordnet (dass Aarons Söhne genauso zu behandeln sind wie der Priester Aaron, ist hier indessen neu) und mit einem siebentägigen Opferritus verbunden.[43] Die Heiligung ist die Voraussetzung dafür, dass eine irdische Gegenwart Gottes überhaupt möglich wird und das Heiligtum „funktioniert". Gleichsam quittiert wird die Jhwh-Rede durch die Entsprechungsformel, Mose habe getan, wie Jhwh ihm geboten hat (V. 16). Dabei erfasst die Erzählung zwei Zeitebenen. Sie blickt voraus auf die unmittelbar bevorstehende Aufstellung des Heiligtums und verweist auf die Priester- und Heiligtumsweihe in der näheren Zukunft (Lev 8f.).

Nach der erneuten Datierung in V. 17 (vgl. dazu oben zu V. 2) wird erzählt, wie Mose die „Wohnung" errichtet hat. Im Unterschied zu den Gottesreden Ex 25–31 wie auch zu den Ausführungserzählungen in Ex 36–39 orientiert sich die Erzählung nun in handwerklicher Detailtreue genau am Vorgang des Aufstellens. Bei der Errichtung der „Wohnung" beginnt Mose anders als in Ex 26 oder 36 nicht mit den „Zeltdecken", also der Oberseite der Wohnung, sondern ganz unten, mit den (silbernen) Sockeln. Auf diese setzt er die Holzteile, die er mit den Querhölzern stabilisiert. Dann stellt er die „Pfosten" auf, an denen die Vorhänge befestigt werden, und breitet schließlich die Zeltdecken der Reihe nach über die Holzkonstruktion der Wohnung aus. Auch die Aufstellung der Lade folgt der „Logik" der dazu erforderlichen Arbeitsschritte. Zuerst legt Mose die ʿedut in den Kasten, dann versieht er ihn mit den Tragestangen und setzt das Sühnmal oben auf. Schließlich platziert er das fertige Teil ins „Zelt der Begegnung"[44] hinter die Abtrennung (V. 20–21). In gleicher Weise am Ablauf orientiert, wenn auch etwas weniger detailliert, verfolgt die Erzählung die weitere Einrichtung des Heiligtums (V. 22–33).

40,17–33:
Szene 2

---

42 Ex 40,3 (Lade und Abtrennung) entspricht Ex 26,33; 40,4 (Tisch, Leuchter) entspricht 25,30.37; 26,35; 40,5 (Räucheraltar) entspricht 30,6; der Brandopferaltar (40,6) wird erstmals hier explizit verortet, implizit geschah dies freilich bereits im Zusammenhang mit dem Becken (Ex 30,18 vgl. 40,7).

43 Salbung des Altars bzw. des Heiligtums: Ex 29,35–37; 30,26–29; Priestereinsetzung bzw. -salbung: Ex 29,4–9; 30,30.

44 Bemerkenswert ist, dass hier mit dem Terminus מועד die יעד-Funktion der Lade eingespielt und also daran erinnert wird, dass JHWH sich auf sie oder zu ihr begibt, um mit Mose zu reden; vgl. zu Ex 25,21f.

Täglicher Kult	Ab V. 23 kommt ein weiterer Gesichtspunkt zum Tragen: Mit der Errichtung leitet Mose auch den täglichen Kult am Begegnungszelt ein: Auf dem Tisch richtet er die Schaubrote zu, den Räucheraltar stellt er nicht nur auf, sondern entzündet auf ihm auch das Räucherwerk (V. 27). Sowie der Brandopferaltar steht, opfert er „Brandopfer und Speiseopfer" und füllt das Becken mit Wasser, „damit sich Mose sowie Aaron und seine Söhne ihre Hände und Füße daraus (ממנו, V.31) waschen". Zukünftig ist der Kult, insbesondere das Opfer, in den Sinaitexten Sache der Priester. Mose soll wohl bis zu deren Einsetzung (Lev 8) zumindest den täglichen Opferdienst, das „Tamid", versehen (V. 29; vgl. Ex 29,41f.). Siebenmal wiederholt die Erzählung die Entsprechungsformel. Damit wird auch der Bogen zu den zahlreichen Entsprechungsformeln in den Ausführungserzählungen (vgl. nur 39,32.43) geschlagen, die die Arbeit der kunstverständigen Israeliten und der berufenen Handwerker bestätigt. Wie diese ihr Werk, hat nun Mose das seine getan und damit das Heiligtum „vollendet" (V. 33; vgl. dazu auch die Auslegung von 39,32–43).

Ab V. 23 kommt ein weiterer Gesichtspunkt zum Tragen: Mit der Errichtung leitet Mose auch den täglichen Kult am Begegnungszelt ein: Auf dem Tisch richtet er die Schaubrote zu, den Räucheraltar stellt er nicht nur auf, sondern entzündet auf ihm auch das Räucherwerk (V. 27). Sowie der Brandopferaltar steht, opfert er „Brandopfer und Speiseopfer" und füllt das Becken mit Wasser, „damit sich Mose sowie Aaron und seine Söhne ihre Hände und Füße daraus (ממנו, V.31) waschen". Zukünftig ist der Kult, insbesondere das Opfer, in den Sinaitexten Sache der Priester. Mose soll wohl bis zu deren Einsetzung (Lev 8) zumindest den täglichen Opferdienst, das „Tamid", versehen (V. 29; vgl. Ex 29,41f.). Siebenmal wiederholt die Erzählung die Entsprechungsformel. Damit wird auch der Bogen zu den zahlreichen Entsprechungsformeln in den Ausführungserzählungen (vgl. nur 39,32.43) geschlagen, die die Arbeit der kunstverständigen Israeliten und der berufenen Handwerker bestätigt. Wie diese ihr Werk, hat nun Mose das seine getan und damit das Heiligtum „vollendet" (V. 33; vgl. dazu auch die Auslegung von 39,32–43).

40,34–38: Szene 3

Nun also steht das Heiligtum und ist bereit für den Kult, den „Gottesdienst", die עבדה. Erfüllt es aber auch die Erwartung, die Jhwh an es gestellt hat, und die Funktionen, die ihm zugedacht sind? Davon handelt, in erstaunlicher Kürze, die Schlussszene des Kapitels. Formal und inhaltlich sind in der Szene zwei Abschnitte (V. 34f. und V. 36–38) zu unterscheiden. Der erste Abschnitt (V. 34f.) erzählt die Reaktion Jhwhs auf die Vollendung des Heiligtumsbaus. Jhwh agiert in Gestalt der ihn repräsentierenden Größen „Wolke" und „Herrlichkeit". Die V. 36–38, der zweite Abschnitt, sind als (w^e)-x-yiqtol-Formationen formuliert und geben wieder, was jedes Mal geschah, wenn sich die Wolke von der Wohnung erhob bzw. nicht erhob: Die Israeliten „brachen auf" bzw. „brachen nicht auf". Ähnlich wie beim „Zelt der Begegnung" außerhalb des Lagers (vgl. Ex 33,7–11) weisen diese Beschreibungen weit voraus.

Leitwörter

Mit dem Kontext ist die Szene durch Leitwortbrücken, ja ein ganzes Leitwortgeflecht, verbunden. „Wolke" (ענן) und „Herrlichkeit" (כבוד) in V. 34 verweisen auf den Beginn der zweiten Bergtheophanie (Ex 24,15–18). Als Mose allein den Berg bestieg, zeigte sich dieser bedeckt (כסה) von der „Wolke" (24,15b). Nun „bedeckt die Wolke das Begegnungszelt". Die „Herrlichkeit", die nun „die Wohnung" (משכן) erfüllt (40,34f., 2×), „nahm einst Wohnung (שׁכן) auf dem Berg Sinai" (24,16a). Das Leitwort „wohnen" führt nach Ex 25,8 und zu Leitwörtern der Wurzel קדשׁ, „heilig". Dort hatte Jhwh Mose und die Israeliten aufgefordert, dass „sie mir ein *Heiligtum* (מקדשׁ) machen, damit ich in ihrer Mitte *wohne*". In den Schlussversen von Ex 29,42–46 reformuliert Jhwh diese Aufforderung als Verheißung und verbindet sie mit dem Leitwort „Herrlichkeit". Das „Zelt der Begegnung" wird zwar nicht ausdrücklich „Heiligtum" genannt, dafür wiederholt Jhwh mehrfach in unterschiedlichen Bezügen, dass „es" durch seine „Herrlichkeit geheiligt wird" (קדשׁ Ni.). Er selbst werde das Zelt, den Altar und die Priester „heiligen" (קדשׁ Pi., 2×).

40,34–35: Wolke und Zelt

Zurück zu Ex 40,34f. Nun also hat Jhwh den Berg verlassen und das irdische, menschengemachte Heiligtum als Gotteswohnung bezogen. Für Mose haben die „Herrlichkeit" im Heiligtum und „die Wolke" auf ihm die Folge, dass er zunächst nicht in das „Zelt der Begegnung hineingehen (בוא אל)" kann. Auf dem Gottesberg konnte er noch „mitten in die Wolke hineingehen" (בוא בתוך הענן, Ex 24,18). Erst nach den Opfern der Heiligtumsweihe (Lev 9,23) können dann Mose *und* Aaron zusammen „ins Zelt der Begegnung hineingehen" (בוא אל), um dann, nachdem sie es wieder verlassen haben, das versammelte Volk zu segnen.

Insgesamt hält Ex 40,34f. fest, dass der Ort von Jhwhs Gegenwart und seiner Erscheinungen nicht mehr der Gottesberg ist, sondern ein (Wander-)Heiligtum, die „Wohnung". Dort, im „Zelt der Begegnung" inmitten des Lagers, ist Jhwh für die Israeliten nahbar, freilich unter Wahrung seiner Heiligkeit.

40,36–38: Wolke und Wanderung

Auch die V. 36–38 verweisen auf die Kontexte, insbesondere durch die Leitwörter נסע, „(zur Wanderung) aufbrechen", ענן (עמוד) „Wolke(nsäule)", אש (עמוד) „Feuer(säule)". Sie binden die Wohnung in die Wanderungssituation ein. Dabei repräsentiert die Wolke zusätzlich zu ihrer Funktion als Zeichen der Gegenwart Jhwhs dessen Führung in der Wüstenwanderung. Von der Wolke bzw. der Wolkensäule und der Feuersäule ist bereits in der Schilfmeererzählung die Rede (Ex 13,21f.). Sie fungieren dort nicht nur als Aufbruch- und Wegsignale, sondern schützen vor der Verfolgung durch das ägyptische Heer (Ex 14,19f.24; Ps 99,7; 105,39). Während der Wanderung zum Gottesberg / Sinai erscheint die „Wolke" nur einmal (Ex 16,10) zusammen mit der „Herrlichkeit" als Zeichen der Gegenwart Jhwhs, aber ohne Signalfunktion. Ausführlicher eingeführt werden „Wolke" und „Feuer" als Wanderungssignale in Num 9,15–22, bevor sie beim Aufbruch vom Sinai in diese Funktion treten (Num 10,11f.; vgl. Num 14,14f.; 17,7; Dtn 1,33).

So sind „Wolke" und „Feuer" Zeichen dafür, dass Jhwh das Versprechen einzulösen gedenkt, das Mose ihm abgerungen hat (Ex 33,14f.), nämlich mit den Israeliten in ihrer Mitte „mitzugehen". Zwar erscheinen diese Stichworte aus Ex 33 nicht ausdrücklich.[45] Dafür ist die Gegenwart Jhwhs nun konkretisiert: Im Heiligtum wird er in ihrer Mitte sein und samt dem Heiligtum „mitgehen". Er erfüllt damit auf seine Weise die Erwartung, die das Volk mit dem Goldenen Kalb verbunden hatte, nämlich „der Gott" zu sein, „der vor uns hergeht" (vgl. zu Ex 32,1–6). In Gestalt der Wohnung ist der Sinai „ein wandelnder Sinai (geworden), der sie [scil. das Volk] begleitet, ein Stück auf die Erde mitten unter das Volk versetzten Himmels"[46].

Heiligtumskonzepte

Dieses Heiligtumskonzept unterscheidet sich signifikant vom dem des Jerusalemer Tempels. Es löst die unbedingte Bindung des Heiligtums an den Gottesberg Zion und es vermeidet die Vorstellung des Thrones als himmlisch-irdischer Haftpunkt der Gegenwart Gottes. Die Lade ist dezidiert kein Thron (vgl. zu Ex 25,20). In babylonischer und persischer Zeit konkurrierte dieses Konzept mit anderen, etwa des Ezechiel- oder des Sacharjabuches, die fest an den Zionsberg gebunden waren. Der Ort der Gottesgegenwart in „der Wohnung des Zeltes der Begegnung" ist inmitten der Gemeinde der Israeliten, wo immer sie sich befindet.

Diachrone Analyse

DtrG	HE	PK	TK
	40,1–16	40,17	
	40,18–33	40,34–38	

---

45 „.... in deiner Mitte hinaufziehen/nicht hinaufziehen", Ex 33,3.5; 34,9; „mein Angesicht wird mitgehen"; Ex 33,14f.

46 Jacob, Exodus, 756f., kursiv im Original, vgl. die Einleitung (synchron) in die Sinaiperikope 3.3.

374   Episode 3: Ex 40: Mose errichtet das Heiligtum

Datierungen Die Anweisungen im ersten Teil des Aufstellungsberichts (Ex 40,1–8.9–15) nehmen die Redeform des Anordnungsteils der Heiligtumserzählung (Ex 25–31) wieder auf, die Ausführung durch Mose (40,16–33) schließt folgerichtig an. Fragen im Blick auf die Diachronie ergeben sich nur am Ende (40,34–38) und bei den Datierungen (40,2a.17). Klar ist die Sachlage in 40,17, wo die Datierung auf den Beginn der Jahreszählung Ex 12,2 Bezug nimmt. Dass es sich hier um eine Einfügung der P-Komposition handelt, wird auch daraus ersichtlich, dass die summarische Vorwegnahme des Folgenden in 40,17b und 40,18aα zweimal erfolgt. Anders liegt der Sachverhalt in 40,2a, denn ohne Jahresangabe hat diese Datierung keinen Bezug auf Ex 12. Auch die weiteren Zeitangaben in der Heiligtumserzählung kennen keine Jahresangabe (Lev 8,33–35; 9,1).

40,34–38: Anhang An die Aufstellung des Heiligtums angehängt ist die Erzählung vom Niederkommen der Wolke (Ex 40,34–35) und die Beschreibung ihrer künftigen Präsenz (40,36–38). Dieser Anhang dient der Verknüpfung der Heiligtumserzählung mit der P-Komposition. V. 34 greift 24,15–18 auf: Wie die Herrlichkeit Jhwhs auf dem Sinai weilte, so nun im Zeltheiligtum. Und die V. 36–38 bereiten die Wüstenwanderung vor und werden in Num 10,11–13 wieder aufgegriffen. Weiter fällt in diachroner Hinsicht auf, dass das Begegnungszelt nach dem Herabkommen der Wolke nicht mehr zugänglich ist (40,35), denn in der Heiligtumserzählung gehen Mose und Aaron weiterhin ganz selbstverständlich hinein (Lev 8,10; 9,23). Folglich geht 40,34–38 auf das Konto der P-Kompositoren.

Synthese

Synchrone und diachrone Auslegung sind für Ex 40 weitgehend konvergent. Eine Differenz gibt es in Hinsicht auf die Datierungen in den V. 2 und 17. In synchroner Lesart richtet Jhwh seine Rede (V. 2) unmittelbar an Mose, für den die Angabe „am Neujahrstag" in der Redesituation präzise genug ist, die Leser aber fragen lässt: Welchen Jahres? V. 17 ordnet das Geschehen dann in die größeren chronologischen Zusammenhänge ein und beantwortet die Leserfrage.

Die diachrone Auslegung weist die Datierung der Gottesrede in V. 2 am Neujahrstag der „Heiligtumserzählung" zu. Die Jahresangabe des V. 17 und der Anschluss zur Exodus-Chronologie hingegen gehen auf die P-Komposition zurück. Diese bringt die größeren heilsgeschichtlichen Zusammenhänge ein, die die Heiligtumserzählung nicht kennt. Die Errichtung des Heiligtums am Neujahrstag des zweiten Jahres nach dem Auszug und neun Monate nach der Ankunft am Sinai markiert die Wende zu einer neuen Epoche, in der die Israeliten als Befreite und zugleich dem Gesetz Verpflichtete mit Jhwh in ihrer Mitte leben werden.

Anhang

Literatur

ALBERTZ, Rainer, Exodus 1–18 (ZBK.AT 2.1), Zürich: TVZ 2012.

ALBERTZ, Rainer, Exodus 19–40 (ZBK.AT 2.2), Zürich: TVZ 2015.

ALBERTZ, Rainer, KPR. Kultische Sühne und politische und gesellschaftliche Versöhnung: ders. (Hg.), Kult, Konflikt und Versöhnung. Beiträge zur kultischen Sühne in religiösen, sozialen und politischen Auseinandersetzungen des antiken Mittelmeerraumes (AOAT 285), Münster: Ugarit-Verlag 2001, 135–149.

ALBERTZ, Rainer, Hintergrund und Bedeutung des Elterngebots im Dekalog (1977): ders., Geschichte und Theologie. Studien zur Exegese des Alten Testaments und zur Religionsgeschichte Israels (BZAW 326), Berlin / New York: De Gruyter 2003, 157–185.

ALBERTZ, Rainer, Beobachtungen zur Komposition der priesterlichen Texte Ex 25–40: Hopf, M. / Seiler, S. / Oswald, W. (Hg.), Heiliger Raum. Exegese und Rezeption der Heiligtumstexte in Ex 24–40. Beiträge des Symposions zu Ehren von Helmut Utzschneider, 27.–29. Juni 2014 (ThAkz 8), Stuttgart: Kohlhammer 2016, 37–56.

ALBERTZ, Rainer: Die Theologisierung des Rechts im Alten Israel: ders. unter Mitarb. von Susanne Otto (Hg.), Religion und Gesellschaft. Studien zu ihrer Wechselbeziehung in den Kulturen des antiken Vorderen Orients (AOAT 248; AZERKAVO 1), Münster: Ugarit-Verlag 1997, 115–132.

ALBERTZ, Rainer, Ex 33,7–11. Ein Schlüsseltext der Redaktionsgeschichte des Pentateuch: BN.NF 149 (2011), 12–43.

ALBERTZ, Rainer, Wilderness Material in Exodus (Exodus 15–18): Dozeman, T. B. / Evans, C. A. / Lohr, J. N. (Hg.), The Book of Exodus. Composition, Reception, and Interpretation (VT.S 164), Leiden: Brill 2014, 151–168.

ALBRECHT, Felix, Vom Bernstein zum Luchsstein. Der im Hebräischen *lšm* bezeichnete Stein und seine Äquivalente in Septuaginta und Vetus Latina, Heidelberg: Universitätsverlag Winter 2021.

ALT, Albrecht, Die Ursprünge des israelitischen Rechts: ders., Kleine Schriften zur Geschichte des Volkes Israel, Band I, München: C. H. Beck [2]1953, 278–332.

ANDRÉ, Gunnel, Art. כָּבַס *kābas*: ThWAT IV (1984), 42–45.

ANDRÉ, Gunnel, Art. פָּקַד *pāqaḏ*: ThWAT VI (1989), 708–723.

ARNAOUTOGLOU, Ilias, Ancient Greek Laws. A Sourcebook, London: Routledge 1998.

ARNETH, Martin, Art. Versuchung II. Altes Testament: RGG[4] VIII (2005), 1071.

ASSMANN, Jan, Exodus. Die Revolution der Alten Welt, München: C. H. Beck 2015.

ASSMANN, Jan, Zur Verschriftung rechtlicher und sozialer Normen im Alten Ägypten: Gehrke, H.-J. (Hg.), Rechtskodifizierung und soziale Normen im interkulturellen Vergleich (ScriptOralia 66), Tübingen: Narr 1994, 61–85.

AURELIUS, Erik, Der Fürbitter Israels. Eine Studie zum Mosebild im Alten Testament (CB.OT 27), Stockholm: Almquist & Wiksell International 1988.

AUSLOOS, Hans, Deuteronomi(sti)c Elements in Exod 23,20–33? Some Methodological Remarks: Vervenne, M. (Hg.), Studies in the Book of Exodus. Redaction – Reception – Interpretation (BEThL 126), Leuven: Peeters 1996, 481–500.

AVILÉS, Domingo, Altgriechische Gesetze. Natur und Entwicklung eines Rechtsinstituts (Diss.), Fribourg 2010 (https://doc.rero.ch/record/20969/files/AvilesD.pdf, abgerufen am 4.1.2020).

BADEN, Joel, The Original Place of the Priestly Manna Story in Exodus 16: ZAW 122 (2010), 491–504.

BAENTSCH, Bruno, Exodus – Leviticus – Numeri (HK I/2), Göttingen: Vandenhoeck & Ruprecht 1903.

BARK, Franziska, Ein Heiligtum im Kopf der Leser. Literaturwissenschaftliche Betrachtungen zu Ex 25–40 (SBS 218), Stuttgart: Katholisches Bibelwerk 2009.

BARTELMUS, Rüdiger, *HYH*. Bedeutung und Funktion eines hebräischen „Allerweltswortes" – zugleich ein Beitrag zur Frage des hebräischen Tempussystems (ATSAT 17), St. Ottilien: EOS Verlag 1982.

BARTH, Karl, Die Lehre vom Wort Gottes. Prolegomena zur Kirchlichen Dogmatik, Kirchliche Dogmatik I,1, Zollikon-Zürich: Evangelischer Verlag [7]1952 (1932).

BEGG, Christopher T., The Destruction of the Calf (Exod 32,20 / Deut 9,21): Lohfink, N. (Hg.), Das Deuteronomium. Entstehung, Gestalt und Botschaft (BEThL 68), Leuven: University Press 1985, 208–251.

BELLEN, Heinz, Art. Metoikoi: KP Bd. 3 (1969), 1276–1278.

BELTING, Hans, Bild und Kult. Eine Geschichte des Bildes vor dem Zeitalter der Kunst, München: C. H. Beck [5]2000.

BENDER, Claudia, Die Sprache der Textilien. Untersuchungen zu Kleidung und Textilien im Alten Testament (BWANT 177), Stuttgart: Kohlhammer 2008.

BERGES, Ulrich, Jesaja 40–48 (HThKAT), Freiburg u. a.: Herder 2008.

BERLEJUNG, Angelika, Der Handwerker als Theologe. Zur Mentalitäts- und Traditionsgeschichte eines altorientalischen und alttestamentlichen Berufsstandes: VT 46 (1996), 145–168.

BERLEJUNG, Angelika, Die Theologie der Bilder. Herstellung und Einweihung von Kultbildern in Mesopotamien und die alttestamentliche Bildpolemik (OBO 162), Fribourg: Universitätsverlag, und Göttingen: Vandenhoeck & Ruprecht 1998.

BERNER, Christoph, Das Wasserwunder von Rephidim (Ex 17,1–7) als Schlüsseltext eines nachpriesterschriftlichen Mosebildes: VT 63 (2013), 193–209.

BERNER, Christoph, Der Sabbat in der Mannaerzählung Ex 16 und in den priesterlichen Partien des Pentateuch: ZAW 128 (2016), 562–578.

BLUM, Erhard, Das sog. „Privilegrecht" in Exodus 34,11–26. Ein Fixpunkt der Komposition des Exodusbuches?: Vervenne, M. (Hg.), Studies in the Book of Exodus. Redaction – Reception – Interpretation (BEThL 126), Leuven: Peeters 1996, 347–366, wieder abgedruckt: Blum, E., Textgestalt und Komposition. Exegetische Beiträge zu Tora und Vordere Propheten, hg. von Wolfgang Oswald (FAT 69), Tübingen: Mohr Siebeck 2010, 157–176.

BLUM, Erhard, Studien zur Komposition des Pentateuch (BZAW 189), Berlin / New York: De Gruyter 1990.

BODENHEIMER, Friedrich Simon, The Manna of Sinai: BA 10 (1947), 2–6.

BRAUN, Joachim, Die Musikkultur Altisraels/Palästinas (OBO 164), Fribourg: Universitätsverlag, und Göttingen: Vandenhoeck & Ruprecht 1999.

BREYTENBACH, Cilliers, Versöhnung. Eine Studie zur paulinischen Soteriologie (WMANT 60), Neukirchen-Vluyn: Neukirchener Verlag 1989.

BRODERSEN, Kai et al. (Hg.), Historische griechische Inschriften in Übersetzung, Band I (HGIÜ I), Darmstadt: Wissenschaftliche Buchgesellschaft 1992.

BUBER, Martin, Der Mensch von heute und die jüdische Bibel: Buber, M. / Rosenzweig, F., Die Schrift und ihre Verdeutschung, Berlin: Schocken 1936, 13–45.

CARPENTER, Eugene E., Exodus 18. Its Structure, Style, Motifs and Functions in the Book of Exodus: ders. (Hg.), A Biblical Itinerary in Search of Method, Form and Content. Essays in Honor of George W. Coats (JSOTS 240), Sheffield: Sheffield Academic Press 1997, 91–108.

CARR, David M., Writing on the Tablet of the Heart. Origins of Scripture and Literature, Oxford / New York: Oxford University Press 2005. Deutsche Fassung: Schrift und Erinnerungskultur. Die Entstehung der Bibel und der antiken Literatur im Rahmen der Schreiberausbildung (AThANT 107), Zürich: TVZ 2015.

Literatur

CARROLL, Robert P., Jeremiah. A Commentary (OTL), London: SCM Press 1986.

CASSUTO, Umberto, A Commentary on the Book of Exodus, Jerusalem: Magnes Press 1997 (Hebräisch 1951).

CHANCEY, Mark A., Art. Temple Tax: Eerdmans Dictionary of Early Judaism (2010), 1294.

CHILDS, Brevard S., Exodus. A Commentary (OTL), London: SCM Press / Philadelphia, PA: Westminster 1974.

CONRAD, Joachim, Art: סָפַר sāp̄ar: ThWAT V (1986), 910–921.

CONRAD, Joachim, Art. נדב ndb: ThWAT V (1986), 237–245.

CRAWFORD, S. White, Exodus in the Dead Sea Scrolls: Dozeman, T. B. / Evans, C. A. / Lohr, J. N. (Hg.), The Book of Exodus. Composition, Reception and Interpretation (VT.S 164), Leiden: Brill 2014, 305–321.

CRÜSEMANN, Frank, Die Tora. Theologie und Sozialgeschichte des alttestamentlichen Gesetzes, München: Kaiser 1992.

CRÜSEMANN, Frank, Das Alte Testament als Wahrheitsraum des Neuen. Eine neue Sicht der christlichen Bibel, Gütersloh: Gütersloher Verlagshaus 2011.

CRÜSEMANN, Frank, Struktur und Systematik des Dekalogs. Eine These: Kottsieper, I. R. / Schmitt, R. / Wöhrle, J. (Hg.), Berührungspunkte. Studien zur Sozial- und Religionsgeschichte Israels und seiner Umwelt. FS Rainer Albertz zu seinem 65. Geburtstag (AOAT 350), Münster: Ugarit-Verlag 2008, 119–131.

DIETRICH, Walter, Nahum, Habakuk, Zefanja (IEKAT), Stuttgart: Kohlhammer 2014.

DILLMANN, August, Die Bücher Exodus und Leviticus (KEH 12), Leipzig: Hirzel ³1897.

DINGEL, Irene (Hg.), Die Bekenntnisschriften der Evangelisch-Lutherischen Kirche. Vollständige Neuedition, Göttingen: Vandenhoeck & Ruprecht 2014.

DOHMEN, Christoph, Das Bilderverbot: seine Entstehung und seine Entwicklung im Alten Testament (BBB 62), Frankfurt am Main: Athenäum ²1987.

DOHMEN, Christoph, Exodus 1–18 (HThKAT), Freiburg u. a.: Herder 2015.

DOHMEN, Christoph, Exodus 19–40 (HThKAT), Freiburg u. a.: Herder 2004.

DOHMEN, Christoph, Art. נָסַךְ nāsak̠: ThWAT V (1986), 488–493.

DOZEMAN, Thomas B., Exodus (ECCo), Grand Rapids, MI: Eerdmans 2009.

DOZEMAN, Thomas B., The Priestly Wilderness Itineraries and the Composition of the Pentateuch: Dozeman, T. B. / Schmid, K. / Schwartz, B. J. (Hg.), The Pentateuch (FAT 78), Tübingen: Mohr Siebeck 2011, 257–288.

DROBNER, Hubertus R., Augustinus von Hippo. Predigten zu den Büchern Exodus, Könige und Job (Sermones 6–12), Frankfurt a. M.: Peter Lang 2003.

DURHAM, John, Exodus (WBC 3), Waco, TX: Word Books 1987.

EBERHARDT, Christian, Studien zur Bedeutung der Opfer im Alten Testament. Die Signifikanz von Blut- und Verbrennungsriten im kultischen Rahmen (WMANT 94), Neukirchen-Vluyn: Neukirchener Verlag 2002.

EDERER, Matthias, Identitätsstiftende Begegnung. Die theologische Deutung des regelmäßigen Kultes Israels in der Tora (FAT 121), Tübingen: Mohr Siebeck 2018.

EHRLICH, Arnold B., Randglossen zur Hebräischen Bibel. Textkritisches, Sprachliches und Sachliches, Bd. 1, Genesis und Exodus, Leipzig: Hinrichs 1908.

ERMAN, Adolf / RANKE, Hermann, Ägypten und ägyptisches Leben, Neudruck Hildesheim: Gerstenberger 1977.

FABRY, Heinz-Josef, Art. נֵס nes: ThWAT V (1986), 468–473.

FABRY, Heinz-Josef, Art. כִּסֵּא kisse': ThWAT IV (1984), 247–272.

FELDMEIER, Reinhard, Der erste Brief des Petrus (ThHK 15/I), Leipzig: Evang. Verlagsanstalt 2005.

FELIKS, Jehuda, Art. Myrrhe: BHH II, 1263–1264.

FISCHER, Alexander A., Der Text des Alten Testaments, Stuttgart: Deutsche Bibelgesellschaft 2009.

FISCHER, Erika, Art. Möbel: Das Wissenschaftliche Bibellexikon im Internet (www.wibilex.de) 2016, abgerufen am 18.06.2022.

FISCHER, Erika, Art. Schuhwerk: Das Wissenschaftliche Bibellexikon im Internet (www.wibi-lex.de) 2013, abgerufen am 18.06.2022.

FISCHER, Georg, „Wer ist wie er ein Lehrer?" Beobachtungen zu Gottes Lehren und Erziehen im AT: Gehrig, S. / Seiler, S. (Hg.), Gottes Wahrnehmungen. Helmut Utzschneider zum 60. Geburtstag, Stuttgart: Kohlhammer 2009, 30–40.

FISCHER, Georg / MARKL, Dominik, Das Buch Exodus (NSK.AT 2), Stuttgart: Katholisches Bibelwerk 2009.

FLEMING, Daniel E., Mari's Large Public Tent and the Priestly Tent Sanctuary: VT 50 (2000), 484–498.

FRANKEL, David, The Priestly Conception of the Sabbath in Exodus 16: BZ.NF 59 (2015), 208–231.

FRANZ, Matthias, Der barmherzige und der gnädige Gott. Die Gnadenrede vom Sinai (Exodus 34,6–7) und ihre Parallelen im Alten Testament und seiner Umwelt (BWANT 160), Stuttgart: Kohlhammer 2003.

FREEDMAN, David N. / WILLOUGHBY, Bruce E., Art. מַלְאָךְ *mal'āk*: ThWAT IV (1984), 887–904.

FREEDMAN David N. / WILLOUGHBY, Bruce E., Art. נָשָׂא *nāśā*: ThWAT V (1986), 626–643.

FRETHEIM, Terence E., Exodus (Int.), Louisville: John Knox Press Paperback Edition 2010 (1991).

FREVEL, Christian, „Jetzt habe ich erkannt, dass YHWH größer ist als alle Götter". Ex 18 und seine kompositionsgeschichtliche Stellung im Pentateuch: BZ.NF 47 (2003), 3–22.

FRITZ, Volkmar, Art. Haus, NBL I (1991), 53–57.

FRITZ, Volkmar, Tempel und Zelt. Studien zum Tempelbau in Israel und zu dem Zeltheiligtum der Priesterschrift (WMANT 47), Neukirchen-Vluyn: Neukirchener Verlag 1977.

GANE, Roy E. / MILGROM, Jacob, Art. פָּרֹכֶת *pārokæt*: ThWAT VI (1989), 755–757.

GERTZ, Jan Christian, Das erste Buch Mose (Genesis). Die Urgeschichte Gen 1–11 (ATD 1), Göttingen: Vandenhoeck & Ruprecht 2018.

GESUNDHEIT, Shimon, Three Times a Year. Studies on Festival Legislation in the Pentateuch (FAT 82), Tübingen: Mohr Siebeck 2012.

GOETHE, Johann Wolfgang von, Westöstlicher Divan, Hamburger Ausgabe, Bd. II, Hamburg: Christian Wegener Verlag [7]1965.

GÖRG, Manfred, Art. Brustschild: NBL I (1991), 339–340.

GROSS, Walter, Augustins Rekonstruktion des Zeltheiligtums: Hopf, M. / Oswald, W. / Seiler, S. (Hg.), Heiliger Raum. Exegese und Rezeption der Heiligtumstexte in Ex 24–40 (ThAkz 8), Stuttgart: Kohlhammer 2016, 133–144.

GRÖZINGER, Karl Erich, Jüdisches Denken. Theologie – Philosophie – Mystik, Band 1: Vom Gott Abrahams zum Gott des Aristoteles, Frankfurt a. M.: campus 2004.

GRUND, Alexandra, Die Entstehung des Sabbats. Seine Bedeutung für Israels Zeitkonzept und Erinnerungskultur (FAT 75), Tübingen: Mohr Siebeck 2010.

GRÜNWALDT, Klaus, Exil und Identität. Beschneidung, Passa und Sabbat in der Priesterschrift (BBB 85), Frankfurt a. M.: Hain 1992.

HAARMANN, Volker, JHWH-Verehrer der Völker. Die Hinwendung von Nicht-Israeliten zum Gott Israels in alttestamentlichen Überlieferungen (AThANT 91), Zürich: TVZ 2008.

HACHLILI, Rachel, The Menorah. Evolving into the Most Important Jewish Symbol, Leiden: Brill 2018.

HAHN, Joachim, Das „Goldene Kalb". Die Jahwe-Verehrung bei Stierbildern in der Geschichte Israels (EHS.T 154), Frankfurt a. M.: Peter Lang 1981.

HAMP, Vinzenz, Art. חָצֵר *ḥāṣer*: ThWAT III (1982), 140–147.

HARAN, Menachem, Temples and Temple-Service in Ancient Israel. An Inquiry into the Character of Cult Phenomena and the Historical Setting of the Priestly School, Oxford: University Press 1978.

HARTENSTEIN, Friedhelm, Das „Angesicht Gottes" in Ex 32–34: Blum, E. / Köckert, M. (Hg.), Gottesvolk am Sinai. Untersuchungen zu Ex 32–34 und Dtn 9–10, Gütersloh: Chr. Kaiser / Gütersloher Verlagshaus 2001, 157–183.

Literatur

HARTENSTEIN, Friedhelm, Die Unzugänglichkeit Gottes im Heiligtum. Jesaja 6 und der Wohnort JHWHs in der Jerusalemer Kulttradition (WMANT 75), Neukirchen-Vluyn: Neukirchener Verlag 1997.

HAUGE, Martin Ravndal, Descent from the Mountain. Narrative Patterns in Exodus 10–40 (JSOTS 323), Sheffield: Sheffield Academic Press 2001.

HECKL, Raik, Zur Rolle der Ahnen in der Grundkonzeption der Hexateuchüberlieferung: Berlejung, A. / Janowski, B. (Hg.), Tod und Jenseits im alten Israel und in seiner Umwelt. Theologische, religionsgeschichtliche, archäologische und ikonographische Aspekte (FAT 64), Tübingen: Mohr Siebeck 2009, 525–546.

HECKL, Raik, Mose als Schreiber. Am Ursprung der jüdischen Hermeneutik des Pentateuch: ZAR 19 (2013), 179–234.

HEGER, Paul, The Three Biblical Altar Laws. Developments in the Sacrificial Cult in Practice and Theology. Political and Economic Background (BZAW 297), Berlin / New York 1999.

HIEKE, Thomas, Levitikus 1–15 (HThKAT), Freiburg u. a.: Herder 2014.

HIEKE, Thomas, Levitikus 16–27 (HThKAT), Freiburg u. a.: Herder 2014.

HOFFMEIER, James K., Ancient Israel in Sinai. The Evidence for the Authenticity of the Wilderness Tradition, Oxford: University Press 2005.

HOGUE, Timothy, The Monumentality of the Sinaitic Decalogue. Reading Exodus 20 in Light of Northwest Semitic Monument-Making Practices: JBL 138 (2019), 79–99.

HOMAN, Michael M., To Your Tents, O Israel. The Terminology, Function, Form and Symbolism of Tents in the Hebrew Bible and the Ancient Near East (Culture and History of the Ancient Near East 12), Leiden: Brill 2002.

HOSSFELD, Frank-Lothar, Der Dekalog: seine späten Fassungen, die originale Komposition und seine Vorstufen (OBO 45), Freiburg/Schweiz: Universitätsverlag 1982.

HOUTMAN, Cornelis, Exodus, Volume 1 (HCOT), Kampen: Kok Publishing House 1993.

HOUTMAN, Cornelis, Exodus, Volume 2 (HCOT), Kampen: Kok Publishing House 1996.

HOUTMAN, Cornelis, Exodus, Volume 3 (HCOT), Leuven: Peeters 2000.

HUROWITZ, Victor (Avigdor), I have built you an exalted House. Temple Building in the Bible in Light of Mesopotamian and Northern Semitic Writings (JSOTS 115), Sheffield: Sheffield Academic Press 1992.

JACOB, Benno, Das Buch Exodus, Stuttgart: Calwer Verlag 1997.

JACKSON, Samuel A., A Comparison of Ancient Near Eastern Law Collections Prior to the First Millennium BC (Gorgias Dissertations 35), Piscataway: Gorgias 2008.

JANOWSKI, Bernd, Keruben und Zion. Thesen zur Entstehung der Zionstradition: ders., Gottes Gegenwart in Israel, Beiträge zur Theologie des Alten Testaments, Neukirchen-Vluyn: Neukirchner 1993, 247–280.

JANOWSKI, Bernd, Rettungsgewißheit und Epiphanie des Heils. Das Motiv der Hilfe Gottes „am Morgen" im Alten Orient und im Alten Testament, Band I: Alter Orient (WMANT 59), Neukirchen-Vluyn: Neukirchener Verlag 1989.

JANOWSKI, Bernd, Der „Sinai auf der Wanderung". Zur Symbolik des priesterlichen Heiligtums: Ederer, M. / Schmitz, B. (Hg.), Exodus – Interpretation durch Rezeption (SBB 74), Stuttgart: Katholisches Bibelwerk 2017, 11–37.

JANOWSKI, Bernd, Sühne als Heilsgeschehen. Traditions- und religionsgeschichtliche Studien zur priesterschriftlichen Sühnetheologie (WMANT 55), Neukirchen-Vluyn: Neukirchener Verlag, 2. Durchgesehene und mit einem Anhang versehene Auflage 2000.

JANOWSKI, Bernd, Tempel und Schöpfung. Schöpfungstheologische Aspekte der Priesterschriftlichen Heiligtumskonzeption: ders., Gottes Gegenwart in Israel. Beiträge zur Theologie des Alten Testaments, Neukirchen-Vluyn: Neukirchner, 1993, 215–246.

JAPHET, Sara, 1 Chronik (HThKAT), Freiburg u. a.: Herder 2002.

JAPHET, Sara, 2 Chronik (HThKAT), Freiburg u. a.: Herder 2003.

JAROŠ, Karl, Des Mose >strahlende Haut<. Eine Notiz zu Ex 34 29.30.35: ZAW (88) 1976, 275–280.

JEON, Jaeyoung, The Visit of Jethro (Exodus 18). Its Composition and Levitical Reworking: JBL 136 (2017), 289–306.

JEREMIAS, Jörg, Der Prophet Hosea (ATD 24/1), Göttingen: Vandenhoeck & Ruprecht 1983.

JEREMIAS, Jörg, Das Königtum Gottes in den Psalmen. Israels Begegnung mit dem kanaanäischen Mythos in den Jahwe-König-Psalmen (FRLANT 141), Göttingen: Vandenhoeck & Ruprecht 1987.

JEREMIAS, Jörg, Die Reue Gottes. Aspekte alttestamentlicher Gottesvorstellung (BThSt 31), Neukirchen-Vluyn: Neukirchener Verlag ²1997.

JEREMIAS, Jörg, Art. Theophanie II. Altes Testament: RGG⁴ VIII (2005), 336–338.

JOOSTEN, Jan, The Syntax of *zeh Mošeh* (Ex 32,1.23): ZAW 103 (1991), 412–415.

JOOSTEN, Jan, A Note on the Anomalous Jussive in Exodus 22:4: Textus 25 (2010), 9–16.

KEDAR-KOPFSTEIN, Benjamin, Art. קֶרֶן *qæren*: ThWAT VII (1993), 181–188.

KEEL, Othmar, Die Welt der altorientalischen Bildsymbolik und das Alte Testament. Am Beispiel der Psalmen, Zürich u. a.: Benziger Verlag, und Neukirchen: Neukirchener Verlag 1972.

KEEL, Othmar, Die Brusttasche des Hohenpriesters als Element priesterschriftlicher Theologie: Hossfeld, F. L. et al. (Hg.), Das Manna fällt auch heute noch (HBS 44), Freiburg u. a.: Herder 2004, 379–391.

KEEL, Othmar, Die Geschichte Jerusalems und die Entstehung des Monotheismus, Teil 1 und 2 (OLB IV,1.2), Göttingen: Vandenhoeck & Ruprecht 2007.

KEEL, Othmar, Allgegenwärtige Tiere. Einige Weisen ihrer Wahrnehmung in der hebräischen Bibel: Janowski, B. / Neumann-Gorsolke, U. / Gleßmer, U. (Hg.), Gefährten und Feinde des Menschen. Das Tier in der Lebenswelt des alten Israel, Neukirchen-Vluyn: Neukirchener Verlag 1993, 153–191.

KEEL, Othmar, Jahwe-Visionen und Siegelkunst. Eine neue Deutung der Majestätsschilderungen in Jes 6, Ez 1 und 10 und Sach 4 (SBS 84/85), Stuttgart: Katholisches Bibelwerk 1977.

KEEL, Othmar, Wirkmächtige Siegeszeichen im Alten Testament. Ikonographische Studien zu Jos 8, 18–26; Ex 17, 8–13; 2 Kön 13, 14–19 und 1 Kön 22, 11 (OBO 5), Fribourg: Universitätsverlag, und Göttingen: Vandenhoeck & Ruprecht 1974.

KEEL, Othmar / KÜCHLER, Max, Orte und Landschaften der Bibel. Ein Handbuch und Studien-Reiseführer zum Heiligen Land, Band 2: Der Süden, Zürich: Benzinger, und Göttingen: Vandenhoeck & Ruprecht 1982, 418–423.

KELLERMANN, Ulrich, Der Dekalog in den Schriften des Frühjudentums. Ein Überblick: Graf Reventlow, H. (Hg.), Weisheit, Ethos und Gebot. Weisheits- und Dekalogtraditionen in der Bibel und im frühen Judentum (BThSt 43), Neukirchen-Vluyn: Neukirchener Verlag 2001, 147–226.

KESSLER, Rainer, Micha (HThKAT), Freiburg u. a.: Herder 1999.

KESSLER, Rainer, Silber und Gold, Gold und Silber. Zur Wertschätzung der Edelmetalle im Alten Israel: BN 31 (1986), 57–69.

KESSLER, Rainer, Der Weg zum Leben. Ethik des Alten Testaments, Gütersloh: Gütersloher Verlagshaus 2017.

KNAUF, Ernst Axel, Art. Refidim: NBL III (1998), 303.

KNAUF, Ernst Axel, 1 Könige 1–14 (HThKAT), Freiburg u. a.: Herder 2016.

KNIERIM, Rolf, Exodus 18 und die Neuordnung der Mosaischen Gerichtsbarkeit: ZAW 73 (1961), 162–167.

KNOHL, Israel, The Sanctuary of Silence. The Priestly Torah and the Holiness School, Minnesota: Fortress, 1995.

KNOHL, Israel, Two Aspects of the „Tent of Meeting": Cogan, M. et al. (Hg.), Tehillah le-Moshe. Biblical and Judaic Studies in Honor of Moshe Greenberg, Winona Lake, IN: Eisenbrauns 1997.

KOCH, Klaus, Art. חָטָא, *ḥāṭā'*: ThWAT II (1977), 857–870.

Koch, Klaus, Art. עָוֺן *'āwon*: ThWAT V (1986), 1160–1177.

Köckert, Matthias, Die Zehn Gebote, München: C. H. Beck 2007.

Köckert, Matthias, Leben in Gottes Gegenwart, Studien zum Verständnis des Gesetzes im Alten Testament (FAT 43), Tübingen: Mohr Siebeck 2004.

Köckert, Matthias, Wie kam das Gesetz an den Sinai?: Bultmann, C. et al. (Hg.), Vergegenwärtigung des Alten Testaments. Beiträge zur biblischen Hermeneutik, FS R. Smend, Göttingen: Vandenhoeck & Ruprecht 2002, 13–27.

Koenen, Klaus, Art. Bull Site, Das Wissenschaftliche Bibellexikon im Internet (www.wibilex.de) 2015, abgerufen am 18.06.2022.

Koenen, Klaus, Art. Stierbilder, Das Wissenschaftliche Bibellexikon im Internet (www.wibilex.de) 2009, abgerufen am 18.06.2022.

Koerner, Reinhard, Inschriftliche Gesetzestexte der frühen griechischen Polis. Aus dem Nachlaß von Reinhard Koerner hg. von Klaus Hallof, (Akten der Gesellschaft für griechische und hellenistische Rechtsgeschichte 9), Köln: Böhlau 1993.

Köhler, Ludwig, Theologie des Alten Testaments, Tübingen: Mohr Siebeck [4]1966.

Konkel, Michael, Sünde und Vergebung. Eine Rekonstruktion der Redaktionsgeschichte der hinteren Sinaiperikope (Exodus 32–34) vor dem Hintergrund aktueller Pentateuchmodelle (FAT 58), Tübingen: Mohr Siebeck 2008.

Konkel, Michael, Was hörte Israel am Sinai? Methodische Anmerkungen zur Kontextanalyse des Dekalogs: Frevel, C. / Konkel, M. / Schnocks, J. (Hg.), Die Zehn Worte. Der Dekalog als Testfall der Pentateuchkritik (QD 212), Freiburg u. a.: Herder 2005, 11–42.

Kratz, Reinhard Gregor, Der Dekalog im Exodusbuch: VT 44 (1994), 205–238.

Kraus, Wolfgang, Zur Aufnahme von Ex 24f. im Hebräerbrief: Hopf, M. / Oswald, W. / Seiler, S. (Hg.), Heiliger Raum, Exegese und Rezeption der Heiligtumstexte in Ex 24–40 (ThAkz 8), Stuttgart: Kohlhammer 2016, 91–112.

Krochmalnik, Daniel, Schriftauslegung – das Buch Exodus im Judentum (NSK.AT 33,3), Stuttgart: Katholisches Bibelwerk 2000.

Küng, Hans, Projekt Weltethos, München/Zürich: 1990.

Kupfer, Christian, Mit Israel auf dem Weg durch die Wüste. Eine leserorientierte Exegese der Rebellionstexte Exodus 15:22 – 17:7 und Numeri 11:1 – 20:13 (OTS 61), Leiden: Brill 2012.

Kurth, Dieter, Treffpunkt der Götter. Inschriften aus dem Tempel von Edfu. Eingeleitet, übersetzt und erläutert von Dieter Kurth, Düsseldorf/Zürich: Artemis 1998.

Labahn, Antje, Art. Levi / Leviten: Das Wissenschaftliche Bibellexikon im Internet (www.wibilex.de) 2014, abgerufen am 18.06.2022.

Lämmert, Eberhard, Bauformen des Erzählens, Stuttgart: Metzler [2]1967.

Lang, Bernhard, Art. Trankopfer: NBL III (1998), 912–914.

Langdon, Stephen, Die neubabylonischen Königsinschriften (VAB IV), Leipzig: Verlag Hinrichs 1912.

Lemche, Niels Peter, Justice in Western Asia in Antiquity, or: Why No Laws Were Needed!: Chicago-Kent Law Review 70 (1995), 1695–1716.

Leuenberger, Martin, Haggai (HThKAT), Freiburg u. a.: Herder 2015.

Levin, Christoph, Der Jahwist (FRLANT 157), Göttingen: Vandenhoeck & Ruprecht 1993.

Liedke, Gerhard, Art. שׁפט *špṭ* richten: THAT II (1976), 1005.

Lipiński, Edward, Art. סְגֻלָּה *sᵉḡullāh*: ThWAT V (1986), 749–752.

Liss, Hanna, Kanon und Fiktion. Zur literarischen Funktion biblischer Rechtstexte: BN.NF 121 (2004), 7–38.

Lohfink, Norbert, „Ich bin Jahwe, dein Arzt" (Ex 15,26). Gott, Gesellschaft und menschliche Gesundheit in einer nachexilischen Pentateuchbearbeitung (Ex 15,25b.26): „Ich will euer Gott werden". Beispiele biblischen Redens von Gott (SBS 100), Stuttgart: Verlag Katholisches Bibelwerk 1981, 11–73.

Löhr, Hermut, Entstehung und Bedeutung des Abendmahls im frühesten Christentum: ders., Abendmahl (ThTh 3), Tübingen: Mohr Siebeck 2012, 51–94.

LO SARDO, Domenico, Post-Priestly Additions and Rewritings in Exodus 35–40. An Analysis of MT, LXX, and Vetus Latina (FAT II 119), Tübingen: Mohr Siebeck 2021.

LUTHER, Martin, Predigt zu Ex 32 am 23. Dezember 1526, 4. Advent: WA 16 (1899), 618b.

LUTHER, Martin, An den christlichen Adel deutscher Nation. Von des christlichen Standes Besserung, 1520: Borchert, H. H. / Merz, G. (Hg.), Martin Luther, Ausgewählte Werke, München: Kaiser, 3. Auflage 1962.

LUX, Rüdiger, Der König als Tempelbauer. Anmerkungen zur sakralen Legitimation von Herrschaft im Alten Testament: Erkens, F.-R. (Hg.), Die Sakralität von Herrschaft. Herrschaftslegitimierung im Wechsel der Zeiten und Räume. Fünfzehn interdisziplinäre Beiträge zu einem weltweiten und epochenübergreifenden Phänomen, Berlin: Akademie Verlag 2002, 99–122.

LUX, Rüdiger, Sacharja 1–8 (HThKAT), Freiburg u. a.: Herder 2019.

MAIBERGER, Paul, Das Manna. Eine literarische, etymologische und naturkundliche Untersuchung (ÄAT 6), Wiesbaden: Harrassowitz 1980.

MANN, Thomas, Das Gesetz: Ders., Die Betrogene und andere Erzählungen, Frankfurt am Main: Fischer Taschenbuchverlag 1987, 114–190.

MARKL, Dominik, Der Dekalog als Verfassung des Gottesvolkes. Die Brennpunkte einer Rechtshermeneutik des Pentateuch in Exodus 19–24 und Deuteronomium 5 (HBS 49), Freiburg u. a.: Herder 2007.

MARKL, Dominik, Gottes Volk im Deuteronomium (BZAR 18), Wiesbaden: Harrassowitz 2012.

MARKL, Dominik, Zur literarischen und theologischen Funktion der Heiligtumstexte im Buch Exodus: Hopf, M. / Oswald, W. / Seiler, S. (Hg.), Heiliger Raum. Exegese und Rezeption der Heiligtumstexte in Ex 24–40 (ThAkz 8), Stuttgart: Kohlhammer 2016, 57–87.

MARTIN-ACHARD, Robert, Art. גּוּר gūr als Fremdling weilen: THAT I (1971), 409–412.

MCCARTHY, Dennis, Treaty and Covenant (AncB 21A), Rome: Biblical Institute Press ²1978.

MEYER, Berend, Das Apodiktische Recht (BWANT 213), Stuttgart: Kohlhammer 2017.

MEYERS, Carol, The Tabernacle Menorah: A Synthetic Study of a Symbol from the Biblical Cult (ASORDS 2), Missoula, MO: Scholars Press 1976.

MICHEL, Andreas, Gespaltene Koordination in biblisch-hebräischen Verbalsätzen. Am Beispiel von Ex 34,27 / Ps 11,5 / Neh 10,36–37: Wagner, A. (Hg.), Studien zur hebräischen Grammatik (OBO 156), Fribourg: Universitätsverlag, und Göttingen: Vandenhoeck & Ruprecht 1997, 45–71.

MILGROM, Jacob, Leviticus 1–16. A New Translation with Introduction and Commentary (AYB), New Haven / London: Yale University Press 2009.

MILGROM, Jacob, Art. עֵדָה ‘edāh: ThWAT V (1986), 1079–1092.

MILLER, Geoffrey P., J as Constitutionalist. A Political Interpretation of Exodus 17:8–16 and Related Texts: Chicago-Kent Law Review 70 (1995), 1829–1847.

MITTMANN, Siegfried, Deuteronomium 1,1–6,3 literarkritisch und traditionsgeschichtlich untersucht (BZAW 139), Berlin: De Gruyter 1975.

MOBERLY, R. Walter, On Learning Spiritual Disciplines. A Reading of Exodus 16: McConville, J. G. / Möller, K. (Hg.), Reading the Law. Studies in Honour of G. J. Wenham (LHB 461), London u. a.: T&T Clark 2007, 213–227.

MÜLLER, Hans-Peter, Art. חָכַם ḥākam: ThWAT II (1977), 920–944.

NEUMANN-GORSOLKE, Ute, Art. Akazie: Das Wissenschaftliche Bibellexikon im Internet (www.wibilex.de) 2005, abgerufen am 18.06.2022.

NIEHR, Herbert, Abgaben an den Tempel in der Achämenidenzeit: Klinkott, H. et al. (Hg.), Geschenke und Steuern, Zölle und Tribute. Antike Abgabeformen in Anspruch und Wirklichkeit, Leiden: Brill 2007, 141–157.

NIEHR, Herbert, JHWH als Arzt. Herkunft und Geschichte einer alttestamentlichen Gottesprädikation: BZ 35 (1991), 3–17.

NIEHR, Herbert, The Aramaeans in Ancient Syria: HdO I.106 (2014), 167–169.

Literatur

NIHAN, Christophe, From Priestly Torah to Pentateuch. A Study in the Composition of the Book of Leviticus (FAT II 25), Tübingen: Mohr Siebeck 2007.

NOTH, Das zweite Buch Mose. Exodus (ATD 5), Göttingen: Vandenhoeck & Ruprecht 1959 ([7]1984).

OSWALD, Wolfgang, Correlating the Covenants in Exodus 24 and Exodus 34: Bautch, R. / Knoppers, G. (Hg.), Covenant in the Persian Period: From Genesis to Chronicles, Winona Lake, IN: Eisenbrauns 2015, 59–73.

OSWALD, Wolfgang, Israel am Gottesberg. Eine Untersuchung zur Literargeschichte der vorderen Sinaiperikope Ex 19–24 und deren historischem Hintergrund (OBO 159), Fribourg: Universitätsverlag, und Göttingen: Vandenhoeck & Ruprecht 1998.

OSWALD, Wolfgang, Staatstheorie im Alten Israel. Der politische Diskurs im Pentateuch und in den Geschichtsbüchern des Alten Testaments, Stuttgart: Kohlhammer 2009.

OSWALD, Wolfgang, Veiling Moses' Shining Face (Exod 34:29–35): Berner, C. et al. (Hg.): Clothing and Nudity in the Hebrew Bible. A Handbook, London: T&T Clark 2019, 449–457.

OSWALD, Wolfgang, Art. Bundesbuch: Das Wissenschaftliche Bibellexikon im Internet (www.wibilex.de) 2005, abgerufen am 18.06.2022.

OSWALD, Wolfgang, Das Gesetz, das Volk und der König. Zum gesellschaftlichen Status und zur Funktion der Gesetze im Pentateuch: WO 44 (2014), 76–108.

OSWALD, Wolfgang, Der Hohepriester als Ethnarch. Zur politischen Organisation Judäas im 4. Jahrhundert v. Chr.: ZAR 21 (2015), 309–320.

OSWALD, Wolfgang, Defeating Amalek, Defending the Constitution: The Political Theory of Ex 17:8–16: Berner, C. / Samuel, H. (Hg.), The Reception of Biblical War Legislation in Narrative Contexts. Proceedings of the EABS Research Group „Law and Narrative" (BZAW 460), Berlin: De Gruyter 2015, 61–72.

OSWALD, Wolfgang, Die Exodus-Gottesberg-Erzählung als Gründungsurkunde der judäischen Bürgergemeinde: Adam, K. P. / Avemarie, F. / Wazana, N. (Hg.), Law and Narrative in the Bible and in Neighbouring Ancient Cultures (FAT II 54), Tübingen: Mohr Siebeck 2012, 35–51.

OSWALD, Wolfgang, Die politische Funktion des Dekalogs: Krause, J. / Oswald, W. / Weingart, K. (Hg.), Eigensinn und Entstehung der Hebräischen Bibel. Erhard Blum zum siebzigsten Geburtstag (FAT 136), Tübingen: Mohr Siebeck 2020, 111–127.

OSWALD, Wolfgang, Die politischen Konzeptionen des Deuteronomiums als Teil des politischen Denkens der antiken Mittelmeerwelt: Horst, C. (Hg.): Der Alte Orient und die Entstehung der Athenischen Demokratie (Classica et Orientalia 21), Wiesbaden: Harrassowitz 2020, 55–68.

OSWALD, Wolfgang, Early Democracy in Ancient Judah. Considerations on Ex 18–24 with an Outlook on Dtn 16–18: CV 52 (2010), 121–135.

OSWALD, Wolfgang, Jeremiah and Moses, A Comparison of their Public Offices in Exod. 18:13–27 and Jer. 42:1–6: Augustin, M. / Niemann, H. M. (Hg.): „My Spirit at Rest in the North Country" (Zechariah 6.8). Collected Communications to the XXth Congress of the International Organization for the Study of the Old Testament, Helsinki 2010 (BEAT 57), Frankfurt a. M.: Peter Lang 2011, 265–272.

OSWALD, Wolfgang, The Collective Character of the Sabbath as Priestly Innovation: Hutzli, J. (Hg.), The Historical Location of P – Language, Geography and Material Culture (Hebrew Bible and Archaeology), Tübingen: Mohr Siebeck (im Druck).

OSWALD, Wolfgang, Das Gesetz als Vertrag. Zum archaisch-griechischen Hintergrund der Gesetzeskonzeptionen im Exodusbuch und im Deuteronomium: Bachmann, V. / Schellenberg, A. / Ueberschaer, F. (Hg.): Menschsein in Weisheit und Freiheit. Festschrift für Thomas Krüger (OBO 296), Leuven 2022, 47–57.

OTTO, Eckart, Das Gesetz des Mose, Darmstadt: Wissenschaftliche Buchgesellschaft 2007.

OTTO, Eckart, Deuteronomium 1–11. Erster Teilband: 1,1–4,43 (HThKAT), Freiburg u. a.: Herder 2012.

OTTO, Eckart, Deuteronomium 1–11. Zweiter Teilband: 4,44–11,32 (HThKAT), Freiburg u. a.: Herder 2012.

OTTO, Eckart, Deuteronomium 12,1–23,15 (HThKAT), Freiburg u. a.: Herder 2016.

OTTO, Eckart, Forschungen zur Priesterschrift: ThR 72 (1997), 1–50.

OTTO, Eckart, Wandel der Rechtsbegründungen in der Gesellschaftsgeschichte des antiken Israel. Eine Rechtsgeschichte des „Bundesbuches" Ex XX 22 – XXIII 13 (StB 3), Leiden: Brill 1988.

OWCZAREK, Susanne, Die Vorstellung vom Wohnen Gottes inmitten seines Volkes in der Priesterschrift. Zur Heiligtumstheologie der priesterlichen Grundschrift (EHS.T 625), Frankfurt a. M.: Peter Lang 1998.

PABST, Gustav (Hg.), Köhler's Medizinal-Pflanzen Atlas, Gera: Köhler 1897.

PANNENBERG, Wolfhart, Systematische Theologie, Band 1, Göttingen: Vandenhoeck & Ruprecht 1988.

PASZTHORY, Emmerich, Salben, Schminken und Parfüme im Altertum, Mainz: von Zabern 1992.

PAULUS, Susanne, Die Tempelbauhymne Gudeas von Lagaš (Zylinder A): TUAT NF 7 (2013), 9–35.

PELZL, Bernhard, Das Zeltheiligtum von Ex 25ff. Die Frage nach der Möglichkeit seiner Errichtung: UF 7 (1972), 379–387.

PELZL, Bernhard, Der hebräische Bauausdruck *'aedaen. Ein Beitrag zur Exegese und Lexikographie des Alten Testaments: BZ 19 (1975), 41–49.

PERLITT, Lothar, Art. Dekalog I: TRE 8 (1981), 408–413.

PERLITT, Lothar, Deuteronomium, 1. Teilband Dtn 1–6* (BKAT V/1), Neukirchen-Vluyn: Neukirchener Verlag 2013.

PODELLA, Thomas, Art. Heiligung, I. Altes Testament: RGG⁴ III (2000), 1571–1572.

POLA, Thomas, Die ursprüngliche Priesterschrift. Beobachtungen zur Literarkritik und Traditionsgeschichte von Pg (WMANT 70), Neukirchen-Vluyn: Neukirchener Verlag 1995.

PROPP, William H. C., Exodus 1–18. A New Translation with Introduction and Commentary (AYB 2), New York u.a.: Doubleday 1999.

PROPP, William H. C., Exodus 19–40. A New Translation with Introduction and Commentary (AYB 2), New York u.a.: Doubleday 2006.

PROPP, William H. C., Water in the Wilderness (HSM), Atlanta: Scholars Press 1987.

RAD, Gerhard von, Art. B. מַלְאָךְ im AT: ThWNT I, 1933, 75–79.

REICKE, Bo, Die Zehn Worte in Geschichte und Gegenwart. Zählung und Bedeutung der Gebote in verschiedenen Konfessionen (BGBE 13), Tübingen: Mohr Siebeck 1973.

RENDTORFF, Rolf, Leviticus 1,1–10,20 (BKAT III/1), Neukirchen-Vluyn: Neukirchener Verlag 2004.

RÖSEL, Martin, Tempel und Tempellosigkeit. Der Umgang mit dem Heiligtum in der Pentateuch-LXX: Kraus, W. / Meiser, M. (Hg.), Die Septuaginta-Texte, Theologien, Einflüsse. 2. Internationale Fachtagung veranstaltet von Septuaginta Deutsch (LXX.D), Wuppertal 23.–27.07. 2008 (WUNT 252), Tübingen: Mohr Siebeck 2010, 447–461.

RINGGREN, Helmer, Art. טָהַר ṭāhar: ThWAT III (1982), 306–315.

ROSKOP, Angela R., The Wilderness Itineraries. Genre, Geography, and the Growth of Torah, Winona Lake, IN: Eisenbrauns 2011.

RUDNIK, Thilo Alexander, Art. Heilig / profan / Heiligkeit (AT): Das Wissenschaftliche Bibellexikon im Internet (www.wibilex.de) 2014, abgerufen am 18.06.2022.

RÜGER, Hans Peter, Art. Schale: BHH III (1966), 1683–1684.

RUPRECHT, Eberhard, Stellung und Bedeutung der Erzählung vom Mannawunder (Ex 16) im Aufbau der Priesterschrift: ZAW 86 (1974), 269–307.

RUPRECHT, Eberhard, Exodus 24,9–11 als Beispiel lebendiger Erzähltradition: Albertz, R. u. a. (Hg.), Werden und Wirken des Alten Testaments. FS Claus Westermann zum 70. Geburtstag, Göttingen: Vandenhoeck & Ruprecht u. a. 1980, 138–173.

Literatur 385

Ruschenbusch, Eberhard: Solon: Das Gesetzeswerk – Fragmente. Übersetzung und Kommentar, hg. von Klaus Bringmann (Historia Einzelschriften 215), Stuttgart: Franz Steiner 2010.

Rüterswörden, Udo, Die Beamten der israelitischen Königszeit (BWANT 117), Stuttgart: Kohlhammer 1985.

Sänger, Dieter, Tora für die Völker – Weisungen der Liebe. Zur Rezeption des Dekalogs im frühen Judentum und im Neuen Testament: Graf Reventlow, H. (Hg.), Weisheit, Ethos und Gebot. Weisheits- und Dekalogtraditionen in der Bibel und im frühen Judentum (BThSt 43), Neukirchen-Vluyn: Neukirchener Verlag, 97–146.

Schaper, Joachim, Exodos / Exodus / Das zweite Buch Mose (Einleitung): Karrer, M. / Kraus, W. (Hg.), Septuaginta Deutsch. Erläuterungen und Kommentare I, Genesis bis Makkabäer, Stuttgart: Deutsche Bibelgesellschaft 2011, 258–277.

Schaper, Joachim, Schriftauslegung und Schriftwerdung im alten Israel: Eine vergleichende Exegese von Ex 20,24-26 und Dtn 12,13-19: ZAR 5 (1999), 111–132.

Scharbert, Josef, Formgeschichte und Exegese von Ex 34,6f und seiner Parallelen: Bib. 38 (1957), 130–150.

Schart, Aaron, Die ‚Gestalt‘ YHWHs. Ein Beitrag zur Körpermetaphorik alttestamentlicher Rede von Gott: ThZ 55 (1999), 26–43.

Schart, Aaron, Mose und Israel im Konflikt. Eine redaktionsgeschichtliche Studie zu den Wüstenerzählungen (OBO 98), Fribourg: Universitätsverlag, und Göttingen: Vandenhoeck & Ruprecht 1990.

Schenker, Adrian, Versöhnung und Widerstand. Bibeltheologische Untersuchung zum Strafen Gottes und der Menschen, besonders im Licht von Exodus 21–22 (SBS 139), Katholisches Bibelwerk: Stuttgart 1990.

Schmidt, Ludwig, Das 4. Buch Mose. Numeri. Kapitel 10,11–36,13 (ATD 7,2), Göttingen: Vandenhoeck & Ruprecht 2004.

Schmidt, Werner H., Ausprägungen des Bilderverbotes. Zur Sichtbarkeit und Vorstellbarkeit Gottes im Alten Testament: Balz, H. / Schulz, S. (Hg.), Das Wort und die Wörter. FS Gerhard Friedrich zum 70. Geburtstag, Stuttgart: Kohlhammer 1973, 25–34.

Schmitt, Götz, Art. Maße: BRL^2 (1977), 204–206.

Schmitt, Hans-Christoph, Art. Liebe Gottes und Liebe zu Gott, I. Altes Testament: RGG^4 V (2002), 350f.

Schmitt, Hans-Christoph, „Das Gesetz aber ist neben eingekommen". Spätdeuteronomistische nachpriesterschriftliche Redaktion und ihre vorexilische Vorlage in Ex 19–20: Achenbach, R. / Arneth, M. (Hg.), Gerechtigkeit und Recht zu üben (Gen 18,19). Festschrift für Eckart Otto zum 65. Geburtstag (BZAR 13), Wiesbaden: Harrassowitz 2009, 155–170.

Schmitt, Rainer, Zelt und Lade als Thema alttestamentlicher Wissenschaft, Gütersloh: Gütersloher Verlagshaus 1972.

Schorch, Stefan, „A Young Goat in Its Mother's Milk"? Understanding an Ancient Prohibition: VT 60 (2010), 116–130.

Schottroff, Willi, Art. פקד pqd, THAT II (1976), 466–486.

Schroer, Silvia, Art. Lebensbaum: NBL II (1995), 602f.

Schroer, Silvia, In Israel gab es Bilder. Nachrichten von darstellender Kunst im Alten Testament (OBO 74), Fribourg: Universitätsverlag, und Göttingen: Vandenhoeck & Ruprecht 1987.

Schwartz, Baruch J., The Visit of Jethro: A Case of Chronological Displacement? The Source-Critical Solution: Fox, N. S. (Hg.), Mishneh Todah, Studies in Deuteronomy and Its Cultural Environment in Honor of Jeffrey H. Tigay, Winona Lake, IN: Eisenbrauns 2009, 29–48.

Schwienhorst-Schönberger, Ludger, Das Verhältnis von Dekalog und Bundesbuch: Frevel, C. / Konkel, M. / Schnocks, J. (Hg.), Die Zehn Worte. Der Dekalog als Testfall der Pentateuchkritik (QD 212), Freiburg u. a.: Herder 2005, 57–75.

SCHWIENHORST-SCHÖNBERGER, Ludger, Sehen im Nicht-Sehen. Mose auf dem Berg Sinai: Gehrig, S. / Oswald, W. / Seiler, S. (Hg.), Gottes Wahrnehmungen. Helmut Utzschneider zum 60. Geburtstag, Kohlhammer: Stuttgart 2009, 103–122.

SEEBASS, Horst, Numeri. 2. Teilband: Numeri 10,11–22,1 (BKAT IV/2), Neukirchen-Vluyn: Neukirchener Verlag 2003.

SEILER, Stefan, Text-Textbeziehungen. Zur intertextuellen Interpretation alttestamentlicher Texte am Beispiel ausgewählter Psalmen (BWANT 202), Stuttgart: Kohlhammer 2013.

SINGER, Karl H., Die Metalle Gold, Silber, Bronze, Kupfer und Eisen im Alten Testament und ihre Symbolik (FzB 43), Würzburg: Echter-Verlag 1980.

SLOTERDIJK, Peter, Im Schatten des Sinai. Fußnote über Ursprünge und Wandlungen totaler Mitgliedschaft (Edition Suhrkamp 2672), Berlin: Suhrkamp 2013.

SPIECKERMANN, Hermann, „Barmherzig und gnädig ist der Herr ...“: ZAW 102 (1990), 1–18.

STAMM, Johann Jakob, Der Dekalog im Lichte der neueren Forschung, Bern/Stuttgart: Haupt ²1962.

STAUBLI, Thomas, Art. Zelt: Das Wissenschaftliche Bibellexikon im Internet (www.wibilex.de) 2016, abgerufen am 22.06.2022.

STEINS, Georg, Priesterherrschaft, Volk von Priestern oder was sonst? Zur Interpretation von Ex 19,6: BZ.NF 45 (2001), 20–36.

STEMBERGER, Günter, Der Dekalog im frühen Judentum: JBTh 4 (1989), 91–103.

STOLINA, Ralf, Art. Negative Theologie: RGG⁴ VI (2003), 170–173.

STRACK, Hermann L. / STEMBERGER, Günter, Einleitung in Talmud und Midrasch, München: C. H. Beck ⁷1982.

STRUPPE, Ursula, Die Herrlichkeit Jahwes in der Priesterschrift. Eine semantische Studie zu keᵇôd YHWH, Diss. theol. Wien 1984.

SZEGEDY-MASZAK, Andrew, Legends of the Greek Lawgivers: GRBS 19 (1978), 199–209.

TANNER, Hans Andreas, Amalek. Der Feind Israels und der Feind Jahwes. Eine Studie zu den Amalektexten im Alten Testament (TVZ-Dissertation), Zürich: TVZ 2005.

TREPP, Leo, Der jüdische Gottesdienst, Kohlhammer: Stuttgart 1992.

TURNER, Victor, The Center out There. Pilgrim's Goal: HR 12 (1973), 191–230.

UEHLINGER, Christoph, Exodus, Stierbild und biblisches Kultbildverbot. Religionsgeschichtliche Voraussetzungen eines biblisch-theologischen Spezifikums: Hardmeier, C. / Kessler, R. / Ruwe, A. (Hg.), Freiheit und Recht. Festschrift für Frank Crüsemann zum 65. Geburtstag, Gütersloh: Chr. Kaiser / Gütersloher Verlagshaus 2003, 42–77.

UEHLINGER, Christoph, Art. Götterbild: NBL I (1991), 871–892.

UTZSCHNEIDER, Helmut, Dachsfell und Gnadenthron. Marginalien zur Durchsicht der Lutherübersetzung mit Beispielen aus dem Buch Exodus: Mülke, M. / Vogel, L. (Hg.), Bibelübersetzung und (Kirchen-)Politik, Göttingen: V&R Unipress 2015, 135–155.

UTZSCHNEIDER, Helmut, Art. Ephod: RGG⁴ II (1999), 1351–1352.

UTZSCHNEIDER, Helmut / OSWALD, Wolfgang, Exodus 1–15 (IEKAT), Stuttgart: Kohlhammer 2013.

UTZSCHNEIDER, Helmut, Ex 19,1–6 als reale Utopie für Juden und Christen: GPM 65 (2011), 367–372.

UTZSCHNEIDER, Helmut, Gottes langer Atem. Die Exoduserzählung (Ex 1–14) in ästhetischer und historischer Sicht (SBS 166), Stuttgart: Katholisches Bibelwerk 1996.

UTZSCHNEIDER, Helmut, Gotteserfahrung und Wertbildung am Sinai: Bachmann V., Schellenberg, A., Ueberschaer F. (Hg.), Menschsein in Weisheit und Freiheit. Festschrift für Thomas Krüger (OBO 296), Peeters: Leuven/Paris/Bristol 2022, 35–46.

UTZSCHNEIDER, Helmut, Das Heiligtum und das Gesetz. Studien zur Bedeutung der sinaitischen Heiligtumstexte (Ex 25–40; Lev 8–9) (OBO 77), Fribourg: Universitätsverlag, und Göttingen: Vandenhoeck & Ruprecht 1988.

Literatur

Utzschneider, Helmut, Himmlischer Raum auf Erden. Die „Stiftshütte" (Ex 25–40*) als theologische Metapher: Hopf, M. / Oswald, W. / Seiler, S. (Hg.), Heiliger Raum. Exegese und Rezeption der Heiligtumstexte in Ex 24–40 (ThAkz 8), Stuttgart: Kohlhammer 2016, 19–36.

Utzschneider, Helmut, Die Inszenierung des Gestaltlosen, Alttestamentliche Gottes- und Kultbilder diesseits und jenseits des Bilderverbotes: ders., Gottes Vorstellung. Untersuchungen zur literarischen Ästhetik und ästhetischen Theologie des Alten Testaments (BWANT 175), Stuttgart: Kohlhammer 2007, 316–327.

Utzschneider, Helmut, Zur vierfachen Lektüre des Alten Testaments. Bibelrezeption als Erfahrung von Diskrepanz und Perspektive: ders., Gottes Vorstellung. Untersuchungen zur literarischen Ästhetik und ästhetischen Theologie des Alten Testaments (BWANT 175), Stuttgart: Kohlhammer 2007, 33–47.

Utzschneider, Helmut, Performativität und Mündlichkeit als Kategorien alttestamentlicher Exegese: Krause, J. / Weingart, K. (Hg.), Exegetik des Alten Testaments. Bausteine für eine Theorie der Exegese (FAT II 127), Tübingen: Mohr Siebeck 2021, 177–198.

Utzschneider, Helmut, Die „Realia" und die Wirklichkeit. Prolegomena zu einer Sozial- und Kulturgeschichte des alten Israel am Modell der Handweberei in Israel und seiner Umwelt (1991): ders., Textwelten. Studien zur Kulturgeschichte, Anthropologie und Hermeneutik des Alten Testaments, hg. von Hopf, M. / Pietsch, M. / Seiler, S. (BThSt 182), Göttingen: Vandenhoeck & Ruprecht 2019, 51–81.

Utzschneider, Helmut, „Seht das Wort YHWHs ...". Vorüberlegungen zu einer ästhetischen Theologie des Alten Testaments: ders., Gottes Vorstellung. Untersuchungen zur literarischen Ästhetik und ästhetischen Theologie des Alten Testaments (BWANT 175), Stuttgart: Kohlhammer 2007, 328–349.

Utzschneider, Helmut, Tabernacle: Dozeman, T. B. / Evans, C. A. / Lohr, J. N. (Hg.), The Book of Exodus. Composition, Reception, and Interpretation (VT.S 164), Leiden: Brill 2014, 267–301.

Van Seters, John, A Law Book for the Diaspora. Revision in the Study of the Covenant Code, Oxford: University Press 2003.

Veijola, Timo, Das 5. Buch Mose. Deuteronomium. Kapitel 1,1 – 16,17 (ATD 8,1), Göttingen: Vandenhoeck & Ruprecht 2004.

Wagner, Andreas, Gottes Körper. Zur alttestamentlichen Vorstellung der Menschengestaltigkeit Gottes, Gütersloher Verlagshaus: Gütersloh 2010.

Wagner, Siegfried, Art. בָּקַשׁ baqqᵉšāh: ThWAT I (1973), 754–769.

Waschke, Ernst, Art. תְּמוּנָה temûnāh: ThWAT VIII (1992), 677–679.

Weinfeld, Moshe, Art. בְּרִית: ThWAT I (1973), 781–808.

Weinfeld, Moshe, Art. כָּבוֹד kābôḏ: ThWAT IV (1984), 23–40.

Weinfeld, Moshe, The Uniqueness of the Decalogue and its Place in Jewish Tradition: Segal, B. (Hg.), The Ten Commandments in History and Tradition, Magnes Press: Jerusalem 1990, 1–44.

Weippert, Helga, Art. Feldzeichen: BRL², 77–79.

Weippert, Manfred, Art. Metall und Metallverarbeitung: BRL², 219–224.

Wellhausen, Julius, Die Composition des Hexateuchs, Berlin: De Gruyter ⁴1963.

Wellhausen, Julius, Prolegomena zur Geschichte Israels, Berlin: Reimer ⁴1895.

Wellhausen, Julius, Israelitische und jüdische Geschichte (De Gruyter Studienbuch), Berlin: De Gruyter ¹⁰2004.

Wells, Bruce, The Covenant Code and Near Eastern Legal Traditions. A Response to David P. Wright: Maarav 13 (2006), 85–118.

Welten, Peter, Art. Siegel und Stempel: BRL², 299–307.

Welwei, Karl-Wilhelm, Die griechische Polis. Verfassung und Gesellschaft in archaischer und klassischer Zeit, Stuttgart: Steiner ²1998 (1983).

Westbrook, Raymond, The Character of Ancient Near Eastern Law: ders. (Hg.), A History of Ancient Near Eastern Law, Band 1 (HdO I/72/1), Leiden: Brill 2003, 1–90.

WESTBROOK, Raymond, What is the Covenant Code?: Levinson, B. M. (Hg.), Theory and Method in Biblical and Cuneiform Law. Revision, Interpolation, and Development (JSOTS 181), Sheffield: Phoenix Press 1994, 15–36.

WEVERS, John William, Notes on the Greek Text of Exodus (SCSt 30), Atlanta: Scholars Press 1990.

WÖHRLE, Jakob, Fremdlinge im eigenen Land. Zur Entstehung und Intention der priesterlichen Passagen der Vätergeschichte (FRLANT 246), Göttingen: Vandenhoeck & Ruprecht 2012.

WRIGHT, David P., Inventing God's Law. How the Covenant Code of the Bible Used and Revised the Laws of Hammurabi, New York: Oxford University Press 2009.

WRIGHT, David P., The Covenant Code Appendix (Exodus 23:20–33), Neo-Assyrian Sources, and Implications for Pentateuchal Study: Gertz, J. C. / Levinson, B. M. / Rom-Shiloni, D. / Schmid, K. (Hg.), The Formation of the Pentateuch. Bridging the Academic Cultures of Europe, Israel, and North America (FAT 111), Tübingen: Mohr Siebeck 2016, 47–85.

ZENGER, Erich, Israel und die Kirche im einen Gottesbund? Auf der Suche nach einer für beide akzeptablen Verhältnisbestimmung (1991): Kampling, R. / Müllner, I. (Hg.) in Zusammenarbeit mit N. Kowalski und J. Schneider, Gottesrede. Gesammelte Aufsätze von Erich Zenger zum jüdisch-christlichen Dialog (SBB 65), Stuttgart: Katholisches Bibelwerk 2018, 11–22.

ZENGER, Erich, Israel am Sinai. Analysen und Interpretationen zu Exodus 17–34, Altenberge: CIS-Verlag 1982.

ZOBEL, Hans-Jürgen, Art. רָחַץ rāḥaṣ: ThWAT VII (1990), 482–490.

ZOHARY, Michael, Pflanzen der Bibel, Stuttgart: Calwer Verlag [3]1995.

ZWICKEL, Wolfgang, Art. Altarhörner: Das Wissenschaftliche Bibellexikon im Internet (www.wibilex.de) 2009, abgerufen am 2. 7. 2018.

ZWICKEL, Wolfgang (Hg.), Edelsteine in der Bibel, Mainz: von Zabern 2002.

ZWICKEL, Wolfgang, Arbeitsvorgänge zur Herstellung eines Rollsiegels oder einer Perle: ders. (Hg.), Edelsteine in der Bibel, 8–11.

ZWICKEL, Wolfgang, Die Bedeutung des hohenpriesterlichen Brustschildes: ders. (Hg.), Edelsteine in der Bibel, 45–47.

ZWICKEL, Wolfgang, Färben in der Antike: ders. (Hg.), Edelsteine in der Bibel, 41–44.

ZWICKEL, Wolfgang, Die Edelsteine im Brustschild des Hohepriesters und beim himmlischen Jerusalem: ders. (Hg.), Edelsteine in der Bibel, 50–70.

ZWICKEL, Wolfgang, Räucherkult und Räuchergeräte. Exegetische und archäologische Studien zum Räucheropfer im Alten Testament (OBO 97), Fribourg: Universitätsverlag, und Göttingen: Vandenhoeck & Ruprecht 1990.

ZWICKEL, Wolfgang, Der Salomonische Tempel, Mainz: Philipp von Zabern 1999.

Abkürzungen

1. Abgekürzt zitierte Textausgaben und Übersetzungen

1a. Biblische Texte

2QExod[b]   BAILLET, Maurice (Hg.), Les „Petites Grottes" de Qumran: exploration de la falaise; les Grottes 2Q, 3Q, 5Q, 6Q, 7Q à 10Q, le rouleau de cuivre (DJD III), Oxford: Clarendon Press 1962.

4QpaleoExod[m]   SKEHAN, Patrick W. (u. a.) Qumran Cave 4. IV: Paleo-Hebrew and Greek Biblical Manuscripts (DJD IX), Oxford: Clarendon Press 1992.

4QExod^c	ULRICH, Eugene, CROSS, Frank M. u. a., Qumran Cave 4.VII: Genesis to Numbers (DJD XII), Oxford: Clarendon Press 1994.
BHS	ELLIGER, K. / RUDOLPH, W. (Hg.) Biblia Hebraica Stuttgartensia, Stuttgart: Deutsche Bibelgesellschaft ⁵1997.
BUBER/ ROSENZWEIG	Die fünf Bücher der Weisung. Fünf Bücher des Mose, verdeutscht von Martin Buber, gemeinsam mit Franz Rosenzweig, Köln und Olten: Verlag Jakob Hegner ³1958.
EÜ	Die Bibel. Altes und Neues Testament, Einheitsübersetzung, Freiburg u. a.: Herder 1980ff.
Luther	Die Bibel nach der Übersetzung Martin LUTHERS (in der revidierten Fassung von 2017), Stuttgart: Deutsche Bibelgesellschaft 2017.
LXX	Septuaginta. Vetus Testamentum Graecum Auctoritate Academiae Scientarum Gottingensis editum vol. II,1, Exodus, edidit WEVERS, John, W., Göttingen: Vandenhoeck & Ruprecht 1991.
(LXX^B	Lesart des Septuagintatextes im Codex Vaticanus).
LXX.D	KRAUS, Wolfgang / KARRER, Martin u. a., Septuaginta Deutsch. Das griechische Alte Testament in deutscher Übersetzung, Stuttgart: Deutsche Bibelgesellschaft 2009.
MT	Massoretischer Text (→ BHS).
NIV	The Holy Bible, New International Version, New York International Bible Society: New York 1980.
NRSV	The Holy Bible: New Revised Standard Version; containing the Old and New Testament; Standard Text Edition; Cambridge (u. a.): Cambridge Univ. Press 2002.
Sam.	GALL, August v., Der hebräische Pentateuch der Samaritaner, Giessen: Töpelmann 1918.
Syr	The Peshitta Institute (ed.), The Old Testament in Syriac according to the Peshitta Version. I,1: Genesis-Exodus, Brill: Leiden 1977.
Vg	Biblia Sacra iuxta Vulgatam Versionem, ed. WEBER, Robert OSB et alii, Stuttgart: 1969.

1b. Jüdische und Rabbinische Texte

Ant.	FLAVIUS JOSEPHUS, Jüdische Altertümer mit Paragraphenzählung nach Flavii Josephi Opera recognovit Benedictus Niese (ed. minor), Berlin 1888–1895, Übers. und mit Einl. und Anm. vers. von Heinrich CLEMENTZ, Wiesbaden: Marixverlag ²2006.
b	Babylonian Talmud, The William Davidson Edition: https://www.sefaria.org/william-davidson-talmud (abgerufen 6.4.2022).
bBQ	https://www.sefaria.org/Bava_Kamma
bJev	https://www.sefaria.org/Yevamot
bNid	https://www.sefaria.org/Niddah
bRHSh	https://www.sefaria.org/Rosh_Hashanah
m	KRUPP, Michael (Hg.), Die Mischna. Textkritische Ausgabe mit deutscher Übersetzung und Kommentar, Ein-Karem / Jerusalem: Lee Achim Sefarim 2002ff.
mMenachot	Menachot, Speiseopfer, bearbeitet von Luke NEUBERT, 2012.
mRosch	Bd. Rosch ha-Schana. Neujahr, bearbeitet von KRUPP, Michael, ²2004.
mSukka	Bd. Sukka, Laubhütte, bearbeitet von Ralf KÜBLER mit Zusätzen von Michael KRUPP, 2002.
mTamid	KRUPP, Die Mischna, Bd. Tamid. Das tägliche Opfer, bearbeitet von KRUPP, Michael, 2005.
Raschbam	RASHBAM'S Commentary on Exodus, an Annotated Translation edited and translated by Martin I. LOCKSHIN (BJSt 310), Atlanta, GA: Scholars Press 1997.

RASHI	RASCHIS Pentateuchkommentar, vollständig ins Deutsche übertragen und mit einer Einleitung versehen von Rabbiner Dr. Selig BAMBERGER, Victor Goldschmidt Verlag: Basel [4]1994.
ShemR	מירקין משה אריה, שמות רבה חלק א. Tel Aviv: Yavneh Publishing House 1980.
TgN(1)	Targum Neophiti 1: MACHO, Alejandro Diéz, Neophyti 1 Targum Palestinense. MS de la Bibliotheca Vaticana. Tomo II Éxodo, Madrid / Barcelona: Consejo Superior de Investigaciones Científicas 1970. McNAMARA, Martin, Targum Neophiti 1: Exodus. Translated with Introduction and Apparatus: Cathcart K., Maher, M., McNamara, Martin (Ed.), The Aramaic Bible. The Targums Volume 2: Edinburgh: T&T Clark 1994.
TgPsJ	Targum Pseudo-Jonathan: HAYWARD, Robert, Targum Pseudo-Jonathan: Exodus. Translated with Notes: Cathcart K., Maher, M., McNamara, Martin (Ed.), The Aramaic Bible. The Targums Volume 2: Edinburgh: T&T Clark 1994.
TgO(nq)	SPERBER, Alexander, The Bible in Aramaic. Leiden: Brill [2]1992.

1c. Inschriften und Texte der Umwelt

ANET	PRITCHARD, James, B. (Hg.), Ancient Near Eastern Texts Relating to the Old Testament, Princeton u. a.: Princeton University Press [3]1966.
CH	Codex Hammurapi (wird meist ausgeschrieben nach TUAT zitiert).
Flach	FLACH, Dieter (Hg.), Das Zwölftafelgesetz – Leges XII tabularum, Darmstadt: Wissenschaftliche Buchgesellschaft 2004.
HAE	RENZ, Johannes, RÖLLIG, Wolfgang, Handbuch der althebräischen Epigraphik, Bd. I–III, Darmstadt: Wissenschaftliche Buchgesellschaft 1995.
Hdt	FEIX, Josef (Hg.), Herodot. Historien, Griechisch-Deutsch, Bd. 1 und 2, München: Heimeran Verlag [3]1980.
KAI	DONNER, Herbert, RÖLLIG, Wolfgang, Kanaanäische und aramäische Inschriften, Bd. I; Wiesbaden: Harrassowitz [5]2002.
Koerner, IG	KOERNER, Reinhard (Hg.), Inschriftliche Gesetzestexte (→ Literaturverzeichnis).
KTU	DIETRICH, Manfred u. a., Die keilalphabetischen Texte aus Ugarit, Ras Ibn Hani und anderen Orten (AOAT 360), Münster: Ugarit [3]2013.
LCMAM	ROTH, Martha T., Law Collections from Mesopotamia and Asia Minor, Atlanta, GA: Scholars Press [2]1997.
TUAT	KAISER, Otto u. a., Texte aus der Umwelt des Alten Testaments, Bd I–III und Erg.-Lief., Gütersloh: Gütersloher Verlagshaus 1985–2001.
TUAT NF	JANOWSKI, Bernd u. a. (Hg.), Texte aus der Umwelt des Alten Testaments, 9 Bde., Gütersloh: Gütersloher Verlagshaus, 2002–2020.

2. Hilfsmittel

BauerL	BAUER, Walter, Griechisch-Deutsches Wörterbuch zu den Schriften des Neuen Testaments und der frühchristlichen Literatur. Wörterbuch zum Neuen Testament hg. von Kurt Aland und Barbara Aland, Berlin u. a.: de Gruyter [6]1988.
BL	BAUER, Hans / LEANDER, Pontus, Historische Grammatik der hebräischen Sprache des Alten Testaments (Erstveröffentlichung 1922), Hildesheim: Georg Olms Verlagsbuchhandlung 1965.

Hebräische Wörter

BlDbr	BLASS, Friedrich, u. a., Grammatik des neutestamentlichen Griechisch, Göttingen: Vandenhoeck & Ruprecht [17]1990.
DDD	VAN DER TOORN, Karel (u. a. Hg.), Dictionary of Deities and Demons in the Bible, Leiden (u. a.): Brill [2]1999.
GBH	JOÜON, Paul / MURAOKA, Takamitsu, A Grammar of Biblical Hebrew, (SubBi 27) Roma: Editrice Pontificio Istituto Biblico [2]2008.
GesK	GESENIUS, Wilhelm, Hebräische Grammatik, völlig umgearbeitet von E. KAUTZSCH ([28]1909), Hildesheim / New York: Georg Olms 1977.
GesL	GESENIUS, Wilhelm, Hebräisches und Aramäisches Handwörterbuch über das Alte Testament, Meyer, R. / Donner, H. (Hg.), Heidelberg (u. a.): Springer 1987–2010.
LEH	LUST, Johan (u. a.), Greek-English Lexicon of the Septuagint. Revised Edition, Stuttgart: Deutsche Bibelgesellschaft 2003.
JASTROW	JASTROW, Marcus, A Dictionary of the Targumim, the Talmud Babli and Yerushalmi, and the Midrashic literature (1903), Nachdruck Brooklyn: New York 1967.

3. Kompositionsschichten

EG	Exodus-Gottesberg-Erzählung
DtrG	Deuteronomistisches Geschichtswerk
HE	Heiligtumserzählung
PK	P(riesterliche)-Komposition
TK	Tora-Komposition

Register

Hebräische Wörter

אהל‎ 302
אהל מועד‎ 216, 229, 364
‎– פתח אהל מועד‎ 216, 226–227
אֵל‎ 31
אלהים‎ 272, 274
אסון‎ 152–154
ארגמן‎ 194
בקשׁ‎ 305
ברא‎ 328
ברית‎ 81, 203
בשׁמים‎ 263
גוי קדושׁ‎ 101
גנב‎ 130
גר‎ 163
גרשׁ‎ 175, 329
דברים‎ 139
דרשׁ‎ 68
זכר‎ 238

זכרון‎ 50, 237
חזה‎ 183, 309
חטאה‎ 320
חטאת‎ 248
חכם‎ 266
חכמה‎ 266
חכמי לב‎ 266
חלה2‎ 282
חנון‎ 317
חק‎ 28, 69
חשׁן‎ 236
יד‎ 50
ידע‎ 306–307
יעד‎ 202, 216, 251, 350
ירד‎ 115, 305
ישׁלם‎ 156
כבוד‎ 188, 251, 308, 372
כלה‎ 282, 364

392 Register

כפרת 202, 204
כרבים 205
לב נדיב 266
לון 18, 37
לחם פנים 209
לחת 82, 189, 287
מדבר 39
מועד 216
מות יומת 138, 149
מלא יד 247, 291
מלאך 174
מלאכה 265, 339
ממלכת כהנים 100
מסה 17, 19, 49
מסכה 273, 277
מקדש 196
מקום 174
מקשה 202
מראה 189
מריבה 17, 49
משכן 84, 189, 216, 364, 372
משפט 236, 238
משפטים 138–139
נדבה 343
נדיב 193, 341, 343
נחם 282–283
נחשת 193
נסה 17, 19, 51
נסע 15, 373
נצל 66–67
נשא 320
נשיא 164
סגלה 97, 100
סלח 322
ספר 292
ספר Pi. 180, 185
ספר הברית 181
עבר 309–310

עגל 125, 273–274, 277
עדה 37, 76, 85, 333, 339
עדות 202–203
עון 239, 320
עלה 99, 115, 189
עם 76, 85, 103, 274, 307
ענן 83, 189, 372
פנים 304–305, 311
פסל 112, 125, 311
פקד 112, 255, 296–297, 321, 359
פרכת 215
פשע 320
צדקה 238
ציץ 239
צעק 18, 27
קדש 101, 106, 127, 246, 372
קהל 85, 274
קול 83, 107–108, 132, 180, 286
קרא 181, 315–317
קרן 331
קרש 214, 219
ראה 167, 309, 366
רחום 317
ריב 18, 49, 51–52
רֵעַ 130
שוא 126
שכן 77, 83, 189, 196, 216, 372
שלוחים 63
שרים 69
תבנית 196, 200, 366
תולעת שני 194
תורה 27, 37–38, 203, 289
תחש 194
תכלת 194
תמונה 125
תמיד 245, 250
תנופה 244, 249, 339, 341, 359
תרומה 85, 193, 244, 256, 341, 359

Schlagwörter

Aaron 39, 57, 60, 66–67, 179, 182, 190, 289
Abgabe 85, 195, 339
Altar 180, 354
Älteste 31–32, 53, 68, 74, 90, 102, 131, 179, 182
Amalek 22, 30, 51, 55, 61
Angesicht 304–305, 307
Arbeit 339
Arbeitsruhe 127, 168, 327
Asyl 150

Augustinus, Aurelius 120
Babylon 22, 75, 84, 140, 182, 344, 365, 373
barmherzig 318
Becken 225, 258, 355–356, 360, 372
Begegnung 205, 216, 251, 350
Bekenntnis 67
Blut des Bundes 181–182
Blutritus 181, 249
Bote 174, 176, 274, 298
Bronze 193, 196, 199, 218, 226, 360

Schlagwörter

Brot 38–39, 249
Buch des Bundes 99, 181, 188
Bund 28, 81, 90, 99, 104, 176, 182, 184,
 238, 279, 283, 294, 314, 326–327, 330
Bundesbuch 81, 87–88, 90, 123, 128–129,
 137
Bundesworte 81, 90, 170, 314, 326,
 328–329, 331
Bürgereid 135–136
Bürger-Tempel 343
Chronologie 98, 370
Dekalog 43, 81, 88–89, 115, 203, 277, 318,
 321, 326–327, 331
 - Struktur 116
 - als Bürgereid 135
 - als Textmonument 121
 - als Theophanie 120, 132
 - Dekalogrede 319
 - Einzelgebote 124
 - Erstgestalt 135
 - und Normen 122
 - Zehn Worte 116, 189, 330, 333
Denkmal 59
Deuteronomium 123
DtrG 22, 61, 72, 89–90, 103, 109, 134, 136,
 146, 170–171, 177, 184–185, 190, 199,
 278, 292, 299–300, 313, 328, 330
Durst 18, 51, 74
EG-Erzählung 21, 30, 71–73, 88–89, 103,
 109, 134–136, 142–143, 146, 149–150,
 166, 171, 177, 184
Eid 126
Elim 31
Entsprechungsformel 363, 365, 371–372
Erbarmen 309, 317–318
Erinnerung 37, 44, 58–59, 73, 237
Erkenntnis 38, 67, 251
Erkenntnisformel 40
Erwählung 100, 103, 120, 306
Erzväter 283–284, 300
Ethos 129
Exoduserzählung 17, 37, 65, 67, 78, 98,
 119, 122, 251, 283, 299, 371
Familie 130
Feldzeichen 59
Fest 128, 278, 288
 - Festkalender 169–170, 326
 - Lese-/Herbstfest 169, 327
 - Massot 169, 171
 - Päsach 16, 98, 237, 327
 - Wochenfest 98, 327

Feuer 82–83, 107, 189–190, 251, 290, 340,
 373
Fluch 289
Frauen 129, 148, 163, 196, 266, 276, 326,
 341
Freiheit 122, 130
Freiwillige 78, 195, 266, 291, 339, 356
Gebote 41, 81, 99, 117
Gemeinde 37, 45, 76, 85–86, 164, 274, 333,
 336, 339, 341, 343–344, 349, 356, 365,
 373
Gemeinwesen 61, 88, 90–91, 96, 135, 143,
 146, 160, 164
Gerechtigkeit 42
Gerichtsbarkeit 123, 131, 153
Gesetz 27, 60, 69, 82, 85, 91, 143, 182, 189,
 202–203, 205, 239, 281, 287–288, 314
 - Gesetzesgehorsam 26
 - Gesetzbuch 90, 141, 143, 154, 330
 - Gesetzesmittler 70
 - Gesetzesverkündigung 181
 - Gesetzgeber 43
 - Gesetzgebung 71, 87–88, 184, 292
Gier 131
Glaube 60, 108
Gnade 125, 205, 282, 290, 301, 306,
 308–309, 314, 317, 319–320
 - Gnadenformel 134, 316, 318–319
 - Gnadenrede 81, 83, 309, 314, 316–321,
 323, 326
Gold 195, 199, 235, 276, 290, 341, 349–350,
 359
goldenes Kalb 273–274, 277, 284, 288, 300,
 321, 340
Gott 31, 274, 277
 - - eifriger 124, 135, 318, 326
 - Amun 56
 - Ba'al 58, 125
 - El 58, 183, 275
 - Gottebenbildlichkeit 367
 - Gottesberg 22, 54, 66, 70, 83, 98, 102,
 114, 180, 182–183, 188, 196
 - Gottesverhältnis 119
 - Hadad 58
Götzenpolemik 126
Grenze 114
Gudea von Lagasch 197
Handfüllung 291
heiligen/Heiligung 101, 106, 114, 246,
 251, 269, 336, 371–372

Heiligkeit 101, 106, 127, 199, 217, 221, 226–227, 237, 246, 251, 261, 269, 306, 340, 373
Heiligkeitsgesetz 123, 128
Heiligtum 77, 101, 106, 133, 169, 195–196, 216, 222, 245, 270, 306, 334, 336, 343, 349, 366
Heiligtumserzählung 92, 94, 96, 200
Heiligtumstexte 91, 95, 189, 200
Herrlichkeit 39, 77–78, 83, 107, 188–189, 191, 251, 304, 308, 310, 372
Hierokratie 135
Hof 199, 225, 227, 357
Holz
– Akazienholz 196, 203, 208, 225, 349
– Holzeinbau 219
– Querhölzer 220
Horeb 54, 74, 310
Hören 333
Horn 331
Hörneraltar 225, 248
Hunger 18, 38
Hur 57, 190
Ikonoklasmus 289
Itinerar 15–16, 21, 26, 60, 65, 71–73
Jakob 31, 66, 282, 305, 309
Jerobeam 277
Jerusalem 22, 54, 75, 84, 136, 197, 222, 279, 343
Jitro 65
Josua 55, 60, 190
Judentum 73, 210
jüdisch 43–44, 54, 119, 133, 212
Keruben 205, 211, 217–218, 221, 334
König(-tum) 72, 86, 122, 141, 145, 163, 195, 239, 246–247, 276, 307, 343, 348, 367
Kult 77, 92, 106, 140, 144, 168, 183, 192, 204, 228, 372
– Kultbild 125, 274–275, 277, 288, 290
– Kultbildverbot 81, 90, 118, 124–125, 134, 146, 170, 277, 279, 326, 329
– Kultgemeinde 88
– Kultort 150
– Kultruf 279
– Kultstätte 160, 248
– Kulttheologie 217, 258
Kunsthandwerker 234, 265–266, 269, 343, 362–363
kunstverständig 234, 266, 340–341, 343, 347, 362, 370

Lade 44, 82, 199, 203, 208, 218, 251, 292, 349–351
Land
– Ägypten 18, 37, 103, 134, 281
– Landnahme 86, 174–175
– -verheißenes 16–17, 22, 55, 74, 119, 122–123, 134, 171, 176, 203, 281, 298, 300, 322
Lapislazuli 179, 182, 236
Leviten 290, 293, 359, 367
Liebe 124–125
Lüge 130
Luther, Martin 100, 120
Mandelbaum 211
Manna 22, 35, 38–40, 42, 44, 127
Mara 17, 27
Massa 17, 49, 51
Menschenraub 130
Meriba 17, 49, 51
Metapher 23, 52, 83, 99–100, 116, 124, 126, 182, 189, 204, 210, 237, 275, 281, 291, 311, 318, 322
Metöke 163, 166
Midianiter 66–67, 70–71
Monotheismus 124, 294
Murren 18, 27, 37, 39, 44, 174
Name 49
– Gottesname 126, 175, 309, 315–320
– Namenssiegel 235, 237, 246
– Ortsname 17, 21, 26, 31, 37, 51, 61, 74, 89
– Personenname 66
Naturrecht 120
Öl 228
Omer 42, 44
Opfer 67, 180, 372
– Brandopfer 67, 100, 181, 226, 248, 250, 278, 372
– Opfermahl 183, 249–250
– Schlachtopfer 68, 181, 183, 226, 249, 278
– Schwingopfer 244, 249, 341
– Speiseopfer 209, 244, 249, 372
– Sündopfer 204, 248
– Tamid 250, 254, 372
Orakel 68, 158, 238, 305
Ordal 158, 289
Ordnung 28, 69, 74, 238
Patchwork 78–79, 81, 105, 180, 201, 233, 298
Perserzeit 22, 95

Schlagwörter

Personenverband 88, 90, 133, 141, 143, 163, 184
Philo 119
Pinchas 293
P-Komposition 22, 46, 60, 74, 89–91, 94–96, 102, 133–134, 136, 191, 199, 206, 212, 264, 270–271, 292, 312–313, 323, 330, 335, 344–345, 374
Plagenerzählung 29, 53
Plan 198, 200, 212, 229
Priester 100–101, 114, 181, 343, 349, 371
- Brusttasche 236–237
- Einsetzung 245
Priestergrundschrift 91, 94
Priester
- Handfüllung 245, 247, 249–250
- Investitur 240, 246, 254, 371
- Königreich von Priestern 98, 100, 106, 252
- Priesterschurz 234–235
- Salbung 241, 247
Prohibitiv 118–119, 138
Prophet 70
Prüfung 17, 19, 28, 32, 37–38, 42, 45–47, 51, 54, 61, 133
Räucheraltar 254
Raumkonzept 336, 349–350, 368
Recht 28, 68, 74, 122, 238
- apodiktisches 138
- Gewohnheitsrecht 139, 146, 149, 164
- kasuistisches 138
- Ordnungsworte 139–140, 142–143, 145, 147, 160–161, 163, 168, 177, 184
- Rechtsbuch 141–143, 145, 153
- Rechtsförmigkeit 29–30, 74
- Rechtsgrundsätze 138–142, 147, 149–150, 160–161, 177
- Rechtskultur 139–141, 143
- Rechtsprechung 49, 70, 88
- Rechtssätze 138–142, 147, 152, 158–160, 177, 184, 236
- Rechtssetzung 28, 30
- Rechtswesen 20, 70, 165
Refidim 48, 51, 54, 61, 65, 98, 103
Reinheit 107, 206, 246, 259, 261
Republik 88, 90
Reue Gottes 281–283, 289, 295, 299, 301
Rhetor 180, 185
Richter 69–70, 74, 141, 164–165, 177
Ruhe(formel) 307

Sabbat 37, 42–43, 45–47, 69, 74, 95, 101, 118, 126–127, 168, 268–269, 327, 329, 339–340, 344
Schaubrot(tisch) 208–209
Schofar 83, 99, 107, 132, 190
Schöpfung 46, 127, 228, 366
Schrift
- Aufzeichnung 58, 82, 181
- Buch 50, 82, 297
- ʿedut 82, 203–204, 239, 288, 351, 371
- Schreiber 90, 95, 141, 180, 185, 292, 313, 331
- Schriftikone 287, 289, 294, 311
- Tafeln 82, 95, 116, 119, 122, 188–191, 203, 271, 281, 287–288, 292–293, 311, 313–314, 327, 330–332
- Textmonument 122
- Verlesung 181, 294
Schuld 204, 239, 248, 289, 319–321
Schuldner 163
Schuldsklaverei 132, 147
Segen 38, 145, 175, 291, 365–366
Sehen 39, 99, 114, 132, 167, 182, 189, 198, 304–305, 308–310, 323, 333
Selbstvorstellung 29, 86, 118, 121, 252
Senatsverfassung 74
Septuaginta 336, 349
Siegel 235, 238
Silber 147, 195, 256–257, 341, 359
Sin 37
Sinai 16, 22, 37, 39–40, 46, 65, 87, 89, 98, 102, 114, 225, 271
Sinaiheiligtum 39, 83–84, 108, 115, 183, 192, 199, 203–206, 216, 227–228, 276, 368, 373
Sittengesetz 117, 120
Solon 143, 163
Stab 53, 56, 60–61
Stämme 31–32, 74, 164, 196, 235
Steuer 257, 359
Stierbild 125, 274, 277, 281
Stiftung 192, 257, 336, 339, 341, 343
- Stifter 195, 267, 343, 349, 360, 362, 366
- Stifterinschrift 238
Stimme 99, 107–108, 132, 174, 180, 184, 285
Streit 52, 54
Sühne 204, 239, 248, 257, 296, 322
Sühnmal 204, 221, 351
Sünde 296–297, 299, 307, 320–322, 326
Synästhesie 132
Talion 149, 152–153

Tempel 54, 57, 61, 84, 95–96, 169, 174, 184, 195, 197, 221, 226, 258, 266, 293, 343, 365, 373
Textilien
- Kleider 233, 246, 341
- Mischgewebe 218
- Stoffe 194, 196, 217–218, 246
- Weber 217, 343
Theokratie 88
Theophanie 20, 81–83, 87, 99, 107, 109, 120, 132, 188, 314–315, 323, 333
Thron 58–59, 84, 182, 205, 373
Tora 27, 37, 39, 43, 45, 54, 69, 108, 119, 168, 312, 333
Tora-Komposition 22, 30, 47, 60, 72, 89–90, 108, 136, 177, 184–185, 252, 284, 300, 312, 323, 331
Tötungsverbot 123, 129
Urim und Tummim 238, 363
Verfassung 72, 90
Vergebung 205, 282, 320
Versöhnungstag 246, 255
Volk 307
Völker 66, 101, 175

Volksversammlung 88, 180, 279
Volkszählung 359, 367
Vollendungsformeln 365
Wachteln 38, 40
Wallfahrt 20, 169, 327, 329
Wanderung 16, 73, 81, 85, 174, 299, 308, 373
Waschung 107, 246, 259
Weg 17, 20, 74
Weihegabe 276, 341, 359
Weisheit 266
Wohnung 84, 189, 196, 198, 200, 216–217, 220–221, 227, 240, 251, 306, 340, 347, 364, 372
Wolke 39, 83, 107, 144, 188–189, 251, 263, 305, 315, 333, 372, 374
Wüste 21–22, 32, 39, 46, 85, 107
Zelt 217
Zelt der Begegnung 216, 229, 240, 251, 298, 304–305, 312–313, 334, 364, 372
Zeugen 131, 158, 165–166
Zion 54–55, 57–59, 61, 74, 84, 174, 373
Zippora 65
Zorn 125

Bibelstellen

Genesis
1 228
1,1–2,3 134
1,26f. 367
1,31 – 2,4a 366
2,1–3 46
2,2–3 270
2,2f. 127
2,3 43
2,9 211
3,22.24 211
6,8 306
18,2 66
30,1 124
33,3 66
34 291
40,15 130
43,27 66
49,5 291

Exodus
1,1–4 235
1,5 31
2,22 66

2,23–25 38
2,24 238, 283
3,1 71
3,2f. 107
3,2 174
3,6 66, 310
3,7–10 122
3,8 67, 174
3,18 22, 30
4,18–19 72
4,18 71
4,20–21 72
4,24–26 60, 66
4,27 66
4,29–31 102
4,30f. 106
5,2 67
5,23 67
6,2–8 67, 120, 252
6,5 238
6,6 67
6,20–25 290
6,23–25 233
7,9f. 53

7,20 54
8,23 22, 30
9,16 180
9,26 100
12 45, 98
12,1f. 370
12,3 68
12,21 102
12,37 16
12,40f. 371
13,20 16
13,21f. 373
13,21 274
14 58
14,11 37
14,19 274
14,31 99
15,14–16 65
15,16 175
15,17 58, 174
15,22–27 51
15,22–26 32
15,24 37
15,25f. 133

Bibelstellen

15,26 99, 122, 175
16 16
16,10 251
16,23 101, 127
17 16
17,7 175
18 16
18,12 183
19,1f. 85
19,1 370
19,2 65
19,3-6 28
19,5 81, 322
19,6 127, 182, 307
19,8 70
19,11 305
19,13.21 311
19,16 311
19,20 311
20,3f. 318
20,3 277
20,5 281, 317
20,5b 321
20,6 320-321
20,7 321
20,8-11 43
20,9f. 42
20,11 101
20,18-21 70
20,18f. 189
20,20 19
20,23 277
20,25f. 226
21,12 129
21,15 128
21,16 130
21,17 128
21,37 130
22,6f. 130
23,10 127
23,21 320
23,23 274
24,1-8 274
24,3-8 100, 102
24,4-8 288
24,9 31
24,11 278
24,12 311
24,13f. 56
24,13 311
24,15-18 372
24,16 310

24,17f. 305
24,17 107, 251
25,1-31,17 305
25,1-7 228
25,8 84, 189, 216, 233
25,16 288
25,21 189
25,22 108, 334, 350
27,20-21 264
28,3.41 106
29 101
29,1.33.44b 106
29,4-7 261
29,6 239
29,10-14 204
29,20 181
29,42-46 372
29,42f. 205
29,43-45 216
29,43 189
29,45f. 189
31,1-11 343
31,2f. 277
31,12-18 190
31,12-17 128, 340
31,15 42
31,18 189, 203, 296
32f. 99
32 125
32,1 - 34,35 189
32,1-24 304
32,1-6 19
32,1 190, 340
32,2f. 341
32,9-14 318
32,9 322
32,12 290
32,14 289
32,15f.19f. 204
32,15f. 189
32,15 203
32,17-19 278
32,19 311
32,30-32 70
32,32 321
32,34 174
33 55
33,2f. 174
33,6 276
33,7-11 108, 334, 372
33,12-17 322
33,14.20 209

33,18-23 126
33,19 317
33,20 183
34,6f. 297, 309
34,6 125
34,9 55, 283
34,14 124, 281
34,21 127
34,28 190
35,1-3 128
35,2 42
35,5.22 266
35,35 266
40,34-38 251
40,35 189

Levitikus
1-7 226
1 248
1,3-9 181
1,5 101
3 249
3,1-5 181
4 248
4,6.8-10.14 218
4,20 322
8 67, 245
8,12.30 106
8,24 181
9,5 39
9,24 108
10,1-4 185
10,1 255
15 106
15,19-31 107
16 182
16,2 204
16,11-14 255
16,24 296
17-26 123
19,2 101, 127
19,3 128
19,12 126
19,19 218
21,10-15 233
20,10 129
23 128
24,1-4 264
24,2f. 228
24,17-18 153

Numeri
1 258, 359
1,2f.45f. 256
4 290, 359
4,5 204
5 131
5,11–31 289
8,1–4 200
10,11 98
11 31, 185
11,4–17 70
12,8 323
14,11–25 284
14,22f. 19
15,32–35 269
17,25 44
20,2–13 51
20,2–12 60
20,3–5 52
20,13.24 49
21,5–9 60
22,1 16
25,6–15 293
26 258
33 21

Deuteronomium
1,9–18 70
1,9–15 72
1,15 69
4,12.16 125
4,17f. 197
4,20 322
4,24 124
5,4 109, 305
5,22 330
6,4–9 122
7 103, 135
7,2 326
7,5 326
7,6–8 103
7,6 97
7,9–11 318
7,15 175
7,22 175
8,3 39
9,7–10,10 292
12–26 123
12,3 326
12,5 174
13,7–10 291
12,7 183

14 103
18,1–8 293
18,9–22 60
19,15 131
19,16–21 131
22,22–29 129
22,22 130
24,7 130
25,19 55, 58
27,16 128
29,8–14 184
31,9–13 181
31,9 292
32,11f. 99
32,16 124
33,8 49
33,9f. 291
34,10–12 108
34,10 323

Josua
1 56
2,9 67, 175
4,19 16
8 56
8,30–35 181
18,1 85

Richter
2,1 176
2,2 326
5,4–5 88
5,4f. 82
6f. 55
6,22 305

Rut
4,2 116

1 Samuel
2,18 234
2,22 85
10,1 246
10,21 234
15 55
23,6.9.30 234

2 Samuel
6,14 234
7,20f. 307
18,1 69
24 256

1 Könige
1,34.39 246
5–7 195
6,2.20 221
6,20–28 205
7,1f. 266
7,13f. 266
7,23–26 259
7,27–28 259
8,4 85
8,64 226
12,26–33 274, 279
12,31–33 125
17,17–24 27
18 38
19,11–13 310
21,11–14 126

2 Könige
2–7 27
9,2.6 246
16,10 197
17,21–23 277
23,26 282

1 Chronik
28,11–19 197
28,11 204
29,3 97
29,5 291

2 Chronik
4,2 226
24,5f. 258

Esra
3,1–7 61
6,1–5 195
8,24–28 341
8,25–28 256

Nehemia
7,72b – 8,13 181
9,16f. 281
9,17.31 318
10,33–34 257

Hiob
13,6–28 52

Psalmen
9,13 238
16,4 126

Bibelstellen

18,8–16 82, 88, 107
24,3f. 101
25,6 238
25,7 238
25,10 318
42,3 309
46,5 54, 259
46,6 55
48,2f. 54
50,2–6 107
63,3 309
68,8–11 107
68,17 58, 84
78,15f. 54
78,24 41
81,8 49
86,15 318
89,21 246
95,8 49
103,8 318
104,2–9 366
106,32 49
114,7f. 54
119,12–15 180
145,6 180
145,8 318

Sprichwörter
3,18 211
31,10–31 342

Kohelet
2,8 97

Sirach
3,1–16 128

Jesaja
2,2 57
6,1–3 84
6,3 101
8,18 84
40,20 126
41,7 126
43,10 124
44,6 124
46,7 126
48,21 54
54,11 183
56,1f. 128

Jeremia
2 21
2,4–6 52
7,26 281
18,7f. 283
42,1–6 72
50,20 322

Ezechiel
1,26 182
2,10 287
16 124
18,1–4 321
40–43 197
40,4 197
43,7–9 84
43,11 197
43,13–17 225

Hosea
1,6 318
1,9 281
2,1 317
2,4–25 124
2,4–17 124
2,16 21
2,21 124
4,1–3 123
8,5f. 125
8,5 276
8,6 276
10,4 126
10,5f. 125
10,5 276
10,6 276
11,1–4 99
11,9 317
13,4 123

Joël
2,13 318
2,14 282
2,18 124

Amos
1,2 83

Jona
3,9f. 282
4,2 318

Micha
1,3f. 83
2,2 131
3,11 55
4,1 57
4,2 54
7,18 318

Nahum
1,2–8 83

Habakuk
3 333
3,3–7 88

Zefanja
3,15 55

Haggai
1,14 195

Sacharja
2,14f. 84
4,6–10 195

Maleachi
3,20 29

Markus
12,28–31 120

Johannes
6,48–50 39

Römer
3,25 204
5,20 87
13,9 120

1 Korinther
11,25 182

2 Korinther
3,7f. 332

Hebräer
9,4 44

1 Petrus
2,9 100

Offenbarung
21,19 183

Sonstige Quellen

Josephus
- Ant. 3,196   258

Qumran
- 1QM 5,5   355
- 4QExodc   50
- 4QPaleoExodm   48

Rabbinica
- bBQ 83b–84a   153
- bJev 69b   154
- bNid 30b   154
- bRHSh 17b   322
- mRosch 3,3–4   105

- mSchekalim 2,4   258
- mSukkah 4,5   105
- mTamid V,1   122
- Raschi, 208   32
- TgOnq   97
- TgPsJ   111
- TPsJ   226

Ugarit
- KTU 1.3. iii.46   173
- KTU 1.4 V 18–19   183
- KTU 1.15 III 18f.   84

Editionsplan

Genesis
I (1–11): David Carr
II–III (12–50): Konrad Schmid

Exodus
I–II: Helmut Utzschneider / Wolfgang Oswald

Levitikus
Baruch Schwartz / Naphtali Meshel

Numeri
I–II: NN

Deuteronomium
I–II: Jeffrey Stackert / Joel S. Baden

Josua
I–II: Michaël van der Meer / Cor de Vos

Richter
Andreas Scherer

Rut
Shimon Gesundheit

1./2. Samuel
I (1. Sam 1–15): Rachelle Gilmour
II (1. Sam 16–2. Sam 5): Johannes Klein
III (2. Sam 6–24): Thomas Naumann

1./2. Könige
I (1 Kön 1–15): Jonathan M. Robker
II (1 Kön 16–2 Kön 16): Steven L. McKenzie
III (2 Kön 17–25): Shūichi Hasegawa

1./2. Chronik
I–II: Ehud Ben Zvi

Esra / Nehemia
I–II: Richard J. Bautch

Tobit
Beate Ego

Judit
Barbara Schmitz

Ester
Jean-Daniel Macchi

Hiob
Melanie Köhlmoos

Psalmen
I–III: Sigrid Eder / Susanne Gillmayr-Bucher / Marianne Grohmann / Alexandra Grund-Wittenberg / Agnethe Siquans / Alexa Wilcke

Sprüche
I–II: Jutta Krispenz

Kohelet
Katharine Dell / Tova Forti

Das Hohelied
Martien A. Halvorson-Taylor

Weisheit
Luca Mazzinghi

Sirach
Frank Ueberschaer

Jesaja
I–II (1–39): Kristin Weingart
III (40–66): Michael Pietsch

Jeremia
I (1–25): Christl M. Maier
II (26–52): Carolyn J. Sharp

Baruch
Martina Kepper

Klagelieder
Andreas Michel

Ezechiel
Michael Konkel

Daniel
Devorah Dimant

Hosea
Eberhard Bons

Joel/Obadja
Anselm Hagedorn

Amos
Rainer Kessler

Jona
Irmtraud Fischer

Micha
Burkard M. Zapff

Nahum / Habakuk / Zefanja
Walter Dietrich

Haggai/Sacharja 1–8
Jakob Wöhrle

Sacharja 9–14
Paul L. Redditt

Maleachi
Aaron Schart

1. Makkabäer
Dov Gera / Jan Willem van Henten

2. Makkabäer
Johannes Schnocks

1 Esdras
Dieter Böhler